教育部"国别与地区培育基地"建设资金资助

世界观与
国际关系理论

曾向红◎著

中国社会科学出版社

图书在版编目(CIP)数据

世界观与国际关系理论/曾向红著.—北京:中国社会科学出版社,2015.10
ISBN 978 - 7 - 5161 - 6999 - 5

Ⅰ.①世… Ⅱ.①曾… Ⅲ.①马克思主义哲学—世界观—关系—国际
关系理论—研究 Ⅳ.①B0 - 0②D80

中国版本图书馆 CIP 数据核字(2015)第 262452 号

出 版 人	赵剑英	
责任编辑	陈雅慧	
责任校对	黎玲玲	
责任印制	戴 宽	

出 版	中国社会科学出版社	
社 址	北京鼓楼西大街甲 158 号	
邮 编	100720	
网 址	http://www.csspw.cn	
发 行 部	010 - 84083685	
门 市 部	010 - 84029450	
经 销	新华书店及其他书店	

印刷装订	三河市君旺印务有限公司	
版 次	2015 年 10 月第 1 版	
印 次	2015 年 10 月第 1 次印刷	

开 本	710 × 1000 1/16	
印 张	29.75	
插 页	2	
字 数	503 千字	
定 价	108.00 元	

凡购买中国社会科学出版社图书,如有质量问题请与本社营销中心联系调换
电话:010 - 84083683

目　　录

导　论

和谐世界观的三重使命

统治阶级的思想在每一时代都是占统治地位的思想。这就是说，一个阶级是社会上占统治地位的物质力量，同时也是社会上占统治地位的精神力量。支配着物质生产资料的阶级，同时也支配着精神生产的资料，因此，那些没有精神生产资料的人的思想，一般地是隶属于这个阶级的。

———马克思和恩格斯：《马克思恩格斯选集》（第一卷），

第 98 页。

不是说价值中立的学术才是纯学术，历史上哪有过什么价值中立或纯学术？分析所谓价值中立的学术，就是要分析它怎么来的，基于怎么样一种特殊的生活世界。对这套有特定的、相对隐蔽的价值取向的学术和叙事，我们要有能力看到他们所属的生活世界之间的关系。只有通过这种历史性关系，我们才有研究、分析和批判这种学术和叙事的可能性。

———张旭东：《全球化时代的文化认同：西方普遍主义话语的

历史批判》，第 246 页。

（在进行社会与行为科学研究时）我们所探讨的对象虽然是中国社会与中国社会中的中国人，所采用的理论与方法却几乎全是西方的或西方式的。在日常生活中，我们是中国人，在从事研究时，我们却变成了西方人。我们有意无意地抑制自己中国式的思想观念与哲学取向，使其难以表现在研究的历史之中，而只是不加批评地接受承袭西方的问题、理论及方法。在这种情形下，我们充其量只能亦步亦趋，以赶上国外的学术潮流为能事。在研究的性质上，也未能与众不同。在世界的社会及行为科学界，只落得是多我们不为多，少我们不为少。

——杨国枢、文崇一：《社会及行为科学研究的中国化》，
转引自黄光国《社会科学的理路》，第6页。

第一节　问题的提出

在 2005 年 9 月 15 日庆祝联合国成立六十周年首脑会议上，中国国家主席胡锦涛发表了《努力建设持久和平、共同繁荣的和谐世界》的讲话，向全世界表达了中国特有的和谐世界观。在讲话中，胡锦涛主席认为，和谐世界包括四个方面的主要内容——政治与安全层面上：坚持多边主义，实现共同安全；经济层面上：坚持互利合作，实现共同繁荣；文化层面上：坚持包容精神，共建和谐世界；对待联合国改革的问题上：坚持积极稳妥方针，推进联合国改革。为了促进和谐世界的建立，胡锦涛还就中国在建立和谐世界的过程中正在或将要坚持的对外政策的立场、对外互动的原则、对待联合国的态度，以及对建立国际政治经济秩序的看法等问题，作了简要的阐述。[①] 在中国共产党第十七次全国代表大会上，胡锦涛在报告中重申了中国要致力建立"持久和平、共同繁荣"的和谐世界的决心。[②] 与在联合国成立六十周年首脑会议上的讲话相比，十七大报告更加明确了和谐世界在国际关系各领域中的具体要求和规范内涵，细化了在国际政治与国际安全领域的基本原则，同时增加了在生态领域的相关主张。除了以上这两个重要场合（一个是世界各国领导人聚会的联合国，面对的是全世界人民；一个是在决定中国发展方向的党代会上，面对的是全国人民），此后，中国领导人在其他各种场合不断阐释"和谐世界"的丰富内涵，使其成为中国外交的一个重大战略思想。不仅如此，在和谐世界概念的基础

①　胡锦涛：《努力建设持久和平、共同繁荣的和谐世界》，载《人民日报》2005 年 9 月 16 日。

②　胡锦涛在十七大党代会上关于对外政策部分的报告，参见胡锦涛《高举中国特色社会主义伟大旗帜为夺取全面建设小康社会新胜利而奋斗》，http://www.xinhuanet.com/zhibo/20071015/wz.htm。

上，国家领导人和学术界还提出了"和谐地区""和谐亚洲""和谐周边"等概念。① 这些新概念，连同中国领导集体在国内倡导的"和谐社会"构想，构成了独具中国特色、具有家族相似性（维特根斯坦语）的"和谐"话语体系，也成为用以指导中国处理对内、对外事务的重要指导思想。

　　"和谐"话语体系结合了经典马克思主义理论家和中国传统思想有关和谐与斗争的重要思想。马克思主义理论同样包括丰富的和谐思想，恩格斯曾经指出，不能把达尔文学说中的"生存斗争""自然选择"等用以说明自然界物体相互作用的逻辑，简单地套用到对人类历史的理解中，因为"自然界中物体——不论是死的物体或活的物体——的相互作用中既包含和谐，也包含冲突，既包含斗争，也包含合作"。② 而"想把历史的发展和错综复杂的全部多种多样的内容都总括在贫乏而片面的公式'生存斗争'中，这是十足的童稚之见。这简直什么也没有说"，因为即使"自然界中死去的物体的相互作用包含着和谐和冲突；活的物体的相互作用则既包含有意识的和无意识的合作，也包含有意识的和无意识的斗争。因此，在自然界中决不允许单单标榜片面的'斗争'"。③ 如果说自然界不能理解为纯粹"为生存而斗争"而展开的领域，那么将复杂和有意识的人类活动领域理解为"生存斗争"的场所更

---

　　① 关于"和谐周边"的提法和研究可参考许涛《弘扬"上海精神" 构建和谐地区》，载《瞭望》2006 年第 25 期；陆钢：《"和谐地区"与上海合作组织自由贸易区的建设》，载《毛泽东邓小平理论研究》2007 年第 1 期；杨丹志：《构建和谐地区对于和谐世界构建的理论和现实意义》，载《教学与研究》2007 年第 11 期；丛向群、尹吉成：《营造和谐周边 构建和谐世界》，载《当代世界》2007 年第 9 期；何平、李云霞：《发展中印关系 构建和谐周边》，载《学术论坛》2009 年第 3 期等。关于"和谐亚洲"的提法和研究，见翟崑《在"和谐亚洲"的大目标下》，载《瞭望》2006 年第 26 期；杜幼康：《构建"和谐亚洲"：时代需要与面临挑战》，载《红旗文稿》2008 年第 1 期、等等。关于"和谐地区"的提法和研究，见俞新天等《国际体系中的中国角色》，中国大百科全书出版社 2008 年版，第 205—208 页；李立凡：《构建和谐地区，共谋上海精神——上海合作组织在中亚与其他地区组织的共同发展与合作展望》与刘锦前：《构建和谐地区的理论探讨——评〈21 世纪的第一个新型区域合作组织——对上海合作组织的综合研究〉》，均载刘杰主编《中国发展的国际效应》，时事出版社 2007 年版，等等。

　　② 恩格斯：《恩格斯致彼·拉·拉甫罗夫》，载《马克思恩格斯全集》（第三十四卷），人民出版社 1972 年版，第 161—162 页。

　　③ 恩格斯：《自然辩证法（1873—1886 年）》，载《马克思恩格斯全集》（第二十卷），人民出版社 1973 年版，第 652 页。

是大谬不然。正是基于经典马克思主义理论家关于冲突与和谐、斗争与合作的这种辩证观点，我们能够将上述和谐话语体系视为结合了马克思主义和中国思想传统中有关和谐与斗争丰富思想资源的崭新理论成果。而就和谐世界观而言，它的提出更是对马克思理论国际问题思想中国化和中国外交实践理论化所做的重大贡献。在国际关系领域，虽然是以国家冲突和斗争为主要内容的，但国家之间同样不乏合作与和谐的现象。二战结束以来，虽然在以美国和苏联为首的国家集团之间发生了长达半个世纪的"冷战"，但在大国之间没有发生大规模的热战，已经说明国家之间的合作和和谐是可能的。这在冷战结束以来表现得越来越明显，正如胡锦涛主席指出的："在人类漫长的发展史上，各国人民的命运从未像今天这样紧密相连，休戚与共"，① "面对当今纷繁复杂的世界，我们应该更加重视和谐，强调和谐，促进和谐"，② 这就要求世界各国人民摒弃分歧，搁置争议，避免冲突，共同为实现和谐而做出贡献，因为"建设一个持久和平、共同繁荣的和谐世界，是世界各国人民的共同愿望，也是人类社会发展的必然要求"。③

　　和谐世界观的提出具有极为重要的意义。我们明确将和谐世界观视为一种"世界观"，是因为它具有一般世界观的两个界定性特征：首先，它具备自身独特的世界秩序方案，其次，它是从整体的角度理解世界的。作为一种世界观的和谐世界观，是中国领导集体对国际形势和时代主题进行判断的基础上，结合马克思主义世界观和中国传统世界观的思想资源而提出的一种新的世界观类型。实际上，在国内学术界，已有不少研究成果从世界观的角度讨论了"和谐世界观"提出的意义。④ 本

---

　　① 胡锦涛：《努力建设持久和平、共同繁荣的和谐世界》，载《人民日报》2005 年 9 月 16 日。

　　② 胡锦涛：《促进中东和平，建设和谐世界》，载《人民日版》2006 年 4 月 24 日。

　　③ 同上。

　　④ 将"和谐世界"理解为世界观的研究成果有很多。据作者的阅读范围所及，期刊论文有，殷有敢：《中国传统伦理视域中的和谐世界观》，载《南方论坛》2005 年第 12 期；王义桅：《和谐世界观改变国际政治视角》，载《决策探索》2006 年第 1 期；宋效峰：《简论中国对地区多边机制的参与——以和谐世界观的视角》，载《理论月刊》2006 年第 5 期；宋效峰：《和谐世界观与新安全观的内在联系》，载《中共南宁市党校学报》2006 年第 2 期；李宝俊："和谐世界观"与"霸权稳定论"——一项比较研究，载《教学与研究》2008 年第 6 期；巴殿君：《新形势下中国社会主义"和谐世界观"的构建》，载《贵州社会科学》2009 年第 6 期；张殿军：《和

书认为，"和谐世界观"表达了中国对世界政治未来的一种展望，它代表着中国对国际社会发展方向所作的判断，有助于让国际社会意识到中国维护国际和平与稳定的诚意，而且意味着社会经济与军事实力日益强大的中国提出了自身对全球问题的看法和建议。也就是说，和谐世界观密切关系到中国为改善自身的国际形象和提高自身的国际"话语权"所做的努力。与国内可以通过行使主权来保护自己排除外界干扰，推行自己所主张的治理方案和意识形态不同，国际关系领域在很大程度上是一个开放的领域，不可能通过显而易见的权力来推广和扩张某种意识形态或世界观。对于中国来说，在国际关系中需要表达我们自己的主张，发出我们自己的声音，表明我们对世界秩序的设想，提出我们对世界历史、现状的解释，创建对世界未来进行展望的学理化成果——这些都是中国成为一个大国或强国的基本条件。如果中国放弃对自身意识形态或世界观的坚守，那么国际关系领域就更有可能成为霸权国家及其提供的意识形态或世界观的一言堂。和谐世界观的提出虽然不是以反霸为出发点的，但它的提出本身就会产生反对霸权的效应。事实上，马克思主义最终能否在国际关系领域的文化、世界观、政治制度等方面占有一席之地并获得广泛的认可，是其真理性的终极表现之一。在共产主义事业处于低谷的今天，关于和谐世界观的研究就显得更加有意义，这也是推进马克思主义理论在国际关系研究领域理论化水平的必然要求。

　　无独有偶，《世界经济与政治》2010年第3期发表了加拿大著名马克思主义国际关系学者罗伯特·考克斯（Robert W. Cox）的一篇文章——

（接上页）谐世界观：从毛泽东到胡锦涛》，载《唯实》2009年第Z1期；孙中原：《对立和谐与整体兼容——论墨家的和谐世界观》，载《重庆工学院学报（社会科学报）》2008年第11期；孙中原：《墨家和谐世界观的理论创新》，载《黄河科技大学学报》2009年第2期等。另外还有著作或文集中的论文，如，毛峰：《文明传播的秩序：中国人的智慧》，中国传媒大学出版社2005版，第五章第二节；漆思：《中国共识：中华复兴的和谐发展道路》，中国社会科学出版社2008年版，第五章第三节；朱达成：《倡导推动建设和谐世界观——中国外交思想的发展和创新》，载中共中央宣传部舆情信息局编《推动建设持久和平共同繁荣的和谐世界》，学习出版社2007年版，第151—156页；顿占民：《中国特色社会主义和谐世界观和方法论——社会主义和谐社会理论的世界观和方法论意义》，载马仲扬主编《理论与实践》，研究出版社2007版，第108—110页；梁本凡：《科学发展观与和谐世界观是人类文明的重要创新成果》，载孙学玉主编《价值》（第2辑），江苏人民出版社2009年版，第113—117页；王义桅：《超越国际关系：国际关系理论的文化解读》，世界知识出版社2008年版，第六章第三节，等等。

《思考世界秩序的不同方式》。① 在该文中，考克斯从中、西文明的角度出发，运用历史的方法思考了世界秩序的不同模式，但他没有过多地涉及中国的世界秩序方案。他反复追问这样一些问题——"笔者希望能了解中国人民特别是他们当中的知识精英是如何思考世界秩序的变化以及如何看待中国在世界秩序的地位"的、"笔者想知道中国人民以及他们的知识精英如何看待当今世界以及中国在其中的地位与作用"的，在人类面临如何"在相异中共处""如何与自然共处"这两个重大问题的时候，他想知道"中国人民以及学界、政治界的领袖人物如何处理这种问题的原因"。考克斯还断定，"中国的世界视角现在可能处于突变状态。构成它的一些关键要素无疑将仍然来自中国的过去，正如欧洲遗风继续影响现今西方民族对世界历史和未来的看法"一样。

并非巧合的是，考克斯的这一连串发问，正是从世界观的角度提出的。他强调必须思考以下问题：人们如何"构建起他们对世界的看法""思考世界的不同方式和思维"——即世界观（他也称之为社会的"精神结构"或"观念结构"），有必要探索"不同文化和文明中的人们在构建世界观中的方式"——世界观的建构过程，需要研究"人们构建其世界观的基本观念"——基本特征或预设。不仅如此，考克斯还明确将不同的世界观与对世界秩序方案的思考联系起来——从其题目即可看出。② 由此我们能够发现，本书将具有独特的世界秩序方案作为世界观的首要界定特征，是合乎逻辑的。除了这些，考克斯还提到对世界秩序的研究"不可能有唯一正确的理论或世界权力观"，如果违背这一原则，就是"思想帝国主义"；至于"西方的世界观"，在他看来，自启蒙运动之后，是一种"世界进步观"，并且"伴随着单向的历史观"，等等。从考克斯的这篇文章，我们或许可以得出两个结论：首先，我们认为，本书有关和谐世界观、霸权世界观的研究，与考克斯对世界秩序的思考相契合；其次，我们希望，本书对和谐世界观的研究，能够部分回答他向中国人民、中国领

---

① 罗伯特·考克斯：《思考世界秩序的不同方式》，载《世界经济与政治》2010 年第 3 期，第 110—115 页。

② 在某一处地方，考克斯更明确地提到世界观与世界秩序之间的关系。他写道："要取得持久和平……必须共同努力在一个协商的世界秩序中对这些观念加以调和，这种协商的世界秩序要容纳不同的立场的人们所怀有的不同目标和不同愿望。"见《思考世界秩序的不同方式》第 112 页。

导层以及中国学者提出的那一连串疑问。然后，和谐世界观要想成为一种有效或有吸引力的世界秩序方案，其中一个要求是需要将和谐世界观从政治命题上升为理论命题，以实现和谐世界观的学理化。

而将和谐世界观从政治命题上升到学术命题，我们必须注意三个问题。首先，我们必须承认和谐世界观是一个具有重大理论与实践意义的课题，值得学术界重视并为此投入精力进行研究。如果不承认和谐世界观具有学术价值，那么自然会退避到和谐世界观不过是"十足的外交辞令"的看法中，不会对它产生进行研究的兴趣。其次，要让和谐世界观摆脱政治命题的命运，就必须走出以西方学术评价标准为准绳的陷阱。西方的学术研究标准是从西方世界观衍生出来的，同样有它的研究预设。① 在西方的有识之士已经意识到使用西方的学术评价标准无法说明中国的观念与事物的时候，如果我们还重蹈这一老路，则无异于削足适履、自缚手脚。② 最后，将和谐世界观作为一个重大的学术命题来研究，不仅要求突破西方世界观及其衍生出来的诸多"研究预设"，而且还是以此为前提和条件的。不突破霸权世界观的预设，我们无法想象和谐世界观能够成为一种学术命题，进而也无须对其进行研究；当不对其进行研究，和谐世界观包涵的独特世界秩序自然得不到开发，从而又陷入到和谐世界观不过是战略口号的恶性循环之中。基于以上三个方面的理由，我们都有义务推进和谐世界观的学理研究。祛除霸权世界观预设和反抗象征性权力的控制，彰显和谐世界观的生命力，虽然有赖于对既有理论研究成果展开抽象和逻辑上的论证，然而，仅此并不足以完全确证或否证一个理论或假设的有效性，③

---

① 维特根斯坦的"激进视角主义"可以视为这一观点的经典代表，见本书第二章。

② 通过反思本身的理论研究成果与中国的历史实践或现实状况之间存在着难以想象的差距，西方学术界已经开始抛弃以往用从西方推演或衍生出来的假定来裁剪中国事实的做法，这一趋势无论在哲学和历史学界，还是在社会学或心理学界，或是在经济学界和政治学界都已经蔚为大观。

③ 科学哲学家卡尔·波普尔（Karl Popper）针对逻辑实证主义认为只有能搜集到足够有效的证据，就可以确证一个理论命题之真伪的观点进行了批判，并在此过程中提出了他的"证伪论"。波普尔认为，在确认一个理论命题的有效性时，我们是无法穷尽所有的经验材料的，"因为差不多任何理论我们都很容易为它找到确证或证实——如果我们寻找确证的话"。因此，波普尔认为："衡量一种理论的科学地位的标准是它的可证伪性或可反驳性或可检验性。"（见卡尔·波普尔《猜想与反驳——科学知识的增长》，傅季重等译，上海译文出版社2005年版，第51—52页）波普尔的观点在科学哲学界产生了重大的影响，不过波普尔的科学哲学观又遭到其他人如拉卡托斯、费耶尔阿本德等科学哲学家的批评与修正。见高宣扬《当代社会理论》，中国人民大学出版社2005年版，第73—74页；尤见黄光国《社会科学的理路》，中国人民大学出版社2006年版。

因为理论问题是一个价值问题和生活世界问题，理论的效力只有在生活世界的背景下才有意义。因此，和谐世界观能否满足中国人对本体安全和承认安全的需要，最终必须回到中国人的生活世界上来。我们坚信，只有中国学者愿意对自己的生活世界进行肯定，进而对和谐世界观进行自我赋权，和谐世界观的提出就不仅是必要的，而且和谐世界的建立也是可行和可欲的。

为了推进和谐世界观的学理化水平，我们首先需要将"中国到底为什么要提出和谐世界观"作为学理化的问题来研究？为了回答这一问题，我们将和谐世界观纳入到世界观与国际关系的理论框架中进行研究，讨论和谐世界观提出的意义。在国际关系中，与在国内社会中一样，同样是存在等级的，这种等级首先反映在国家所拥有的经济与军事实力上。依据实力大小的不同，不同的国家可以被划分为超级大国、强国、中等大国、小国等不同的等级。这种等级制，还反映在国家所信仰或拥有的世界观上，如国际关系中既有居于主导地位的世界观，还有许多居于弱势地位的世界观（weaker worldviews）。考虑到国际关系中居于主导地位的世界观，能对居于弱势地位的世界观形成压制效应，我们可以将那种居于主导地位的世界观称之为"霸权世界观（hegemonic worldviews）"。与经典马克思主义关于帝国主义、霸权主义或强权政治等现象的研究不同，霸权世界观虽然是以经济与军事实力为基础，但它不仅在很大程度上能够相对独立地发挥作用，而且其作用对象往往是处于或接受弱势世界观人们的心智结构和思想意识，而不是人们像提及的帝国主义那样以威胁其他国家的领土主权和国家生存为主要目标。就此而言，霸权世界观与人们经常提及的"文化帝国主义"有很多相似性。①事实上，霸权世界观的性质、作用方式、政治效应等还与意识形态类似。

---

① 国内外有关"文化帝国主义"的研究成果异常丰富，在此无法一一罗列。以此为题或密切相关的专著请参考爱德华·W. 萨义德《文化与帝国主义》，李琨译，生活·读书·新知三联书店 2003 年版；爱德华·W. 萨义德：《东方学》，王宇根译，生活·读书·新知三联书店1999 年版；汤林森：《文化帝国主义》，冯建三译，上海人民出版社 1999 年版。有关"霸权世界观"与"文化帝国主义"之间的区别，本书不做专门研究，不过，本书第一章将会从"文化"与"世界观"这两个概念之间的关系进行考察，而第五章也涉及文化和世界观及国家安全的不同层面。

因此，在研究霸权世界观问题上，马克思与恩格斯关于意识形态的研究能够为我们提供重要的启示。马克思与恩格斯认为，在阶级社会，从思想和精神层面上对整个社会进行控制的，是居统治地位的阶级所拥有的意识形态。他们指出：

> 统治阶级的思想在每一时代都是占统治地位的思想。这就是说，一个阶级是社会上占统治地位的物质力量，同时也是社会上占统治地位的精神力量。支配着物质生产资料的阶级，同时也支配着精神生产的资料，因此，那些没有精神生产资料的人的思想，一般地是隶属于这个阶级的。①

与马克思和恩格斯对国内意识形态后果的上述说明相似，国际社会中霸权世界观同样是一种控制弱势国家的思想力量。② 与国内意识形态有所不同的是，由于国际社会中的国家都拥有主权，霸权国家向别国灌输或传播意识形态的企图往往会遭到强烈的抵制，以致不被其他国家自愿接受，因此，在国际社会中不存在一种不被其他国家意识到的"霸权意识形态"。而霸权世界观则不同，通过将自身隐藏在知识、制度运作等活动中，霸权世界观能够有效地被本来拥有不同世界观的人们接受，从而在不知不觉中影响、甚至塑造他们对世界的解释、想象。国际关系中的霸权世界观，既可以由霸权国家单独拥有，也可以与那些信仰同一世界观的其他国家一起分享。对于前一种情况的行为主体，我们可以直接称之霸权国家；对于后一种情况，则可以称之为"霸权世界观国家集团"。在当前国际社会中，构成霸权世界观的是现代西方世界观，它为西方主要大国所共有，因此"霸权世界观国家集团"也就是西方主要的资本发达国家，如美国、英国等。当然，现代西方世界观上升为霸权世界观经历了极为复杂的过程，其中既有"霸权世界观国家集团"的

---

① 马克思和恩格斯：《马克思恩格斯选集》（第一卷），人民出版社 1995 年版，第 98 页。

② 认为国际关系中存在一种霸权世界观的观点也可参考 J. Marshall Beier, *International Relations in Uncommon Places: Indigeneity, Cosmology, and the Limits of International Theory*, New York: Palgrave Macmillan, 2005.

主观推动，还有信仰其他世界观的人们对现代西方世界观的主动学习和自愿接受。总体而言，在殖民主义时代，前一种途径居于主导地位；二战以来的时期，现代西方世界观因为其"科学性"的面貌以及西方国家在科技、政治、经济各领域中的强势地位，以一种吸引力的方式吸引第三世界的人们主动接受。尽管在后一过程中西方国家同样作出了很多努力，但他们已不敢明目张胆地推行现代西方世界观。此外，将霸权世界观视为西方国家共享，并不意味着这些国家在世界观问题的具体立场完全一致，更不是说这些国家目前仍在通过强制性的手段向非西方国家灌输现代西方世界观。事实上，西方国家在具体的世界观——包括对"世界观"概念的认识、世界观的内涵与外延、具体的世界观等——上是有许多不同意见的；而且，在推广现代西方世界观这一问题上，西方国家无疑也有不同的态度——如在明确希望利用西方的世界观改造世界上其他国家的世界观问题上，同为西方国家的超级大国美国与蕞尔小国瑞士就不可能有同样的立场。因此，本书之所以将现代西方世界观视为一种霸权世界观，是基于三个方面的理由：首先是出于分析上的方便；其次是有助于比较准确地概括现代西方世界观在当前国际关系中的政治地位；最后还有助于理解美国、英国等主要西方国家有意无意地强调在对外关系推行价值观外交的深层根源。

当国际关系中存在一种霸权世界观时，和谐世界观的提出就有非常重要的意义。既然和谐世界观内在地包含了一种新的世界秩序方案，那么，它的提出，本身就能产生反抗或抵制霸权世界观的客观后果与政治效应。[①] 自然本书的研究主题，就在于将马克思关于意识形态在国内社会中政治作用的分析扩展到国际关系研究领域，通过将霸权世界观与和谐世界观置于同一个分析框架中，揭露霸权世界观带来的政治与理论后果，从而为人们考察和谐世界观提出的意义提供一种新的视角。我们认为，中国之所以提出和谐世界观，部分原因就在于反抗霸权世界观对我们想

---

① 计秋枫从中国反对霸权主义的角度讨论了"和谐世界"理念提出的意义。见计秋枫《中国外交反对霸权主义的路径》，载《世界经济与政治论坛》2009年第6期，第38—45页。不过计文一方面没有将"和谐世界"理念视为一种世界观，另一方面只是强调了"和谐世界"理念提出的道德方面的含义，这是本书与计文的不同之处。

象世界可能性的控制，从而为世人提供一种具有浓郁中国特色、但同时又具有普遍意义的世界秩序方案。也就是说，本书的研究起源于这样一个问题，即当我们在世界观与国际关系，尤其是在世界观与国际关系知识生产的框架中考察和谐世界观时，我们需要追问，中国为什么要提出和谐世界观？

这样一来，探讨中国为什么要提出和谐世界观，就构成了本书的问题意识。要明确本书的理论与思想脉络，我们还必须对"问题意识"的概念做必要交代，这主要是便于研究者和阅读者把握问题所提出三个方面的背景，即时间、空间与文化背景。用著名文化研究者张旭东的话来说，所谓问题意识，"说穿了就是在学术思想的时代脉络中为时代性问题作好准备，同时在历史发展的时代性框架中为学术思想问题作好准备"。具体来说，就是要在学术研究中，"找自己现实问题与学术问题的交叉点，找自己当代问题和古代问题的连续性，找'国学'和'西学'相通的地方"。① 概括起来，问题意识就是去寻找那些能够有效衔接古、今、中、西②、理论与实践六个方面、从研究者的立场来看具有重要意义的问题。在中国语境下，这里的问题，自然是指"从中国立场出发"的。问题意识之所以重要，主要原因在于：如果研究缺乏问题意识的引导，无论研究者本人还是阅读者，都将无法清晰识别问题所处的思想脉络或问题脉络，也就无法定位研究的意义和所做的贡献。③ 学术研究的问题意识，不仅需要对研究设计所体现的历史传承与时代精神、理论旨趣与实践关怀有所意识，而且还要求学者们在与"他者"（他者文化、他者世界观、他者的研究成果等）进行对话的过程中不断反思所提问题的价值；如果可能，还要使这种从自我出发、回归自我、最初具有特殊性关怀的研究，上升为具有普遍性的成果。相较于西方社会科学中用以衡量学术命题或研究设计是

---

① 上述引文都出自张旭东《全球化时代的文化认同：西方普遍主义话语的历史批判》，北京大学出版社 2006 年版，第 362、363 页。

② 移居香港的学者甘阳，曾经就中国学术界争论不休、一直未能得到有效解决的"古""今""中""西"四个方面的问题给中国学术界带来的诸多困惑做过专门的论述。请参考甘阳《古今中西之争》，生活·读书·新知三联书店 2006 年版。

③ 张旭东：《全球化时代的文化认同：西方普遍主义话语的历史批判》，北京大学出版社 2006 年版，第 363 页。

否具有价值的标准，[1] 张旭东关于问题意识的观点更为激进，也更为坦诚，因为他不像大多数西方学者所鼓吹或所主张的那样，认为学术研究是一项价值中立的事业，[2] 而是指出学术研究与研究者所在的生活世界之间存在着难以分割的密切联系。他指出：

> 不是说价值中立的学术才是纯学术，历史上哪有过什么价值中立或纯学术？分析所谓价值中立的学术，就是要分析它怎么来的，基于怎么样一种特殊的生活世界。对这套有特定的、相对隐蔽的价值取向的学术和叙事，我们要有能力看到他们所属的生活世界之间的关系。

---

① 根据一本在国际关系领域产生了广泛影响的教科书的看法，用以评估和指导人们进行从事研究设计的主要学术标准有两个：1. 研究的问题对于理解现实政治、社会和经济生活具有重要意义；2. 研究设计应提供关于世界某些方面可检验的假设，为特定研究领域提供知识增量。见 Gary King, Robert O. Keohane, Sidney Verba, *Designing Social Inquiry: Scientific Inference Qualitative Research*, Princeton: Princeton University Press, 1994。该书有以下几个方面的特点：提倡新实证主义研究方法并认为这是唯一可靠和有效的研究方法、推崇因果分析模式、强调研究时的价值中立，因此，它遭到了来自后实证主义、文化诠释论、后结构主义等流派的尖锐批判。对该书观点进行的最新评价或批判可参考尹继武《社会认知与联盟信任形成》，上海人民出版社 2009 年版，第 23 页注 9 所列的参考书目；也可参阅 Richard Ned Lebow and Mark Irvinbg Lichbach, *Theory and Evidence Politics and International Relations*, England: Palgrave Macmillan, 2007，尤见该书第 4—5 页。张旭东关于"问题意识"所作的阐述，与此有显著不同。它们之间的最大区别在于：前者强调行为体的文化背景，而后者仅仅强调提出的问题能够增加知识存量和问题具有重要性。我认为，问题重要与否的判断离不开具体的时空、文化背景，对于一种文化或世界观而言具有重要性的问题，也许对于其他文化或世界观来说是微不足道的。在本书的研究中，我们将多次看到这样的实例。

② 这种关于学术研究是可以而且要求保持价值中立的观点，经常被追溯到马克思·韦伯的《学术与政治》一书，见（马克斯·韦伯《韦伯作品集 I：学术与政治》，钱永祥等译，广西师范大学出版社 2004 年版）。该书往往是西方学者勉励自己从事所谓"价值中立"学术研究的出发点。中国学者王逸舟，也以韦伯的"以科学而科学"的标准来衡量中国国际关系学界存在的问题。他据此认为："我们多数人的'学术努力'，仍然不太像一种探索性的事业，仍然与'以科学为业'的要求有相当距离。"见王逸舟《试析中国国际关系学的"进步"：几点批评与思考》，载《外交评论》2006 年第 3 期，第 35 页。不可否认，王逸舟对中国国际关系研究现状的批评是比较公正的，然而，"我们要注意，韦伯本人并不是一个价值中立的、仅仅恪守学术天职的职业化'专家'；他并不是当今学院专业人士的老祖宗，因为激励他、困扰他的最终是一个价值问题"，这个价值问题就是"德国要做什么样的国家；德国人要做什么样的国民；德意志民族在世界竞争中如何给自己定位；它有什么样的世界历史的抱负"。（见张旭东《全球化时代的文化认同：西方普遍主义话语的历史批判》，北京大学出版社 2006 年版，第 241 页）。

只有通过这种历史性关系，我们才有研究、分析和批判这种学术和叙事的可能性。[①]

张旭东是在"文化政治"的角度提出这一概念的。他认为，在社会生活中，人们会为了置身其中的生活世界进行自我肯定，进而对从生活世界中衍生出来的文化、世界观、价值观念、生活方式等内容进行自我肯定，从而与其他文化、世界观、价值观念、生活方式展开激烈竞争的现象。在这一视域中，文化、世界观之间互动就是政治性的，学术研究因为有特定的时空、文化背景，同样构成文化政治的重要组成部分。问题意识的重要性，就在于行为体对科学研究的政治性有所意识，不要简单地认为科学研究是客观中立、无涉价值的，而要明确地肯定自身的生活世界和价值观念。本书对和谐世界观的研究遵循这种理论立场。

罗伯特·考克斯和秦亚青将问题意识的概念运用到了国际关系研究领域。考克斯从科学哲学家卡尔·波普尔（Karl Popper）有关理论的进步始于问题的看法中受到启发，[②] 明确提出了"问题意识"（problematic）这一概念，并据此对国际关系主流理论的问题意识作了解读。[③] 考克斯的贡献在于，他不仅提到了问题意识的时间与空间维度，而且还通过借鉴马克思主义的观点指出，"任何社会和政治理论初始状态的思维原点总是来自特定的问题意识，任何特定的问题意识都与特定的视角相关联，任何视角都是源于时间与空间的定位。之后才是寻求超越特殊性而发展成为一般性理论"。[④] 显然，考克斯的问题意识概念与张旭东的理解极为相似，不过前者没有注意到问题意识的文化维度。这一点在秦亚青那里得到修正。秦

① 张旭东：《全球化时代的文化认同：西方普遍主义话语的历史批判》，北京大学出版社2006年版，第246页。

② 见卡尔·波普尔《猜想与反驳——科学知识的增长》，傅季重等译，上海译文出版社2005年版。

③ 罗伯特·考克斯：《社会力量、国家与世界秩序：超越国际关系理论》，载罗伯特·O.基欧汉编《新现实主义及其批判》，郭树勇译、秦亚青校，北京大学出版社2002年版，第190—191页。在该书中文版中，"problematic"被译为"问题性"，秦亚青将其译为"问题意识"。我们采用秦亚青的译法。

④ 秦亚青：《国际关系理论的核心问题与中国学派的生成》，载《中国社会科学》2005年第3期，第167—168页。

亚青不仅在考克斯"问题意识"概念中增加了"文化特征"这一维度；
而且还在英国科学哲学家伊姆雷·拉卡托斯（Imre Lakatos）"科学研究纲
领的硬核"① 这一概念的启发下，推导出了"理论的核心问题"（即
"理论硬核"）这一概念，并认为"理论的核心问题"构成问题意识的
界定性特征。他认为，由于世界各国的人们往往拥有不同的文化表象系
统，当对某一事件做出解释时，不同的表象系统解读出来的意义也有所
不同，这也是不同国家之所以在问题意识的引导下产生出截然不同的
"理论的核心问题"的原因。由此，时间特征、空间特征与文化特征这
三者，共同决定了"理论的核心问题"的独特性："时间与空间交汇确
定了问题与问题意识，文化使其具备了意义，如果（问题意识——引者
注）成为学术界的共识，从而（也就——引者注）建构了理论的核心
问题"。②

牟宗三使用的"忧患意识"概念，对我们理解问题意识同样具有启
发作用。牟宗三从同为现代新儒家代表人物的徐复观那里借用了这一概念
并作了些许发挥，用以说明"中国哲学的特质"。牟宗三认为："中国哲
学之重道德性是根源于忧患的意识。中国人的忧患意识特别强烈，由此种
忧患意识可以产生道德意识"。③ 这一结论，是在与西方哲学和佛教哲学
的"特质"——即恐怖意识——进行对比后得出的。根据美国汉学家白
诗朗（John Berthrong）对这一概念的解读，他将"忧患意识"翻译为
"intersubjectivity"，④ 并认为："由于中国哲学植根于一种作为关联性的深

① 伊姆雷·拉克托斯：《科学研究纲领方法论》，兰征译，上海译文出版社 2005 年版，第
56—57 页。

② 秦亚青：《国际关系理论的核心问题与中国学派的生成》，载《中国社会科学》2005 年
第 3 期，第 169 页。

③ 牟宗三：《中国哲学的特质》，上海古籍出版社 1997 年版，第 12 页。关于牟宗三对徐复
观"忧患意识"概念的借用情况，请参见牟宗三在该书第 14 页所作的注释。

④ 白诗朗：《普天之下：儒耶对话中的典范转化》，彭国翔译，河北人民出版社 2006 年
版，第 261 页。"intersubjectivity"有多种译法，如可译为"主体际性""主体间性"，而本书
的译者将其译为"互为主体性"。在第 261 页的注释 2 中，译者写道："将其译为'互为主体
性'，表示人与人之间出于本然之仁心，彼此互相关爱，皆以他人为与自己一样的生命存在，
一如 Martin Buber（马丁·布伯）所谓之 I-Thou（我与你）关系。"在国际关系研究领域，"in-
tersubjectivity"一词一般被译为"主体间性"。我们认为，译者将之译为"互为主体性"而给出
的理由是可信和有力的。可参考马丁·布伯《我与你》，陈维纲译，生活·读书·新知三联书店
2002 年版。

刻的忧患意识，它必然始终是'互为'主体性而无法化约为唯我论的主观主义（solipsistic subjectivism）"，并且"这种（中国哲学和宗教）的忧患意识是对世界和人生的一种根本性的价值解读……是一种根源隐喻"。①也就是说，对于中国哲学或中国人来说，他不是离群索居、消极遁世的隐士，也不是自以为是、盛气凌人的妄人，而是通过与其他人、与自然、与社会、与天等不同的范畴进行积极沟通，从而提升自身价值同时也构建种种和谐关系的积极行动者。尽管相互关联是中国人看待事物、处理事务的基本方式，但根本的立足点与出发点，仍然在于积极完善自身、贡献社会。由此我们不会对牟宗三"忧患意识"中的所"忧"所"患"的内容感到惊讶。他认为，真正的"忧患意识"指向的仍然是自身，这种精神最为典型地体现在君子的身上。通过积极地参与社会实践，"他（君子）所忧的不是财货权势的未足，而是德之未修与学之未讲"。② 再加延伸，忧患意识就转化为中国古人为人处世的准则，如"仁""智""勇"（三达德，语出《中庸》）、"立德立功立言"（语出《左传》）、"格物、致知、诚意、正心、修身、齐家、治国、平天下"（语出《中庸》），等等。它们既构筑了中国人的理想人格和责任意识，同时也形成了中国如何面对世界的世界想象——天下观。这是一种对国家、对人民、对"天下"积极负责的态度，也是一种中国人忧国忧民、迎难而上，不断克服历史上出现的各种危机，将中华民族传承至今的重要动力。

　　牟宗三用"忧患意识"的概念来概括中国哲学的特质，既有其优势，也有其不足。从关联性的思维方式出发，他得出了中国古代哲学的"忧患意识"是与西方哲学和宗教的"恐惧意识"相对的，这两个判断都有可能使中、西两种文化走向本质论或基础主义的趋向。事实上，无论是中国文化和哲学，还是西方文化和哲学，它们在发展过程中都产生过重要的演变乃至断裂，所以用"忧患意识"或"恐怖意识"分别指代延续了几千年的中、西文化和哲学"特质"，有可能存在偏颇之处。例如，宗教改革与文艺复兴后的现代西方社会，缓慢地从神学宰制中摆脱出来，牟宗三关于西方文化与哲学是出于对"宇宙""天灾""上帝"等被视为超验之

---

① 白诗朗：《普天之下：儒耶对话中的典范转化》，第 261 页、第 159 页。
② 牟宗三：《中国哲学的特质》，上海古籍出版社 1997 年版，第 12 页。

物的恐惧而带来的"恐怖意识",事实上已经难觅其踪。不仅如此,所谓的中国哲学和"中国宗教"的忧患意识,毕竟是古人的"忧患",这与现代中国人的"忧患"有不小的距离。在新的时代背景中,中国人忧患意识中的所"忧"所"患"的内容无疑会与古人的忧患有差距。如此看来,牟宗三关于"忧患意识"构成中国哲学特质的论断,抓住了"中""西"文化之间的关联性,然而却有失去"古""今""未来"衔接的可能。我们有必要将牟宗三的"忧患意识"改造为一种动态的概念,即"时势化的忧患意识",① 以更为充分地把握忧患意识的变化特征。事实上,中国古人正是通过灵活地应对不同时代中的重要问题,并作出了与时俱进的回应,中国文明及其基本精神才得以延续至今。

我们需要考虑的是,在时代背景完全不同的今天,面对着与古代中国人完全不同的生活世界和问题,我们如何生发出中国人的"忧患意识"。就和谐世界观的研究而言,我们提出这种世界观主要是出于什么样的目的?如果说忧患意识是在相互关联的背景提出而且最终需要回到自身,那么与和谐世界观产生关联的是一种什么样的世界观?而回到自身,和谐世界观到底要解决面对国内什么样的"忧"与"患"?这些问题很少得到正面的回答,但有两个方面可以确定。一方面,既然我们的"忧患意识"不同于古人的"忧患意识",那么对于古人基于他们的忧患意识而产生出来的思想成果,我们就不能做本质主义的解读,仿佛它们是站在今人的角度上看问题似的。另一方面,历史与现实又是存在着千丝万缕的联系,即使我们刻意去斩断这种联系,实践总会警告我们这一愿望是不能实现的。正如马克思指出的"人们自己创造自己的历史。但是他们并不是随心所欲地创造,不是在自己选定的条件下创造。而是在直接碰到的、既定的、从过去承继下来的条件下创造。"② 而古人留给我们的文化遗产,就构成了中国历史条件的重要组成部分。因此,我

---

① 何谓"时势"?根据汪晖的解读,在中国思想传统中随处可见的"时、势、时势或自然等范畴就是在历史变迁中用以界定和论证天理的普遍存在的概念"。"'时势'概念本来与《易》关系密切","将易理概括为'时势',亦即将变化及其法则以及如何因应这种变化及其法则的思考,视为儒学的中心问题。从这一宇宙观出发,一方面,儒学构筑了时势与德行之间的内在关系……另一方面,儒学又提出了人在特定形势中行权的必要性"。汪晖:《现代中国思想的兴起》,生活·读书·新知三联书店 2008 年版,第 56—57 页。

② 《马克思恩格斯选集》(第一卷),人民出版社 1995 年版,第 585 页。

们要做的是从我们的"问题意识"或称"时势化的忧患意识"出发，在合理利用或重构古人和同时代其他文化思想资源的基础上，就如何对世界或历史进行把握、如何对当前这个世界和人们的生活境况作出解释，以及如何对将来可能会呈现的世界进行展望，提供我们这一代人的独立、创造性的思索。和谐世界观的提出，正是当代中国人在继承中国文化遗产和思想资源的基础上，结合马克思主义的思想洞见，对世界、对时代，以及中国在这种背景中如何定位等问题所做思考的成果。

在下文中，我们将结合"问题意识"或"时势化的忧患意识"概念，来对中国和谐世界观提出的时间、空间、文化背景这三个维度进行简要的分析，从而对本书的核心问题——中国为什么要提出和谐世界观——的背景有所认识。

首先，我们来看和谐世界观提出的时代背景。和谐世界观在中国文化传统中是一个源远流长的命题，是中国世界观①——被称之为"天道"或"天理"世界观②——的重要组成部分。天道或天理世界观以"天下"的形式塑造了中国人关于世界的想象，其影响一直延续到中西接触以后相当长的一段时间内。③ 然而，当中国在鸦片战争及其后的一系列战争中不断遭受失败的时候，中国人在"挨打"与"落后"之间建立起因果联系，将自身蒙受羞辱和打击的原因，归结于中国文化传统的落后，"天下观"也因此遭到唾弃。④ 今天，当我们出于各种理由重构关于世界的想象时，古代天下观重新引起了人们的兴趣。在这一背景下，和谐世界观可以说是今天中国人

---

① 对于中国人来说，"世界观"的概念起初是比较陌生的，因为它不仅是一个舶来词，而且是一个自近代才开始出现的概念。关于世界观的缘起及其流变我们将在本书第二章中作比较详细的讨论。

② "天道"或称"天理"世界观，是两个对中国古代思想体系所包含"世界观"进行概括的术语。将中国古代"世界观"称为"中国天道观"（他没有使用"世界观"的概念）的显著代表是北京大学的张祥龙。可参阅张祥龙《海德格尔思想与中国天道》，生活·读书·新知三联书店2007年版。至于使用"天理世界观"的突出代表是汪晖，在四卷本《中国现代思想的兴起》这一套书中，他的主题就在于讨论中国天理世界观是如何向近代公理世界观转变的。见汪晖《现代中国思想的兴起》，生活·读书·新知三联书店2008年版。

③ 汪晖：《现代中国思想的兴起》，生活·读书·新知三联书店2008年版，尤其后面三卷。这三卷对公理世界观替代天理世界观的进程做了深刻和严谨的分析。

④ 见相蓝欣《传统与对外关系——兼评中美关系的意识形态背景》，生活·读书·新知三联书店2007年版，尤其是第一章"落后与挨打"的悖论。

对传统天下观的继承和重建。毫无疑问，在经过了源自于西方的现代公理世界观浸染之后，我们目前谈论的和谐世界观，不可避免地与传统天下观有很多的不同。然而，对于这样一种延续了五千多年的"世界观"，我们不能简单地抛弃了事，而是要尽力去挖掘它对于我们所具有的重要意义。至少对于中国来说，这是一个"文化政治"事件，它关系到中国人如何对自己生活方式的肯定，如何对自己的生活世界进行肯定，如何对本国的价值观念进行肯定，如何接续历史传统，如何解答中国人身份认同等具有重大意义的问题，实际上也就是一个"如何做中国人"的问题。① 虽然对于这一问题的回答，不同的人可以给出不同的答案，然而，作为一种生于斯、长于斯的关于世界的想象，天下观或和谐世界观为中国在国际社会中进行自我定位提供了一种重要的思想资源。同时，和谐世界观能够有效地衔接中国的"古""今"，以及"明（天）"，因此也与国家安全息息相关。这种安全不是我们所说的领土主权安全，也不是所谓的经济安全、非传统安全，而是社会学家所说的与行为体身份认同密切相关的"本体安全"（ontological security）。② 用牟宗三的"忧患意识"概念来表达，我们的所"忧"所"患"，就是找到一种明确中国身份认同的思想资源。而要做一个中国人，就必须从思想中认同中国文化和世界观，这是和谐世界观提出所具有的一个极为重要的意义维度。它创造性地结合马克思主义与中国思想传统，为中国向国人、向世人回答自己的抱负及在世界中的定位做了尝试性的回答。

其次，我们来看和谐世界观提出的空间背景。冷战结束前后，国

---

① 张旭东：《全球化时代的文化认同：西方普遍主义话语的历史批判》，北京大学出版社2006 年版，第 366 页。

② "本体安全"的概念是英国社会学家安东尼·吉登斯（Anthony Giddens）提出的一个概念。他认为，所谓"本体安全"，就是指"在无意识和实践意识的层面上去拥有所有人类生活都会有所体现的基本存在性问题的'答案'"。见安东尼·吉登斯《现代性与自我认同：现代晚期的自我与社会》，赵旭东、方文译，王铭铭校，生活·读书·新知三联书店 1998 年版，第 52 页。

外学术界陆续推出了诸如"历史终结论"①、"民主和平论"②、"文明冲突论"③、"世界国家"观④、"世界大同论和全球治理论"⑤ 等有关国际社会或

---

① "历史终结论"是美国学者弗朗西斯·福山（Francis Fukuyama）在冷战结束之际提出的一种观点，曾经名噪一时。根据美国等西方资本主义国家在冷战中的胜利，它断言人类历史到了资本主义社会已经终结，其他国家将以西方尤其是美国的政治制度与意识形态为蓝本进行改革，世界将不可避免地"西方化"。可参阅弗朗西斯·福山《历史的终结及最后的人》，黄胜强、许铭原译，中国社会科学出版社2003年版。福山的"历史终结论"受到了许多关注和批评，在此不赘述。

② "民主和平论"主要是美国国际关系学者基于对战争与参战国政府体制性质之间的关系进行研究后提炼出的命题，简单地说，这一学说认为"民主国家之间不打仗"。有关这一学说的较为提纲挈领的介绍及由此在国际关系理论学界引发的争论，可参考詹姆斯·多尔蒂、小罗伯特·普法尔茨格拉夫《争论中的国际关系理论》，阎学通、陈寒溪等译，世界知识出版社2003年版，第339—347页。另外，James Lee Ray 将"民主和平论"视为科学哲学家拉卡托斯（Imre Lakatos）意义上的研究纲领，并根据拉氏用以评价研究纲领是否取得进步的标准来对这一命题做了评估（可参考 James Lee Ray, "A Lakatosian View of the Democratic Peace Research Program", in Colin Elman and Mirian Fendius Elman, eds., *Progress in International Relations: Appraising the Field*, Massachusetts: MIT Press, 2003, pp. 205—244）。国内学者对此多持批判态度，兹举两例：较早开展对"民主和平论"进行批判的是刘靖华《霸权的兴衰》，中国经济出版社1997年版，第197—214页，而施爱国则探讨了"民主和平论"与流行于西方学术界的东方主义之间的密切关系。见施爱国《傲慢与偏见——东方主义与美国的"中国威胁论"研究》，中山大学出版社2004年版，第202—225页。

③ "文明冲突论"是美国学者塞缪尔·亨廷顿提出的学术观点，他的观点引起了世界范围内的评论与回想，产生了不胜枚举的相关文献。参见 Samuel Huntington, "The Clash of Civilization?" *Foreign Affairs*, Vol. 72, No. 3, 1993, pp. 22–49. 塞缪尔·亨廷顿：《文明的冲突与世界秩序的重建》，周琪等译，新华出版社2002版。对亨廷顿观点的评介，国外文献已被翻译成中文的有，哈拉尔德·米勒：《文明的共存：对亨廷顿"文明冲突论"的批判》，郦红等译，新华出版社2002年版。中国学者对"文明冲突论"的集中评论参见王缉思主编《文明与国际政治—中国学者评亨廷顿的文明冲突论》，上海人民出版社1995年版。

④ "世界国家"观是由美国国际关系建构主义理论代表人物亚历山大·温特（Alexander Wendt）提出的观点，我们将在本书第三章中对其存在的问题进行讨论。

⑤ "世界大同论"和"全球治理论"具有密切的相关性，两者都从德国哲学家康德那里吸取了重要的养料，而且与自由主义思潮有着千丝万缕的联系。"世界大同论"和"全球治理论"在西方有众多的信徒，尤为引人注目的干将是戴维·赫尔德（David Held）。赫尔德不仅发表了大量论著阐发了大同主义这一政治构想，而且也致力于推进"全球治理"观。赫尔德在这两个相关领域的主要著作有：David Held, *Democracy and the Global Order: From the Modern State to Cosmopolitan Governance*, Cambridge: Polity Press, 1995; *Models of Democracy*, Second edition. Cambridge: Polity Press, 1996; "Law of states, Law of Peoples", *Legal Theory*, 2002, Vol. 8, No. 2, pp. 1–44; *Global Covenant: The Social Democratic Alternative to the Washington Consensus*, Cambridge: Polity Press, 2004; *Cosmopolitanism: A Defence*, Cambridge: Polity Press, 2006; David Held, ed., *Political Theory Today*, Polity Press: Cambridge, 1991. David Held, Anthony McGrew, David Goldblatt, Jonathan Perraton, *Global Transformations: Politics, Economics and Culture*, Cambridge: Polity Press, 1999. 赫尔德独著或合著的几本书已被翻译成中文。

世界发展趋势的展望或构想。它们部分是为了更好地管理这个危机重重的世界提供处方，然而更多是确立西方世界在国际关系中的主导话语权。除了"全球治理论"，西方学术界提出的这些世界构想或世界秩序方案，在中国都遭到了学术界的批判和抛弃。① 尽管如此，我们不能否认的一个事实是，现代西方世界观在国际关系中构成一种霸权世界观。这种世界观不是体现在世界秩序方案的实践上，而是体现在国际关系知识的传播和国际制度的运作中。在国内国际关系学界，衍生于现代西方世界观的三大主流国际关系理论——结构现实主义（structual realism）、新自由制度主义（neo-institutionalism）与建构主义（constructivism），构成中国人认识世界和解释世界的主要工具，而对于这些理论的世界观背景，中国国际关系学者往往疏于考察，也就在不知不觉中内化了霸权世界观的各种基本特征，即"预设"（presupposition）。尽管中国国际关系学者为了促进国际关系理论的发展作了巨大的努力，并于 90 年代后期开始了关于是否有必要以及如何建立"国际关系理论的中国学派"或"观察国际关系的中国视角"的争论。经过长达近 20 年的争鸣与反思，人们"并不反对国际关系研究应该有中国人的'视角'，因为这近乎常识"，② 然而，"时至今日，该争论仍然没有为中国建设自己的国际关系理论找到确切而有效的方向，一些相关的问题仍然悬而未决"。③ 在这种情况下，中国的国际关系研究仍然处于一种没有产生原创性理论的状态。

学者们在中学、西学之间有着一种极为尴尬的态度。对于从现代西方世界观衍生出来的西方国际关系理论，因为是西方的，所以学者们对它们有强烈的排斥心理，这也是有些人提出要建立"国际关系理论的中国学派"或"观察国际关系的中国视角"的主要原因。对于马克思主义中蕴含的国际关系思想，我们无力创造性地加以开发。至于"天下体系"和

---

① "全球治理论"在中国拥有许多的研究者，较早的研究有，俞可平主编：《全球化：全球治理》，社会科学文献出版社 2003 年版；孙宽平、滕世华：《全球化与全球治理》，湖南人民出版社 2003 年版。近年来关于全球理论的论著更是难以计数，比较典型有，王缉思总主编，庞中英主编：《中国学者看世界》系列第 8 卷，《全球治理卷》，新世界出版社 2007 年版；王义桅：《超越均势：全球治理与大国合作》，上海三联书店 2008 年版。

② 石斌：《国际关系研究"中国化"的论争》，载王逸舟、袁正清主编《中国国际关系研究（1995—2005）》，北京大学出版社 2006 年版，第 527 页。

③ 王军、但兴悟：《中国国际关系研究四十年》，中央编译出版社 2008 年版，第 353 页。

新的"和谐世界观"这两种本土资源在国际关系研究中可能具有的启示，某些人又心存疑惑，觉得它们缺乏切实可行的措施，并不真正有助于维护国际和平与稳定。更有甚者，有人认为它们担当不起能够提出独特世界秩序方案和生产出原创性国际关系知识的重任，或无法展开对它们的学术研究。有些人甚至断言，和谐世界观仅仅是中国为了维护自身的战略利益或改善自己的国际形象而提出的战略口号，因为在二十世纪两次世界大战间主张"国家间利益和谐"的理想主义被异军突起的现实主义迎头痛击的前车之鉴，已经证明"和谐世界"的不可能。吊诡的是，当我们对国外提出的世界观不满意，同时又对本土生出的世界观表示鄙夷之外，我们就只能坐等西方国家为我们提供思想资源和学术结论。为了真正确立中国国际关系研究的自主性，避免成为西方理论的"殖民地"，我们有必要重新思考世界观与国际关系实践之间的关系，并在这一理论框架中考查和谐世界观可能具有的价值和内涵，并研究和谐世界观为国际关系知识的生产可能提供的启示。这密切关系到未来中国国际关系研究是走出一条自主之路，还是停留在消费别人理论的境地。

　　最后，我们来看和谐世界观提出的文化背景。当下，为了有效地维护国内社会的稳定和国际社会的和平，中国政府提出的大战略就是一组"和谐"命题：一方面在国内倡导建立一个和谐社会，一方面在国际舞台上呼吁国际社会共建和谐世界。① 我们的希望是：在国内，人们能够安居乐业；在国际上，国家能够和平共处。在某些人看来，这种观点是不切实际的。面对着国内与国际社会存在众多问题的现实，中国提出"和谐"命题，不过是忽视国内、国际社会各种正义诉求的表现，是中国试图回避矛盾和冲突的反映。尤其在国际关系中，由于享有平等主权的国家之上缺乏一个中央政府，长期以来国际社会就被视为处于一种"无政府状态"。西方国际关系理论都把无政府状态作为理论构建的逻辑起点，探讨由此带来的各种后果。甚至可以说，西方国际关系理论的发展过程，实际上就是一个谈论如何通过各种措施，消除国际"无政府状态"以实现国际秩序的过程。即使是靠批判主张国际无政府状态危险性的现实主义起家的建构主义理论，也无意于否认无政府状态这一基本假定（详见第三章）。如果

---

① 阎学通：《和谐社会与和谐世界的政策关系》，载《国际政治研究》2006 年第 1 期，第 14—15 页。

说"国际无政府状态"的确构成国际关系的基本事实，那么人们会问：和谐世界观能够为缓解或消除这一状态中的国际冲突、国际战争提供什么样的处方？国际关系理论长期都是一个权力盛行的领域，权力与和谐世界建立之间的关系如何？和谐世界观能否在"物质性权力"或"强制性权力""软实力"等概念之外提供什么样的权力类型？霸权世界观对弱势世界观的压制和同化，是否构成一种权力？既然国际关系中权力盛行，和谐世界如何建立？和谐世界观有什么具体优势，人们为什么一定得接受或提倡和谐世界观？有人也有可能从理论层面上对和谐世界观提出质疑，认为和谐世界观来自传统文化，是属于中国本土的思想资源，而作为中国国家意识形态和指导思想的马克思主义，则属于近代西方思想传统中的一部分，两者在"本体论""认识论""方法论"及一系列具体问题上的观点都不一样，在这种背景下，如何实现两者之间的融合与对接？[①]……诸如此类的质疑，都直接考验着和谐世界观的有效性与合理性。尽管对于和谐世界观的某些批评意见是吹毛求疵、无中生有，但对于那些虽然尖锐、但合理的质疑，我们不能回避，而要明确给出我们的观点或解释。为了让和谐世界观真正赢得国际社会的响应和认同，中国领导集体，尤其对于中国学者来说，就有必要把这些质疑切切实实当作是"自己现实问题与学术问题的交叉点"，通过深入研究对它们予以有效的解答。这是"时势化的忧患意识"提出的具体要求，也是中国学者必须完成的使命。

通过对和谐世界提出的时间、空间、文化背景的梳理，我们能够发现提出并尝试回答"中国为什么要提出和谐世界观"这一问题具有重大意义。首先，和谐世界观的提出，是中国人在马克思主义思想的基础上对中国文化传统中"天下观"所作的继承和创新。因为接上了中国几千年的文化传统，和谐世界观能够有效地沟通古、今、未来这几个时间向度。如果能够充分地实现和谐世界观的学理化，它将能有效满足中国人对身份认同与本体安全的需求，为中国人肯定自身的文化传统、生活世界、生活方式、价值观念、政治制度等属于观念层面的需要，提供一种系统连贯、合理有效的思想系统。其次，和谐世界观具有反抗霸权世界观的作用。在空间维度上，和谐世界观是与现代西方世界观、伊斯兰世界观、印度世界

① 李长裕：《中共建构"中国特色"国际关系理论研究（1998—2006）》，中国台湾成功大学硕士论文，2008年6月，第116—152页。

观，以及其他许多世界观共存于世的。和谐世界观主张世界多种文化、世界观、政治制度、发展道路之间的平等对话，然而，在霸权世界观仍然具有压迫、控制、同化其他世界观的倾向和能力时，世界观之间的对话就是不平等的。在这一意义上，和谐世界观的提出，客观上就有反抗霸权世界观压制的效应。至于和谐世界观能否具备与霸权世界观进行平等对话的能力，最终取决于中国学者们的努力。这不是靠我们通过规范性的描述或断言就能实现的。我们不仅需要对和谐世界观的优势用学术语言表达出来，而且还要对霸权世界观的内在缺陷、人们为什么不能接受霸权世界观的原因做深入的研究。只有这样，和谐世界观能够有效地沟通起"西学"与"中学"，其丰富内涵和强大潜力才能充分展示。最后，和谐世界观是具有中国文化背景的。在当前中国的对外战略中，和谐世界观构成指导中国外交实践的战略依据，然而对于和谐世界观的可行性、必要性、可欲性，人们仍有许多误解或质疑。误解可以不必理会，但质疑却不能不有所回应。我们必须承认，和谐世界观的确还有许多尚待完善的地方，比如说和谐世界的建立与权力之间的关系、和谐世界观能够为中国国际关系研究提供哪些具体的启示，和谐世界观能否解释国际关系现象，等等。当前，在中国的外交实践与中国的国际关系研究之间，存在着严重的滞后现象，理论研究只能被动地为外交实践做出有限的解释，而不能为后者提供具有原创性的概念、范畴、理论等等。就理论层面而言，和谐世界观的学理化或许能够在一定程度上弥补"现实"与"学术"之间的断裂。至于质疑能否消除，断裂能否弥补，最终还需依靠学者们的创造性研究。

在这里需要强调的是，问题意识并不是一篇论文能够直接予以解决的问题。问题意识仅仅提供总体性的思想脉络和学术发展框架，它更多的是强调问题提出的思想背景，可以认为它构成一组问题。如秦亚青强调："社会现象作用于人的意识，展开了理论家和客观世界之间的对话，于是出现了问题与对问题的意识。但初始意识更多的是对特殊现象做出的具体反应，有着高度的经验特征。这类问题和问题意识会大量出现。有些问题可以成为理论的核心问题，有些问题只是昙花一现，这是文化选择的结果。"[1] 也就是说，从问题意识中能够产生多个具体的研究问题，其中只

---

① 秦亚青：《国际关系理论的核心问题与中国学派的生成》，载《中国社会科学》2005 年第 3 期，第 168 页。

有某些问题能够成为"理论的核心问题"。我们虽然不同意他有关"理论的核心问题"的决定因素是"文化选择的结果"这一论断，① 不过，他确切地指出了问题意识与具体研究问题之间的区别，这也是本书的基本立场。如果承认"中国为什么要提出和谐世界观"构成一个问题意识，那么它可以涵盖或衍生出一系列的具体问题，如我们在上文提到的和谐世界与权力之间的关系、和谐世界观能否解释国际关系现象，等等。而当我们从世界观的角度来理解和谐世界观，那么它至少包含三个密切相关且异常重要的问题，即"为什么需要提倡和谐世界观？""和谐世界的建立是否可能？""和谐世界为什么是值得追求的？"这三个问题分别关系到和谐世界观提出的必要性、可行性、可欲性。对它们的回答，也就构成了和谐世界观必须要完成的三重使命：批判、解释与规范。在很大程度上，后两重使命是从第一重使命中衍生出来的，同时又为第一重使命提供支持。限于篇幅和能力，本书仅仅完成和谐世界观第一重使命，即尝试通过对霸权世界观的批判，为和谐世界观的学理化提供一种新的视角。对于第二、第三重使命，我们仅仅做简要的提示。下文我们将对国内关于和谐世界观的研究现状与和谐世界观三重使命的具体内容稍作介绍。

第二节　对现有研究的简要评估

和谐世界观的提出以及随之而来的宣传，刺激了中国学术界对其进行大量的研究。关于和谐世界观的研究大体可以分为两类，一类是学术期刊上刊载的论文，另一类是著作与论文集。除了学术论文或时评，还出现了大量的相关著作或著作章节，不过数字难以统计。即使是从学术论文一项，就可以看出国内学术界在研究和谐世界上投入的众多精力。和谐世界观的提出，为中国学界提供了一个难得的学术研究课题，受此启发，大批研究人员介入到了该概念的研究之中，客观上开辟了一个新的研究领域，也使和谐世界观已成为一个横跨各学科、吸引了众多研究人员介入其中的热门问题。这从参与和谐世界观研究人员的学科背景得到一定程度的反

---

① 这是因为：一方面，何谓"文化选择"是模糊不清的；另一方面，我们无法确知核心问题的出现，是处在一定文化背景下的人们主动选择的结果，还是仅仅出于情感上的眷恋或认知上的认同导致的后果。

映。仅粗略地看，就有哲学、社会学、人类学、心理学、国际关系学、文化研究等学科的研究人员参与到和谐世界观的研究中。他们从本领域的视角出发，对和谐世界观作了异常丰富的解读。研究人员学科背景的多样化和解读视角的多元化，充分说明它具有的学术潜力和发展前景。

一 对研究成果已有的分类和评估

如何对现有研究成果进行分类和评价呢？关于和谐世界观的研究成果数量众多并且仍在源源不断地涌现，任何一种分类或评价方式都无法穷尽所有的成果，因而不可避免地带有简化的倾向。清华大学的孙学峰从国际关系学科的角度出发，认为国内关于和谐世界观的研究成果大致可以分为两类：“一类是探讨和谐世界理念的主要内容及其对中国外交战略的意义；二是讨论如何落实和谐世界理念的相应主张，更好地维护中国的国家利益。”[1] 这种分类的出发点，着眼的是中国外交政策与和谐世界观之间的关系，并探讨后者对中国国际关系理论研究所具有的意义。由于关注视角主要集中外交实践上，孙学峰的分类并不能囊括关于和谐世界观研究的多种取向。无独有偶，北京外国语大学的尹继武也将现有关于和谐世界的研究成果分为两类。根据他的分类，第一类研究成果是“从中国外交的角度分析和谐世界的历史与文化根基”，第二类是“从理论命题的角度分析和谐世界理念的内在逻辑与机制”。[2] 这里的分类研究涉及到了我们所说的和谐世界观的解释与规范使命，相较于孙学峰的分类，尹继武的分类已有相当大的改进，因为他的评价依据已经脱离了中国外交这一比较狭隘的领域，而是“从国际关系理论的视角分析和谐世界命题”。[3] 然而，如上所述，既然参与和谐世界观的研究人员涉及到除国际关系学科外的广泛领域，这些分类和评价稍显不足。

比较全面和深入的分类和评价，是由中山大学亚太研究所的许少民提供的。在《和谐世界：口号还是战略》一文中（下称“许文”），他对国

---

① 孙学峰：《和谐世界理念与中国国际关系理论研究》，载《教学与研究》2007 年第 11 期，第 55—60 页。

② 尹继武：《和谐世界秩序的可能：社会心理学的视角》，载《世界经济与政治》2009 年第 5 期，第 58 页。

③ 同上书，见第 58 页脚注尹继武对孙学峰分类的批评。

内关于和谐世界观的主要研究成果做了比较系统的梳理。① 许文认为，目前国内学术界关于和谐世界观的研究，可以划分为以下五类理论取向。第一类是探讨和追溯和谐世界观的文化渊源；第二类试图衔接中国传统文化与西方国际关系理论的相关命题；第三类是阐述和深化胡锦涛在联合国成立六十周年大会上的讲话内容；第四类是借助中国社科院哲学研究所学者赵汀阳在《没有世界观的世界》与《天下体系：世界制度哲学导论》中提出的"天下主义"，揭示和谐世界观的具体内涵与理论意蕴；第五类研究取向，是以复旦大学王义桅和上海国际问题研究所研究人员夏立平等为代表的、为和谐世界观赋予时代特征和新内涵的研究成果。在许文看来，虽然国内学术界对和谐世界观的研究"客观而言也取得一定的学术成果"，然而总体而言，这些研究成果不仅"高度雷同与一致"，而且具有这样一个特征："在学者的研究中，'和谐世界'更多的是政治命题而非学术命题，学界对此问题的研究更多的是为了给'和谐世界'寻找一种学理上的支持，因此在论证的过程中不免有所取舍，以偏概全"。在此基础上，许少民认为中国领导人之所以用和谐世界观代替之前曾引发国内外学者热烈讨论的"和平崛起理念"，实际上反映了中国政府和学界"不管国际社会'中国威胁论'如何甚嚣尘土，中国将奉行不讨论不争论的策略……'和谐世界'的本质乃是一种彻彻底底的口号与辞令，或许它比'和平崛起'更好更美，但并不更真！"

许文对国内学术界有关和谐世界观研究成果的概括值得引起重视。一方面，它对已有研究成果的概括比较准确；另一方面，它的评价有过分简化的倾向和"挟洋自重"的嫌疑。不可否认，许文的确在很大程度上指出了研究中存在的问题，比如说：学术观点的高度雷同，关于和谐世界观研究的理论化水平参差不齐，回避讨论和谐世界观中的核心问题——"谁的和谐""与谁和谐"，等等。实际上，这些缺陷，中国学者并非没有自我反思。早在 2007 年，王逸舟就指出了和谐世界观在国内与国外学术

---

① 许少民：《和谐世界：口号还是战略？》，该文刊载在"中国选举与治理网"上，投稿时间为 2009 年 1 月 8 日，网址为 http：//www. chinaelections. org/NewsInfo. asp？NewsID = 141085，进入时间为 2009 年 10 月 4 日。对这些数据库的介绍，可参阅该文的注释。

界所引起的不同反应，① 只不过与王逸舟的评论相比，许文的批评更加深刻也更加尖锐。然而，学术批评的尖锐性并不代表其真实性，也不代表其客观性。许文虽然指出了"中国学者深受研究预设的影响，对和谐世界内涵做一厢情愿式的自我解读，忽视了从他者角度认识和谐世界的内涵"，然而，在批评现有研究成果时它同样掉入了自己的"研究预设"中。这两个"研究预设"就是：认为和谐世界仅仅是个政治命题而不是学术命题、认为他者的角度——说穿了就是西方——对待和谐世界观的观点就是结论性的和不容置疑的。前一个预设决定了许文拒绝考虑和谐世界观是否可以有从"政治命题上升为学术命题"的可能，同时也预示着他不会去从事这项对和谐世界观进行自我肯定的工作；至于后一个预设，则比较突出地反映了中国国际关系学的研究现状，即人们将西方国际关系知识视为唯一合法有效的知识，内化了现代西方世界观的预设而不自知，自然也就无法发现和谐世界观的真正价值。这种状况，为中国台湾本土社会学家杨国枢与文崇一对中国学者在从事社会科学研究时"挟洋自重"的倾向提出的批评，做了最生动的诠释。对于这种倾向，杨国枢与文崇一指出：

> 我们所探讨的对象虽然是中国社会与中国社会中的中国人，所采用的理论与方法却几乎全是西方的或西方式的。在日常生活中，我们是中国人，在从事研究时，我们却变成了西方人。我们有意无意地抑制自己中国式的思想观念与哲学取向，使其难以表现在研究的历史之中，而只是不加批评地接受承袭西方的问题、理论及方法。在这种情形下，我们充其量只能亦步亦趋，以赶上国外的学术潮流为能事。在研究的性质上，也未能与众不同。在世界的社会及行为科学界，只落得是多我们不为多，少我们不为少。②

尽管如此，本书仍然借鉴了许文对现有研究成果评价所做的分类。这是因为：首先，许文对现有关于和谐世界观研究成果的分类最为全面，基

---

① 王逸舟：《中国外交三十年：对进步与不足的若干思考》，载《外交评论》2007 年第 5 期，第 16 页。这篇文章被收入王逸舟的《中国外交新高地》一书。参见王逸舟《中国外交新高地》，中国社会科学出版社 2008 年版，第 14 页。

② 杨国枢、文崇一主编：《社会及行为科学研究的中国化》，"序言"，转引自黄光国《社会科学的理路》，中国人民大学出版社 2006 年版，第 6 页。

本囊括了截至 2008 年国内外关于这一问题的研究成果。他所考察的范围不仅包括了国外学术界,① 而且还比较系统地介绍了对超出国际关系学、原本属于政治哲学范畴的天下体系理论。这充分说明了作者对国内外关于和谐世界观研究成果的熟悉掌握。其次,许文的研究在一定程度上符合标准的学术规范,他提出的问题具有重要警醒意义。他要求我们在对和谐世界观进行研究的过程中,首先应该避免从事喊口号式的研究,然后要对目前关于和谐世界观的研究停留在低水平上的原因进行深刻反思,以提高和谐世界观的学理化程度。最后,许文内化了现代西方世界的预设,看不到和谐世界观基本特征和独特价值,从而产生了许多偏见。本书的主要目的就在于通过将和谐世界观纳入到国际关系与世界观之间关系的整体框架中,提高和谐世界观的学理化程度,从而打破国外那些认为和谐世界观不过是"战略口号"和认为西方国际关系知识就一定是普遍有效的偏见。简单地说,就是通过揭开现代西方世界观"普遍性"和"普适性"的面具,将其特殊性还原出来;同时也从目前仍然具有"独特性"的和谐世界观中挖掘出普遍性的内容,提高和谐世界观的学理化程度。

二　以和谐世界观的三重使命作为评估依据

和谐世界观要避免被视为"十足的外交辞令"和"乌托邦",必须完成批判、解释、规范三重使命。和谐世界观是作为一种世界观提出来的。它不仅给出了一种关于世界如何运行的图景,而且对如何实现这种秩序的途径初步拟议了某些具体的建议。不过,是否实现这一目标,关键取决于其理论化和系统性的程度。那么,如何才能提高其理论化与系统化的程度呢?犹如那些支持创建"国际关系理论中国学派"或"中国特色国际关系理论"的学者一样,提高和谐世界观的理论化程度的关键问题,还在于途径和资源上。② 不过,我们的基本原则是清楚的:即以马列主义为指导思想;注意研究国家领导人的国际政治与外交思想;从中国的国情出发,对当代外交实践进行理论总结;从中国传统文化中吸取营养;有选择地借鉴国外理论成果。③ 我

---

① 孙学峰与尹继武的分类和评价并未涵盖国外的研究成果,而且相较于王逸舟,通过检索国外关于这一主题的研究成果,许少民的判断也比较准确。

② 王军、但兴悟:《中国国际关系研究四十年》,中央编译出版社 2008 年版,第 366 页。

③ 石斌:《国际关系研究"中国化"的论争》,载王逸舟、袁正清主编《中国国际关系研究(1995—2005)》,北京大学出版社 2006 年版,第 531 页。

们这里尤其关心的问题是，既然世界观密切关联着如何做中国人、中国人如何自我肯定、中国人如何回归自己的历史性等事关重大的价值问题，那么我们唯有与现代西方世界观进行激烈交锋才能真正实现这一目标。也就是说，回到中国和谐世界观这一关联着中国传统的世界观，就是要去探索在当前这一危机四伏、问题重重的世界中，中国古代的"天理世界观"对我们还有什么样的启示和意义。近代以来，在我们没有意识到西方普遍主义的话语体系只不过是一种特殊的地方性知识时，我们没有甚至不愿看到西方理论或世界观是作为一种地方性知识被神化为普遍主义话语的，只是一厢情愿和"主动殖民化"地认为，西方话语是具有普适意义的。在这一表象下，我们失去了对自己普适主义世界观的信心，并将其抛弃，这就是近代"公理世界观"取代中国传统"天理世界观"的秘密。而在今天，要想重新开发中国传统世界观的潜力，我们只能通过与西方世界观进行对话、借鉴并与其展开交锋才有可能实现。这就要求我们首先必须承担起批判现代西方世界观的使命。除了批判，我们还要做一些什么样的工作呢？毫无疑问，和谐世界还必须能对关于世界如何运行与对国际关系现象做出言之有物、行之有效的阐释——解释使命，还必须对和谐世界观本身所具有的独特优势进行深入的挖掘，阐发它所提供用以指导国家等国际行为体处理彼此间关系的道德规范与伦理标准——规范使命。

　　完成批判、解释与规范这三重使命，仅仅依靠国际关系学是不行的，它还必须广泛吸取哲学、人类学和文化研究、历史学、伦理学、社会心理学等学科的知识。这里我们可以从西方马克思主义国际关系学者安德鲁·林克纳特（Andrew Linklater）那里吸收重要的启示。林克纳特试图提出一种"后威斯特伐利亚时代"（Post-Westphalian Era）[①] 政治共通体（po-

----

　　① "后威斯特伐利亚时代"，主要是国外社会科学研究中的一个特定术语，是与"威斯特伐利亚体系"或"威斯特伐利亚时代"相对的。绝大多数社会科学研究都将 1648 年《威斯特伐利亚条约》的签订，作为中世纪和现代之间断代的时间点。认为它结束了欧洲起源于宗教问题、造成史无前例重大破坏的"三十年战争"（1618—1648 年），同样也标志着近代主权国家的形成。从那时开始，作为一种政治组织形式的主权国家开始从欧洲扩散到整个国际社会，由此形成的国际社会就被称为"威斯特伐利亚体系"或"威斯特伐利亚时代"。从 20 世纪 70 年代开始，原本作为国际社会中主要行为体的主权国家的权威不断遭到跨国公司、国际非政府组织、国际社会运动、全球市民社会、网络技术等行为体或事实造成的侵蚀，使得主权国家在处理国际问题时的权威有所削弱，冷战结束前后，有人据此认为国际社会已经进入"后威斯特伐利亚时代（体系）"。

litical community)① 的构想，也就相当于提出一种"后威斯特伐利亚"世界观。他认为，要完成这一使命，必须完成三个方面的任务：首先：要对现存主权国家体系的道德基础进行批判的哲学研究（critical philosophical inquiry），并把重点放在允许将整个世界分割成自成一体的道德和哲学共通体做有关准入与排斥（inclusion and exclusion）的伦理分析上；其次，要对现代国际体系的根源以及"制约了后主权国家间关系（post-sovereign international relations）出现的原因及其前景"做社会学的研究（sociological inquiry）；最后，要对国家和非国家行为体如何利用具有潜力的变革机制，以推动社会和政治共通体的性质发生向以人类解放为旨归的方向前进的可能性等问题，进行人类行为学的研究（praxeological inquiry）。② 林克纳特关于要实现"后威斯特伐利亚体系"世界观所要求的批判性哲学研究、社会学研究、人类行为学研究，实际上就是我们所说的批判、解释与规范这三重使命。不过，和谐世界观与林克纳特所构想的世界观之间有一定的差别。首先，林克纳特认为"后威斯特伐利亚时代的政治共通体"世界观是"对主权国家体系所作的大同主义批判"，③ 而和谐世界观和"天下观"虽不排斥大同主义，然而却并不以此为旨归，它们强调的是世界的多元性与对差异的尊重。其次，在我们所说的批判、解释与规范这三重使命与林克纳特所说的三种研究之间，并不存在一一对应的关系。例如，我们认为社会学和人类行为学研究不仅可以用来履行解释与规范使

---

① 在这里，"community"一词没有采用通常的"共同体"的译法，而是被译为"共通体"。这里主要受到了陈赟的启发。陈赟认为："'共同体'这个词本身代表了当代思想的一种'短视'，它试图将'共在'（共同生活）的可能性交付给'同（一）性'；相反，'共通体'的表述却将'共在'的可能性交付给'通（达）性上。事实上，在新近的西文著作的中译中，我们已经看到将'communnity'重新翻译为'共通体'的尝试。"见陈赟《天下或天地之间：中国思想的古典视域》，上海书店出版社 2007 年版，第 8 页。至于将"community"译为"共通体"的译著实际上并不多，笔者发现的案例仅有著名法国哲学家让—吕克·南希（Jean-Luc Nancy）两个中译本采用了这种译法。见让—吕克·南希《解构的共通体》，郭建玲等译，上海译文出版社 2007 年版；让—吕克·南希：《变异的思想》，夏可君译，吉林人民出版社 2007 年版。

② Andrew Linklater, "The Question of Community of the Next Stage in International Relations Theory: A Critical-Theoretical Point of View", *Millennium: Journal of International Studies*, Vol. 21, No. 1, 1992, pp. 77—98; Andrew Linklater, *The Transformation of Political Community: Ethical Foundations of the Post-Westphalian Era*, Cambridge: Polity Press, 1998, pp. 1 – 10.

③ Andrew Linklater, *The Transformation of Political Community*, p. 2.

命，而且还可以用来执行批判的任务；同样，批判的哲学研究和社会学研究也可以对一种世界观的规范内涵进行论证；不仅如此，完成三重使命的工作，也可以借鉴除哲学、社会学、人类学之外的其他学科的资源。最后，由于不同的世界观由具有不同问题意识的人提出的，体现了不同的时间、空间和文化维度，可以想见，实现一种世界构想三重使命的具体理论资源也会不一样。

对目前国内关于和谐世界观的研究成果，可以从它们是否涉及或是否尝试完成批判、解释与规范这三重使命来衡量。根据上文许少民论文的介绍可以知道，国内从事和谐世界研究的学者，绝大部分都是从"规范"层面开展对和谐世界观的研究，他们要么在解读中国古代哲学文本的基础上就和谐世界应该是一种什么样的世界秩序加以分析，要么认为和谐世界的理念为当代世界处理各种各样的问题提供了重要的启示，要么对国家领导人关于和谐世界的讲话做进一步的引申以说明这种世界观是多么的优越，等等。以上这些对和谐世界观所作的研究固然必不可少，然而囿于从"规范"的角度解读和谐世界观，很有可能会陷入许少民的论文所说的"十足的外交口号"的泥沼中。不仅如此，即使是对和谐世界观进行的规范研究，也很少有人真正从"人类行为学"的角度切入。除了上述种种解读方式，还有一定的研究成果涉及到了对现存国际秩序和国家间关系实践的批评。但是，这种批评往往达不到"批判"的高度。因为"批判"要求学者们对导致国际关系出现问题的深层根源进行深入反思，对现存社会秩序的不公正现象进行深刻揭露，正如马克思《黑格尔法哲学批判》中所言，批判是一种"激情的理性"，是批判不合理制度或秩序的"武器"，是清算批判对象的"手段"，批判的"主要情感是愤怒，主要工作是揭露"。① 而研究和谐世界观的许多成果，往往只是浅尝辄止、不温不火地谈及主权国家体系在形成和发展过程中带来的问题，其深度甚至达不到其他学科的学者对国际体系和世界问题所做的观察。至于从"解释"这一层面开展对和谐世界研究的成果更是少之又少，只有李旭东的《论国际社会的怨恨心理与和谐世界的建构》、尹继武的《和谐世界秩序的可能》这两篇论文讨论了和谐世界建立过程中存在的问题及其实现

---

① 马克思：《黑格尔法哲学批判导言》，载《马克思恩格斯选集》（第一卷），第 4 页。

前景。① 除此之外，我们还没有看到更多尝试去完成"解释"使命的研究成果。

值得指出的是中国国际关系学者秦亚青、中国哲学家赵汀阳、上文提到的林克纳特的研究成果。他们虽然没有直接涉及到和谐世界观的三重使命，但的确从不同角度启示我们如何去从事不同使命的研究。秦亚青讨论了开发中国传统思想的某些元素以解释国际关系现象这一"解释"使命。通过将"关系本位"与"过程论"等具有浓郁中国特色的概念范畴纳入到西方国际关系建构主义理论框架中，秦亚青提供了一种从中国视角看待国际关系的"过程建构主义"。② 不仅如此，秦亚青还认为，建立国际关系理论的中国学派，可以将中国近30年来是如何融合国际社会这一问题，作为理论的核心问题。③ 我们不同意秦亚青关于理论核心问题的观点，因为无论是从问题意识的时间、空间、文化哪一个维度出发，在一百多年来的时间里，如何在中国传统世界观与马克思主义思想的基础上提出一种新的世界观，更有资格成为核心理论问题；而且他也还没有来得及对"过程建构主义"进行更详细的经验研究。尽管如此，秦亚青的努力仍然是值得尊敬的。他提醒我们，只要我们不妄自菲薄，对和谐世界观所包含的丰富内涵进行深入和不懈的研究，是可以提供一种或多种基于和谐世界观的原创性国际关系理论的。我们将会看到，所谓"关系本位"与"过程建构"，是内在于和谐世界观中的相互关联思维方式和过程论哲学取向在社会关系层面上的反映（详见第5章）。除了国际关系研究领域，对于和谐世界观的的批判和规范使命做出贡献的，是来自哲学研究界的赵汀阳。

---

① 李旭东：《论国际社会的怨恨心理与和谐世界的建构——一种基于社会心理学视角的分析》，载《国际论坛》2008年第1期，第34—38页；尹继武：《和谐世界秩序的可能：社会心理学的视角》，载《世界经济与政治》2009年第5期。这两位学者研究和谐世界构想的路径有相同之处，他们论文的标题就一目了然，他们都选取了从社会心理学的角度讨论和谐世界建设的问题。他们之间的区别在于，前者讨论了消除国际社会中的怨恨心理对于构建和谐世界具有的意义；而后者则在前者讨论问题的基础上，探讨了消除国际社会中群体、国家之间产生消极情绪的途径，并在此基础上分析了和谐世界生成的可能性。这两篇论文为人们展望和谐世界的可能及其实现途径提供了重要的启示。

② 秦亚青：《关系本位与过程建构：将中国理念植入国际关系理论》，载《中国社会科学》2009年第3期，第69—86页。

③ 参考秦亚青《国际关系理论的核心问题与中国学派的生成》，载《中国社会科学》2005年第3期，第167—168页。《国际关系理论中国学派生成的可能与必然》，载《世界经济与政治》2006年第3期，第7—13页。

在和谐世界观提出之前，赵汀阳通过重构中国传统天下观，提出了"天下体系"理论和"没有世界观的世界"学说。① 他的研究，既涉及到了对西方世界观体现出来的"异端思维"的批判，也重构了中国天下观对于人们想象世界在"规范"方面的优势，不过限于他的哲学家身份，他没有提及是否以及如何用他的理论和立场来解释具体的国际关系现象。林克纳特与秦亚青和赵汀阳有所不同，他关注的是通过运用马克思主义、法兰克福学派的社会批判理论，以及西方伦理学思想，来对现有主权国际体系的"道德赤字"（democratic deficit）进行尖锐的批判，以此重构世界政治的道德和伦理基础。② 这是他提出一种以解放为旨归、具有大同主义色彩的"后威斯特伐利亚时代政治共通体"构想的初衷。在这一过程中，林克纳特研究旨趣几乎全部集中在批判与规范层面，而对解释国际关系中的具体经验问题不感兴趣。秦亚青、赵汀阳、林克纳特对一种新的世界构想所要求的三重使命上的完成情况可见表0—1。

---

① 赵汀阳：《天下体系：世界制度哲学导论》，江苏教育出版社 2005 年版；赵汀阳：《没有世界观的世界》，中国人民大学出版社 2005 年版。这两本书在胡锦涛提出和谐世界观之前出版，在此之后，赵汀阳积极将自身的"天下主义"理论与和谐世界观衔接起来。见赵汀阳《冲突、合作与和谐的博弈哲学》，载《世界经济与政治》2007 年第 6 期。对赵汀阳的批评有华裔瑞士籍学者相蓝欣《传统与对外关系——兼评中美关系的意识形态背景》，生活·读书·新知三联书店 2007 年版；相蓝欣《戒言崛起，慎言和谐》，《联合早报》2006 年 3 月 26 日；吕勇《无立场与中国立场——评赵汀阳〈天下体系：世界制度哲学导论〉》，载《广西师范大学学报》2007 年第 S2 期；徐建新《天下体系与世界制度——评〈天下体系：世界制度哲学导论〉》，载《国际政治科学》2007 年第 2 期；周方银《天下体系是最好的世界制度吗？——再评〈天下体系：世界制度哲学导论〉》，载《国际政治科学》2008 年第 2 期；国外学者对赵汀阳的批评见柯岚安（William A. Callahan）《中国视野中的世界秩序：天下、帝国与世界》，载《世界经济与政治》2008 年第 10 期。而赵汀阳对这些批评意见的部分回应见赵汀阳《关于和谐世界的思考》，载《世界经济与政治》2006 年第 9 期；赵汀阳《"和谐世界"的提法没什么不妥》，《北京日报》2006 年 11 月 27 日等。

② 除了著作外，林克纳特还发表了大量的论文，由于篇幅的关系，这里只列出他的专著。据笔者所知，林氏发表了四部专著，它们分别为：Andrew Linklater, *Men and Citizens in the Theory of International Relations*, London: Macmillan, 1990; *Beyond Marxism and Realism: Critical Theory and International*, London: Macmillan, 1990; *The Transformation of Political Community: Ethical Foundations of the Post-Westphalia Era.* Cambridge: Polity Press, 1998; *Critical Theory and World Politics: Citizenship, State and Humanity*, New York: Routledge, 2007.

表 0—1　　　　　三种世界构想在完成三重使命方面取得的进展

三重使命 ＼ 三种构想	秦亚青的"中国学派"	赵汀阳的"天下制度体系"	林克纳特的"后威斯特伐利亚时代政治共通体"
批判		√	√
解释	+		
规范		—	√

"√"意味着完成得比较好，"＋"代表迈出了关键性的步骤，而"—"代表提出了一些假设

　　既然已有国际关系学者、哲学家、马克思主义理论家为我们想象世界提供了新的可能性，并为此做了许多关键性的探索工作，那么，我们没有理由对提高和谐世界观的学理化程度抱悲观态度。我们应该意识到，中国人应该有自己的学术抱负。美国著名汉学家约瑟夫·列文森（Joseph R. Levenson）很早以前就说过："犹如俄国有俄国的过去，英国有英国的过去一样，中国也有中国的过去。这就是说，中国的过去将留在记忆中，从其价值世界保存下来的碎片将被重新评估。激进的西方化不会为中国的历史画上一个句号"。① 和谐世界观之所以引起学术界的强烈反应，并不仅仅因为它只是一个"十足的外交辞令"，而是因为它为中国人和世界提供了一个被抛弃了很长一段时间，而现在又得到"重新评估"、具有良好前景和深厚潜力的关于世界的想象。尽管这一想象与过去"以中国为中心"的帝国或天下有着暧昧不明的关系，② 然而，面对着这个变化迅速而又向世界提出了诸多挑战的时代，中国人有责任向世界提供一种世界想象。这种想象不仅仅有助于反抗霸权世界观的压制，为世人提供一种具有包容精神的世界观；更重要的还在于，通过系统阐发和谐世界观的丰富内涵，它将有助于为中国如何定位自己在世界上的位置、中国人如何处理自己以及大家共同面临的诸多问题，以及中国人如何看待目前这个世界及其发展前景等重要议题提供答案。这是世人向日益崛起的中国所提出的要

① 约瑟夫·列文森：《儒教中国及其现代命运》，郑大华、任菁译，广西师范大学出版社2009 年版，第 361 页。

② 柯岚安：《中国视野中的世界秩序：天下、帝国与世界》，载《世界经济与政策》2008年第 10 期。

求，更是中国人对历史与现实所担当的道义责任。至少在目前，和谐世界观或天下体系理论虽然还不够成熟，甚至是否能臻至成熟以及能成熟到何种程度，都是悬而未决的问题。但是，它们毕竟承载着中国人处理"天下"事务的历史经验，涉及到中国人的身份认同和情感忠诚，所以，在没有做更多的研究的情况下，基于某种不合理的偏见就简单地抛弃对和谐世界观的研究，既是没有学术自信的表现，也是对学术研究不负责任的态度。可喜的是，尽管还存在这样那样的不足，至少还有秦亚青、赵汀阳、尹继武、李旭东等学者在积极探索和谐世界观与国际关系理论之间的关联性，我们希望的是能有更多的学者参与到推进和谐世界观的学理化研究中来。

三　本书尝试解决的具体问题——和谐世界观的批判使命

本书尝试从"中国为什么要提出和谐世界观"这一问题意识出发，通过集中探讨和谐世界观的"批判"使命，为和谐世界观的"解释"与"规范"使命提供些许启示。我们深知，探索和谐世界观的三重使命是一个庞大的系统工程，这不是本书能够完成的任务，事实上也远远超出作者的能力。但我们尝试去从事和谐世界观批判使命的研究，即通过探索现有世界观及其世界秩序方案和知识的局限性，从而回答和谐世界观提出的必要性这一问题。我们不断强调的是这样一个事实，即和谐世界观本身是作为一种世界观而提出的，它有独特的世界秩序方案，而且有从整个世界观察世界的特点，这是世界观的两个界定性特征。世界一直都是世界观多元的世界，世界观之间的交流、沟通、冲突，乃至战争等方面的互动，一直都是国际关系的主要内容。世界观与国际关系之间的关系，虽然可以被归纳到文化与国际关系之间的关系这一更大的研究框架内，但前者本身可以构成一个独立的研究议程。到目前为止，讨论世界观与国际关系之间的关系的研究成果仍然比较少，也正是因为这一原因，人们对和谐世界观提出意义的认识，仍然存在着一些偏差。我们迫切需要将世界观"带回"到国际关系的研究中来。从本节第一部分可知，国内学术界很少有人从世界观的角度研究和谐世界观；即使对于一般世界观与国际关系之间的（理论与实践）关系，学术界的研究成果也比较有限。需要说明的是，从世界观的角度解读和谐世界观，并不与邓小平关于中国不以意识形态论亲疏的外交指导方针相矛盾。邓小平是从外交政策层面上提出这一要求的，他没有也不要求中国放弃对自身世界观的坚持及与时俱进地推进世界观的创新。从第一节有关和谐世界观提出的时间、空间、文化背景的梳理中我们看到，和谐世界观既关系到中国对本体安全和身体定位的寻求，同时也有对霸权世界观进行反抗的效应，甚至还涉及到中国国际关系知识的创新。而这些方面的意义，只有通过将和谐世界观视为一种世界观才能清晰地看到。

　　既然我们集中研究的是和谐世界观的批判使命，那么就必须对这一使命的相关情况稍作说明。我们已经指出，在国际关系中，世界观同样是具有等级制的，而霸权世界观则发挥着阶级社会中统治阶级意识形态的作用。目前在国际关系中扮演着霸权世界观角色的是现代西方世界观。这种世界观不仅体现在国际关系知识的生产和传播中，而且还体现在国际制度的设计与运作中。当人们接受从霸权世界观中衍生出来的国际关系知识、国际制度中的规则以及国际规范时，霸权世界观也就内化在人们的心智结构和世界观中，从而让从属者自觉、自愿、自动地维护着霸权世界观提供的世界秩序。霸权世界观的厉害之处在于，它不会像意识形态的灌输那样容易遭到抵制，但它所产生的政治和理论效应，比意识形态的效果要更加隐蔽、更加深入。如果说霸权世界观具有包容差异、尊重人类世界观多样性的特征，那么它仍然不失其积极价值；然而，现代西方世界观却有同化、消灭其他文化、世界观、政治制度等内容的内在冲动，构成国际冲突乃至战争的重要根源。对于这种起源于企图消除其他世界观而带来冲突的现象，我们可以称之为"世界观问题"。居于弱势地位的世界观，面对霸权世界观消除或同化其他世界观的内在冲动，并有强大的物质实力（包括经济、军事、金融等方面的力量）作为后盾，如果要维系自己的生存并对产生这种世界观的生活世界本身进行维护，那么除了进行自我肯定并积极抵制霸权世界观的渗透外，别无他途。由此可见，霸权世界观是具有权力效应的，不过这种权力不是人们经常提到的物质性权力、武力、暴力，甚至不是现在人们耳熟能详的"软实力"（soft power），而是一种"象征性权力"（symbolic power）。和谐世界观既然提了出来，它不可避免要面对霸权世界观的强势地位。尽管我们主要是出于为世界提供一种关于世界的想象才对其加以提倡的，但它目前仍然处于弱势是客观事实。要使其获得进一步的认可，我们要勇于承担起反抗霸权世界观的重任。而从理论上对霸权世界观的宰制效应进行揭露，本身就是反抗的一部分，这也是和谐世界观能与霸权世界观进行平等对话的前提，更是为维护世界观多样性所作的贡献。

我们对霸权世界观的批判，主要针对的是由这种世界观衍生出来的国际关系知识或世界秩序方案。尽管霸权世界观可以通过多种途径进行传播，如国际制度、国际规范，甚至电影、餐饮等物质消费品，但国际关系知识的传播是渗透霸权世界观最为有效的途径。尤其是当知识披上了普世、客观、中立的外衣时，这种效应最为明显。然而，对于世界观与国际关系知识之间的隐秘、复杂关系，我们很少意识到，更不用说对此展开深入研究。有鉴于此，我们将不仅一般性地研究世界观与国际关系知识之间的关系，而且还将对三大西方国际关系主流理论如何内化霸权世界观预设进行考察。考虑到三大主义在国内研究中大行其道，我们同样会揭示国内学者对霸权世界观及其预设——即某种世界观最为基本的特征——的内化进行研究。这是一种国内学者与霸权世界观进行"共谋"的现象，即内化了霸权世界观而不自知，生搬硬套地将现代西方世界观的预设套用在中国的国际关系研究中，客观上产生了维护和巩固霸权世界观的作用。尽管我们致力于揭露霸权世界观及其衍生的国际关系知识和国际秩序方案的虚伪性、压制性，但我们并不认为它与和谐世界观之间是不可通约的。也就是说，我们并不对世界观抱持一种彼此之间的差异不可调和的本质主义态度。事实上，只要仔细研究，霸权世界观与和谐世界观之间是可以通约的，这就为两者之间的对话留存了空间。

本书之所以将霸权世界观作为主要研究内容，是由"破"和"立"之间的关系决定的。要阐述和谐世界观提出的重要意义，我们首先要对霸权世界观的缺陷进行批判，揭示其不足之处，否则和谐世界观提出的必要性无法充分彰显出来。要就是说，要"立"和谐世界观的合法性和有效性，首先需要"破"霸权世界观的虚伪性和压制性。因此，本书主要研究内容在于通过概括霸权世界观的基本特征、及在西方国际关系理论中的体现，比较系统地揭示霸权世界观为什么不能为人们不加批判地加以接受。当完成了"破"霸权世界观的任务，和谐世界观"立"的任务也就顺理成章了。也就是说，在"破"霸权世界观的过程中，我们始终是以和谐世界观作为参照的，这就意味着和谐世界观在本书的研究中是始终"在场"而不是"缺席"的。有鉴于此，我们主要关注的是和谐世界观的批判使命，对于和谐世界观有待完成的解释和规范使命，本书涉及不多。

但在论文的最后一部分，我们会对如何从事和谐世界观解释与规范使命的研究做必要的提示。

表 0—2　　　　　　　本书的问题意识及和谐世界的三重使命

问题意识	具体问题	内容	使命	本书解答的问题
中国为什么要提和谐世界观？	和谐世界观提出的必要性	为什么不能接受霸权世界观	批判	√
	和谐世界建立的可行性	如何实现和谐世界	解释	提示
	建立和谐世界的可欲性	和谐世界具有什么样的优势	规范	提示

最后，我们有必要就完成和谐世界观所利用的思想资源做必要的说明。本书不认同林克纳特有关要完成一种世界观或世界构想的批判任务仅仅需要"批判性的哲学研究"的观点，本书不仅借鉴了哲学研究成果，而且还吸收了大量的社会学、人类学、国际关系学、政治学等学科提供的洞见。我们所考察的问题是如此庞大、所借鉴的资源是如此混杂，很难确切地划定其学科归属。对于可能提出的和谐世界观的批判使命不是通过和谐世界观本身完成的这一质疑，我们可能提出的理由是：马克思主义的建立，或者说马克思对资本主义制度剥削性质所做的深刻揭露，同样不是马克思主义本身完成的，而是通过科学社会主义、剩余价值学说与历史唯物主义这三大武器实现的。与此相似，和谐世界观对霸权世界观的批判，是由一系列的具体观点、具体理论承担的，我们没有也不可能用和谐世界观本身来实现这一目标。如果我们足够坦诚，就会意识到和谐世界观能否以及如何才能成为一种科学的世界观，还是一个没有完全得到解决的问题，否则国内也没有出现如此众多的关于和谐世界观的研究成果。即使和谐世界观在国内已经赢得了大量的认同，在国外取得了众多的称许，我们仍需进行大量的努力去提高它的学理化程度。本书的研究仅仅是对此所做的一种新的尝试。

第三节　章节安排

除了导论与结语之外，本书共分为五章。本书的主旨在于通过批判霸权世界观，为和谐世界观的学理化提供一种新的视角，既尝试研究和谐世界观的批判使命，同时还要为其解释和规范使命进行必要的提示。无论是对霸权世界观——现代西方世界观——的批判，还是作为批判出发点和落脚点的和谐世界观，都是纳入到世界观与国际关系之间的关系这一总体框架中予以研究的。因此，本书对章节的分配，既要兼顾霸权世界观、和谐世界观，还要阐述世界观与国际关系之间的一般性关系。第一章，以及第二章、第四章的部分内容，主要考察世界观与国际关系之间的一般性关系，对于霸权世界观的批判集中在第二章、第三章以及第四章，而对和谐世界观的研究则集中在第五章。我们下面对各章重要的内容做一简单的梳理，以便读者对本书的思考逻辑有所认识。

对于由世界观引起的国际冲突与战争的现象，我们界定为"世界观问题"（the problematique of worldviews）。我们需要追问，在社会科学的研究中，"世界观问题"是否已经构成一个重要的理论研究议题？第一章就尝试回答这一问题。通过对"世界观问题"在国际关系及相关研究领域中的现有研究状况进行考察，我们发现这一问题的答案只是部分肯定的。首先，我们采用了《中国大百科全书》中有关世界观概念的界定，认为世界观与宇宙论（cosmology）可以等同，这也是本书的基本理论立场。在此基础上，我们更具体地归纳了世界观与文化、宇宙论、本体论（ontology）、意识形态（ideology）等相近概念之间的异同，并概括了世界观的两个界定性特征，即对世界的整体看法及具有独特的世界秩序方案。在澄清了世界观概念的基本含义之后，我们分析"世界观问题"分别在三大西方主流国际关系理论——结构现实主义、新自由制度主义与建构主义——的代表人物，属于反思主义学派的后殖民主义者 J. 马歇尔·贝尔（J. Marshall Beier），以及马克思、恩格斯、葛兰西等马克思主义者那里的研究状况。在主流国际关系理论那里，"世界观问题"并没有真正成为一个理论问题。至于贝尔，他虽然比较深入地讨论了国际关系中的"世界观问题"和提出了"霸权世界观"的概念，并讨论了霸权世界观与国际关系知识和"高级殖民主义"之间的关系，从而为人们认识和研究"世界观问题"做了许多基础性的工作，但是他的研究仍有许多有待进一步回答的问题，如世界观与权力之间的关系、霸权世界观的具体运作机制，等等。马克思、恩格斯、葛兰西等马克思主义者关于意识形态和世界观的研究，能够为我们研究国际关系中的"世界观问题"提供重要的启示。本书就是将马克思关于"统治阶级的思想在每一时代都是占统治地位的思想"的观点，引申到国际关系领域。至于葛兰西，则提出了国内政治社会中居于从属地位的阶级拥有"思想中的世界观"和"行动中的世界观"两种断裂的世界观的重要观点，这对于说明霸权世界观在国际关系领域发挥的作用同样适用。尽管如此，经典马克思作家和西方马克思主义者，都没有将他们关于意识形态或世界观的研究成果，集中运用到国际关系中"世界观问题"的研究中来。本书的研究，尝试完成这一任务，不仅让世界观真正成为一个相对独立的理论问题，而且发现和谐世界观提出的意义。

和谐世界观的批判使命，是以霸权世界观作为批判目标的。之所以要批判霸权世界观，诚如贝尔所言，霸权世界观有消除世界观差异的倾向，为西方国家对待土著人和第三世界国家实施的"高级殖民主义"，提供了知识和智力上的手段。那么霸权世界观具有什么样的基本特征或称预设（predispositions），以至于使其能够与殖民主义、"高级殖民主义"进行"共谋"？第二章就尝试回答这一问题。但无论是和谐世界观和霸权世界观，抑或贝尔提到的"拉高塔印第安人"的世界观，都是作为一种世界观而存在的；不仅如此，世界观构成本书的一个核心概念，但对于中国人来说，它又是一个舶来的词汇，而且在一定程度被滥用。基于此，我们首先参照哲学家的研究成果，对世界观概念的流变、特征及基本功能进行了研究。认为一般世界观有两个基本功能——为人们认识、观察、思考和想象世界提供可能性同时又限制了这种可能性，为行为体提供界定身份的资源和满足行为体的本体安全并能唤起行为体的情感忠诚。世界观的前一个功能，提醒了霸权世界观的危险性；而后一个功能，能够部分说明"世界观问题"之所以能够引发冲突与战争的原因。然后，我们概括了在研究世界观与"世界观问题"应该遵循的六个原则。最后，在借鉴了著名中西比较哲学家郝大维（David L. Hall）与安乐哲（Roger T. Ames）研究成果的基础上，我们总结了霸权世界观的六个预设，即不可通约的二元对立性、因果性思维方式、单一世界秩序崇拜论、静止优先性、情感边缘论、单一动因目的论。当然，这是就现代西方世界观的主导倾向而言的，事实上西方某些思想家在其中一些预设上做了突破，这也为和谐世界观与霸权世界观进行对话提供了机会。

如果说世界观能够对国际关系知识产生影响，那么现代西方世界观是否体现在西方国际关系学的研究成果中呢？对这一问题的研究，构成本书

第三章的核心内容。为了回答这一问题，我们以三大主义作为研究案例，对它们如何内化霸权世界观预设做了考察。我们发现，西方世界观一个最为典型的特征——也就是其界定性特征，就是认为秩序或宇宙（cosmos，宇宙论的词根）实现，是以消除混沌（chaos）或"无政府状态"（anarchy）为前提的。这一最为基本的预设体现在"三大主义"的研究中，就是它们都将国际"无政府状态"作为理论建构的逻辑起点，进而认为国际秩序的实现，必须以克服国际"无政府状态"为条件。对于这一现象，我们称之为三大主义的"国际无政府状态恐惧症"（international anarchy syndrome）。进而我们分别考察了"三大主义"是如何克服"国际无政府状态恐惧症"的。结构现实主义提供了"大国治理"与"均势"这两种国际秩序方案，新自由制度主义则提出了以国际制度和全球治理为核心的自由主义宪政秩序方案，至于建构主义提倡的世界国家方案同样具有自由主义特征。"三大主义"都不是价值中立的理论，在它们提供的国际秩序方案中，可以发现具有一个共同的价值取向，即具有消灭、同化差异（包括文化、世界观、政治制度许多方面）的内在冲动。"国际无政府状态恐惧症"，实际上就是一种"差异恐惧症"。对于这一倾向在国际关系史上的具体表现，我们也做了必要的梳理。当打破了"三大主义"是客观中立和普适性理论的神话，就为包括和谐世界观在内的其他世界观开展国际关系研究开辟了空间。

当西方国际关系知识不过是霸权世界观衍生的特殊产物，那么不加批判地接受这些知识，能够带来什么样的理论与政治后果？第四章我们将世界观纳入到权力的范畴予以考虑，就是致力于解答这一问题。如果我们将权力界定为一种塑造国际环境或影响其他行为体的能力，那么霸权世界观及其衍生的国际关系知识，就构成了一种新的权力类型。为了理解霸权世界观与权力之间的关系及其运作机制，我们对国际关系中的权力概念作了重构。通过考察近年来国际关系学者对权力概念所做的最新研究，尤其是深入阐述政治学者史蒂文·卢卡斯（Steve Lukes）（也译为卢克斯）的"三维权力观"，然后再结合著名社会学家马克斯·韦伯（Max Weber）的四种理想行为类型，本书提出了由四种权力——强制性权力（coercive power）、制度性权力（institutional power）、象征性权力（symbolic power）与情绪性权力（emotional power）——构成的四维权力观，前三种权力可以为"三大主义"分别提供了一种相对应的权力类型。而霸权世界观所

带来的理论与政治后果，就是象征性权力发挥作用的过程。我们最后借鉴
受到马克思重要影响、集中研究了象征性权力的法国著名社会学家皮埃
尔·布尔迪厄（Pierre Bourdieu）（也译为布迪厄）的研究成果，对霸权
世界观或象征性权力的运作机制做了深入的分析。我们认为，霸权世界观
最可怕的地方是塑造了人们的心智结构和世界观，当霸权世界观的这些预
设得到从属者的内化并构成它们观察、思考、想象世界的"惯习"（nabi-
tus，在一定程度上相当于韦伯所说的"习惯"）时，他们也就对霸权世界
观及衍生的国际秩序、国际关系知识自动地进行维护，这就是霸权世界观
或象征性权力产生的威力。因为和谐世界观日益面临世界国家观这一西方
世界秩序方案的挑战，本章还以亚历山大·温特（Alexander Wendt）有
关世界国家的形成是历史的必然做了分析。通过运用承认理论对温特世界
国家观的逻辑合理性进行考察，可以发现世界国家在短时间内是不可能形
成的。通过对温特世界国家观的批判，为和谐世界观的合理性开辟了一定
的空间。

　　随之而来的问题是，和谐世界观具有什么样的特征，它能为国际关系
研究提供什么样的启示？和谐世界为何有什么样的思想根源？为什么和谐
世界是值得期待的？其合理性如何。第五章对这些问题做了初步的探索。
通过结合郝大维与安乐哲的研究成果，我们概括出和谐世界观六个方面的
基本特征，即尊重差异、重视情感、过程论取向、关联性思维方式（cor-
relative thinking）、以美学为模式的多元秩序、相互转化的对偶性（如阴
vs 阳、冲突 vs 和谐、王道 vs 霸道、内圣 vs 外王，等等）。这样一来，我
们就能发现和谐世界观与霸权世界观之间的显著差异。在此基础上，我们
就和谐世界观能够为其解释使命与规范使命提供什么样的启示作了简要的
提示。我们首先追问了贝尔、卢卡斯、布尔迪厄未能充分解决的一个问
题，即如何反抗霸权世界观与象征性权力的控制作用？通过研究，我们发
现，情感构成反抗象征性权力的动力机制。由此延伸开去，我们再次回答
了本书的问题意识，论证了和谐世界观的提出，密切关系到中国人对情感
满足和本体安全的追寻。这是和谐世界观提出的最为重要的意义，同时也
预示着重视情感的和谐世界观，能够为中国国际关系学者开展原创性的研
究提供许多我们尚未意识到的启示。最后，我们还通过与温特的世界国家
观进行了比较，明确了和谐世界观的思想根源，及其和谐世界实现的可期
性与合理性。和谐世界观的思想根源来自于中国哲学思想中有关秩序与无

政府状态之间可以相互转化的思想，它并不认为世界秩序的实现需要以消除国际无政府状态为前提。而要比较世界秩序方案的可期待性，一个重要的标准就是如何对待国际关系中的差异。因为对国际无政府状态并不持一种恐惧态度，所以和谐世界观并未体现出消除或同化差异的内在倾向。相反，和谐世界观的基本精神是尊重差异，而且将尊重国际关系中的差异视为实现世界和谐的核心和关键的条件。此外，和谐世界观具有过程论取向，它认为世界和谐与世界不和谐之间是变动不居、相互转化的，关键在于行为体的互动过程本身是否有助于世界从不和谐向和谐的方向发展。在这一思维过程中，关系本体论基于对关系的重视而体现出来的对差异的尊重，决定了和谐世界观具有逻辑上的合理性。尽管本书这只是对和谐世界观学理化的初步尝试，但这种尝试的确证明和谐世界观是可以实现学理化的。

第 一 章

国际关系中的世界观与"世界观问题"
及其研究

　　尽管争论中的国际关系理论看似有可观的多样性，然而它们都排斥从外部宇宙论衍生出来的可能性。宇宙论所确定的，是本体论与知识论的区域。各种争吵不休的国际关系理论，在深度上仅仅聚焦在本体论与知识论问题，在广度上则限制在被宇宙论预先决定了的问题系列之内。争论问题的深度和广度，巧妙地使西方宇宙论逃逸出检视的范围。通过这些方式，西方宇宙论得以避免被严肃地审视，从而继续对知识的生产产生影响。

　　　　——J. Marshall Beier, *International Relations in Uncommon*
Places: Indigeneity, Cosmology, and the Limits of
International Theory, p. 45.

　　思想和行为之间的这种对照，即两种世界观———一种在言词中得到肯定，另一种则在有效的行为之中得以呈现———的共存，并不只是自我欺骗的产物。对于少数单个的个人、甚至对于一定规模的集团来说，自我欺骗可能是一个恰当的解释。但是，当两种世界观的这种对照发生在大众生活中时，以自我欺骗来解释就不甚恰当了。在这样一些情况下，思想和行动之间的对立，不能不是一种社会历史制度的更深刻对立的表现了……哲学与政治不可分割，而且可以进一步表明的是，对于一种世界观的选择和批判也同样是一件政治性的事件。

　　　　——［意］安东尼奥·葛兰西:《狱中札记》，第 237 页。

　　要使国际关系实现真正的理论化，必须对构成国际体系的行为体的特征、行为体的类别、它们是如何成为如其所是的行为体等问题进行更系统的说明。对这些问题提供有意义的洞见，首先必须突破国际关系学科界限，因为行为体之间的互动模式，不仅仅由它们的数量和相对权力决定，而且是由它们置于其中的社会来决定。社会同样决定了谁能构成一个行为体。任何国际关系理论都必须建立在或植根于一种社会理论之中，而且必须说明行为体的构成，而不是仅仅关注它们的行为。

——Richard Ned Lebow，*A Cultural Theory of International Relations*，p. 2.

　　世界一直以来都是一个文化多元的世界。尽管在文化与世界观之间并不存在一一对应的关系，然而每一种文化都有属于自己的一种或多种世界观。就此而言，文化多元的世界也就是一个世界观多元的世界。[①] 世界上文化多元的事实，越来越得到人们的重视和关注，并在学术界得到明显的反映；[②] 然而，世界观多元的事实及其理论含义，依然处于晦暗不明的状态。世界观的多元——除了在人类社会彼此隔绝、无法接触到其他文化或世界观的时代外——并没有使世界成为一个各种世界观和而不同的和谐世界，而是带来了难以计数的冲突乃至战争。在欧洲中世纪发生的基督徒对伊斯兰教徒的数次十字军东征，被视为现代国际体系开端的欧洲"三十

---

　　① 　大卫·K. 诺格尔：《世界观的历史》，胡自信译，北京大学出版社 2006 年版。在本书中，作者对世界观概念的源起、流变、在各学科的使用情况、代表性学者的观点等问题作了比较全面的阐释，是一本探讨世界观概念及由其带来的学术争议很好的参考书。

　　② 　这可以从《世界经济与政治》这一国际关系研究领域中的权威期刊所发表的相关论文可见一斑。可参考斯蒂芬·陈、曹青《文明秩序之辩：第三世界视角下的国际文化关系》（2008 年第 7 期）；周建明、焦世新《从东西方矛盾到西方与多元文明的矛盾——对当今世界基本矛盾的一种理解》（2008 年第 6 期）；但兴悟《中西政治文化与话语体系中的霸权——中西霸权观比较》（2004 年第 9 期）；楚树龙《文化、文明与世界经济政治发展及国际关系》（2003 年第 2 期）；秦亚青《世界政治的文化理论——文化结构、文化单位与文化力》（2003 年第 4 期）；赵景芳《冷战后国际关系中的文化因素研究：兴起、嬗变及原因探析》（2003 年第 12 期）；等等。据笔者所知，除了中国天下观与某些涉及中国传统文化的论文，《世界经济与政治》没有发表过一篇专门讨论"世界观"和国际关系之间关系的文章。

年战争"（1618—1648 年），① 以及在二战后两大军事集团在意识形态、战略、政治制度等领域的全面对抗，近年来发生 9·11 恐怖袭击及其他各类恐怖主义事件等，尽管导致这些事件产生的具体原因有所不同，但它们有一个共同点，那就是都有浓厚的世界观背景。世界观长期以来都是一种塑造国家间关系的力量，而亨廷顿引起轰动的"文明冲突论"，不过是对这一观点所作的最新表达罢了。

　　鉴于世界观在国家间关系中产生的巨大威力，我们可以将由多元世界观的并存与对抗引发国际冲突乃至战争的现象，界定为"世界观问题"（the promatique of worldviews）。"世界观问题"这一概念的提出之所以必要，是因为"一个词汇的存在并不意味着一个概念的存在，但是，这个词汇的缺失至少说明，它的概念还没有成为主题"②。事实上，"世界观问题"在国际关系研究中的缺席，意味着由世界观之间的差异导致各种矛盾和冲突的现象，还没有引起研究者足够的关注。近年来，中国学术界日益自觉地去挖掘中国传统思想对研究或构建中国国际关系理论具有的启示，其中一个重要的动向就是去探讨中国传统思想中的"天下观"或和谐世界观为应对"世界观问题"具有的价值。然而，一个很少提出并得到回答的问题：为什么在国际关系研究中，"世界观问题"没有得到系统的阐述？如果不从理论上对这个问题予以回答，那么中国学术界热议"天下观"或和谐世界观的意义，就会处于悬而未决的状态。不知道"世界观问题"在国际关系研究中为什么没有成为一个"问题"的前因，也就不知道将这一问题遮蔽起来具有什么样的理论或政治后果。我们需要追

---

　　① 关于"三十年战争"的历史文献汗牛充栋，对其宗教或世界观背景作了较为详细讨论的研究成果可参考斯蒂芬·克拉斯纳《威斯特伐利亚及诸如此类》，载朱迪斯·戈尔茨坦、罗伯特·基欧汉主编《观念与外交政策》，刘东国、于军译，北京大学出版社 2005 年版，第 224—253 页；John Gerard Ruggie, "Continuity and Transformation in the World Polity: Toward a Neorealist Synthesis", *World Politics*, Vol. 35, No. 2, 1983, pp. 261 - 285；司各特·托马斯《严肃对待宗教和文化多元主义：全球宗教复兴与国际社会的转型》，载 F. 佩蒂多，P. 哈兹波罗编《国际关系中的宗教》，张新樟等译，浙江大学出版社 2009 年版，第 33—43 页；Naeem Inayatullah and David L. Blaney, *International Relations and the Problem of Difference*, New York: Routledge, 2004, pp. 21 - 45；Daniel Philpott, *Revolutions in Sovereignty: How Ideas Shaped Modern International Relations*, Princeton: Princeton University Press, 2001, pp. 73 - 150, etc.

　　② 莱米·布拉格：《世界的智慧：西方思想中人类宇宙观的演化》，梁卿、夏金彪译，上海人民出版社 2008 年版，第 5 页。

问的是，"世界观问题"是如何被驱逐出理论研究的视野中的？既有的研究又能为我们深入讨论这一问题提供什么样的启示？还存在哪些问题？本书既然将和谐世界观纳入到世界观与国际关系之间的框架内进行研究，我们有必要对世界观在国际关系及其他相关学科中的研究状态进行梳理，解决将和谐世界观视为一种世界观的正当性问题。本章分三部分，第一部分对世界观与文化、宇宙论、本体论、意识形态这几个相关概念之间的关系进行简要梳理，第二部分回顾西方主流国际关系理论、后殖民主义者 J. 马歇尔·贝尔、马克思主义者关于"世界观问题"的理论立场和具体观点，最后对现有研究成果的缺失进行总结，明确本书前进的方向和有待解决的问题。在做这样的梳理之前，我们还有必要就研究"世界观问题"可能带来的误解做必要的澄清：我们将由多元世界观的并存与对抗引发国际冲突乃至战争的现象界定为"世界观问题"，意味着我们承认思想观念和社会意识的差异、尤其是那种致力于消除不同世界观的冲动和举动，的确能够构成冲突和战争的原因。但在此基础上，我们并不认为国际关系史上所有的国际冲突和战争都是由世界观引起的。也就是说，我们既不认可"文化决定论"也不认同"社会意识决定社会存在"的唯心史观。我们之所以提出"世界观问题"这一概念，仅仅是提醒人们世界观之间的差异尤其是那种致力于消除世界观多元这一事实的企图，的确在某些时候构成引发冲突和战争的原因。

第一节　世界观的定义及与相关概念的关系

所谓世界观，按照《中国大百科全书》的理解，是指"人们对于世界总体的看法，包括人对自身在世界整体中的地位和作用的看法，亦称宇宙观，它是自然观、社会历史观、伦理观、审美观、科学观等的总和。哲学是它的表现形式"[①]。本书原则上采用这一定义。因为该定义不仅阐明了世界观与"宇宙观"（cosmology，也称之为"宇宙论"）之间的关系，而且还指出了这一概念的哲学意蕴。不过，鉴于这一概念的涵盖范围极为广泛，为了让人们能对某种具体的世界观进行识别或比较，我们将在借鉴人类学家研究成果的基础上，提炼世界观的界定性特征。我们首先要解决

---

① 《中国大百科全书（哲学卷）》，中国大百科全书出版社 2004 年版，第 810 页。

的问题是，既然世界观是作为观念而存在的，那么，就有必要厘清它与"文化""宇宙观""本体论""意识形态"这几个相近概念之间的关系，这不仅对我们准确理解世界观在国际关系实践——包括理论实践与现实实践——中的意义至关重要，而且还有助于我们理解为什么和谐世界观能够被视为一种世界观。

首先是世界观与文化之间的关系。关于"文化"，我们可以采用美国人类学家克利福德·格尔茨（Clifford Greetz）关于文化的定义，认为文化是"从历史上留下来的存在于符号中的意义模式，是以符号形式表达的概念系统，借此，人们交流、保存和发展对生命的知识和态度"。① 在格尔茨那里，文化至少包括"精神气质"（ethos）与"世界观"（world view）两个层面。前者与文化的价值性因素联系在一起的，涉及一种文化的"道德风格、审美风格及情绪"，而世界观则属于文化的"认知与存在的方面"，两者之间的关系是一种现存和规范的关系。在这种视域下，世界观被理解为："是对纯粹现实中的事物存在方式的描画，是自然、自身和社会的概念。它包含着他们对秩序的最广泛的观念。"② 格尔茨认为，世界观与生活方式密不可分，生活方式是现实事物的真实状态，而世界观则是对这种真实状态的"描画"。由此可见，一种世界观就代表着一种生活方式，而且是对这种生活方式的抽象化和系统化。不过，对于文化与世界观之间的关系，格尔茨并未做系统连贯的阐述。在这里，我们可以从社会学家苏国勋、金耀基、国际关系研究中的新自由制主义者罗伯特·O.基欧汉（Robert O. Keohane）与朱迪斯·戈尔茨坦（Judith Goldstein）那里得到启发。苏国勋认为，文化作为一种价值系统，包含三个层面的价值：理念价值（ideal values）、规范价值（normative values）与实用价值（pragmatic values），它们分别对应人类文化的道德理想、典章制度与器物行为（即工具理性）；③ 而金耀基在论述中国社会和文化的现代化历程时，将其概括为三个层次的现代化：思想行为层次（behavioral level）、制度层次（institutional level）、器物技能（technical level）层次。④ 可以认为，

---

① 克利福德·格尔茨：《文化的解释》，韩莉译，译林出版社 1999 年版，第 109 页。
② 同上书，第 155—156 页。
③ 苏国勋：《社会理论与当代现实》，北京大学出版社 2005 年版，第 194—195 页。
④ 金耀基：《从传统到现代》，中国人民大学出版社 1999 年版，第 131 页。

金耀基的"思想行为层次"在一定程度上相当于苏国勋的"理念价值"。与苏、金对文化的层次所做的分类相似，基欧汉与戈尔茨坦将观念分为世界观、原则化信念与因果性信念三个层次。① 据此，我们可以在格尔茨观点的基础上综合苏国勋、金耀基、基欧汉与戈尔茨坦的洞见，认为世界观相当于苏的"理念价值"和金的"思想行为层次"，再根据文化是"意义模式""概念系统""价值体系"，那么我们可以认为文化是由包括世界观在内的各种观念所组成的，世界观构成文化的一部分，而且往往是界定文化特征的部分。文化的内涵相对来说更加广泛，涉及到生活的方方面面；而世界观则涉及到人们关于世界（或宇宙）、人生、自然等问题所做的思考产生的观念。

其次是世界观与宇宙论之间的关系。《中国大百科全书》将世界观与宇宙论视为一致，这是有道理的。根据人类学家麦科尔·赫兹菲尔德（Michael Herzfeld）的定义，宇宙论"研究的是我们在宇宙中的位置"。② 这种定义有其问题，因为宇宙论还包括人们对世界如何运作、人与自然或宇宙如何相处、宇宙秩序如何生成等一系列问题的看法。诚如我国学者张志刚对宇宙论概念所做的考察："'宇宙论'是将现象世界、万事万物——特别是宇宙的起源、发展、结构等问题——作为自己的研究对象。"③ 根据上文我们所采用的《中国大百科全书》对世界观的定义，世界观与宇宙论共享相同的研究主题。④ 因此，在人文社科研究领域，人们往往混用"世界观"与"宇宙论"这两个概念。但自然科学领域，比如说天体物理学中，对宇宙论的理解有所不同。在自然科学中，宇宙论构成一个独立的研究主题，它主要是指人们对宇宙起源、发展等问题进行科学研究所产生的成果；而且，自然科学对这些问题的思考，并没有停留在抽象思辨的层次，而是希望通过各种科技手段对宇宙论关心的问题进行科学

① 请参考朱迪斯·戈尔茨坦、罗伯特·基欧汉主编《观念与外交政策》，刘东国、于军译，北京大学出版社 2005 年版，第 8—11 页。

② 麦科尔·赫兹菲尔德：《什么是人类常识？——社会和文化领域中的人类学理论实践》，刘珩、石毅、李昌银等译，华夏出版社 2005 年版，第 217 页。

③ 张志刚：《宗教哲学研究：当代概念、关键环节及其方法论批判》，中国人民大学出版社 2003 年版，第 251 页。

④ 也可参考罗宾·G. 柯林伍德《自然的观念》，吴国盛、柯映红译，华夏出版社 1999 年版，第 60—76 页。

证明，有人将其称之为"宇宙学"。① 宇宙论在自然科学与人文社会科学研究中的不同，类似于康德对"经验宇宙论"与"先验宇宙论"所作的区分。前者"思考自然科学构成条件问题"，而后者"是从本体上研究和解决宇宙的起源、界限和有限与无限的关系等问题"。②

不过，无论是在自然科学还是人文社会科学领域，有关如何在混沌的世界中产生出秩序的思考，构成了宇宙论或世界观的核心研究内容。正如赫兹菲尔德所说："无论是不同民族的宗教信仰还是现代物理学或化学，在涉及到宇宙哲学时，秩序都是核心问题。"③ 这一点在人们对宇宙论一词所做的词源学考察也能得到证明。在古希腊，为了给"世界"赋予一个属于它自己的名称，希腊人选择了 cosmos 这个词来对其进行表述。根据郝大维与安乐哲的考察："cosmos 一词源于动词 kosmeo，在希腊语中表示'建立秩序'，该词首先指做家务、军事组织或化妆打扮。因此cosmos（宇宙）描绘了一种有条理、安排妥当或装扮好的状态"。④ 对于"cosmos"与秩序之间的紧密关系，在法国哲学研究者莱米·布拉格（Remi Brague）、⑤ 美国人类学者赫兹菲尔德⑥以及中国哲学研究者赵汀阳

---

① 肖巍：《宇宙学的人文视野》，江苏人民出版社 2002 年版，第 5 页，注释 2。

② 温纯如：《认知、逻辑与价值：康德〈纯粹理性批判〉新探》，中国社会科学出版社 2002 年版，第 431 页。

③ 麦科尔·赫兹菲尔德：《什么是人类常识？——社会和文化领域中的人类学理论实践》，刘珩、石毅、李昌银等译，华夏出版社 2005 年版，第 219 页。

④ 郝大维、安乐哲：《期望中国：对中西文化的哲学思考》，施忠连等译，学林出版社 2005 年版，第 4 页。

⑤ 布拉格指出："这个词（cosmos）的词源还不清楚，但它的意思在《伊利亚特》（l'Iliade）中的用法中开始，都是'秩序'……这个词指的是秩序和美，甚至更具体地说，指源自秩序的美，这种美今天仍有暗示……在希腊语中，这两层意思始终并存，使反复的文字游戏成为可能。"莱米·布拉格：《世界的智慧：西方思想中人类宇宙观的演化》，梁卿、夏金彪译，上海人民出版社 2008 年版，第 5 页。

⑥ 赫兹菲尔德指出："要比较科学的宇宙论与宗教理论的相似点，就必须理解'秩序'这一关键概念，从根本上讲，它只是一个社会抽象概念；宇宙论的观点认为，宇宙是有序的，它不是各种物质的随意组合，而是物质与能量按照大小和复杂程度的顺序严格排列分布的。这就是'世界的秩序'这一说法的真正含义，在思考现实与来生或者现实与其他超越人类理解能力的现象之间的关系时，宇宙论的这一观点也就变得更有意义了。"见麦科尔·赫兹菲尔德《什么是人类常识？——社会和文化领域中的人类学理论实践》，刘珩、石毅、李昌银等译，华夏出版社 2005 年版，第 219 页。

那里①都得到了确证。由于我们的讨论范围限定在社会科学研究领域，因此，我们将宇宙论与世界观视为等同的两个概念。而世界观或宇宙论的界定性特征在于"对于世界的整体看法"和"关于宇宙或世界秩序的独特观点"，其中后者更为重要。② 比如说，西方自古希腊以来就主张通过实施"法律"来建立政治秩序，而中国更注重"文化"在维持一统"天下"中的意义，这种实现"世界"或"天下"秩序的不同途径，反映在观念上实际上就代表了两种不同的宇宙论或世界观。③ 本书对世界观概念的使用和"世界观问题"的讨论，都是将其视为与"宇宙论"等同的。如果我们说独特的世界秩序方案构成世界观最为重要的特征，那么我们可以认为马克思主义为人们提供了一种共产主义世界观，其中包括了历史唯物主义、辩证法、本体论、自然观、社会观、实践观等内容。④ 正如毛泽

---

① 赵汀阳指出："从形而上学的角度看，现代世界体系在本质上是'无序状态'（chaos）。希腊哲学认为，只有当'无序状态'变成'有序状态'（kosmos）才能形成自然和世界（kosmos正是宇宙的词源）。而 chaos 要变成 kosmos，又首先要发现世界的理念（eidos）。从这个角度看，今天的世界仍然没有成为"世界"，仍然停留在 chaos 状态，它只不过是个无序的存在，是个'非世界'（non-world）。希腊哲学的 kosmos（有序存在）所表达的也只是关于自然世界的充分意义，还不是关于人文世界的概念。"如果从宇宙论的角度理解中国的'天下观'，那么"'天下'所指的是世界是个"有制度的世界"，是个已经完成了从 chaos 到 kosmos 转变的世界，是个兼备了人文与物理含义的世界"。见赵汀阳《没有世界观的世界》，中国人民大学出版社 2005 年版，第 7 页。

② 这一点可以从胡安·奥西欧有关宇宙论的界定及其对研究内容的观点中归纳出来："宇宙论的研究对象是作为一个系统整体的宇宙。因此，其目标就是对宇宙体系的结构和演进过程进行综合性描述。尽管宇宙论作为一门自然科学属于世俗范畴，但其研究方法的整体性以及对秩序的关注却是与宗教对宇宙的看法颇为相似。"转引自麦科尔·赫兹菲尔德《什么是人类常识？——社会和文化领域中的人类学理论实践》，刘珩、石毅、李昌银等译，华夏出版社 2005 年版，第 219 页。

③ 张旭东：《全球化时代的文化认同：西方普遍主义话语的历史批判》，北京大学出版社 2006 年版，第 389 页；Daniel Philpott, *Revolutions in Sovereignty: How Ideas Shaped Modern International Relations*, Princeton and Oxford: Princeton University Press, 2001.

④ 关于马克思主义哲学到底提供了一种以什么为具体内容的世界观，在中国马克思主义理论界存在着重大的争议，本书不打算对此进行评议，相关研究成果可参考刘福森《作为世界观的历史唯物主义——论马克思实现的哲学革命》，载《中共天津市委党校学报》2003 年第 3 期；刘福森《马克思"新唯物主义"世界观的总体性质》，载《人文杂志》2003 年第 6 期；孙正聿《历史唯物主义与马克思主义的新世界观》，载《哲学研究》2007 年第 3 期；段忠桥《什么是马克思恩格斯创建的历史唯物主义？——与孙正聿教授商榷》，载《哲学研究》2008 年 1 期；陶富源《世界观·人类史观与历史唯物主义》，载《马克思主义研究》2009 年第 6 期；邓晓臻《〈德意志意识形态〉的本体论建构意义——兼论历史唯物主义与马克思主义世界观的关系问题》，载《探索》2009 年第 5 期，等等。

东所说:"共产主义的宇宙观是辩证唯物论和历史唯物论。"① 之所以能够对马克思哲学的世界观做这种判断,正如李荣海先生指出的,世界观内部存在一种"一与多"的关系,即"世界观的概念本身包含着复杂的意蕴:它既指对世界总体存在状态的描述,又涉及到人如何把握世界、人与世界的关系如何处置的问题",因此人们可以从不同的角度对马克思主义世界观进行定位,只要不违背马克思主义的基本精神即可。②

再次,是世界观与本体论(ontology)之间的关系。由于我们是在"宇宙论"等同的意义上理解世界观的,这就区分了从本体论角度界定世界观的观点。我们并不认为提出一种新的本体论,就意味着出现了一种新的世界观。而这正是《21世纪的国际关系理论导论》一书中的主张。在该书第一章中,编者马丁·格里芬斯(Martin Griffith)将世界观定义为"关于国际关系的一套独特观念与论断",③ 其主要作用在于影响人们对问题的发问、提供建构理论的基本概念,并在重视某些问题、行为者、目标、行为类型的同时忽略或低估另外某些相关方面的意义。在此基础上,格里芬斯将国际关系理论中的各种流派视为不同的"世界观",并认为在现有的国际关系研究中,存在着现实主义、自由国际主义、马克思主义、批判理论、建构主义、英国学派、女性主义与后殖民主义九种"世界观"。格里芬斯意识到"理论"与"世界观"之间的差异,然而他之所以将这些人们常识意义上的"理论"或"理论流派"视为"世界观",其依据就在于它们提供了对于理解或解释国际关系现象的不同本体论,同时也为人们评价国际现象提供了价值依据。④ 这种观点的错误之处在于,他将本体论作为世界观的主要界定标准,以致混淆了"世界观"与"本体论"之间的区别。正如我们上面指出的,世界观的首要界定标准是"关于宇宙或世界秩序的独特观点",而本体论所探索的是"我们所知晓的究竟是什么东西?"。⑤ 这

① 《毛泽东选集》第二卷,人民出版社1991年版,第688页。

② 李荣海:《历史唯物主义的解释原则及其世界观意义——与孙正聿先生商榷》,载《哲学研究》2007第8期,第8页。

③ Martin Griffiths, "Worldviews and IR Theory: Conquest or Coexistence?" in Martin Griffiths eds., *International Relations Theory for the Twenty-First Century: An Introduction*, New York: Taylor & Routledge, 2007, p. 2.

④ Ibid., p. 1.

⑤ 温都尔卡·库芭科娃、尼古拉斯·奥努夫,保罗·科维特:《建构世界中的国际关系》,肖锋译,北京大学出版社2006年版,第15页。

样一来，包括国际关系理论中的结构现实主义（structural realism）、新自由制度主义（neo-liberal Institutionalism）、建构主义（constructivism）在内的各种理论，虽然在本体论问题有所差异（前两者坚持物质本体论，而后者主张理念本体论），然而它们都是"现代西方世界观"这一属于"宇宙论"层面的"世界观"中派生出来的。这也说明了，从同一种世界观或宇宙论出发，可以产生多种本体论。本体论显然只是宇宙论的主要组成部分，却不完全等同世界观。诚如张志刚指出的："对于'宇宙论'的深入研究，最终都可以归结到'本体论'上去。但是，'宇宙论'还是有其相对的独立性，并不能简单地等同于号称'第一哲学'的'本体论'。"①因此，对于本体论与世界观或宇宙论之间密切关系的强调，不能以忽视两者的重大差异为代价。

　　将本体论作为世界观的主要界定标准，有使世界观概念泛化的危险。不仅如此，将是否具有明确的本体论作为世界观的主要评价标准，不可避免地带来对宗教、巫术、礼仪等不符合现代科学标准的"传统"世界观的贬损乃至压制。因为从本体论的角度来看，这些"传统"世界观往往没有明确的本体论论述，这也是它们被视为"封建""落后""野蛮"的部分原因。对各种"传统""世界观"的集体否认和大规模排斥，正是在以"理性""进步""文明"为核心特征的"现代""世界观"得到普遍接受时才得出的结论。随着人们对"理性"等象征现代文明等因素的质疑，各种"传统"世界观对环境的友善、对文化礼仪的尊重等积极价值逐渐得到人们的承认。正如赫兹菲尔德通过对人类学发展历程及对理性在促进科学研究中的意义进行回顾后承认的："宇宙哲学包括了宗教与科学两个方面"，"无论从实践方面来看还是从理论上讲，巫术与宗教都是近代科学之前的一种世界观"。②有鉴于此，纯粹以本体论作为判断世界观的标准是存在问题的，它无益于我们对世界观在包括国际关系和社会生活领域在内的整个人类生活中作用的理解。

　　最后，是意识形态（ideology）与世界观之间的关系，它们之间的关

---

　　①　张志刚：《宗教哲学研究：当代概念、关键环节及其方法论批判》，中国人民大学出版社2003年版，第251页。

　　②　麦科尔·赫兹菲尔德：《什么是人类常识？——社会和文化领域中的人类学理论实践》，刘珩、石毅、李昌银等译，华夏出版社2005年版，第219页。

系比较复杂。意识形态概念首先是由法国哲学家德斯杜特·德·特拉西（Destuttde Tracy）于 18 世纪末提出来的，原指"观念学"。[①] 在马克思那里，意识形态概念得到了系统的阐发，使其成为一个产生了重大历史和理论影响的术语。根据马克思和恩格斯的理解，意识形态主要是指与由生产力与生产方式构成的经济基础相区分的上层建筑之组成部分，可以指任何思想、观念、理论、宗教、形而上学等。[②] 意识形态是在现实生活过程中产生出来的，是从事实际活动的人对生活过程在理论上所作的反应，"不是意识决定生活，而是生活决定意识"。[③] 意识形态具有阶级性，"占统治地位的思想不过是占统治地位的物质关系在观念上的表现，不过以思想的形式表现出来的占统治地位的物质关系；因而，……这也就是这个阶级的统治的思想"。[④] 然而，马克思也注意到，统治阶级的思想经常会采取形式化和抽象化的方式，"赋予自己的思想以普遍性的形式，把它们描绘成唯一合乎理性的、有普遍意义的思想"。[⑤] 这样一来，以普遍化形式出现的意识形态因为经过了伪装，很有可能以一种客观、科学、有效的面貌为人们所接受并得到内化，以致成为他们的世界观，无论接受这种意识形态的人是统治阶级还是被统治阶级。[⑥]

[①]　可参考谭好哲《文艺与意识形态》，山东大学出版社 1997 年版，第一章第一节"特拉西与意识形态概念的诞生"，第 25—31 页。

[②]　根据英国马克思主义理论家雷蒙德·威廉斯的考察，马克思关于意识形态的论述在一定程度上存在含混之处，并辨识出意识形态概念的三种定义：（1）"意识形态"是指一定的阶级或集团所持有的信念体系；（2）"意识形态"是指一种由错误观念或错误意识构成的幻觉性的信仰体系，这种体系同真实的或科学的知识相对立；（3）"意识形态"是指生产各种意义和观念的一般过程。见雷蒙德·威廉斯《马克思主义与文学》，王尔勃、周莉译，河南大学出版社 2008 年版，第 58 页。我们这里采用了第三种用法。

[③]　马克思：《德意志意识形态》，载《马克思恩格斯选集》（第一卷），人民出版社 1995 年版，第 73 页。

[④]　同上书，第 98 页。

[⑤]　同上书，第 100 页。

[⑥]　在《世界观的历史》一书中，诺格尔考察了马克思和恩格斯关于意识形态的论述与世界观概念的关系。在诺格尔看来，马克思确立了一种共产主义世界观，而恩格斯将马克思的学术成果总结为一种"唯物主义世界观"。他认为"就马克思主义而言，虽然世界观和意识形态是两个不同的术语，但他们都是人们理解事物本质的基本方式，人们当然可以用后来为经济上占统治地位的阶级服务，以确保其霸权地位"。见大卫·K. 诺格尔《世界观的历史》，胡自信译，北京大学出版社 2006 年版，第 260—265 页。在这里，诺格尔并未明确指出马克思的意识形态概念和世界观概念之间的具体关联。

意识形态的欺骗性相对容易识别，而世界观的运作则难以察觉。由于意识形态是一种以系统、连贯的方式起作用，尽管具有隐蔽性，但当某种对立的意识形态或理论出现时，这种隐蔽性往往会遭到破坏，甚至被原本信仰这一种意识形态的人所抛弃。当人们，尤其是被统治阶级意识到意识形态所具有的虚伪性时，他们就会去推翻甚至创造新的意识形态，以解放自己的思想，摆脱旧的意识形态强加给自己的束缚。然而，由于世界观是关于人生、世界、自身等存在问题进行思考时形成的看法，而且它们往往在潜移默化的条件下起作用，其作用机制比意识形态更加微妙也更为隐秘，即使是认识到统治阶级意识形态之剥削性和压迫性的人，也不一定能摆脱已接受世界观对其带来的影响。更重要的是，作为界定自我身份的资源，世界观寄托了人们的情感承诺（见第二章）。因此，对意识形态的质疑，并不必然导致对既有世界观的批判。不仅如此，决定人们意识的社会生活，本来就是在一定的历史和文化背景中展开的，与生活方式密切相关。世界观本身就构成历史和社会背景的重要组成部分，它们通过制度的运作、知识的传播、习俗的培养，在人们的成长过程中，潜移默化地塑造了他们的心智结构、思维方式、行为方式等。即使在同一社会和文化背景中的人具有不同的意识形态，他们仍有可能共享着同一种世界观。世界观与意识形态之间的关系，可以参考库特·布拉奇（Kurt Burch）的论述。在采用了格尔茨关于意识形态是一种"符号系统"的概念后，布拉奇认为：

> 在中立的意义上，一种意识形态是一种关于思想和实践的连贯体系，这种体系根植于一种世界观的本体论范畴和概念，提供了如何理解世界的认识论承诺。然而，这一宽泛的意识形态概念，无助于我们识别与意识形态相关的各种社会集团。这一问题使得意识形态被批判性地视为一种致力于维持宰制关系的世界观，即使它并非有意为之。这种理解，经常被通过不可避免地涉及到使用语言和概念对意识形态的合法性、具体化及辩护进行批判而得以激发起来。①

---

① Kurt Burch, *International Political Economy Yearbook*, V. 10, Boulder: Colo. Lynne Rienner Publishers, 1997, pp. 22 - 23.

由此可见，意识形态与世界观之间的差别在于：其一，世界观为意识形态提供本体论与认识论资源，同一种世界观可以产生不同的意识形态，意识形态包含的世界秩序方案被人们接受，它本身也就成为一种世界观。其二，世界观构成意识形态运作的背景和基础，即使它已经改头换面获得了普遍性的形式，它仍然摆脱不了世界观的源头特征。正如《苏维埃大百科全书》指出的，"世界观概念与意识形态概念有关，但不是同一个概念。世界观概念大于意识形态概念，后者只包括世界观的某些方面，即与社会现象和阶级关系相联系的那些方面。与此相比，世界观能够运用于一切客观实在"。① 正因为如此，不同的社会集团与阶级可能共享一种世界观，因此才有需要通过语言和概念等工具，激发起人们的阶级意识，去质疑和挑战统治阶级的意识形态。当然，布拉奇的论述也说明，世界观与意识形态之间的关系是比较复杂的，人们往往很难在两者之间做出区分。重要的是，各种世界观是"一种理解的结构"和"一个包罗万象的对我们的存在有关的一切问题作一个统一的解答"，② 它内部不可避免地会存在着断裂和矛盾。这段断裂和矛盾，为世界观在保持自己特色的基础上，通过改造和创新实现自我转型和重新定位提供了可能，也为在同一世界观条件产生不同的意识形态提供了机会。相对来说，意识形态的改变比较容易，而世界观的转型，因为涉及到情感等更加复杂的因素，往往困难重重。

世界观是一个被人们经常提及或运用的概念，然而其含义、特征等内涵很少得到比较明确的界定。上文之所以对世界观与文化、宇宙论、本体论、意识形态这四个相关概念之间的关系进行简要的剖析，主要是为了澄清世界观这一具有浓厚哲学意味的术语在运用到国际关系研究中可能产生的误解。我们可以将上文的观点总结如下：世界观属于广义文化的组成部分，相当于人们所说的理念价值，然而文化与世界观之间仍然具有重要的差异，这就导致对文化的研究不能替代对世界观的研究；至少在人文社会科学领域，世界观与宇宙论可视为等同，它们都涉及到人们对世界如何运

---

① Great Soviet Encyclopedia, 3rd, ed., S, V. "World view" 转引自大卫·K. 诺格尔《世界观的历史》，胡自信译，北京大学出版社 2006 年版，第 262 页。

② 西格蒙德·弗洛伊德：《精神分析导论讲演新篇 精神分析纲要》，程小平、王希勇译，国际文化出版公司 2007 年版，第 156 页。

行、如何应对混乱、如何与世界相处等问题的思考或想象，其中对世界秩序的看法构成世界观的首要界定特征；世界观与本体论密切相关，然而两者也有着重要的区别，后者并不等同于前者，因为在同一种世界观下可以产生不同的本体论；世界观与意识形态也有所不同，前者同样为后者提供本体论和认识论资源，后者本身一旦被接受，也可以成为"世界观"，但通常意义上，前者的涵盖的范围要大于后者，而且前者相对于后者更难以改变。本书对国际关系理论有关世界观研究成果的评论，是按照以上观点进行的。其中，从宇宙论而非本体论的层面来理解世界观，以及将独特的世界秩序方案作为世界观的界定性特征，是本书在从事"世界观问题"研究最基本的观点，也是我们之所以将和谐世界观、"天下观"视为一种世界观的基本理论依据。在接下来的三节（第二节、第三节、第四节）中，我们将对国际关系学中的主流国际关系理论、非主流国际关系理论、马克思主义在"世界观问题"上的理论立场进行简要的梳理。

第二节 西方主流国际关系理论对
"世界观问题"的研究

在国际关系研究领域，"世界观问题"一直未得到应有的重视。至少在 20 世界 90 年代中期建构主义兴起之前，即使是一般性的"观念"与国际关系之间的关系，也处于模糊不清的状态，更不用说具有浓厚哲学意蕴的"世界观问题"。之所以如此，其原因有多方面的，在西方国际关系学界长期居于主导地位的现实主义与自由主义学派对观念的忽视；在受到 20 世纪 60—70 年代兴起于美国国际关系学界实证主义研究方法对难以量化的因素——如世界观、意识形态等——进行研究的拒绝；西方国际关系理论学界致力于建立起普适性理论以解释国际关系现象；西方国际关系学者拒绝对自身研究的世界观背景进行考察等，都严重制约了国际关系学术界对"世界观问题"的研究。世界观、观念、意识形态、情感等因素，无疑一直在人类生活和国际关系中发挥着重要的影响，然而，由于受到研究预设的制约，观念和非理性因素，很难进入国际关系研究者——尤其是在国际关系知识上居于霸权地位的美国国际关系学者——的视野。在本节中，我们以西方国际关系理论的三种主流理论——结构现实主义、新自由制度主义与建构主义——主要代表人物的态度为例，来概述他们在"世界观问题"上的理论立场。

一 结构现实主义学派对"世界观问题"的态度：以沃尔兹的观点为例

肯尼思·沃尔兹（Kenneth K. Waltz）是西方国际关系理论研究中的典范式人物，也是目前仍影响国际关系理论发展方向的结构现实主义学派的代表人物。[①] 在于1979年出版的《国际政治理论》[②] 这一经典著作中，沃尔兹建立了后来被称之为"新现实主义"或"结构现实主义"的国际关系理论。[③] 在该书中，沃尔兹借鉴了微观经济学理论的成果，建立起一种以国家间物质能力分配——物质结构——作为国际社会结构决定因素的结构化理论。在这种结构化理论中，观念的因素在其理论中是无足轻重的，至于世界观的不同或多元性，在国际关系实践和理论研究是否具有意义，沃尔兹根本没有提及。这种状况，在很大程度上是与沃尔兹的理论旨趣密切相关。沃尔兹关心的只是国际关系理论的构建，而且希望这种理论是普适性的。[④] 具体来说，世界观和其他观念因素之所以在沃尔兹的结构现实主义理论中没有被考察，主要与以下几个因素密切相关。

首先，沃尔兹致力构建普适性的国际关系理论或称国际关系"形式

① 尽管新现实主义自产生以来就争议不断，有人甚至怀疑现在是否还有人信奉现实主义（可参考 Jeffrey W. Legro & Andrew Moravcsik，"Is Anybody Still a Realist?"，*International Security*，Vol. 24，No. 2，1999，pp. 5 - 55.），然而，作为一种简约严谨的结构化理论，新现实主义仍然吸引着众多的研究者加入到改造和重建新现实主义的运动中去，如20世纪90年代以来在沃尔兹新现实主义基础上发展起来的新古典现实主义，就是现实主义在理论研究仍具活力的体现。有关新现实主义发展前景及问题的讨论在国际关系研究领域汗牛充栋，这里不做介绍。

② 肯尼斯·华尔兹：《国际政治理论》，信强译，上海人民出版社2008年版。在国内学术界，Waltz 更为经常地被译为"沃尔兹"而不是"华尔兹"，所以本书一概译为沃尔兹。

③ 将沃尔兹的理论称之为新现实主义的理论是理查德·阿什利（Richard Ashley），见《未来国际思想大师》一书中关于沃尔兹的讨论。伊弗·B. 诺伊曼（Iver B. Neumann）、奥勒·韦弗尔（Ole Wver）主编：《未来国际思想大师》，肖锋、石泉译，北京大学出版2003年版，第93—125页。

④ 在中译本第124—125页，沃尔兹对自己关于理论的基本假定进行了概括，其中最后一点就明确指出理论是普适性的。这三个基本假定是：首先，一个理论至少包含一个理论假设，这种假设并非现实，因此不应当询问它是否真实，而只应询问是否有用；第二，对理论必须根据其宣称要解释什么来加以评价；第三，作为普遍性的解释体现，理论不能解释特殊性。肯尼斯·华尔兹：《国际政治理论》，信强译，上海人民出版社2008年版，第124—125页。

理论"。所谓"形式理论"，是从英国著名政治经济学家卡尔·波兰尼（Karl Polanyi，也译为"博兰尼"）的概念中衍生出来的。根据波兰尼的研究，人们关于经济概念的理解有两种方式：一种是关于经济的"实质的含义"（substantive meaning），与之相对的是经济的"形式的含义"（formal meaning）。它们之间的区别在于，前者密切结合人类生活的文化和生活背景来研究经济问题，而后者则是在很大程度上抽离经济现象的文化与时代背景，以完成理论构建的任务。① 沃尔兹致力于构建的是一种国际政治形式理论，这可以从他对理论的看法中体现出来。在构建理论之前，沃尔兹首先对理论的定义、性质、建立途径、评价标准等问题作了详细的解释。他认为，理论是一种"头脑中形成的一幅关于某一有限领域或范围内的行动的图画"，"是一种工具，它试图有助于对某一加以界定的行为领域加以解释"。② 为了只对某一特定问题领域的现象做出解释，沃尔兹认为，理论需要对现实进行抽象和简化，理论家要做的，就是将自己认为重要的那些因素，从错综复杂、彼此关系的现实世界中抽离出来，只就这一特定领域之间相关的因素建立起解释逻辑。他认为，如果理论构建违反这一原则，那么就会滑入"规律的范畴之内，而非理论的范畴"，因为"现实既不会与理论一致，也不会与代表理论的模式一致"。③ 沃尔兹并不关心理论在多大程度上是否与现实相符，只关心理论及其提出的假设是否对解释现实有用。④ 正是基于这种关于理论与现实的观点，有人认为沃尔兹的理论具有明显的工具主义或实用主义色彩。⑤ 用马克思的话来说，这种离开了社会生活实践、脱离了社会存在的形式理论是一种典型的由"意识决定生活"的理论，因为他"采取了否定实践，不承认实践在社会秩序生成和可能转化中发挥的作用"的理论立场。⑥ 同样的，在这样

---

① 卡尔·博兰尼：《经济：制度化的过程》，载许宝强、渠敬东编译《反市场的资本主义》，中央编译出版社 2001 年版，第 32—33 页。

② 分别引自肯尼斯·华尔兹《国际政治理论》，信强译，上海人民出版社 2008 年版，第 9 页，"中文版前言"第 XIII 页。

③ 同上书，第 9 页、第 7 页。

④ 同上书，第 9 页。

⑤ Charles Jones，"Rethinking the Methodology of Realism"，in Barry Buzan，Charles Jones and Richard Littele，*The Logic of Anarchy*，New York：Columbia University，1993，p. 185。

⑥ 理查德·K. 阿什利：《新现实主义的贫困》，载罗伯特·O. 基欧汉编《新现实主义及其批判》，郭树勇译，北京大学出版社 2002 年版，第 244 页。

一种希望建立具有普遍意义的形式理论观的指导下，世界观与其他在真实国际关系中发挥作用的因素不被纳入理论构建的视野，是顺理成章的结果。

其次，沃尔兹认为国家具有追求"安全"的单一动机。沃尔兹认为，国际关系中的国家，因为生活"在一个国家安全无法得到保证的世界里，生存动机被视为一切行动的基础，而不是对国家一切行为幕后动力的现实描述"。[①] 在要么为了生存而自助、要么通过结盟互助而维护生存的世界中，国家为了维护自身的身份认同，追求传统文化的完整性或世界观的延续等内容，是根本没有意义的，这是对国际关系无政府状态下国家追求生存这一基本假设的违背。通过生存这一基本假设，沃尔兹达到了将文化、世界观、价值、信念、宗教等因素排除出新现实主义理论框架的目的。沃尔兹对待"世界观问题"的理论立场，至少在古典现实主义（classic realism）者汉斯·摩根索（Hans J. Morgenthau）和爱德华·卡尔（Edward H. Karr）那里是不可想象的。[②] 摩根索在《国家间政治》一书中专辟一章来论述"国际政治中的意识形态"，还在外交"十项基本原则"中，将"放弃十字军精神"作为首要的外交原则。摩根索之所以在其著作中使用大量的篇幅讨论世界观问题，并规劝各国在开展外交活动时摒弃"十字军精神"，显示出摩根索对由世界观等观念因素所引发的国际后果有着明确的认识。这是摩根索对欧洲历史上造成重大破坏和毁灭的宗教战争进行反思的结果，它实际上体现了摩根索迫切希望国家之间不再为世界观、意识形态、宗教、道德论争而进行竞争和争战的迫切愿望。把摩根索的上述观点放在冷战开始前后的背景下，可以看出，这种对观念因素的警惕，实际上反映了摩根索对以苏联和美国为首的两大军事集团开展激烈的意识形态斗争的不安。在沃尔兹试图建立有力但简约的形式化国际政治理论的时候，已经到了20世界70年代末，这是在国际关系理论在五六十年代发生过"第二次论战"之后，这种论战在主张要对国际关系学展开实证研究的行为主义学派与支持运用历史、哲学等学科研究国际关系现象的传统主

---

① 肯尼斯·华尔兹：《国际政治理论》，信强译，上海人民出版社2008年版，第97页。

② 汉斯·摩根索：《国家间政治：权力斗争与和平》，徐昕、郝望、李保平译，王缉思校，北京大学出版社2006年版，第七章及第583—586页；爱德华·卡尔：《二十年危机（1919—1939：国际关系研究导论）》，秦亚青译，世界知识出版社2005年版。

义学派之间发生。① 在这种背景下，沃尔兹不可避免地受到美国行为主义（或称实证主义）学派的影响。② 虽然沃尔兹本人没有说需要通过统计数据对理论进行量化研究，因此不能简单地将他归纳到行为主义学派阵营；然而，当他认为要对理论进行"经验性或观察性检验"时，③ 他实际上仍然受到了行为主义某种或明或暗的影响。④ 而实证主义是极力排斥世界观等主观因素的，或许沃尔兹本人正是受到实证主义学派的影响，所以才有意识地避开对容易引起争论的观念因素进行讨论。

再次，在论述国际关系中存在一种以国家间能力——尤其是军事实力——分配为基础的国际关系物质结构的过程中，沃尔兹借鉴的微观经济学理论极大地影响到了对世界观等观念因素的关注。沃尔兹接受了微观经济学理论的两个基本假定。首先，沃尔兹接受了微观经济学的个体主义假定。他认为，国际关系中的国家，"与经济市场相似，国际政治系统（体系——引者注）在本源上是个人主义的，它是自发形成的，而非人为地有意创建"。⑤ 在国际政治中，国家相当于市场中的公司或个人。通过这一假定，沃尔兹过滤了国际政治中行为体互动的复杂背景。其次，沃尔兹接受微观经济学中的"经济人"假定。所谓"经济人"假定，即将行为体视为"追求利益最大化的个体"。这是一种典型的把人视为遵循"工具理性"（instrumental reasonity）行为逻辑的理论构建。尽管沃尔兹承认"经济人"假定不符合现实，然而出于"这一假定有利于理论的建构"的便利，沃尔兹仍然以此为出发点来建立其理论。⑥ 无论是个体主义假定和

①　这场论战的情况，可参考倪世雄等《当代西方国际关系理论》，复旦大学出版社 2001 年版，第三章；王逸舟《西方国际政治学：历史与理论》，中国社会科学出版社 2007 年版，第三章。

②　阿什利明确认为"新现实主义理论属于实证主义，由实证主义所创造，并为实证主义服务"，见罗伯特·O. 基欧汉编《新现实主义及其批判》，郭树勇译，北京大学出版社 2002 年版，第 256 页。

③　肯尼斯·华尔兹：《国际政治理论》，信强译，上海人民出版社 2008 年版，第 14 页。

④　莫里岑认为将沃尔兹的观点归结于实证主义是不公正的，然而他自己也承认："根据波普尔的理论框架，沃尔兹的观点可以被视为对实证主义/经验主义有意识的反应的一个组成部分"。见汉斯·莫里岑《肯尼斯·沃尔兹：国际政治和外交政策之间的批判理性主义者》，载伊弗·B. 诺伊曼（Iver B. Neumann），奥勒·韦弗尔（Ole Wver）主编《未来国际思想大师》，肖锋、石泉译，北京大学出版 2003 年版，第 102 页。

⑤　肯尼斯·华尔兹：《国际政治理论》，信强译，上海人民出版社 2008 年版，第 97 页。

⑥　同上书，第 95 页。

"经济人"假定，都不符合许多非西方世界观看待世界的看法（第四章会有所涉及）。而试图构建普适性理论的沃尔兹，通过摒弃考虑世界观等现实因素，实现了对国际关系行为体行为动机的同一化。

最后，沃尔兹致力于构建一种"体系"理论而不是外交政策或国家理论，这就意味着其理论拒绝考虑对国家外交政策和国际政治产生重要影响的世界观等观念的作用。根据沃尔兹的观点，对于战争等国际现象进行解释的理论可以分为两类，一类为"还原主义理论"（reductionist theory），一类为"体系理论"（systemic theory）。它们的区别在于"关注个人或国家层面原因的是还原主义理论，认为原因存在于国际层次的是体系理论（中译本为'系统理论'）"。① 沃尔兹认为，为了解释作为整体意义上的国际关系或国际政治现象，只有"体系理论"才能胜任，"还原理论"无法实现这一目标。为了建立起这样一种体系理论，沃尔兹的方法就是通过"结构"这一概念，来说明体系层面的因素对国际政治现象包括国家行为的影响。而要使"结构"具有理论意义，必须让结构的定义"不涉及单元属性与互动"，"抽象掉单元属性"，"抽象掉单元互动"。具体来说，"抽象掉单元属性意味着把国家可能具有什么样的政治领域、社会和经济制度以及意识形态等因素抛开。抽象掉各种联系，意味着将国家在文化、经济、政治、军事等方面的互动抛开"。② 在这里可以看出，属于国内层面的世界观、意识形态、官僚结构、领导人个性、国家士气等因素，都被沃尔兹的结构概念给过滤掉了，而且国家在这些领域的互动，也被视为单位层次的因素被简单地予以抛弃。

我们从四个方面简要讨论了以沃尔兹为代表的结构现实主义是如何排斥对"世界观问题"进行研究的。首先，在科学哲学层面上解决理论的定位和性质的过程中，沃尔兹明确自己要建立的理论是一种国际政治的形式理论，这就为他拒绝将真实世界中异常重要的观念因素纳入理论中提供了基础。然后，根据这一目标，沃尔兹选择了可以尽量简化现实的基本假设，即国家是为了生存而斗争的行为体，这也看不到除了生存之外国家行为的其他动机。再次，通过将亚当·斯密的"看不见的手"来比拟国际体系中的结构，沃尔兹规定了行为体的基本属性是自主、独立和追求

---

① 肯尼斯·华尔兹：《国际政治理论》，信强译，上海人民出版社 2008 年版，第 19 页。

② 同上书，第 87 页。

"生存"利益最大化，这就排除了人们受到世界观等因素的驱动去从事国际活动的情况。最后，新现实主义试图建立一种体系理论，并通过国际结构这一概念来实现这一目标。在这一过程中，新现实主义去掉了单位的排列原则和单位的特性这两个他认为可能影响到结构变化的因素，从而成功地将国际结构简化为能力在国家之间的分配，这就使得物质主义的国际结构容纳不下观念内容。可以得出结论，如果将观念因素纳入其中上述过程中的任何一步，其结果都将是沃尔兹的体系理论建立不起来，至少无法成为一种形式理论。不管沃尔兹是否是有意识地排除世界观在其国际政治理论中的地位，但这一理论所带来的客观后果是：通过抽取一些符合西方世界观的所谓"假定"或"假设"，沃尔兹成功地建立了一种拒绝考虑世界观在国际关系中的影响，并对其他想象世界政治的世界观构成否定和压制的一种具有"物质主义"特征的"形式化"国际政治"体系理论"。因此，在结构现实主义国际关系理论中，"世界观问题"是"不可见"的。

二　新自由制度主义对"世界观问题"的态度：以戈尔茨坦和基欧汉的观点为例

受到沃尔兹结构现实主义的影响，新自由主义致力于建构一种用以说明国际机制能够独立发挥作用的国际关系体系理论。在20世纪70年代一直持续到90年代初期，在国际关系理论研究领域发生了"第三次论战"，它主要发生在新现实主义与新自由制度主义之间，即"权力与制度之争"。① 在新现实主义者的物质主义国际关系中，理性和单一的国家在无政府状态下为了生存而展开持久的斗争，而新自由制度主义的贡献是在这一"世界"中发现了国际制度的价值。新自由制度主义认为：国际政治现象并非纯粹由国家间的实力分配决定，国际制度的存在能够促进国家之间的合作，从而部分改变了新现实主义对于国际政治世界的描绘。尽管新自由制度主义的核心研究问题——国际制度对国家行为是否能够以及如何产生影响，看起来与现实主义的核心研究问题——国际间权力分配（物

---

① 见秦亚青《译者前言：国际关系理论的争鸣、融合与创新》，载彼得·卡赞斯坦、罗伯特·基欧汉与斯蒂芬·克拉斯纳编《世界政治理论的探索与争鸣》，秦亚青等译，上海人民出版社2006年版，第2页。在该文中，秦亚青对这场论战作了简练的概括。上文已经提到了在研究方法上的行为主义科学与传统研究方法之间的论争，第一次论争是发生在古典现实主义与理想主义之间的争论。

质结构）如何影响到国际政治现象——大相径庭，用科学哲学家托马斯·库恩（Thomas S. Kuhn）的话来说，这两种理论看起来是"不可通约的范式"（incommesurable paradigms）。[①] 然而，经过 20 世纪 80—90 年代的集中交锋，两种理论关注的问题集中到无政府状态下的国际合作问题，就国家关心的到底是相对收益还是绝对收益展开讨论，双方认同对方的本体论、方法论、认识论前提，实现了"新—新综合"（neo-neo synthesis）。[②] 这也是双方能在 20 世纪 90 年代建构主义异军突起后结成同盟的深层原因。通过效仿沃尔兹建构新现实主义的模式，以罗伯特·基欧汉（Robert Keohane）为代表的新自由制度主义者，构建了一个旨在说明在国际政治中国际制度具有独立作用的具有"物质主义"特征的"形式化"国际政治"体系理论"。

新自由主义分享了新现实主义研究纲领中的四个理论硬核，而只是在前者的基础上增加了一个硬核。根据新自由主义代表人物罗伯特·基欧汉与丽莎·马丁（Lisa L. Martin）的概括，新现实主义硬核包括四个：（1）国家是国际政治的首要行为体；（2）国家的行为类似追求最大收益的理性行为体；（3）国家追求自身的利益（尤其是生存）而不是利他的；（4）国家在一个没有共同政府的无政府状态中活动。[③] 基欧汉与马丁增加的一个硬核为：（5）国家在信息稀缺的环境中活动，从而有动机去增加

① 可参考托马斯·库恩《科学革命的结构》，金吾伦、胡新和译，北京大学出版社 2003 年版。诺格尔将库恩的"范式"概念纳入到了"世界观"概念的研究之中，可参考大卫·K. 诺格尔《世界观的历史》，胡自信译，北京大学出版社 2006 年版，第 218—230 页。

② 详细内容请参考大卫·A. 鲍德温《新现实主义与新自由主义》，肖欢容译，浙江人民出版社 2001 年版。

③ 对于新现实主义的硬核构成，不同的学者有着不同的看法，如约瑟夫·格里科（Joseph Grieco）就认为，新现实主义的核心假定包括三个，其中他将基欧汉的第二个、第三个假定加以合并，构成一个"国家行为是实质性和工具性的理性行为者"。见 Joseph M. Grieco, "The Maastricht Treaty, Economic and Monetary Union and Neo-Realist Research Program", *Review of International Studies*, Vol. 21, No. 1, 1995, p. 27. 在国际关系研究领域，比较早地根据科学哲学对某一种理论的进步性进行评估的是约翰·A. 瓦斯奎兹（John A Vasquez），不过他所依据的不是拉卡托斯的科学研究纲领，而是库恩的"范式"概念（Paradigm）。在《权力政治的威力》一书中，默斯奎塔依据范式概念及其评价标准，对包括古典现实主义、新现实主义、新古典现实主义的广义现实主义进行了系统的评估。他认为，作为国际关系研究中的主导理论，现实主义的发展过程具有明显的退化迹象。见 John A. Vasquez, *The Power of Power Politics*, *From Classical Realism to Neotraditionalism*, Cambridge: Cambridge University Press, 1998.

关于对方行为和信誉的信息。① 而之所以要增加这么一个核心硬核，纯粹只是说明有了信息的提供和完善，国家对其他国家意图的不确定性会得到明显的缓解。因此，为了自身利益的需要，同时也避免遭到具有一定权威的国际制度的惩罚，理性的利己国家会为了长期的收益而放弃眼前背叛的诱惑，从而功利性地遵守国际制度的规定。在这一个过程中，信息纯粹只是实现国际制度的功能要求而起作用的，它是一种"中性"的资源，不涉及到某一国家或国际制度的价值观或某些特定的观念，而且也不涉及到心理因素。有鉴于新自由制度主义极其重视信息在国际政治中的重要作用，并把它视为国际制度能否实现其功能需要的关键因素，因此，安德鲁·莫拉维斯基（Andrew Moravcsik）将新自由制度主义的结构类型视为一种"信息的分配"（distribution of information）形成的"信息结构"，以与新现实主义由"能力的分配"形成的物质结构相对应。② 然而，信息仍

---

① Rober O. Keohane and Lisa L. Martin：" Institutional Theory as a Research Program"，in Colin Elman and Mirian Fendius Elman，eds. *Progress in International Relations*：*Appraising the Field*，Massachusetts：MIT Press，2003，pp. 73 – 74.

② Andrew Moravsik，" Liberal Inernational Relations Theory"，in Colin Elman and Mirian Fendius Elman，eds.，*Progress in International Relations*：*Appraising the Field*，Massachusetts：MIT Press，2003，p. 164. 尽管莫拉维斯基考察的自由主义国际关系理论，然而他并未将基欧汉等学者建立的新自由制度主义纳入到自由主义国际关系理论的范畴之内，而只是将这一理论的研究者称之为"制度主义者"（institutionist）。然而，莫氏似乎没有注意到，基欧汉是明确不同意"制度主义者"的观点的。在《霸权之后：世界政治经济中的合作与纷争》中译本的第 6 页，基欧汉将国际政治经济学家戴维·米特兰尼（David Mitrany）等"把合作视为经济相互依赖世界中的本质特征，认为共同的经济利益导致对国际制度和规则的需求"的学者视为"制度主义者"，这是他本人致力于与之划清界线的。事实上，基欧汉的自由制度主义的确与各种自由主义，尤其与商业自由主义之间存在着密切的联系，见苏长和《解读〈霸权之后〉——基欧汉与国际关系理论中的新自由制度主义》，罗伯特·基欧汉：《霸权之后：世界政治经济中的合作与纷争》，上海人民出版社 2006 年版，译者前言，第 12—14 页。此外，在莫拉维斯基看来，自由主义可以分为三类：理念自由主义，商业自由主义与共和自由主义，它们分别与三个因素引发的冲突密切相关：多样性的基本信念、物质产品的稀缺、政治权力的不平等。在这里，莫拉维斯基从理念自由主义那里看到了"多样性的基本观念"，不过莫氏并未明确指出由这种多样化的信念将会给国际政治带来什么样的影响。莫拉维斯基认为，这三类自由主义国际关系理论也共享着拉卡托斯"研究纲领"意义上的理论硬核，不过他对这些理论硬核的理解与基欧汉对自由主义的总结截然不同。据此，莫拉维斯基将这三类自由主义国际关系理论关于国际结构的假定视为一种"偏好的分配"（distribution of preferences）参考 Andrew Moravsik，" Liberal Inernational Relations Theory"，in Colin Elman and Mirian Fendius Elman，eds.，*Progress in International Relations*：*Appraising the Field*，Massachusetts：MIT Press，2003，pp. 161 – 167.

然是一种物质，由"信息的分配"构成的"信息结构"，仍然使观念在国际政治中的作用得不到重视。

　　强调世界观在新自由制度主义那里没有受到应有的重视，并不否认基欧汉等人在"世界观问题"所做研究的价值。在朱迪斯·戈尔茨坦（Judith Goldstein）与基欧汉于 1993 年出版的《观念与外交政策》一书中，两位编者在第一章中明确将世界观视为影响国家间外交政策、塑造世界政治进程的一种力量。从国际关系研究领域来看，他们两人或许是最先明确提出需要考虑世界观对国际关系影响的研究者。根据戈尔茨坦与基欧汉的理解，影响国家或世界政治的三种信念是"世界观""原则化信念"（principled beliefs）以及"因果信念"（causal beliefs）。[①] 对于世界观的作用，戈尔茨坦和基欧汉认为"在最根本的层面上，观念规定着行动可能性的领域……这些可能性概念（或世界观）植根于一种文化的符号之中，并深深地影响着思维和说教模式。因为它们包含了宇宙论和本体论的观点，也包含了伦理学观点。然而，世界观是与人们的自我认同概念交织在一起的，唤起深深的情感和忠诚。世界各大宗教提供世界观，象征现代性的科学理性也同样如此"。[②] 在关于世界观概念的上述简要论述中，可以发现戈尔茨坦和基欧汉已经涉及到世界观的两种主要功能——在提供可能性的同时限制可能性、确立自我认同和唤起情感承诺；世界观与文化的关系——世界观是根植于文化之中，是文化的组成部分和衍生内容；世界观的类型——科学世界观与宗教；世界观的内容——宇宙论、本体论、伦理学观点等问题。必须承认，戈尔茨坦与基欧汉的上述论述是富有洞见的，本书同样受到他们的观点——尤其是是世界观的两种功能——的重要启发，详见第二章。

　　不过，戈尔茨坦与基欧汉在对待"世界观问题"的态度，反映了他们本身的世界观偏见。在用非常精炼的语言阐发了世界观的特征、内容等内容之后，戈尔茨坦与基欧汉只用了极其简短的词句概括了世界观在国际

---

　　① 朱迪斯·戈尔茨坦、罗伯特·基欧汉主编：《观念与外交政策》，刘东国、于军译，北京大学出版社 2005 年版，第 8 页。尽管两位作者列出了这三种信念，然而他们并没有提及这三种信念是否穷尽了所有的信念类型。而且这三种信念与苏国勋提出组成文化的三种价值类型（理念价值、规范价值、实用价值）和金耀基的现代化的三个层次（思想和行为、制度、器物）有着惊人的相似。

　　② 同上书，第 8—9 页。

关系史中产生的影响——如宗教世界观影响到了人类社会生活的许多方面、作为一种国际关系世界观面貌出现的"威斯特伐利亚"主权国家概念成为国际关系体系的组织形式——旋即就为自己不去进一步展开"世界观问题"的讨论进行辩护。"由于本书所讨论的所有主题都受到了现代西方世界观（modern Western world views）的深远影响，而且我们的作者都持这一现代主义（modernist outlook）看法，所以关于广泛世界观对于政治的影响我们所能说的相对较少。"① 戈尔茨坦与基欧汉为草率地处理国际关系中的"世界观问题"给出的理由，正好反映出了这一问题在目前国际关系研究中的局限。当研究观念对外交政策的影响在"所有主题都受到现代西方世界观的深远影响"的时候，事实上就已经指出了国际关系研究的世界观背景。当一种世界观成为解释世界现象的霸权世界观的时候，我们不会期待它能产生代表世界上大部分人生活经验的"国际理论"。即使到了今天，国际关系的理论研究，在很大程度上仍然是一种由西方，尤其是由美国主导的学科。② 这或许是马丁·怀特（Martin Wight）"为什么没有国际理论"（1966 年）和斯坦利·霍夫曼（Stanley Hoffman）《一门美国的社会科学：国际关系》这两个著名命题的部分答案。③

---

① 朱迪斯·戈尔茨坦、罗伯特·基欧汉主编：《观念与外交政策》，刘东国、于军译，北京大学出版社 2005 年版，第 9 页。

② 这一点在学术界所说的国际关系研究中"美国重心""美国的知识霸权"现象的讨论中可见一斑。参考王逸舟《西方国际政治学：历史与理论》，中国社会科学出版社 2007 年版，第 314—362 页；白云真《国际关系学科中美国的知识霸权》，载《外交学院》2007 年第 5 期。另外可参考奥利·维弗尔《国际关系学科的社会学：美国与欧洲国际关系研究的进展》，载彼得·卡赞斯坦、罗伯特·基欧汉与斯蒂芬·克拉斯纳《世界政治理论的探索与争鸣》，秦亚青等译，上海人民出版社 2006 年版，第 53—103 页。作为一个欧洲学者，维弗尔通过对比欧洲与美国国际理论研究的研究现状及其交流情况，说明了美国在这一领域中的主导地位，其目的当然呼唤欧洲国际关系理论界催生出更多独创性的研究成果。然而，在这样做的时候，他仍然透露了国际关系的研究在其他国家和地区进展缓慢的事实。他的结论是："什么时候，以及在何种程度上，这种学术多元主义会超越西方，包涵更大规模的独立学术团体，将是未来国际关系学科所要解决的问题。"对于中国学术界来说，维弗尔一句"最有可能基于自身独特哲学传统展开独立国际关系研究的是中国，尽管中国现在还没有出现自己独立的国际关系理论"，激励了许多中国国际关系学者试图开创自己原创性研究成果的决心和雄心。

③ 马丁·怀特：《为什么没有国际理论?》，载詹姆斯·德·代元主编《国际关系理论批判》，秦治来译，浙江人民出版社 2003 年版，第 17—40 页；斯坦利·霍夫曼：《美国社会科学：国际关系学》，载詹姆斯·德·代元主编《国际关系理论批判》，秦治来译，浙江人民出版社 2003 年版，第 228—259 页。

　　不仅如此，当"我们的作者都持这一现代主义看法"成为学者们从事研究时不言自明的出发点时，它还带来更严重的理论与政治后果。首先，现代西方世界观构成西方学者们从事国际关系研究的共同预设，并成为他们可以不用检视世界观对研究结果产生何种影响的充足理由。既然作者提出了"现代主义世界观"这一概念，那么就一定存在着与现代主义世界观相对应的其他世界观。世界观之前的两个定语"现代"和"西方"透露了玄机。我们可以判定，被戈尔茨坦和基欧汉排除出去的其他世界观，至少就包括了"传统的"世界观与"非西方的"世界观。为什么包括"传统的"或"非西方的"的世界观，不能成为研究观念与外交政策之间关系这一问题的研究背景和理论出发点呢？在西方世界观有关现代与传统、西方与非西方构成二元对立的思维方式中，传统、非西方的世界观就是非科学的世界观，因此以它们作为背景和出发点得出的结论也是非科学的。这正是戈尔茨坦与基欧汉关于"要理解世界观对一般政治或外交政策的影响，还需要对各种文化进行更广泛研究"这一论断的含义。在"需要进一步研究"的掩饰下，各种世界观在国际关系中的作用这一问题被无限期地延迟了。这种观点暗含的逻辑，所涉及到的已不仅仅是如何去从事"观念与外交政策"研究的问题，关键之处在于：通过确立现代西方世界观作为唯一有效的研究背景和视域，他们在不经意间就宣判了非"现代西方世界观"的无效性和非科学性，同时也确证了作者自身世界观及建基于此的各种观点的"真理性"。

　　其次，当我们根据世界观的第二个功能——世界观是界定自我认同的资源和背景——来看待第二条理由时，则能发现戈尔茨坦和基欧汉为了维护自身身份认同所做的努力。在讨论国际关系的三种信念之前，戈尔茨坦与基欧汉作了以下声称："我们感兴趣的是那些特定信念（包括一般道德准则到认同于对某项科学知识的特别应用——引者）的影响，而不是信念与客观现实的关系（无论它是怎样界定和决定）。我们并不试图解释这些观念的来源，我们集中于它们的作用结果。"① 也就是说，他们搁置观念、惯例、身份、规范、意识形态、国家身份、国家利益等

①　朱迪斯·戈尔茨坦、罗伯特·基欧汉主编：《观念与外交政策》，刘东国、于军译，北京大学出版社 2005 年版，第 7 页。

因素的起源，将它们视为预先给定的，以此出发来研究它们对于国际制度或外交政策等国际关系现象的影响。这种研究态度和方法被基欧汉自己概括为是"理性主义"。① 在贯彻和实践"理性主义"方法展开对国际关系现象的研究时，他们的研究方法和西方现代世界观构成了一种相互建构的关系：当他们认为是理性主义者的时候，他们会放弃探究自己的世界观，因为在他们看来只有在研究过程中拉开与自己世界观的距离，所产生的研究结果才是"科学的"；另一方面，只有在西方现代世界观的背景下，强调科学、客观、进步等内容的学术研究出现，理性主义才能成为一种占主导地位的研究方法，研究实践才能被视为一种"价值中立"的事业。由此可见，正是因为现代西方世界观与致力于搁置观念来源的研究活动之间存在着极为复杂的关系，所以才会有对世界观与国际关系之间隐秘互动状况进行深入考察的延迟。这既是为了让"持现代主义看法"的学术人士接受研究成果而做的思考，同时也是确立自身作为"理性主义者"的社会科学家身份有意无意采取的策略。总而言之，以戈尔茨坦和基欧汉代表的新自由制度主义关于世界观的研究，具有一定的启发意义，但将现代西方世界观作为理所当然的出发点，并不利于产生从各种不同世界观出发研究国际关系现象的多元化国际关系研究成果。在新自由制度主义那里，"世界观问题"处于"被瞥见"的状态。

三 建构主义对"世界观问题"的态度：以鲁杰和温特的观点为例

在建构主义者约翰·鲁杰（John G. Ruggie）的手中，关于世界观与国际关系问题的研究被大大地推进了一步。鲁杰关于世界观问题的讨论是从强调观念、规范、身份等主观因素在国际关系中的重要作用出发的，具有典型的建构主义风格。② 在鲁杰看来，戈尔茨坦和基欧汉作为新自由主义的代表人物，他们与新现实主义一样，在关于信念与国际关系的问题采用了典型的"新功利主义"研究方法，因为他们假定国家的身份和利益

---

① 罗伯特·基欧汉：《研究国际制度的两种方法》，载詹姆斯·德·代元主编《国际关系理论批判》，秦治来译，浙江人民出版社 2003 年版，第 301—332 页。

② 国内关于建构主义的研究，自主流建构主义代表人物亚历山大·温特的著作《国际政治的社会理论》在译为中文后，极大地激发了中国国际关系研究者们的研究热情，关于这方面的研究成果也层出不穷。有鉴于此，这里不展开对建构主义基本观点的讨论。

是外生的和给定的，而建构主义则认为这些因素是内生的和社会建构而成的。为了对这种研究方法进行批判，鲁杰对戈尔茨坦与基欧汉关于三种信念划分及其作用的研究做了讨论。鲁杰认为，在《观念与外交政策》一书中，各位作者所集中研究的"因果信念"和"原则性信念"相较于世界观来说是不太重要的，因为它们仅仅有助于实现国际行为者在互动中追求的功利性目标，至于行为者为什么会追求这些目标、行为者的身份来源何在等建构主义关心的问题，新功利主义都无法予以回答。鲁杰认为正是戈尔茨坦和基欧汉未能予以充分阐述的"世界观"概念，在解释这些问题上可以扮演重要的角色：

> 正像我们说过的那样，建构主义研究关注的一个核心问题就是：在新功利主义研究起点之前发生了什么事情。正因为如此，戈尔茨坦和基欧汉称之为"世界观"的概念就成为十分重要的概念，比如，文明建构、文化因素、国家身份等等。还有，这些因素怎样影响了国家利益的形成和国际关系的形态……另外，世界观不仅与国家及其权力有关，而且世界观的建构和转化作用中包含了民族主义的转化形式。①

鲁杰的上述立场，可以说是将世界观"带回"国际关系的重要尝试。不过，也应该注意到，鲁杰的理论立场仍然有重要的局限。首先，鲁杰并未明确世界观的具体含义。他不仅将文化、文明、国家身份纳入到世界观的范畴之中，而且还把关于未来的"建设性观念"、新自由资本主义之类的意识形态等视为世界观。将各种观念因素或价值系统甚至对未来的期望都纳入到世界观的范畴，有使世界观概念变得模糊不清、内涵与外延不明的危险。对于世界观与文化、意识形态之间的关系，我们在第一节做了论述，不再赘述。至于世界观与国家身份、民族主义等因素之间混同，与对待世界观与意识形态的态度一样是有问题的。不仅如此，鲁杰虽然提到了世界观与权力之间的关系，但他并未深入研究这种权力的性质及其具体运

---

① 约翰·杰拉尔德·鲁杰：《什么因素将世界维系在一起？新功利主义和社会建构主义的挑战》，载彼得·卡赞斯坦、罗伯特·基欧汉与斯蒂芬·克拉斯纳编《世界政治理论的探索与争鸣》，秦亚青等译，上海人民出版社 2006 年版，第 269 页。

作机制。可以认为，他的意识中，这种权力仍然是结构现实主义主张的物质性权力。

当把鲁杰关于世界观的上述观点纳入到他的整个建构主义研究议程时，可以发现鲁杰立场的第二个问题。鲁杰重视世界观在国际关系中的重要作用，提出了"集体意向"和"构成性规则"这两个重要概念，据此阐述了国际行为体之间的互动可以塑造国家的身份和利益的重要观点。尽管鲁杰将自己的建构主义观点视为新古典建构主义（neo-classical constructivism），以与后现代建构主义（postmodernist constructivism）和自然建构主义相区别（naturalistic constructivism）。① 然而在观念本体论问题上，鲁杰与其他建构主义派别没有太大的区别；而且通过批评新功利主义关于观念只会在个体层面上出现，鲁杰与建构主义另外一员干将亚历山大·温特（Alexander Wendt）提出的方法论整体主义与理念本体论遥相呼应。至于观念本体论，即亚历山大·温特所谓的"共有知识"或"观念结构"。温特认为："由于社会性的基础是共有知识，这样就导致了理念主义对结构的定义，即：'结构是知识的分配'，或者说是'观念无所不在'的（或者说几乎是无所不在的）"，"国际生活的特征取决于国家与国家之间相互存有的信念和期望，这些信念和期望在很大程度上是由社会结构而不是物质结构造就的"。② 基于这种对"现实主义的物质主义世界观"③ 的批评，温特提出自己的"观念世界观"或"建构主义世界观"，并将这种世界观的传统追溯到雨果·格劳秀斯（Hugo Grotius）、康德与黑格尔以及在二战期间的理想主义国际关系理论那里。④ 同属于这种建构主义"世界观"传统——温特所说的世界观显然是本体论做为首要界定特征的——鲁杰和温特都对"是什么因素将世界维系在一起？"这个问题给出了"观念"的答案。不能否认，鲁杰和温特等建构主义者对观念、认

---

① 彼得·卡赞斯坦、罗伯特·基欧汉与斯蒂芬·克拉斯纳编：《世界政治理论的探索与争鸣》，秦亚青等译，上海人民出版社 2006 年版，第 283—285 页。关于国际学术界对建构主义的不同分类可参考袁正清《国际政治理论的社会学转向：建构主义研究》，上海人民出版社 2005 年版，第 37—42 页。

② 亚历山大·温特：《国际政治的社会理论》，秦亚青译，上海人民出版社 2000 年版，第 23—25 页。

③ 同上书，第 235 页。

④ 同上书，第 3 页。

同、身份等因素在国际关系中作用的强调，是非常重要和非常具有启发性的。建构主义正是通过研究这些长期遭到新现实主义和新自由制度主义忽视和压制的因素，从而在20世纪90年代后声名鹊起，并成为与前两者构成三足鼎立之势的主流理论。然而，建构主义取得成功的因素，也正是其薄弱之处。

根据建构主义的观念本体论，构成国际体系基本单位的行为体，是一个代替了新现实主义与新自由主义"经济人"假定的"观念人"假定。在鲁杰那里，"社会结构是由具有社会性知识和话语能力的行为体组成的，这样的行为体既受到物质性因素的制约，也受到制度性因素的制约"。[①] 尽管鲁杰提及了行为体受到物质性因素和制度性因素的约束，然而"社会性知识和话语能力"才是界定鲁杰建构主义中行为体最为重要的特征。正是由此出发，鲁杰能够根据集体性意识、构成性规则的运作，得出"观念"才是将世界维系在一起的因素这一结论。温特的建构主义关于国家行为体的假定与此毫无二致。温特认为："新现实主义无法解释结构性变化，但是我想国际关系学者有潜力创立可以解释结构性变化的国家中心理论。创立这种理论至关重要的第一步是接受这样一个假定：国家可以被看作具有意图、理性和利益考虑等人的特征的行为体。"[②] 由意图、理性、利益考虑这些观念因素的行为体行为互动，共享国际社会的某些观念、塑造行为体的身份和利益、造就了国际社会三种无政府文化——霍布斯文化、洛克文化与康德文化的世界，也就是温特自己曾在别的地方提到的"理论所'感知'"的国际体系。[③] 至于原初观念到底来自何方、为什么有的行为体对所谓的"共有观念"不感兴趣、为什么即使在共享了观念的行为体之间也会发生龃龉乃至冲突、国际体系或无政府文化之所以会发生转化的深层次原因等问题，建构主义无意回答。

尽管鲁杰和温特都致力于使建构主义成为一种具有丰富"社会性"

---

① 约翰·杰拉尔德·鲁杰：《什么因素将世界维系在一起？新功利主义和社会建构主义的挑战》，载彼得·卡赞斯坦、罗伯特·基欧汉与斯蒂芬·克拉斯纳编《世界政治理论的探索与争鸣》，秦亚青等译，上海人民出版社2006年版，第282页。

② 亚历山大·温特：《国际政治的社会理论》，秦亚青译，上海人民出版社2000年版，第11页。

③ 同上书，第5页。

的国际关系理论,然而他们为我们描绘的世界,仍然是一个只具有部分"社会性"内容的世界。至少从中国人和情感社会学的角度看来,作为一个社会人,没有情感或称"人情"的世界是不可想象的,而且由不讲情感只谈观念的"观念人"所组成的世界能够有效地维系在一起,同样是不可思议的。① 不仅如此,建构主义是一种与西方自由主义意识形态密切联系在一起的"自由主义建构主义"(liberal constructivism),或是一种"结构性自由主义"(structural liberal),② 因此石之瑜等人发现在温特的建构主义理论与"民主和平论"之间存在某种"共谋关系",③ 也就不足为奇了。建构主义的问题,不在于强调文化、规范、观念等理念因素在国际关系中的重要作用,而是它过于推崇和强调共有观念在塑造行为体身份中的影响,认为"进化性认识论"(evolutionary

---

① 可参考翟学伟《人情、面子与权力的再生产》,北京大学出版社 2005 年版,第 84—90 页;Jonathan Turner, "Emotion and Social Structure: Toward a General Sociological Theory", in Jody Clay-Warner, Dawn T. Robinson, eds., *Social Structure and Emotion*, San Diego: Elsevier, 2008, p. 319.

② 关于建构主义与自由主义的亲缘关系,可参考 Ewan Harrison, *The Post-Cold War International System: Strategies, Institutions, and Reflexivity*, London, New York: Taylor & Francis, 2004; Maja Zehfuss, *Constructivism in International Relations: The Politics of Reality*, Cambridge: New York Cambridge University Press, 2002。萨缪尔·巴尔金明确指出:"自我标榜的建构主义者通过具有(或者至少被认为具有)广义自由主义范畴的世界观,并通常接受这种分类"。见萨缪尔·巴尔金《现实主义的建构主义》,载汉斯·摩根索《国家间政治:权力斗争与和平》,徐昕、郝望、李保平译,王缉思校,北京大学出版社 2006 年版,第 617—641 页。理查德·尼德·勒博(Richard Ned Lebow)则将温特的建构主义视为一种"结构自由主义",参考 Richard Ned Lebow, *A Cultural Theory of International Relations*, Cambridge University Press, 2008, p. 3. 秦亚青也指出了新自由主义与建构主义近年来的趋同现象:"如果说任何理论都有一个信仰硬核,那么恰恰在这个基本信仰硬核上,自由主义与主流建构主义产生了趋同的可能。洛克的前社会和谐假定,康德的联邦世界,基欧汉无霸权合作,温特的霍布斯、洛克、康德三种文化依次进化——这些理论都有一种基本的信仰核心,那就是人类的和谐是可能的。"见秦亚青《译者前言:国际关系理论的争鸣、融合与创新》,载彼得·卡赞斯坦、罗伯特·基欧汉与斯蒂芬·克拉斯纳编《世界政治理论的探索与争鸣》,秦亚青等译,上海人民出版社 2006 年版,第 17 页。不过,这种和谐是建立在"观念人"假定基础上的。

③ 可参考石之瑜、殷玮、郭铭杰《原子论是国际政治学的本体?——"社会建构"与"民主和平"的共谋》,载《世界经济与政治》2008 年第 6 期,第 29—38 页。

epistemology）① 和国际规范的 "社会化",② 将使国际体系的规范结构发生朝向世界国家或大同主义的方向转变。在这一过程中,建构主义并未对这些社会过程所带来的政治后果与伦理内涵做深入的思考,没有将国际社会中弱小国家的文化或世界观视为一种可以不同于西方、但却对这个危机四伏的世界可能带来启发的思想资源。在建构主义那里,"世界观问题"停留在 "被眺望" 的阶段。

　　从对结构现实主义、新自由制度主义、建构主义这三大西方主流国际关系理论（下称 "三大主义"）代表人物在 "世界观问题" 上的态度可以看出,"世界观问题" 并没有成为一个独立的理论研究议程。结构现实主义提供的是一种物质本体论,看到的是一个国家为了生存而彼此竞争和斗争的世界,观念在其中没有地位。新自由制度者戈尔茨坦与基欧汉虽然讨论了观念与外交政策之间的关系,甚至提到世界观的功能、其与宇宙论之间的关系,但他们都将现代西方世界观视为理论研究不言自明的背景,回避了对 "世界观问题" 的讨论。建构主义者强调观念、文化等因素在

---

　　① 所谓 "进化性认识论" 并非像鲁杰所说的那样是厄恩斯特·哈斯（Ernst Hass）提出的一个概念,哈斯只是将这一概念引进到了国际关系理论的研究中。这种学习是指这样一个过程,即通过行为体之间的互动,各个原本拥有自身身份和特殊观念的行为体,不仅在互动过程中改变了对待政策的具体方式,而且还改变了他们对解决问题的主要思路。尽管哈斯并非属于建构主义学派的人物,然而这一 "进化性认识论" 的概念极大地启发了后来的建构主义学者。Ernst Hass, *When Knowledge Is Power：Three Models of Change in International Organizations*, Berkeley：University of California Press, 1990. "进化性认识论" 从达尔文的自然进化论那里衍生出来的,科学哲学家波普尔也曾经使用过这一概念。关于这一概念的起源、在其他学科中运用的情况以及所存在的问题,可参考 Nathalie. Gontier, Jean Paul van Bendegem, Diederik Aerts, eds., *Evolutionary Epistemology, Language and Culture：A Non-adaptationist：Systems Theoretical Approach*, Dordrecht：Springe, 2006. C. A. Hooker, *Reason, Regulation, and Realism：Toward a Regulatory Systems Theory of Reason and Evolutionary Epistemology*, Albany：State University of New York Press, 1995, etc.

　　② 根据瑞斯与辛金克德的 "国家社会化" 的经典研究,所谓国家社会化,就是指国家在 "国际社会" 的压力下,采取得到其他国家倡导和认可的国际规范。根据安登尼·吉登斯的 "双层结构化" 逻辑,建构主义认为国际体系中的结构是由行为体在社会互动中造就的,也就是说国家间互动形成了国际体系；然而国际体系中的结构同样又建构、改变和构成国家的身份与行为,"社会化" 指的就是后面这一过程。参考 Thomas Risse & Kathryn Sikkink, "The Socialization of International Human Rights Norms into Domestic Practices：Introduction", *in* Thomas Risse et al. eds, *The Power of Human Rights：International Norms and Domestic Change*, Cambridge：Cambridge University Press, 1999, pp. 11 – 35. 实际上,载入瑞斯与辛金克主编的论文集的文章,大部分都是谈国际社会 "倡议网络"（advocacy netwarks）是如何影响到各国国内政治的,它们强调的是 "双层结构化" 过程中的前一个过程。

国际关系中的重要意义，鲁杰甚至对戈尔茨坦与基欧汉在"世界观问题"上的立场做了批评，但他与温特具有相同的倾向，即强调国际社会"共有观念""共有文化"对国家身份的建构主义，忽视了世界观多元的事实及其可能带来的意义和价值。在建构主义那里，"世界观问题"处于"被眺望"的阶段。三大主义在"世界观问题"上的立场及其比较可参考表1—1。

表1—1　　　　　主流国际关系理论在"世界观问题"上的态度

	基本假定	基本假设	理论类型	思想资源	本体论	世界观问题的命运
结构现实主义	经济人	为生存而斗争	形式化的体系理论	微观经济学	物质主义	"不可见"
新自由制度主义		为生存和财富而斗争		新制度经济学		"被瞥见"
建构主义	观念人	为承认而斗争		哲学与社会学	理念主义	"被眺望"

第三节　后殖民主义者贝尔对"世界观问题"的研究

对于主流国际关系理论未予集中研究的"世界观问题"，国际关系理论中的各种"反思学派"同样未加以深入讨论。由于主流国际关系设定和限制了国际关系研究的主要研究议题，因此，对国际关系知识的偏狭性或欧洲中心论作了一定程度批判的，倒是那些处于边缘地位的理论学派，如国际关系关系中的后结构主义（Poststructuralism）、后现代主义（Postmodernism）、德国的法兰克福学派（the Frankfurt School）及批判理论（Critical Theory）、后殖民主义（Post colonialism）、女性主义（Feminism）、规范理论（Normative theory）等等。这些学派也就是基欧汉所说的国际关系研究中的"反思主义学派"。对于主流国际关系予以接受的前提和预设，反思主义予以了尖锐的批判和揭示，从而为我们理解国际关系理论的世界观背景提供了重要的启示。不过值得指出的是，尽管反思主义学派对于解构西方主流国际关系理论的霸权地位，或揭示某些不言自明的假定所包含的强烈意识形态涵义做出了重要贡献，然而，反思主义学派仍然主要是在西方世界观的背景中从事批判与解构工作的。它们往往在不经意间保留了西方世界观预设对其研究的影响，这使得反思主义学派在"世界观问题"的研究上仍然存在着重要的缺陷。反思主义很少从西方现代世界观之外的其他世界观出发来批判主流国际关系知识，也很少探讨是否需要依据其他世界观来观察和理解世界。尽管各种反思主义学派致力于为国际关系研究开辟新的思维空间，然而，它们主要追求的，仍然是打破三大主流国际关系理论在国际关系研究中的主导地位、超越现代性的某些局限；它们真正确认的，仍然是西方世界观或宇宙论的价值，为自身的身份认同寻找一个真正可靠的依托。①

既然主流国际关系理论和反思主义学派都没有对世界观与"世界观问题"进行系统的研究，我们只能把目光投向别的理论或学科领域。据笔者所知，截至目前，研究"世界观问题"比较重要的研究成果包括以下这些论著：首先是罗伯特·J. 布鲁斯（Robert James Burrowes）的《非暴力防御战略：甘地的方式》。② 在该书中，作者提出了"社会宇宙论"（social cosmology）的概念，并据此对印度"社会宇宙论"指导下的"非暴力战略"进行了全面的研究，展示了构思国家大战略的另一种思路。中国台湾学者石之瑜则从社会心理学和后现代主义等角度，对中国传统世界观和外交政策之间的关系作了深入、系统的思考，这些成果对于促进中国国际关系理论的发展，做出了重要的贡献，可惜未得到大陆学者应有的关注。③ 纳恩·伊纳亚图拉与戴维·L. 柏纳利（Naeem Inayatullah and David L. Blaney）从印度殖民统治前王朝治理的经验中受到启发，在此基础

---

① Jim George, "International Relations and Search for Thinking Space", *International Studies Quarterly*, Vol. 33, No. 3, 1989, 转引自王逸舟《西方国际政治学：历史与理论》，中国社会科学出版社 2007 年版，第 315 页。

② Robert James Burrowes, *The Strategy of Nonviolent Defense: A Gandhian Approach*, Albany: State University of New York Press, 1996.

③ Chih-Yu Shih, *China's Just World: The Morality of Chinese Foreign Policy*, Boulder, CO: Lynne Rienner Publishers, 1993; 石之瑜：《近代中国对外关系新论：社会心理学的视角》，五南图书出版有限公司 1995 年版；Chih-yu Shih, *Navigating Sovereignty World Politics Lost in China*, New York: Palgrave Macmillan, 2003.

上对在新时代背景下如何重构西方主权世界观这一问题进行了讨论。① 拉尔夫·佩特曼（Ralph Pettman）对现代理性在国际关系研究中排斥传统世界观和形而上学研究的倾向，做了简要而不乏深刻的批判，而且还构想出一种由各种宗教或文化的世界观——"中国道教的战略学"、"佛教的经济学"、伊斯兰文明、"儒家马克思主义"、"印度教建构主义"、泛灵论环境主义、无神论女性主义，等——联合起来想象当前和未来世界秩序的复杂世界观。② 而周宁的《中西最初的遭遇与冲突》、李扬帆的《走出晚清：涉外人物及中国的世界观念之研究》、美国学者何伟亚（James L. Hevia）的《怀柔远人：马嘎尔尼使华的中英礼仪冲突》等著作，③ 则对中西方自近代接触以来在世界观方面的冲突进行了研究，对中国传统世界观——"天下观"——遭到抛弃的原因作出了较为深入的论述。而汪晖产生重要影响的四卷本著作——《现代中国思想的兴起》，在长时段历史背景中，论述了中国思想从传统"天理世界观"到近代"公理世界观"的转变，尽管其研究更多属于思想史领域而非专门的国际关系研究成果，不过其宏大的视野、对中、西思想的熟练掌握、强烈的问题意识，都能给国际关系学者以重要的启示，④ 等等。

　　上述这些研究成果注意到了世界观在国家间关系中的重要性和意义，只是这些研究成果数量不多，而且往往处于学科的边缘或是从事跨学科探索，所以没有引起人们足够的重视。客观地说，不论已有的这些研究成果提供了多少启示，它们对"世界观问题"的关注本身，至少意味着它们对于世界中多种世界观并存的事实，表示出了程度不一的敏感和尊重。这也是它们之所以值得关注的重要原因。它们不仅为人们在三种主流国际关系理论之外看待和想象国际关系提供了可能，而且为我们如何对"天下观"或和谐世界观进行学理研究提供了很多启示。限于篇幅，我们将不

　　① Naeem Inayatullah and David L. Blaney, *International Relations and the Problem of Difference*, New York：Routledge, 2004.

　　② Ralph Pettman, Reason, *Culture, and Religion：The Metaphysics of World Politics*, New York：Palgrave Macmillan, 2004.

　　③ 周宁：《中西最初的遭遇与冲突》，学苑出版社 2000 年版；李扬帆：《走出晚清：涉外人物及中国的世界观念之研究》，北京大学出版社 2005 年版；何伟亚：《怀柔远人：马嘎尔尼使华的中英礼仪冲突》，邓常春译，社会科学文献出版社 2002 年版。

　　④ 汪晖：《现代中国思想的兴起》，生活·读书·新知三联书店 2008 年版，尤其见其第二卷上部《帝国与国家》。

对它们进行详细讨论。同样值得指出的是，尽管上述研究成果都程度不一地涉及到了国际关系中的"世界观问题"，不过他们都没有明确将该问题作为国际关系理论研究中的独立议题予以研究，也没有系统讨论世界观与国际关系研究之间的复杂关系。而在这两方面做了重要贡献的，是后殖民主义学者 J. 马歇尔·贝尔（J. Marshall Beier）。基于贝尔研究成果的重要性，下文我们对他的主要观点、具体启示及存在的问题进行比较详细的介绍。

贝尔对世界观与国际关系研究之间的关系作了开创性的研究。① 20 世纪 90 年代以来，受到后结构主义、后现代主义等哲学思潮的影响，国际关系学界涌现了一大批对知识与权力之间关系进行研究的成果，但很少有人在世界观与国际关系知识之间建立联系。而贝尔则敏锐地意识到了这一问题的重要性，并就此开展了深入的研究。贝尔是加拿大麦克马斯特大学（McMaster University）人文学院政治学系的助理教授，他的主要研究兴趣在于将土著人等少数群体的声音带到国际关系研究中，并探讨它们对人们研究、想象世界政治具有的启示。贝尔于 2005 年出版平装本、2009 年以精装本形式再版的《天涯咫尺的国际关系：本土性、宇宙论②与国际理论的限制》一书，就是他这种研究取向的集中体现。③ 正是在这一意义上，贝尔的著作才体现出其独特的价值。在该书中，贝尔在后殖民主义理论、后结构主义的理论框架中，对包括人类学、国际关系学等学科与被他称之为"高级殖民主义"（advanced colonialism）和"霸权式独白"（hegemon-ologue）的现象间的"共谋"（complicity in）关系作了深入的考察，主张国际关系应该倾听土著人等弱势群体的声音，关注他们别具特色的世界观，推动世界上不同世界观之间的平等对话。下文我们分两部分对《天涯咫尺》一书进行介绍。第一部分概括他的基本观点和理论立场，第二

---

① 有兴趣的读者可参考贝尔在麦克马斯特大学上的个人主页，该链接上有对贝尔发表论著的比较详细的介绍：http://www.socsci.mcmaster.ca/polisci/Webpages/Staff/jmarshallbeier.html。

② 贝尔主要使用了"宇宙论"这一概念，然而在他的著作中也不断地使用"世界观"这一术语，他实际上在这两个概念之间进行互换。

③ J. Marshall Beier, *International Relations in Uncommon Places*：*Indigeneity*, *Cosmology*, *and the Limits of International Theory*, New York：Palgrave Macmillan, 2005. "Uncommon Place" 一词可译为"非共通的地方"。但贝尔不断予以强调的这样一个事实，即土著世界观与霸权世界观之间有着存在彼此依存、互为前提的关系。因此我们将其译成"天涯咫尺"。

部分介绍他就世界观与国际关系知识之间的关系所作的论述。

一　《天涯咫尺的国际关系》一书的基本观点及其理论立场

　　《天涯咫尺的国际关系》（下称《天涯咫尺》）一书的问题意识在于，包括国际关系知识在内的社会知识与殖民主义之间有何关系？针对知识主要由西方国家生产这一事实，贝尔认为，在国际关系研究中存在一种被他称之为"hegemonologue"——可译为"霸权式的独白"——的现象。它指在国际关系中，由于西方国家在物质权力与知识生产上的强势地位，这些国家在国际关系话语领域享有一种自说自话，对第三世界国家、土著人的声音置若罔闻的特权。[①]"霸权式的独白"言说的内容都是西方社会的问题、知识或观念，对于西方人来说，由于已经沉淀为集体无意识或科学无意识，它们构成"常识"（common sense），而且仿佛是跨历史、跨文化的常识。霸权式独白意识不到的是，在西方社会背景中被视为"常识"的东西，对于拥有不同世界观和生活方式的人们来说，往往是难以想象的。贝尔明确提出，他在《天涯咫尺的国际关系》一书中致力于探索就是这样一个问题，即"美国国际关系学是如何通过各种方式内化那些使得殖民主义成为可能的呈现（representations，也可译为"表象"）的，明确表明该学科对土著人没有表现出应有的关切"。[②] 贝尔认为，西方国际关系知识属于高级殖民主义（advanced colonialism）的范畴，曾经参与并且仍然介入到发达国家对第三世界国家人们与土著人的殖民事业当中。与那种以武力统治和暴力征服为特征的殖民主义不同，高级殖民主义是通过知识、范畴、世界观、观念、呈现（representation）等理念因素的运作和传播实现的。这同样是一种向弱势人群施加的暴力，贝尔称之为"呈现暴力""挪用暴力""归化暴力"或"抹除暴力"（violence of representation, appropriation, inscription, erasure, etc），等等。它们的共同点在于：将土著人对自身的描述或呈现、他们的世界观建构成不合法、无效的，而与此相对的西方知识与世界观，其有效性似乎是不言自明、理所当然的。

　　霸权式独白之所以能够维持，在于它能够得到霸权世界观的保证。贝

---

　　①　J. Marshall Beier, *International Relations in Uncommon Places*: *Indigeneity, Cosmology, and the Limits of International Theory*, New York: Palgrave Macmillan, 2005, p. 2.

　　②　Ibid. .

尔认为，霸权式独白或高级殖民主义的高明之处在于，通过将西方世界观或宇宙论遮蔽起来，并在学科建制中确立起自身的合法性，西方国际关系知识在已有的世界观框架内进行"诠释循环"（hermeneutic circle），全然不顾是否存在有别于西方世界观的其他世界观。① 由于掌握着裁定知识是否合法、有效的权力，并通过看似客观、中立的国际关系知识的传播，现代西方世界观向那些拥有不同世界观的人们实施了一种"宇宙论帝国主义"（cosmological imperialism），它本身则构成一种未经批判就被人们接受或被强制施加的"霸权世界观"（hegemonic worldview）。霸权世界观的政治与伦理后果在于：一方面，它严重限制了人们对世界发展的想象，有碍于普遍解放目标的实现；另一方面，霸权世界观在确立自身合法性的过程构建了一系列二元范畴，往往赋予他者以否定、消极、歪曲的意义，从而为社会世界中等级制、歧视性的社会关系赋予了合法性。② 因此，贝尔强调，在国际关系中的研究中，尤其在研究土著人或"异文化"时，必须对世界观的多样性保持警惕，要求"我们对隐含的或不被承认的关于宇宙的基本假定和观点做深入的反思，一言以蔽之，就是要对'宇宙论承诺'（cosmological commitments）进行批判性的审查"。③ 在自己的研究中，贝尔尽量避免将西方国际关系知识简单地套用在弱势群体对世界的理解上，而且主张一种"责任伦理"（ethic of responsibility），致力于让霸权世界观倾听被其压制世界观的声音并做出回应、最终实现不同世界观的平等交流。对以世界观霸权为核心的霸权式独白和高级殖民主义的揭露，构成《天涯咫尺》一书的核心内容。

《天涯咫尺》一书包括三大部分。除了引言，该书共有八章，由"责任"（Responsibility）、"呈现"（Reprssentation）与"反思"（Reflection）三部分构成。第一章介绍该书的基本观点及几个核心概念，如"霸权式独白""高级殖民主义""宇宙论帝国主义"和"霸权世界观"等。"责任"部分由前四章组成，主要讨论国际关系的发展历史及其与相关学科，尤其是人类学之间的关系。贝尔将各种学科学视为一种动态的实践，主张

① J. Marshall Beier, *International Relations in Uncommon Places*: *Indigeneity*, *Cosmology*, *and the Limits of International Theory*, New York: Palgrave Macmillan, 2005, p. 30.

② Ibid., p. 47.

③ Ibid., p. 4.

学科之间不应该划定固定的界限。他尤其认为国际关系学者应该参考人类学的研究成果，以便发现那些被霸权世界观压制、但对人们想象世界多种可能性具有重要价值的世界观（第二章）。不过，在第三章中，贝尔也详细指出了人类学研究中以主、客两分为基本特征的"参与观察"研究方法的荒谬之处，因为这种研究带来的结果是人类学家将自身建构的范畴视为合法、有效的知识，而土著人自己的描述反倒成为不可理解、不可想象的东西。据此，在第四章中，贝尔考察了与西方世界观具有重大差异的拉高塔印第安人（Lakota Indian）的世界观，以及这种世界观在面临美国主流文化对其进行同化时的艰难处境。在"呈现"部分，贝尔首先对拉高塔印第安人在美国流行文化中的呈现状况进行了考察，发现尽管那些欣赏或借鉴拉高塔人文化的人们并不一定怀有恶意，但他们在呈现印第安人的文化资源时，有意无意地沿袭了殖民主义时代对印第安人的看法，从而对他们进行了"第二波征服"（a second wave of conquest）。随后，贝尔对体现在现实主义、历史学等"正统社会理论"（第六章），包括女性主义、自由主义、马克思主义在内的"解放理论"（第七章）中的世界观预设作了分析，尽管前者坚持国际关系的冲突性质，而后者中的各学派预设了国际关系发展的"美好生活"目标，但它们在追求普适性的过程中体现出了同化其他世界观的倾向。在结论即"反思"部分（第八章），贝尔呼吁人们将本来就构成霸权世界观自我一部分的土著人世界观纳入国际关系研究中，以实现各种世界观之间的平等对话，认为这对于人们想象世界的多种可能性大有裨益。

在理论资源上，贝尔主要借鉴了后结构主义与后殖民主义的相关思想。贝尔明确承认受到后结构主义、尤其是法国著名思想家雅克·德里达的重要影响，包括他的"延异"（Différance）概念、对人的生活进行全面监控的"毛细血管权力"（capillary power）观点、从文本间的角度考察霸权世界观衍生出来的各种暴力，等。除了德里达本人，受到德里达影响的后结构主义国际关系学者戴维·坎贝尔（David Campell）、吉米·乔治（Jim George）、詹姆斯·德·德里安（James Der Derian）、J. B. 沃尔克（J. B. Walker）等人关于知识、权力、伦理等问题的研究，同样予贝尔以重要启示。不过，贝尔更倾向于将自己定位为后殖民主义者，因为他明确认同后殖民主义者对殖民地人们、土著人等弱势群体的关怀。① 事实上，无论是在讨论反抗霸权世界观的策略，还是贝尔研究所体现出来的伦理取向，我们都能发现佳亚特里·G. 斯皮瓦克（Gayatri G. Spivak）、霍米·巴巴（Homi Bhabha）等后殖民主义学者对他的影响。除了这两个哲学流派，贝尔还借鉴了法国著名存在主义现象学家伊曼纽尔·列维纳斯（Emmanuel Levinas）"他者"哲学和责任伦理思想，以此作为国际关系研究中对待土著人时必须遵循的伦理标准。不过，由于主要从坎贝尔和乔治那里间接引用列维纳斯的成果，他似乎没有注意到列维纳斯是明确拒绝自己被划入到后结构主义阵营的。② 理论立场决定了方法论。贝尔拒绝在研究主体与研究客体进行截然两分的实证主义方法，而采用了诠释的方法对国际关系知识与高级殖民主义的关系进行批判。贝尔无疑属于罗伯特·基欧汉所称的"反思主义"阵营。

实际上，对世界观与国际关系知识之间关系的考察，才是贝尔最具原创性的贡献。这是因为，无论是殖民者对非殖民者的"呈现"实践，③ 还是"责任伦理"引入到国际关系领域，④ 或者要求国际关系学科在内的社会科学对自身科学无意识进行"反思"，⑤ 甚至西方世界观具有同化差异的内在冲动，⑥ 都有相关研究成果问世，只是贝尔几乎没有注意到它们的存在而已。贝尔的独特之处在于，通过提出"霸权式独白"和"霸权世

---

① J. Marshall Beier, *International Relations in Uncommon Places*: *Indigeneity*, *Cosmology*, *and the Limits of International Theory*, New York: Palgrave Macmillan, 2005, p. 42.

② 可参考孙向晨《面对他者：莱维纳斯哲学思想研究》，上海三联书店 2008 年版。

③ Roxaanne Lynn Doty, *Imperial Encounters*, *Imperial Encounters*, *The Politics of Representation in North-South Relations*, Minnesota: Minnesota University Press, 1996; Janice B. Mattern, *Ordering International Politics*: *Identity*, *Crisis*, *and Representation Force*, New York: Routledge, 2005。

④ Daniel Warner, *An Ethic of Responsibility in International Relations*, Boulder and London: Lynne Rienner Publishers, 1991; Michael Dillon, *Politics of Security*: *Towards a Political Philosophy of Continental Thought*, London and New York: Routledge, 1996; Anthony Burke, *Beyond Security*, *Ethics and Violence*: *War against the. Other*, New York: Routledge, 2007, etc.

⑤ 法国著名社会学家皮埃尔·布尔迪厄（Pierre Bourdieu）提出了反思社会学的思想，明确主张社会学科应该进行自我反思。可参考皮埃尔·布迪厄、华康德《实践与反思——反思社会学导引》，李猛、李康译，中央编译出版社 1998 年版。本书第五章还会详细讨论。

⑥ Naeem Inayatullah and David L. Blaney, *International Relations and the Problem of Difference*, New York: Routledge, 2004. 赵汀阳将这种消除差异的冲突称之为"异端思维"，请参考赵汀阳《没有世界观的世界》，中国人民大学出版社 2005 年版。

界观"这两个概念（一定程度上还有"高级殖民主义"），他有效地将相关问题整合到一个研究框架中，对世界观霸权与西方国际关系知识之间的复杂关系作了全新探讨。下文我们着重讨论他的这一贡献。

二　世界观与国际关系知识之间的关系

世界观到底如何对国际关系知识产生影响？西方世界观是怎样成为霸权世界观的？这种世界观又具有哪些预设（predisposition）或者说基本特征？世界观与国际关系理论中的本体论、认识论之间的关系如何？为什么现有的国际关系理论，尤其是包括后结构主义、后现实主义主义在内的反思主义学派、以及致力于研究观念与文化等理念因素的建构主义都没有集中论述世界观？对于这些问题，贝尔都作了回答。[①] 对于相关观点，我们可以稍作总结。我们着重讨论三个方面的问题：国际关系知识与世界观之间的关系；西方世界观上升为霸权世界观的途径；如何展开对霸权世界观的批判。

世界观与国际关系理论研究之间的关系。贝尔认为，"作为一种关于宇宙的理论，宇宙论既规定了万物的本质，也规定万物的可能性"。[②] 它们一方面为人们认识和把握世界观提供了可能性，另一方面又限制了这种可能性。由此可见，世界观是一种具有内在矛盾的东西。至于其功用，体现在生活实践中，世界观构成人们理解和把握世界的手段，而且这种手段一旦习得和拥有，将在下意识或无意识的条件下发挥作用。用贝尔的话来说，世界观往往让人们"不假思索"地接受世界观对事物的解释并采用来处理日常事务。在知识生产中，所有国际关系理论都受到世界观的影响，后者为国际关系研究者提供多样化的本体论与认识论。如在国际关系研究中，在本体论方面，现实主义、新自由制度主义坚持物质本体论，建构主义提出了理念本体论；在认识论层面，这三者共同坚持科学实证论，而反思主义学派则主张诠释学方法，更为激进的学者则提出了方法论多元

---

① 贝尔对这些问题的讨论比较集中，见第 75—82 页。

② J. Marshall Beier, *International Relations in Uncommon Places：Indigeneity, Cosmology, and the Limits of International Theory*, New York：Palgrave Macmillan, 2005, p. 45.

主义或"方法论无政府主义"的口号。[①] 在贝尔看来，这些不同的本体论与方法论都不过是从西方世界观衍生出来的。国际关系的主流研究纲领和反思主义将争论的焦点集中在本体论和认识论，很少从宇宙论层面对西方国际关系理论进行质疑和批判，这是作为霸权世界观的现代西方世界观很少受到挑战的根本原因，也是西方知识生产体系维持自身霸权地位的重要策略：

> 尽管争论中的国际关系理论看似有可观的多样性，然而它们都排斥从外部宇宙论衍生出来的可能性。宇宙论所确定的，是本体论与知识论的区域。各种争吵不休的国际关系理论，在深度上仅仅聚焦在本体论与知识论问题，在广度上则限制在被宇宙论预先决定了的问题系列之内。争论问题的深度和广度，巧妙地使西方宇宙论逃逸出检视的范围。通过这些方式，西方宇宙论得以避免被严肃地审视，从而继续对知识的生产产生影响。[②]

现代西方世界观的特殊性及其预设。贝尔否认了西方世界观的普适性，不讳言这种世界观的历史背景，而且明确承认现有国际关系理论主要是在西方世界观的基础上建立起来的。通过揭开西方理论和世界观普遍性和中立性的虚假面具，贝尔还原了它们的特殊性和历史性。贝尔认为，现代西方世界观"上溯到古希腊、中承《圣经》文本，下继现代的主导宇宙论承诺"，[③] 期间跨越几千年，然而其预设具有很强的延续性。现代西方世界观有两个基本预设：不可通约的二元对立特征与线性发展的存在观、过程观。第一个特征体现在世界政治或国际关系理论中，衍生出文明与野蛮（自然）、男性与女性、自我与他者、无政府状态与权威（等级

---

① "认识论无政府主义"是美国科学哲学家保罗·费耶阿本德提出来的口号。请参考保罗·菲耶阿本德《反对方法：无政府主义知识论纲要》，周昌忠译，上海译文出版社 2007 年版；保罗·菲耶阿本德：《告别理性》，陈键、柯哲译，江苏人民出版社 2007 年版。

② J. Marshall Beier, *International Relations in Uncommon Places*: *Indigeneity*, *Cosmology*, *and the Limits of International Theory*, New York: Palgrave Macmillan, 2005, p. 45

③ Ibid. , p. 44.

制）、混乱与秩序等一系列二元对立的范畴。[①] 这些范畴不仅是不可通约的，而且往往赋予前者以积极意义而否定和压制后者，这在意义世界里和生活世界中产生了众多持久的矛盾与冲突。除了二元对立这一预设，西方现代世界观的第二个预设就是线性发展的存在观与过程。这种预设或思维方式认为，通过依靠人类理性，而且只有通过理性的指导，人类社会就一定能实现进步，并能达至一个光明的未来。在这种视野中，人类社会的演进将遵循从低级向高级、从传统到现代再到后现代的路径，而且后一阶段都是以克服前者、消灭前者为条件的。比如人类社会可以相应地被分为狩猎—采集阶段、农业—手工业阶段、工业—商业阶段，而现在或未来将要超越这些阶段，从而进入更加进步的时代。在第七章中，贝尔对新自由制度主义、马克思主义、民主和平论中存在目的论倾向及消除世界观差异的情形做了考察。

西方现代世界观的霸权地位及成为霸权世界观的方式。贝尔认为，西方世界观属于高级殖民主义的一种重要形式，是"殖民主义的理念维度"[②]，它极大地影响到了第三世界人们对自己生活方式的选择和世界观的坚持。他不认同有些学者关于"殖民主义的经验影响今天地球上超过四分之三的人口"的观点，认为霸权世界观的影响幅度甚至达到了"即使那些没有被欧洲殖民帝国直接统治过的地方，霸权式独白也渗入其中……其效应即使在那些从未接触到欧洲人或意识到彼此存在的土著人那里都能感受得到"。[③] 贝尔认为，霸权世界观是与武力征服和暴力统治相伴随的，而且为这种征服和统治提供了合法性。通过歪曲呈现土著人和被征服者，通过学科建制赋予这些成果以合法性——尤其是那些专门记录和研究被征服者生活状态和世界观的人类学知识——西方学者们可以在已有知识的基础上进行再生产，一般不会对知识或理论的真伪进行反思。如现实主义者借鉴了霍布斯的"自然状态"学说作为理论建构的根基，孰不知这是霍布斯利用地理大发现时代到达美洲的传教士、冒险家、商人、士

---

① 对诸如此类二元对立范畴的深刻解构可参考 R. B. J. Walker, *Inside/Outside: International Relations as Political Theory*, Cambridge: Cambridge University Press, 1993；马克·B. 索尔特：《国际关系中的野蛮与文明》，肖欢容译，新华出版社 2004 年版，等等。

② J. Marshall Beier, *International Relations in Uncommon Places: Indigeneity, Cosmology, and the Limits of International Theory*, New York: Palgrave Macmillan, 2005, p. 4.

③ Ibid. , pp. 51 – 52.

兵的游记而虚构出来一种人类生活状态。① 而对于被征服者来说，由于在社会政治和文化空间中处于弱势地位，他们发现自身提供的知识不被殖民者和西方研究者承认，只有两种选择：要么为了争取承认而进行斗争，从而带来自身地位的进一步边缘化；要么接受殖民者等级制、歧视性的认知范畴和分类图式，从而实现自身的同化。这就是茨维坦·托多罗夫（Tzvetan Todorov）在研究欧洲人征服美洲过程用以处理差异的"双重运动"（double movements）手法：差异要么被消灭，要么被同化（第三章还会予以讨论）。② 正如印第安人接受美国政府制定的用以确认他们身份的血统标准和人类学研究对象利用人类学家的研究成果来说明自身一样。③ 当西方世界观在内、外都取得了合法性，它自然也就上升为霸权世界观。

为了丰富人们有关世界的想象，需要对国际关系知识背后的霸权世界观进行批判。贝尔认为，对国际关系知识有不同批判层次，并对应不同的批判战略。对国际关系的批判可指向三个层次：最低层次是对国际关系现象世界的批判，比如对全球权力、财富分配不公所带来的不正义现象进行揭露；第二个层次是对国际关系科学中居于主导地位的某一特定理论学派进行批判，如三大主流理论彼此之间的争论，以及反思主义对理性主义学派的解构；最高层次也是最少进行的批判，就是将批判的矛头指向国际关系知识赖以建立的世界观。④ 就理论研究而言，即使是后结构主义、后现实主义等对主流国际关系理论持有强烈质疑态度的反思主义学派，主要目标仍然在于争夺国际关系研究的主导权，它们所批判的不过是"霸权话语"而不是"霸权世界观"。反思主义虽然矛头锋利、语言激烈，然而它们依然嵌入在现代西方世界观中的。贝尔将前两个层次的批判称之为"内部批判"（critiques from within），与之相对的，是从"他者"世界观出发所做的批判，即"外生宇宙论"的批判（critiques from "exogenous cosmologies"）。两种批判，密切关系着贝尔所说的两种反抗霸权世界观的

---

① J. Marshall Beier, *International Relations in Uncommon Places*：*Indigeneity*, *Cosmology*, *and the Limits of International Theory*, New York：Palgrave Macmillan, 2005, p. 157.

② Tzvetan Todorov, *The Conquest of America*：*The Question of the Other*, New York：Harper Torch, 1992, p. 42.

③ 分别见 J. Marshall Beier, *International Relations in Uncommon Places*：*Indigeneity*, *Cosmology*, *and the Limits of International Theory*, New York：Palgrave Macmillan, 2005, pp. 80 – 81.

④ Ibid. , p. 44.

战略。对应"内部批判"的战略是"反对霸权"（contra-hegemonic theo-ry）的理论，这是一种对弱势群体地位、处境表示同情的"同情"的理论（sympathetic theory）；而对应于"外生宇宙论"批判的战略是"反抗霸权"的理论（conter-hegemonic theory），也就是"移情"理论（empa-thetic theory），即通过被霸权压制的他者的眼光来反抗霸权。① 贝尔认为，前一种战略由于是用自己的语言来表述他者，而且受到研究领域宰制性知识体系的束缚，无法从根本上对霸权世界观进行批判；只有建立起"反抗霸权"的理论，才能让他者世界观所带来的崭新视域和思维空间得以开辟，这也是实现人类解放的必然途径。

　　通过对世界观与国际关系知识之间的关系这一鲜有人关注的问题进行研究，贝尔让人们意识到世界观在国际关系实践中的重要意义，这种努力是值得高度肯定的。这也是《天涯咫尺》一书最大的贡献。当然，除了研究主题的创新，贝尔取得的另外一个重大突破是对国际关系研究方法所作的探索。通过回顾政治学、历史学、社会学、经济学、国际关系学这几个主要学科与高级殖民主义的关系，贝尔还提出了国际关系学者研究关注人类学研究成果，并要求国际关系学生更多地接受民族志研究方法（eth-nographic research methods）——即田野调查、深度访谈等，但贝尔对"参与观察"持一种强烈批判态度——的训练，以拓宽研究视野，发现观察、理解世界的多种可能，同时也能区分何谓好的人类学研究成果与差的研究成果，避免不加批判地接受那些很有可能与高级殖民主义存在共谋关系的知识。贝尔主张民族志研究方法，是为发现和尊重世界观的多样性服务的。就此而言，《天涯咫尺》一书就不仅体现出其理论价值，而且还对我们如何从事国际关系的研究提出了一定的伦理要求。从对贝尔研究的上述简要介绍可以看出，他是尝试将世界观"带回"国际关系研究中的第一人。相对于西方主流国际关系理论回避讨论"世界观问题"、反思主义"无力"批判霸权世界观，贝尔真正开始了对"世界观问题"的凝视，能够为我们的研究提供重要的启示。

---

① J. Marshall Beier, *International Relations in Uncommon Places: Indigeneity, Cosmology, and the Limits of International Theory*, New York: Palgrave Macmillan, 2005, pp. 80－81. p. 46.

第四节　马克思主义者关于意识形态和
世界观的研究

　　既然在国际关系中存在一种霸权世界观，那我们可以借鉴马克思主义者关于意识形态与世界观的研究成果。尽管马克思与恩格斯并未集中讨论过国际关系领域中的"世界观问题"，但他们的确谈到了现代西方世界观在国际社会中的扩散进程。更重要的是，如果我们在第一节中提到的世界观与意识形态之间关系的说明是正确的，那么构建出系统连贯的世界观并使之得到普及，就像确立一种占统治地位的意识形态一样，都是统治阶级确立自身统治合法性的重要手段。也就是说，事实上，无论是国内与国际社会中，世界观都能发挥阶级统治的作用。因为构建出系统连贯的世界观并使之得到普及，既是国内统治阶级确立自身合法统治地位的重要手段，同时也是国际关系中的霸权国家获取利益的有效途径，它们都密切关系到居于统治（国内）和主导（国际）地位的阶级、国家确立自身合法性这一重要的目标。不过与国内社会不同，在国家之间的关系中，由于意识形态具有高度的敏感性，再加上国际社会中的各个国家至少在形式上是拥有平等主权，因此，对特定意识形态的直接宣传和灌输，不仅很容易被识别，而且往往会遭到强烈的抵制。而世界观则不然，当通过知识的途径得以传播时，它往往获得了客观、中立的面貌，更容易被拥有不同世界观的人们接受。这也是现代西方世界观上升为霸权世界观的重要途径，正如贝尔的研究所表明的。有鉴于此，我们一方面可以将马克思恩格斯等经典理论家有关意识形态在国内阶级社会中作用的论述，运用到霸权世界观在国际关系中影响的研究中；① 另一方面，对于那些专门讨论了世界观在国内政治生活中意义的西方马克思主义研究成果，我们可以更为直接地吸收相关经验启示。因此，下文将对马克思主义者关于意识形态与世界观的研究稍作讨论。

---

　　① 马克思与恩格斯关于意识形态在国内社会中作用的观点包括了以下几个最为基本的方面：1. 社会存在决定社会意识；2. 社会意识能够在一定条件下反作用于社会存在；3. 统治阶级的意识形态一般情况下都是占统治地位的意识形态；4. 要实现被统治阶级的解放，仅仅消灭统治阶级意识形态是不够，还需要消除这种意识形态赖以产生和持续的经济基础。由此可见，本书对马恩关于意识形态的观点强调了上述观点的第2点与第3点。

在阶级社会中，之所以有必要向被统治阶级灌输由统治阶级创建出来的、以维护后者统治地位为目的的世界观，与世界观能够限制人们对替代性政治方案的选择这一世界观的基本功能息息相关。当世界观能够地被统治阶级接受，并且在它们在一言一行中得到内化，他们自然不会时刻对统治阶级的政治举动及他们自己的行为进行追问，这样统治阶级的统治也就赢得了深刻的合法性。这密切涉及到世界观的双重功能，我们将在第二章进行详细研究。马克思与恩格斯指出了作为上层建筑一部分的意识形态，能够发挥维护统治阶级统治地位的作用。当统治阶级的思想以普遍化的形式出现，它们很有可能被包括统治阶级和被统治阶级在内的各个阶级接受，并成为他们的世界观。其后果就是被统治阶级由于接受了统治阶级的意识形态和世界观，从而意识不到自身的真正利益。恩格斯将这种现象称之为"虚假意识"（false consciousness）。在《致弗兰茨·梅林》的信中，恩格斯提到：

> 意识形态是由所谓的思想家有意识地、但是以虚假的意识完成的过程。推动他行动的真正动力始终是他所不知道的，否则这就不是意识形态过程了。因此，他想象出虚假的或表面的动力。因为这是思维过程，所以它的内容和形式都是他从纯粹的思维中——不是从他自己的思维中，就是从他的先辈的思维中得出的。他和纯粹的思维材料打交道，他直率地认为这种材料是由思维产生的，而不去研究任何其他的、比较疏远的、不从属于思维的根源。而且这在他看来是不言而喻的，因为在他看来，任何人的行动既然都是通过思维进行的，最终似乎都是以思维为基础的了。①

克利斯托弗·L. 皮尼斯（Christopher L. Pines）根据恩格斯的上述论述，总结出虚假意识的以下几个基本特征：首先，行动者无法对驱使他们思想和行为的动机力量形成足够的意识或者对此无动于衷，例如，虚假意识使他们对行为的因果机制只有很少的认识，或者完全无视因果机制的存在。其次，行为体对事物的"想象"（即行为体自认为构成自身行动的真

---

① 恩格斯：《致弗兰茨·梅林》（1893 年 7 月 14 日），载《马克思恩格斯全集》（第三十九卷），人民出版社 1974 年版，第 94—95 页。

止动机或信念的基础）并不符合事实，例如意识形态让他们产生一系列虚假的或虚幻的信念，甚至出现自我欺骗的现象。最后，行为体之所以持有虚假意识，是因为他们对自身的动机和观念的来源做出了一种理想化的解释，例如认为"所有的行为是通过思想得以调节的，而且这种调节是根据他自身的思想做出的"。[1] 尽管由于马克思本人没有使用"虚假意识"的概念，从而在哲学界引发了有关马克思是否会同意恩格斯将"意识形态"解释为"虚假意识"的争议，但马克思主义经典作家关于意识形态或虚假意义的论述提醒人们，即使我们认为自身遵循个人的思想进行活动的行为，可这种思想到底是真实的、还是经过意识形态或世界观塑造过了的，并不是那么一目了然。如果我们对世界观的功能有所了解，我们能够发现，世界观比意识形态更为深入、隐蔽地造成"虚假意识"的出现。意识形态与世界观的作用，不仅在国内政治生活发挥着重要的作用，而且同样在世界范围内产生影响。

马克思与恩格斯研究了在殖民主义扩张过程中，霸权世界观是如何得以扩散，并塑造了世界其他地区对世界的认知和想象的。在说明资本主义生产体系形成和国际劳动分工扩散的过程中，马克思与恩格斯提到："资产阶级，由于开拓了世界市场，使一切国家的生产和消费都成为世界性的了"，它体现在"过去那种地方的和民族的自给自足和闭关自守状态，被各民族的各方面的互相往来和各方面的相互依赖所代替了。物质的生产是如此，精神的生产也是如此。各民族的精神产品成了公共的财产。民族的片面性和局限性日益成为不可能，于是由许多种民族的和地方的文学形成了一种世界的文学"。[2] 事实上，从"民族的"和"地方的"上升到"世界的"文学，在相当大程度上仅仅是指现代西方"文学"。因为马克思与恩格斯接着说道"资产阶级，由于一切生产工具的迅速改进，由于交通的极其便利，把一切民族甚至最野蛮的民族都卷到文明中来了"，与此相伴的是"它迫使一切民族——如果它们不想灭亡的话——采用资产阶级的生产方式；它迫使它们在自己那里推行所谓的文明，即变成资产者。一

---

[1]   Christopher L. Pines, *Ideology and False Consciousness: Marx and his historical Progenitors*, New York: State University of New York Press, 1993, p. 2.

[2]   马克思、恩格斯：《共产党宣言》，载《马克思恩格斯选集》（第一卷），人民出版社1995 年版，第 276 页。

句话，它按照自己的面貌为自己创造出一个世界"①。这是马克思恩格斯对资产阶级消除不同的"地方的""民族"的文学和世界观的深刻揭露。资产阶级消灭的，不仅仅是殖民地半殖民非资本主义的生产方式、传统的生产工具，而且还包括一系列非"文明"的制度。如果创造出来的世界有其原型的，那无疑是西方资产阶级的世界观。

在叙述英国对印度进行的殖民统治时，马克思谈到了殖民主义国家对印度传统世界观的摧毁，尽管他没有使用世界观的概念。马克思认为，英国在印度要完成双重使命：一个是破坏的使命，即消灭旧的亚洲式的社会；另一个重建的使命，即在亚洲为西方式的社会奠定物质基础。事实上，重建的使命不仅仅是重建物质基础，同样要普及西方的制度设置与世界观，因为英国已经摧毁了印度的传统世界观，"夷平了本地社会中伟大和崇高的一切，从而毁灭了印度的文明"。②尽管马克思承认，从感情上来说，印度文明和社会结构的破坏令人难过，不过他坚持认为，印度文明中的世界观是不值得令人惋惜的，因为它们是"东方专制制度的牢固基础"，允许"种姓划分"和"奴隶制度的污痕"的存在。马克思认为，生活在这种等级制世界中的人们"屈服于外界环境，而不是把人提高为环境的主宰"，同时还有"对自然的野蛮的崇拜"。在他看来，"从身为自然主宰的人竟然向猴子哈努曼和母牛撒巴拉虔诚地叩拜"，是不可思议而且是"糟蹋人"的。③尽管我们不能苛求马克思真正去理解传统印度教提供的这种世界观，但由此我们能够发现，在资本主义扩张中，"野蛮"世界观的消除过程，同时也是资本主义国家的话语建构并为这种暴行提供合法性的过程。不过，传统世界观遭到破坏的殖民地半殖民地地区，并未完全采用现代西方的世界观，正如马克思指出的，"不列颠统治下的印度斯坦同它的一切古老传统，同它的全部历史，断绝了联系"，但即便如此，印度至少没有完全采纳一种现代西方世界观，因为印度人"失掉了他们的

---

① 马克思、恩格斯：《共产党宣言》，载《马克思恩格斯选集》（第一卷），人民出版社1995年版，第276页。

② 马克思：《不列颠在印度统治的未来结果》，《马克思恩格斯选集》（第一卷），人民出版社1995年版，第768页。

③ 同上书，第755—766页。

旧世界而没有获得一个新世界"。①

由此可见在资本主义向全球体系的扩展过程中,武力征服与世界观的摧毁是并肩而行的。一方面,武力征服为西方帝国主义国家向全世界普及资本主义生产方式提供了有力的保障,最终将整个世界联系在一起,实现了世界在地理领域及经济、政治生活的"一体化";另一方面又通过资产阶级生产方式的采用,改造被征服地区或政治实体的制度架构,传播西方文明及其理论。这样一来,资本主义国家对世界上其他地区的征服,不仅是为了确立了自身的政治统治地位和实现了军事占领,它们同时还向广大殖民地、半殖民地地区输出自身的政治制度以及思想观念,希望以此来改造被征服人们的精神世界与思想世界。两者共同实现了帝国主义国家对其他广大地区的征服,只不过前者是武力征服,而后者是一种思想征服。正是在这个意义上,马克思与恩格斯才认为通过征服、制度改造与思想传播,"资产阶级按照自己的面貌为自己创造了一个世界"。其中,武力征服和生产方式的传播前行、制度设置与思想塑造紧随其后,共同推动着世界体系的演变,在此过程中也促进了国际社会的分化。对于世界观的改造,主要是通过西方国家制造的所谓"文明标准"来进行的。② 通过武力为后盾,再操纵"文明标准",西方国家成功地将现代主权国家这一政治组织形式扩散到整个国际体系当中。霸权世界观对其他多种世界观的消灭或同化,始终伴随着近代国际关系的演变过程,但在冷战结束以来愈益突出。无论是"民主和平论"或"历史终结论",还是"文明冲突论"或"世界国家学说",抑或"软实力"或"巧实力"(smart power),③ 虽然

---

① 马克思:《不列颠在印度统治的未来结果》,《马克思恩格斯选集》(第一卷),人民出版社 1995 年版,第 762 页。

② 有关"文明标准"与中国参与国际体系的经典研究,可参考 Gerrit W. Gong, *The Standard of 'Civilization' in International Society*, Oxford:Oxford University Press, 1984;"文明标准"的最新表现形式,见潘亚玲《"文明标准"的回归与西方道德霸权》,载《世界经济与政治》2006 年第 3 期。潘亚玲认为,"文明标准"主要是一种"道德霸权",我们认为这也是一种"世界观霸权",因为它最核心的内容在于,将世界按照西方民族国家的形式组织起来,其中包含现代西方世界观有关世界秩序的思考。

③ "巧实力"开始是美国学者提出的一个战略概念,2009 年这一概念正式被美国奥巴马政府采用,并作为其外交政策的指导方针。所谓巧实力就是指均衡运用"硬实力"与"软实力"(约瑟夫·奈)。请参考 Ted Galen Carpenter, *Smart Power:Toward a Prudent Foreign Policy for America*, Washington, D. C.:The Cato Institute, 2008;钟龙彪:《"巧实力"战略与奥巴马新外交》,载《现代国际关系》2009 年第 5 期,第 7—12 页。

都只是学术观点，但它们在很大程度反映了西方发达资本主义国家希望通过西方资本主义意识形态或文化、政治制度、世界观来塑造世界面貌的企图。

马克思主义经典作家关于意识形态在阶级社会中作用的观点，极大地影响到了人们关于文化、世界观、意识形态等观念因素在阶级统治中作用的认识。二战期间的意大利著名马克思主义学家安东尼奥·葛兰西（Antonio Gramsci），继续就文化和意识形态在阶级统治中的作用展开了研究。通过研究"市民社会"（civil society）在西方资本主义国家中的作用，葛兰西提出了文化"霸权"（hegemony）的概念，用以指意识形态的控制权。葛兰西用霸权概念来描述社会各阶级之间的支配关系，当统治阶级把于已有利的价值观和信仰塑造为普遍价值，推广到社会各阶层并赢得社会大多数人的认可时，就意味着取得了"霸权"。[1] 霸权确立的过程，并不是通过强制性的暴力措施实现的，而是依靠文化、意识形态得到人们认可的观念因素实现的。可以说，霸权的实现是一个赢得价值共识的过程。霸权不仅内在于政治和经济制度中，而且以经验和意识的形式内在于社会思想中，它是统治阶级用以捍卫自身利益的有效手段和重要途径。在葛兰西看来，资本主义民主制度越发达，市民社会力量越强大，霸权的作用也就越明显，国家政权也就越稳定。相对于主要依靠暴力来维系的阶级统治，霸权的作用更为隐蔽也更为有效，这是无产阶级革命在西欧各国均告失败，却在俄国取得成功的主要原因。葛兰西认为，具有半封建性质的俄国，其市民社会的发展还处于不成熟的状态，暴力是维持政权的主要手段，因此一旦受到政治运动的冲击，因为不能有效应对由此出现的危机而轰然倒塌。而市民社会比较发达的西欧诸国，统治阶级往往通过社会成员的"赞同"来实现统治，至少在表面和程序上体现了较高程度的合法性，因此也就能比较有效地应对各种政治震荡。当霸权成功运作时，"社会中的大多数居民不仅通过选举承认资产阶级国家政权的合法性，而且相信资产阶级认知方式和生活方式是唯一正常（normal）和自然的（natural）方式"，如此一来，在发达资本主义国家从事社会主义革命的"无产阶级面对的不单是强大的国家机器，而且还有持敌对态度的'广大群众'"。[2] 葛

---

[1]　安东尼奥·葛兰西：《狱中札记》，曹雷雨等译，中国社会科学出版社2000年版。

[2]　陈燕谷：《Hegemony（霸权/领导权）》，载《读书》1995年第2期，第117页。

兰西关于市民社会与霸权的研究，无疑是对马克思主义意识形态理论的重大贡献。不仅如此，葛兰西还进一步谈论了世界观在意识形态及整个阶级统治中所扮演的角色。

葛兰西认为，文化霸权和意识形态的作用，可以通过塑造和影响行为者的世界观来实现。葛兰西认为，世界观是一种"融贯一致的统一体"，是"世界上最高层次的思想水平"，并且不仅仅体现在学者们的头脑中，而且还在"民间哲学中留下层层积淀"。① 意识形态或文化"霸权"的威力就在于，行为体往往会在思想层面上接受统治阶级的世界观，但在行动中却以另外一套世界观来行事。这样一来，从属或被支配阶级就出现了两种不连贯世界观的情况：一种世界观"在言辞中得到肯定"，一种世界观在"有效的行为中得以呈现"。这两种世界观的来源并不一致，彼此之间有着明显的断裂。与恩格斯将这种断裂视为"自我欺骗"或"虚假意识"的结果不同，葛兰西将其与更广泛社会与历史背景中的阶级或群体间的对立联系起来予以考察。由于葛兰西对这两种世界观之间关系的论述如此重要，值得我们进行比较全面的引用。葛兰西指出：

　　　　思想和行为之间的这种对照，即两种世界观——一种在言词中得到肯定，另一种则在有效的行为之中得以呈现——的共存，并不只是自我欺骗的产物。对于少数单个的个人、甚至对于一定规模的集团来说，自我欺骗可能是一个恰当的解释。但是，当两种世界观的这种对照发生在大众生活中时，以自我欺骗来解释就不甚恰当了。在这样一些情况下，思想和行动之间的对立，不能不是一种社会历史制度的更深刻对立的表现了。它意味着，当这个集团作为一个有机总体进行活动的时候，确实可能有其自己的世界观，哪怕这种世界观只是胚胎状态的，一种表现在行动中的、但却只是偶然和在瞬间表现出来的世界观。但是，由于它在智识上从属和服从（于另一个社会集团）的缘故，这个集团采用了一种并非它自己的、而是从另一个集团那里借用的世界观。它在口头上肯定这种世界观，并且相信它自己在遵循着这种世界观，因为这是它在"正常时间"内所遵循的世界观，也就是

① 陈燕谷：《Hegemony（霸权/领导权）》，载《读书》1995年第2期，第233—234页。

当他的行为不是独立自主的，而是从属和服从（于另一个集团）的
时候遵循的世界观。正因为如此，哲学与政治不可分割，而且可以进
一步表明的是，对于一种世界观的选择和批判也同样是一件政治性的
事件。①

　　葛兰西的上述判断是极为洞见的，其启示至少有三点。首先，他指
出了"对世界观的选择和批判是一件政治性的事件"，而这正好是本书
的理论立足点。因为我们认为，体现在国际关系知识以及现实政治生活
中的对世界观的压制、排斥、消除、抵制等现象，本身就是国内政治与
国际政治的重要内容。其次，他关于世界观可以分化为行动中的世界观
与思想中的世界观的观点，可以用来说明中国国际关系学者在从事国际
关系研究时在"世界观问题"上所处的尴尬境地。正如绪论中所引杨
国枢与文崇一有关中国学者"在日常生活中，我们是中国人，在从事研
究时，我们却变成了西方人"时所深刻刻画的：在研究中，我们采用的
是现代西方世界观，而在日常生活中我们却沿袭了许多中国传统世界观
的内容。这种思想与行动中的世界观脱节和断裂的现象，与我们物质实
力上的日益强大是极不对称的。对学者们而言，将中国人在日常生活中
体现出的那些"偶然和在瞬间表现出来的世界观"进行理论上的提炼
和重构，不仅仅是为了抵制霸权世界观的影响，避免成为在世界上处于
"从属和服从地位"的国家，更重要的是要更好地做中国人，更主动和
创造性地传承中国文化。其三，葛兰西关于"思想和行动（世界观）
之间的对立，不能不是一种社会历史制度的更深刻对立的表现"的观
点，指出了"世界观问题"的复杂政治与思想背景。无论是国内社会还
是国际关系中"世界观问题"的出现，都不只是纯粹思想和意识层面的
争斗或龃龉，它们还有更为广泛的制度与历史背景，而且是后者的反映。
因此，要考察世界观问题，不能脱离行为体或集体所处的社会或国际位
置，包括由于国家实力的不同而带来的不同国际等级。遗憾的是，尽管葛
兰西提过"西方文化对于整个世界文化的领导权"问题，也就是说霸权
概念可以运用到国际关系领域，但他没有就此展开系统研究，而这又是一
个非常重要、需要仔细研究的问题。用陈燕谷的话来说，"这是一个同西

---

① 陈燕谷：《Hegemony（霸权/领导权）》，载《读书》1995 年第 2 期，第 237 页。

方文化霸权有关连但又区别的问题，对于第三世界来说，也是一个更难以对付的问题"。① 本书就是从世界观的角度出发，对国际关系领域中世界观统治现象进行的一种探索。

　　除了马克思、恩格斯与葛兰西，另外还有其他马克思主义者讨论了作为阶级统治重要手段的文化与意识形态的作用。如格奥尔格·卢卡奇（Georg Lukács）对"错误意识"的研究，② 路易·阿尔都塞（Louis Althusser）的"意识形态国家机器"（Ideological State Apparatuses）概念，③ 都从不同的角度考察了意识形态与阶级统治之间的关系。其中，阿尔都塞的结构主义马克思主义尤其值得注意。阿尔都塞继承了经典马克思主义关于上层建筑与经济基础之间关系的观点，认为意识形态国家机器最终由经济力量来决定，但他坚持文化实践和文化制度在相当程度上已经从经济基础中独立了出来，并获得了一定程度的自治性。这种观点是对庸俗经济决定论的批判，有助于人们更为深入地认识文化与意识形态在政治与国际关系的意义与作用。既然国际关系中存在着一种霸权世界观，那么我们可以将马克思主义者关于文化、意识形态、世界观在国内社会中作用的洞见，运用到国际关系中的研究中。尽管我们不否认西方国家的意识形态，如自由主义意识形态，在国际关系中具有强势地位，而且在很大程度上影响第三世界国家对自身意识形态的维护。但相对于霸权世界观的力量，西方国家制造的意识形态所发挥的效力仍然是比较有限的。有鉴于此，我们将集中讨论霸权世界观在国际关系的作用。

第五节　对已有研究的简要评估

　　国际关系的"世界观问题"，还没有成为一个独立的研究议程。根据我们对文化、本体论、意识形态、宇宙论与世界观之间关系的简要讨论可知，在人文社会科学领域，世界观与宇宙论基本等同，但与其他三个概念

---

　　① 陈燕谷：《Hegemony（霸权/领导权）》，载《读书》1995 年第 2 期，第 117 页。
　　② 可参考格奥尔格·卢卡奇《历史与阶级意识》，杜章智等译，商务印书馆 1992 年版。
　　③ 可参考路易·阿尔都塞：《保卫马克思》，顾良译，商务印书馆 2005 年版；阿尔都塞：《意识形态和意识形态国家机器》，载阿尔都塞著、陈越编《哲学与政治：阿尔都塞读本》，吉林人民出版社 2003 年版，第 320—375 页。

之间，世界观都有或多或少的差异。随着国际关系中建构主义研究的兴起，文化、规范、身份、观念等主要属于意识层面的因素越来越得到研究者们的关注，但世界观与宇宙论在国际关系中的地位与作用、世界观与国际关系之间的关系等问题，仍然没有得到国内外学术界的充分关注。上文通过对西方主流国际关系理论、以贝尔为代表的后殖民主义者、马克思主义者在国际关系"世界观问题"问题上的态度、立场与观点的简要梳理，我们已经对于"世界观问题"在国际关系研究领域中的研究状况有所了解。除了贝尔的研究，无论西方主流国际关系还是马克思主义，都没有系统考察国际关系中的"世界观问题"。

三大主流国际关系理论都囿于自身的立场而没有将"世界观问题"做为一个独立的研究议程。新现实主义、新自由制度主义都把西方现代世界观作为理所当然的出发点，它们自然不会去关注世界观多元的现实对于人们理解、观察、想象世界具有什么样的意义，更不会对其理论的世界观背景是否会给他们的研究带来歪曲效应进行考察。而致力于研究观念在国际关系中作用的建构主义，集中研究的仍然是国际关系中的"共有文化""共有观念"对国家等行为体身份与利益的建构作用，而且最后还是回到了现代西方世界观表现形式之一的自由主义意识形态上。"三大主义"之所以无一例外避免对"世界观问题"进行深入研究，部分原因在于当他们需要为自身的观点"解释这些观念的来源"时，他们将不可避免地会发现自身的理论仍然是嵌入在西方现代世界观在这一大的世界观背景之下的。西方主流国际关系理论提供给我们的不是一个物质主义本体论就是观念主义本体论。① 无论哪一种主流国际关系理论，它们本身都是无法也无意于成为一种能够容纳多种世界观的世界观。而多种世界观或多种文化作为界定具体国家等行为体的重要资源，从未远离国际社会，要对国际政治的面貌有充分了解，要使国际关系理论的"社会性"内容达到丰富和饱满的程度，一个重要的方面就是立即开展从多种世界观的背景下看待和研究国际关系的工作。温特曾经批评过沃尔兹的新现实主义理论缺少社会性内容，认为后者的"理论中没有什么'社会'成分，更不用说他对国家

---

① 罗伯特·基欧汉就指出温特将世界分为理念的或物质的，具有笛卡尔二元对立的典型思维。

可以被社会化到'结构'中去的概化（conceptualization）了"，① 如果只注意创建形形色色的国际关系形式理论，而注意不到人类动机的多样性和世界观的多样性、看不到国际关系现象与国际关系研究都与世界观存在着密切联系，那么我们也可以将温特对沃尔兹的评论用在他自己身上。

　　我们还必须澄清那种认为建构主义系统研究了世界观的观点。不可否认，建构主义是以研究观念、文化、认同等非物质性因素起家的，但它仍然没有对宇宙论层面上的世界观问题进行详细的讨论。如温特力图摒弃结构现实主义与新自由制度主义的物质主义本体论，并在利用社会学研究成果的基础上提出了理念主义本体论。② 然而，根据上文有关构成世界观的界定性标准是对世界观秩序的独特方案而不是本体论的观点，温特的建构主义并没有从宇宙论的角度讨论世界观。无论是基于集体身份形成逻辑导致国际关系向"康德文化"发展，③ 还是经由承认斗争趋向目的论式的"世界国家"，④ 温特给出的世界秩序方案，在很大程度上仍然是嵌入在自由主义意识形态和现代西方世界观框架之中的。甚至可以说，温特不过是将康德有关由民主联邦国家组成的世界将实现永久和平的秩序方案"建构主义化"了而已。正是在这个意义上，如第二节所说，温特的建构主义被人冠之以"自由主义建构主义"（liber-

---

　　① 亚历山大·温特：《国际政治的社会理论》，秦亚青译，上海人民出版社 2000 年版，第129 页。

　　② 详见亚历山大·温特《国际政治的社会理论》，秦亚青译，上海人民出版社 2000 年版，第一章、第三章。

　　③ 前者可参考亚历山大·温特《国际政治的社会理论》，秦亚青译，上海人民出版社 2000 年版，第七章；Alexander Wendt，"Collective Formation and the International State"，*The American Political Science Review*，Vol. 88，No. 2，1994.

　　④ 后者可参考请参考参见 Alexander Wendt，"Why a World State is Inevitable: Teleology and the Logic of Anarchy"，*European Journal of International Relations*，Vol. 9，No. 4，2003，pp. 91 – 542，中文删节版译文见亚历山大·温特《世界国家的出现是历史的必然：目的论与无政府逻辑》，秦亚青译，《世界经济与政治》2003 年第 11 期，第 57—62 页。国外学者对温特"世界国家"观的批评及温特对此的回应见 Vaughn P. Shannon，"Wendt's Violation of the Constructivist Project: Agency and Why a World State is Not Inevitable"，*European Journal of International Relations*，Vol. 11 No. 4，2005，pp. 581 – 587；Alexander Wendt，"Agency，Teleology and the World State: A Reply to Shannon"，*European Journal of International Relations*，Vol. 11. 4，2005，pp. 589 – 598. 中国学者对这一观点的批评见冷晓玲、李开盛《论世界国家生成的不可能》，载《中国社会科学院研究生院学报》2008 年第 6 期，第 114—122 页。

al constructivism）或"结构性自由主义"（structural liberal）等名称。既然温特提出的世界方案仍然是停留在现代西方世界观的框架中；再加上温特过于强调所谓国际社会"共有文化"对国家身份构建的影响，[①]没有尝试关注"异文化"或"异世界观"对构建国际关系理论和实现国际社会稳定的价值，因此，那种认为温特阐明了世界观在国际关系地位与意义的观点是不确切的。

至于贝尔关于世界观与国际关系知识之间的研究，可以被看做将世界观"带回"国际关系的开创性成果。不过，贝尔的研究仍然有许多值得做进一步探讨的问题。如贝尔自己所说，他所做的研究就是要走出促进不同世界观进行平等对话的第一步。我们可以归纳出贝尔研究中存在的以下几个方面的问题：（1）贝尔没有涉及到世界观所具有确认身份认同的作用。无论世界观是作为理解世界的便利工具，还是为理论研究提供本体论与认识论的资源，都只体现了世界观的"工具性"作用，而没有触及到研究者或普通大众对世界观的情感依恋和忠诚。而后者正是世界观的崩溃之所以能够激发出人们强烈情感反应、甚至引起国家间冲突与战争的重要原因。[②]（2）贝尔并未明确指出他所说的两个预设外，西方世界观是否具有其他预设。如果将对世界秩序的独特看法视为世界观的界定性特征，那么西方世界观就至少包括了另外一个预设，那就是主张通过消除混沌或无政府状态以实现秩序的目的论取向，而且这一预设比贝尔所考察的前两个预设更为根本。事实上，在考察拉高塔印第安人宇宙论的独特性时，贝尔就是从这一角度切入的。

---

①　尽管温特自己强调在国际社会中形成无政府文化或生成"基于国家之间友谊的集体身份"，面临如何实现集体身份与个体身份彼此共存的挑战，而且意识到实现这一目标的前提是保存各行为体的个体性（亚历山大·温特：《国际政治的社会理论》，秦亚青译，上海人民出版社2000年版，"中文版前言"，第43页）。然而许多研究成果都发现，温特的结构与行动者之间的互构实际上变成了结构对行为者的单方面建构，从而给行为体保持自己的文化（包括世界观）留下的空间非常小。见 Brian Greenhill, "Recognition and Collective Identity Formation in International Politics", *European Journal of International Relation*, Vol. 14, No. 2, 2008, pp. 343 – 368；Bill McSweeney, *Security, Identity and Interests：A Sociology of International Relations*, Cambridge：Cambridge University Press, 2004, p. 159；Christian Reus-Smit, *The Moral Purpose of the State：Culture, Social Identity, and Institutional Rationality in International Relations*, Princeton；Princeton University Press, 1999, p. 166.

②　而基欧汉与戈尔茨坦则指出了这一点，见朱迪斯·戈尔茨坦、罗伯特·基欧汉主编《观念与外交政策》，刘东国、于军译，北京大学出版社2005年版，第8—9页。

（3）贝尔并没有提及在西方世界观与拉高塔印第安人世界观之间具有很大差别的同时，它们之间是否也有些某些可以通约的地方。要知道，即使两种看似截然不同的世界观，也有可能在一些重要的方面存在相似或相近之处。然而在介绍这两种世界观的过程中，我们只看到贝尔对彼此之间差异的强调，体现出固化二元对立这一西方世界观预设的倾向。（4）贝尔的理论取向在很大程度上停留在批判的层面上（在一定程度上还有规范内涵），很少对世界观在具体国际关系实践中的意义展开研究，包括由世界观的差异引发国际冲突产生的演变过程、内在机理、应对措施等问题。即使在论及美国征服印第安人的过程中，贝尔涉及的只是前者对后者世界观的破坏，他并未深入讨论世界观间的差异给双方冲突带来的具体效应，从而无法为国家处理世界观间的差异提供更多启示。（5）贝尔并未提及体现在国际制度中的世界观。世界观有关世界秩序的方案是国内、国际制度设计的重要依据，而且承载在制度中的世界观往往具有更高的合法性，更易内化到制度成员的认知结构之中。① 贝尔集中考察的是世界观在国际关系知识中的体现，这无可厚非，不过不能忽视以制度化形式体现出来的世界观。（6）贝尔没有充分注意到世界观与权力之间的关系。尽管贝尔提到了德里达的“毛细血管”权力、约翰·加尔通（Johan Galtung）的“结构性暴力”（structural violence），以及他自创的“错误呈现暴力”“归化暴力”等概念，但世界观只有成为集体无意识的情况下才能有效发挥作用，对于世界观如何内化到行为体的认知结构这一过程，贝尔语焉不详。（7）贝尔提到世界观往往是“不假思索”的情况下发挥作用，然而对人们为什么会“不假思索”地接受世界观预设的原因，贝尔并未细究。在这里，社会学家马克斯·韦伯有关“传统”构成人类行为动机之一的观点值得重视，也就是说，世界观很有可能是人们出于习惯的原因而将其为不

---

① 可参考 Christian Reus-Smit, *The Moral Purpose of the State*: *Culture*, *Social Identity*, *and Institutional Rationality in International Relations*, Princeton University Press, 1999; Michael Barnett and Martha Finnemore, "The Power of Liberal International Organizations", in Michael Barnett and Raymond Duvall, eds., *Power in Global Governance*, Cambridge: Cambridge University Press, 2005, p. 161 – 184.

言自明的。① 如果果真如此，那么国际关系学者仅仅用工具理性（现实主义）、价值理性（自由制度主义）、共有文化（建构主义）来解释国际关系现象就是不充分的。我们需要重新考虑由传统驱动的行为在国际关系中的意义及由此衍生的其他问题。（8）贝尔为反抗"霸权世界观"提供的战略是有问题的。尽管贝尔主张各种世界观应该平等对话，然而，"移情"理论视野中的交流仍然是不平等的，因为"本土"世界观的平等地位无法得到保证。只要霸权世界观不愿向前者赋权，而本土世界观又不能有效地自我赋权，那么平等交流仅是个梦想，正如贝尔自己所承认的。②

值得指出的是，反思贝尔论述中的缺陷并非吹毛求疵。事实上，上文提到的这些问题不是贝尔一本著作能够解决的，我们要做的就是在贝尔研究的基础上推进这些问题的研究。具体来说，我们将对贝尔上述不足的第（4）点之外的其他有待拓展的问题展开更为深入的讨论，真正让世界观在国际关系研究中找到自己应有的位置。至于对于"世界观问题"进行经验研究，主要属于和谐世界观的解释使命，因此本书不做过多涉及。事实上，如果我们能够有效完成和谐世界观的批判使命，也就为世界不同世界观之间的友好交流、共同发展做出了贡献，同时也提示了缓解和消除国际关系中"世界观问题"的途径。诚如贝尔所说，尽管推动不同世界观进行平等对话的愿望或许只是个梦想，重要的是我们必须对这种可能性保持开放，而不是任由霸权世界观主导人们的心智，对世界可能成为一个"同一性的帝国"（empire of uniformity，詹姆斯·图利语）的前

---

① 韦伯来讨论了有关人类社会行为的动机时，指出了四类行为类型，它们分别由工具理性、价值理性、情绪、传统四种因素驱动（可参考马克思·韦伯《经济与社会》，林荣远译，商务印书馆 2006 年版，第 56 页）。在现有的国际关系研究中，对于工具理性行为的研究居于绝对主导地位，如结构现实主义与新自由制度主义就属于此类；随着建构主义的兴起，在国际关系中由价值理性引导的行为受到了越来越多的关注（可参考詹姆斯·G. 马奇、约翰·奥尔森《国际政治秩序的制度动力》，载彼得·卡赞斯坦、罗伯特·基欧汉与斯蒂芬·克拉斯纳编《世界政治理论的探索与争鸣》，秦亚青等译，上海人民出版社 2006 年版，第 361—389 页）。至于情感在国际关系研究领域中的作用，近年来越来越引起了国际关系学者的兴趣，相关介绍可参考尹继武《社会认知与联盟信任形成》，上海人民出版社 2009 年版，第一章和第二章）；至于"传统"在国际关系理论中得到的关注还很少，而世界观就是在很大程度上以一种传统的力量影响到国际关系的。

② J. Marshall Beier, *International Relations in Uncommon Places*：*Indigeneity, Cosmology, and the Limits of International Theory*, New York：Palgrave Macmillan, 2005, p. 220.

景无动于衷。① 不仅如此，在贝尔研究中存在的某些问题，甚至是他予以尖锐批判的倾向，在我们关于中西文化比较的研究中随处可见，其中就包括在研究文化观和世界观时所体现出来的"本质主义"（essentialism）倾向。② 如在国内学术刊物中，诸如认为中、西文化自古以来就存在根深蒂固的某种差异，或者断言中国"天下观"与西方世界观截然不同等观点大行其道。持这种错误观点的人们忘记了，对某种文化或世界观特征的总结，总是在与另一种文化或世界观，或者与这种文化或世界观的过去（这是"历史性"的他者）进行对比后，才能予以概括的；而且只要对不同的世界观认真进行考察，也能发现不同世界观之间的相似或相异之处，即使在霸权世界观与和谐世界观之间也是如此。

最后，马克思主义理论家关于意识形态与世界观问题的研究，能够为我们研究国际关系中的"世界观问题"提供重要的启示，但它们依然有以下三个方面的问题，有待我们做出进一步的探索：其一，无论是马克思和恩格斯还是葛兰西对意识形态或世界观的研究，主要关注的还是国内阶级斗争，集中研究的无产阶级如何突破统治阶级的意识形态与世界观的限制，从而为自身、最后是整个人类的解放提供思想斗争的武器。对于国际关系中的"世界观问题"，他们要么是因为时代背景的限制，没有具体研究世界观在国际关系中所产生的重要作用，如马克思和恩格斯；要么仅仅注意到文化霸权与意识形态导致无产阶级在行动中的世界观与思想中的世界观之间出现悖离的现象，没有意识到霸权世界观同样可以在国家之间带来这种结果，如葛兰西。我们迫切需要将马克思主义者关于意识形态与世界观问题的研究成果引入到国际关系"世界观问题"的研究中来，以揭示霸权世界观对其他世界观的压制作用，为各种世界观的平等交流与共同

----

① James Tully, *Strange Multiplicity: Constitutionalism in an Age of Diversiy*, Cambridge: Cambridge University Press, 1995.

② 根据后殖民主义者斯皮瓦克的观点，"本质主义"实际上一项政治战略，是行为者为了维护自己的身份认同，从而在"自我"或"他者"进行区分从而对区分的内容——如文化、世界观、宗教信仰等——之间进行建构，从而将"自我"描述为本真的，而将"他者"呈现为与"自我"截然不同的活动。他将这种战略称之为"战略本质主义"（"strategic essentialism"）。斯皮瓦克将其界定为：为了"激发集体意识"，行为体"纯粹基于政治利益而战略性地使用具有实证性面貌的本质主义"。Gayatri C. Spivak, In Other Worlds: Essays in Cultural Politics, p. 205, 转引自 J. Marshall Beier, *International Relations in Uncommon Places: Indigeneity, Cosmology, and the Limits of International Theory*, New York: Palgrave Macmillan, 2005, p. 51.

对话提供条件。事实上，在一定程度上，马克思与恩格斯本人都受到现代西方世界观的影响，他们也不可避免地会受到这种世界观的侵染。其二，马克思主义者没有详细考察意识形态或世界观与权力之间的关系。显然，与那种作用于身体和物理存在为目标的暴力不同，意识形态与世界观是一种作用于人心智的力量，这是一种特殊而且相对独立的权力类型。马克思与恩格斯等经典理论家，没有对于这种权力类型展开集中的研究，也没有赋予这种权力以一个专门的名称；至于葛兰西这位西方马克思主义的代表人物，虽然提出了霸权这一重要的概念，而且在国际关系学、社会学、政治学等领域得到了广泛的使用，但由于这一概念的使用已经泛化，用它来指代霸权世界观的权力效应，显得有些不够确切。[①] 要对霸权世界观的权力效应及其具体运作机制做出合理有效的说明，我们有必要在借鉴社会科学新近研究成果的基础上对此展开更为深入的研究，以进一步深化马克思主义者关于意识形态与世界观研究的洞见。其三，马克思主义者都没有从国际关系学的角度对"世界观问题"进行研究。经典马克思主义理论家都有非常丰富的国际关系思想和对外实践经验，但他们没有系统地将这些思想或经验成果理论化为一种"国际关系学"。国际关系学作为一门学科出现是在第一次世界大战之后，无论马克思、恩格斯、葛兰西等人的思想，都不可能是这个学科建制下的产物。他们既不可能从国际关系的学科角度考察意识形态或世界观的问题，也不需要通过这样一门学科来对他们深刻的思想予以理论化。然而，不管国际关系的成长如何晚近，也不论这门科学是否具有浓厚的欧洲中心论的色彩，但它的确为人们解释国际关系现象，提供了许多理论化的成果。这样说，并不意味着我们否认马克思主义者关于国际分工与国际贸易、国际冲突与和平、国际金融与殖民的思想不能理论化国际关系学。我们只是指出，通过国际关系这门学科，我们能够将马克思主义关于意识形态和世界观的丰富洞见运用到国际关系中"世界观问题"的研究上来，一方面能为促进马克思主义对这一问题的研

---

① 如汪晖就运用葛兰西的霸权概念来研究国际关系中的"去政治化"现象，他认为，在国际关系领域，存在着"三重霸权"，首先是国内社会中的霸权，如葛兰西的霸权概念、阿尔都塞的国家意识形态概念所揭示的；其次是国家或国际关系中的霸权，如美国的霸权地位；最后是超国家的霸权，如新古典主义经济学就相当于全球化的意识形态霸权。可参考汪晖《去政治化的政治——短20世纪的终结与90年代》，生活·读书·新知三联书店2008年版，第48—57页。国际关系领域中有大量运用霸权概念研究国际关系的成果，在此不罗列。

究做出贡献，另一方面也能提高和谐世界观的学理化程度，并发现和谐世界观对于处理"世界观问题"和促进中国国际关系的研究所具有的价值。无论就理论资源还是研究议题来看，这都是马克思主义中国化的思想成果。因此，我们可以而且有必要从国际关系学的角度研究国际关系中的"世界观问题"和和谐世界观的价值。

　　总而言之，要使"世界观问题"在国际关系理论的研究中被人们所凝视，首先必要打破狭隘的学科界限。在这一问题上，戈尔茨坦与基欧汉还是比较清醒的，他们知道"要理解世界观对一般政治或外交政策的影响，还要求对各种文化进行更广泛的比较"。① 同样可贵的是，他们在致力于说明观念对外交政策的影响时也注意到了"所有这些信念都要通过人脑的加工处理，那么似乎就有把握认为，认知心理学在这些观念出现的过程中发挥着作用"。② 在戈尔茨坦与基欧汉的这两点说明中，可以发现尽管他们自己没有认真对待"世界观问题"，然而相对于建构主义者们的观点而言，他们的态度更加谦虚也更有洞见。戈尔茨坦和基欧汉的观点具有的启示在于：在研究观念和世界观在国际关系中的作用时，一方面必须关注文化比较研究、人类学、民族志等学科中的研究成果，另一方面又必须密切结合心理学等学科来说明观念与心理之间的复杂关系（包括戈尔茨坦和基欧汉尚未意识到的情感方面）。前者可以让人们意识到即使是在外交政策和国际关系中，用以指导人们行动或想象国际关系的世界观是多种多样的；而后者的研究将说明为什么即使在存在"共有知识"或观念结构的情况下，国际规范的普及和扩散为什么还是如此艰难。而目前主流国际关系理论之所以迟迟不对"世界观问题"进行详细讨论，很大程度上就是因为它们局限于学科界限和信守某一单一世界观的预设造成的，它们意识不到多元世界观共存带来危险的同时还隐藏着众多的机遇。因此，要使"世界观问题"真正不成为一个问题，首先只有把它真正当作一个问题来对待；而延迟这一问题，只不过延迟了它所带来的危险或让它进一步积蓄破坏性力量而已。为了消除这种危险，我们必须从广泛的学科领域吸取资源，让人们关于世界的解释和想象真正具有丰富的社会内容。

---

　　① 朱迪斯·戈尔茨坦、罗伯特·基欧汉主编：《观念与外交政策》，刘东国、于军译，北京大学出版社 2005 年版，第 9 页。

　　② 同上书，第 7 页。

诚如理查德·尼德·勒博（Richard Ned Lebow）所言：

> 要使国际关系实现真正的理论化，必须对构成国际体系的行为体的特征、行为体的类别、它们是如何成为如其所是的行为体等问题进行更系统的说明。对这些问题提供有有意义的洞见，首先必须突破国际关系学科界限，因为行为体之间的互动模式，不仅仅由它们的数量和相对权力决定，而且是由它们置于其中的社会来决定。社会同样决定了谁能构成一个行为体。任何国际关系理论都必须建立在或植根于一种社会理论之中，而且必须说明行为体的构成，而不是仅仅关注它们的行为。①

鉴于在目前和未来相对长一段时间内，界定国际社会中行为体（仍将会有国家）身份时所采取的主要途径，仍将是在选择某一个他者进行比较的基础上，依据自身的思想传统和历史经历来进行，其中世界观是思想传统中的重要资源。因此，只有在对各种世界观有了深入了解的基础上，才是真正实现各种世界观之间的平等对话和交流，才能为人类世界的未来提供富有洞见和具有宽容精神的新的世界观。对于中国国际关系理论学界来说，深入研究中国传统思想中的世界观资源不是为了代替霸权世界观成为一种新的霸权世界观，而是为解决在新的时代背景下"如何做中国人"这一文化政治的问题，同时也让"世界观问题"真正不成为一个问题做出自己的贡献。② 这密切关联着世界观的功能。在下一章中，我们将不仅就一般世界观概念的流变、特征、功能等问题进行研究，而且将初步总结霸权世界观的预设，从而为我们对霸权世界观与国际关系知识之间的关系进行研究奠定必要的基础。

---

① Richard Ned Lebow, *A Cultural Theory of international Relations*, Cambridge University Press, p. 2

② 张旭东：《全球化时代的文化认同：西方普遍主义话语的历史批判》，北京大学出版社 2006 年版，第 69 页。柯岚安认为中国人热衷讨论"天下世界观"似乎是为了提出一种替代西方世界观的另一种霸权世界观。柯岚安：《中国视野中的世界秩序：天下、帝国与世界》，载《世界经济与政治》2008 年第 10 期。而相蓝欣则认为，赵汀阳的"没有世界观的世界"或"天下体系制度理论"则在批判西方世界二元对立思维模式的同时又复制了"世界"与"非世界"之间的二元对立，实际上仍然没有摆脱西方世界观的影响。见相蓝欣《传统与对外关系——兼评中美关系的意识形态背景》，生活·读书·新知三联书店 2007 年版，第 39—40 页。

第 二 章

霸权世界观的基本特征

严格地说，世界上根本不存在一种"不设前提"的科学，那样一种科学是不能想象、不合逻辑的。总是需要有一种哲学、一种"信仰"，从而使科学获得一个方向、一个意义、一个界限、一种方法、一种存在的权利。如果有谁的理解与此相反，比如说把哲学置于一个"严格的科学基础"之上，那么他首先必须让哲学倒立，而且不仅是哲学，甚至连真理也得倒立：这可是对两位如此值得尊敬的女性的莫大失礼。

——［德］尼采：《论道德的谱系》，第 126 页。

中国的过渡人一直在"新"、"旧"、"中"、"西"中摇摆不停，他一方面要扬弃传统的价值，因为它是落伍的；另一方面，他却又极不愿意接受西方的价值，因为它是外国的。他强烈地希望能成为一个像西方的现代的工业国家。但同时，他又自觉地或不自觉地保护中国传统的文化，他对"西方"和"传统"的价值系统都有相当"移情之感"，但同时，他对这两者却又是矛盾犹豫，取舍不决的。这种情形，使中国的过渡人陷于一种"交集的压力"下，而扮演"冲突的角色"。有的称为深思苦虑"完善的自我"的追求者；有的则成为"唯利是图"而不受中、西两种价值约束的妄人。

——金耀基：《从传统到现代》，第 80—81 页。

我们（西方的——引者注）的文化感悟方式的要素，无论其怎样被人刨根究底，都是我们独特历史发展的偶然产物。因此，在强调构成着我们文化感悟方式的某些重要方式时，正如我们一贯坚持的那样，我们要尽力对这些观念、原则和信仰加以鉴定，再把我们西方文化的历史文物用于对另一种文化进行解释时，要做到格外审慎。这无异于说，本来就不存在强有力的理由使人相信，我们哲学库存中的主要术语——例如自然、认识、自由、规律等术语——会在另一种文化找到其直接的对等物……我们深信，我们文化所倚重的理论构造物，或是为适应这了（个?）构造物的多元性所采用的方法，都不能当作文化传播媒介和手段用于中国人。

　　　　——郝大维、安乐哲：《通过孔子而思》，第 111 页。

　　世界观首先是一个具有哲学内涵的概念，但又可以运用到政治学、社会学、人类学等一系列人文社会科学领域中。然而，无论是在日常生活中，还是学术研究中，世界观（Worldview）的使用随处可见，颇有滥用之嫌，人们往往疏于对其流变、特征、功能等问题展开深入的讨论。在国际关系研究中，这种情况尤为严重。受到享有知识霸权的美国国际关系学研究的影响，尤其是三大主义基于科学实在论的认识论与实证主义的方法论，对于主要属于哲学范畴的世界观概念这一不能量化的因素拒绝进行研究，因此主流国际关系理论没有对"世界观问题"进行详细的考察，也就在情理之中。如此一来，正如我们在第一章对既有研究的述评所表明的，尽管贝尔、马克思主义者对讨论世界观与殖民主义等之间的关系作了重要的探索，不过对涉及到国际关系中"世界观问题"的某些具体问题，如世界观与权力之间的关系、霸权世界观的具体运作机制，世界观与国家安全之间的关系等，仍然没有得到系统的研究。所以我们有必要走出狭隘的国际关系学学科边界，对世界观概念及由此带来的问题开展包括哲学在内的跨学科研究，讨论国际关系中的"世界观问题"为什么没有成为一个问题。本章主要的研究目标是分析霸权世界观的基本特征，因为当这些基本特征得到了人们的接受和内化，以致成为一种不言自明观点或通过一种下意识或无意识的方式起作用时，世界观的基本特征也就成了"预设"。在研究霸权世界观的预设之前，我们首先有必要对世界观概念及有关一些问题稍作讨论。毕竟，无论是作为霸权世界观的现代西方世界观，还是作为本书立足点的和谐世界观，都首先是作为一种世界观而存在的。因此，本章将包括三方面的内容，首先简要回顾世界观概念的流变、特征，以及一般世界观在人类生活中所扮演的基本功能。然后总结研究世界观问题——

尤其是研究异世界观——应该遵循的几个主要原则。最后，我们根据中西
比较哲学家郝大维与安乐哲的研究成果，来对霸权世界观预设进行提炼。

第一节   世界观概念的流变及其功能

对于中国来说，世界观（Weltanschauung）是一个舶来词汇。在导论
中我们已经提到，在中国传统中，只有"天下观"而没有世界观的概念。
在这里我们引用一下赵汀阳对"世界观"概念的说明不无裨益。赵汀阳
指出："从语言学的角度讲，'世界观'是一个西方的而且主要是德国的
概念，假如按照我们的习惯，中国的世界观就必须是天下观。"① 在下文
中，我们首先对世界观概念的流变、特征及其主要功能进行梳理。这种梳
理主要借鉴西方哲学家和社会学家关于世界观的研究成果。这里值得说明
的是，由于世界观的研究成果汗牛充栋，而且还涉及到许多特别复杂的哲
学与形而上学问题，所以本书关于世界观的讨论，有选择性地引用了相关
文献，而且在很大程度上只是浮光掠影式地就一些重要的问题进行了阐
述。其中关于世界观概念流变的讨论，主要参考了美国神学家大卫·K.
诺格尔（David K. Naugle）的著作《世界观的历史》一书。②

一   世界观概念的流变及其特征

世界观的德文是 weltanschuauung，它由 Welt 与 Anschauung 两部分构
成。根据吴羔的考察，"Welt 在现代德语中与现代英语中的 world 相对
应"，"现代德语中的 Welt 一词原本包含着人的意义"，"Anschauung 源于
中古高地德语中的 anschouwunge，那时其意义在于观察或神秘的沉思"，
组合起来的"Weltanschauung"就意味着"人看待世界、解释世界（以
及——引者注）由此出发的整体视野和观点，或者是个人或群体所持有
的关于生活和宇宙的信念集合"。③ 德国哲学家威廉·狄尔泰（Wilhelm
Dilthey）指出："任何世界观的最终根源都在生活本身。"④ 因此，任何世

① 赵汀阳：《天下体系：世界制度哲学导论》，江苏教育出版社 2005 年版，第 126 页。
② 大卫·K. 诺格尔：《世界观的历史》，胡自信译，北京大学出版社 2006 年版。
③ 吴羔：《论狄尔泰的世界观哲学》，华东师范大学硕士学位论文，2008 年，第 2 页。
④ 威廉·狄尔泰：《世界观的类型及其在形而上学体系内的展开》，载林方主编《人的潜
能和价值》，华夏出版社 1987 年版，第 6 页。

界观的出现和产生，都是与产生这一世界观的生活世界密不可分；而生活世界又是变动不居的，故此，任何世界观都只能是一种时势化的世界观，在研究过程中必须结合历史上的生活形式才能得以理解。而且，既然世界观不可能永远保持一成不变，那么人们也不可能拥有一种纯粹"本真"（authentic）的世界观。要研究世界观在国际关系中的作用，首先要对世界观出现的背景及其在人类社会生活中的作用进行考察。

在学术史上，德国哲学家伊曼纽尔·康德（Immanuel Kant）在1790年的《判断力批判》一书中第一次使用这一概念。康德的世界观概念"是纯粹理性的一个理念，其功能是把人类的全部经验综合为一个统一的世界整体（Weltganz）"。[①] 受到康德对这个概念阐释的影响，后来有诸多的西方思想家都参与到了对世界观的研究和理解当中，从而使这一概念成为哲学史上的一个重要概念。在世界观得以使用和流传的过程中，人们逐渐给世界观赋予不同的意义，以至于在今天，人们很难就世界观概念的内涵与外延达成一致意见。诚如弗洛伊德在《关于世界观的问题》演讲一文中所指出的：

> "Weltanschauung"恐怕是一个特有的德文名词，将它翻译成外文恐怕会很困难。如果我试着为这个词下一个定义，你们也肯定会觉得很糟糕。世界观是一种理智的结构，它是一个包罗万象的对我们的存在有关的一切问题作一个统一的解答，既不留有任何疑问。还为我们所关注的万事万物在其中保留下相当的地位。不难理解。拥有这样一种世界观是人类的一种美好愿望。信奉它，人们就能在生活中感到安全，就能够知道努力追求的东西是什么，怎样才能更恰当地对待自己的感情和利益。[②]

---

① 大卫·K.诺格尔：《世界观的历史》，胡自信译，北京大学出版社2006年版，第6页。根据诺格尔的考察，"世界观"概念的产生，是在西方宗教改革发生之前基督教信仰体系作为一种"关于创世、堕落和拯救的整体性叙事"的"包罗万象的特征很快就被遗忘了"（第1页）的背景之下出现的。这就说明世界观概念的出现不仅仅有西方背景，而且还具有浓厚的宗教背景，只不过在发展和演变过程中，世界观出现的背景逐渐隐而不彰。

② 西格蒙德·弗洛伊德：《精神分析导论讲演新篇 精神分析纲要》，程小平、王希勇译，国际文化出版公司2007年版，第156页。

为什么会出现这种对世界观概念难以界定的情况，这在很大程度上与世界观本身涵盖的内涵有关，毕竟人类心灵要对整个人类世界或宇宙（世界观与宇宙论经常混用表明了这一点）乃至无限进行把握和阐释不是一件容易的事。即使到了科技水平极为先进的今天，随着科学探索的深入，人们仍然不得不承认对未知世界的认识仍然存在着这样那样的不足。因此，我们要做的不是给世界观下一个一锤定音的定义，而是要尽量在把握世界观特征的基础上，根据人们对生活世界中遇到的实践和价值问题去完善对世界观的认识。不妨来看看弗洛伊德的概念为我们理解世界观的特征提供了哪些启示。

在弗洛伊德看来，宗教和科学构成了两种世界观。不过，他认为，尽管同为世界观，但宗教世界观是一种无理性或非理性的认识论，作为人类本身创造出来的东西，这种认识论不仅限制了人们的思想自由，而且实际上经不起批判的考察；而科学世界观则不然。弗洛伊德虽然也承认科学世界观具有一定的局限，坦承它不能达到解决有关我们存在的一切问题，然而他坚持认为，与宗教世界观和其他世界观相比，科学世界观仍然是最有效的一种世界观。有鉴于此，弗洛伊德试图将他的研究领域——心理学纳入到科学世界观的研究范畴之中，尝试将心理学研究上升为一种科学。相对于那些否认科学本身是一种世界观的人来说，弗洛伊德的立场更为坦白，也有助于人们认识到科学的哲学根基，因为科学同样不能脱离研究者本身的问题意识和价值取向。

弗洛伊德的世界观概念，反映了启蒙运动以来人们对科学的信仰。当科学世界观的合法地位得以确立，科学也被人们视为增加知识最为可靠的途径。如弗洛伊德将其心理学研究建立在科学基础上的尝试，本身就反映了对科学世界观某种程度的信仰。① 但科学世界观取代宗教世界观，是经过了一番艰苦斗争的。自法国大革命以来，现代主义之风吹遍欧洲，对科学力量的信仰构成了对宗教世界观的严重冲击，这两种世界观之间的斗争

---

① 弗洛伊德这种综合了德国浪漫主义与启蒙理性主义的努力，遭到了来自于宗教与科学世界观两个阵营的攻击："倾向于理性—科学世界观的那些人批评他在研究心理学时采用了'主观'和'非理性'的视角，而抱持创世—想象世界观的一方则指责他在用理性来理解精神现象的立场上走得太远。"见 Roger Horrocks, *Freud Revisited*: *Psychoanalytic Themes in the Postmodern Age*, New York: Palgrave Macmillan, 2001, pp. 176 - 177.

也就构成了两种生活体系（life system）的尖锐斗争。① 虽然最后科学世界观得以确立起在西方思想家中的统治地位，然而，科学仍是作为一种世界观而存在的。"世界观是一种理智的结构"，说明了世界观的建构性。但弗洛伊德关于世界观的定义并不意味着在任何时候世界观都是经过了人们理智的反思和系统的建构，因为作为一种认知世界的图式，世界观往往是人们在不经意间起作用，影响到人们生活中的方方面面。如弗里德里希·谢林（Friedrich Schelling）就指出："理智可以分为两种，一种是盲目的、无意识的，或自由的、有创造性的意识；另一种是隐含在世界观之中的有创造性的无意识，在创造理想世界的时候，潜意识就会上升为意识。"② 这就是说，当世界观出现的时候，创造这种世界观的人们是在从事一项理智的事业；然而当世界观一旦确立起稳定的地位，它在接受了这种世界观的人们那里往往是以潜意识的方式起作用。

　　尼采同样为人们理解世界观做了重要的贡献。他认为："人必然是现实存在的产物、结果或'不规则'的变异体，他称这种存在着为文化或世界观——各种各样的世界观"，每一种世界观"都包含着一些连贯的、相似的、意义明确的价值观念"。③ 这段话包含着三个方面的重要含义：（1）人是文化或世界观的产物，但人与世界观之间具有彼此构成的关系。世界观只有在具有思考能力的人那里才有可能出现，动物并不能创造文化与世界观，因此世界观与文化是人之所以为人的重要界定因素。人创造了自己的世界观与文化，然而，文化与世界观的出现，同时也赋予人类的出现和生存以重要的助力，文化和世界观的修正与完善本身构成了人类生活的重要内容，使得人类的生活具有特殊的意义。（2）在人类社会中，世界观和文化是多种多样的。如有宗教世界观、科学世界观、有神论世界观、无神论世界观、泛神论世界观等多种世界观类型。然而对于各种世界观的界限和彼此之间的关系如何，尼采并没有给出回答。如在上面提到的几种世界观中，有神论、泛神论世界观都可以被视为宗教世界观中的亚类

　　① 大卫·K. 诺格尔：《世界观的历史》，胡自信译，北京大学出版社 2006 年版，第 17—18 页。

　　② 转引自大卫·K. 诺格尔《世界观的历史》，胡自信译，北京大学出版社 2006 年版，第 67 页。

　　③ Friedrich Nietzsche, *Beyond Good and Evil*, 转引自大卫·K. 诺格尔《世界观的历史》，胡自信译，北京大学出版社 2006 年版，第 110 页。

型，而无神论世界观则可以涵盖科学世界观，由此可见，世界观之间的关系往往是非常模糊的，它们之间有着复杂的涵盖关系。① （3）文化与世界观之间具有密切的关系，要在两者之间作出清楚的区分是比较困难的。

从上文有关世界观概念的简要分析，我们可以发现这一概念具有以下十个方面的特征：1. 世界观源自德国，对于中国来说是一个舶来概念，但中国有与之相对应的概念"道"；2. 世界观是从生活世界中生发出来的一种动态观念形态；3. 世界观是人类把握世界与无限（宇宙）的一种手段，是对有关存在问题的回答；4. 世界观与西方形而上学和宗教传统有着密切的联系；5. 世界观的形态多种多样，受到信仰的宗教与科学都是世界观；6. 世界观对于把握世界与无限具有局限性；7. 世界观与人类具有相互构成的特点；8. 世界观具有建构性，是具有连贯、明确、包罗万象等特征的观念系统；9. 世界观既可以在有意识的时候发挥作用，也可以在无意识中产生影响，10. 为了争夺对世界的解释权，世界观之间会发生斗争和冲突。当然，上述十方面，并没有穷尽世界观的所有特征。再加上我们在第二章中有关世界观与文化、本体论、宇宙论、意识形态之间关系的说明，我们还能总结出世界观的其他方面的独特。但无论如何，我们认为，世界观的界定性特征，是关于世界的整体看法和独特的世界秩序方案，其中又以后者更为突出。相对来说，世界观的这两个界定性特征较少得到哲学家的阐述，但人类学有关世界观/宇宙论与哲学之间关系的观点，能够对此予以明确的证明。当我们从国际关系的角度——更应该说是"世界关系"——来研究世界观时，以具有独特的世界秩序或国际秩序方案作为世界观的界定性特征，是适切的。

二　世界观的两种主要功能

世界观之所以重要，主要通过两种方式对人类生活起作用：一种方式为人们认识世界与自身提供思想资源，同时也限制人们的思想视域，人们很难逃脱世界观为他所设置的诸多樊篱；第二种方式就是世界观作为价值观念，它本身也是人们建构自身认同、界定自身身份的一种思想资源，即

---

①　如狄尔泰根据"生命与形而上学的关系"以及人类心灵具有"理智、情感、意志"三重结构而将世界观分为"宗教、诗歌和形而上学"三种世界观，同时将形而上学世界观再分为"自然主义、自由唯心主义与客观唯心主义"三种世界观。

使在它面临严峻挑战时也会如此。在详细阐述世界观这两个主要方面的作用时，我们首先通过维特根斯坦的"世界图式"概念与尼采的"视角主义"来说明第一个方面；在第二部分，我们从安全的角度阐述世界观的第二个方面。世界观具有的第一个功能，能够说明霸权世界观的危险性。霸权世界观塑造的是人们的心智结构，影响和改变的是人们的思维方式和行为方式，如果世界观被定于一尊，那么人们将很难想象世界得以组织和运行的不同方式，基于此也将无法建立一种有别于某种世界观提供的世界秩序，而思维的同质化将塑造一个同一性的世界。"和则生物、同则不济"的中国古语，已经提示了事物或世界按同一的方式组织的危险性。世界观的第二个功能，则能揭示"世界观问题"产生的根源。如果世界观是界定行为体的身份资源并唤起行为体的情感忠诚，那么世界观遭到挑战或消灭，无疑会在接受该种世界观的人们那里产生情感伤害，条件成熟，这种情感反应能够转化为公开的政治行动，甚至战争。国家之间的"世界观问题"之所以能够带来冲突与战争，还与国家在主权上是平等的并且拥有暴力手段不可分的。世界观第二个方面的功能，实际上已经指出它与国家安全之间的密切关系。所以我们不能回避世界观这一概念及其在国际关系实践——包括政治实践与理论研究实践——中的重要作用。不过这种安全不是人们经常所说的领土安全或经济安全，甚至与文化安全都有一定差距，是英国著名社会学家安东尼·吉登斯（Anthony Giddens）所说的"本体安全"（ontological security）。下文将对世界观的这两个方面的功能进行简要讨论。

1. 世界观为人类实践提供了资源，也制约了行动可能性的领域。

德国著名哲学家维特根斯坦虽然拒绝使用世界观的概念，但他对"世界图式"（weltbild）概念的使用及说明，对于我们理解世界观的第一个功能富有助益。维特根斯坦的"世界图式"概念与"世界观"概念有极其重要的重合之处，但维特根斯坦突出的是人们看待和理解世界时"世界图式"的多样性。在《论确实性》一书中，维特根斯坦指出，人们所抱持的世界图式，根本不是经过自我反思和理性论证的结果，而只是经过说教而得以灌输在个人心灵中的许多彼此联系、互相支持的神话。如维特根斯坦写道（在张金言的中译本中，"Weltbild"被译为"世界图景"）：

94. 但是我得到我的世界图景并不是由于我曾确信其正确性，也

不是由于我现在确信其正确性。不是的；这是我用来分辨真伪的传统
背景。

　　95. 描绘这幅世界图景的命题也是一种神话的一部分。其功用类
似一种游戏的规则；这种规则可以全靠实践而不是靠任何明确的规则
学习。①

　　不仅如此，在该书中，维特根斯坦更具体地概括了世界图式的四个基
本特征：首先，世界图式为人们看待世界、理解世界提供了参考框架。其
次，世界图式不是人们在对世界事务进行实证论证后选择的结果，很大程
度上只是人们生活环境和文化传承所赋予的资源，它们构成人们思维、行
动、判断等活动时下意识或不言自明的基础。第三，构成世界图式的那些
观点和看法，不过是从文化传统中衍生出来的一系列被人们接受的神话。
最后，世界图式以一种润物细无声的方式，在不知不觉中影响到人们的思
维方式和行为方式，在未受竞争性世界观挑战的时候，以信仰的方式存在
于人们的行为和认知中。维特根斯坦的世界图式概念具有革命性的意义，
他通过将语言、生活、意义等概念引入到"世界图式"的研究中，提出
知识不过是语言游戏和"我的语言的局限性就是我的世界的局限性"的
著名观点，② 为后来发生在社会科学研究中的"语言学转向"提供了动
力。③ 诺格尔认为，尽管维特根斯坦反对使用世界观的概念，并且试图对
笛卡尔"主—客两分"的思维模式和世界观进行批判和颠覆，然而他对
语言的强调，不过是重新树立了一种新的"语言"世界观。④

---

　　①　路德维希·维特根斯坦：《论确实性》，张金言译，载《维特根斯坦全集》（涂纪亮总主
编）第 9 卷，河北教育出版社 2003 年版，第 191—307 页。在本书中文译本中，张金言将"Welt-
bild"译为"世界图景"而非"世界图式"。也可参考大卫·K. 诺格尔《世界观的历史》，胡自
信译，北京大学出版社 2006 年版，第 175—181 页。

　　②　转引自约翰·A. 霍尔《观念与社会科学》，载朱迪斯·戈尔茨坦、罗伯特·基欧汉主编
《观念与外交政策》，刘东国、于军译，北京大学出版社 2005 年版，第 35 页。霍尔认为，维特根
斯坦"这一观点所要表达的含义是：一个社会的信念系统是具有'指令性'的高度，一旦抓住
它，它就会支配社会生活的运行方式"。

　　③　庄申彬：《维特根斯坦的"语言游戏说"与语言学转向》，载《重庆科技学院学报》（社
会科学版）2008 年第 10 期。

　　④　大卫·K. 诺格尔：《世界观的历史》，胡自信译，北京大学出版社 2006 年版，第 180
页。

　　相对于维特根斯坦的"语言"世界观，尼采的"彻底的视角主义"的观点更为激进。① 尼采从人类的世界观多种多样这一基本前提出发，认为人们对世界、对社会问题的认识，在很大程度上取决于研究者的立场和视角。简单地说，就是当人们对事物和世界的认识，不是由人们的理性能力和逻辑思维决定的，而是根据既有的观念去把握那些符合已有世界观的事物。由于世界观是多种多样的，因此人们观察事物时视角的不同，导致他们所看到的事物也截然不同。鉴于此，人们关于事物的认识，只是从本身世界观出发得到的偏狭结论，而非某种客观的真理，看到的世界也只是证明了自身所抱持的已有观念而已。简而言之，人们从世界观出发所得出"真理"和观念，不过是对已有世界观的确证：

　　　　对于认识和感觉的骄傲是一场弥天大雾，遮住了人类的视线和知觉，从而在存在价值问题上骗过了他们。在这种骄傲中，认识被捧到了天上，致幻是其最普遍的后果，而它的那些具体的后果也带有同样的欺骗……他们深深地沉浸于幻想和梦想，眼睛只滑过事物表面和仅仅看到形式。他们的感觉从不通向真理，相反，他们一心只想接受刺激和在事物背后摸索，仿佛是在做一场游戏。②

　　在这里，我们听到了维特根斯坦关于知识和真理不过是"语言游戏"的回响。尼采认为，人们在观察和把握世界事物时之所以会产生大相径庭的观念，其秘密在于：人们对世界的认识或表象，实际上是一项价值活动。认识不可避免地会涉及到一系列的情感，这些情感会导致处于不同社会位置的行为体即使看待同一事物时也会得出不同的结论。比如说，在主人（高贵者、有力者、权力拥有者）与奴隶（平民、暴民）之间，前者为了维持自身的政治优越感、后者为了表达自己对现状和统治阶级的怨恨，双方都会在认识和表象事物时让道德观念服务于自身的价值目标。③也就是说，认知与情感是不可分割的，"消除意志、遏制甚至排除情感"

---

　　① 朱彦明：《尼采的视角主义》，复旦大学博士学位论文，2008 年。而对"视角主义"的定义，见该文第1—2 页。

　　② Friedrich Nietzsche, *Philosophy and Truth*，转引自朱彦明《尼采的视角主义》，复旦大学博士学位论文，2008 年，第 51 页。

　　③ 尼采：《论道德的谱系》，周红译，生活·读书·新知三联书店1992 年版。

的认知，即使可能，也是不可达致纯粹的理智的；只有当在具体的"看"、"认知"过程中，"允许更多的对事物的情感暴露"，关于某事的看法才能更加客观、也更加全面。① 在尼采看来，情感在人类社会中的作用影响到了人们的世界观，只会让他们看到他们愿意去看、愿意去确证的事物，由此发现的"真理"只能是种种幻象。当把情感纳入到人们认知过程中的时候，尼采得出了与科学世界观的倡导者们截然不同的观点，后者认为只要通过客观中立的研究途径就能臻至真理。尼采的上述论断，以及他在《论道德的谱系》中关于情感与人类社会价值冲突历史之间复杂关系的论述，极大地影响到了人们关于社会变迁中心理因素的探究。

相较于维特根斯坦，尼采不仅对科学持强烈的批判态度，而且还认为科学本身"缺乏自信"、"是禁欲主义理想（可视为一种世界观）的最新、最高形式"②，它本身也是一种世界观：

　　　　严格地说，世界上根本不存在一种"不设前提"的科学，那样一种科学是不能想象、不合逻辑的。总是需要有一种哲学、一种"信仰"，从而使科学获得一个方向、一个意义、一个界限、一种方法、一种存在的权利。如果有谁的理解与此相反，比如说把哲学置于一个"严格的科学基础"之上，那么他首先必须让哲学倒立，而且不仅是哲学，甚至连真理也得倒立：这可是对两位如此值得尊敬的女性的莫大失礼。③

尼采的说明，虽然具有严重的相对主义成分，然而其洞见是深刻的。值得注意的有以下几点：（1）没有研究是"不设前提的"。任何研究都有研究预设，而且这种研究预设本身并不能自我确证，它还得依靠其他别的东西才能成立或被人们接受。也就是说，研究预设通过关联其他的命题构成命题体系，对某个命题的证实或证伪，并不意味着命题体系的失效，这

---

① 尼采：《论道德的谱系》，周红译，生活·读书·新知三联书店1992年版，第96页。在周红的中译本中，"视角"被译为"观念"。
② 同上书，第122页、第123页。
③ 同上书，第126页。

样就使得研究得以成立而无法证伪。① （2）使研究预设得以成立的东西往往是一种世界观，而且往往就是科学世界观。在信仰科学力量的人那里，这种世界观是毋庸置疑的。正因为如此，根据本身无法证明的研究预设得出的结论，才能在同一世界观的信仰者那里被接受、被检验、被批判，而科学世界观就构成了学术共同体的共享"信仰"或"哲学"。② （3）既然是"信仰"，科学世界观自然脱离不了形而上学的色彩。本身具有形而上学成分的近代科学研究鄙视或抛弃对形而上学的研究，这本身就构成了一种悖论。（4）对于从事"科学"研究的人来说，科学世界观提供了"方向""意义""界限""方法""权利"，这也就意味着科学世界观为科学研究人员工作的开展，既提供了使其获得学术自主性的资源，同时也限制了它的研究视域。如果科学世界观成为一种霸权世界观，压制对宗教等其他类型世界观的研究，那么它已失去本身作为革命性观念所具有的力量，已经退化成为一种成见，无助于人们对世界的丰富理解和想象。当然，指出科学世界观的成见性质，并不意味着需要抛弃一切科学研究方法，而只是通过还原科学世界观的"世界观"本质，为那些遭到科学世界观排挤的世界观重新焕发生机开辟道路。

德国著名现象学家胡塞尔受到狄尔泰具有主观相对主义意蕴的历史主义世界观的刺激，同时也为了挽救日益受到质疑的哲学研究的科学性，他

---

①　这是美国逻辑学家和科学家奎因（Willard Oraman Quine）对波普尔证伪论的主要反驳意见。高宣扬对于奎因的这一观点作了以下阐述："一方面，任何一个科学假说都不可能孤立地加以检验；重要的是，要对由许多假说构成的总体，对某个知识系统进行检验。因此，当发现这个系统的结论之一和经验检验的结构相矛盾时，我们只能说这个系统在整体上是不能令人满意的。但是，到此为止，我们仍然不知道，而且不可能知道，究竟是哪个假说被证伪了。因此，另一方面，从整体论的观点，通过证伪某个个别的假说和理论，仍然也如同证实个别假说和理论一样，并不能正确地对一个科学的假说和理论作出决定性的选择"。见高宣扬《当代社会理论》，中国人民大学出版社2005年版，第74页。另外，国际关系中的建构主义学者约翰·鲁杰也强调了这一点："一个理论不可能解释使自身发挥理论功能的那些必要的先决条件。任何理论都必须首先具有必要的先决条件，然后才能发挥理论功能。而这样的先决条件，理论只能预设而无法加以解释。"见约翰·杰拉尔德·鲁杰《什么因素将世界维系在一起？新功利主义和社会建构主义的挑战》，载彼得·卡赞斯坦、罗伯特·基欧汉与斯蒂芬·克拉斯纳编《世界政治理论的探索与争鸣》，秦亚青等译，上海人民出版社2006年版，第274页。

②　关于科学共同体以及由范式界定的世界观、以及范式的变迁在某种程度上代表了世界观的变迁的系统论述，可参考在科学哲学研究中的经典著作托马斯·库恩《科学革命的结构》，金吾伦、胡新和译，北京大学出版社2003年版。

在狄尔泰的世界观哲学的基础上，提出了"面对生活本身"的现象学口号，试图建立一种脱离了任何先验条件、摒弃任何直观和经验、具有超时空效应的科学哲学。然而，胡塞尔最后也不得不承认他的努力遭到了失败。因为他没有认识到，试图建立在"生活世界"这一客观实在基础上、没有任何先决条件的现象学，同样是一种历史的产物，同样是以一种世界观的形式承载着他的问题意识与价值取向，是有着特定历史背景的。诚如戴维·卡尔对于胡塞尔努力所做的评价：

> 要想以现象学的方法把握世界的结构以及世界意识的结构，人们就必须撇开历史的成见，但是从更深的层面来看，胡塞尔的努力与主张似乎体现了历史的成见，他对生活世界的描述，似乎也包含了这样的成见……克服历史成见的动机本来就是一种历史成见，就是伽达默尔所谓"区别于其它成见的一种成见"。有人认为，哲学就是世界观，就是某个历史时期的世界观的最高表现，在他们看来，胡塞尔哲学的命运，与其他哲学相比，几乎没有什么区别。①

胡塞尔建立科学哲学的失败，提醒人们任何一种以普适性话语和普遍主义形式出现的超时空的价值体系和世界观，实际上都具有它本身不可分离的历史环境和思想背景，始终具有自己的文化特殊性、历史具体性和观念片面性。这种特殊性、具体性与片面性，不仅根植于建立者的生活世界、根植于他的世界观，而且根植于他的价值取向、他的政治立场，因为"以一种超历史的姿态把这种东西（西方文明的自我认识和自我认同）规定为普遍性，本身是一种意志和价值的表述，在根本意义上属于政治的范畴"。② 既然对待世界观的态度本身就是一项价值事业、一项政治事业，那么，我们就有必要在坚持各种世界观都具有价值取向的基础上，去追问"普适世界观"是如何从具体的历史背景中产生出来并得以普及的，在它普遍性的形式下面又隐藏着那些特殊性的内涵。揭示世界观在特殊性与普

---

① David Carr, *Phenomenology and the problem of History: A Study of Husserl's Transcendental Philosophy*, 转引自大卫·K. 诺格尔《世界观的历史》，胡自信译，北京大学出版社 2006 年版，第 133—134 页。

② 张旭东：《全球化时代的文化认同：西方普遍主义话语的历史批判》，北京大学出版社 2006 年版，第 133 页。

遍性之间的辩证运动，一方面为考察世界观的历史运动指明了方向，另一方面也为世界观的自我批判、自我超越、自我确证提供了途径。然而，由于世界观之间的确证，往往只有在他者、异质性的世界观存在或构成挑战的情况下才能完成，因此，我们接下来要思考的问题是，为什么世界观之间的自我确证或自我肯定，经常涉及到它们之间的激烈斗争乃至严重的冲突？这就涉及到世界观的第二个功能。

2. 世界观与人类身份是彼此界定的，它们涉及到人们的"本体安全"和情感认同。

由于世界观及其表现形式往往以不可见的方式对人们的实践和思考产生影响，所以世界观在常人那里往往是不经意地起作用的，并有制度化和社会化等途径具体予以实现。当世界观逐渐演变成习俗、惯例、规范、法律、风俗、礼仪等形式的时候，世界观也就成为了人们的信仰或"神话"，成了人在行为和思维中理所当然、不言自明的出发点和框架，成为了一种界定个人自我认同与自我身份的资源和依据。由于世界观解决的主要是人们心理和精神上的需要，因此它往往涉及到观念认同与情感忠诚。上文尼采关于价值判断与情感之间关系的简要讨论，实际上已经指出了这一点。正是因为世界观的稳固与否，和人们的情感依附具有重要的联系，因此对世界观概念的解读，不能纯粹从理性的角度进行，还必须将情感纳入到世界观的研究中去。

世界观关系到人们的认同与情感反应，是与人们渴望拥有"本体安全"的需求息息相关的。所谓"本体安全"，根据深入研究这一概念的英国著名社会学家安登尼·吉登斯的看法，就是"时间上的连续和有序的感受，这包括那些并非直接是在个体感知环境中的感受"。[①] 这是个人或集团在面临变动不居的局势或在日常生活出现风险或断裂的时候，为了保持对自身、对他人、对世界的信任而建立起连续性的需求与努力。吉登斯认为，实践意识是获得本体安全最基本的途径。依靠实践意识的运作，在正常情况下，行为者一般不会对生活的意义产生质疑，对自己、对他人和对世界也就能保持信任，最终也就能实现自我认同的连续性与稳固性。基本信任是"习惯"与"惯例"中衍生出来。而当生活的变动导致基本信

---

① 安东尼·吉登斯：《现代性与自我认同：现代晚期的自我与社会》，赵旭东、方文译，王铭铭校，生活·读书·新知三联书店 1998 年版，第 274 页。

任和实践意识遭到破坏，从而使行为者的自我认同面临断裂时，行为者往往会产生焦虑的情感。在此基础上，吉登斯认为"获得本体安全，等于就是在无意识和实践意识的层面上去拥有所有人类生活都会有所体现的基本存在性问题（existential question）的答案。"① 而存在性问题就是"有关人的生活以及物质世界的基本存在维度的问题，这是所有人在他们日常活动情景下都要'回答'的问题"。② 根据前文有关世界观的第三个特点：即世界观是"人类把握世界与无限（宇宙）的一种手段，是对有关存在问题的回答"的观点，实践意识的内容就是世界观，获取本体安全就是行为者确立属于自己的世界观，即使它并不是非常完整或上升到了哲人的高度。事实上，维特根斯坦在界定世界观概念时，同样提到了世界观对于行为体实现心理安全的重要意义，因为信仰了某种世界观，"人们就能在生活中感到安全，就能知道努力追求的东西是什么，怎样才能更恰当地对待自己的感情和利益"。

　　世界观以及以世界观为资源的实践意识，是通过监护者在行为者童年时期给予其关爱而潜移默化地传达给她或他的。在这一过程中，孩童不仅确立了关于"存在"或"非存在"问题的基本信任，而且还内化了监护者传达给她或他的世界观。当世界观成为一种习惯或惯例，也就是说行为者完成了社会化过程，那么她或他的自我认同得以确立，如果惯例或习惯没有遭到严重的挑战，那行为者也就获得了本体安全。这样一来，获得对"基本存在性问题"的答案即世界观的过程，也就是一个自我认同得以塑造的过程，在这过程中有监护人等他者作为中介。根据吉登斯关于"在做（doing）日常生活时，所有人都要'回答'生存问题；他们的回答是借助所实行的活动的本质"这一动态的"做"安全的观点，行为者本体安全的获取，并非是一个一劳永逸的过程，而是始终处于不断"做"的过程中。当本体安全受到挑战时，行为者用以确立自身认同的世界观的衍生形式——习惯或惯例——往往会受到质疑；不过，由于世界观及其衍生形式承载了行为者的情感承诺，行为者是否会抛弃旧的世界观是不确定的。吉登斯指出行为者可能做出选择的两种途径，一种是认知上的，一种

---

　　① 安东尼·吉登斯：《现代性与自我认同：现代晚期的自我与社会》，赵旭东、方文译，王铭铭校，生活·读书·新知三联书店 1998 年版，第 52 页。

　　② 同上书，第 273 页。

是情感上的。根据人们为了维持本体安全感的需要，吉登斯更倾向认为情感上的承诺将使得人们坚持原有的世界观，而不是去接受或重建一种世界观，这因为"如果没有相应水平的潜在情感承诺，意义的认知框架就不会创造那种信念。而信念、希望、勇气都与这种承诺相关联"。吉登斯关于自我认同、情感、本体安全的研究具有重要的启示意义，它为人们研究情感与国际关系等问题开辟了新的学术空间。

中国"从传统到现代"的经历，说明世界观的转变过程，实际上也是一个饱含情感冲突的过程。这主要反映在人们对于中、西世界观的不同态度上，即使人们在认识上"清醒地"意识到原有的世界观"不合时宜"和现代西方世界观"强大有力"，然而，出于情感上的理由，很多人拒绝简单地抛弃原有世界观并接受新世界观。在阐述中国从传统向现代转变的过程时，金耀基从文化和社会现代化涵盖器物、制度、世界观三个层次的现代化的观点出发，认为不同层次的转化难易程度与涉及到的情感反应是不同的。他指出，器物技术的引起和传播是最为迅速也是最有成效的，因为这一层次上的现代化，很少涉及到世界观等内容，引发的争议也比较少；而制度的改变涉及的情况则比较复杂，这是由于"制度较之器物之影响人的内部价值者较大，故所遇的阻力也越大，因为，它已不是西学之'用'，而是西学之'体'"。① 中国在现代化过程所涉及到的"体""用"之争，直到今天，仍然是一个争论不休的问题。② 当问题直接涉及到理念价值或思想层面的时候，由此引发的争论就更是不绝于缕。世界观的"现代化"之所以难以取得突破，是因为它不仅仅是个技术问题，而且还涉及到信仰传统"天下观"或"天理世界观"的人们在面临西方思想冲击的情况下，如何维持自己身份认同的重要问题，其中关联着人们复杂的情感反应。金耀基关于这个问题的讨论很有洞见，值得我们进行比较详细的引用：

> 的确，中国传统的"信仰系统"虽被西方的文化冲垮，但西方的"信仰系统"仍没有在中国人的心理（应为"心里"——引者

---

① 金耀基：《从传统到现代》，中国人民大学出版社1999年版，第133页。
② 可参考约瑟夫·列文森《儒教中国及其现代命运》，郑大华、任菁译，广西师范大学出版社2009年版。

注）生根，中国人已开始欣赏西方的价值，但是古老的传统对他仍有若干的吸引力。作为一个过渡人，如前面所说，会遇到"价值的困惑"，作为一个中国的过渡人，则这种"价值的困惑"益形复杂，何以故？因为中国过渡人所面临的"中"与"西"的冲突不止是"新"与"旧"的冲突，而且是"中"与"西"的冲突。一个人扬弃"旧"的价值而接受"新"的价值，固然需要容纳所说的"移情能力"和一种"心灵的流动"，而一个人要扬弃中国的价值而接受西方的价值，则还需要能解消一种"种族中心的困局"。

中国的过渡人一直在"新"、"旧"、"中"、"西"中摇摆不停，他一方面要扬弃传统的价值，因为它是落伍的；另一方面，他却又极不愿意接受西方的价值，因为它是外国的。他强烈地希望能成为一个像西方的现代的工业国家。但同时，他又自觉地或不自觉地保护中国传统的文化，他对"西方"和"传统"的价值系统都有相当"移情之感"，但同时，他对这两者却又是矛盾犹豫，取舍不决的。这种情形，使中国的过渡人陷于一种"交集的压力"下，而扮演"冲突的角色"。有的称为深思苦虑"完善的自我"的追求者；有的则成为"唯利是图"而不受中、西两种价值约束的妄人。

诚然，中国过渡人所面临的最大问题是"认同"的问题，他们的"自我形象"是不稳定的，也不清楚的；他们的"自我认同"则交困于新、旧、中、西之间，这是两个文化发生"濡化过程"（acculturation process）中的常有现象。中国过渡人所感到最焦烦的是找不到"真我"，最迷惑的是寻不到"认同"的对象。①

从这几段话中可以看出，世界观的转型实际上也就是一个情感冲突和心理犹疑的过程。在这一过程中，它需要很强的"移情能力"，从"旧"和"中"的世界观中解脱出来，以完成认同"新"和"西"世界观的任务。然而，在认知上意识到旧的世界观失效和新的世界观的力量，并不会自动带来在情感上对旧世界观义无反顾的抛弃和对新世界观毫无保留的接受。这是因为，作为一种从本土生活世界中生发出来的世界观，它已不仅仅是人们认识世界和从事实践的功利性或工具性的手段，而成为界定人们

---

① 金耀基：《从传统到现代》，中国人民大学出版社 1999 年版，第 80—81 页。

身份的标志。旧世界观的抛弃和新世界的接受，意味着两种生活方式之间的替换，意味着人们身份和认同"对象"的改变。新、旧世界观通过种种方式得以并存于一个人身上，如果它们之间本身具有很强的矛盾性或对抗性，那人们就不可避免地会陷入"交集的压力"和"冲突的角色"之中。由此可见，金耀基关于中国知识分子在从传统到现代转变过程中在世界观问题上的悲剧色彩所作的描述极为深刻，也印证了吉登斯关于行为体为了本体安全的需要，持久地向受到挑战的世界观投射情感承诺的观点。

　　吉登斯将人们在"高度或晚期现代性"寻求本体安全和自我认同视为一种"生活政治"，是"当地与全球的辩证法以及现代性的内在参照系统的兴起相关联的自我实现的政治"。[①] 张旭东将其称为"文化政治"。无论"生活政治"，还是"文化政治"，都涉及到在文化多元的背景下，一种文化如何在参照他者、介入他者的同时，通过自我反思和自我批判来达到自我肯定、自我确证的目的。对于中国文化在"古""今""中""西"之间的左冲右突、处处受制的窘境，张旭东作了深入的剖析。实际上，他所写的主题延续了金耀基的逻辑接着往下写，直到今天。而本书导论中所引杨国枢和文崇一关于中国研究者"在日常生活中，我们是中国人，在从事研究时，我们却变成了西方人"的观点，则生动地说明了中国传统世界观崩溃后中国人所面临的"人格分裂"状态。

　　事实上，世界观变迁所引发的价值困境与情感反应是常有现象。在现代或后现代社会中，我们所观察到的宗教原教旨主义的兴起、极端民族主义的传播、恐怖主义的泛滥，以及"软实力"概念的流行、"文明冲突论"的盛行等现象，实际上都指出人们为了获取本体安全，希望回到或"栖居"在原有世界观的"家"中的倾向。人们对于原有世界观的依恋，既是一种限制人们创造性的心理，同时也有可能产生创造性的反应。至于行为者为什么会在对待同样的（多种）世界观问题上表现出截然不同的反应，这不仅取决于行为者自身的自我反思和批判能力，同时也涉及到"他者"世界观、社会或行为体对待自身的态度。因为世界观的"理所当然"性之所以成为一个问题，往往在与他者进行参照和自我定位的背景下出现的。无论是在个人还是集体层面，人们能否获得与维持本体安全同

───────────────

　　① 安东尼·吉登斯：《现代性与自我认同：现代晚期的自我与社会》，赵旭东、方文译，王铭铭校，生活·读书·新知三联书店1998年版，第274页。

时也是一个涉及到他者的过程。他者的在场或参与、对自我的态度，都影响到行为者对多种世界观的态度。如果各种世界观处于一种"和而不同"的状态，那么世界观在各种文明、文化、宗教或国家之间的交往中，也不会成为一种爆炸性的力量。然而，世界观经常涉及到权力的运作，所以人们关注的往往不是世界观之间的沟通与共存，而是它们之间的竞争乃至冲突。诚如在 1985 年密歇根急流城加尔文学院举办的"世界观与社会科学"会议纪要所慨叹的：

> 人们认为，研究世界观就是要告诉他们，社会理论应该如何应对多元主义。本世纪头十年，威廉·狄尔泰把现代思想描述为世界观的冲突（Streit der Weltanschauung）。后来，托马斯·S·库恩在阐述科学革命的巨大作用（无法估量之事物时），又赋予世界观概念特殊的地位。库恩的科学革命之后，人们似乎普遍认为，世界观具有创造力。詹姆斯·奥修斯（James Olthuis）把这一过程概括如下："我们发现，生活中和科学中的冲突，起源于不同的世界观。"①

由于世界观寄托着人类情感，因此世界观的竞争与冲突就具有特殊的威力。我们不难发现，在世界文化政治的舞台上，为了获取本体安全，人类不知发生过多少次流血斗争。当宗教世界观激发出"十字军东征"与宗教战争的狂热时，由此引发的战争形塑了欧洲历史的进程；而当进入现当代时期，以科学的名义，殖民主义与纳粹主义等世界观又给世界造成了多大的灾难；而在后 9·11 世界，我们日益意识到了宗教原教旨主义、极端民族主义等世界观在重构世界图景方面所产生的巨大威力。当人们把目光投入到世界历史与当前国际关系中去的时候，我们无法不对由各种世界观产生诸多不和谐现象心生忧虑。

总之，不管人们对世界观这一概念持一种什么样的概念，它的确在很大程度构成了人们认识世界、把握自己与世界之间关系的一种重要观念，它在潜移默化之中影响到人们的思维方式和行为方式。同等重要的是，世

---

① Paul A. Marshall, Sander Griffieon, and Richard J. Mouw, eds. *Introduction to Stained Glass: Worldviews and Social Science*，转引自大卫·K. 诺格尔《世界观的历史》，胡自信译，北京大学出版社 2006 年版，第 235 页。

界观还构成了人们情感认同的对象，是在日常生活中保持安全感的基本要求，也因此与国家安全产生了密切的联系。世界观的第一个功能与权力有着千丝万缕的关系，这是我们在第四章将会深入研究的问题；而世界观的第二个功能则使其对国家安全有重大影响，我们将会在第五章中简要讨论这一问题。就我们关心的问题而言，和谐世界观的提出就由此体现出两重意义，即一方面构成对霸权世界观及其产生的权力效应进行抵制，另一方面又有助于维护中国人的身份认同，保障中国的本体安全。在简要讨论了世界观概念的流变、特征、功能等一般性的问题后，我们可以就在研究国际关系中的"异"世界观和"世界观问题"过程中应该注意的问题——世界观的维度——进行讨论。

第二节　世界观及"世界观问题"的六个维度

我们已经知道，在当前国际关系中，现代西方世界观构成一种霸权世界观。西方世界观，以一种自言自语的方式在言说，在很大程度上塑造了人们的话语空间，同时也不可避免地影响到人们对于世界、对于未来、对于国家间关系、对于人生等诸多问题的思考。在一种世界观成为霸权世界观的情况下，世界观之间的对话和交流是不可想象的；这种对话即使存在，也只能是一种不平等的对话。在很大程度上，弱势世界观要么只能遵守霸权世界观的对话规则。更为严重的是，当这种世界观之间的对话长期采取一种罔顾弱势世界观的态度，为了生存，也为了获得强者世界观的承认，弱势世界观很有可能不得不对自身进行调整，去关心霸权世界观关切的问题、去采用霸权世界观的叙述方式、去言说霸权世界观的内容。这样一来，即使原本具有发出不同声音、具有不同世界秩序方案的弱势世界观，也会具有强势世界观的模样，甚至与后者并无轩轾，从而实现了强者对弱者的同化。由于关涉到人们的生存状态和身份认同，世界观或宇宙论的同化企图，总会遭到人们形式多样的抵制或抗议。事实上，在全球化时代，对现代西方世界观的积极或消极反抗并不鲜见。由于任何一种世界观都有自己的想象，这种世界观的多元性恰好为人类应对多种多样的问题提供众多的思想资源和多种可能性。

要在马克思主义理论的指导下开发中国传统世界观的潜力，首先必须对霸权世界观的基本特征有所了解。这些基本特征一旦被人们接受，成为人们下意识的基本假设，如第一章所说新自由制度主义者罗伯特·基欧汉与朱迪斯·戈尔茨坦在研究中拒绝考察现代西方世界观对其研究的影响一样，世界观的基本特征就成为不受质疑的"预设"。而贝尔通过对霸权世界观的考察，指出了其不同通约的二元对立与线性的存在观两个方面的预设。然而，正如我们对贝尔研究评论的，除了这两个预设，霸权世界观在秩序问题上的态度构成一个更为基本的预设，所以，我们还需考察霸权世界观是否还有别的预设。此外，无论是接受霸权世界观还是批判霸权世界观，我们都需要给出相应的理由。如果霸权世界观没有缺陷，我们仅仅需要接受、内化并视之为自身的世界观即可；如果霸权世界观是有严重缺陷的，我们也需要对其进行仔细研究，以发现真正的问题所在。在对西方世界观的预设及其在国际知识中的体现进行研究之前，有必要对"世界观问题"的六个维度做进一步的澄清。这些维度在很大程度上是由世界观本身的特性决定的。之所以要对世界观和"世界观问题"的维度进行说明，是因为人们在看待和研究世界观及"世界观问题"时，由于对世界观的各个特征没有明确的意识，往往陷入到各种陷阱之中。弄清楚这些维度，不仅仅关乎如何在多种世界观并存的情况下从事"世界观问题"研究，更关系到人类如何应对生活世界中多种世界并存的事实。不仅如此，在世界观问题上持何种立场，往往还可能带来政治或理论后果。我们认为，在研究国际关系中某种世界观的特征和"世界观问题"时，必须注意的这六个方面是：动态性、内部多元性、通约性、关联性、外部多元性、协同创造性，我们称它们为世界观和"世界观问题"研究的六个维度。分述如下：

第一，世界观具有连续性的同时又具有断裂性。贝尔指出了西方世界观的两个预设的延续性，并将其根源从现代经中世纪上溯到古希腊时期。贝尔的确捕捉到了西方世界观演变过程中具有的延续性。然而，仅仅强调连续性，将无法看到西方世界观经历的断裂。毕竟在几千年的时间长河中，任何一种知识或理论形式都不可能保持一成不变的状态。尽管世界观为人们应对世事人生和观察万物提供了思维框架，然而，在生活世界的变化对既有的世界观构成严重挑战的形势下，如何应对就取决于人们的选择和行动，即人们的能动性。在生活世界发生断裂的情况下，一般都会涉及对世界观的重构活动，这样一来，世界观发生变化在所难免。理论总是对现实的反映，不管这种反映具有多大程度的独立性，人类社会生活的剧烈变迁总会体现在知识的形式、内容和风格等发生的变化上。在研究某种世界观的基本特征时，指出世界观的连续性或断裂性固然重要，同等重要的是探究在它们出现了断裂性的时候，人类是如何重新构建起连续性的。这些工作不仅仅是一种知识或智力上的活动，考虑到世界观承载着人类的情感寄托和心理依赖，能否有效应对生活世界带来的变迁或断裂，从而在世界观的层面上作出有效的应对，就是一项事关重大的政治事业，而且是一项攸关信仰该世界观民众的集体性政治事业。与其他政治事业不同的地方，这种事业主要是文化层面上的，虽然不一定威胁到人们的肉体生存，可却与人们的心理安全和本体安全息息相关。因此，它虽然与经济发展、军事侵略、科技突破等问题不可分割，然而，只有将其纳入到文化政治的视野中，才有可能得到比较确切的了解。

第二，要批判西方世界观就不能将其视为一种整齐划一的世界观。世界观并非是一种封闭和自我循环的思想体系，相反它具有程度不等的开放性思维空间。作为一个名称的"西方世界观"，它实际上不过是多种"西方世界观"的总称。上面我们提到了世界观在历时性的延续过程中存在着断裂，这里则要求我们注意到其在共时性上具有的集中与广延双重特性。其意义在于给我们指出一种世界观所具有的某种预设，并不一定构成用以界定该世界观的经久不变的特征。这里包含了两重含义：（1）由于世界观是庞杂的思想体系，足以宽泛地包含各种截然相反的观点，这就为我们利用世界观内部的不同资源构建不同的世界观和理论提供了可能性；（2）由于对某种世界观的预设总是在参照另一种世界观的情况时才作出的，因此世界观的广延性使得即使两种看似截然相反的世界观，也可能具有某些尚未发现的相近、相通之处。之所以如此，仍然需要从关于世界观是一种生活方式这一问题上来理解。虽然在生活世界中人们拥有截然不同的政治立场或价值取向，但是人类生活在"天地之间"，不可避免地会在差异中具有共性。即使利益、观念、权力、财富等许多方面截然不同，体验却是可以共通的。正是这种体验的共通，为世界观及其衍生的知识形式之间进行沟通和对话打开了机会之窗。

第三，在当前，西方世界观对其他世界观构成了压制和排斥；然而，不能否认的是，在几千年的演变过程中吸取了多种文化资源的西方世界观，无疑具有它独到的价值，这是西方世界观之所以能够成为一种霸权世界观的重要原因。尽管西方世界观预设及其在实践中所起的作用并不总是能带来有益的效果，但其屡次从危机——如众多严重的经济危机、三十年战争、一战、二战等——中重生，已经提醒人们，这种世界观有较强适应时势变化进行自我调整的能力。对于西方世界观的批判，不应该演变成类似"批判原教旨主义"，即否定西方世界观的一切价值、一切知识形式以及作为其根源的西方生活世界，甚至还将这种否定针对其过去和现在，要求剥削西方世界观构想世界的权利。既然"批判原教旨主义"本身就是一种不宽容和不健康的态度，那么对于西方世界观取得成功的原因及其进行自我调适的能力，我们就有必要进行仔细的检视。人们或多或少的受到西方世界观的影响——不管这种影响是受惠、抑或受害、还是不明显，而且都无法逃避西方世界观所带来的现代性及其知识体系。那么，利用西方的知识工具和技术手段来进行批判西方世界观的事业，本身既是可能的也是必要的。要重建，首先得确立其重建的合法性。就理论层面上来说，在西方掌握着知识评价规则、标准的情况下，利用西方的部分资源重建某种世界观，是其赢得合法性的必要前提，也是一种主动与霸权世界进行对话的过程，要避免的是用霸权世界观比附一切。

第四，在批判霸权世界观的同时，不能复制其不可通约的二元对立思维。这一点与世界观在具有连续性和集中性的同时又具有断裂性和广延性密切相关。贝尔指出了西方世界观具有不可通约的二元对立的预设，这种预设在近年来遭到了西方自身和拥有其他世界观背景的人们的批判。然而，在批判西方世界观的这一预设时，人们往往重蹈了二元对立的陷阱和符咒。这种二元对立的符咒认为，既然西方世界观已经被揭示出具有压制其他世界观或由诸多二元对立中一极向另一极施加暴力（可能是物质的，也可能是象征的，但更多的是两者皆有）的顽疾，那么在致力于将被压制的一方拯救出来的时候，受暴方就有向施暴方进行报复或反向压制的道义权利。将这种二元对立的符咒推向极致，已不仅仅是受暴方自身试图复制施暴方霸权的问题，而且还有受暴方在施暴方遭到解构后为人类的共同解放提供什么样的资源问题（马克思：无产阶段只有在解放了全人类之后才能解放自己）。这样一来，在其他世界观批判西方世界观时，又重新在彼此之间划上了一条截然对立的界限，也就是说这些世界观在反对二元对立的预设时又重新祭立起二元对立的大旗。在讨论"世界观问题"的过程中，二元对立的符咒反复出现，反映了对人类在生活中共享的某些生活体验没有深入的认识。"自我"与"他者"在生活体验和世界观之间的共通之处，意味着对"他者"的无情批判，事实上也涉及到对自身的部分否定。刚性的"自我"世界观与"他者"世界观，都是一种人为建构的产物，并不符合事物的原貌。

第五，打破西方世界的霸权不是为了确立一种新的霸权世界观。西方霸权世界观的消极之处在于，它在确立自身合法性和霸权的过程中，依据自身的价值体系在各种世界观之间确立起了等级制，并把其二元对立的预设和思维方式输入到对其他世界观的认识之中，否认其他世界观具有自身构想世界和宇宙万物的别样方式，其目的在于通过否认其他世界观的价值，以确立西方世界观的合法性和优越性，同时如马克思指出的，反映了"资产阶级按照自己的面貌为自己创造了一个世界"的企图。霸权世界观的危害之处，还不仅在于强制性地裁定其他世界观或知识类型的非法性，更为严重的问题在于当人们从唯一的一种世界观出发从事解释世界和改造世界的事业时，它不可避免地会具有盲点或产生失误（事实上，西方世界观在历史上屡遭危机，说明了它并非是尽善尽美的），在其他世界观的价值遭到否认的情况下，西方世界观带来的破坏性后果将无法得到修正。人们已经日益认识到单一性和同一性所造成的危害，各种文化和世界观都具有价值的观点已经得到了越来越多的认同，然而，问题在于维护霸权世界观的力量太过强大，多样化的世界观有效地发挥作用还只是一个愿景。在这种情况下，要想让多种文化和世界观和平共处、共建和谐，仍需各种世界观在展开交流的过程中进行赋权和自我赋权的努力。在此过程中，需要避免的动向是，在还原了霸权世界观特殊性的面貌之后，又树立了一种新的霸权世界观。这与在研究和重建世界观时需要避免复制西方不可通约的二元对立的思维方式和预设是一脉相承的。人类社会需要的不是用一种"同一性帝国"代替另一种"同一性帝国"，而是让它们各居其位、各得其所，真正达到"百花齐放、百家争鸣"的境界。

第六，世界观塑造人们的心智结构，而人们又塑造了世界观。在前一节中，我们已经指出，贝尔敏锐地意识到了作为一种"高级殖民主义"发挥作用的西方世界观已经影响到了世界上的众多文化和人口，而我们也的确指出了西方世界观作为一种霸权世界观发挥作用的现实。然而，在承认西方世界观的影响和地位的同时，我们有必要了解世界观与人类能动性之间的复杂关系。世界观既具有工具性价值，同时也体现了情感性的价值；前者塑造行为者的心智结构和思维方式，后者影响到行为者对待世界观（包括对本地世界观与对待各种外来世界观）的态度。强调西方世界观的霸权地位，实际上也就意味着这种世界观对那些受其影响的人们的心智结构和思维方式产生了影响。然而，过于强调这种影响和作用，有可能忽视那些形式多样、目的迥异的对于霸权世界观的抵制和抗议活动。在用以界定行为者自身身份的资源中，西方世界观和各种本土世界观同时发挥作用，它们之间一般都会具有某种程度上的既合作又冲突的紧张关系。至于如何调适这些关系，则取决于行为者的立场和情感取向。不仅如此，在文化政治事业中，如何在西方世界观和本地世界观之间分配工具性认同或情感性认同，往往是一个经验问题，需要进行经验研究。至少在那些文化或宗教原教旨主义者和本土世界观的坚守者那里，本土世界观所得到的情感性认同无疑是凌驾于西方世界观之上的。正是在这些经验性问题上，可以看到人类在"世界观问题"上的能动作用和灵活态度。只有当人类出于工具性或情感性的目的，决定是否需要赋予某种世界观以意义以及什么样的意义，世界观才有了延续和再生的可能。麦科尔·赫尔费尔德曾将文化的宇宙哲学与人之间的关系比喻成社会结构与行动者之间的关系，他认为"人类的能动性赋予社会结构以意义，社会结构也才得以建立和存在。被韦伯称作'祛魅'（disenchantment）的过程其实也是可以逆向而行的，或者说它们就在客观观察者怀旧的眼神中，而不是存在于地方社会的实际经验中"。① 因此，即使霸权世界观在很大程度上塑造了许多人的心智结构和思维方式，人类的能动性，仍为我们抵制这种世界观和生发出本土世界观的潜力留下了很大的空间。这也是在全球化时代，我们挖掘和谐世界的价值及其提出的可行性和必要性之原因所在。

上文讨论了"世界观问题"时所需要注意的六个方面，即世界观是动态变化的、世界观内部具有多重性的思维空间、世界观之间是可以通约的、某种世界观的特征一般是在与其他世界观的"关联"中得到辨识、世界观具有不可消解的外部多元性以及世界观与人类之间存在着一种"协同创造"的关系。这些方面，反映了世界观和"世界观问题"研究的六个维度，即动态性、内部多元性、通约性、关联性、外部多元性、协同创造性。世界观及"世界观问题"所具有的这六个方面的特性，有助于

---

① 麦科尔·赫尔费尔德：《什么是人类常识？社会和文化领域中的人类学理论实践》，刘珩、石毅、李昌银等译，华夏出版社 2005 年版，第 245 页。

我们克服贝尔在研究拉高塔印第安人的宇宙论与西方世界观之间的关系时出现的偏差。不仅如此，对这些特性的明确认识，是克服国际关系中"世界观问题"的重要一步。因为在一定程度上，"世界观问题"的产生和矛盾的激发，其根源在于人们在珍视自己世界观的同时却持有不可通约的二元对立、各种世界观是内在统一并且一成不变的等思维方式或观念。在全球化时代，人们越来越认可文化多元或世界观多元的现实，然而，在对待"世界观问题"上却是走向了绝对的相对主义，或认为世界终究会形成一种单一的世界观或由某种世界观一统天下的一元论。这两种观点都非常极端，它们无法想象人们可能会在共通某些生活体验的情况下，分享某些对于世界、自然、人生的认识，而且与创造性地重建本土世界观并不相悖。在这一问题上，和谐世界观本身就是具有很强启发意义的。因为它不但拒绝在世界观之间持绝对不可通约的虚无主义、排斥世界观之间的互动会产生同一性世界观的立场，反而主张在保持各种世界观原有特色的基础上实现它们的和平共处和协同创造。

第三节　霸权世界观的预设——以郝大维和安乐哲的研究为例

在对世界观与"世界观问题"的六大维度做了阐述之后，我们可以进入到对西方世界观预设的研究。由于此问题主要属于思想史的范畴，涉及到海量的哲学家和哲学文本，我们只能就西方世界观预设最为基本的方面进行简要探讨。[1] 为了限定讨论范围，我们提出对已有研究成果进行选择的三个标准。第一，出于本书的主要目的在于通过批判霸权世界观，为人们认识和谐世界观开辟新的思维空间，因此，我们所参考的研究成果，最好是对西方世界观与和谐世界观都有所认识，而且在学术界产生了重要影响的成果。第二，这种研究成果必须意识到"世界观问题"所具有的"动态的、内部多元性、通约性、关联性、外部多元性、协同创造性"这

---

① 需要指出的是，本书并非哲学论著，所以对于西方世界观预设的讨论不可避免地存在着偏差或误解。而且限于篇幅，尤其是限于作者本身的能力，本书的论述将只涉及到与国际关系"世界观"密切相关或具有很强启示意义的作品。既然我们的目的在于促使人们关注国际关系中的"世界观问题"，只要相关的讨论能够实现这一目标，那么讨论的意义也就达到了。

六个维度特性的某些方面，尤其要注意避免简单地将西方世界观视为唯一有效和普适的世界观，并将作为判断其他世界观是否具有"理性"和有效的标准。第三，这种关于西方宇宙论或中国世界观的研究，必须对我们研究国际关系中的"世界观问题"提供一定的启发意义，而非纯粹的思想史或哲学研究。① 根据以上三个标准，我们将郝大维（David L. Hall）与安乐哲（Roger T. Ames）关于中、西世界观差异的研究成果作为我们主要的参考资源。

一　郝大维与安乐哲及其基本观点简介

郝大维与安乐哲是著名的中西比较哲学家，他们或独立或合作写了大量中西比较的论著。② 郝大维是一名西方哲学家，而安乐哲则是一名长期沉浸在中国古代思想研究中的汉学家，两人合作发表的比较哲学研究成果广受关注。安乐哲曾在一篇自述性的文章中对他与已故的郝大维之间的合作关系及分工情况作了简要的回顾："郝大维是一位毕业于耶鲁大学及芝加哥大学神学院的西方哲学家，正因如此，他为我们的合作拓展了想象的空间。我的贡献在于依靠长期训练而获得的中国古代哲学经典的文献学知识，以期使我们的学术成果更加扎实，此外，我在中国学界生活多年，对中文文献的哲学意义具有相对准确的感觉"。③ 美国波士顿大学南乐山

---

① 我们承认这一事实，即人文社会科学都是相通的，国际关系学在发展过程中借鉴了大量哲学资源，所以将哲学研究成果纳入到国际关系学的研究中，既是必要也是可能的。

② 郝大维与安乐哲产生了广泛影响的研究成果大部分已经被译为中文。主要的中译本有，郝大维、安乐哲：《通过孔子而思》，何金俐译，北京大学出版社 2005 年版（另一中译本见郝大维、安乐哲《孔子哲学思微》，蒋弋为、李志林译，江苏人民出版社 1996 年版）；郝大维、安乐哲：《期望中国：对中西文化的哲学思考》，施忠连等译，学林出版社 2005 年版；郝大维、安乐哲：《汉哲学思维的文化探源》，施忠连译，江苏人民出版社 1999 年版；安乐哲、郝大维：《道不远人：比较哲学视域中的〈老子〉》，何金俐译，学苑出版社 2005 年版；郝大维、安乐哲：《先贤的民主：杜威、孔子与中国民主之希望》，何刚强译，江苏人民出版社 2004 年版；安乐哲、罗思文：《〈论语〉的哲学诠释：比较哲学的视域》，余瑾译，中国社会科学出版社 2003 年版；安乐哲：《主术：中国古代政治艺术之研究》，北京大学出版社 1995 年版；安乐哲：《自我的圆成：中西互镜下的古典儒家与道家》，彭国翔译，河北人民出版社 2006 年版，等等。前三部著作构成了郝大维与安乐哲研究中国文化根源的三部曲。除了以上这些著作，他们，尤其是安乐哲，还发表了许多其他研究中国传统思想的论著而且已被译为中文，这些论著散步在各刊物之中，这里不再列举。

③ 安乐哲：《和而不同：比较哲学与中西会通》，北京大学出版社 2002 年版，前言第 9 页。

（Robert C. Cummings）以钦佩的语气评价他们的合作成果："郝对西方文化的几乎百科全书式的知识在他此前的几本书中有充分的表现。安乐哲对中国传统几乎同样的博学为郝大维开启了东亚，而他（指郝大维）则将他的哲学原见带入了安乐哲的汉学，由此产生了这个时代最具创造性的思想探索之一"。① 至于对他们合作成果的评价，尽管不乏质疑，然而一般来说都会承认他们为沟通中西文化所做的巨大努力。南乐山甚至认为"他们的合作是20世纪后期最丰富也最重要的合作之一"，他认为这种合作"在跨文化比较研究中是革命性的"。② 在中国学术界，据笔者所知，人们更多地只是对他们的思想进行介绍，很少有人系统对他们的合作成果进行深入系统的研究。对此，安乐哲本人有先见之明。在郝大维逝世后所写的纪念文章中，他不无谦虚地说："无论我和郝大维合作的最终结果如何，合作本身已经成为一个有待研究的课题"。③ 在本书中，我们不对他们的"合作"这一"课题"进行研究，而是关注他们从中西文化对比的角度对西方世界观预设作了什么样的解读。

对中西思想传统之间的差异所作的系统比较研究贯穿在郝大维尤其是安乐哲的大部分作品中。《通过孔子而思》《期望中国》《汉哲学思维的文化探源》这三本著作，是他们合作产生的最具代表性的研究成果。通过对中西文化，尤其是古希腊与中国先秦时期思想家著作的系统解读，他们提出了人们观察世界的"两种问题框架"。④ 在他们看来，问题框架在很大程度上决定了一种文化的面貌，而且这种面貌一旦产生，将相对持久地影响到该文化对于万事万物的"感悟方式"（sensibility），而西方文化与中国文化就分别代表着这样一种存在差异的"问题框架"。这些"问题框架"产生于公元前800—公元前200年这段被卡尔·雅斯贝尔斯（Karl

---

① 南乐山：《文化哲学家郝大维》，载郝大维、安乐哲《先贤的民主：杜威、孔子与中国民主之希望》，何刚强译，江苏人民出版社2004年版，第222—223页。

② 郝大维、安乐哲：《先贤的民主：杜威、孔子与中国民主之希望》，何刚强译，江苏人民出版社2004年版，第222页。除了南乐山的文章，该书还收录了美国新实用主义代表人物理查德·罗蒂（Richard Rorty）、约瑟夫·格伦治（Joseph Grange），以及安乐哲在郝大维逝世之后所发表的三篇评论文章。可见该书第185—241页。

③ 安乐哲：《此生之道：创胜力之真义》，见郝大维、安乐哲《先贤的民主：杜威、孔子与中国民主之希望》，何刚强译，江苏人民出版社2004年版，第185页。

④ 郝大维、安乐哲：《期望中国：对中西文化的哲学思考》，施忠连等译，学林出版社2005年版，第7页。

Jaspers）称之为"轴心时代"（Axial Age）[1] 的时期。在这一时期，世界各古老文明都涌现了一批优秀的哲学家和思想家，他们就世界、人生、道德、自然、人与万物的关系等问题进行了深入的思考，所产生的思想成果，在很大程度上塑造了人类文明历史的思想面貌，提出了一系列影响至今的思想范畴。

郝大维与安乐哲认为中西文化具有不同的思维方式，并提出一种充分尊重文化差异的新的研究途径。郝大维与安乐哲借用了"轴心时代"的说法，认为正是在这一时期，在西方产生了他们所说的"第二问题框架思维"即因果思维；而与之相对的，则在中国出现了"第一问题框架思维"，即关联性思维。与这些问题框架及思维方式相应的是对秩序的两种不同理解方式：西方构想的秩序是一种"逻辑的"秩序，而中国想象的则是"美学的"的秩序。他们认为："第一与第二思维框架的思维之间的对立，实际上是对于秩序的不同概念之间的对立，在另一处我们称之为'美学的'和'理性的'秩序"。[2] 这就与我们将独特的世界秩序方案作为世界观的首要界定特征是相吻合的。他们承认这两种框架之间存在某种程度的通约性，差异的存在并不意味着它们是绝对不能沟通的。"问题框架"的产生具有很大的偶然性，不过在形成以后，这些框架就比较稳定地塑造了中西文化的风格与气质，以致于我们很难想象那些已被忽略的思维方式和秩序模式。既然两种文化具有不同的感悟方式和秩序构想，那么如何开展对它们的比较研究呢？在《通过孔子而思》一书中，郝大维与安乐哲对这一问题做了研究。他们认为，在进行文化哲学的比较研究时，西方学者的做法经常是不假思索地将从西方文化中产生的概念、术语、范畴等随心所欲地套用到对中国文化的研究中，从而对中国文化及其世界观产生误读与歪曲，这反映了西方学者的"种族中心主义"的立场。这种在比较研究中对理论进行简单比附的做法，被他们称之为"跨文化时代误置"（cross-cultural anachronism）[3] 研究法。为了克服这种研究方法带来

---

① 卡尔·雅斯贝尔斯：《卡尔雅斯贝尔斯文集》，朱更生译，青海人民出版社 2003 年版，第 132—155 页。

② 见郝大维、安乐哲《期望中国：对中西文化的哲学思考》，施忠连等译，学林出版社 2005 年版，第 138 页。

③ 郝大维、安乐哲：《通过孔子而思》，何金俐译，北京大学出版社 2005 年版，第 8—9 页。

的谬误，他们主张一种分享了"跨文化（intercultural）和"超文化（transcultural）"双方视角共通性、具有（中、西）双中心"开放性椭圆"的新研究途径。他们既对中西方之间的相似性作了说明，① 同时更加重视双方之间的差异性，② 而且坦承这两种不同的问题框架、思维方式、秩序模式之所以能够提出，只有将西方思想和中国文化互相纳入到对方的框架中才能得到理解和阐述。他们认为，进行这种比较研究，必须意识到"我们的方法既不是建立在文化差异不可化约性上，也不是建立在理论差异不可化约性上。它由超文化的倾向，寻求促进文化的彼此认可，以最终实现把共性与差异作为处理理论与实践重要问题的方法"。③ 它们关于中西文化对比的作品，就是通过使用这种研究方法得出的研究成果。

二　郝大维与安乐哲对西方世界观预设的研究

根据以上研究方法，郝大维与安乐哲对第二问题框架的主要代表——西方文化所具有的世界观预设作了深入的研究。④ 他们认为，这一问题思维框架经由西方文化的两个阶段得以塑造，前一个阶段是指公元前4世纪雅典城邦衰落之前的时期；第二阶段是指希腊人、希伯来人与罗马人的价值观与制度相互融合的时期。⑤ 前一阶段包括许多西方古代哲学家，而著名神学家奥古斯丁则是后一阶段的集大成者。郝大维与安乐哲关注西方文化的连续性，认为这两个阶段所产生的思想成果，塑造了并仍然影响着目

---

① 对于相似性，他们说："强调重视古典中国和西方文化传统可对照的预设，当然不是暗示我们意在突出某种绝对或不可避免的概念差异。中国和西方文化传统的丰富性与复杂性，在某种程度上确保了一个文化传统的文化前提——或许以某种极为边缘的形式——同样也会出现在另一种文化母体中。因此，我们所谓种种悖常于中国或异于盎格鲁—欧洲文化传统的理论模式，应当被理解为是对植根于两种文化内部不同价值观的维护。"郝大维、安乐哲：《通过孔子而思》，何金俐译，北京大学出版社 2005 年版，第 13 页。

② 对于差异性的强调："我们坚持认为，只有以承认差异为前提，才会提供富有增益的机遇，为解决单一文化内部一直无法解决的问题提供另一种解答方案"。郝大维、安乐哲：《通过孔子而思》，何金俐译，北京大学出版社 2005 年版，第 7 页。

③ 郝大维、安乐哲：《通过孔子而思》，何金俐译，北京大学出版社 2005 年版，第 6—7页。

④ 这里不对"第一问题框架"，即中国文化的秩序类型和思维方式进行集中研究，有兴趣的读者可参阅他们的诸多研究成果。

⑤ 郝大维、安乐哲：《期望中国：对中西文化的哲学思考》，施忠连等译，学林出版社2005 年版，第 1—2 页。

前西方人对自我和他者文化的理解，而且这种影响遍及西方科学、哲学、道德、宗教、美学等众多领域。那么什么是"第二问题思维框架"的预设呢？他们指出："第二问题框架思维，我们又称它为因果性思维，是古代西方社会占支配地位的思维方式。它的预设是：（1）用'混沌'说的虚无、分离或混乱解释万物的起源；（2）把'宇宙'理解为具有某种单一秩序的世界观；（3）断言静止比变化和运动更具有优先地位（用另外的话来说，就是崇尚的是'存在'而非'变易'）；（4）相信宇宙秩序是某个解释性的作用者，例如心灵、造物主、第一推动者、上帝意志等造成的成果；（5）明里暗里地主张，'世界'的千变万化是被这些解释为动因的东西所作用、所最终决定的。"① 对于这些预设的起源及其演变，郝大维与安乐哲进行了详细的考察。我们在下文稍作总结。

　　首先，西方世界观构想了从混沌到"宇宙"（cosmos）的单一秩序观。为了给"世界"赋予一个属于它自己的名称，希腊人选择了 cosmos 这个词来对其进行表述。正如我们在第一章第一节中提到的，郝大维与安乐哲认为："cosmos 一词源于动词 kosmeo，在希腊语中表示'建立秩序'。该词首先指做家务、军事组织或化妆打扮。因此 cosmos（宇宙）描绘了一种有条理、安排妥当或装扮好的状态"。② 对于"cosmos"一词与秩序之间的这种关系，在法国哲学家那里莱米·布拉格得到了同样的确证，不同的是布拉格指出 cosmos 还有"美"的意思。③ 由此可见，宇宙这一概念不仅与"秩序"问题密切相关，而且这种"秩序"在价值上还被认为是"美"的。随之而来的问题是，秩序如何而来？根据西方二元对立的思维方式，既然存在秩序，那么与之相对的又是什么呢？在古希腊思想中，与"宇宙"相对的是"混沌"（chaos），而且它本身就是宇宙的根源、本源。"混沌"一词的含义同样很复杂，在古希腊语中它既包括"始基"（arche）（意指那个最初的质料性的第一推动力，即那个无法说明的终结本源）、"逻各斯"（logos）（事务的基本组织原理）、"冥思"（theor-

---

　　① 郝大维、安乐哲：《期望中国：对中西文化的哲学思考》，施忠连等译，学林出版社2005年版，第7—8页。

　　② 同上书，第4页。

　　③ 莱米·布拉格：《世界的智慧：西方思想中人类宇宙观的演化》，梁卿、夏金彪译，上海人民出版社2008年版，第5页。

in)、"定理"（nomos）、"神"（theios）、"心灵"（nous）;① 而 "本源"（principle）又与 archon——表示发布命令的权势者——密切相关。② 从古希腊人对 "宇宙"与 "混沌"的理解来看，它们两者之间不仅是相互对立和不可通约的，而且宇宙的秩序必须以克服浑沌为基础，这构成了霸权世界观的首要界定特征。

如果宇宙意味着秩序，而混沌则指无政府状态，那么人类是如何从混沌中走出来建立起秩序的？对于宇宙的起源问题，古希腊思想家们都有自己独特的观点。最初使用 "cosmos"一词的毕达哥拉斯认为，"数"是使世界得以和谐的本原，泰勒斯认为是水，阿那克西米尼认为是气，阿那克西曼德认为是 "无限"，恩培多克勒则认为是由气、水、火、土组成的 "四根"；而唯心主义者赫拉克利特则认为宇宙的本原是 "逻各斯"，巴门尼德认为是 "存在"，柏拉图认为是 "理念"，亚里士多德则构想出了由形式因、动力因、质料因、目的因组成的 "四因说"。③ 尽管在到底是什么导致了世界由 "混沌"走向 "宇宙"的问题上，古希腊思想家众说纷纭，然而他们都认为是某种超验性（transcendental）的因素使得世界井然有序、万物各居其位。郝大维与安乐哲将这种由于某种超验性的因素使得混沌演变为宇宙的观点称之为 "宇宙演化观"（cosmogony）。④ 这样一来，

---

① 安乐哲、郝大维：《道不远人：比较哲学视域中的〈老子〉》，何金俐译，学苑出版社2005年版，第17页。

② 郝大维、安乐哲：《期望中国：对中西文化的哲学思考》，施忠连等译，学林出版社2005年版，第4页。这里之所以对 "混沌"一词不厌其烦地加以考证，是与各种西方国际关系理论将 anarchy 即 "无政府状态"作为研究假设息息相关的，这是各种国际关系体系理论用以构建其理论的出发点，详见第3章。

③ 魏光奇：《天人之际：中西文化观念比较》，首都师范大学出版社2000年版，第42—54页。

④ 这里有必要对 cosmogony 与 cosmology 进行必要的区分。肖巍有认为："宇宙论 [cosmogony, gony（希腊文 gomos）= creation] 与宇宙学（cosmology）有所不同，前者基本上是纯粹思辨的宇宙生成论（或宇宙演化论），古代宇宙学大抵属于这种类型，中世纪后，许多人士则在基督教科学环境自然哲学意义上使用宇宙学的概念，而现代宇宙学乃是天体物理学的一个重要分支。"由此可见《期望中国》的中译者将 cosmogy 译为 "宇宙演化论"是有其根据的；然而他将 cosmology 译为 "宇宙论"本身或许也没错。这个问题跟我们在第一章中关于本体论与宇宙论之间关系的讨论密切相关。既然在现代自然科学出现之前，"宇宙论"与 "宇宙学"在经验与超验之间没有进行严格的区分，那么将早期的 "宇宙学"视为 "宇宙论"也是可行的。因此，在讨论古希腊的 "宇宙论"时，我们可以不对其进行区分，而只有在近代自然科学得到系统发展之后，人们对于宇宙奥秘探索所形成的知识我们才称之为 "宇宙学"。见肖巍《宇宙学的人文视野》，江苏人民出版社2002年版，第5页，注释2。

世界的本原就不内在于人类之中，它往往超乎人的控制，而且通常独立于这个世界。诚如布拉格所言："世界的构成是一个整体，因为它在主体、在现实稳固建立的主体之间展开，好像独立于它似的。世界因为缺乏主体而膨胀壮大。世界要想出现，它与其居住者之一——人类——之间相关联的有机统一就必须打破。相应地，我们会看到，从世界自主出现的那一刻起，人类在世界上的存在也就可以作为一个单独的问题出现了"。① 对于这种宇宙论，有人根据中国"天人合一"的思想，将其视为一种主张"天人相分"的"离散结合体宇宙观"。②

郝大维与安乐哲认为体现在古希腊思想中的"宇宙演化观"具有几点共通之处。它们是：（1）它预设了一种基本是非理性的、物理性的"时间"，构想了一个有序和谐的宇宙及与之相对的混沌状态或"虚空"（亚里士多德）；（2）宇宙是从混沌中衍生出来的，人类的开初是一种混沌；（3）他们都承认宇宙是创造发明出来的，不管这种本原是什么；（4）尽管阿那克西曼德、德谟克利特等人认为存在着多个宇宙，但是柏拉图关于只存在一个单一、有秩序的世界的观点在论辩中获胜，使得多元世界观的观点遭到排斥；（5）单一秩序世界的获胜被视之为理性对非理性、逻各斯对历史与神话的胜利；（6）秩序对于混沌的优越性，带来静止对于运动的优越性，因为"静止是完美的状态，而运动则需要解释"；（7）尽管基督教神学对古希腊的宇宙演化论进行过反驳，然而它们仍然认为秩序与无序状况的出现，仍系于某种超验的力量（区别在于前者认为这种力量是理性而后者认为是上帝），而且混沌是需要克服和通过各种手段将其带入到有序状态的；（8）对"混沌"理解为始基（arche）或本原（principle），本是一种虚构的模型，因为亚里士多德"并不设定任何最初的创造"；（9）对"混沌"的排斥和否定体现在政治思想中，就是对无政府状

---

① 莱米·布拉格：《世界的智慧：西方思想中人类宇宙观的演化》，梁卿、夏金彪译，上海人民出版社 2008 年版，第 16 页。

② 魏光奇指出："在辉煌睿智的希腊哲学中，不论是唯物主义还是唯心主义，全都以它们自己的方式升华了朴素的离散集合体宇宙观，从而使得在希腊神话中已经开始分解的整体世界，在此进一步成为无数由抽象概念表达的彼此分割的独立实体。至此，'天人相分'的宇宙观成为了西方文化传统中带有根本性的自觉观念。对于那些以机械结合方式组成宇宙的独立实体，希腊的唯物主义称之为原子，唯心主义则称之为理念。"见魏光奇《天人之际：中西文化观念比较》，首都师范大学出版社 2000 年版，第 48 页。

态的恐惧，因为"无政府状态预示着缺少一个宇宙，预示着对宇宙演化行为的否定"；（10）西方神话承载着宇宙演化观的观点；（11）施动性（agency）——某位英雄人士或造物主在使混沌向宇宙转化——在西方神话中得到强调，从而使因果思维和理性观念得以凸显。以上就是西方世界观关于宇宙从混沌向"宇宙"演化的基本观点。

　　其次，西方世界观强调静止与永恒，贬低变化与运动。（1）在古希腊人那里，静止与永恒比运动和变化具有优先地位。（2）对于静止与永恒的追求，促进了西方对数学和形而上学思辨的盛行。（3）作为"理性说明"的逻各斯，原本是为了让描述宇宙起源的神话明晰化和秩序化而衍生出来的，它起源于神话；然而在启蒙运动之后，逻各斯即理性却成为一种凌驾于神话与历史之上的力量。（4）逻各斯和理性关注的都是事物的基本、普遍和永恒的特质，而非它们的异常、特殊和短暂的性质。（5）希腊思想中本来是存在变化和运动的思维的，这尤其体现在赫拉克利特以及某种程度上的阿那克萨哥拉身上；不过重视变化与运动的思维方式仍然有其限度（赫拉克利特那里有为变化提供尺度的逻各斯，而阿那克萨哥拉则将变化的原因放在了"Nous"即心灵上），而且没有成为主流。（6）对本源实体的追问在毕达哥拉斯、巴门尼德及亚里士多德那里得到最为明显的推崇，从而使"实体论"（即本体论）成为西方演化宇宙论的主要特征。（7）毕达哥拉斯的"灵肉二元论"和巴门尼德的"本体二元论"等二元对立思想极大地影响到了西方思想的后续发展，在很大程度上一直体现在今天的西方思维方式中。（8）对于巴门尼德及其弟子芝诺（Zeno，公元前490？—430？）提出的运动在时空中如何可能的问题，构成了对许多古希腊哲学的挑战，极大地影响到了希腊及现代西方哲学的面貌。（9）芝诺悖论的根源在于如何从逻辑上对运动这一感性现象进行论证，从而在理性与感性之间持久"打入了一个楔子"，造成了两者的二元对立。[①]（10）西方哲学并未全面解决芝诺悖论，直到20世纪生命哲学家亨利·柏格森（Henri Bergson）、受其影响的美国过程哲学家怀特海（Alfred N. Whitehead）和实用主义哲学家詹姆士（William James）那里重新得到关注。这就是西方世界观在运动或变化与静止或永恒预设问题上的基本观点。

---

　　① 郝大维、安乐哲：《期望中国：对中西文化的哲学思考》，施忠连等译，学林出版社2005年版，第41页。

　　第三，西方世界观强化了因果或逻辑思维方式，而将类比或关联思维方式边缘化。（1）在希腊早期，包括荷马史诗、希腊悲剧和诗歌、希罗多德和修昔底德的历史学，以及医生的诊断病历等，都具有明显的类比性或拟人化思维方式，而较少因果性和理性的思考方式。① 甚至色诺芬尼（Xenophánes，约公元前 570 年—前 480 年或 470 年，或公元前 565 年—473 年）、恩培多克勒等人仍在一定程度上具有类比思维；不过在这些及其以后的思想家那里，理性化的色彩越来越浓，等到了柏拉图，理性已经非常明显地确立起了其统治地位。（2）因果思维方式和理性成为主要的哲学理解方式，其后果就是要求在观察世界的时候，"需要一个人对它在观察者没有出现的情况下（按照事物）可能的样子来描述它，同时"要竭力回避有些人发出的特殊诉求"，② 这可视为要求研究者在研究中保持客观中立的近代实证主义方法论的先声。（3）类比思维与自认为"客观理性的"因果思维之间关系密切。早期阶段的因果论证采用了拟人思维（法庭裁判与人神关系），而理性思维也使用类比思维，这说明两者之间有着合作又冲突的复杂关系。（4）过去的哲学论证并不排斥引喻、意向、想象等属于类比思维范畴的世界理解方法，至少赫拉克利特、恩培多克勒等人还为类比思维方式保留了余地；而理性的盛行则让通过这些途径取得的知识遭受质疑。（5）恩培多克勒强调"四根"经由爱与恨而成为宇宙论的原则，它至少强调了人类感官、人类经验与自然环境之间的协调关系，从而为人类情感保留了一定的余地。（6）在知识积累中，因果思维方式的盛行，使得人们只从理论的狭隘地域中循环演绎，而很少从想象、经验、感觉、直观等方面来构想知识，所问的问题纯粹只是为了确证或证伪某一种理论的正确性以及争夺理论的主导权。（7）因果思维主导地位的确立，很大程度上是在论证静止相对于运动的优先性这一过程中实现的。因为论证宇宙演化的本源——无论是"原子""理念"，还是"神""上帝"，抑或"形式""心灵"——无法靠经验或类比来完成，而只能

---

　　① 所谓类比性思维方式，即"类比思维通常要对那些从构造类比的个人的视角来看是有意义的关系的描述。拟人论在此一程序中往往显得很恰逢其时……伴随着神学传统的终结，类比一词却主要从文学和文艺批评相联系的比喻的分析（tropic analyses）获得联想"。郝大维、安乐哲：《期望中国：对中西文化的哲学思考》，施忠连等译，学林出版社 2005 年版，第 56 页。

　　② 郝大维、安乐哲：《期望中国：对中西文化的哲学思考》，施忠连等译，学林出版社 2005 年版，第 55 页。

靠逻各斯或理性。（8）在论证这些作为本源的"第一原理"时，出现了一些困难，郝大维与安乐哲称之为"还原论"。这种还原论为了论证"第一原理"的存在，不得不使用某些"假设性类推"（实际上相对于拉科托斯意义上用以保护某个研究纲领"内核"的"保护带"与"积极诱导"），以此建立起解释模型，然而当要求解释模型去回答"第一原理"的问题，就出现了预设不能回答"假设性类推"的悖论。（9）为了逃开这一难题，亚里士多德构想了"形式因"与"目的因"，[①]并从某一已知目的出发或根据某种"形式"设想事物的演变方向，将之作为解释的前提，以寻找导致这一目的的动力。这是因果思维的基本运作逻辑。（10）亚里士多德与巴门尼德对理性思辨的推崇及其深刻的哲学思想，极大地鼓舞了西方文化和西方人对于理性知识的追求。他们鄙弃经验、直观、想象、情感等体验人类生活的知识，从而为"内在的、贯通、严谨和一致的那种形式化、理论化的认识途径"，[②]也就是我们已经提到的、脱离开了各种文化和社会背景、历史实践和世界观预设的形式化理论开辟了道路。（11）这种对于理性的追求，体现了在希腊，特别是在雅典的政治生活和社会理论中，就形成了注重实用的"智者派"与重视思辨的自然哲学家们的辩论。前者强调习俗、约法、"理论"在哲学和政治生活中的作用，而后者则寻求事物的本源及其规律，即某种"实在"。在某种程度上，这两种不同的知识和政治取向代表了类比性思维与因果思维之间的论战。（12）"智者派"强调对于语言的研究，后来发展成为高度发达的修辞术，在政治生活中则出现了据以获取权威的雄辩术。他们还认为任何说服力、论证所产生出来的知识，都是约定的产物，不存在绝对或终极的真理，而有赖于人们或社群对于约定的信仰，他们有较强的相对主义倾向。（13）"智者派"提出了偏离形式化、理性化主导思维方式的面对知识和生活问题的方法，其主要目的在于为人们如何恰当地处理与自身生活世界

---

　　① 在亚里士多德那里，"形式因"是事物的本质，是存在的高级形式，是有序的；而"质料因"则是以散乱、低级的事物存在。当事物处于"质料因"时其"形式"是潜在的，只有当它不断地向高级状态发展，才能获得越来越多的"形式"。在获得形式的内容之前，事物只是潜在，达到"形式"的高度则成为"现实"。"动力因"则是指事物从潜在向现实发生转化的动力，"目的因"则是引导事物发展的方向。

　　② 郝大维、安乐哲：《期望中国：对中西文化的哲学思考》，施忠连等译，学林出版社2005年版，第66页。

密切相关的问题提供思路，它们不忽视个人或群体境遇化的关切，与形式化理论抽象地构想知识截然不同。

第四，柏拉图灵魂三结构说及受其影响的基督教"三位一体"导致了理性或意志对情感的长期压制。（1）柏拉图致力于将苏格拉底仍具有类比思维的知识转化为理性的东西，认为"永恒理念和形式的设想，构成了理性解释的基础和目的"。[①]（2）在柏拉图的世界图式中，只有理念是真实的，尽管形式到底是"内在的"还是"超验的"并不那么清晰，但柏拉图的确强化和精致化了"形式是超验的"观点。[②] 形式有永恒不变的特性，独立于一切可知可感、变动不居的经验，其"真实性"与"永恒性"使其本身就是"善"的，而"善"是构成万物统一直觉的基础，因此也使得有秩序的宇宙具有最大的价值。（3）早在荷马时代，灵魂就被认为是由灵魂（psyche）、心智（noos）和激情（thymos）三者构成的，柏拉图继承了这一有关"灵魂三重说"的观点。然而，为了确立人的自我统一意识，荷马时代分立与类比的灵魂引喻，被柏拉图改造成灵魂对意志与激情、也就是理性对精神和欲望的统帅。（4）柏拉图所确立的这种统帅与从属关系，是在将灵魂与城邦进行类比的基础上确立的，他将灵魂的三重因素与国家的三种美德——智慧、勇气和节制——进行类比，认为"基于认识和理性的自我调控做出的正确决定，必须在社会和政治生活中成为首要的支配力量"。[③]（5）柏拉图在灵性与城邦之间进行的类比包含心理学观点，然而后人却主要从政治学的角度对其进行解读；而且柏拉图对于理性在灵魂中的重要作用及其对精神与情感统帅的强调，极大地影响到了西方的知识传统，造成理性与非理性因素之间的对立以及理论与实践领域之间的分离，其影响直到今天依然清晰可见。（6）亚里士多德继承了柏拉图的"灵魂三重说"，并将人的灵魂分为三重，即植物灵魂、动物

① 郝大维、安乐哲：《期望中国：对中西文化的哲学思考》，施忠连等译，学林出版社2005年版，，第82页。

② 罗宾·G. 柯林伍德：《自然的观念》，吴国盛、柯映红译，华夏出版社1999年版，第60—76页。

③ 郝大维、安乐哲：《期望中国：对中西文化的哲学思考》，施忠连等译，学林出版社2005年版，第86页。

灵魂和理性灵魂。"三重灵魂"是将人的存在纳入宇宙存在之链的努力。①
(7) 亚里士多德的宇宙论思想与天文学家托勒密（Claudius Ptolemaeus 约
90—168 年）的观点结合在一起，构成了以"地心说"为核心的亚里士多
德——托勒密宇宙论。② 这种宇宙论经基督教神学家的改造，变成了基督
教化了的宇宙观。(8) 基督教神学家对"三重灵魂说"的继承，主要体
现在他们关于"三位一体"的论述，这是神学家们对希腊、罗马与希伯
来（犹太教）传统进行系统整合的努力。(9) 奥古斯丁利用柏拉图的灵
魂三重结构来说明和论证上帝的意象，将神学的三位一体——圣父、圣
子、圣灵——来类比人的行为（实践、活动）、理性（知识、思想、思
维）与情感（激情），而且将之运用到心灵、社会与精神的区分上去。通
过将上帝视为创造和裁定人类生活的超验形象，从而在"上帝之城"与
"世俗之城"之间进行了区分。(10) 奥古斯丁同样区分了事务的三个层
次。圣父是作为"绝对的他者"存在于宇宙中的，③ 而人的地位则受到这
种超验性力量的控制；不过奥古斯丁对柏拉图灵魂结构中的精神进行了置
换，系统地构想出了"意志"这一替代概念，"意志"成为造成人们在
"上帝之城"与"世俗之城"之间进行挣扎和斗争的力量。在奥古斯丁那
里，"意志"先是被赋予上帝，后来才类比于人类。这种双重的类比使得
"宇宙""正义"等观念首先"被植入一种宇宙论的语境，然后又被推至

---

①　胡家峦：《历史的星空：文艺复兴时期英国诗歌与西方传统宇宙论》，北京大学出版社
2001 年版，第 19 页。

②　杜志清主编：《西方哲学史》，高等教育出版社 2001 年版，第 79 页；吴国盛：《科学的
世纪》，法律出版社 2000 年版，第 12 页；胡家峦：《历史的星空：文艺复兴时期英国诗歌与西方
传统宇宙论》，北京大学出版社 2001 年版，第 19 页。

③　对于"绝对他者"的引入所带来的后果，柯小刚对此作了如下判断："人们发明一个额
外的他者的目的在于：试图假借一个绝对他者的强力来取消人和意义上的异者，包括作为第二异
者的自然。在绝对他者面前，不但人与自然变成无足轻重的世界，人与自然的关系也相应地变成
了无足轻重的世界中的关系（世间关系）。作为第三因素的异者的被引进，表明人们不再拥有足
够的坚强意志来忍受与人和一个异者保持一种适度的张力关系，也不再拥有充沛的兴趣去感受这
种适度的张力关系可能给人带来的和谐而适中的愉悦……人既无可能与绝对超越的第三者发生联
系，也丧失了与自然的适度交往。人完全活在只有人与人发生关系的人间"。见柯小刚《思想
的起兴》，同济大学出版社 2007 年版，第 157 页。柯小刚的论述很有启发作用，它指出了神与自
然在人类社会的演变史上作为他者而出现的，而在国际关系研究中，我们往往不加思索地认为构
成他者的仅仅是"国家""民族"或"文明"等等。不仅如此，柯小刚所说的那种在致力于实现
他者的同一的过程中实际上却构成对"他者"的压制，同样体现在"人世间"的关系之中。最
后绝对自我或理性自我的出现，实际上剩下的只是一个以自我为中心的原子式的个人。

作为超验领域之映像的尘世语境之中"。① （11）意志被赋予了人类，成为西方界定"自我"、强调个体化的重要观念，而且人类与"绝对他者"之间的紧张关系，也影响到了西方宇宙论和西方人如何处理与"他者"（包括文化、他人、群体、世界观、民族、国家等）关系的模式。（12）阿奎那则试图实现对"上帝"的论证。尽管其论证方式已从"本体论论证"——即从上帝的概念来论证上帝的存在——转向了"宇宙论论证"——即从宇宙和世界的存在来论证上帝的存在,② 然而，其论证方式仍然遵循着三位一体的进路，其传世名著——《神学大全》"使三位一体的结构构成了社会和文化研究中的一种永续的组织原则"。③ （13）三位一体的观念不仅影响到了新教改革家加尔文、社会学家韦伯以及哲学家黑格尔、马克思等人，而且还直接塑造了西方社会关于制度的功能及其伦理价值的认识。这说明三位一体已经不仅仅是用以说明上帝施动性力量的真理了，而且也渗透到了西方思想对于个人和社会结构之间关系的思考中。

第五，柏拉图关于知识的四个层次与亚里士多德对科学的三种分类，在很大程度上影响到了西方文化的自我意识。（1）柏拉图构想了知识的四种类型或知识进化的三个阶段。第一层次的知识是"想象"（eikasia），这是一种对于变化事物进行直觉或想象时所产生的认识，被认为是最低层次的知识，因为它们是不可靠和间接的。第二层次是"信念"（pistis），它与人们在日常生活中持有的常识化认识和信仰密切相关，由于它以经验为基础，尚未经过理性的验证，所以对于其准确性是应该存疑的。第三类知识是"智性"（dianoia），这种知识是基于某种假设、通过运用某种普遍性的观念或知识原理组织化了的知识。柏拉图认为"智性"是真正知

---

① 柯林伍德也对此作了清楚的说明："自然作为有理智的机体是基于一个类比之上的：即自然界同个体的人之间的类比。个人首先发现了自己作为个体的某些性质，于是接着想自然也具有类似的性质。通过他自己的内省（self-consciousness）工作，他开始认为他自己是一个各部分都恒常的和谐运动的身体。为了保持整体的活力，这些运动微妙地相互调节，于是，作为整体的自然也就被解释成这种小宇宙类推的大宇宙。"见罗宾·G. 柯林伍德《自然的观念》，吴国盛、柯映红译，华夏出版社1999年版，第9页。科林伍德的"类比"概念值得注意，因为郝大维与安乐哲就特别强调"类比性思维"相对于因果性思维的独特性及其意义。

② 参考张志刚《宗教哲学研究：当代概念、关键环节及其方法论批判》，中国人民大学出版社2003年版，第48—49页。

③ 郝大维、安乐哲：《期望中国：对中西文化的哲学思考》，施忠连等译，学林出版社2005年版，第106页。

识的开端。第四类知识是理性认识（noesis），它属于最高层次的知识，为智性知识提供了合法性论证并用以评估智性的有效性，它探究的是某物之为某物的原因。① 按照柏拉图的理解，科学知识应该属于"智性"知识的范畴，而哲学则是理性知识的体现，其纯粹形式被柏拉图称之为"辩证法"。（2）柏拉图通过运用这些知识类型对古希腊及其之前的哲学思想进行批判，确立起系统化的知识评价图式，从而解决了知识上的"混沌"形象。（3）柏拉图的学说影响了亚里士多德。亚里士多德根据柏拉图的灵魂三重结构将思想分为理论、实践与创制三类，它们分别处理不同的对象。理论科学探究宇宙万物的本源及其运动和静止的原理；实践科学主要探讨人类生活的伦理与道德含义；而创制科学则主要研究如何在具体生活中贯彻实践科学所提出的原则与规范。（4）根据柏拉图对知识的四种划分，亚里士多德构想了用以说明事物原因的"四因说"：动力因、目的因、质料因及形式因。从名称就可以看出这些原因所起的作用。（5）在郝大维与安乐哲看来，如果没有亚里士多德提出的这些学说，"我们是无从提出因果律的一般规则"的。其原因在于"存在显而易见的证据，说明一种基于机体隐喻的哲学如何以目的因的偏好为基础。通过类比，将事物设想为机体，这需要一个人将现象分析为'整体'和'部分'，它们以其功能上的相互联系，去实现某一特殊目的。这里我们看到了亚力士多德原因系统的基础：物质、结构、活动和目的都根源于他的首要类比物"。② （6）尽管亚里士多德的"四因说"为因果思维确立了合法地位，并成为后来科学家们进行研究的主导思维方式，可他似乎并未对其他思维方式，如类比思维进行有效的分析。总之，由于柏拉图与亚里士多德在西方思想中的重要地位，使得他们对于知识形式的分类及灵魂构成因素的分析，极大地界定了希腊之后欧洲文化的面貌。不过，尽管柏拉图关于知识的四种形式与亚里士多德的"四因说"之间存在着明显的继承关系，然而他们之间的出发点是有差异的。这就使得后来的思想家们在诠释和理解两人思想的许多问题时出现了分歧。

　　根据上述西方世界观或宇宙论预设的基本观点，郝大维与安乐哲归纳

---

① 郝大维、安乐哲：《期望中国：对中西文化的哲学思考》，施忠连等译，学林出版社2005年版，第87—88页。

② 同上书，第95页。

了"西方文化母体"或"西方文化感悟方式"的六条线索。① 第一条线索即运用理性构建关于宇宙是从混沌中演化而来的各种神话，从而克服了对于混沌或无政府状态的恐惧，从而也为理性在知识和文化传统中的主导地位奠定了基础。第二条线索是柏拉图的灵魂三重说模型及在灵魂与国家之间进行类比所带了的政治与理论后果。理性相对于情感和精神的优越性及在理论与实践之间进行的二元划分，一方面使得情感与精神在人类生活中的地位得不到重视，另一方面也为将国家比拟成理性的行为体，及为从事脱离世界观与文化背景的研究（这种研究即使被认为是一种实践，也是客观中立的）提供了合法性论证。第三条线索是关于知识的划分。亚里士多德在柏拉图的类比基础上将文化活动划分为理论、实践与创制三个类别，从而在很大程度上塑造了西方的课程体系和知识的分工合作。第四条线索与柏拉图关于理论与实践的两分法及亚里士多德关于解释的"四因说"密切相关，当后人从他们的这种构想中吸取哲学研究的启示时，就产生分别根据质料因、目的因、形式因与动力因为基本取向的唯物主义、亚里士多德的有机自然论、形式主义与唯意志论这四大哲学研究"家族"，郝大维与安乐哲称之为的"基本语义语境"（primary semantic contexts）。第五条线索是在灵魂三重说的基础上衍生出来、后来在基督教神学家那里被系统化为三位一体的概念。尽管文艺复兴与启蒙运动的到来，使神学的三位一体概念边缘化，然而理性对激情和意志等被视为非理性因素的疑惑与排斥，却未得到根本的缓解。第六条线索是亚里士多德关于科学的划分——即理论、创制的、实践的——构成了知识和社会生活的领域划分，再经由康德的《纯粹理性批判》《判断力批判》《实践理性批判》得到进一步的确认，从而也为科学、艺术、道德等研究领域确立了主体性。根据以上几条线索，郝大维与安乐哲对西方宇宙论或世界观的预设作了以下总结：

> 在近现代社会，灵魂的功能、三位一体的人格、社会结构，以及智力文化的旨趣，它们之间存在着一种复杂关系，进而形成了一种感悟方式的母体，通过知识组织的主要模式，人们知悉了这一母体，借

---

① 郝大维、安乐哲：《期望中国：对中西文化的哲学思考》，施忠连等译，学林出版社2005年版，第112—125页。

由基本的语义语境及其特定的排列，这一母体又得到了各种不同的诠释。它已被当作基本的释义手段，我们，第二框架思维最近的代表人物，用它来推进脱离混沌，建立秩序的计划。[①]

从这里可以看出，西方文化母体是一个非常复杂的体系，而郝大维与安乐哲仅仅只是对其中一些反映了西方世界观预设的基本观点作了简要的概括。他们没有也不可能一览无余地对所有的世界观预设进行总结。举例来说，他们虽然在多处地方提到了贝尔涉及到的不可通约的二元对立与线性时间观，然而他们没有对此进行集中讨论，也没有将这纳入到他们提出的"五种预设"或"六条线索"之中。结合郝大维、安乐哲与贝尔的研究，我们可以总结出西方世界观六个方面的预设，它们分别是即不可通约的二元对立性、因果性思维方式、单一世界秩序崇拜论、静止优先性、情感边缘论、单一动因目的论。

三 郝大维与安乐哲带来的启示及其问题

郝大维与安乐哲关于西方宇宙论/世界观的研究很有启发，对国际关系学者来说同样如此。在国际关系研究中，我们很少看到关于西方世界观预设的分析，结构现实主义、新自由制度主义、建构主义三大西方主流国际关系理论，力图建立具有普适解释效力的国际关系形式化理论，试图回避或干脆拒绝承认世界观预设对研究成果产生的影响；而反思主义学派的主要目标，则在于解构或争夺主流国际关系理论的话语权，而且主要是由西方学者推动起来的，它们同样无力或无意对国际关系知识的世界观预设进行揭露。然而，正如贝尔指出的，世界观与国际关系知识又有着密切的联系：前者为后者提供本体论与认识论资源；而后者将研究重点和争论焦点集中在本体论与认识上，避免世界观遭到质疑。如此一来，我们可以通过比较哲学家的论著，探索霸权世界观的基本特征及内化为预设的过程。本书之所以集中考察了郝大维与安乐哲关于西方世界观的预设，不仅仅是因为他们对这一问题所做的研究简明有力或被译为中文，最关键的理由在于：他们看到了一种有别于西方世界观或宇宙论的中国文化，并致力于通

[①] 郝大维、安乐哲：《期望中国：对中西文化的哲学思考》，施忠连等译，学林出版社2005年版，第122页。

过一种双中心的"开放性的椭圆"研究方法来发现彼此间的异同，而且尤其注意避免将西方世界观比附到中国文化上。这种研究途径，比较好地达到了我们关于世界观研究必须意识到世界观具有"关联性""外部多元性"的特点。不仅如此，他们还对西方世界中有别于主流观点的"反话语"——如述及了赫拉克利特及某种程度上的阿那克萨哥拉的运动和变化观，这是有别于西方宇宙论强调静止与永恒的观点——作了简要的阐述。这说明他们对于西方世界观预设的"内部多元性"有着清醒的认识。同时，他们对于中国世界观的价值持有一种明确的欣赏态度，并认为中国文化参与到世界中的对话具有重大的意义，这也就说明他们在关于世界观的"协同合作"上有着明确的乐观态度。现在的问题就涉及到他们对世界观的"通约性""动态性"是否有足够的意识。

首先，我们来看在避免二元对立思维方式的"通约性"问题上，郝大维与安乐哲作了怎样的努力。我们不妨先看看他们是如何对待自己的研究背景和研究预设的。在《通过孔子而思》一书中，郝大维与安乐哲对那些自认为自己的研究是客观中立的想法做了尖锐的揭示："我们不避讳这一点，在我们看来，人总是不可避免地从自己所处的立场出发思考问题。声称能够找到不同文化感受性进行比较的中立立场，或者认为我们很容易采取客观诠释立场处身于另一种文化传统中，其实不过不由自主依附种种所谓客观学术的外在虚饰，这种天真的设想只能导致对外来思想家最肤浅、最变形的认识"。① 那么，我们可以追问，在对中西文化进行系统比较的过程中，他们自己所处的立场是什么？他们在构想出两种问题框架（中国文化的感受方式是第一种问题框架，西方文化则是第二种问题框架的代表）、两种秩序模式（"美学秩序"与"逻辑秩序"）与两种思维方式（类比或关联思维与逻辑或理性思维）的对比时，他们是否在批判二元对立这一西方世界观预设的同时，又在不经意间引入了这种预设？兹举一例。根据郝大维与安乐哲的论证，西方学者在对中国传统文化进行研究时，最大的问题在于他们有意无意地将一种"超验的虚饰"（transcendental pretense）输入到本来不具有过多超验取向的中国文化之中。受此影响，中国学者也乐意接受这种虚饰。所谓"超验的虚饰"，是美国著名的

① 郝大维、安乐哲：《通过孔子而思》，何金俐译，北京大学出版社 2005 年版，第 13 页。

情感哲学家罗伯特·所罗门（Robert Solomon）提出的概念，意指研究人员（西方的或本土的）根据西方世界观或宇宙观具有寻找某种超验实体或第一推动者（如基督教的"上帝"、柏拉图的"理念"、亚里士多德的"实体"等）的预设，在对非西方文化或本土文化进行研究时，不经意地将这一预设比附在研究对象上或试图在其他文化中去寻找这种预设的倾向。① 体现在对中国文化的研究中，就是将超验宇宙论简单地套在中国世界观上。②

　　郝大维与安乐哲极力反对将"超越的虚饰"复制到对中国文化的阐释中。为了批判这种倾向，在《通过孔子而思》一书中，他们提出孔子的"世界观"是一种"内在宇宙论"；③ 而在《道不远人》一书中，他们认为道家提出了一种"关联宇宙论"。④ 无论是"内在宇宙论"还是"关联宇宙论"，它们都与西方"超越宇宙论"所蕴含的"逻辑秩序"格格不入，因为它们提供的是一种"美学秩序"为特征的世界观。然而，无论是"内在"还是"超越"、"逻辑"抑或"美学"，这些概念都是从西方世界中产生的，它们都具有某种二元对立的意味。对于这一问题，郝大维与安乐哲是清楚的，他们承认："将'超越性'和'内在性'的概念应用在中华世界是误导的，因为使用这两个词中的任何一个都涵衍了另一个。这样，只将中国人对于秩序的意识说成是内在性，这意味着某种类型的超越。"既然如此，那么到底如何才能摆脱这种困境呢？他们认为："解决这一困难的办法是，只要有可能就回避超越性/内在性的语言，如果不能回避这种语言，那就要心中有数。"那么，他们是否超越了二元对立呢？在这一问题上，南乐山的观察或许能够部分解答这一问题：

　　　　这里有一个深刻的讽刺。通过强调一个西方特征与中国特征的范

---

　　① 郝大维与安乐哲关于在中国文化研究中是否存在"超越"取向辩论的评论与反对，见郝大维、安乐哲《汉哲学思维的文化探源》，第九章，施忠连译，江苏人民出版社1999年版，第226—260页。

　　② 在否认中国哲学是以"超验宇宙论"为特征的基础上，须承认其中有部分超验性元素。

　　③ 郝大维、安乐哲：《通过孔子而思》，何金俐译，北京大学出版社2005年版，第14—18页。

　　④ 安乐哲、郝大维：《道不远人：比较哲学视域中的〈老子〉》，何金俐译，学苑出版社2005年版，第16—27页。

畴图式来描述不同文化，由此构成的比较文化哲学的实践恰是亚里士多德的方式。无论比较的范畴被怎样丰富地说明，无论能为他们找到多好的例证，无论他们能被怎样从下自上和从上自下地归纳出来。比较哲学的形式是重要之所在。对于郝大维和安乐哲，中国和西方主要是根据二分的概念对比来理解。对于活着的传统，这是怎样一种逻辑的、强制的做法！①

在南乐山看来，尽管郝大维与安乐哲试图破除二元对立的思维方式，然而，在研究过程中他们仍然是从西方的哲学体系出发，而且维护郝大维推崇的"哲学的无政府主义"——这也正是他们自己的"学术立场"。②为了确认和维护这种立场，他们所赖以使用的资源，无论是怀特海的过程哲学，还是詹姆士、杜威、米德与罗蒂等人的实用主义，抑或是后现代主义的语言观、理性观等，都反映了他们的学术视野与西方哲学，尤其与美国哲学的亲缘性。通过运用"逻辑的"语言来阐述"美学的"或"关联的"或"内在的"思想世界，他们虽然致力于实现"双重超越"，然而，他们对两种文化、两种秩序、两种宇宙论的强调，依然在很大程度上保留着"二元对立"西方世界观的预设，依然无法全面摆脱西方世界观的想象视域。从这里可以看出，西方世界观的预设是怎样以一种耐人寻味、难以察觉的方式限制着人们的思考。它们就像紧身衣，即使在那些想奋力脱掉它的人身上也顽强地发挥作用。这样说，并非是贬低郝大维与安乐哲两人的贡献，事实上我们没有能力对他们涉猎广泛、博学强识、富有创新的哲学思想进行评估。这里的简要讨论只是提醒人们，鉴于西方世界观已经在很大程度上塑造了人们的思维方式，而中国传统世界观又遭受了严重的破坏，任何致力于实现两种世界观间的平等对话的努力总是会面临无数的陷阱。在这种情况下，可以想象的出路非常之少，这也凸显了跨文化研究的艰难。郝大维与安乐哲的努力，虽然并未全面摆脱西方世界观预设的束缚，但他们毕竟为我们提供了一个如何运用西方语言来阐述中国对于世界

---

① 南乐山：《文化哲学家郝大维》，载郝大维、安乐哲《先贤的民主：杜威、孔子与中国民主之希望》，何刚强译，江苏人民出版社 2004 年版，第 223 页。

② 郝大维、安乐哲：《先贤的民主：杜威、孔子与中国民主之希望》，何刚强译，江苏人民出版社 2004 年版，第 226 页。

想象的途径，而且还表现出对中国文化的充分尊重，甚至可以说是"偏爱的感情"。① 这无疑有助于激发中国学者保存中国文化的自我意识，并激励我们去挖掘和重构中国"天下观"和和谐世界观所蕴含的时代涵义。

其次，我们来看郝大维与安乐哲在阐述西方世界观预设的"连续性"时对其"动态性"是否有足够的意识。毫无疑问，在系统检视西方"宇宙演化论"特征时，他们涉及到了这种宇宙论具有的承续关系。在他们看来，无论是对于混沌的恐惧、理性思维对于类比思维的排斥、理性对于精神和情感的压制、还是对于静止和永恒的追求胜过对运动和变化的欣赏等等，这些都是西方世界观从古希腊延续到 20 世纪的重要线索。这些线索不仅构成了西方文化的感悟母体，塑造了西方思想的面貌，而且还构成了西方人关于自我文化的意识，限制了西方人"想象世界的方式和调节不同观点的方式"。② 既然是寻找西方文化的"母体"与抽象西方文化感受性的基本特征，那么，可以想见他们对于西方世界观预设的断裂不会着墨太多。事实上，根据郝大维与安乐哲对中西文化所做逻辑和文本考察可以看出，虽然他们对于西方世界观预设的动态性有着比较清醒的认识，但是他们并没有对西方世界观所经历的断裂进行集中的阐述。而且，从他们关于"演化宇宙论"的观点来看，他们并没有在宇宙论两种类型即先验宇宙论与经验宇宙论之间进行区分。前者主要是从形而上学的角度把握世界和宇宙，而后者则是在近代科学逐渐兴起后，力主通过经验研究的方式来探索宇宙的奥秘。③ 这样一来，他们就忽视了西方宇宙论在演变过程中不断进行调适的努力，而且有可能忽视希腊宇宙论与近代西方宇宙论之间存在的矛盾。在下文，我们将从如何西方理解"超越"的不同观点出发，对郝大维与安乐哲对"宇宙演化论"演变过程中的断裂关注不够的现象稍作补充。

古希腊宇宙论与近代宇宙论是否都符合郝大维与安乐哲的"超验"宇宙观呢？他俩认为，为了实现从混沌到宇宙（即秩序）、从神话到逻各

---

① 刘东在《先贤的民主》校后记中写道："本书作者（即郝大维、安乐哲——引者注）对于中国文化怀有深厚的、有时甚至是偏爱的感情"。见刘东《校后记》，载郝大维、安乐哲《先贤的民主：杜威、孔子与中国民主之希望》，何刚强译，江苏人民出版社 2004 年版，第 223 页。

② 郝大维、安乐哲：《期望中国：对中西文化的哲学思考》，施忠连等译，学林出版社 2005 年版，第 123 页。

③ 参考第一章第一节中的相关论述。

斯的确立，西方文明产生了理性和合理性的观念，并确立了它们在这一过程中的主导地位，因为"神学是〔原始〕科学的继室之子"。① 那么，西方宇宙论在从（原始）科学经由神学再演变成为现代科学的过程中，什么才是这种继承关系的基因呢？根据郝大维与安乐哲的观点，"创造"或"超越"正是这样的关键性界定因素，因为"西方哲学传统深受犹太—基督教从'虚无中产生'（creatio ex nihilo）观念的浸染，'创造性常常被理解为某种超验的创造行为的模仿'"。② 而超验是指这样一种"原理"，即"A 是这样的'超验'原理，那么 B 就是它作为原理来验证的事物。B 的意义或内涵不借助 A 就不可能获得充分分析和说明，但反之却不成立"。③根据"创造"与"超验"的这种含义来看，古希腊思想家所构想出来的"原子""理念""实在"等，以及基督教神学所信仰的"上帝"，都属于"超验"的范畴，它们"创造"了世界或者说是构成了宇宙或世界的本源，而自然界与人类社会本身则无法说明自身的起源。这就是郝大维与安乐哲所说的"超越"宇宙论的根本特征。如果我们承认他们的观点是正确的，随之而来的问题是，西方哲学家到底是如何对古希腊世界观与基督教世界观的"神"或"上帝"进行理解的呢？亚里士多德—托勒密宇宙论体系是如何实现基督化的？在这一过程中它们是否存在着矛盾或冲突之处？

　　实际上，这些问题都与如何理解"创造"密切相关。首先，希腊哲学家所理解的"神"与基督教神学中的"上帝"是有重要区别的。在古希腊思想家那里，"神"虽然的确具有超越性，但它们不像基督教中的"上帝"一样，是创造了整个世界的"绝对他者"。关键区别在于，在希腊世界观中，"宇宙"产生之前是一片混沌，而基督教的观点则认为世界是被上帝"无中生有"从虚空中创造出来的。如胡家恋就指出了两者间的不同：

　　　　基督教化的亚里士多德—托勒密宇宙论鲜明地突出尘世和天国之

---

　　① 郝大维、安乐哲：《汉哲学思维的文化探源》，施忠连译，江苏人民出版社 1999 年版，第 220 页。

　　② 郝大维、安乐哲：《通过孔子而思》，何金俐译，北京大学出版社 2005 年版，第 18 页。

　　③ 同上书，第 14 页。

间的根本对立：尘世以生成和腐朽、流动、变化和不稳定为特征，天国以持久、秩序和永恒为特征。不过，亚里士多德认为宇宙是始终存在的观点却与《创世记》中关于创世的描述相抵触，因此往往遭到摈弃，而柏拉图的创世神话则不相同。柏拉图认为，宇宙是"永恒之神的设计"，是神创造了一个完美而永恒的"圆球形的宇宙"。这种观点自然是可以为基督教神学家所吸收和借鉴的。神学家和基督教诗人有时还在地球的中心增添了基督教观念中的地狱（如但丁的《神曲》）。但是，在希腊传统和基督教传统之间，有些矛盾之处似乎根本无法得到圆满的解决。譬如，根据希腊传统，在宇宙生成之前就有先存的混沌或无序的物质，而根据基督教传统，宇宙完全是上帝从虚空中创造出来的。在这两种传统之间始终存在着某种张力。①

尽管基督教的宇宙论从柏拉图那里吸取了很多营养，如将"三重灵魂说"改造为基督教的三位一体，以说明上帝的意象；然而，基督教继承的宇宙论主要是以亚里士多德构想的世界意向为基础的，这也是亚里士多德—托勒密的地心说能维持两千多年的重要原因。即使在柏拉图那里，"神"仍是为世界本原的"理念"概念服务的，它并不具有基督教神学中"上帝"所具有的类比于人的位格特征。② 对于这一点，美国哲学家戴维·林德伯格（David C. Lindberg）说得更加透彻：

> 造物主面对着一个原初的混沌，它充满了尚未被赋予形式的物

---

① 胡家恋：《历史的星空：文艺复兴时期英国诗歌与西方传统宇宙论》，北京大学出版社2001年版，第17页。也可参考约翰·希克《宗教哲学》，生活·读书·新知三联书店1998年版，第24页。

② 如魏光奇注意到："希腊哲学中的形上实体，越到后来越被升华为一种唯一的最高存在。如在柏拉图的理念世界里，有一种尊严最高、威力最大的理念高踞于整个理念世界的顶峰，它就是'善'。'善'已经不是单纯的道德范畴，而是真善美的统一。它是宇宙的创造者，以各种理念为模型创造万物；它又是人们一切知识的源泉，像太阳一样照亮万物一样照亮理念世界，使人的灵魂认识这个唯一真实的世界成为可能。这样一种最高的理念，柏拉图也称之为'神'。"见魏光奇《天人之际：中西文化观念比较》，首都师范大学出版社2000年版，第50—51页。柏拉图的这种宇宙生成论，与基督教的上帝创世说完全同构，并为后者从宗教传说而发展成为一种神学学说提供了哲学理念。而随着基督教信仰在西方世界的确立，上帝创世说所蕴含的将宇宙分为形上实体、人和自然三个层次的天人相分宇宙观，便日渐成为西方人的深层文化意识。

质，从中他构造出了宇宙，他按照理性的计划使其具有了秩序。这不像犹太教—基督教的创世说那样，是从无中的创造。因为原始材料已经存在并包含了造物主无法控制的性质；造物主也不是万能的，因为他要受他面对的材料的制约和限制。然而，柏拉图显然想要把造物主描绘成一个超自然的存在，区别于并且外在于他所建造的宇宙。柏拉图是否想让他的读者按他的文字内容来理解造物主，这是另一回事，有很多争论，或许不可能一劳永逸地解决它。但无可争议的是，柏拉图认为宇宙是理性计划的产物，宇宙中的秩序就是理性的秩序，从外部强加给不顺从的质料。①

我们已经提到，泰勒斯、德谟克利特、阿那克西梅尼、阿那克西曼德等认为物质构成世界本原的观点是与巴门尼德、柏拉图、亚里士多德等人的本源观有重大区别的。他们否认"神"的存在，认为世界是"演化的"而非"创造的"。② 那么柏拉图为什么要将造物主的观念重新引入到宇宙论的讨论中呢？林德伯格认为："在柏拉图的眼里，正是神的稳定保证了自然的规律性；太阳、月亮和其他行星必定以匀速圆周运动的某种组合而运动。这完全是因为这些运动是最优美、最理性，因而这些运动是神唯一可以想象的运动。这样，柏拉图重新引入神并不代表荷马世界的不可预测性的回归。恰恰相反，对柏拉图来说，这个宇宙要求被逐伸。"③ 既然在柏拉图那里，造物主或"神"可以按照理性的构造将秩序强加给混沌而带来秩序，然而他仍然面临着"受他面对的材料的制约和限制"，这就说明它仍然不是无所不能的"上帝"，也说明了柏拉图的宇宙论至少还不是完全的"创造论"。这样一来，虽然柏拉图的宇宙论与基督教的宇宙论同构，并为它提供了相应的哲学基础，但是将两者等同起来，以致混淆

---

① 戴维·林德伯格：《西方科学的起源：公元前六百年至公元一前四百五十年宗教、哲学和社会建制大背景下的欧洲科学传统》，王珺译，中国对外翻译出版公司 2001 年版，第 47 页。

② 肖巍指出："尽管他们对生成过程有不同的理解，但都认为宇宙是演化的而不是创造的，也不希望诉诸于超自然的力量，（神的）设计没有地位。"见肖巍《宇宙学的人文视野》，江苏人民出版社 2002 年版，第 5—6 页。张振东也持相同的看法："希腊的哲学家们多就物质的观点，主张宇宙万物是永久的，因为在耶稣基督降生以前，或基督思想（Christiamus）传到欧洲以前，学者还不知道创造的概念。"张振东：《士林哲学讲义》，宗教文化出版社 2002 年版，第 7 页。

③ 戴维·林德伯格：《西方科学的起源：公元前六百年至公元一前四百五十年宗教、哲学和社会建制大背景下的欧洲科学传统》，王珺译，中国对外翻译出版公司 2001 年版，第 43 页。

"演化"宇宙论与"创造"宇宙论之间的区别，仍是不确切的。

以郝大维与安乐哲的博学，在对西方宇宙论预设进行界定时，为什么会出现偏差呢？我们可以设想出两种原因。首先，如前所述，尽管他们试图通过借鉴中国的思想资源来摆脱西方宇宙论二元对立的预设，然而当他们将中国文化视为一种比较纯粹的"内在的"、"美学的"世界观时，实际上仍然在一定程度上陷入了内在对超越、美学对逻辑等二元对立的思维之中。为了论证西方世界观是与中国主导的世界观相对应和相区别的，他们不得在西方世界观演变过程中出现的"演化宇宙论"与"创造宇宙论"之间的差异进行淡化处理。其次，用"超验"一词涵盖发生了一定断裂的希腊世界观与基督教神学宇宙论，并将之视为西方文化的母体，这在一定程度上与我们在本书强调的文化政治和"本土安全"息息相关。郝大维与安乐哲尽管对中国文化具有很深的感情，并致力于挖掘中国文化对于想象和认识世界可能具有的丰富内涵，然而他们仍然脱离不了他们自身所处的社会与文化背景。在一定程度上，他们所做的工作仍然是西方哲学研究工作的一部分，因为对于中国古代思想的诠释，仍然是与为西方哲学开拓新的思想空间息息相关的。诚如他们自己所说，他们的努力与赫伯特·芬格莱特（Herbert Fingarette）在《孔子：即凡而圣》[①] 一书中所作的努力一样，都是要说明"孔子思想（更广义的中国思想——引者注）可以帮助当代西方人更好理解语言的本质和社会实践"。[②] 当然，我们并非狭隘地认为郝大维与安乐哲的思想不能为中国哲学的研究做出贡献，事实恰恰相反。我们只是想指出，将西方世界观从古希腊至中世纪再到近代有效地连接起来，他们实现了连接西方世界观内部断裂的任务，既维持自身的本体安全，同时也完成了对西方世界观进行自我确证这一文化政治目标。

从上文可以看出，在关于世界观的"通约性"与"动态性"的问题上，郝大维与安乐哲的努力仍然存在一定的局限。之所以如此，很大程度上与他们致力于批判含有种族中心主义的"超越的虚饰"这一研究倾向相关联的。这种"超越的虚饰"，经常被西方哲学家和许多中国哲学研究者将西方世界观"超越世界观"的预设，简单套到中国文化和"内在世

---

①　该书已出版中译本，请参考赫伯特·芬格莱特《孔子：即凡而圣》，彭国翔、张华译，江苏人民出版社2002年版。

②　郝大维、安乐哲：《通过孔子而思》，何金俐译，北京大学出版社2005年版，第18页。

界观"的头上。正是为了批判这一倾向，他们在中国思想——尤其在先秦诸子思想——中，发现了大量可以用以阐述"内在"或"美学"世界观的材料和例证。从这种研究立场出发来阐释中国文化，当然具有重大的启示意义，然而正是在这样做的过程中，在一定程度上产生了延续二元对立的预设与忽视西方世界观存在断裂的事实。如果换一种角度，也许郝大维与安乐哲不至于出现这样的偏差。这种方法就如英国著名哲学家罗宾·G. 柯林伍德（R. G. Collingwood）指出的，当我们不在所谓的"内在"与"超越"之间划出一条截然不同的界限，而是将它们视为韦伯意义上纯粹抽象的"理想类型"（ideal types），在研究中既看到两者间的差异也不忽视彼此的共同点，就能克服不同通约的二元论。对于这种符合"中庸之道"思路的方法，柯林伍德如是说：

> 一个纯粹超越的神学就像一个纯粹内在的神学一样，很难在思想史上找到，所有的神学事实上既有超越的又有内在的因素在里头，尽管在这种或那种情况下，这种或那种因素可能模糊不清或受到抑制。在神学中的这种真相同样适用于形而上学的概念如形式这样的情况。这样，我们所提出的假定就不是指形式的纯粹的内在性概念被纯粹的超越性概念所取代，而是在指内在性在其中得以强调的概念已经代之以超越性在其中得到强调的概念。相对说来，未加强调的因素并不会被抛弃，顶多也就是被某些无能的头脑糊涂者抛弃。①

郝大维与安乐哲的研究成果无疑是开创性的。他们既为我们探讨国际关系知识的世界观预设，提供了一个有力而且简约的出发点，而且对我们如何去研究某种具体世界观的预设提供了榜样。这不仅仅对于比较哲学研究学者来说颇具意义，犹如孙周兴注意到的一样；② 尤其对于国际关系学者来说，特别是对于那些主张国际关系理论是普适性的学者来说，他们的

---

① 罗宾·G. 柯林伍德：《自然的观念》，吴国盛、柯映红译，华夏出版社 1999 年版，第 64 页。

② 孙周兴主要就郝大维与安乐者不同意西方学者和某些中国传统文化研究人员将西方的超越概念简单地比附到中国思想中去的倾向做了评论，参考孙周兴《超越之辩与中西哲学的差异——评安乐哲北大学术讲演》，载孙周兴，黄凤祝编《交互文化沟通与文化批评——"伯尔与中国"国际学术研讨会论文集》，上海译文出版社 2005 年版，第 173—184 页。

洞见更是暮鼓晨钟，发人深省。我们将会看到，西方国际关系理论不仅没有将"世界观问题"作为一个重要的理论问题来研究；而且还内化了霸权世界观的预设，我们将在第三章对此进行详细考察。在开始这项探索之前，我们不妨看看郝大维与安乐哲对中国学者从事中、西文化比较研究，提出了什么样的忠告。

对于能否将西方世界观的预设套用或比附到中国人的"宇宙论"或世界观及思维方式上，郝大维与安乐哲明确要求人们谨慎行事。鉴于这一结论对于提醒人们在运用西方知识来解释中国历史经验或解释中国文化传统时极为有益，我们将其详细引用：

> 我们（西方的——引者注）的文化感悟方式的要素，无论其怎样被人刨根究底，都是我们独特历史发展的偶然产物。因此，在强调构成着我们文化感悟方式的某些重要方式时，正如我们一贯坚持的那样，我们要尽力对这些观念、原则和信仰加以鉴定，再把我们西方文化的历史文物用于对另一种文化进行解释时，要做到格外审慎。这无异于说，本来就不存在强有力的理由使人相信，我们哲学库存中的主要术语——例如自然、认识、自由、规律等术语——会在另一种文化找到其直接的对等物……我们深信，我们文化所倚重的理论构造物，或是为适应这了构造物的多元性所采用的方法，都不能当作文化传播媒介和手段用于中国人。①

在郝大维与安乐哲的著作中，诸如此类的警句比比皆是。他们关于中西文化差异的比较研究，不论其效果如何，对人们增强中国文化的自身意识具有很强的启示意义，至少让人们意识到所谓的客观研究方法、只有通过理性才能获取可靠的知识、对于永恒真理的追求才是有价值的、宇宙与无政府状态是截然对立等观念，都是从某一特定的世界观或宇宙论中所构想出来的，这些神话只有放在西方文化的总体背景中才能得到恰当的了解。上述论述同样提醒人们，所谓的"普适性理论"，不过是从某种世界观衍生的特殊产物。它们并不像亚里士多德所说的一样，会由某种"形

---

① 郝大维、安乐哲：《通过孔子而思》，何金俐译，北京大学出版社 2005 年版，第 111 页。

式因"引导着某种文化或世界观从"潜在"状态向特定的"目的因"发展最后达到"现实"状态。就文化或世界观而言,各种世界观之所以会走向不同的路途,当然不能忽视人们的主动选择;然而,同等重要的原因也在于:当一种文化的母体孕育了接受该种文化的思考方式和思想资源时,习惯或"约定"就限制了人们选择别的思维方式与思想资源的可能性。这是我们在本章第一节中关于世界观的功能部分不断予以强调的观点。在下一章中,我们将把这些启示运用到对西方国际关系主流理论与霸权世界观预设之间关系的研究中。

第三章

霸权世界观预设在西方国际关系知识中的体现

尽管国际关系学生不断被告知，在过去的数百年间，国际环境都处于无政府状态的环境中，而且国际关系学者几乎不断地就这个充满争议的概念之含义及其意义展开争论。这强烈地暗示了无政府状态的概念，与其说是对外部世界进行自我参照的经验事实，不如说扮演了使国际关系学科展开内部争论的功能。国际关系的无政府状态话语构建了它关于国际政治世界的自我意象。

——Brian C. Schmidt，*The Political Discourse of Anarchy*：
A Disciplinary History of International Relations，p. 231

在 15 世纪之前，基督教世界与非基督教地区在世界体系中的互动，围绕着具体的地理单位而进行，其中的某些地区之间甚至没有接触过。尽管各人类群体之间也产生了暴力对抗，但这些地理实体一般而言都会将其他地理单位在宗教与文化上的区别承认为差异，而不像后来的西方那样感觉必须消除这些区别……整个这个时期（指 15 世纪之后——引者注），基督教世界对非基督教世界唯一的偏好，就在于相信基督教信仰有义务去转化，也就是拯救非基督徒。

——Siba N'Zatioula Grovogui，*Sovereigns*，*Quasi Sovereigns*，
and Africans：*Race and Self-Determination in
International Law*，p. 7.

这种（无政府状态的）"问题化"是一种在主动的封闭过程中动员并集中社会资源的方法。通过这种封闭过程，全球历史中的偶然性

与模糊性因为其异常和可怕而突出出来，并被归入了需要共同解决的技术问题的类别中心，也被排斥在具有合法地位的政治话语之外，从居于最高中心的观点（自然是独立自主的理性人——引者注）看来，它们也被变成了可以进行控制或复兴的对象，因而，这一偶然性与模糊性隶属于有关治理的多种价值观的记述，而这一记述的政治内容并未受到质疑与批评就被搁置起来了。

——理查德·阿什利：《无政府状态下的强权：理论、
主权与全球生活的治理》，第114页。

我们已经指出，任何知识都是有世界观预设的，国际关系知识也不例外。西方世界观的六个预设——不可通约的二元对立性、因果性思维方式、单一世界秩序崇拜论、静止优先性、情感边缘论、单一动因目的论——在国际关系知识中有着复杂的体现，而且它们彼此之间也有着千丝万缕的联系。然而，限于篇幅和能力，我们无法对各种预设在国际关系知识中的具体体现进行面面俱到的梳理。因此，我们采取的策略是通过集中阐述某两个预设与西方国际关系知识之间存在的关系，就国际关系知识对其他四个预设的体现情况进行简要的考察。考虑到西方宇宙论或世界观致力于回答如何实现世界从混沌/无政府状态向宇宙/秩序"演化"或"创造"这一问题的，因此我们从单一世界秩序崇拜论和不可通约二元对立这两个预设出发，对西方世界观预设在国际关系知识中的内化情况进行考察。至于西方世界观的其他四个预设，同样会在对"单一世界秩序"的追求和通过消除无政府状态实现秩序的过程中得以体现。本章首先将总结西方国际关系理论基于对国际或世界秩序的向往而体现出来的"国际无政府状态恐惧症"进行简要的剖析；然而分三节分别讨论结构现实主义、新自由制度主义与建构主义这三大主流西方国际关系理论为克服这一恐惧症而提出的世界秩序方案及其所包含的伦理内涵；在此基础上，最后简要概括霸权世界观消除世界观差异的内在冲动、这种冲动在国际关系史上的体现，以及其他四个世界观预设在主流国际关系理论中的体现。

第一节　西方国际关系学者的"国际无政府状态恐惧症"

上文我们已经提到，西方宇宙论的发展密切关联着一个核心问题，即"宇宙"（cosmos）与"秩序"是如何从"混沌"或"始基"中"演化"或"创造"出来的。对这一问题的探索构成了西方文化的母体。正是在论证宇宙或秩序是如何"演化"或被"创造"出来的过程中，西方世界观得以衍生出其他几个方面的基本预设。西方世界观的六个预设是不可分割的。简单地说，对于某一特定秩序的追求，既促成了因果思维方式成为西方人观察世界和宇宙的主导性思维方式，同时也确立了理性或逻各斯在科学研究或哲学思考中的霸权地位，当然也就压制或否定了情感在生活和研究中的作用。无论宇宙或秩序是"创造"的抑或"演化"的，"秩序"总是"美"的深层心理，使得西方研究者总是下意识地将对秩序的追求，视为历史发展或政治活动永恒不变的目标；既然作为终极目标的单一秩序为人们观察世界和处理世事提供了方向，那么人们要做的就是通过经验观察或理论演绎去探索实现这一终极目标的途径及其动因。在这几个方面的预设中，对某种完美无缺的宇宙或秩序的追求是最核心的内容，而与此相对的则是对于混沌或无政府状态的强烈恐惧或厌倦。有鉴于此，我们可以将这种力图克服或消除"无政府状态"的直觉或下意识，称之为"无政府状态恐惧症"。体现在国际关系研究领域，就是"国际无政府状态恐惧症"，具体表现就是西方国际关系学对于无政府状态结构特征及其后果的极端重视。需要说明的是，在下文对这一症状在主流国际关系理论中的体现展开论述时，我们并不对这些理论的具体观点或其他问题展开全面的讨论，而只对各种理论在无政府状态问题的理论立场及为克服"国际无政府状态"提供的世界秩序方案进行考察。既然独特的世界秩序方案构成世界观的首要界定特征，那么，我们将会看到，三大西方主流国际关系理论都提供了自己的世界秩序方案，即"世界观"。只不过这些"世界观"都是从现代西方世界观这一更本源的世界中衍生出来的。

在国际关系研究中，无政府状态的假定构成了一个重要的研究出发点。如海伦·米尔纳（Helen Miner）认为："当代许多国际政治理论，都把无政府状态看作是国际政治的基本假说。"① 已故"英国学派"代表人物赫德利·布尔（Hedley Bull）明确指出："人们可能会认为，这种（各主权国家在相互关系中不受一个政府的管辖）导致无政府状态是国际政治生活的主要事实与理论思考的起点。就许多关于国际生活富有成效的研究而言，它们都与探索国际生活由于缺少政府而带来的后果有关"。② 秦亚青认为，无政府状态的假定，对于国际关系学科来说，具有本体论、方法论与学科意义三重内涵，③ 由此可见这一概念对于西方国际关系知识而言所具有的重要性。美国学者布里安·C. 施密特（Brian C. Schmidt）通过对国际关系学中"无政府状态的话语"（the discourse of anarchy）的演变过程进行详细考察，认为早在 19 世纪末至 20 世纪初，政治科学在讨论国际关系现象时，就已经把由无政府状态及其带来的问题作为重要研究主题，"无政府状态话语"也因此构成界定国际关系学"独特话语身份"（distinct discursive identity）的因素。④ 他指出：

　　　　尽管国际关系学生不断被告知，在过去的数百年间，国际环境都处于无政府状态的环境中，而且国际关系学者几乎不断地就这个充满争议的概念之含义及其意义展开争论。这强烈地暗示了无政府状态的概念，与其说是对外部世界进行自我参照的经验事实，不如说扮演了

----

① 海伦·米尔纳：《国际关系理论中的无政府假定》，载大卫·A. 鲍德温主编《新现实主义与新自由主义》，肖欢容译，浙江人民出版社 2001 年版，第 143 页。

② 汉迪·布尔（即赫德利·布尔）：《国际关系中的社会与无政府状态》，载詹姆斯·德·代元《国际关系理论批判》，秦治来译，浙江人民出版社 2003 年版，第 81 页。

③ 秦亚青对无政府状态在理性主义国际关系理论中的意义如是说："首先是本体论意义，即无政府性是国际政治的基本事实。既然是事实，就是客观存在的东西，也就具有不以人的意志为转移的特性。只要国际体系存在，无政府性就是这个体系最显著的特征。其次是方法论意义，即无政府性是成为国际政治的第一重要假定。既然是假定，就是最重要的假定。因此，几乎所有国际关系的理论研究都以这个假定开始。如新现实主义从无政府性开始考虑生存的竞争，新自由主义则从无政府性开始讨论为发展的合作。第三是学科意义。国际政治与国内政治这两个政治学的基本次领域也是以这个基本假定分界的。这样，无政府性就具有对国际政治定义的功能。"见秦亚青《国际体系的无政府性：读〈国际政治的社会理论〉》，载《美国研究》2001 年第 2 期，第 136 页。

④ Brian C. Schmidt, "On the History and Historiography of International Relations" in Walter Carlsnaes, Thomas Risse and Beth A. Simmons eds., *Handbook of International Relations*, London: Sage, 2006, p. 12.

使国际关系学科展开内部争论的功能。国际关系的无政府状态话语构建了它关于国际政治世界的自我意象。①

　　施密特的上述论断，指出了西方国际关系理论研究在一百年的时间里在研究主题上所具有的连续性，而且还反映了国际关系学之所以能成为一门独立的学科，在很大程度上是与人们自觉不自觉地从有别于国内政治的"国际无政府状态"开展对国际现象的考察息息相关。在国际关系研究者看来，后者作为一个与众不同的人类活动领域，要求人们成立一个专门的学科对发生在这一独特领域的诸多现象进行研究，从而也为国际关系学科的独立，确立起必须的合法性与必要性。事实上，不管西方国际关系学者对于"无政府状态"的定义及其影响有多么不同的看法，他们都无意否认国际无政府状态是构成国际关系的重要甚至独特的研究主题。西方国际关系理论的三种主流理论，都不否认国际无政府状态在国际社会中所具有的重要性，甚至将其视作为构建理论的"立论之基"。② 有鉴于此，后现代主义国际关系理论家理查德·阿什利（Richard Ashley）将这种研究和讨论如何消除无政府状态以实现秩序的问题，称之为"无政府状态问题（the Anarchy Problematique）。③ 既然国际"无政府状态问题"构成了主流国际关系研究的逻辑起点和核心研究议题，我们可以将结构现实主义、新自由制度主义与温和建构主义称之为"探讨如何克服国际社会的'无政府状态问题'而实现世界秩序的各种知识"，而且这些知识都是与西方世界观对单一宇宙秩序的追求以及关于宇宙／秩序 vs 混沌／无政府状态之间的二元对立这两个方面的预设是一脉相承的。

　　"国际无政府状态恐惧症"对西方国际关系学者的困扰，是从西方世界观的预设中衍生出来的。为了克服"国际无政府状态恐惧症"，西方国际关系学者开出了各种各样的处方，包括奉行均势政策、通过霸权实现稳定、确立国际法的权威、建立世界国家、组建国际组织、促进国际社会共有文化的发展等等。不管哪种处方，它们追问的问题总不外乎以下几个：

---

　　① Brian C. Schmidt, *The Political Discourse of Anarchy*：*A Disciplinary History of International Relations*, Albany, New York：State University of New York Press, 1998, p. 231.

　　② 信强：《"无政府状态"证义》，载《欧洲研究》2004 年第 3 期，第 28 页。

　　③ Richard K. Ashley, "Untying the Sovereign State：A Double Reading of the Anarchy Problematique", *Millennium*：*Journal of International Studies*, Vol. 17, No. 2, 1988, pp. 227 – 262.

"在没有秩序维持者的情况下如何实现秩序？如何确保在互惠得不到保障的情况下使自利的行为体遵守协定？如何在没有中央权威的情况下贯彻规则和法律？"① 尤其是当国际社会中出现战争与冲突的时候，有关如何克服"国际无政府状态"的建议更是层出不穷，不绝于耳。根据在是否可能有效缓解国际无政府状态而带来的危险、进而实现国际的和平与稳定这一问题上的看法，可以将主流国际关系理论分为两种类型：乐观派与悲观派。乐观派涵盖了自由制度主义与温特的建构主义、英国学派等，而悲观派主要是指现实主义及其各种流派。无论是悲观派还是乐观派，两者同样是出于无政府状态恐惧症才积极寻找世界秩序方案的。

当寻找医治"无政府状态恐惧症"的处方成为国际关系理论的主要任务时，无政府状态这一假定的来源、意义及其世界观背景等复杂的思想史问题就无人问津了。结构现实主义与新自由制度主义尽管在许多问题上存在争论，不过它们都将无政府状态视为不言自明的基本假定；而建构主义虽然对这一假定进行了重要的重构，但并未否定这一假定的存在及其意义。由此可见，施密特所做的"无政府状态话语建构了国际关系学科关于国际政治的自我意向"这一论断，是比较准确的。既然如此，就带来了一系列需要追问的问题。比如：这一假定是否真的具有重要意义？它是否真能为人们认识国际政治现象提供富有意义的启发？将无政府状态假定塑造成国家关系学的第一假定，是否是一种客观中立的学术努力，以至于对于国际关系现象的任何思考都要以此作为出发点？如果无政府状态假定不是普适性的，那么它具有什么样的文化背景？体现了这种文化背景一种什么样的追求与气质？将其视为中立和普适的假定，又带来了什么样的价值内涵？此外，无政府状态假定是学者在思考国际关系现象时所做的一种抽象，而且从西方政治学哲学家的"自然状态"概念那里吸取了许多营养，进而需要回答，"自然状态"是真实存在的吗？如果不是真实存在，那么理论家为什么要创造这样一个概念？创造这一概念的时代背景是什么？创造这一概念时的价值追求是否同样隐藏在国际无政府状态的假定中？……

对于这些极为复杂的思想史问题，学者们很少进行深刻的追问。举例

---

① Brian C. Schmidt, *The Political Discourse of Anarchy: A Disciplinary History of International Relations*, Albany, New York: State University of New York Press, 1998, p. 233.

来说，结构现实主义与新自由制度主义信奉理性主义的研究方法，国际无政府状态的假定，不过是他们开展研究时的基本出发点而已，他们主张在此基础上构想出合理的假设，通过实证材料验证这些假设。至于基本假定是否真实、它在思想中的地位、意义、演变、伦理内涵、世界观背景等复杂的思想史问题，他们是不关心的。温特的温和建构主义，也是目前建构主义的主流，虽然对结构现实主义与新自由制度主义在无政府状态假设上的立场不满意，不过他同样没有对这些问题展开详细的讨论。温特重构无政府状态假定——也可称无政府文化——的目的，在于为这一假定注入进化可能、理念内容、多元状态。此外，在认识论上，他的建构主义主张向结构现实主义与新自由制度主义靠拢，即坚持国际关系研究的科学实在论，而且主张弃建构主义是"跨历史与跨文化"的。这样一来，无政府状态假定的思想史考察同样被搁置起来了。当然，指出以上问题，并不意味着笔者有能力完成这些工作，或者本书以解答这些问题为目标。事实上，本章所要实现的目标是极为有限的，我们只能就西方学者对国际无政府状态的恐惧以及为了医治这种恐惧症提出的世界秩序方案体现出来的价值取向，进行比较简略的研究。之所以要开展这一项研究，是因为"国内学人在谈到无政府状态这一西方国际关系理论重要的概念时，几乎没有什么话语权，学人们所作的只是翻译和介绍西方学者们的观点，甚至连像样的学术批评也没有"[1]。截至目前，除了少数学者对无政府状态哲学基础及其内在逻辑进行了考察和批判外，[2] 大多数国内学者不过借鉴西方主流国际关系理论及其无政府状态假定来解释国际关系现象，很少有人对涉及到无政府状态概念的上述诸多复杂问题进行思考。

　　本章思路如下：限于篇幅，我们姑且承认无政府状态是客观存在的，不考虑这一概念的起源；然后研究西方国际关系试图通过无政府状态话语达到什么样的目的，以及在完成这一任务的过程中，他们在理论上做出了什么样的价值取舍。鉴于无政府状态恐惧症与世界秩序方案是密切相关的，下文我们以结构现实主义、新自由制度主义与建构主义三种主流西方

---

　　① 　叶自成：《自律、有序、和谐：关于老子无政府状态高级形式的假设》，载《国际政治研究》2002 年第 1 期，第 32 页。

　　② 　可参考谭再文的两篇文章，谭再文：《对无政府结构假定的质疑》，载《国际观察》2007 年第 5 期，第 50—57 页；《国际无政府状态的空洞及其无意义》，载《世界经济与政治》2009 年第 11 期，第 78—80 页。

国际关系理论为例，考察它们提出了什么样的世界秩序方案、在这些方案中又付出了什么样的代价。如此一来，本章就属于案例研究的范畴，具体案例就是三大主流国际关系理论，其中集中讨论了建构主义。不过这种案例研究，探究的不是国际关系现象之间的因果关系，而是分析这些理论是否如他们自己所宣称的那样是普适性的、客观中立的理论、它们提供的世界秩序方案是否也具有价值取向、是否也体现了规范内涵。在展开研究之前，我们有必要对接下来的研究内容作一些限定。对于无政府状态恐惧症在国际关系研究中的体现，我们仅仅是简要地提及了古希腊宇宙论在混沌与秩序之间所做的不可通约的二元对立预设，并认为只有通过克服混沌才能达到某种单一世界秩序。对于这种世界观预设的具体演变过程，特别是在早期国际关系史上是如何表现出来的，以及无政府状态与政治哲学中"自然状态"概念之间的复杂关系等问题，本书不做过多涉及。这种限定，主要是由篇幅有限所致。对于这些未得到讨论的问题，只能留待日后进行更为深入的研究。

第二节　结构现实主义的世界秩序方案及其伦理内涵

对"无政府状态问题"最为重视的，是以肯尼思·沃尔兹为代表的结构现实主义。沃尔兹构想了两个截然不同的秩序模式，即等级制与无政府状态，它们分别体现在国内与国际社会中："国内系统是集权制的、等级制的，而国际系统内各部分的关系则是平等的"，"两个系统的排列原则截然不同，而且事实上完全背道而驰"。① 由此，沃尔兹在国内政治与国际政治之间划出了一条截然不可通约的界线。② 根据沃尔兹"国家的目标是为了确保自身的生存"这一核心假设，③ 再结合国际体系的结构——

① 肯尼斯·华尔兹：《国际政治理论》，信强译，上海人民出版社 2008 年版，第 94 页。

② 尽管沃尔兹意识到"大多数政治学家的结构中都包含有更多的、有时甚至会令人困惑的政治秩序类型"（第 121 页），然而出于"概念的清晰与简练"、避免"使之由一个具有解释力的理论变成一个描述更为精确、而理论程度较低的理论体系"（第 122 页），沃尔兹"坚持将结构类型仅仅局限于两种，而非更多"（第 121 页），这是因为"按照两个截然不同的秩序原则来定义结构，将有助于我们对社会和政治行为的重要方面作出解释"（第 123 页）。

③ 肯尼斯·华尔兹：《国际政治理论》，信强译，上海人民出版社 2008 年版，第 97 页。

无政府状态——持久不变的假设，他得出了只要这两个条件存在，那么
"均势政治便会盛行"；① 而且，在国际无政府状态的条件下，即使国家之
间的合作有可能带来"丰厚的绝对收益"，然而由于担心对方获利更多，
自助的国家往往会拒绝合作。② 于是，沃尔兹给我们描绘了一幅在国际无
政府状态下，实力大小有别的国家之间（可沃尔兹否认存在等级制），为
了生存或自助或结盟而进行竞争，实力弱小或战略不成功的国家不模仿成
功的国家就会遭到淘汰的景象；而且，即使国际社会的技术水平、国家之
间的关系、各国的兴衰都会发生改变，然而"国际政治的结构都将是无
政府状态的，每个国家都得在与人合作或不合作的情况下进行自助"。③
这样，国际关系将处于一个战争与和平循环往复、持续不断的过程之中。
既然无政府状态让国家在国际体系的活动中险象环生，稍有不慎就有可能
招致国家覆灭之虞，那么如何在这种状态中实现秩序呢？这种秩序的建立
或维持方式又有什么伦理意义呢？

一　沃尔兹提供的大国治理和均势两种世界秩序方案

沃尔兹为消除"无政府状态恐惧症"开出的处方有两个：一个是大
国治理，一个是竞争机制。这两种秩序建立的途径都有重要的理论与政治
后果，而且这两种途径之间也是存在冲突的。下面我们对沃尔兹克服国际
无政府状态的这两个处方进行简单的梳理。

1. 大国治理

首先，沃尔兹问到，"在一个由民族国家构成的世界里，常常迫切需
要对军事、政治和经济事务加以调控。谁能提供这种调控呢？"他认为，
权力是建立和维持秩序最有效的办法："在权力表现得越充分、最完全的
地方，武力的使用就越少见"。④ 根据他有关两极体系比多极体系稳定的
观点，沃尔兹认为由美国和苏联协同对国际事务进行管理，是保证国际体
系不至于趋向毁灭的有效办法，因为"在缺少权威调控的情况下，松散

---

① 肯尼斯·华尔兹：《国际政治理论》，信强译，上海人民出版社 2008 年版，第 128 页。

② 同上书，第 111 页。

③ Kenneth N. Waltz, "The Emerging Structure of International Politics", *International Security*,
Vol. 18, No. 2, 1993, p. 59, 也可参考 Kenneth N. Waltz, "Structural Realism after the Cold War",
International Security, Vol. 25, No. 1, 2000, pp. 5 – 41.

④ 肯尼斯·华尔兹：《国际政治理论》，信强译，上海人民出版社 2008 年版，第 158 页。

的联合和大国一定程度的控制有助于促进和平与稳定"。① 大国治理之所以能够实现国际秩序，是因为"世界权力分配极不平等"，② 苏联和美国拥有远远超过其他国家的权力，对于那些可能出现的暴力及对两极体系稳定构成威胁的国家，美、苏两国可以出于对"维护体系和平与稳定"的需要进行干预，从而防止国际体系出现不可遏制的冲突或阻止已有冲突的蔓延。至于如何对美、苏两个超级大国可能滥用权力、破坏国际秩序的行为进行管理，沃尔兹则没有提供任何答案。沃尔兹关于由两个超级大国对国际事务进行管理是保证国际秩序的观点，得到了其他结构现实主义者的支持。如罗达尔·L. 施韦勒（Randall L. Schweller）与戴维·皮勒斯（David Preiss）认为，权力在国际体系中的分配，即极的数量不仅仅关系到国际秩序的稳定，而且密切关联着秩序建立的方式。他们指出："权力的单极分配趋向于强加秩序；两极结构在两极之间产生自发的、非正式的秩序以及在各自集团内部产生更加正式的制度安排；而多极体系则危及强加和自发的秩序。"③

2. 竞争机制

在结构现实主义看来，国际政治领域是一个国家与国家之间进行竞争的世界。④ 为了维护自身的安全，尤其是维护自己的生存权利，国家在无法确定其他国家意图和战争总是有可能发生的无政府状态环境中，不得不积蓄力量，以应对可能的对手发动的攻击或在国家间出现利益冲突时做出反应。⑤

---

① 肯尼斯·华尔兹：《国际政治理论》，信强译，上海人民出版社 2008 年版，第 226 页。

② 同上。

③ Randall L. Schweller and David Preiss, "A Tale of Two Realisms: Expanding the Institutions Debate", *Mershon International Studies Review*, Vol. 41, No. 1, 1997, p. 8.

④ 肯尼斯·华尔兹：《国际政治理论》，信强译，上海人民出版社 2008 年版，第 135 页。

⑤ 在某些地方沃尔兹说得更加直白："在无政府状态中不存在自动的和谐……每个国家都是自己事业的最后的评判者；人和国家都有可能在任何时候运用武力推行自己的政策。正因为如此，所有国家必须时刻准备着，要么以实力对实力，要么就得为软弱付出代价。由此看来，国家行动的必需条件取决于一切国家生存的环境"。见肯尼斯·N. 沃尔兹：《人、国家与战争——一种理论分析》，倪世雄等译，上海译文出版社 1991 年版，第 138 页。在 20 年后出版的《国际政治理论》中，沃尔兹对这种霍布斯式随时随地都有可能发生"所有人反对所有人的战争"的自然状态式的描述作了一定程度的修正，如他指出："在自助系统内各成员之间，互惠与谨慎是压倒一切的行为准则"。见肯尼斯·华尔兹《国际政治理论》，信强译，上海人民出版社 2008 年版，第 188 页。不过，沃尔兹延续了在《人、国家与战争——一种理论分析》一书中关于无政府状态下国家之间难以彼此信任以及对无政府状态结构难以克服的观点。

这样一来，由于无政府状态结构的存在，当一个国家为了自身的安全增加军备以策万全的时候，往往就在不经意间威胁到其他国家维护自身安全的努力，从而刺激它们同样增加军备，这反过来又会使该国认为他国增加军备的行动对自身的安全构成了威胁。这就是卢梭著名的"猎鹿寓言"[①]和约翰·赫兹（John Herz）"安全困境"（security dilemma）[②]所揭示的无政府状态下国家之间的互动机理，即国家之间对对方意图的不确定和相互猜疑，产生了一种"自动毁灭性的作用力与反作用力的恶性循环过程"。[③]之所以出现这种状况，沃尔兹认为是结构在起作用。他认为，无政府状态这一结构是客观存在的，无论人们是否意识到这一结构在起作用，只要它存在，国家之间就必须在国际互动中贯彻自助的原则而不能依赖别人。由于国际政治领域是一个国家展开竞争的场域，其作用就是遴选出最适合在这种环境中生存的国家并给予其奖励（奖品是大国地位与安全）；而那些不适应国际环境竞争性的国家则会惨遭淘汰。这就是无政府状态所发挥的"结构选择"（the structure selects）的功能。[④]从理论上看来，"结构选择"类似于达尔文的"自然选择"概念，其结果都是"优胜劣汰"。然而，沃尔兹却意识到两者之间在后果上具有重要的差别，因为国际政治领域的"结构选择"并没有产生"自然状态"下弱者被消灭的情形，"国家的消亡率之低令人惊奇"。[⑤]对于这一违反常识的结论，沃尔兹并未做任何解释，这自然遮蔽了国际政治环境作为人类社会活动的领域与自然界的重要区别。[⑥]之所以出现这种"令人惊奇"的悖常现象，是与沃尔兹将自然状态中"所有人反对所有人的战争"逻辑简单地类比到国际政治领域

---

① 关于"猎鹿博弈"模型的介绍可参考 Jean Jacques Rousseau, *Discourse on the Origin and Foundation of Inequality Among Men*, New York : Everyman's Library, 1950, p. 428, 转引自潘亚玲《全球治理中的猎鹿困境》，载《国际论坛》2005 年第 2 期，第 60 页。关于沃尔兹对卢梭关于自然状态及战争根源论述的详细阐述可参考肯尼斯·N. 沃尔兹《人、国家与战争——一种理论分析》，倪世雄等译，上海译文出版社 1991 年版，第 142—161 页。

② John Herz, "Idealist Internationalism and the Security", *World Politics*, Vol. 2, No. 2, 1950, pp. 157 – 180.

③ 吴征宇：《从霍布斯到沃尔兹——结构现实主义思想的古典与当代形态》，载《欧洲研究》2003 年第 6 期，第 79 页。

④ 肯尼斯·华尔兹：《国际政治理论》，信强译，上海人民出版社 2008 年版，第 98 页。

⑤ 同上书，第 101 页。

⑥ 谭再文注意到了这一点，请参考谭再文《对无政府结构假定的质疑》，载《国际观察》2007 年第 5 期，第 55 页。

"无政府状态下" 的国家行为有莫大关联。①

我们搁置"结构选择"隐喻存在的内在缺陷，来看一下结构选择带来秩序的具体运作机制及其伦理含义。沃尔兹认为，结构对国家行为的影响是间接的，它本身并不是国家行为的直接动因。② 也就是说，无政府状态只是作为国家在国际体系中的互动环境而存在，是国际关系得以展开的"背景"或"语境"，③ 用詹妮弗·斯德林—福尔克（Jennifer Sterling-Folker）的话来说，这是一种"基于环境的本体论"（environment-based ontology）。④ 因此，要使无政府状态发挥"结构选择"的功能，还必须通过两种直接起作用的机制：行为体的社会化与彼此之间的竞争。⑤ 通过借鉴社会学和心理学的研究成果，沃尔兹认为社会化的过程导致行为体之间的"属性"与"行为"具有相似性，这也是沃尔兹将结构的第二个组织原则——单位的特性抽象掉而不予考虑的原因。这样一来，行为体之间的差异得以克服，结构现实主义者也就看到了一个由相似国家组成的同质性世界。沃尔兹以苏联成立前后其外交政策由革命性的立场向西方国家外交惯例靠拢的例子，说明了这种社会化产生的压力，并得出结论说"各国紧密共存，一旦某个国家未能遵循成功的实践，便将使自身处于不利境地，这一切促进了国家间的趋同"。⑥ 姑且不论社会学或心理学的研究成果能否证明沃尔兹关于社会化导致人们或群体之间出现相似性的假定是否正确，即使是沃尔兹本人也意识到，社会化的机制本身仍然解释不了为什么已经趋同的各国在外交政策上会有不同表现。要解答这一难题还有必要回到各国的国内安排上来。然而，沃尔兹要建立的是体系理论，而不是解释

---

① 布尔对沃尔兹的这种类比提出了批评，他认为之所以不能简单地进行这种类比，其主要原因是国家与霍布斯自然状态中的人是有区别的：国家除了追求安全，还会追求其他方面的目标；国家拥有防御力量，并不像处于自然状态中的人一样易遭攻击。参考赫德利·布尔：《无政府社会：世界政治秩序研究》，张小明译，世界知识出版社 2003 年版，第 38—41 页。

② 肯尼斯·华尔兹：《国际政治理论》，信强译，上海人民出版社 2008 年版，第 78—81页。

③ David Dessler, "What's at stake in the Agent-Structure Debate?" *International Organization*, Vol. 43, No. 3, 1989, pp. 464.

④ Jennifer Sterling-Folker, *Theories of International Cooperation and The Primacy of Anarchy*, Albany, New York: State University of New York Press, 2002, p. 69.

⑤ 肯尼斯·华尔兹：《国际政治理论》，信强译，上海人民出版社 2008 年版，第 78—81页。

⑥ 同上书，第 135 页。

各国外交政策的还原理论，他在这一问题上的困境可以通过他的"无政府状态"理论立场暂时得到缓解。然而，在论述结构具体作用的过程中，沃尔兹提出了一种与大国治理模式相冲突的另一种秩序模式。

在论述国际政治领域中的竞争机制时，沃尔兹不仅得出了国家通过模仿成功的实践可以趋同，而且认为竞争能够自动地产生国际秩序。前者容易理解，因为在一个弱肉强食的世界中，为了生存，行为者不得不比较、评估并在最后模仿那些在恶劣环境下得以顺利生存的行为体的实践模式，以期增强自身的竞争力和在这种环境下存活的机会。无政府状态作为一种背景，事先就已经预设了模仿才是国家最有效的成功之道。① 这种"行为的选择取决于结果"的推理，② 反映了其强烈的目的论倾向和利用单一动因解释行为的因果思维方式。那么为什么竞争能够自发地产生秩序呢？根据亚当·斯密古典自由主义经济学完全竞争市场的模型，沃尔兹认为理性行为体追求利润最大化的自利行为，将在彼此之间形成调整与模仿的复杂互动关系，从而产生秩序："通过彼此的调整，各部分的行为和联系得到规范。即便没有维持秩序的人，秩序依然可能盛行；即便没有调节者，调节依然运行；即便没有分配任务的人，但任务依然可以得到分配。"③ 正是基于无政府状态与完全竞争市场之间的这种类比，沃尔兹认为在国际政治中，这种自发产生秩序的逻辑，存在于国家的均势外交政策之中。④ 尽管沃尔兹只是致力于论证在无政府状态的条件下，只要体系是由追求自身生存的行为者构成，均势将不可避免地会出现。然而，当沃尔兹在论证两极结构比多极结构要稳定时，事实上就已经从解释的维度滑到了规范的维度，即认为均势是实现国际稳定和维护国际秩序最为有效的方法。

3. 两种秩序之间的紧张

这种竞争将产生自发秩序的推理，与沃尔兹关于必须有两个超级大国来管理国际事务的秩序维持方式，存在内在的矛盾和紧张。根据前一种秩序实现方式，秩序在均势形成过程中是自发产生的，没有也无须什么

① Jennifer Sterling-Folker, *Theories of International Cooperation and The Primacy of Anarchy*, Albany, New York: State University of New York Press, 2002, p. 79.

② 肯尼斯·华尔兹：《国际政治理论》，信强译，上海人民出版社 2008 年版，第 80 页。

③ 同上书，第 81 页。

④ 详细参考肯尼斯·华尔兹《国际政治理论》，信强译，上海人民出版社 2008 年版，第 124—136 页。

"秩序维持者"（order）来进行干预；然而，沃尔兹又意识到国际体系的权力分配是等级制的，秩序的建立与维护，有赖于两个超级大国进行协调管理，所以在国际体系中应该赋予大国特殊的责任。这样一来，自发产生的秩序与大国管理形成的秩序这两种相反的秩序模式，就同时出现在沃尔兹的结构现实主义理论中，而且与前述施韦勒与皮勒斯关于极数与秩序类型之间存在一一对应关系的观点有很大的出入。等级秩序（大国管理）与自发秩序在无政府状态中的共存，是对沃尔兹与其他现实主义者在秩序问题上的立场——认为"等级制"与"无政府状态"是不可通约的秩序模式——的否定。事实上，沃尔兹及其他现实主义研究者都注意到，权力在国际体系中的分配是极端不平等的。也就是说，国际体系中的国家在实质上是存在等级差别的。已有大量的研究指出，在沃尔兹认为一成不变的"无政府状态"国际体系中，等级制的秩序不仅存在，而且在世界历史上随处可见。[1] 杰克·唐纳利（Jack Donnelly）便反对沃尔兹在无政府状态与等级制之间所作的截然区分，认为"无政府状态中的等级制"和"主权不平等"的概念，更有助于人们准确理解当代国际秩序得以塑造和维持的机制。据此，他还区分了在国际关系历史上和现实中出现过的十种等级制国际秩序模式。[2] 这种国际体系处于无政府状态与等级制构成的连续统中某种状态的观点，不仅有助于打破对国际关系结构的成见，使人们较为准确地了解国际现象产生的背景，而且有助于促使人们去认识"无政府状态"具有的积极意义。

二　沃尔兹两种秩序模式的伦理内涵

沃尔兹讨论了两种秩序模式得以建立的方式，然而，这些方式都具有重要的伦理内涵。首先，大国治理的模式有为大国主宰国际政治提供合法

---

[1]　Ian Clark, *The Hierarchy of States：Reform and Resistance in the International Order*, Cambridge：Cambridge University Press, 1989；Alexander Wendt and Daniel Friedheim, "Hierarchy under Anarchy：Informal Empire and the Eastern German State", *International Organization*, Vol. 49, No. 4, 1995, pp. 689 - 721. Edaward Keene, *Beyond the Anarchical Society：Grotius, Colonialism and Order in World Politics*, Cambridge：Cambridge University Press, 2002；John G. Ikenbery, "Liberalism and Empire：Logics of Order in the American Unipolar Age", *Review of International Studies*, Vol. 30, No. 4, 2004, pp. 609 - 630, etc.

[2]　Jack Donnelly, "Sovereign Inequalities and Hierarchy in Anarchy：American Power and International Society," *European Journal of International Relations*, 2006, Vol. 12, No. 2, pp. 139 - 170.

性论证的动机。由沃尔兹关于权力是维持国际秩序的有效基础的观点，不难看出他为美苏争霸进行合法性论证的目的。沃尔兹意识到了国家之间权力的等级制可能产生不正义的结果，因为这为大国肆意干预小国的内政外交、甚至为了自身的目的吞并小国提供了可能，这是国际体系中屡见不鲜的例子。沃尔兹也意识到"（国家之间的权力）不平等损害了正义，导致了国家间的彼此怨恨，从而在许多方面引起麻烦。"① 然而他致力构建的是"国际政治理论，如同国际政治历史一样，是根据某一时期的大国来书写的"，② 因此对于小国的命运及小国遭遇的不公正，沃尔兹大国治理秩序方案对这些问题根本不予考虑。这样一来，通过牺牲弱小国家的合理利益来换取大国之间"共谋"维持国际稳定，自然是结构现实主义带来的逻辑结果。这不仅反映了结构现实主义在伦理问题上的贫乏，而且也没有意识到即使两个超级大国的确能够在一定程度上维持国际秩序，可超级大国依仗自己的权力无视甚至欺凌小国或弱国所滋生的"不公正感"，终究是削弱这种秩序稳定性和合法性的潜在力量。而且，在"不正义"与"麻烦"之间画等号，有为不公正的、由大国主导的国际体系进行辩护的嫌疑。由此可见，没有为规范留下余地的结构现实主义，同时也是一种为权力等级制进行论证的规范理论。③ 这在沃尔兹关于维护国际秩序的第二条途径中将会得到更为明显的体现。

其次，在论述"社会化"与"竞争"的作用机制时，沃尔兹的理论同样体现出为西方国际体系的扩张进行合法性论证的目的。沃尔兹认为，社会化将导致国际体系中的行为者的属性与行为趋同，竞争同样具有这种功能。然而，对于社会化是谁主导的社会化？社会化的内容是什么东西？社会化是一种行为体主动接受"成功者"规范的过程还是强者强加的东西等问题，沃尔兹避而不谈。沃尔兹着重讨论的社会化是如何通过"仿

---

① 肯尼斯·华尔兹：《国际政治理论》，信强译，上海世纪出版集团 2008 年版，第 140 页。

② 同上书，第 76 页。

③ 如温特评价道："现实主义对自我利益的坚持帮助创造了并物化了自助的国际政治世界。从这个意义上说，现实主义不仅对于国际政治生活是什么样子，而且对国际生活应该是什么样子作出了至少是含蓄的表述"。见亚历山大·温特《国际政治的社会理论》，秦亚青译，上海人民出版社 2000 年版，第 458 页。在该书第 474 页，温特同样指出："现实主义虽然自认为具有客观性，却变成了科学理论和规范理论两者兼有的理论。"

效"或"模仿"（simulate）来实现强者实践方式的普适化的。① 因为"自助系统是这样一个系统，在其中，那些不实行自助或是自助效率较低的行为体将无法实现繁荣，并将面临威胁和苦难……如果某些国家做的相对较好，其它国家将随之仿效，否则便会落伍"。② 在西方国际关系研究者那里，"社会化"的内容自然是指西方国家的行为方式、规范、观念、国家体制、世界观、国家主权制度、国际法体系、外交惯例等这些首先从欧洲国家间关系中衍生出来、进而扩散到国际社会中的互动模式。问题在于，这些"社会化"的内容难道只是通过"模仿"得以社会化的吗？历史的事实告诉人们，这种"社会化"的过程尽管有一定的"模仿"因素在起作用，可绝大多数情况下都是通过武力强加给殖民地、半殖民地人们的，它涉及到消除和排斥与欧洲体系相异的政治制度、生活规范、世界观、政治组织、生活方式等现象。通过消灭多样性，力图建立一个同一性的世界，才是沃尔兹所谓"社会化"的真谛。也就是说，"社会化"的根源不在于完全竞争或"无政府状态"的类比，而是权力等级制在实践中的体现。竞争同样也是如此。沃尔兹脱离社会背景建立形式理论的企图，忽视了行为体竞争时在资源、权力等问题上的差异，而只将国家视为同质、理性、追求生存的行为体，这样一来，西方国家或大国利用自身权力而获得"垄断优势"的事实得以遮蔽。这种看似中立、客观的研究，实际上是在为西方国家在历史上剥削、压制第三世界国家人民和在现实中破坏他们的世界观、生活方式、合理权利等进行合法化辩护。如此看来，在沃尔兹的论证过程中，大国管理的秩序才是真正稳定的秩序，而自发产生的秩序不过是一种脱离实践和历史事实而想象出来的秩序模式。

再次，沃尔兹理论的紧张之处，还反映在他对同质性后果所持的矛盾看法上。沃尔兹认为，结构选择的两种机制都导致了国家之间的同质性，然而，对于这种同质性对国际秩序所产生的影响，沃尔兹的态度是互相矛盾的。一方面，他认为类似完全市场上的竞争所产生的国家之间的同质

① 斯德林—福尔克对竞争在国际间互动模式等方面趋同的作用作了更为集中的阐述，她的说明注意到了社会化过程中社会化得以扩散的权力背景，然而她同样认为是"模仿"而不是"强制"才是"社会化"得以实现的主导性力量。见 Jennifer Sterling-Folker, *Theories of International-al Cooperation and The Primacy of Anarchy*, Albany, New York: State University of New York Press, 2002, pp. 79 – 84.

② 肯尼斯·华尔兹:《国际政治理论》，信强译，上海人民出版社 2008 年版，第 125 页。

性，有利于维护国际秩序的稳定："竞争者态度的日益相似以及彼此相处的经验，使调适彼此间的关系变得更为容易。"① 与此同时，他又意识到行为体之间的同质性具有内在的危险："由于国家在功能上没有区别，因此，各国在完成相似的任务时所具有的能力的强弱便成为对他们进行区分的主要标准。"② 那么无政府状态带来的国家行为或属性的趋同到底是一种有利于国际秩序稳定的力量还是一种破坏性的力量？沃尔兹在这一立场上的抵牾是显而易见的。事实上，沃尔兹不仅注意到了无政府状态下国家在功能上的差异所具有的积极作用："由于彼此间的差异，某一整体内的各个组成部分可以为彼此提供许多服务"，③ 甚至认为无政府状态的秩序模式本身就具有一定优势。④ 这在西方主流国际关系理论中是一种颇为异类的观点。然而他对无政府状态优势的论述，仍然只是为大国在国际体系中的行动自由所做的辩护；而从功能区分的角度对国家之间的差异进行的评价，则根本没有考虑在无政府状态下国家在文化和世界观上所具有的差异对于世界秩序具有的积极意义。

在第一章中，我们已经对"世界观问题"和文化等因素是如何从沃尔兹的理论中被驱逐出去的过程做了比较深入的考察。在本节中，我们又发现结构现实主义是如何通过"社会化"与"竞争"这两种"结构选择"的具体机制，取消了国家在属性和行为上的差异。从沃尔兹及其他现实主义者的观点来看，由"社会化"和"竞争"带来的国家之间的同质性，不仅是国际政治现实带来的结果，而且无论是对大国治理秩序模式，还是均势外交形成的自发秩序，都是重要的和有益的。至于国家在世界观、国家制度、文化传统等方面的不同，则是一种破坏国际社会稳定的力量。这样一来，通过克服国家在这些方面的差异，结构现实主义为人们展示了一个国家等行为体纯粹为生存而斗争的世界场景，在其潜意识中仍是一种对无政府状态中的多样性表示恐惧的"国际无政府状态恐惧症"，这是内化了西方世界观单一世界秩序和不可通约二元对立预设的体现。

---

① 肯尼斯·华尔兹：《国际政治理论》，信强译，上海人民出版社 2008 年版，第 186 页。

② 同上书，第 154 页。

③ 同上。

④ 同上书，第 117—121 页。

第三节　新自由制度主义的世界秩序方案及其伦理内涵

20 世纪 70 年代美国实力衰弱的趋势，让新自由制度主义去探索那种并非纯粹依靠权力来维持秩序的国际秩序方案。随着美国陷入越南战争的泥沼、中东国家提高油价而在西方引发严重的经济危机，以及 1971 年布雷顿森林体系的崩溃等事件，使得原本为国际提供"公共产品"和居于霸权地位的美国实力受到严重削弱。对于美国衰落后能否以及如何维持国际社会的秩序，美国国际关系学界充满了焦虑。正是在这样的背景下，新自由制度主义利用西方自由主义思想传统，提出了依靠国际机制的力量可以实现"霸权之后"合作的世界秩序方案，其背后的驱动力仍然是"国际无政府状态恐惧症"。我们将通过讨论新自由制度主义——还包括各种全球治理学派——提供的自由主义宪政秩序方案，对其价值取向和伦理内涵进行研究，同时也在这一过程中探究其对西方世界观预设的内化情况。

一　新自由制度主义的自由主义宪政世界秩序方案

"国际无政府状态恐惧症"对新自由制度主义构成的困扰，在其代表人罗伯特·O. 基欧汉的论述中得到了最全面的体现。基欧汉指出：

> 现实主义长于告诉我们为什么我们陷入这种困境（即在热核武器时代如何实现国际政治的和平变迁——引者——之中，则短于告诉我们如何走出困境。现实主义认为，可以行使超级的权力，并由此从无政府状态中营造秩序；在罗伯特·吉尔平所谓的"霸权战争"中建立起主导地位，紧随之后就是和平时期。有时候现实似乎不无悲观地暗示，秩序只能由霸权来缔造……面对这种前景（即核战争爆发——引者注）安于现状、不思进取，在道义上是不可接受的。如此看来，虽然现实主义是正确的国际政治理论，但是没有一个严肃的思想家会满足这一点……正是我们所处的恐怖困境，迫使我们去寻找

走出困境之途。①

基欧汉认为，结构现实主义只是提出了"无政府状态问题"的存在，而没有回答如何解决这一问题。他所要做的就是通过对国际制度的研究，"从无政府状态中创造出秩序"。② 这里我们无法对新自由制度主义的功过及其与结构现实主义之间的争论进行详细的讨论，我们关心的是两个西方世界观预设，即对单一世界秩序的追求（及其体现——"国际无政府状态恐惧症"）和无政府状态 vs 秩序之间的二元对立，是如何内化到新自由制度主义及以此为理论基础的各种全球治理学派中的。

新自由制度主义接受了结构现实主义的诸多核心假定，包括国际无政府状态的假定。基欧汉建立新自由制度主义的主要目的是在没有超级权力的情况下，如何才能从无政府状态中"创造"秩序。基欧汉的抱负既是国际制度研究者们的志趣，同时也是诸多国际法、全球公民社会等研究者的志向。如著名的美国华裔国际法研究者熊玠（James C. Hsiung），同样秉持这样一种秩序"创造论"的观点。在《无政府状态与世界秩序》一书中，熊玠通过论述国际法在缓和安全困境、限制国家的行动范围、裁决和缓和国际冲突或战争、贯彻"国际"人权标准等问题上的作用进行深入研究后得出结论："无政府状态的缓和是形成秩序的开始"，"事实上，国家对秩序的迫切需求，正是导源于体系的无政府状态"。③ 从这里可以看出，西方世界观或宇宙论单一秩序追求的预设，通过以下四种途径影响到了新自由制度主义者和国际法学者的研究议程：1. 无政府状态是危险的，它导致人们对无政府状态的恐惧和对秩序的向往；2. 为了克服前者和实现后者，有必要通过使用国际制度、规则、规范、国际法等手段"创造"秩序；3. 无政府状态与秩序之间是彼此对立的，秩序的产生必须以克服或消除无政府状态为前提；4. 秩序如果得以产生，往往也就意味着无政府状态所带来的威胁得以消除。以上这四个基本特征，是对西方"演化"或"创造"宇宙论预设的典型反映。基于此，新自由制度主义提

① 罗伯特·O. 基欧汉：《国际政治理论：结构现实主义及其超越》，载罗伯特·O. 基欧汉编《新现实主义及其批判》，郭树勇译、秦亚青校，北京大学出版社2002年，第184页。

② 同上书，第185页。

③ 熊玠：《无政府状态与世界秩序》，余逊达、张铁军译，浙江人民出版社2001年版，第245页。

供了自由主义宪政世界秩序方案。

二　新自由制度主义世界秩序方案的价值取向

　　新自由制度主义以及全球治理学派等理论关于国际秩序是从国际无政府状态中"创造"出来的观点，难道是价值中立的吗？在全球化时代，利用国际制度来实现全球治理和构建国际秩序的观点，得到了越来越多的欢迎。人们关于国际制度的普遍看法是：国际制度有助于凝聚全世界人们的共识，共同处理生态环境恶化、传染病传播、核武器扩散、防止人权侵犯和进行人道主义干预、开展维和行动以缓和国际冲突等传统安全与非传统安全问题；通过国际制度的多种运作机制，如为参与制度的行为体提供关于互动行为者的信息、确保彼此之间信守承诺、降低交易成本、对违反规则的行为进行惩罚等，国家及其他行为者能够超越合作过程中的"集体行动的逻辑"（the logic of collective action）。① 然而，国际制度不是在真空中产生出来的，其产生与发展总是嵌入在一定的文化和时空背景之中的，这就密切关系到作为理念价值的世界观如何影响国际制度的设计和运作。一般认为，国际制度是国家等行为体在某一问题领域形成的"一系列或明确或隐含的原则、规范、规则与决策程序"。② 然而，世界观、文化背景、意识形态等方面的不同，同样会导致制度安排的取向有所差异。如自由主义意识形态鼓吹"自由市场"与民主参与，主张取消国家对市场的管制，由市场的供需机制来实现对资源的优化配置；而马克思主义则要求无产阶级运用国家机器，对生产资料和生活资料进行集中管理，通过社会化大生产和公有制等制度安排来实现按劳分配；强调群体在人类社会生活中价值的社群主义者（communitarian），则主张摒弃自由主义有关以个人为本体、鼓吹公平竞争的自由放任式制度安排，要求建立鼓励"商谈"和保护集体权利的机构设置。③ 然而，现有的国际制度绝大多数都是

---

　　① 曼瑟尔·奥尔森《集体行动的逻辑》，陈郁等译，生活·读书·新知三联书店 1995 年版。这一逻辑可用中国"三个和尚没水喝"的寓言进行形象的表述。

　　② 转引自苏长和《解读〈霸权之后〉——基欧汉与国际关系理论中的新自由制度》，罗伯特·基欧汉：《霸权之后：世界政治经济中的合作与纷争》，上海人民出版社 2006 年版，第 6 页。

　　③ Gregory Shaffer, "Power, Governance, and the WTO：A Comparative Institutional Approach", in Michael Barnett and Raymond Duval, eds., *Power in Global Governance*, Cambridge：Cambridge University Press, 2005, p. 158.

由西方国家创建的，主要维护的自然是西方国家的利益，[1] 用以指导国际制度创建和运行的主要是自由主义意识形态。[2] 因此，国际制度根本不是纯粹处理技术性事务的机构，它们不仅仅履行着国际社会或各成员国赋予它们的功能性需求，[3] 而且还有重要的政治内涵，体现出强烈的价值取向。就我们关注的问题而言，国际制度与西方世界观预设是否具有关系？这种关系又是如何衔接起来的？

　　西方世界观与主要的国际制度之间有着一种构成性的关系。根据第一章我们有关文化的三层价值内涵即理念价值、规范价值与实用价值之间互动关系的考察可知，当一种文化平稳运行时，作为理念价值的世界观，会塑造规范价值与实用价值的面貌；而后两者的实践，则巩固和维护着理念价值。将这一思路运用到国际机制与西方世界观之间关系的分析中，可以认为，目前大多数国际制度的出现和创建是以西方世界观为指导的；而这些制度又维护和扩散着西方世界观。当然，机制的运行是以物质性权力为后盾的，这也是目前大多数国际机制是由西方国家创建的原因。在这里，我们关心的是国际制度体现了西方世界观的哪些预设？对于这一问题，米歇尔·巴纳特（Michael Barnett）与玛莎·费丽莫（Martha Finnemore）在《自由主义国际制度的权力》一文中，对此做了富有启发的考察。[4] 巴纳

---

　　① 如秦亚青明确指出："新自由制度主义的核心概念——国际制度——是为维护和延续某种国际社会体系服务的"，见秦亚青《权力·制度·文化》，北京大学出版社 2006 年版，第 107 页。

　　② Akira Iriye, *Global Community*: *The Role of International Organization in the Making of the Contemporary World*, Berkeley: University of California Press, 2002; Craig Murphy, *Emergence of the NIEO Ideology*, Boulder: Westview, 1984.

　　③ 基欧汉明确将自己的新自由制度主义理论定位在一种"国际机制的功能理论"，见罗伯特·基欧汉《霸权之后：世界政治经济中的合作与纷争》，上海人民出版社 2006 年版，第六章，第 86—109 页。而 20 世纪 50—60 年代在美国国际关系学界兴起的以戴维·米特兰尼（David Mitrany）、厄恩斯特·哈斯（Ernst B. Hass）、约瑟夫·奈（Joseph N. Nye）等人的功能主义与新功能主义同样强调的国际机构对于促进国家间合作的"功能"意义。详细可参考詹姆斯·多尔蒂、小罗伯特·普法尔茨格拉夫《争论中的国际关系理论》，阎学通、陈寒溪等译，世界知识出版社 2003 年版，第十章，第 543—593 页。也可参考肯尼思·W. 汤普森《国际思想大师：20 世纪主要理论家与世界危机》，耿协峰译，北京大学出版社 2003 年版，第 233—248 页。该书第四部分专门辟有一章来阐释米特兰尼的功能主义思想及其贡献。

　　④ Michael Barnett and Martha Finnemore, "The Power of Liberal International Organizations", in Michael Barnett and Raymond Duvall, eds., *Power in Global Governance*, Cambridge: Cambridge University Press, pp. 161—184.

特与费丽莫毫不掩饰目前大多数国际制度的文化和世界观背景，并明确将它们冠之以"自由主义国际制度"的名称。在他们看来，"理性主义"与"自由主义"构成了大多数国际机制的主导规范原则，它们分别赋予国际机制以不同的意义。前者界定国际机制的主导组织形式——官僚制，而后者则规定着国际制度追求的主要价值——民主、人权与通过自由市场取得人类进步的观点。通过国际机制的运行，这两种西方价值观的主要组成部分得以在全球扩散，并构成了他们所说"全球文化"的核心组成部分。①更具体地说，西方文化世界观预设以下列方式支持着西方政界和学术界对于国际制度的认识：

> 自由主义已经主导了人们关于国际组织的思考，在理论上和政策圈中都是如此。从经典自由主义最基本的教义中，衍生出人们对国际组织作为政策处方的热情：对于进步的信仰、对于技术变革和市场——通过创造物质资源来缓和社会冲突——以积极的方式转变全球政治性质能力的信仰。根据自由主义的观点，各种国际组织，既是这些变革的推动者，也是变革的管理者。它们带来进步的红利，同时以非暴力、公正、理性的方式管理由变革带来的冲突。国际组织之所以被认为值得珍视，是因为它们能够带来进步，促进发展，安全，正义与个人自主。既然具有这么多优点，自由主义者在国际组织决策圈中最受欢迎和长期居于主导地位（国际组织研究同样受到自由主义的吸引）就不足为奇了。②

既然国际组织与自由主义之间具有如此密切的关系，那么国际制度就不可能是客观、中立、公正的。不可否认，面对着全球化时代疾病、灾难、人员、物资、资源、信息、资金等因素流动带来的人类和国家之间的相互依赖的现状，人们有必要加强彼此间的沟通与交流，并在取得共识的基础上合作解决各种全球性问题。在此过程中，国际制度的确已经发挥了

---

①　Michael Barnett and Martha Finnemore, "The Power of Liberal International Organizations", in Michael Barnett and Raymond Duvall, eds., *Power in Global Governance*, Cambridge：Cambridge University Press, p. 163.

②　Ibid., p. 165.

大量积极的作用。然而，以一种世界观为依据来设计应对复杂问题的制度，无论其合法性还是有效性，都会受到严重的限制，同样也不能真正建立起一个稳定的世界秩序。巴纳特与费丽莫指出了以理性主义和自由主义为主要理念原则所设计的国家制度的一个深刻矛盾，即一方面宣传和鼓吹国际制度的中立性、客观性、去政治性，另一方面却以推进自由主义界定的美好生活和各种价值观为己任，从而使国际制度具有严重的紧张。① 这种情况在那些全球治理研究者和倡导者那里同样存在，它们提倡的是全球公民社会和跨国社会运动的发展，增强国际法的效力。这些致力于实现"没有政治的治理"② 的人士，尽管在某些具体问题——如对于国际政治的问题及解决办法等——上有许多不同看法，然而与新自由制度主义研究者一样，他们都希望普及西方世界观及其价值、推动世界按照西方期望的方向发展。各种全球治理与新自由制度主义者，共享了西方世界观的另外一个预设，即追求一个以西方世界观及其衍生价值为目标的单一世界秩序。我们来看以新自由制度主义及以此为理论基础的全球治理学派提出的世界秩序方案所具有的伦理内涵。

三　新自由制度主义自由宪政世界秩序方案的伦理内涵

包括新自由制度主义在内的各种全球治理学派，热衷倡导、传播、扩散以自由主义为特征的各种价值观，以及承载西方世界观的国际规范、规则、行为方式，主张建立一个自由主义宪政式的世界秩序。在此过程中，对于国家以及其他各种行为体在文化、世界观、价值观念等方面的差异，自由主义宪政秩序很少会表示出敏感和尊重。自由主义者对于其他文化和世界观蔑视或忽视的态度，不论是无知，还是延续了西方文化以自我为中心的种族或文化优越感，抑或他们真诚地认为西方文化、世界观及其规范是能让全人类受益的模式，都体现了他们对人类社会文化与世界观的多样性一种近乎本能的警惕。各种全球治理学派乐意讨论如何实现国际和平、保障人类福利、促进国际社会稳定、加强国家间协调的多种途径及其优

---

①　Michael Barnett and Martha Finnemore, "The Power of Liberal International Organizations", in Michael Barnett and Raymond Duvall, eds., *Power in Global Governance*, Cambridge: Cambridge University Press, p. 175.

② 这是一本著名的关于全球治理论著中的名称，见詹姆斯·N. 罗西瑙主编《没有政府的治理：国际政治中的秩序与变革》，张胜军、刘小林译，江西人民出版社 2001 年版。

劣，然而对于如何面对和处理国际社会文化或世界观多元的问题，它们只是喊几句"维护文化多样性"之类的口号或往往避而不谈。体现在新自由制度主义的国际制度研究中，它们很少会意识到各种以自由主义面貌出现的以国际制度为核心的世界秩序方案，与其他文化理念价值和世界观的世界秩序方案不一定相符合甚至相互冲突的事实。当此之时，西方国家往往利用物质实力、金钱、话语权等资源，通过强制、"说服"、操纵入会标准、议题设置、问题界定等方式，迫使第三世界国家采用从西方世界观衍生出来的各种规范。其后果就是沃尔兹意义上的国家"社会化"与国际规范得到"模仿"。通过话语权的操弄，国际机制密切依赖各种权力的事实被掩盖了起来，而国际制度本身的合法性也不会遭到质疑，即使遭到质疑，也因为发达国家的强大势力而使得弱小国家缺乏有效的"改制"能力。① 国际制度的价值取向，既是西方世界观对其他世界观压制的一种表现，也是西方世界观取得霸权地位的一种隐蔽而有效的途径。

　　人权问题上的争论就反映了这种情况。人权观也可以被纳入到安全观的范畴，因为它涉及到安全的主体、安全的实现方式及引起不安全的原因等密切关系"安全"的问题。人权观自然有复杂的世界观背景，它不仅在不同的文化或世界观中有不同的反映，而且在同一种文化和世界观中也是随时势而变化的。以冷战前后人权观在国际话语中所扮演的角色为例。在冷战结束之前的很长一段时间内，西方国家主要关注的是维护国家主权、争夺势力范围、避免遭到其他大国的核讹诈等属于"传统安全"范畴的问题，对于自己如何践踏殖民地、半殖民地人们权利的各种行径，它们往往只字不提，国际关系中也不存在所谓的人权问题。冷战结束后，在西方国家的传统安全问题得到极大缓解的背景下，它们开始谴责甚至制裁第三世界国家违反人权的行为，并且将人权标准引入到国际制度的运作中，动辄以此为借口对"违反人权"的国家进行惩罚。在同一种文化中，人权观的隐与显，体现了时势变化对于人们认知的影响。然而在推广西方人权标准的时候，西方国家很少意识到以个人为本体的自由主义人权观是与许多珍视集体或群体价值的文化所拥有的价值观是不相容的。

---

　　① "改制"概念借用于苏长和《解读〈霸权之后〉——基欧汉与国际关系理论中的新自由制度主义》，罗伯特·基欧汉：《霸权之后：世界政治经济中的合作与纷争》，上海人民出版社2006年版，第12页。

在安全问题上的各种争议，涉及到不同世界观对安全的不同看法。安全的主体到底是国家、民族、政权、还是个人？促进安全的最有效的手段到底是强制、武力、仲裁、还是商谈？不安全的根源到底是利益冲突、观念龃龉还是情感失和？等等，不同的文化和世界观给出的答案或许会有所重叠，然而决不会是同一的。正如赵汀阳指出的："显然，人权概念并没有获得一个世界性的解释，而且由各个国家各自解释，于是就出现了'解释的解释'这样的知识论的元解释问题，还出现了福柯式的'知识/权力'知识政治学问题。简单地说，关于人权的解释本身就是一件缺乏世界性依据和世界性公正的事件。"① 既然对于国际政治中许多问题的看法和诊断，不可避免地涉及到价值观的判断，而且由此带来的世界秩序方案是随着文化和世界观的不同而变化的。那么，国际制度及西方世界观远不足以提供有效的答案，就非常清楚了。据此，我们可以得出一个与此相关的结论，即主要反映西方自由主义价值观念的国际制度及其众多研究成果，虽然具有重要的价值，但它们是特殊文化的产物，将之作为普适标准来衡量其他国家或文化价值观的优劣甚至进行武断的惩罚，具有浓郁的强权政治色彩。

尽管我们不否认新自由制度主义及其他各种全球治理学派提出的自由主义宪政世界秩序方案的意义，但这些方案都有程度不同的消除文化和世界观多元性的倾向。诚如安德鲁·赫瑞尔（Andrew Hurrell）指出的：

> 或许是因为一大批国际制度研究成果仅仅紧盯由发达国家创造出来的国际制度，因此有一种对至少可能使合作行动复杂化的在宗教、社会组织、文化及道德视域内的基本差异视而不见的趋势……道德、民族与宗教忠诚的冲突，不是无知或不理性的结果，而是反映了价值观的多样性。正是根据这些不同的价值观，人们才能对所有的政治安排与有关美好生活的概念进行判断。②

---

① 赵汀阳：《天下体系：世界制度哲学导论》，江苏教育出版社 2005 年版，第 94 页。

② Andrew Hurrell, "Power, Institutions and Production of Inequality", in Michael Barnett and Raymond Duvall, eds. , *Power in Global Governance*, Cambridge：Cambridge University Press, pp. 36 - 37.

　　既然人类文化和世界观是多元的，那么各种全球治理学派应该考虑到世界秩序方案的多样性，而非仅仅着眼于从西方世界观衍生出来的方案，更何况"世界观问题"本身也是全球治理必须面对的重要议题，正如亨廷顿的"文明冲突论"指出的一样。如果无政府状态的克服，只能以自由主义、理性主义、西方单一世界秩序模式等西方世界观预设为依据，那么包括新自由制度主义在内的全球治理学派用以医治"无政府状态恐惧症"的世界秩序方案，很有可能不是带来秩序，而是恶化国际体系无政府状态的病源。这是赵汀阳"没有世界观的世界"对西方世界观所做诊断的结论。[①] 姑且不论无政府状态是否是秩序无法生成或有效存续的真正原因，新自由制度主义及其他全球治理学派实现秩序方式有一个共同点：通过克服文化与世界观的多样性，力图建立一个以西方国家为标准的自由主义世界。这就是新自由制度主义宪政秩序建立和维持的秘诀。

　　无政府状态的存在，虽然没有让新自由制度主义者对国际秩序抱有像结构现实主义一样的悲观态度，而是激励他们去探索实现秩序的可能及具体途径，然而，国际无政府状态在展示了危险的同时是否也为人们提供了机遇？主权国家平等与秩序之间真的是二元对立的？秩序真的只有通过消除无政府状态才能实现？秩序是从无政府状态中创造出来的还是通过某种方式"转化"而来的？等等诸如此类问题，在西方世界观背景下，新自由制度主义和结构现实主义一样，不愿加以面对、更不愿对此进行深入的考察。在"无政府状态恐惧症"的困扰下，新自由制度主义主张通过增强国际制度的作用，以此克服文化与世界观的多样性，这就是其世界秩序方案的伦理内涵。这种在普适性 vs 特殊性、同一性 vs 多样性的辩证法中以取消后者来"创造"前者的方式，反映了西方世界观或宇宙论预设对于国际关系研究者潜移默化的影响。接下来我们要考察的是被认为对国际无政府状态问题作出了重要贡献的建构主义，是否同样内化了"国际无政府状态恐惧症"，以及据此提供的世界秩序方案是否同样具有消除世界观差异的倾向。

---

① 赵汀阳：《没有世界观的世界》，中国人民大学出版社 2005 年版。

第四节　建构主义的世界秩序方案及其伦理内涵

一般认为，建构主义为关于无政府状态假定的研究，为人们认识国际关系提供了崭新的视域。因为建构主义通过从理念主义的本体论出发，赋予了无政府状态假定以变化性、理念性、多样性等特征，为人们理解国际关系史和现代国际关系现象提供了新的思路。不仅如此，温特等建构主义学者还在新的无政府状态视野中，看到了国际关系的"终极"发展方向，为国际政治最终可能达到的状态——世界国家——提供了理论上的论证。[①] 这种对人类发展方向的展望和关切，在当前盛行"问题解决理论"的国际关系学界是比较鲜见的。因为这些"问题解决理论"往往对理论或观点中的规范内涵或价值取向避而不谈，甚至认为理论是客观中立和普适有效的；而温特的"世界国家"世界秩序方案并不讳言自身的价值追求，并通过运用耳熟能详的术语、概念或假定，对这种秩序方案作出了学术论证。姑且不论这种论证是否合理或具有说服力，温特对人类和世界前途的关注，的确显示出了建构主义致力于推动人类社会向更好的方向发展的理论抱负和规范追求。[②]

问题在于，温特等根据国际无政府状态假定提出的"世界国家"秩序方案，并没有脱离西方世界对"国际无政府状态恐惧症"的藩篱。此外，世界国家的秩序方案，具有与结构现实主义、新自由制度主义提供的世界秩序方案相同的政治与伦理内涵。这样一来，建构主义的贡献就有待重新审视。在下文的论述中，我们将对西方世界观预设在建构主义中的体现及其伦理含义进行考察。首先，我们考察温特对无政府状态假定的重构，并把这种重构与结构现实主义及新自由制度主义关于该假定的基本观

---

① Alexander Wendt, "Why a World State is Inevitable: Teleology and the Logic of Anarchy", *European Journal of International Relations*, Vol. 9, No. 4, 2003, pp. 491–542, 中文删节版见亚历山大·温特《世界国家的出现是历史的必然：目的论与无政府逻辑》，秦亚青译，《世界经济与政治》2003 年第 11 期，第 57—62 页。

② 我国学者冷晓玲与李开盛对温特的这种规范性和前瞻性的研究持强烈赞赏态度，见冷晓玲、李开盛《论世界国家生成的不可能》，载《中国社会科学院研究生院学报》2008 年第 6 期，第 117 页；也可见第 115 页。

点进行简要的比较。其次，对建构主义为克服"无政府状态问题"开出的处方——世界国家的方案（下称世界国家学说）——的伦理意义进行比较详细的论证（对于温特有关世界国家的形成是历史的必然这一结论是否成立，本书第四章第三节就此进行专门分析）。值得说明的是，考虑到温特的建构主义一般被视为建构主义学派中的主流，因此本书对建构主义的考察主要限于温特的思想。

一   建构主义对无政府状态假定的重构

1987 年，在《国际组织》上发表的《国际关系中的行动者—结构问题》[①] 一文中，亚历山大·温特对沃尔兹结构现实主义和伊曼纽尔·I. 沃勒斯坦（Immanuel Wallerstein）世界体系论（world system theory）的结构观进行了全面的评价。他认为，沃尔兹的结构观是方法论个体主义，而沃勒斯坦的结构观则有方法论整体主义的意味。由于他们的方法论取向，使得它们的理论都存在重大的缺陷，因为前者没有关于行为者（主要指国家）的理论，而后者又缺乏对结构（即世界体系）如何生成的解释。通过借鉴吉登斯的结构化理论，[②] 温特认为国家与国际体系的结构——无政府状态——是互相建构的，而不是像理性主义理论认为的那样两者之间是彼此独立或由某一方单方面决定的。这样一来，通过将社会科学领域中争论不休的"行为者—结构难题"——即人或国家的行为是由结构决定还是由人的自由意志决定的——引入到国际关系理论的研究中，[③] 温特为人们如何理解国家及国际无政府状态的形成与变化提供了新的

---

① Alexander Wendt, "The Agent—Structure Problem in International Relations Theory", *International Organization*, Vol. 41, No. 3, 1987, pp. 335 – 370.

② 请参考安登尼·吉登斯《社会的构成：结构化理论大纲》，李康、李猛译，生活·读书·新知三联书店 1998 年版。

③ 行动者—结构问题在社会理论的争论，主要表现为对社会现象研究的宏观—微观关系考察的许多不同观点。吉登斯甚至认为据此可以对古典和当代社会理论进行分类。而吉登斯本人的结构化理论本身就是为了解决争论不休的微观—宏观问题而提出来的。可参考 Anthony Giddens, *The Central Problems in Social Theory：Action, Structure and Construction in Social Analysis*, Berkeley：University of California Press, 1979；高宣扬：《当代社会理论》，中国人民大学出版社 2005 年版，第 116 页。

思路。①

　　温特关于无政府状态问题的研究，并没有否定无政府状态的存在及其显著后果。在 1992 年发表的《无政府状态是由国家造就的：权力政治的社会建构》的一文及在 1999 年出版的《国际政治的社会理论》一书中，②温特对国际无政府状态这一理性主义国际关系理论视为"第一假定"的概念进行了全面的批判和系统的重构。然而，温特并不否认无政府状态是国际社会的现实，他所做的就是重构"无政府状态的逻辑"（The Logic of Anarchy），③为建构主义成为一种真正的体系理论奠定基础。如温特指出，他对无政府状态逻辑进行改造的目的在于"像沃尔兹一样，也是去阐明无政府状态的'逻辑'"。④ 在《国际政治的社会理论》一书中，温特同样明确指出："我在一开始就假定国际结构是一个无政府结构，亦即没有中央权威的结构……无政府状态对国际政治提出了一个独特又重要的秩序问题，对于这个问题，建构主义理论提出了新的答案"。⑤ 对于那些认为随着经济全球化与相互依赖的发展，欧盟等区域组织的实践，以及国

①　值得指出的是，由于本节的目的在于集中讨论西方宇宙论或世界观的"混沌恐惧症"在西方国际关系研究中的体现——"国际无政府状态恐惧症"——对于西方国际关系研究者的影响，因此我们不打算对建构主义的观点进行全面介绍和梳理。而且，中国国际关系学界已对建构主义等西方主流理论作了大量的引进和运用，使其在中国受欢迎的程度不亚于美国，甚至可以说中国学术界对建构主义的接受甚至比在美国还要高。因此，对建构主义观点进行全面介绍，既无必要也无意义。

②　Alexander Wendt, "Anarchy is What States Make of It: The Social Construction of Power Politics", *International Organization*, Vol. 18, No. 2, 1992, pp. 391 – 425. 该文中译本见亚历山大·温特《无政府状态是国家造就的：权力政治的社会建构》，载詹姆斯·德·代元主编《国际关系理论批判》，秦治来译，浙江人民出版社 2003 年版，第 140—192 页。

③　温特对"无政府状态逻辑"的重构在一定程度上受到了巴里·布赞、查尔斯·琼斯与理查德·利特尔等人关于"无政府状态的逻辑"研究的影响。它们之间的关系及对话，可参考 Barry Buzan, Charles Jones and Richard Little, *The Logic of Anarchy: Neorealism to Structure Realism*, New York: Columbia University Press, p. 50; Barry Buzan and Richard Little, "Reconceptualizing Anarchy: Structural Realism Meets World History", *European Journal of International Relations*, Vol. 2, No. 4, 1996, pp. 403 – 438; 巴里·布赞、理查德·利特尔：《世界历史中的国际体系：国际关系研究的再构建》，刘德斌等译，高等教育出版社 2004 年版。亚历山大·温特：《国际政治的社会理论》，秦亚青译，上海人民出版社 2000 年版，第 321 页。

④　亚历山大·温特：《无政府状态是国家造就的：权力政治的社会建构》，载詹姆斯·德·代元主编《国际关系理论批判》，秦治来译，浙江人民出版社 2003 年版，第 146 页。

⑤　亚历山大·温特：《国际政治的社会理论》，秦亚青译，上海人民出版社 2000 年版，第 314 页。

际组织、跨国公司、恐怖组织等行为体的活动等带来的全球政治权威与认同结构向"后国际政治"转变的观点，温特并不完全认同。他认为，所有这些转变，并未彻底否定国家在国际社会中仍享有很高权威的事实，同样未在体系层面上形成一个否定无政府状态的权威集中状态。[①] 此外，他还规劝那些否认这些事实的建构主义者，不能忽视无政府状态对国家政治的重要塑造作用，必须"给予认同及利益如何被无政府状态条件下的实践所形成的因果关系与经验问题以足够的重视"。[②] 这种认识，一方面使其建构主义仍然将国家视为建构主义的基本逻辑起点，另一方面也保留了无政府状态是国际体系基本现实的观点。如温特指出，"在这样的世界，应该继续为无政府状态的国家间政治理论和其它国际关系理论留有位置；照此看来，我是一位国家主义者，也是一位现实主义者"。[③] 通观温特关于无政府状态的研究可以看出，他显然是嵌入在西方世界观或宇宙论的背景中的。因为温特与理性主义国际关系学者一样，都是将国际无政府状态作为其理论构建的起点，区别在于他对无政府状态的假定作了不同于理性主义的重构。

在结构现实主义与新自由制度主义的假定中，无政府状态呈现出静态性、物质性与单一性的特征。而通过利用社会心理学和美国实用主义代表人物乔治·赫伯特·米德（George Herbert Mead）的象征互动论等社会理论，[④] 温特从社会性的角度对无政府状态作了新的解读，并概括出国际无政府态度的动态性、观念性与多元性的特征。这三个特征与温特力图建立一种以理念主义为本体论、以科学实证主义为认识论、以整体主义为方法论的"国际政治社会理论"一脉相承的。根据温特的研究，无政府状态的动态性是指无政府状态并非一成不变的，而是在行为者的互动中确立起来的，并且可以发生变化。这种关于行为者与结构相互建构的观点，主要是受到了英国著名社会学家吉登斯结构化理论的启发。在结构化理论的框架下，结构是由行为者的行为建构起来的；而结构一旦形成，又将对行为

---

① 亚历山大·温特：《国际政治的社会理论》，秦亚青译，上海人民出版社 2000 年版，第382—383 页。

② 同上书，第 176 页。

③ 同上。

④ 可参考其代表作，乔治·H. 米德：《心灵、自我与社会》，赵月瑟译，上海译文出版社2005 年版。

体的行为构成制约，塑造行为者的身份与利益。这样一来，结构与行为者之间的关系，就不像沃尔兹所说的那样"结构将对国家的行为形成制约，但没有哪个国家想要参与对结构的塑造"，[①]而是呈现出一种结构与行为者都是真实的（结构因为其看不见往往被认为是虚构的），且彼此之间有相互建构与相互依存的关系。由此，在建构主义的观点中，国际无政府状态及由此衍生出来的国家的自助行为及其利益、身份，以及国际关系中的权力政治现象，都是通过在国家之间的互动得以"造就"出来的。这就赋予了国际政治以一种动态、变化的特征。

温特关于无政府状态变化性的特征，只有在其理念主义本体论的框架下才能得到理解。虽然温特也承认物质因素的重要意义，但他更倾向于认为是主体间知识和共有文化赋予了这些物质力量或因素以意义。他所举的朝鲜的 5 件核武器比英国的 500 件核武器对于美国的国家安全更具有威胁性的比喻，是对主体间知识和共有观念在国际关系中意义的形象说明。[②]这种对于观念在国际关系中重要性的强调，同样体现在温特关于无政府状态假定的理解中。温特认为，在国际无政府状态的环境下，国家之间并不必然会出现霍布斯式自然状态条件下"所有人反对所有人的战争"，因为"无政府状态可能会引发具有竞争性的权力政治，但是，也可能不包含这种动因"，[③]关键在于无政府状态下的行为体通过互动形成什么样的主体间知识和共有观念，也就是他所说的"认同与利益结构"。[④]如果国家在国际无政府状态中奉行自助逻辑，并将自身界定为自利行为体，那么，根据行为体之间的互动，与之交往的行为体就会同样采取相应的自助行为，这样双方就会陷入到"安全困境"的局面中；如果行为体奉行他助的行为逻辑并采用利他动机，并且同样得到他者的积极响应，那么他们将有可能走出权力政治的怪圈，甚至有可能构建出以"人人为我、我为人人"为特征的安全共同体。温特通过在他假定的"自我"与"他者"在一个"没有共有观念的世界"中的遭遇为例，思考了在他们的互动过程中如何

---

①　肯尼斯·华尔兹：《国际政治理论》，信强译，上海世纪出版集团 2008 年版，第 97 页。

②　请参考亚历山大·温特《国际政治的社会理论》，秦亚青译，上海人民出版社 2000 年版，第 323 页。

③　同上书，第 145 页。

④　亚历山大·温特：《无政府状态是国家造就的：权力政治的社会建构》，载詹姆斯·德·代元主编《国际关系理论批判》，秦治来译，浙江人民出版社 2003 年版，第 147 页。

创建具有多种可能性——既可以是敌人、也可以是朋友——的共有文化和社会结构。① 通过利用象征互动论等社会理论的研究成果，温特论证了无政府状态条件下行为体逻辑的多样性及其可能带来的不同后果，这就在一定程度上超越了沃尔兹等人关于国际无政府状态必然会带来危险的宿命论或决定论观点，而且为观念、认知、意义、身份、认同与"体系文化"等理念因素的回归开辟了道路。

和无政府状态的动态性与理念性特征密切相关的，是无政府状态逻辑的多样性。既然无政府状态是一种共有知识和"体系文化"，而且这种知识和文化能够通过行为体之间的互动得以再造，因此无政府文化是可以有多种类型的。温特构想出三种无政府文化：霍布斯文化、洛克文化与康德文化。② 尽管温特承认这些文化形式并没有穷尽无政府文化的所有类型，但他认为"这些文化确实是最重要的文化形式"。③ 根据文化是"利益与身份结构"的观点，温特总结了三种无政府文化条件下行为者之间的角色身份及其特征。在霍布斯文化中，行为体之间的主导身份是"敌人"，而敌人之间不会承认对方的生存与权利，因此在霍布斯文化中，自助、战争、冲突成为行为体之间最为常见的行为模式。这也是结构现实主义为人们描绘的国际政治景象。在洛克文化中，国家之间彼此将对方视为"竞争对手"，行为体在开展互动时是承认对方的生存权利。战争虽然偶有出现，然而却不像霍布斯文化中那样盛行，因为行为体已经开始受到国际制度、国际法等规范的约束，战争的烈度和强度都受到一定的限制。而在康德文化中，国家之间彼此的定位则是"朋友"，它们的互动遵循着两个基本原则：即不以暴力手段来解决彼此间的争端，以及在面临共同威胁时奉行他者逻辑以应对外来威胁。

在温特看来，威斯特伐利亚体系形成之前的国际体系体现出霍布斯文化的特征。而自威斯特伐利亚体系形成以来的三百多年间里，洛克文化成为占主导地位的体系文化，沃尔兹对无政府状态假设的讨论，实际上也是

---

① 詹姆斯·德·代元主编：《国际关系理论批判》，秦治来译，浙江人民出版社2003年版，第153—156页；也可参考亚历山大·温特《国际政治的社会理论》，秦亚青译，上海人民出版社2000年版，第416—418页。

② 亚历山大·温特：《国际政治的社会理论》，秦亚青译，上海人民出版社2000年版，第六章，第313—387页。

③ 同上书，第325页。

在洛克文化的框架下进行的。根据国家间实践所构建起来的规范和对其他国家角色所作的定位实践来看，温特认为北大西洋国家（即欧盟国家、美国与加拿大等国家）已经进入到了康德文化的状态。尽管温特并未明言，但根据他对"民主和平论"含蓄的认同，可以推测他认为许多第三世界国家仍然处于霍布斯文化的状态中。这也就是说，多样性的无政府文化体现在国际体系的不同地区。至于无政府文化在时间序列上的分布，温特认为国际体系遵循着自霍布斯文化至洛克文化再到康德文化的演变路径，也就是说国际体系的变化"是单方向发展的"，而且"这样的变化是朝着历史进步的方向发展的"。① 在建构主义的动态、线性的无政府文化演变视野中，霍布斯无政府文化是过去，洛克文化从威斯特伐利亚条约签订后一直持续到现在，而康德文化则是国际政治发展的未来，并且这种未来是以欧盟或整个北大西洋地区为蓝本的。这种对于国际关系进步的乐观态度与现实主义理论的悲观取向截然不同。然而，温特并没有宣称无政府文化的转变是轻而易举的，从而为人们改变国际体系运作逻辑的雄心设置了一定的障碍。文化的转变并非轻而易举，"当文化实践以习惯的形式成为惯常事物的时候，就被推向共有的认知背景之中，成为人们认为是理所当然的事物，也就不再是需要人们权衡的东西"。② 而且文化是一种"自我实现的预言"，即行为体通过内化文化的规范对其身份的规定，因此人们很难构想一种与已经内化的文化截然不同的文化。

温特对于文化转变困难的论述，与我们上文关于世界观是如何限制人们的认识与想象，并且极难改变的说明很相似。问题在于，既然国际政治是朝着进步的方向演变的，那么，回溯历史，我们该如何定位第一次世界大战、第二次世界大战以及近代国际关系史上其他难以计数的国家间的冲突与战争？这些战争的惨烈程度和破坏力量远大于以 1648 年为标志的现代国际关系时代之前的任何暴力行为。难道我们不可以将它们视为霍布斯无政府文化条件才能出现的战争吗？如果将这些战争与冲突视为霍布斯无政府文化的体现，那么温特关于国际体系沿着线性发展道路演变的观点就存在内在的缺陷。温特的国际体系发展观与历史观，仍然是嵌入在西方关

---

① 亚历山大·温特：《国际政治的社会理论》，秦亚青译，上海人民出版社 2000 年版，第387 页。

② 同上书，第385 页。

于传统与现代不可通约的二元对立的预设中的。结构现实主义、新自由制度主义与温特建构主义关于无政府状态假定之间的异同，见表3—1：

表3—1　　　主流国际关系理论对无政府状态假定的不同理解

	现实主义（新现实主义）	理想主义（新自由主义）	建构主义
行为体	国家	国家	国家
目标	生存	权力与财富	承认
无政府状态中的行为体的行为	增强权力确保生存	通过下列方式促进社会学习 A、制度（如联合国） B、观念（如民主和自由资本主义）	为追求自身主体性得到承认而斗争①
是什么缓解了国家行为	自助，因为没有世界政府，国家间的合作是不可靠的	国际制度	主体间建构起来的认同与利益结构 A、如果国家认同结构是竞争的，国家的行为就是竞争； B、如果国家认同和利益建构为合作的，国家的行为就是合作
无政府状态的逻辑	冲突	合作	无政府状态是国家造就的
可变性与否	不可变		可变
本体论	物质主义		理念主义
单一性与否	单一的（缺少中央权威的状态）		三种（霍布斯文化、洛克文化与康德文化）

资料来源：Cynthia Weber, *International Relations Theory：A Critical Introduction*（2nd），London, New York：Rutledge, 2005, p. 67 本表在 Weber 的研究基础上增加了几个维度，并对其作了一定程度的修正。

---

① 这一点尽管在温特的《国际政治的社会理论》一书中就已经初露端倪，但直到《世界国家的出现是历史的必然：目的论与无政府逻辑》一文才得到系统的阐发，也就使得"为承认而斗争"的行为逻辑成为温特建构主义思想对国际行为体行为动机的界定性说明。

二　温特建构主义的"世界国家"秩序方案

建构主义在中国学术界是一种显学。国内国际关系学者在引进和运用建构主义的过程中，并未对其世界观背景进行深入的研究。这种状况的存在，在很大程度上支持了西方国际关系知识及其世界观背景的霸权地位。而对这一问题的讨论，将有助于人们意识到建构主义不过是一种特殊性文化的产物，远远不是温特自己所认定的那样"正如许多现实主义者一样，我希望我的模式的适用范畴是跨历史和跨文化的"。① 对建构主义世界观背景的揭示，将不仅佐证贝尔有关国际关系知识都是有世界观背景的观点，而且有助于我们在运用建构主义理论或观点解释国际政治现象时，对其意识形态含义及其规范内涵保持一定程度的警惕（我们将在本节第四部分集中讨论这一问题）。由于篇幅及能力有限，我们下文对建构主义与西方世界观之间关系的讨论将点到为止。

在重构无政府状态逻辑之后，温特讨论了人类或国家是否有走出无政府状态的可能。在《世界国家的出现是必然的》一文中，温特在他之前研究的基础上，更为系统地对国际关系的发展方向进行了研究，构想了一幅经过四个先后相继的演变阶段——国际体系、国际社会、世界社会、集体安全——最终达到世界国家的图景。温特认为国际政治学必须探索两大问题，即国际体系所能达到的终极状态以及推动世界体系走向这种终极状态的动因或力量。通过对古典政治思想的考察，温特认为，对于这两个问题可以给出三种答案。第一种是自由主义的"和平联邦"构想，其哲学根基在于康德的国际政治学说；第二种是现实主义关于国际政治的描述，即国际体系永远处于民族国家构成的世界中，其根基在黑格尔的普世国家学说中；第三种就是他自己所称的世界国家。温特认为，这三种构想都将冲突视为推动国际体系向终极状态发展的动因。区别在于康德的构想没有注意到冲突能够导致集体身份的形成这一可能突破无政府文化自助逻辑的

---

① 亚历山大·温特：《国际政治的社会理论》，秦亚青译，上海人民出版社2000年版，第425页。

机制,① 而黑格尔的 "为承认而斗争" 的动机理论则不恰当地将斗争主体局限在个人身上, 忽视了国际体系中的国家同样有追求承认的动机, 因为 "为承认而斗争" 的逻辑同样适用于国家。② 对于国际体系为什么一定会向世界国家的方向发展, 温特在目的论研究方法的指导下, 通过运用系统理论的最新研究成果, 尤其是著名国际关系学者罗伯特·杰维斯 (Robert Jevis) 复杂系统理论,③ 构想出两种逻辑途径, 认为它们的相互作用将不可避免地使世界国家成为国际体系发展的终极目标。这两种逻辑途径可以区分为一个自下而上的自行组织过程和一个自上而下的结构过程, 它们分别表现为微观层次上个人和集体为争取主体性得到承认的斗争与宏观层次上无政府状态逻辑和技术发展对国家行为所造成的限制。④ 在温特的理论框架中, 这两种对于事物发展状态进行描述的逻辑途径, 被视为两种因果关系。他认为正是自下而上的因果关系和自上而下的因果关系, 再加上一个终极性因果关系的作用, 导致了国际体系向世界国家的方向发展。在这篇文章中, 可以异常清晰地发现温特世界国家构想及其论证过程与西方世界观或宇宙论之间的密切关系。

这一点在温特对目的论及终极性因果关系的讨论中得到最明确的反映。在论证世界国家的出现是不可避免的过程中, 温特是以目的论为研究取向的。所谓目的论, 也就是预设一种目的或事物终极状态的存在, 然后来寻找会使该目的得以实现的动因。用温特的话来说, 目的论的观点就是 "如果 X 的发生是为了实现 Y, 则 Y 就是 X 的终极性原因"。⑤ 而这种逻

---

① 也可参考温特在《国际政治的社会理论》一书中对康德 "和平联邦" 构想的评价。温特认为: "康德关于为什么共和体制可以导致 '永久和平' 的大部分推理……没有阐明作为其理论基础的社会理论, 因此也就无法帮助我们考虑实现同样结果 (即世界大同——引者注) 的其他方式。我不知道这些其他方式在实践中会不会有效, 但是, 我们不能预先就把这些可能排除在思考之外。" (第 430 页) 这实际上为温特 2003 年发表《世界国家的出现是历史的必然: 目的论与无政府逻辑》一文作了铺垫。

② 德国著名社会批判理论家、法兰克福学派掌门人阿克塞尔·霍纳特 (Axel Honnth) 对此做了深入、系统的研究。可参考阿克塞尔·霍纳特《为承认而斗争》, 胡继华译, 曹卫东校, 上海人民出版社 2005 年版。

③ 罗伯特·杰维斯:《系统效应: 政治和社会生活中的复杂性》, 李少军等译, 上海人民出版社 2008 年版。

④ Alexander Wendt, "Why a World State is Inevitable: Teleology and the Logic of Anarchy", *European Journal of International Relations*, Vol. 9, No. 4, 2003, p. 496.

⑤ Ibid., p. 502、p. 493.

辑构成了温特解释中的"终极性因果关系"。需要追问的是，在目的论的逻辑中，Y 的起源能够从 X 那里得到解释，那么 X 又是如何出现的？Y 出现的原因就一定是 X 导致的吗？在目的论的框架中，X 的缘起是得不到说明的。因此，仅着眼于 Y 的意义，而搁置对于 X 的探究，那么目的论逻辑就是一种典型的"超越"（transcendence）宇宙观。我们再次引用郝大维与安乐哲对于"超验"原理的理解："'超验'在严格的意义上应这样理解：一种原理。如果说，A 是这样的'超验'原理，那么，B 就是它作为原理用来验证的事物。B 的意义内涵不借助 A 就不可能获得充分分析和说明，但反之却不成立。"① 如果我们将温特对目的论论证中的 Y 替换成 A，X 替换成 B，那么温特的目的论事实上就是西方世界观"超验"原理。

在温特关于世界国家必然会生成的研究中，这种"终极性因果关系"既可以是"系统的内在不稳定性"，② 也可以是"冲突"。③ 事实上，它们都被温特视为推动系统向终极状态运行的动力。非常明显，"系统的内部不稳定性"并不能等同于"冲突"。然而，在温特的理论中，两者之间是画等号的。也就是说，温特预先认定"为承认而斗争"一定会采取暴力冲突的形式。这种将"冲突"与"系统的内部不稳定性"等同起来的观点，不仅在逻辑上无法自圆其说，而且与事实相悖。因为系统的不稳定，不一定表现为公开的冲突，冲突只是不稳定的极端体现而已。在事实层面上，国家等行为体为确保自身主体性或差异得到认可而采取的斗争形式是多种多样的，如社会运动、游行示威、外交抗议、国际组织的制裁、在网络上宣泄愤怒情绪，等等，都不是直接冲突的形式。这样一来，技术发展对于国家行为的影响，将不如温特所强调的那么严重，国家之间的斗争不会呈现温特认定的那种危险状态。也就是说，温特理论中的终极性因果关系不仅存在模糊之处，而且还夸大了这种因素对于国际体系转型的影响。既然如此，那么温特的理论就面临着无法克服的困难，因为终极性因果关系的意义和影响是否是唯一，以及其影响是否如温特所推崇的那么大，并

---

① 郝大维、安乐哲：《通过孔子而思》，何金俐译，北京大学出版社 2005 年版，第 14 页。

② 亚历山大·温特：《世界国家的出现是历史的必然：目的论与无政府逻辑》，秦亚青译，《世界经济与政治》2003 年第 11 期，第 58 页。

③ 同上书，第 57 页。

非一目了然。而在宇宙论意义上来说，无论是将"系统的内在不稳定性"还是"冲突"视为推动国际社会向世界国家转变的终极性因果关系，它们发挥作用的方式都具有浓厚的神秘主义色彩，这类似于西方世界观中"终极实在""上帝"的角色，从而成为本身无法得到解释的"超验"原理。

之所以需要在自上而下的因果关系与自下而上的因果关系之外引入一个具有"超验"色彩的终极性因果，是因为温特认为前者"解释的是非线性动因，无法解释系统目的的方向性"，而后者"所保持的是系统的稳定，无法解释系统的变化"。① 由此可见，温特引入"超验"因素的动机，就在于要通过终极性因果关系的作用来对国际体系的发展做"线性"式的描述，由此我们也就看到了五个前后相继、彼此替代的国际体系发展阶段。这种对线性解释的偏好、对"超验"因素的崇拜、在研究中预设一种目的或终极状态的存在、对因果关系的重视（逻辑中心论）、对一种以世界国家为体现形式的单一世界秩序的追求、各阶段不同共存的二元对立等，无一不是对西方世界观预设的全面吸收和系统阐发，而且是西方"创造"和"演化"世界观一种奇怪的组合。因为温特的理论中既有"创造"的成分，这在其对终极性因果关系的引入中可以看出；同时也有"演化"的成分，这体现在对国际体系线性发展过程的动态描述上。实际上，温特关于世界国家的研究完全吻合亚里士多德"四因说"。根据亚里士多德四因说的构成——形式因、动力因、质料因与目的因，我们可以轻而易举地在温特的世界国家学说中找到这些因素。它们分别为：无政府状态文化是一种形式因；质料因是指以国家和人为中心的各种国际行为体；动力因是指国家为了取得承认而进行的战争或由此造成的"系统的内在不稳定性"；而目的因自然就是世界国家。他们之间的同构见图3—1。

在上文的研究中，我们发现，相对于结构现实主义和新自由制度主义，建构主义受到西方世界观的影响更为强烈，这集中体现在温特世界国家学说与亚里士多德四因说的完全同构上。因此，我们可以得出结论，即建构主义尽管对无政府状态假定作了重构，不过其出发点与结构现实主义和新自由制度主义一样，同样是出于克服"无政府状态恐惧症"的目的。

---

① Alexander Wendt, "Why a World State is Inevitable: Teleology and the Logic of Anarchy", *European Journal of International Relations*, Vol. 9, No. 4, 2003, pp. 491 – 542, p. 501.

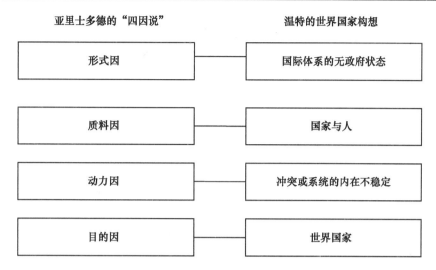

图3—1 亚里士多德四因说与温特世界国家学说的同构

建构主义不是客观中立的，更不是普适的，它不过内化了西方世界观对混沌或无政府状态的恐惧态度。对无政府状态假定的重构及为这种重构提出的世界国家秩序方案，不过是建构主义以一种新的方式对这种恐惧症作出的反应而已。尽管这种重构变得日益精致和复杂，它仍然摆脱不了西方世界观预设的影响。

三 温特世界国家秩序方案的伦理内涵

国际关系理论都是规范理论，建构主义也不例外。温特建构主义的规范内涵，集中体现在他关于无政府文化是可以转变的和世界国家必然会形成的推论过程和结论上。

在温特的研究中，集体身份的形成逻辑，不仅是他在国际关系理论研究上所做的开创性贡献，也是温特国际体系文化能否实现演化与世界国家学说能否成立的关键之处。在集体身份形成的"条件"这一问题上，温特的理论立场有过变化。在《集体身份形成与国际国家》一文中，温特指出了集体身份形成的三个条件：结构背景（structural contexts）、系统过程（systemic process）、战略实践（strategic practice），[①] 但在此他没有讨

---

① Alexander Wendt, "Collective Identity Formation and the International State", *The American Political Science Review*, Vol. 88, No. 2, 1994, pp. 388 – 391.

论集体身份变化的动力。对于这种观点，我们可以称之为关于条件的"早期观点"。其次，在1999年的《国际政治的社会理论》一书中，温特提出了推动集体身份形成的四个条件，并明确将它们称之为"主变量"（master variables）。这四个条件分别为相互依存（interdependence）、共同命运（common fate）、同质性（homogeneity）与自我约束（self-restraint）。[1] 对于这一变化，我们称之为条件的"后期观点"。在集体身份变化的动力问题上，温特同样有过一次变化。在《国际政治的社会理论》一书中，温特认为"自然选择"和"文化选择"是导致国际体系结构即无政府文化发生变化的动力，他尤其强调的是后者的作用。[2] 对于这种观点，我们称之为动力的"早期观点"。然而，到了2003年的《世界国家的出现是历史的必然》一文，温特又修正了集体身份变化的动力。通过借鉴黑格尔与德国法兰克福学派哲学家阿克塞尔·霍纳特（Axel Honneth）的"为承认而斗争"逻辑，论证了承认斗争就足以实现集体身份形成与扩大的观点。[3] 对此我们称之为动力的"后期观点"。不过在这篇文章中，温特没有就集体身份形成的条件提出新观点。温特对于集体身份形成条件与动力上理论立场的变化，可以用图3—2表示。

　　温特的理论立场虽然发生了变化，但其价值取向却很少发生变化。在《国际政治的社会理论》一书中，温特认为"自然选择"与"文化选择"构成了国际体系机构演变的动力。根据本章第一节对沃尔兹结构现实主义中所谓"模仿"不过是同化或征服的代名词所作的论证一样，我们可以看看温特强调的所谓"文化选择"的实质是什么。温特认为，文化选择是促使国际体系结构即无政府文化发生转变的主要动力。在论证文化选择促使结构发生演进的过程中，温特区分了结构变化与身份变化的差异，这主要体现在它们分属不同的层次上，即结构变化属于宏观层次、身份变化属于微观层次（应该是"互动层次"）。不过，温特仍然认为结构的变化

---

[1]　亚历山大·温特：《国际政治的社会理论》，秦亚青译，上海人民出版社2000年版，第430—452页。

[2]　同上书，第402—430页。

[3]　亚历山大·温特：《世界国家的出现是历史的必然：目的论与无政府逻辑》，秦亚青译，《世界经济与政治》2003年第11期，第58—60页。

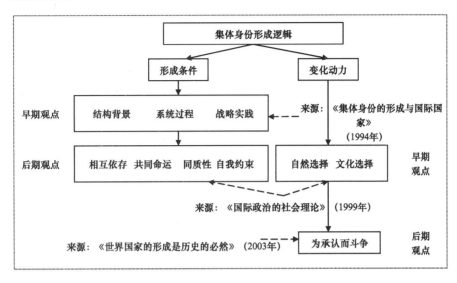

图 3—2　温特集体身份形成逻辑（条件 + 动力）理论立场变化示意图

是以身份变化为核心和表征的，是"附着于身份变化的"。[①] 这样一来，温特实际上也就承认了集体身份的形成，实际上也是"文化选择"所导致的，而构成文化选择的两种机制——模仿与社会化，则是集体身份形成的动力。这样一来，温特是在排除了国家是追求文化、价值观、世界观等方面的差异后才使其学说得以成立的。因此，我们可以得出一个结论，至少在世界国家学说中，温特所体现出来的价值取向是：试图通过集体身份的形成，同时减少国际体系中行为体之间的差异，从而为世界国家的出现开辟道路，其实质就是对差异性的恐惧和对同一性的向往。温特在《国际政治的社会理论》一书构想的集体身份形成逻辑如图 3—3 所示。

在对温特集体身份形成逻辑的伦理内涵展开进一步讨论时，有必要澄清温特在研究国际体系结构，也就是无政府文化的进化过程时所做的两个方面的限定。（1）第一个限定：将洛克文化作为无政府文化的分析起点，探讨国家等国际行为体是如何实现向康德文化转变的。[②] （2）忽视各种体

[①]　亚历山大·温特：《国际政治的社会理论》，秦亚青译，上海人民出版社 2000 年版，第424 页。

[②]　同上书，第 425—426 页。

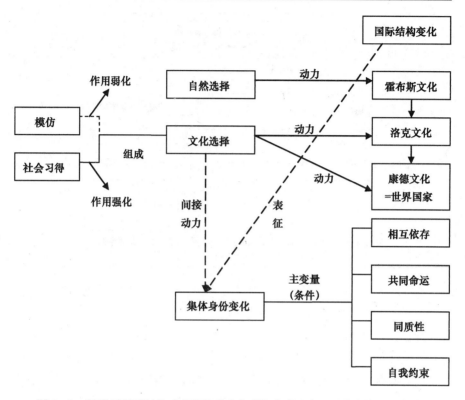

图3—3 温特解释国际体系变化的动力机制与集体身份形成逻辑之间的关系

系文化的西方背景。这一限定由于没有得到温特的明确表述，有赖于我们自己进行总结。

以上这两个限定各自产生了比较显著的理论与政治效应，而且具有重要的伦理内涵。温特认为，在国际体系的演变过程中，自然选择主要在霍布斯文化阶段发挥作用。在这一阶段中，国家等单位之间具有一种"敌人"的集体身份，从而使国际政治具有以下几个方面的特征：行为体之间的互动表现为不断的暴力、单位的特性日益趋同、大量单位的被消灭和被集中、必要时的权力制衡、在单位之间发生冲突时只有很小的中立空间等。① 温特认为"自然选择"即行为体实现自身再造的能力，霍布斯文化的效益就是使那些不能像国家那样有效地积聚资源的单位，如帝国、邦

---

① 亚历山大·温特：《国际政治的社会理论》，秦亚青译，上海人民出版社 2000 年版，第334—335 页。

国、酋邦、王国等政治实体"不能再造",从而带来了以"国家"这一政治组织形式对这些实体的替代。① 温特认为,"自然选择"是一个物质过程,并不能通过行为体的意识、认知、意图来产生作用;它能够解释种类的变化,却不能解释具有社会特征的身份与认同的变化。而只有"社会选择"才能胜任这一任务。由于在霍布斯文化转换中,自然选择居于主导地位,温特意识到他的文化选择机制在解释霍布斯文化向洛克文化的转换上存在局限,所以他设置了第一个限制。

然而,忽略掉霍布斯文化并不代表它不存在。真的是所谓的"自然选择"或"竞争",导致了国际关系中许多政治实体的消失和主权国家成为唯一合法的行为体吗?在某些地方,温特不经意间透露了这种"自然选择"或"竞争"的实质。温特指出:"在国际历史的大部分时间里,国家生活在霍布斯文化之中。在这种文化中,无政府逻辑就是杀戮或被杀。但是17世纪欧洲国家建立了洛克文化,在这种文化中,相互承认主权的做法限制了冲突。这种文化最终成为全球的文化,虽然在有些地方是通过霍布斯式的殖民主义进程建立的。"② 也就是说,霍布斯文化向洛克文化的进化至少有两种途径:在西方,洛克文化是在1648年威斯特伐利亚条约签订以后,欧洲国家相互承认主权从而逐步确立的。这种洛克文化建立途径,在很大程度上的确如温特所说,主要是通过模仿与社会习得这两种文化选择机制起作用。然而,在世界其他地区,本来没有所谓"主权国家""国际法"等概念,也没有处于如温特所说的"霍布斯文化状态"。只有随着欧洲地区向世界其他地区的扩散,才发生大规模、有组织的"杀戮或被杀"的现象。通过武力征服、领土掠夺、奴隶贸易等途径,欧洲帝国主义国家消灭了这些地区的政治实体,建立起直接或间接的殖民统治。在很长一段时间内,欧洲国家根本无意在殖民地半殖民地地区建立主权平等的欧洲式"国家"。这些广大地区,也就是温特所说的"有些地方",集体身份的形成,是以西方国家实施以"杀戮"为特征的"霍布斯

---

① 温特对"自然选择"概念的改造,见肯尼斯·华尔兹《国际政治理论》,信强译,上海世纪出版集团2008年版,第405—406页。对于国家这一政治组织形式如何取代其他各种政治实体的原因及其过程,可参考这一方面的经典著作,查尔斯·蒂利:《强制、资本和欧洲国家:(公元990—1992)》,魏洪钟译,上海人民出版社2001年版。

② 亚历山大·温特:《国际政治的社会理论》,秦亚青译,上海人民出版社2000年版,第398页。

式的殖民主义进程"完成的。将这种建立洛克文化的最重要途径建构为
"自然选择"或"竞争"机制，将广大殖民地半殖民地区轻描淡写称为
"有些地方"，温特有效地完成了对"霍布斯式的殖民主义进程"进行合
法性论证的使命，通过将自己的理论视为普适的，温特有意无意地忽视对
殖民地半殖民地人民犯下的不正义，对那些受到伤害的人们实施了再一次
的蔑视。

除了将殖民主义进程与自然选择、竞争等同显示出来的问题之外，温
特的逻辑还存在几个方面的问题。首先，霍布斯文化与洛克文化之间并不
是进化的，而是退化的。需要明确的是，1648 年以来的国际体系文化真
的是洛克文化吗？在国际历史的大部分时间，欧洲之外的政治实体真的是
处于霍布斯文化之中吗？在 15 世纪之前，通过广泛的贸易与商业联系，
世界各大洲的政治实体都逐渐地参与到国际互动之中，从而产生了现代国
际体系的雏形，虽然某些实体或地区之间没有直接的联系。尽管这些政治
实体之间也会发生冲突，甚至这种冲突还比较激烈，但总体而言，即使国
际体系中存在一个实力居于明显优势地位的实体和地区，如中国和东亚，
但没有出现该实体该地区试图全面征服世界其他实体和地区的情况。对于
15 世纪前国际体系的秩序这种特征，我们可以视为相对和谐的状态。然
而，当西方国家实力大增并开始地理大发现的时候，国际体系的这种相对
和谐的状态，就开始向以征服和掠夺为特征的"自然状态"的转变。15
世纪前后国际冲突状态的对比，带来了一系列极为重要然而却很少得到研
究的问题：为什么东亚国家在享有重大实力优势的时期国际体系总体保持
平静，而在欧洲国家崛起的过程却走上对外扩张和征服的道路，以致为国
际体系带来了连绵战火？[①] 限于篇幅，我们无法对这个问题进行深入讨
论。但通过考察西方国家在地理大发现与殖民主义时代对待土著人与广大
殖民地半殖民地人民的态度，可以发现国际体系从相对和谐的状态向自然
状态的转变，是与西方国家试图消除国际体系中的差异密切相关的。国际
体系基本状态的这种转化过程与西方国家世界观之间的这种关系，可以通

---

① 东亚地区与西欧在 1000—1998 年近千年间分别占世界 GDP 总量的比例对比情况可参考
安德鲁·麦迪森《世界经济千年史》，伍晓鹰等译，北京大学出版社 2003 年版，第 117、261 页；
也可参考保罗·肯尼迪《大国的兴衰：1500—2000 年的经济变迁与军事冲突》，陈景彪等译，国
际文化出版公司 2006 年版，第 4 页。

过以下这段话得到证明：

> 在 15 世纪之前，基督教世界与非基督教地区在世界体系中的互动，围绕着具体的地理单位而进行，其中的某些地区之间甚至没有接触过。尽管各人类群体之间也产生了暴力对抗，但这些地理实体一般而言都会将其他地理单位在宗教与文化上的区别承认为差异，而不像后来的西方那样感觉必须消除这些区别。西方基督教国家将非欧洲人视为"旧世界"，尤其是鞑靼人、亚洲人与阿拉伯人，认为他们是与欧洲人截然不同的人类群体或政治实体，他们虽然有自己的文化与宗教，但这种文化和宗教是极为落后的。整个这个时期（指 15 世纪之后——引者注），基督教世界对非基督教世界唯一的偏好，就在于相信基督教信仰有义务去转化，也就是拯救非基督徒。[①]

由此可见，在欧洲大规模侵入世界其他地区之前，国际体系总体而言是处于相对和谐的状态，而转向"霍布斯文化"，实际上欧洲国家的掠夺性是对外侵略造成的。如果温特没有对欧洲帝国主义国家对待殖民地半殖民地人民的"霍布斯文化"视而不见，那么他应该得出这样一个结论，即从"地理大发现"直到 20 世纪六七十年代去殖民化时代，这一期间的典型特征是霍布斯文化，而不是洛克文化，正如温特自己所说洛克文化建立过程："有些地方是通过霍布斯式的殖民主义进程建立的"。对这一论断中的问题，我们已经做了详细考察。可以说，近代国际体系形成到 20 世纪后半叶是"霍布斯文化"是一个显而易见的结论，无须做太多的论证。

其次，以欧洲一隅的文化特征——洛克文化——代表整个体系的文化特征，无疑犯了以偏概全的逻辑错误。温特对霍布斯文化特征的定义，首先体现在西方帝国主义国家对待广大殖民地半殖民地人民的态度上，而殖民地半殖民地区的地理涵盖范围要比欧洲地域广泛得多，从而足以推翻现代国际体系是一种洛克文化的观点；不仅如此，霍布斯文化的特征，也经常体现在被温特视为洛克文化起源的西方帝国主义国家之间的彼此争斗

[①] Siba N'Zatioula Grovogui, *Sovereigns, Quasi Sovereigns, and Africans: Race and Self-Determination in International Law*, Minneapolis: University of Minnesota Press, 1996, p. 7.

上。如果这些国家没有内化霍布斯文化的基本特征，我们很难想象还有第一次世界大战和第二次世界大战的爆发。即使我们真的把国际体系视为一种洛克文化，那么这种文化也只是在二战以后到目前这一时段内才成为一种"体系文化"。第三，为什么体系文化的建立要采取不同的途径。温特事实上承认洛克文化的"建立"有两种途径：一种是欧洲国家之间的"文化选择"途径，一种是对殖民地半殖民人民"霍布斯式的殖民主义进程"或武力征服的途径。而且，在近代国际体系的绝大部分地区，这种文化的建立途径是武力征服，而不是所谓的"自然选择"或"竞争"。随之而来的问题是，既然洛克文化是"建立"起来的，而且可以有不同的建立途径，那么为什么西方国家在彼此之间采取了"文化选择"的路径，而对于广大殖民地半殖民人们却采取武力征服或"霍布斯式殖民主义进程"的路径？按照温特的建构主义逻辑，既然行为或权力只有通过观念才能发挥作用，那么西方帝国主义国家或殖民主义国家到底产生或具备一种什么样的观念，以至于让它们在欧洲国家之间和对世界的其他地区作出截然区分，并对不同地区的人们采取了截然相反——欧洲是相互承认主权、对广大殖民地半殖民地地区去推行"霍布斯式的殖民主义进程"——的文化建立路径？这个问题密切关联着西方世界观预设！

温特并未深究西方文化的世界观预设，但在不经意间透露了这一点。温特认为，自威斯特伐利亚条约签订以来，国际体系就演进到了洛克文化阶段。洛克无政府文化中国家行为体的特征包括：国家成为国际体系中的主导行为体、相互承认主权、国家彼此将对方视为"竞争对手"、保持自我克制、甚至有时进行他助，等等。他认为，这已是生活在这一体系中的人们的常识，也是国际关系主流理论的研究起点。[①] 然而，在指出洛克文化已成为一种全球文化并且内化到行为体的认知之中时，温特提到了种种常识的文化背景：

> 这些常识是国际关系主流理论的起点，主流理论往往低估文化变量的重要性。我试图做的就是使这个起点具有内在性质，表明它是依赖于某种特殊的文化背景的。为了某种目的，这样的文化背景可以被

---

① 亚历山大·温特：《国际政治的社会理论》，秦亚青译，上海人民出版社2000年版，第369页。

视为先验给定，但是没有这种文化，我们就无法理解现代国际政治。①

根据上下文的意思来看，这些常识的"某种特殊文化背景"是指洛克文化。而在另外一个地方，温特则在不经意间透露了这种"特殊文化背景"的"特殊文化背景"：

> 实际上，当今国际体系的一个重要特征就是许多第三世界国家和前共产党执政的国家采用了西方国家的制度与观念。这似乎主要是模仿的作用。但是，这种趋势是以预设集体身份的存在为先决条件的，国家希望成为这种集体身份的一部分，以上例子里的集体身份是指"西方"或"现代化"。②

在这段论述中，值得引起我们特别注意的是集体身份前的"西方"和"现代化"这两个形容词。实际上，温特已经指出了洛克文化这一集体身份的实质内涵，即"现代""西方"世界观。因为，无论是西方国家的制度还是观念，都是从现代（希腊）世界观衍生出来的。在这里，我们可以发现温特逻辑的一个重要矛盾之处。一方面，温特认为无政府文化是一种体系文化。既然是体系文化，那么这种文化至少应该得到国际社会绝大多数行为体的接受和认同。然而，与此同时，温特又把（洛克文化下的）集体身份与"西方"或"现代化"等同起来。这样一来，就出现了集体身份的涵盖范围明显不能等同的问题。如果用公式来简单表达，前一种观点就是"集体身份＝全球文化"，而后一种观点即"集体身份＝西方现代文化"。按照数学中的交换律，两个等式就成了"集体身份＝全球文化＝西方现代文化"。这一等式的荒谬之处是显而易见的。具体有两点：

第一处荒谬在于，集体身份是否构成了一种全球文化是存在争议的。因为国际社会中的强国如美国，以及形形色色的分裂主义运动、恐怖主义

① 亚历山大·温特：《国际政治的社会理论》，秦亚青译，上海人民出版社2000年版，第369—370页。

② 同上书，第428页。

运动、宗教极端主义运动等，并不全然接受温特所称的洛克文化的那些特征，比如说它们否认主权规范的有效性。而对国家主权的尊重，构成了洛克文化最核心的特征，甚至是界定性的特征。这只能说明洛克文化下的集体身份是有限度的，而且是随形势、地点、行为体的变化而改变的。第二处荒谬之处在于是"全球文化＝现代西方文化"这一等式。即使我们接受温特的洛克文化已得到全世界人民完全内化的观点，但显而易见的是，那些生活在西方文化之外的普通老百姓，即使对全球文化有所了解，他们也绝对不会认为自己接受和实践的是一种现代西方世界观。温特或许会辩解，这种全球文化只是构成全世界人民的一种"表层身份"，而没有完全替代各种本土文化。这样一来，又产生了另一个对温特的观点构成挑战的问题，即温特仍然承认全球文化是与各种本土文化混合在一起共同起作用的。既然如此，那么将全球化简单地等同于现代西方文化就是错误和片面的。根据以上简单的推理，我们能够得出一个非常明确的结论，即洛克集体身份不过是现代西方世界的一种产物，而且也远远不是什么全球文化。这样一来，温特所谓的"一个无政府状态下集体身份形成模式应该在任何国家体系都是适用的……我的模式的适用范畴是跨历史和跨文化的"，[1]如果不是自欺欺人，那么至少反映了他的西方中心论或欧美中心论情结，其理论也只是他捍卫西方价值观或世界观所做的一种理论构建而已。温特之所以费尽心思将西方现代文化打扮成全球文化，不过是实施一种我们将会在第四章对此进行详细研究的"象征性权力"。

文明标准实际上是象征性权力。通过象征性权力的运作，西方国家为主权制度扩散过程中的各种非道德、非法行为披上了一层合法的外衣，让人们意识不到"洛克文化"背后的"霍布斯文化"本质。在主权观念传播过程中，西方国家将广大殖民地半殖民地人民"再现"为敌人、野蛮人、原始人等范畴，并消灭之。在这一过程中，有多种权力在共同起作用，它们相辅相成，共同构成了国际体系演变的动力。殖民主义进程，首先是一种赤裸裸的帝国主义行径。通过武力的作用，西方国家将世界广大地区纳入到欧洲的统治之下。当武力帝国主义遭到广泛的质疑和批判之

---

[1]　亚历山大·温特：《国际政治的社会理论》，秦亚青译，上海人民出版社 2000 年版，第425 页。

后，"课业帝国主义"（pedagogical imperialism）① 的作用就开始显现出来。这种帝国主义的具体体现是：西方国家告诉那些处于帝国主义统治下的人们，只有达到西方国家制定的文明标准，它们才能享受主权国家的权利，并据此要求或直接强制它们按照西方国家的标准来推进国家建构。在前一种帝国主义中，无疑是典型的物质权力在起主导作用，而在后一种帝国主义形式，分明是通过象征性权力来运作的。事实上，温特自己也承认，"造就敌人的那种再现活动是权力政治"。② 这种权力结构，是一种由象征性权力组成的"象征性权力结构"。既然象征性权力是一种塑造人们心智的力量，那么温特的建构主义事实上也是一种象征性权力。通过将主权制度在扩散过程中出现的"霍布斯式的殖民主义进程"建构成"自然选择"或"竞争"；为这一过程提供合法性论证的"文明标准"、"正义战争概念"、国际法等深层制度建构为"模仿"、"社会习得"，既遮蔽和推卸了这一过程给西方国家带来的道德债务，同时也限制了接受建构主义逻辑的人们对国际体系演变的替代性解释和想象。由此可见，温特的"自然选择"与"模仿"机制，都不是客观中立的，它们都具有有意淡化西方国家对原来的殖民地、半殖民地人民，以及现在的第三世界国家的不正义和道德义务的倾向。建构主义与现实主义一样，既是一种实证理论，也是一种规范理论。问题在于，西方国家为什么要把差异构成威胁？为什么要通过"文明"等深层制度来消除这种差异？这种对差异的恐惧并试图灭之而后快的倾向，到底反映了一种什么样的世界观？它的根源又在哪里？

温特认为，在意识到西方国家制度与观念的优越性后，许多第三世界国家与前社会主义国家模仿了这些制度和观念，从而使国际体系的行为体趋向同质性。我们已经指出，温特将西方文化等同于全球文化是一种谬误。在这里，我们再次发现了温特的这一倾向，因为他将国家之间的集体身份与"西方"的、"现代化"的身份又等同起来。温特的这种逻辑和倾

---

① 这一概念是伊亚图拉与伯纳利提出的一个概念，见 Naeem Inayatullah and David L. Blaney, *International Relations and the Problem of Difference*, New York：Routledge，2004，pp. 64 - 65. 另外，美国学者何伟亚（James L. Hevia）说明了帝国主义力量是如何在中国的半殖民地化过程中进行"课业"的。见何伟亚《英国的课业：19 世纪中国的帝国主义教程》，刘天路、邓红风译，社会科学文献出版社 2007 年版。

② 亚历山大·温特：《国际政治的社会理论》，秦亚青译，上海人民出版社 2000 年版，第428 页。

向，明显违反了他自己建立的建构主义的几个核心逻辑：首先，温特认为，体系文化是不能还原为单元文化的，而如果体系文化就是西方文化或现代化，那么体系文化就还原成了单元文化；其次，如果将体系文化等同于西方文化，也就意味着西方文化通过自身的实力单方面决定了体系文化的特征，这显然与温特关于体系文化是行为体在互动中建立起来的观点相悖；其三，如果西方国家单方面将自己的文化塑造为体系文化，那么也就意味着非西方国家在此过程没有起过任何作用，这与他关于结构条件下行为体仍然是有施动性的观点相悖。因此，温特那种将体系文化与某种单元文化等同起来的观点，是与其建构主义的核心理论逻辑相矛盾的。我们承认国际体系中的确存在着某种体系文化，而且也接受体系文化在截至目前的阶段，受到西方文化或现代化文化的强烈影响。但我们认为近代国际体系自形成以来至二战结束，国际社会的体系文化是一种霍布斯文化。而且，依靠强大的物质权力与象征性权力，西方的确在很大程度上影响到了近代国际体系的发展历程，塑造了国际体系的基本面貌，同时在体系文化层面，现代西方文化也贡献了许多制度、观念、技术、理念。这样一来，对于近代以来到二战期间霍布斯文化根源的考察，我们可以在不违反建构主义核心前提的基础上，将其纳入到对西方世界观的考察当中。

　　我们认为，将差异再现为危险，是西方世界观的预设之一，这也体现在温特本人的研究之中。温特意识到，在集体身份形成——如洛克文化向康德文化的进化——过程中，如何协调集体身份与个性身份之间的差异，是 21 世纪国际关系面临的重大问题，也是他的建构主义必须从理论上做出说明的问题。总的来说，温特强调要保持两者之间的平衡，一方面要为集体身份的形成创造条件，另一方面，也要尊重行为体的个体性。基于这种态度，他既反对西方国家试图将自己的文化塑造成为普适文化，并强迫其他国家接受；也反对某些国家固守自身特性，不愿为建立涵盖不同行为体的某种共同体做出牺牲。据此，他认为"21 世纪对外政策决策者面临的最大挑战是发现一种方式，既可以相互尊重主权的个体性，同时又可以把各国纳入建立真正的国际共同体的进程。如果国家能够解决个体性和共同体之间的矛盾，就一定会创建一个康德无政府文化的体系"。[①] 温特在

---

　　① 亚历山大·温特：《国际政治的社会理论》，秦亚青译，上海人民出版社 2000 年版，"中文版前言"，第 43 页。

对待差异与共性问题上的态度是可取的，然而，问题在于，在研究过程中他是否贯彻了这种立场？事实上，温特在研究中是不经意间地主张西方文化的扩散来实现"康德文化"或"世界国家"的秩序的。尽管在《国际政治的社会理论》一书中，康德文化仍然是一种无政府文化，并且这种无政府文化是以"权力分散的权威"为特征的。① 然而到了《世界国家的形成是历史的必然》一文中，温特认为，只有世界国家才能真正解决国家与个人等行为体的（对平等法权或主体性）承认要求。温特开出的世界国家处方，一方面偏离了他在《国际政治的社会理论》一书中提出的行为体有追求自身个性、差异这一重要的观点，同时也改变或"超越"了他此前提出的"集体身份的形成并不是非要超越无政府状态"② 的观点。显然，世界国家已经不是什么无政府文化。因为即使它如温特所言不是世界政府，但它仍然是一种"具有共同权力、合法性、主权和主体性"的实体。③ 也就是说，世界国家的形成，也意味着出现了一种超越了无政府状态的集体身份与世界文化，而这种文化又是以保障行为体的平等法权或主体性，而不是个性和差异为主要目标的。这就意味着，温特既抛弃了他原来对于 21 世纪国际关系核心问题的诊断及提供的洞见，也抛弃了康德无政府文化能够解决差异与共性之间矛盾的观点。不过世界国家这一世界秩序方案是以忽略共性与差异这对矛盾得以实现的。在温特看来，在世界国家中，行为体似乎只要取得了主体性，那么维护自身个性的问题就不成为一个问题，由此形成的世界国家也就是一个同质性的世界。这样一来，通过忽视差异，温特解决了建立一个涵盖整个世界的共同体这一难题。

不仅世界国家，温特的康德无政府文化处方，也有忽视行为体追求自身差异与个性的倾向。这种倾向，集中体现在温特关于集体身份形成条件和途径的论述中。我们首先讨论温特对集体身份形成条件的论述。温特认为，要实现无政府文化从洛克文化到康德文化的进化，除了需要集体身份形成的推动外，还需要四个条件、即四个因果机制的推动，这就是他所谓

---

① 亚历山大·温特：《国际政治的社会理论》，秦亚青译，上海人民出版社 2000 年版，第 382 页

② 同上书，第 453 页。

③ Alexander Wendt，"Why a World State is Inevitable：Teleology and the Logic of Anarchy"，*European Journal of International Relations*，Vol. 9，No. 4，2003，pp. 491 – 542、506.

的四个"主变量"——相互依赖、共同命运、同质性与自我约束。在这四个因果机制中，温特将它们分成两类，第一类是所谓的集体身份形成的"主动或有效原因"（active or efficient causes），包括前三个因果机制；第二类是所谓的"助然或许可原因"（enabling or permissive cause）"，是指最后一个因果机制。温特认为，这四个因果机制都有助于集体身份的形成，不过，自我约束的作用最为显著，它与任何一个主动或有效原因结合在一起，都能够构成集体身份形成的"必要条件"。① 温特对这四个主变量之间关系及在集体身份形成过程中作用的说明，带来了一些困惑：首先，在《国际政治的社会理论》一书中，何谓"主动或有效原则"、"助然或许可原因"？它们在事物发展中到底起了什么样的作用？它们与必要条件、充分条件之间的关系如何？等等，温特并未对此做任何说明。其次，温特将这些原因称之为变量，然而与此同时又将它们视之为因果机制，对于两者之间的区别，温特没有作出有效的解释。再次，既然自我约束必须捆绑一个"主动或有效原因"才能构成必要条件，也就是说，被捆绑的那个因素的作用实际上是不确定的。那么，它能否构成一个因果机制？最后，如果说自我约束在集体身份形成过程中起了异常重要的作用，甚至"是集体身份和友好关系的最根本基础"、集体身份的形成"根植于对他人与自己差异表现出来的尊重"，② 既然如此，那么对差异的尊重这一事实本身就应该能够发挥独立的因果解释作用，而不需再捆绑一个其他的因素。我们也可以认为，异质性和相互尊重也可以成为一种"主变量"。基于以上四点理由，四个主变量与集体身份形成逻辑之间的关系，温特并未论述清楚，而且对于这些变量的选取也具有很大程度的任意性，甚至可以说具有很强的倾向性。

我们以第三个主变量，即同质性的作用为例，来进一步说明温特论述的伦理内涵。温特认为，在其他条件相同的情况下，同质性有助于集体身份的形成。根据温特的观点，所谓同质性，是指行为体在团体身份与类别身份方面是"相似的"。由于国际关系中的主要行为体都是国家，因此，国家在团体身份上是相同的。而类别身份就不同。根据不同的划分标准，

---

① 亚历山大·温特：《国际政治的社会理论》，秦亚青译，上海人民出版社 2000 年版，第429 页。

② 同上书，第 448 页。

国家可以具有不同的类别身份。温特强调的类别身份是民主国家与集权国家、社会主义国家与资本主义国家之间的区别。对于国家之间的这种同质性，可以有客观同质性与主观同质性之间的区分。就客观同质性而言，温特认为主要是由"自然选择"与"模仿"带来的结果。同质性通过两种方式促进集体身份的形成：（1）非直接作用。"减少由于团体或类别身份不同而导致的冲突的数量和严重程度。"① 温特以民主国家与集权国家在价值观念与制度设置上的差异出发，认为它们有着不同的战争倾向。不仅如此，他还援引亨廷顿的"文明冲突论"来论证类别身份不同的国家在价值观念方面的差异，并将之作为国家之间发生战争的原因。（2）比较直接的作用。"行为体根据将他们构成群体的特征相互视为同类。"②这种机制类似于本尼迪克特·安德森（Benedict Anderson）关于民族主义的著名研究。通过某种报纸、小说等印刷媒介的传播，消费了相关信息的人群，会在某一国家或民族中产生一种"即使是最小的民族的成员，也不可能认识他们大多数的同胞，和他们相遇，或者甚至听说过他们，然而，他们相互联结的意象却活在每一位成员的心中"的"想象的共同体"。③这种由共同心理和情感而联系在一起的共同体，通过克服群体成员之间的差异，从而产生了一种大家共享一种集体身份的感觉。因此温特认为"在其它条件相同的情况下，同质性通过减少冲突和增加自我和他者相互视为同一群体成员的能力来促进一致观念的形成"。④

　　温特对同质性在形成集体身份过程中作用的说明，具有重要的伦理内涵。温特对国家为何出现了"客观同质性"差异的说明，再次强调了"自然选择"与"模仿"的作用。事实上，对于这两种带来了国家"客观同质性"的机制，温特通过在研究集体身份形成动力时所做的限定，略过了对它们的作用和实质的详细考察。而我们的研究指出，"自然选择"机制的实质是武力征服或"霍布斯式的殖民主义进程"，"模仿"机制的

---

① 亚历山大·温特：《国际政治的社会理论》，秦亚青译，上海人民出版社 2000 年版，第 442 页。

② 同上书，第 443 页。

③ 本尼迪克特·安德森：《想像的共同体：民族主义的起源与散布》，吴叡人译，上海人民出版社 2005 年版，第 6 页。

④ 亚历山大·温特：《国际政治的社会理论》，秦亚青译，上海人民出版社 2000 年版，第 445 页。

实质是象征性权力的运作。将它们建构为客观中立的、用以描述体系文化进化或"客观同质性"的动力机制，本身就是一种具有价值取向的行为，其中最突出的价值效应就是中立化了西方国家对殖民地半殖民地人民所犯下的所有罪恶和侵权行为。温特在这一问题上最为突出的价值取向，或许还在于他对于同质性的作用所做出的自相矛盾的分析上。在温特对同质性作为集体身份形成条件之一的论述中，他充分意识到同质性在带来好处的同时，也有可能产生严重的负面影响。如从理论上来说，同质性的持续扩大，会带来各种群体边界消失的威胁。这种威胁是极为严重的，为了克服这种威胁，受到威胁的群体经常会重新创建差异以维持自身的身份。① 不过，温特对此并未详加讨论，他的目标主要在于反驳乔纳森·默瑟（Jonathan Mercer）有关在无政府状态下，群体对自尊或差异的追求本身就会带来冲突的观点。② 在布里安·格林希尔（Brian Greenhill）那里，即使包括某些群体在内的集体身份得以形成，既不意味着群体之间差异将彻底消失，更不意味着集体身份真的具有温特所相信的那种超越了利己和自助的意义。③ 最有意思的是，温特自己还列举了诸多同质性带来冲突的例子。④ 如果说"民主和平论""文明冲突论"能够佐证温特有关同质性带来和平和有助于集体身份形成的观点，那么他所举的那些高度同质性的国家——欧洲君主国家、社会主义国家、阿拉伯国家——并不团结的事例，却与前述观点背道而驰。既然如此，温特便没有任何理由指责那些怀疑把同质性作为集体身份形成的基础的观点是错误的，更不应该给他们贴上"怀疑主义者"的标签。"怀疑主义者"没有错，温特对同质性在集体身份形成

---

① 亚历山大·温特：《国际政治的社会理论》，秦亚青译，上海人民出版社 2000 年版，第 444 页。

② Jonathan Mercer, "Anarchy and Identity", *International Organization*, Vol. 49, No. 2, 1995, pp. 229 - 252；温特对于默瑟批评所做的回应见《国际政治的社会理论》，第 301—302 页、346—347 页。温特在批判默瑟时，认为默瑟"预先设定国家以利己的方式界定国家利益，"而他所做的就是"强调'自群体偏见'自身并不意味着侵略或敌意"。见第 347 页。然而，在《世界国家的出现是历史的必然：目的论与无政府逻辑》一文中，温特却预设了"冲突"是承认斗争的唯一形式。这实际反映了温特为了论证世界国家构想是合乎逻辑的，温特走到了自己所反对的理论立场上。

③ Brian Greenhill, "Recognition and Collective Identity Formation in International Politics", *European Journal of International Relations*, Vol. 14, No. 2, 2008, pp. 343 - 368.

④ 亚历山大·温特：《国际政治的社会理论》，秦亚青译，上海人民出版社 2000 年版，第 445 页。

过程中作用所做的论述才是自相矛盾的。

　　温特坚持同质性带来集体身份形成的观点，至少具有三个方面的重要内涵。首先，通过论证同质性是集体身份形成的"主动或有效原因"，温特为西方国家通过"自然选择"或"模仿"等机制，来消除第三世界国家在国家政治制度、文化价值、世界观上的差异提供了理论依据。因为"自然选择"和"模仿"已建构为客观中立的作用机制，对于差异的消除自然也就是理所当然、不违反国际法和国际道德的。这样一来，国家内部的差异，就被当成毫无价值的东西被消灭，异质性的国家都成为西方式的"民主国家"。到那时，康德梦想的由民主联邦国家构成的持久和平方案也就成为现实了。其次，"民主和平论"既是温特用以佐证同质性有助于集体身份生成的理论资源，同样也是温特理论致力于维护的目标。① 通过坚持同质性带来和平与集体身份形成的观点，以及确认社会主义国家之间、欧洲君主国家之间、阿拉伯国家之间没有实现和平，温特进一步论证了"民主国家之间不打仗"这一命题，褒扬了民主国家的制度优越性，从而也为"民主和平论"提供了进一步的理论支持。温特一方面要建立体系理论，另一方面又要将国家之间的和平"还原"到国家的体制特性上，他的理论立场有着内在的紧张。最后，在论证了消除差异是合情合理的和确认了"民主和平论"的有效性之后，温特为西方国家推卸自身的战争责任提供了依据。既然和平只有在民主国家之间才能实现，那么由此衍生的推论是：如果战争是在民主国家与非民主国家之间发生的，那么战争就一定是由非民主国家挑动的。② 既然战争责任是由"非民主国家"承担，那么通过武力等手段来改造这些非民主国家，也就是西方国家顺理成章的责任和义务，正如以前西方国家建构出来的"白人的使命"一样。如果说温特对自我约束在集体身份形成过程中作用的论述是正确的，我们无法理解，温特为什么不将尊重差异作为有助于集体身份形成的一个主变量。由此可见，温特在共同体集体身份与国家特殊身份之间的立场是不持续的，甚至可以说以消除差异为最终取向的。

---

　　① 亚历山大·温特：《国际政治的社会理论》，秦亚青译，上海人民出版社 2000 年版，第431、432、453 页。

　　② 石之瑜、殷玮、郭铭杰：《原子论是国际政治学的本体？——"社会建构"与"民主和平"的共谋》，载《世界经济与政治》2008 年第 6 期，第 33、38 页。

　　温特建构主义消除差异的理论取向，同样体现在他关于集体身份形成途径的论述上。对于集体身份形成的途径，温特一方面强调"可以有许多方式构建集体身份"，另一方面又说"一个无政府状态下集体身份形成模式应该在任何国际体系中都是适用的……我希望我的模式的适用范畴是跨历史和跨文化的"。在温特的潜意识里，实现集体身份扩大的途径只有一种，即康德的民主国家组成的联邦，因此他一方面承认"也存在其它可以建立康德文化的途径，如伊斯兰国家、社会主义国家、'亚洲模式'等等。换言之，我希望大家认识到，康德文化能够通过多种渠道得以实现"，并认为尽管这些其他模式的效应如何还有待检验，但不能预先排除出去；另一方面，他又坚持有关共和体制是创立康德文化最优途径的观点，[①] 并承认"我的理论更趋自由主义色彩，我的国际政治理论在一些重要方面的确是自由主义理论"。[②] 由此可见，温特不仅预设了康德文化是世界演变的终极目标，而且在实现这种目标的途径上坚持一种民主的最佳路径。姑且不论康德文化是否是实现集体身份扩大的最优途径，同样不明确的是，伊斯兰国家、社会主义国家还有亚洲国家等，真的如温特所言，大家都对具有浓厚自由主义色彩的康德文化趋之若鹜吗？在这些国家的主权没有得到平等尊重却遭到西方国家通过物质权力或象征性权力侵犯的情况下，它们首先想到的是争取差异得到承认，还是争取建立康德文化或世界国家？温特也许会说，"只有差异得到承认，更大范围的认同才会是稳定"，"只有包容民族主义，世界国家才可能存在"，[③] 可问题在于，截至目前的国际关系实践，西方国家并不是以包容差异和容纳民族主义为特征的，反而体现出通过"自然选择"和"模仿"机制来建立"客观同质性"的癖好。即使是温特自身的理论，强调的依然是同质性、信奉的依然是自由主义理论、坚持的依然是民主和平论、向往的依然是康德文化和世界国家。在这样的理论框架下，差异和民族主义根本就没有容身之所。

---

　　① 石之瑜、殷玮、郭铭杰：《原子论是国际政治学的本体？——"社会建构"与"民主和平"的共谋》，载《世界经济与政治》2008年第6期，第430页。

　　② 同上书，第453页。

　　③ 亚历山大·温特《世界国家的出现是历史的必然：目的论与无政府逻辑》，秦亚青译，载《世界经济与政治》2003年第11期，第62页。

表3—2 温特集体身份形成逻辑两个限定的伦理内涵及其问题

	驱逐因素	驱逐原因	价值取向	问题与伦理内涵
第一个限定	自然选择	说明不了从霍布斯文化到洛克文化的"进化"	为西方用武力征服其他地区而建立国际体系,提供合法性论证	1. 无政府文化是退化的 2. 截至二战时的体系文化是霍布斯文化 3. 武力征服的观念根源
第二个限定	世界观背景	把"现代""西方"世界观视为洛克文化的"预设"	遮蔽"体系文化"的现代西方世界观背景,论证其理论是普适性的	1. 为消除差异提供合法性 2. 确认"民主和平论"的有效性

　　综上所述,温特的建构主义不是一种单纯的"规范理论",而是一种有强烈价值取向的规范理论。温特建构主义伦理内涵及其问题见表3—2。不管是其建构主义的理论框架,还是世界国家学说,温特都在其中表现出通过建构某些中立客观的机制,来为过去或现在西方国家不宽容的国家行为进行辩护。就建构主义与西方世界观或宇宙论的关系而言,世界国家学说与亚里士多德的四因说是完全同构的,其建构主义的整体理论框架也主要继承了西方世界观的一个基本预设,即对差异的恐惧及基于这种恐惧而致力于消除差异的倾向。我们主要考察了温特在论述集体身份构成体系文化的进化动力过程中所作限定里面包含的伦理内涵,并对这些限定存在的问题作了简要的讨论。通过这些研究,我们对建构主义的"普适性"与"价值中立性"表象下的特殊性和价值内涵作了比较详细的揭示。我们相信,通过以上的研究,有助于我们意识到建构主义的意识形态目的和世界观背景,从而在借鉴其理论来解释国际现象时保持必要的警惕。

第五节　现代西方世界观建立
"同一性帝国"的冲动

　　上文我们以西方国际关系学者的"无政府状态恐惧症"为例,对主流西方国际关系理论与西方世界观预设之间的关系作了简要的考察,并把考察的重点放在了建构主义上面。通过上述研究，我们确证了结构现实主义、新自由制度主义与建构主义都受到了"无政府状态恐惧症"的困扰，并且积极寻找克服这种状态以实现世界秩序的各种方案。如果我们对无政府状态假定中所蕴含的世界观背景有所了解，那么我们就会发现主流国际关系理论为实现秩序所开出的处方是具有浓厚的意识形态效应和价值取向的。对这些效应和价值取向的研究，也构成了本章的主要研究内容。在这一节中，我们对三种主流理论的价值取向进行简单的梳理，以寻找它们的异同点，同时也探讨一下在一种什么样的思想背景中，无政府状态会成为一种危险的东西？以及除了对单一世界秩序的追求和截然不可通约的二元对立之外的西方世界观其他四个预设，是如何体现在主流国际关系理论中的？

一　三大西方主流国际关系理论共同的价值取向

首先，结构现实主义是最先在国际关系理论中系统阐述无政府状态假定的理论学派，不过它并非一种价值中立的理论。结构现实主义者对国际关系的发展持一种循环论的观点，对于国家能否走出无政府状态，他们不抱希望。然而，正是因为无政府状态的恒久不变，驱使他们讨论了在自助世界中如何实现秩序的方法。以对无政府状态假定作了详细研究的沃尔兹为例，他构想了"大国治理"与"均势"这两种实现秩序的方式。就价值取向和伦理内涵来说，沃尔兹的前一种处方即大国治理世界秩序方案有为大国主宰国际体系进行合法性论证的动机，而后一种处方即均势世界方案也不是客观中立的。他认为均势能够带来秩序的"竞争"与"社会化"这两种机制，从而减少在国家特性，包括文化、价值观制度等方面的差异。他所期待的无疑是希望国家能够摈弃在特性、文化、世界观等方面的差异，建立一个以西方国家的制度设置与外交实践模式为范本的世界。至于由于实力悬殊等方面带来的国际不正义现象，沃尔兹认为是没有必要予以考虑和处理的。由此可知，这两种世界秩序方案，分别有大国主宰与消除差异的倾向，即没有顾及到由此带来的小国与弱国可能遭受不正义现象，更没有仔细考虑国际关系中的差异所具有的重要价值。沃尔兹等人的结构现实主义，是国际关系研究中主张秉持价值中立立场最为坚定的学派，认为国际关系理论是普适性的，而且他们不主张讨论诸如国际体系的发展方向与美好世界原理等涉及到价值判断的问题。然而，通过我们的研究可以发现，结构现实主义的主张与其自身的实践是背道而驰的，他们的研究不仅如温特所说的那样是一种规范理论，而且还是继承"国际无政府状态恐惧症"的规范理论，体现了西方世界观预设的强烈影响。

其次，新自由制度主义继承了结构现实主义的无政府状态假定，而且价值取向是自由主义的。与结构现实主义一样，新自由制度主义也是一种实证理论，同样也把无政府状态假定视为理论构建的起点。不过，与结构现实主义不同的是，新自由制度主义不满足于仅仅揭示无政府状态的危险，而是致力于寻找克服这些危险的有效途径。在新自由制度主义提供的自由主义宪政世界秩序方案中，国际制度、国际法、全球公民社会、全球治理等，都是克服无政府状态危险性的重要机制，它们由此构成了新自由制度主义的主要研究内容。国际机制主要是在二战结束以后才出现的，其中以美国为首的西方国家在设计和规划国际制度方面发挥了很大的作用，从而使得它们的主导意识形态也嵌入其中。总体而言，目前的国际制度设计主要是以效率作为运行标准，而很少关注公平问题。国际制度的这种效率取向与现代西方文化对理性主义的信仰是分不开的。不仅正式的国际机制如此，以跨国社会运动和各种国际非政府组织的活动为核心的全球治理运动也是如此。这些运动和非政府组织，主要兴起于西方国家，并以第三世界国家为主要工作对象。它们的活动对于促进国际生活的民主化、公平化无疑具有一定的积极作用。但是，它们据以开展活动的指导理念和所推行的价值，仍然是以个人人权、选举民主、自由放任的经济等内容为主的，具有强烈的西方自由主义色彩。它们很少从发展中国家的文化传统、现实国情、经济发展水平、宗教信仰等方面的具体情况出发，来考虑它们所提倡的制度安排和价值理念是否能够切实解决第三世界国家面临的问题。以某种制度类型和价值追求作为标准，来衡量某一目标国家的实践及其文化的优劣，既忽视了各种文化、世界观都具有重要价值的事实，而且很有可能带来自由主义意识形态一统天下，从而带来灾难性的结果。始于2008年并一直延续到现在的世界金融危机，本身就说明了自由主义指导下的金融监管措施是存在大量问题的。因此，以此为主要研究对象的新自由制度主义理论中洋溢着一种自由主义和理想主义的精神与气质也就毫不奇怪了。新自由制度主义提供的新自由主义宪政世界秩序方案，对于多元文化与价值观有意无意的忽视，很可能不是克服"国际无政府状态恐惧症"的恰当处方，反而会成为一种制造更多危险的病源。

最后，我们重点考察了建构主义对无政府状态假定的重构以及超越无政府状态处方的逻辑问题及其伦理取向。对于被结构现实主义与新自由制度主义视之为理所当然、预先给定的无政府状态假定，以温特为首的建构主义者作了重要的重构。这种重构为人们重新认识无政府状态下的国际关系提供了一种崭新的视野。这也是建构主义在90年代以来异军突起，成为与前两种理论构成"三足鼎立"之势理论的重要原因。无论是在美国，还是在中国，建构主义都受到了热烈的欢迎和大量的运用，其发展势头远远超过了结构现实主义与新自由制度主义。但是，建构主义无意否认无政府状态（文化）的存在，它们所做的是在重构这一假定的基础上，构建一种对前两种理论的主导地位进行挑战的理论体系。然而，不能否认的是，建构主义同样受到了"无政府状态恐惧症"的困扰。为此，建构主义的代表人物温特构想了如何超越无政府状态的世界秩序方案，即集体身份形成逻辑及由此衍生的世界国家。温特在研究克服"无政府状态恐惧症"的处方时，主要利用的资源是两种密切联系在一起的理论，即米德的象征互动论与经霍纳特重构的承认理论。温特的集体身份形成逻辑与世界国家学说另辟蹊径，为人们认识与探讨国际体系的发展方向作出了重要的贡献。更为难得的是，他试图在理性主义学派（实证理论）与"反思主义"（规范理论）之间走一条中间道路，试图融合两种学派的优势，以推动国际关系理论对如何才能实现国际体系向更美好的方向发展这一重大问题的研究。但遗憾的是，温特的价值追求与其理论构建之间存在内在的紧张。无论是集体身份形成逻辑的论证，还是由此提出的世界国家学说，都存在严重的问题。温特的建构主义理论也是一种"规范理论"。

根据三种主流国际关系理论为克服"国际无政府状态"都提出了各自的世界秩序方案这一事实，我们能够发现"三大主义"三个方面的共同点。首先是动机与目的的相同。虽然在对于国际关系史及其发展方向的判断上，三种理论有着重大的差异，如结构现实主义持悲观的循环论，而自由制度主义与建构主义则对此表达了比较乐观的看法，但它们无一例外地关注无政府状态带来的危险，并构想了克服这些危险的各种办法。也就是说，三种理论在理论研究上，都有着相同的动机，即受到"无政府状态恐惧症"的困扰。而动机的相同，又带来了目的的相同，即它们都构想了实现秩序的方式。其次是理论旨趣的相同。虽然主流国际关系理论都宣称自己是一种客观中立的理论，无涉价值判断，而且都是跨历史、跨文化的普适性理论，然而，对无政府状态的恐惧，本身就反映了它们对霸权世界观预设的内化。更具体地说，它们至少受到了西方世界对单一世界秩序的追求与不可通约的二元对立性这两个预设的影响。至于我们能在三种理论中都发现它们具有重要的规范内涵，就进一步确证了它们根本不是普适性的理论，而不过是西方文化特殊背景中的知识产物。它们体现的是西方文化母体的基本气质，维护的同样是缘起于西方的文化传统及其价值观。将自身打扮成为一种普适性理论，不过是为了掩盖自身世界观和文化背景的手段，同时也向其他世界观或文化施加了一种象征性权力。最后，在价值取向上忽视和排斥国家间差异。差异涵盖广泛，包括文化、世界观、制度设置、政府组织、经济理念等方面。三种主流国际关系理论在具体的价值取向上是有许多区别的。如现实主义根本就不相信友谊与正义在国际关系中的意义，也不相信国家能够超越无政府状态国际结构设置的制约。尽管新自由制度主义相信在无政府状态下国家能够通过合作克服无政府状态带来的负面影响，然而，对于国际无政府状态能否变化、国际社会能否实现进步等，新自由制度主义的态度不是非常明确。而建构主义虽然赋予了无政府状态以多元性、理念性、动态性等特征，并据此相信国际体系是进步的，甚至认为人类终究会达到一种"世界国家"的状态，从而实现了对无政府状态的超越。然而，在具体价值取向上的差异，并不能掩盖它们共同分享的一个重要的价值取向，既对国家之间差异的忽视与排斥。这种忽视都是通过操弄某些学术术语来完成的，如结构现实主义的"竞争"与"社会化"概念，新自由制度主义的"制度化""霸权后合作"概念以及建构主义的"自然选择"与"文化选择"——包括"模仿"与"社会习得"。西方世界观背景下的三种主流国际关系理论的异同，可参考表3—3。

表3—3　　　　　　　主流国际关系理论世界秩序方案的价值取向

比较维度　　　　理论流派	研究出发点/理论目标	理论追求	价值取向	世界秩序方案	西方世界观预设	
					不可通约的二元对立	追求单一世界秩序
结构现实主义	国际"无政府状态恐惧症"/提供消除恐惧症的世界秩序方案	普适性理论	消除国家间的差异	大国治理与均势	是	是
新自由制度主义				国际机制（国际法、全球治理、全球公民社会等）		
建构主义				世界国家		

二　"国际无政府状态恐惧症"即"差异恐惧症"及其缘起

事实上，国际关系理论中的无政府状态话语之所以会盛行，本质上就是对差异的恐惧引起的。第一章我们比较详细地研究了"世界观问题"在主流国际关系理论中没有成为一个问题的原因，在这里，我们则发现主流国际关系理论有强烈忽视和排斥差异的倾向。这两个方面，事实上是相辅相成、互为前提的。对于由世界观乃至整个文化引起的国际冲突与战争这一被我们称为"世界观问题"的现象，主流国际关系理论通过从理论上作出许多限定，避免了对这一问题的根源及其对国际关系的影响等复杂问题进行研究。当仅仅针对国家在能力上的分配或体系层面上的共有观念等进行研究时，对于"在很大程度上是由国内政治而不是国际体系决定的"① 国家身份与利益等各种因素，如包括文化（包括世界观）、政治制度、意识形态、发展模式等在内的诸多差异，就销声匿迹了。当忽视了国家在行为、文化等方面的差异时，主流国家关系理论自然也就看不到以习惯或无意识（潜意识）起作用的各种因素，因为出现在它们理论中的，只是一个由相同行为体组成的单一化世界。基于行为体是大同小异（仅在能力、对他者的认知等很少的几个方面具有差异），他们自然也就会宣称自己的理论和研究是普适性的和客观中立的。然而，"就如法国学者经常指出的，美国国际关系学者总是声称它们是在普适主义的范围内思考问

---

① 亚历山大·温特：《国际政治的社会理论》，秦亚青译，上海人民出版社2000年版，第313页。

题的，但是他们最有可能赋予所要研究的对象以自己独特的文化特性"。①
由此可见，西方国际关系理论的世界秩序方案——"世界观"，都是以消
除国家之间的差异为代价的。国家之间的差异，至少在西方世界观中，长
期以来都是一种带来危险、混乱、无序的象征物，正如在中世纪与近代国
际关系中，异教徒总是在基督教中引起极大的反感与厌恶一样。为了维持
秩序、消除无政府状态的危险，同化他者、泯灭他者的差异，就构成了西
方世界观下意识的反应和习惯。受到西方世界观的影响，国际关系学者在
理论建构中忽视"世界观问题"，并致力通过各种方式来排斥和消除国家
之间的差异，也就成了一种非常自然的事情。而内化了霸权世界观预设的
国际关系研究，无疑也是一种以消除国家之间的差异为己任的实践。这种
实践之所以必要，是因为它是克服无政府状态、实现秩序的部分努力。

　　对于无政府状态话语与差异带来危险的认识之间的这种隐秘关系，后
现代主义国际关系学者理查德·阿什利早就作了考察。在 1988 年发表的
《无政府状态下的强权：理论、主权与全球生活的治理》一文中，阿什利
从福柯的知识权力学出发，对国际关系中无政府状态话语在国际关系实践
中扮演的角色进行了深入的批判。阿什利认为，作为一种现代性知识体系
的一部分，国际关系学者对无政府状态话语的不断使用，实际上是一种将
无政府状态"问题化"的过程，结果就形成了一种独特而又反复出现的
"无政府状态问题"。这一问题的产生，首先是与主权制度的确立没有伴
随着在国际关系中形成一种凌驾于各国之上的最高权威息息相关。这种状
况，使得国际关系中充满了模糊性与偶然性，从而给致力于从对现实的抽
象中获取简约因果机制的人们造成了巨大的困扰。为了对这些复杂、混
乱、险象环生的现象进行治理，无政府状态话语就构成了一种"勇敢的
实践"。不过，勇敢的实践虽然固化了国家在国际体系中的主导地位，但
它的主要目的并不在此，它集中维护的还是现代西方文化构想出来的理性
人形象。它"产生了独立自主的理性人，理性人的意见将取代上帝的箴
言，从而成为世界中真理与意义的源泉"。② 既然如此，治理"无政府状

---

　　①　奥利·维弗尔：《国际关系学科的社会学：美国与欧洲国际关系研究的发展》，载彼得·
卡赞斯坦、罗伯特·基欧汉与斯蒂芬·克拉斯纳编《世界政治理论的探索与争鸣》，秦亚青等
译，上海人民出版社 2006 年版，第 93 页。

　　②　理查德·阿什利：《无政府状态下的强权：理论、主权与全球生活的治理》，载詹姆斯·
德·代元《国际关系理论批判》，秦治来译，浙江人民出版社 2003 年版，第 115 页。

态问题"的"勇敢实践"就不会是价值中立的，因为无政府状态让人觉得正是事物的多元化、模糊性与偶然性带来的不可预测、不可掌控，构成了对自主的理性人的威胁。于是，无政府状态话语，以承认无政府状态带来的危险为前提，以克服和消除这种危险为己任，致力于实现对价值和文化多样性的摧残和收编："因为分析家们使差异性问题失去了意义，他们就能得出结论，认为现代国际政治展示了一种同一性，这种同一性对其历史来说是基本的"。① 对于消除无政府状态以建立世界秩序过程中付出的代价，以及以此为己任的理论所包含的意识形态效应，阿什利作了以下一针见血的批判：

> 这种（无政府状态的）"问题化"是一种在主动的封闭过程中动员并集中社会资源的方法。通过这种封闭过程，全球历史中的偶然性与模糊性因为其异常和可怕而突出出来，并被归入了需要共同解决的技术问题的类别中心，也被排斥在具有合法地位的政治话语之外，从居于最高中心的观点（自然是独立自主的理性人——引者注）看来，它们也被变成了可以进行控制或复兴的对象，因而，这一偶然性与模糊性隶属于有关治理的多种价值观的记述，而这一记述的政治内容并未受到质疑与批评就被搁置起来了。②

既然国际关系本来就是一种偶然性、模糊性、多元性随处可见的领域，如果不给它贴上无政府状态的标签，那就不能名正言顺地命名由此带来的"威胁"，不能信心十足地处理由"无政府状态问题"衍生的各种复杂问题，不能"客观中立"地宣称用以处理这类问题的知识是普遍化的知识，不能"不言自明"地忽视"世界观问题"或文化差异问题，更不能将同化不同的文化与世界观视为理所当然的任务。阿什利的批判，既指出了国际关系研究者"无政府状态恐惧症"的来源，也指出了无政府状态话语的封闭性和权力效应，而且还讨论了参与到无政府状态话语制造过程中的国际关系学者用以克服"无政府状态恐惧症"的方式。其中，最

---

① 理查德·阿什利：《无政府状态下的强权：理论、主权与全球生活的治理》，载詹姆斯·德·代元《国际关系理论批判》，秦治来译，浙江人民出版社 2003 年版，第 124 页。

② 同上书，第 114 页。

后一点，即西方学者实现国家同一化的途径，尤其值得人们关注。事实上，这种途径不仅仅体现在无政府状态话语的理论效应上，更体现在西方国家在国际关系史上处理文化间差异的惯用手法和下意识的反应中。我们先看看阿什利对这种实现同一化的途径所做的考察，再来简略地回顾西方在国际关系史上对差异问题的处理方法。

在阿什利的论述中，西方学者在通过无政府状态话语同化其他文化的实践，一般遵循三个原则，也就是他所说的"三个定理"。它们分别为：

（1）参与自己文化的"不同形式相结合的壮观行列"，对"每一个体系有趣的相对性"开放；无论在何处发现文化资源，都要对它加以利用、吸收。

（2）任何时候都乐意使自己成为一个表达独立自主意见的人……（据此产生的）意见有望对一种改善了的世界进行完美的模仿，使所有的文化差异都得以调和，使所有的模糊性都得到解决；这种意见有望足够强大，以去排除或安抚所有那些拒绝进行这种调和的反抗。

（3）不论何时存在迷惑或者怀疑，总是使第一条定理服从第二条定理。[①]

对于第一个原理，我们可以称之为"同化差异原则"，对于第二个原理，我们可以称之为"消除差异原则"。它们之间的关系是前者服从后者，不过其目的都在于建立一个同一性的世界，实现无政府状态到单一世界秩序的"演化"或"创造"。这两个原则，实际上反映的是西方处理差异的两种倾向。其实践过程是这样的：当西方自我遭遇到一个与己不同的他者时，首先考虑的是能否对差异或他者进行收编和利用。如果可以，那么具有这种差异的主体也会被视为与西方自主的理性人主体具有一定程度的相似性，他们可以被同化到西方文化中；如果差异不能被收编，或者说他们对自主的理性人构成威胁，那么随之而来的反应就是他们就必须被同化，甚至在肉体上必须被消灭。这两种倾向，就是原籍保加利亚的法国理论家茨维坦·托多罗夫（Tzvetan Todorov）在研究欧洲人征服美洲过程中

---

① 理查德·阿什利：《无政府状态下的强权：理论、主权与全球生活的治理》，载詹姆斯·德·代元《国际关系理论批判》，秦治来译，浙江人民出版社2003年版，第132页。

指出的西方人处理差异的"双重运动"：差异转化为落后，相似性则为同化提供了理由。

托多罗夫认为，西方文化实施的双层运动，在哥伦布到达美洲遭遇印第安人的过程得到明显的反映。在与印第安人接触的过程中，哥伦布根据自身的中世纪欧洲知识，对印第安人的一切进行判断，并将那些与他的西方世界观和基督教信仰相龃龉的事物作了西方世界观式的解读。也就是说，哥伦布关于印第安人的认识，不过是将他自己的欧洲知识投射到印第安人身上，至于这种知识是否真正契合印第安人自己的理解，以及印第安人的文化、实践是否具有价值等问题，哥伦布是不关心的。以中世纪欧洲的知识和世界观来衡量印第安人，哥伦布在两种态度之间徘徊：要么认为印第安人是与他一样的人类，要么认为印第安人是截然不同的"他者"。这样一来，哥伦布对待印第安人的态度，就反映了欧洲人对待差异的双层运动：

> 他（指哥伦布——引者注）要么相信印第安人（尽管没有使用这样的词语）是人类，与他自己一样有着同样的权利；然而，此时他不仅将他们视为是平等而且是同一的，而带来的行为结果就是同化印第安人，将自身的价值观投射到印第安人身上。要么他注意到印第安人与欧洲人之间的差异，然而这种态度立即转化为先进与落后（在这一例子中，印第安人毫无疑问是落后的）的区分。这里被否认的，是印第安人作为实质性的人存在的"真正他者"（human substance truly other），而不仅仅是自己一种未完善状态的体现。①

双层运动不仅仅体现在西方人对待印第安人的过程中，事实上它构成了西方世界观与文化的基本底色。用赵汀阳的话来说，这就是西方人根深蒂固的"异端思维"。所谓"异端思维意味着这样一种资格论证的思维模式：把自己与他者严格区分开来，对精神进行划界，认定自己是特殊的而且是优越的；最后，自己的特殊性由于被假定有优越性，因此认为有资格被普遍化，有资格代替或统治其它特殊的他者。其中的核心就是由'特

---

① Tzvetan Todorov, *The Conquest of America: The Question of the Other*, New York: Harper Torch, 1992, p. 42.

殊'到'普遍'的资格论证"。① 这种异端思维根植于西方基督教的异端思想。为了纯化自身，西方人对那些对正统思想构成挑战的东西，不管是人还是其文化，总有消除和克服这些差异的冲动。西方文化的这一特征与西方人处理差异的这一习惯，在纳恩·伊纳亚图拉（Naeem Inayatullah）与戴维·L. 柏纳利（David L. Blaney）那里得到了确认。在《国际关系中的差异》一书中，伊纳亚图拉与柏纳利对这一问题作了系统的研究。在该书序言中，他们明确指出："根据本书的论点，我们现在可以说，我们所面对的最为僵化的二元对立是西方文化对差异的体验，这是一种将差异视为全能上帝圆满性堕落后的强有力模式。至少从宗教改革及由此带来的宗教纯化战争以来，西方文化的这一面向，由于差异问题带来的损害伤筋动骨，以致于对这一问题的习惯性处理模式，要么是心照不宣地忽视它，要么将其无限期地拖延处理。"② 无论是哪一种运动居于主导地位，在绝大多数情况下，因为差异和他者总是一种"负面的外部性"（赵汀阳语），所以他者不可能既是差异的、又是与己平等的。无论是在实践中，还是在理论构建中（一种具体的实践方式），西方人都体现出一种对文化间差异异乎寻常的恐惧。

国际关系理论无政府状态话语的"勇敢实践"，再一次被证明是与对差异的忽视与排斥息息相关的。作为现代化理论的一种特殊表现形式，国际关系学本来就与殖民主义和宗教有着千丝万缕的联系，正如贝尔在《天涯咫尺的国际关系》一书中所指出的，它是一种"高级的殖民主义"。既然对差异的双层运动处理方式，构成了现代西方文化的一个根本特征，那么国际关系学科复制了西方文化与世界观对差异的恐惧也就不足为奇了。大多数西方国际关系学学者的目标，就在于忽视文化与国家的差异，而致力于建立一个"同一性的帝国"（empire of uniformity）。③ 那么，国际关系自然也就没有能力"承认、面对与探究差异"。④ 然而，要真正建立

---

① 赵汀阳：《没有世界观的世界》，中国人民大学出版社 2005 年版，第 79 页。

② Naeem Inayatullah and David L. Blaney, *International Relations and the Problem of Difference*, New York：Routledge, 2004, p. viii.

③ James Tully, *Strange Multiplicity：Constitutionalism in an Age of Diversity*, Cambridge：Cambridge University Press, 1995, p. 66.

④ Naeem Inayatullah and David L. Blaney, *International Relations and the Problem of Difference*, New York：Routledge, 2004, p. 2.

一个稳定的世界秩序，首先必须打破国内是有秩序的与国际体系是无秩序的、文化多元性代表着危险与文化单一性等截然不可通约的刚性二元对立这些西方世界观预设；然后在正视差异的基础上，去探索和思考在无政府状态下重视与维护文化多样性的和平共处之道。这一项任务在西方历史实践和理论研究中，几百年来都没有得到真正的重视，现在到了迫切需要国际关系学者认真对待和研究的时候了。当然，我们承认在国际关系史上，文化、世界观等方面的差异的确引起过许多的问题，而我们提出"世界观问题"这一概念本身也是以此为出发点的。然而，我们需要改变的是对无政府状态中文化多样性的观念，即不能仅仅把差异视为一种危险，或把其他文化或自己的文化视为一种落后的东西，要么就被消灭、要么就被同化。西方文化这种根深蒂固的倾向，是近代国际体系充满不公正的重要根源，也是我们不能不对霸权世界观进行批判的部分原因。本章的研究，证明了二战以来的主流国际关系理论仍然有着重要的排斥与消除文化差异的倾向，仍然有意无意地继续着建立一个"同一性帝国"的迷梦。既然如此，如果还认为无政府状态话语以及以此为出发点的西方主流国际关系理论是一种价值中立的普适性理论，并不加批判地借鉴和利用的话，既是一种自欺欺人的态度，也是一种对自己的文化传统丧失信心的表现，还是一种不自觉地参与到西方力图建立"同一性帝国"努力的举动。

当然，意识到西方主流国际关系理论中重复出现的无政府状态话语，在很大程度上密切关联着以消除国际关系中文化及其世界观差异为目标的世界观预设，并不意味着我们就找到了解决"世界观问题"的捷径。客观地说，注意到无政府状态话语的价值取向，仅仅是我们展开这一问题研究的第一步，要真正探索出如何在维护和尊重各种文化差异的基础上，实现无政府状态下的秩序，需要全世界人们的共同努力。就中国国际关系学界而言，如何让文化差异的问题真正成为一个值得重视与引起注意的研究议程，如何才能让中国国际关系学界在这一问题的研究中作出令人尊重的努力，如何才能让中国传统文化及其世界观成为人们观察国际体系与展望世界发展方向时的有效知识等等，都有赖于中国学者的艰难探索。这些问题是如此重要，以致于我们不能忽视它们；然而它们又是如此的复杂，使得我们很难简单地对它们进行处理。或许在西方主流国际关系理论的支持者看来，上述问题主要是一种价值驱动的研究，属于规范理论研究的范畴，而西方主流国际关系理论主张研究必须是价值无涉的。然而，既然这些主张价值无涉的理论本身就充满了价值内涵，那么我们就没有理由不将有关价值问题的研究作为一项重要的研究议程。笔者希望，通过揭示世界观本身就是国际关系知识不可或缺的组成部分，以及西方世界观的预设如何在这些知识中得以体现，至少有助于我们认清主流国际关系理论虽然不研究"世界观问题"，可依然偏离不了其世界观背景的事实。当西方国际关系理论没有、不愿甚至无力对其自身的世界观背景进行反思时，我们介入到对这一问题的探索，就为思考上述那些极为重要的价值问题跨出了重要一步。

三　西方主流国际关系理论对西方世界观其他四个预设的内化

在进入第四章的研究之前，我们有必要就西方世界观预设其他四个方面的预设在国际关系理论中的体现做简要讨论。本章以西方世界观或宇宙论及其起源的观点为核心，考察了它们在主流国际关系理论中以潜移默化、不露痕迹的方式，影响到国际关系理论对国际关系现象的观察、对研究议程的设置、对核心假定的提出，尤其影响到西方学者对所问问题及解决办法的思索。在第二章中，我们已经得知西方世界观或宇宙论的核心问题，在于如何解释宇宙的起源。无论这种宇宙起源观是演化论（古希腊、现代），还是创造论（基督教神学），它们都有一个共同特征，即宇宙（或秩序）的缘起，总是关系到对混沌（或无政府状态）的克服。基于西方宇宙论或世界观的这一共同特征，我们集中考察了西方主流国际关系理论对西方世界观两个基本预设的继承及对此所做的理论反应。这两个基本预设是不可通约的二元对立与对单一世界秩序的追求。对于我们总结的西方世界观的其他四个基本预设，我们并没有进行专门、详细的研究。那么，对这两个基本预设的接受，是否也意味着其他四个基本预设出现在主流国际关系理论的研究中呢？我们的观点是：虽然程度不一，但总体而言，主流国际关系理论中对其西方世界观他四个方面的预设确实有所体现。

首先来看因果思维方式。结构现实主义、新自由制度主义是因果思维方式的坚定支持者，它们相信实证主义研究方法的力量，信奉自然科学因果机制在解释国际关系现象时的有效性。建构主义主张在理性主义与反思主义之间走一条中间道路：在本体论上与反思主义一样采用了理念主义本体论，但在认识论上却主张科学实证论。建构主义在认识论上的立场，使其与结构现实主义与新自由制度主义结成了盟友。在阐述建构主义的理论框架时，温特详细论述了国际关系现象之间的"建构"作用，并将其视为与因果思维方式不同的理解事物的方式。不过可惜的是，事物间的建构关系并未被温特视为一种研究方法。尽管近年来包括建构主义在内的美国国际关系研究越来越脱离现实主义的哲学传统，并逐渐将英国的自由主义传统作为主要的思想资源，然而，这种改变更多的只是在本体论层面上，理性主义的方法论或科学实证论的认识论依然没有受到太大的冲击。有鉴于此，美国的国际关系研究，仍是理性主义（因果思维方式）占主导地位。有必要指出的是，同样属于西方文化圈的欧洲国家，在国际关系的研究方法问题上，与盛行于美国的因果思维方式有一定的区别。无论是英国学派，还是法国、德国等欧洲国家的国际关系研究者，都对用实证主义来解释包括国际关系等社会现象的效力持怀疑态度。当然，因果思维方式在美国与欧洲国家国际关系研究中地位的差异，并不能否定欧洲国家同样受到了西方世界观预设的影响。因为无论在方法论上有多大的区别，以个体主义为核心的自由主义，越来越成为西方（无论是美国还是欧洲）国际关系研究共同的哲学基础，[①] 它们在很大程度上分享了对西方世界观线性进步的预设。这就密切关系到西方世界观的"静止优先论"与"情感边缘论"另外这两个预设。

其次，我们来看静止优先论。现实主义者不相信国际体系的进步，他们认为只要没有出现一个世界政府，国际体系将无法超越无政府状态的限制，权力政治也将继续是国家参与国际互动的主导逻辑。国际体系中无论大国之间的实力分配如何变化，这些变化并不能从根本上改变国际体系的"本质"。在结构现实主义的理论视野中，国际结构的"本质"始终是一种物质"存在"，是不会随时代、环境、历史、人的认识等方面的变化而变化的。这也是为什么沃尔兹与罗伯特·吉尔平（Robert Gilpin）等人认为，假如修昔底德等现实主义先驱人物穿越时空从古代来到现在，他们不会认为国家间关系的本质发生了显著变化。在这样一种视野中，国际体系的结构即使不是永恒不变的，也处于一种近乎静止的状态。与结构现实主

---

① 维弗尔甚至认为自由主义构成了（西方）国际关系学科的两个界定性特征之一，另一个特征是现实主义。彼得·卡赞斯坦、罗伯特·基欧汉与斯蒂芬·克拉斯纳编：《世界政治理论的探索与争鸣》，秦亚青等译，上海人民出版社2006年版，第87页。

义相比，新自由制度主义与建构主义有所不同。新自由制度主义通过强调国际制度等进程因素的作用，认为国家是可以在一定程度上克服无政府状态设置的障碍，这就使得在国际制度框架下国家间合作互动的作用，首次得到主流国家关系理论的肯定。不过，新自由制度主义对于进程的研究和肯定，是以接受结构现实主义物质本体的无政府状态为前提的，而且它强调的是国家参与国际制度的功利性动机——权力与财富，动机的不变和对结构现实主义无政府状态假定的继承，说明新自由制度主义在很大程度上仍是一种静止优先论。如秦亚青指出："新自由制度主义大致属于过程范畴的理论"，然而"新自由制度主义所说的过程是一种附着性的物化，它对过程的重视只在于过程是互动的平台"。[1] 在国际制度的过程后面，仍然隐藏着无政府状态这一物化的本质，过程是否具有自足作用、其本身能否作为促使国际关系发生变化的动力、它能否像国际结构一样成为一种在体系层面发挥作用的因素，新自由制度主义并没有详细讨论。[2] 相对而言，建构主义在这一问题上走得比较远。温特认为无政府状态是一种作为共有知识或文化表现出来的观念结构，通过强调行为体的能动性与行为体之间的互动，观念结构是可以发生改变的。在此基础上，建构主义反对结构现实主义关于国际结构一成不变的观点，认为国际体系是向着进步的方向进化的。这样一来，过程——即以国家为基本单位的国际行为体之间的互动——在国际关系中的作用就得到了强调。然而，温特强调的是观念结构即体系文化对国家身份的建构作用，他的结构—行动者相互建构的观点，也就成了观念结构对行为体的单方面决定。[3] 更重要的是，温特对过程作用的强调，仍然是在观念结构的框架中进行的，国际体系的"本质"显然不在过程中，而是在"观念"上。而观念是一种"自我实现的预言"，很难改变。正是基于此，国际体系在很大程度上仍然是静止的。这

---

① 秦亚青：《关系本位与过程建构：将中国理念植入国际关系理论》，载《中国社会科学》2009 年第 3 期，第 73 页。

② 同上书，第 76—78 页。

③ 尽管温特经常将体系文化与西方文化等同起来，至于西方文化如何成为体系文化，温特并未进行详细的阐述。根据温特对文化选择机制的强调，似乎可以认为是"模仿"与"社会习得"这两种机制（或称过程）带来了这一结果。然而，我们已经详细论证，这种过程的实质不是"模仿"与"社会习得"，而是通过武力征服与象征性权力运作得以实现的。

也是建构主义被视为是"结构理论"而不是"过程理论"的原因。[1]

再次，西方国际关系理论的"情感边缘论"。情感在国际关系中的作用是异常重要的。然而，在国际关系的研究中，情感的地位一直未得到系统的研究。这种对情感的轻视，自古希腊以来就一直构成西方世界观的根本特征。首先是在古希腊哲学中，柏拉图的灵魂三重说——理性、情感与意志——中由理性居统帅地位，情感与意志的作用被贬低。在基督教神学中，意志的作用得到彰显，摆脱了长期以来对理性的依附地位，然而情感的弱势地位仍然未得到有效的改变。及至启蒙运动时期，哲学家笛卡尔在人的理性与情感、精神与肉体之间做了截然二分，并认为人是一种理性动物，理性在哲学思想与实践生活中的地位得到史无前例的高扬，而情感则被视为一种非理性的因素，系统地驱逐学术研究领域之外。[2] 威廉·J. 朗格（William J. Long）与彼得·布瑞克（Peter Brecke）曾做过以下评价："启蒙运动很大程度上必须为我们目前将人类心灵区分为理性与情感负责。这是一种从古希腊借鉴来的人类情感与理性相互斗争的概念。这种二元对立，最直接可追溯到笛卡尔的二元论。笛卡尔认为，理性是人类灵魂的一种体现，而情感不过是我们与动物共有的身体过程的一种具体表达。理性的目标是反对和控制情感。"[3] 我们已经说过，国际关系学的产生，本来就是西方现代运动中不可分割的一部分。受到启蒙运动对理性崇拜与排斥情感的影响，国际关系学将情感驱逐出国际理论研究领域，也属理所当然。这种倾向，在西方主流国际理论中都有鲜明的反映。在第一章中，我们已经指出，结构现实主义与新自由制度主义一样，都将国家视为理性最大化的单一行为体，无论是基本假定还是研究方法，这两种主流理论都不对国家是否也有情感、情感能否以及如何对国际关系产生影响等问题进行讨论。与结构现实主义和新自由制度主义不同，建构主义的基本假定是

---

① 如秦亚青认为温特的建构是"结构建构主义"，而不是他所认为值得做进一步研究的"过程建构主义"。秦亚青：《关系本位与过程建构：将中国理念植入国际关系理论》，载《中国社会科学》2009 年第 3 期，第 72 页。

② 见杨大春《语言 身体 他者：当代法国哲学的三大主题》，生活·读书·新知三联书店 2007 年版，第 38—39 页。

③ William J. Long and Peter Brecke, *War and Reconciliation: Reason and Emotion in Conflict Resolution*, Cambridge, MA: MIT Press, 2003, p. 123.

将国家视为一种"观念人"。不过，既然"国家也是人"，① 那么毫无疑问，作为"人"的国家一定就会有情感。然而，温特却毫无道理地将情感因素驱逐出自己的建构主义研究中。尽管在主流国际关系理论的研究中，情感的作用从未得到过系统的探究，然而，这并不代表这些研究者并不利用情感来论证自己的观点。结构现实主义怀疑道德在国际关系中的意义，主张控制人类的情感。如罗伯特·吉尔平指出："道德怀疑主义也同样抱有这个希望：也许有朝一日：人类的理智能够更加控制情感。这种道德怀疑主义构成了现实主义的基本实质，并将一代代的现实主义者联系在一起"。② 然而，在具体解释国际关系现象时，结构现实主义同样必须借用情感因素对其观点进行佐证。如国家之所以陷入到"安全困境"中，在很大程度上与某一国家对他国实力或意图的"恐惧"和"忧虑"引起的。这些情感因素在结构现实主义理论中的地位如此重要，以致如果忽视或抛弃这些因素，那么结构现实主义将变得无法理解。不仅结构现实主义是这样，新自由制度主义和建构主义者同样将情感因素悄无声息地引入到了理论研究中，因为只有如此，他们才能对自身的理论逻辑做出合理说明。既然如此，那么主流国际关系理论既利用情感因素来对自身理论进行论证，同时又贬低情感在国际关系中的作用，也就成了令人费解的举动。近年来，随着神经心理学、社会心理学研究不断取得进展，理性与情感之间的关系重新得到审视。人们发现，情感对理性的成功运作具有重要意义。③ 受到这些研究成果的影响，在 21 世纪初期，有关情感在国际关系中作用的研究开始涌现（第五章会对此进行讨论）。尽管它们尚未彻底扭转西方世界观情感边缘论这一预设的深远影响，不过这已经意味着情感很有可能成为国际关系研究的一项重要而且可能产生重大突破的研究

---

① 见亚历山大·温特《国际政治的社会理论》，秦亚青译，上海人民出版社 2000 年版，第 272—281 页，也可参考 Alexander Wendt, "The State as Person in International Theory", *Review of International Studies*, Vol. 30, No. 2, 2000, pp. 289 – 316.

② 罗伯特·G. 吉尔平：《政治现实主义的丰富传统》，载罗伯特·O. 基欧汉编《新现实主义及其批判》，郭树勇译、秦亚青校，北京大学出版社 2002 年版，第 293 页。

③ 代表性的研究成果见安东尼奥·R. 达马西奥《笛卡尔的错误：情绪、推理和人脑》，毛采凤译，教育科学出版社 2007 年版；安东尼奥·R. 达马西奥《感受发生的一切：意识产生中的身体与情绪》，杨韶刚译，教育科学出版社 2007 年版，等等。

领域。①

最后，西方主流国际关系理论同样密切联系着单一动因目的论这一西方世界观的另一预设。我们对于西方主流国际关系理论的理论目标已经说得够多了，即探索如何克服国际无政府状态以实现国际世界秩序方案，构成它们共同研究的出发点与归宿。我们并不拒绝理论研究中预设一个目的。人类在社会生活或个人生活中，本来就不能缺少各种目的的导引，这是鼓励人们克服各种障碍去追求某种生活目标的动力，甚至是激发人们去从事实现某种美好生活的力量源泉。② 即使在理论研究中，我们经常遇到的情况，研究者往往从某一结论或理论出发，然后才去寻找能论证某种结论或理论的材料。一如科学实证论的观点，"观点是以理论为导向的，但不是由理论决定的"。③ 社会现象尽管离不开人的参与，但它们不仅仅由人的意志或行动单独决定，它们更多地与非人的因素密切结合在一起。至少，社会事件很少是由某个单独的动因促成的。然而，在西方世界观中，事件可以由单一动因导致的，几乎是一个不言自明的真理。至少从哲学角度来看，这种动因可以是"第一推动力"或"超验原理"，如上帝、柏拉图的"理念"、巴门尼德的"实体"，康德的"先验理性"等等。受此影响，西方主流国际关系理论同样根据实现（通过克服差异建立"同一性帝国"）单一世界秩序这一目的来探索唯一动因。如果用亚里士多德的"四因说"予以演绎，我们会发现结构现实主义也是与其同构的。我们可以将其这样表述：在无政府状态这一"形式因"的环境中，作为"质料因"的国家对安全的追求就构成了实现秩序这一"目的因"的"动力因"。对于温特建构主义与亚里士多德"四因说"之间的同构关系，我们在第三节中已经做了详细讨论，这里只需指出，建构主义与结构现实主义的其他三因都是一致的，只是在动力因上，温特用"承认"替代了沃尔兹的"安全"。由此可见，结构现实主义与建构主义都对单一动因目的论

---

① Neta C. Crawford, "The Passion of World Politics: Propositions on Emotion and Emotional Relationships", *International Security*, Vol. 24, No. 4, 2000, pp. 116 – 156; Andrew A. G. Ross, "Coming in from the Cold: Constructivism and Emotions", *European Journal of International Relations*, Vol. 12, No. 2, 2006, pp. 197 – 122.

② 李开盛：《美好世界原理》，中国社会科学院研究生院博士学位论文，2008 年。

③ 亚历山大·温特：《国际政治的社会理论》，秦亚青译，上海人民出版社 2000 年版，第443 页。

这一西方世界观预设，做了相当"完美"的诠释。新自由制度主义的情况稍显复杂。因为新自由制度主义不赞成结构现实主义有关国家仅仅追求安全的假设，其理性主义立场也使它们不认可建构主义关于行为体主要追求承认的观点。基欧汉认为，国家既追求安全，也追求财富。既然新自由主义的本体论是一种物质本体论已得到包括新自由制度主义者在内的西方学术界的一致认可，那么新自由制度主义的动因也就是包括权力与财富在内的"物质利益"。不管国际制度在新自由制度主义的世界图景中能够从多大程度上克服国际无政府状态带来的限制，也不论绝对收益是否比相对收益更容易被国家接受，国家对物质利益的追求，始终是新自由制度主义视野中世界秩序得以实现的动因。这样一来，新自由制度主义者与其他两种主流西方国际关系理论的支持者，一道成了单一动因目的论这一西方世界观预设的践行者。

表3—4　　　　　　主流国际关系理论与西方世界观预设

主流国际关系理论 西方世界观预设	结构现实主义	新自由 制度主义	建构主义
不可通约的二元对立（秩序 vs 无政府状态）	●	●	●
因果思维方式	●	●	◐
单一世界秩序崇拜论	●	●	●
静止优先性	●	●	◐
情感边缘论	●	●	●
单一动因目的论	●	●	●

　　总而言之，西方主流国际关系理论都是"规范理论"，而且都受到了西方世界观预设的强烈影响。对于结构现实主义、新自由制度主义与建构主义的规范内涵，我们主要从它们的"无政府状态恐惧症"入手作了比较集中的研究，确证了它们都是规范理论，而且对三种主流国际关系理论在价值取向上的异同也做了总结。其中值得强调的是，西方国际关系学者基于"国际无政府状态恐惧症"而提出的世界秩序方案，都有克服国家之间差异的强烈嗜好；它们都期望建立一个以西方国家制度设计与文化价值为标准的"同一性帝国"的世界秩序。上述特点，足以让我们对不加批判地接受和借鉴主流国际关系理论的观点产生警惕。由此也让我们意识

到罗伯特·W. 考克斯有关"理论总是服务于一定的人和一定的目标的"①这一论断的正确性。无政府状态话语密切关联着西方世界观预设的两个预设，即不可通约的二元对立与对单一世界秩序的追求。而且，就西方主流国际关系理论的整个理论逻辑而言，它们还或多或少地继承和体现了西方世界观其他四个方面的基本预设。当进入到20世纪90年代后，西方学者也开始对这些预设进行反思，并出现了建构主义这一部分脱离了现代西方世界观某些预设的研究成果。无论是在因果思维方式上，还是在静止优先性上，建构主义都做了新的探索，至少展示了它们致力于打破西方世界观某些预设的趋势。这些努力，虽然没有从根本上突破西方世界观预设的影响，然而，它毕竟对人们从多种新的角度观察世界提供了可能。这种可能，一方面为其他文化及其世界观在新的时代下提供观察国际关系现象的解释开辟了道路，让它们意识到自身所具有的价值和意义，并促使人们参与到促进多种世界观之间的平等对话中去；另一方面也预示着当西方国际关系学者开始努力去摆脱西方世界观预设的影响时，各种世界观之间就有可能产生交集，证明它们之间并非截然不可通约的。既然如此，当我们在很大程度上已经度过了对西方国际关系理论的引进与借鉴阶段之后，就有必要去思考这样一个问题，即中国传统世界观对于我们开发各种具有自身特色的国际关系理论研究具有什么样的启发？这一问题不仅仅是学术研究的问题，而且是一个密切关系到如何做中国人的问题。如果对此无动于衷，我们就必将面临不对西方国际关系理论的世界观预设进行深刻批判所带来的理论与实践后果。当然，对主流国际关系理论内化现代西方世界观预设的情况进行考察，并不要求学者们完全抛弃"三大主义"。我们只是提醒人们在借鉴和运用西方国际关系理论时，不要忽视其世界观背景和价值内涵，避免复制这些理论试图消除国际关系中各种差异的倾向。

---

① 罗伯特·W. 考克斯：《社会理论、国家与世界秩序：超越国际关系理论》，载罗伯特·O. 基欧汉编《新现实主义及其批判》，郭树勇译、秦亚青校，北京大学出版社2002年版，第190页。

第 四 章

权力与世界观：霸权世界观的政治后果

自密尔以来，许多人去尝试打开密尔所称的"性格形成"（the formation of character）、而其他人称之为"社会化"、"内化"、"融入"的各种支配机制这一—"黑箱"。然而，这些术语的使用，遮蔽了一种必需做出的解释，即何以文化力量嵌入到这些个人之中而他们却对此安之若素。我们需要知道为什么会如此？

——Steve Lukas, *Power*: *A Radical View*，p. 139.

常识性的东西往往潜入在制度之中，从而既体现在社会组织的客观性上，又反映在社会组织参与者的思想里，预先建构的观念之物无所不在。社会学家和别人没什么两样，都实实在在地受着这些预先建构之物的重重包围。所以说，社会学家都承担着一种特殊的任务，他本人正是他所要探知的对象——社会世界——的产物。因此，他针对这个对象所提出的问题、所使用的概念，完全有可能正是这些对象本身的产物。……客观结构与主观结构相互契合，使这些东西不言而喻、不证自明，免除了我们对它们的质疑。

—— 皮埃尔·布尔迪厄，载皮埃尔·布迪厄、
华康德《实践与反思——反思社会学导引》，

第 359—360 页

我们认为，对于权力的适当理解，需要有反事实推理的知识，即想象当社会结构以不同的方式安排的时候，生活将会呈现什么样子。在这里，需要研究的是社会生活中的潜在性（potentialities）：即如果事物不是本身所是的样子，它们可能会以什么样子出现？为了推进这

样的研究，我们需要一些方法反思我们本身及我们面临的选择……除非有许多截然不同、甚至彼此龃龉的计划、实体、信念或生活方式长期共存，否则反思与先驱者们的努力将会一无所得。

——Eric Ringmar, "Empowerment Among Nations:
A Sociological Perspective", in Felix Berenskoetter and
M. J. Williams, *Power in World Politics*, p. 195, p. 198.

在第一章中，我们提到所有的国际关系理论都受到了世界观的诸多影响。在第二章中，我们概括了现代西方世界观的几个基本预设。在第三章中，我们就西方世界观的预设在国际关系理论中的体现做了比较详细的研究，其中重点考察了西方世界观通过克服混沌以实现秩序的预设。这一预设体现在国际关系知识中，就是西方主流国际关系学者出于"无政府状态恐惧症"，构想不同的世界秩序方案。尽管这些秩序方案对于人们应对国际关系中出现的问题提供了重要的启示，事实上它们本身也是人们处理几个世纪以来国际体系整合问题的主导方案。然而，我们发现，尽管西方主流国际关系理论都认定自身是跨历史、跨文化的普适性理论，但它们依然是深深嵌入在西方世界观的预设之中、不过是西方世界观及由此衍生的思想产物。不仅如此，主流国际关系理论发现或构想的秩序方案，同样不是价值中立和不偏不倚的，相反，它们都有或含蓄或明确的价值取向和伦理内涵。其中，通过消除行为体之间差异、建立一个"同一性的帝国"，是这些秩序方案共同的内在冲动。如果我们有关世界秩序的独特方案，而不是本体论作为世界观的界定性特征，那么现实主义、自由制度主义与建构主义是可以视为不同的世界观。既然西方国际关系知识或不同的世界观既不是普世有效的，也不是价值中立的，那么，对这些知识或世界观不加批判地接受，会带来什么样的后果呢？本章的目的就在于尝试回答这一问题。

在第二章中，我们概括了世界观的两个基本特征，其中第一个特征是为我们提供想象世界的可能性的同时也限制了这种可能性，那么，当接受某种世界观的时候，实际上也就意味着接受了这种世界观的世界秩序方案。然而，根据世界观的第二个基本特征，即世界观构成行为体界定自身身份的重要资源，寄托着人们的情感忠诚与承诺，所以世界观的改变具有非常重要的意义。这样一来，当以显而易见的强制手段来迫使人们接受某种世界观、或在"社会化"的过程中潜移默化地向拥有不同世界观的人们灌输一种"异"世界观时，世界观的接受就密切关联着一种特殊权力的实施。这种权力具有深刻的隐蔽性，往往不被我们所意识到，这也使得世界观成为一种深刻的统治方式。在本章中，我们将世界观的传播与国际关系中的权力联系起来，以此考察当"世界观问题"没有成为问题时可能带来的理论与政治后果。然而，西方国际关系学者强调的以军事和经济实力为基础的物质性权力，这种权力对我们揭示霸权世界观的政治效应是远远不够的，我们有必要对权力进行重构。本书将借鉴法国著名社会学家皮埃尔·布尔迪厄（Pierre Bourdieu）的"象征性权力"（symbolic power）概念，对霸权世界观的影响进行研究。然后通过对温特世界国家观的内在逻辑进行批判，以说明反击霸权世界观和象征性权力的最好方式是对每一种世界秩序方案的内在合理性进行分析，这是为分析和谐世界观开辟生存空间的有效途径。

第一节　国际关系中权力概念的重构

权力在国际关系中具有重要的作用，这几乎已是人们的常识。权力对于国家的重要性在于，它不仅是国家在弱肉强食、恃强凌弱的世界中维护国家生存这一根本目标的最终依托，而且也是国家追求其他有价值目标的重要手段。由于权力在国家之间的分配是不均等的，所以权力的多少，对不同的行为体所产生的效应也是不同的。诚如希腊历史学家修昔底德几千年前就指出的："强者仗势而为，弱者逆来顺受"。[1] 权力在国际关系中的重要性及其产生效应的不均衡性，使得对权力的追逐构成了国际政治生活中的一项重要内容，甚至是生死攸关的内容。汉斯·摩根索指出："国际

---

① 这句话为作者根据英文译者瑞克斯·沃纳（Rex Warner）《伯罗奔尼撒战争史》的经典译本译出，这句话的英文为"the strong do what they have the power to do and the weak accept what they have to accep"，见 Thucydides, *History of the Peloponnesian War*, M. I. Finley, ed., Rex Warner, trans, New York: Viking-Penguin, 1972, p. 402. 中译本对这句话有多种译法，分别见，修昔底德：《伯罗奔尼撒战争史》，谢德风译，商务印书馆1978年版，第414页；修昔底德：《伯罗奔尼撒战争史》，徐松岩、黄贤金译，广西师范大学出版社2004年版，第313页；詹姆斯·多尔蒂、小罗伯特·普法尔茨格拉夫：《争论中的国际关系理论》，阎学通、陈寒溪等译，世界知识出版社2003年版，第74页。

政治像一切政治一样，是追逐权力的斗争。无论国际政治的终极目标是什么，权力总是它的直接目标"。①　无论是在国际关系学者、国务活动家抑或普通百姓眼中，权力都是人们理解国际政治的核心概念。尽管在国际关系史上，有许多的事例——如美国在越南、苏联在阿富汗的失败——启示人们，权力并不是决定国家命运或战争胜负的唯一因素，然而，受到传统智识的影响，人们总倾向于赋予权力在国际政治中以核心、甚至是至上的地位。这样一来，在理解世界观与国际关系之间的关系时，我们同样有必要将世界观纳入到权力的范畴予以考察。要实现这一目标，首先必须对国际关系的权力概念重新进行思考，只有这样，世界观与权力之间的关系才能得到适当的澄清。因此，下文首先对近年来国际关系学者对权力概念的重构稍作梳理，然后集中讨论象征性权力与霸权世界观之间的关系。

　　受现实主义国际关系理论的影响，人们习惯将国际关系中行为体之间的活动抽象为追求权力而展开的角逐。这一观念影响如此之深，以至于权力这一核心概念反倒没有得到充分的研究。就重视权力的现实主义诸流派而言，它们集中关注的是通过强制的方式迫使别的行为体接受他本来不愿意接受的行为、或者以赢得冲突为目标的物质性权力，而且满足于探讨这种权力的强制性特征。新自由制度主义虽然以研究国际机制在促进国际社会稳定和实现国际合作中的作用为志业，这是对现实主义过于重视权力倾向的偏离。然而为了突出国际制度的独立作用，他们常常无视权力在国际关系——甚至在它们集中加以研究的国际机制中——没有消失的事实，使得权力在他们的理论中难觅其踪，这也是他们对国际社会的发展方向充满着乐观情绪的主要原因。至于建构主义者，在强调文化、认同、规范等观念因素在构建国际关系现实中的重要性的同时，对于这些因素可能发挥的强制作用，同样语焉不详。②　即使温特触及到了一种以理念主义本体为基础的权力萌芽，可他终究没有突破现实主义传统权力观的藩篱。至于作为自由主义者的约瑟夫·奈虽然凭借他所提出的软权力概念而赢得了巨大的

---

　　①　汉斯·摩根索：《国家间政治：权力斗争与和平》，徐昕、郝望、李保平译，王缉思校，北京大学出版社 2006 年版，第 55 页。

　　②　对建构主义忽视权力这一现象的批评，可参考 Michael C. Williams, *Culture and Security: Symbolic Power and the Politics of International Security*, New York：Routledge, 2007.

声誉,可他的权力观在很大程度上复制了现实主义对权力的性质、作用方式、实现目标等的传统理解,并没有为人们提供一种真正新颖的权力观。①

最近几年,国内外学界出现了对权力概念进行重构的迹象。在重新关注权力在世界政治中意义的研究成果中,尤以米歇尔·巴纳特(Michael Barnett)与雷蒙德·杜瓦尔(Raymond Duvall)主编的《全球治理中的权力》(2005年出版)、②菲力克斯·布伦斯科特(Felix Berenskoetter)与M. J. 威廉姆斯(M. J. Williams)主编的《世界政治中的权力》(2007年出版)③这两本论文集最为突出。这两本论文集不仅考察了国际关系中权力的多种表现形式,而且它们之间有一个共同点,那就是都从社会理论有关权力的研究中获得了大量的启发,都讨论了那种塑造人们心智结构和限制人们想象世界多样性的权力类型,这与我们本书对世界观的研究是密切相关的,所以我们先对国际关系学者近年关于权力的最新研究成果进行介绍,然后提出我们的四维权力观。

对于冷战后兴起的全球治理研究忽视权力的倾向,巴纳特与达瓦尔做

---

① 约瑟夫·S. 奈关于软权力概念的著作包括: Joseph S. Nye Jr. , *The Paradox of American Power: Why the World's Only Superpower Can't Go It Alone*, Oxford: Oxford University Press, 2002 (中译本参考约瑟夫·S. 奈《美国霸权的困惑:为什么美国不能独断专行》,郑志国等译,世界知识出版社2002年版);Joseph S. Nye Jr. , *Soft Power: The Means to Success in World Politics*, New York: Public Affairs, 2004 (中译本请参考约瑟夫·S. 奈《软力量:世界政坛成功之道》,吴晓晖、钱程译,东方出版社2005年版);Joseph S. Nye Jr. , *The Power to Lead*, New York: Oxford University Press, 2008. 也可参考由奈为中国读者主编的一部论文集:约瑟夫·S. 奈著、门洪华编:《硬权力与软权力》,门洪华译,北京大学出版社2005年版,等等。对奈软权力概念的批评及其回应,可参考在《国际政治中的权力》(Felix Berenskoetter and M. J. Williams, eds. , *Power in World Politics*, New York: Routledge, 2007)一书中,刊载了五篇对奈的软权力概念进行批评以及奈对于这些批评意见进行回应的文章。不过,相对而言,奈的回应不足以说服那些批评意见。尤其可参考Steven Lukes, "Power and the Battle for Hearts and Minds: On the Bluntness of Soft Power", pp. 83 - 87;Janice B. Mattern, "Why 'Soft Power' isn't so Soft: Representational Force and Attraction in World Politics", pp. 98 - 119, Nye, "Notes for A Soft-Power Research Agenda", pp. 162 - 172.

② Michael Barnett and Raymond Duvall, eds. , *Power in Global Governance*, Cambridge: Cambridge University Press, 2005. 该章是本纳特与达瓦文发表在《国际组织》的"国际政治中的权力"一文的修正版。Michael Barnett and Raymond Duvall, "Power in International Politics", *International Organization*, Vol. 59, No. 1, 2005, pp. 39 - 75.

③ Felix Berenskoetter and M. J. Williams, eds. , *Power in World Politics*, New York: Routledge, 2007.

了深入的批评，并提出了由四种权力形式构成的国际关系权力类型学。他们将权力界定为："一般而言，权力就是在社会关系中并且通过社会关系生产出行为者决定他们的环境及其命运的效应。"[①] 根据这一权力概念，他们区分了权力关系的两个维度：第一个维度是权力的"类型"（kinds），即权力通过何种社会关系起作用。他们认为，社会关系有"互动的社会关系"（social relations of interaction）与"构成性社会关系"（social relations of constitution）两种类型。权力的第二个维度是"明确性"（specificity），即权力在通过社会关系影响目标行为体的明确或直接程度。这一维度同样被区分为两种，一种是直接和具体的权力，一种是扩散性和非直接的权力。对权力的这两个维度进行排列组合，本纳特与达瓦尔构想了四种权力类型：强制性权力、制度性权力、结构性权力以及生产性权力。巴纳特与达瓦尔对权力概念的重构，具有重要的意义。他们不仅明确持一种关系权力观，而且还注意到了属性权力观对于理解权力仍然具有的重要性；或许更重要的是，从人类关系多样性的事实出发，他们探索了权力得以表现出来的不同形式，提出了权力的不同面向。相对于主流国际关系理论纠缠于本体论与认识论问题，要么持一种单一权力观、要么忽视权力在国际关系中的重要意义，巴纳特与达瓦尔的努力极大地拓展了人们对权力现象的认识。见表4—1.

表4—1　　　　　　　　　　**巴纳特与杜瓦尔的权力模型**

第一维度	第二维度	关系明确性	
		直接的	扩散的
关系类型	互动的社会关系	强制性权力	制度性权力
	构成性的社会关系	结构性权力	生产性权力

资料来源：Michael Barnett and Raymond Duvall, eds. , *Power in Global Governance*, Cambridge：Cambridge University Press, 2005, p. 12.

在巴纳特与达瓦尔的权力类型学中，生产性权力就是一种建构人的身份、塑造人心智的力量。因为生产性权力是指一种"通过具有广泛性和

---

①　Barnett and Duvall, "Power in Global Governance", in Michael Barnett and Raymond Duvall, eds. , *Power in Global Governance*, Cambridge：Cambridge University Press, p. 8

一般性社会领域的知识体系和话语实践，使用各种社会权力来构成所有的社会主体"的力量。① 生产性权力的效应在于：通过知识的传播、话语的建构，人们对于事物意义的理解既变得可能，也有可能受到限制。那些已经被人们接受的知识和话语会被视为是理所当然、不言自明的，而那些不熟悉、"异域"的知识体系、世界想象、风俗习惯等意义体系，则具有不可理解、无法想象的特性。这已经涉及到了霸权世界观所产生的权力效应。通过引用海瓦德（Clarissa R. Hayward）有关语言能指体系（system of signification）"界定什么是（不）可能的、（不）真实的、自然的、规范的、什么构成问题"② 等，巴纳特与杜瓦尔认为，话语、知识体系隐藏着一种不可见的权力，它界定了我们在生活中认识和想象的视域以及可能的行动方案。不仅如此，话语还赋予人类生活以意义，生产出被赋予意义的行为主体。生产性权力通过涵盖范围广泛、无明确针对目标的知识与话语等意义体系，生产出并不是以二元对立为基本特征的多样化社会行为主体。这些行为主体被赋予不同的社会范畴，从而在国际关系的实践中享有不同的权利与义务。如我们在第三章提到的文明标准，它将国际社会中的行为体划分为"文明"的国家与"野蛮"的国家，从而为前者征服、掠夺、殖民后者提供了合法性依据。这就是生产性权力所产生的政治效应。显然，巴纳特与达瓦尔的生产性权力与霸权世界观有着一定的联系，不过霸权世界观在国际关系知识中的体现，并不仅仅是建构身份、生产主体的话语体系，而是一种沉淀在人们的心智结构、塑造人们思维方式的力量，它往往不会达到明确的意识层面。因此，生产性权力并不足以为我们研究世界观与权力之间的关系提供充分的思想工具。此外，巴纳特与达瓦尔权力类型还存在一个致命的问题，那就是他们把结构性权力视为一种独立的权力类型，而看不到强制性权力、制度性权力、生产性权力同样以结构性权力的形式体现出来。限于篇幅，对这一问题我们不做详细研究，下文还会简要地涉及到这一问题。

　　除了巴纳特与达瓦尔，还有别的学者也提出了由四种权力形式组成的权力观，如我国学者高尚涛、全球公民社会研究者罗涅·D. 利普舒茨

---

① 　Barnett and Duvall, "Power in Global Governance", in Michael Barnett and Raymond Duvall, eds., *Power in Global Governance*, Cambridge：Cambridge University Press, p. 20.

② 　Clarissa R. Hayward, *De-facing Power*, Cambridge：Cambridge University Press, 2000, p. 35.

（Ronnie D. Lipschutz）等。根据国际关系中行为体掌握的权力资源或"力量资源"的不同，高尚涛据此提出了由强制性权力、奖惩性权力、制度性权力与示范性权力构成的权力类型。[①] 高尚涛重构权力概念的出发点在于探索权力与国际规范之间的关系。这是一个极少得到关注的领域，他的研究也因此具有重要的价值。[②] 不过他的权力类型学同样存在一些问题：首先，他的权力类型缺乏相应的划分依据，而且各种权力之间的区别与关系也未得到恰当的澄清；其次，错误理解了强制性权力与奖惩性权力之间的关系；再次，他持一种统治性权力观，看不到权力有塑造环境、控制自身命运的效应；最后，他的权力概念无法涵盖那些以扩散、匿名、非人格化等形式体现出来的权力，即忽视了结构性权力的存在。至于利普舒茨，则受到巴纳特与达瓦尔权力类型学的影响，将国际关系比喻成为一场具有游戏规则的游戏，他同样从两个维度出发，对巴纳特与达瓦尔的权力类型进行了修正。利普舒茨权力模型的第一个维度是权力产生的效应，也就是他所说的"权力的目的"。他认为，国际关系中的权力可以产生两种效应，一种是"再分配"（distributive）效应，以现实主义的直接性权力与新自由制度主义者的制度性权力为代表；另一种是"构成性"（constitutive）效应，以结构性权力和生产性权力为代表。第二个维度是能动性的类型。他将其分为由某一可被视为单一行为体出发的"主权能动性"（sovereign agency）与不能还原为单一行为主体而只能属于系统层次的"社会能动性"（social agency），由此他也提出了由四种权力构成的权力模型。除了权力区分维度上的不同，利普舒茨仅仅是把巴纳特与达瓦尔的"强制性权力"改造为"直接性权力"（direct power）。他的权力类型学的缺陷与巴纳特、达瓦尔权力类型学的缺陷相似，即忽视了结构性权力不能构成一种独立的权力类型。见表

[①]　可参考高尚涛《国际关系中的权力与规范》，世界知识出版社 2008 年版，第四章。

[②]　通过理论构建和案例研究，高尚涛验证了如下核心假设：规范与权力都有令人服从的特性和要求，然而两者之间令人服从的机制有所不同；基于权力的服从是比较"低级"和"原始"的，而对规范的服从则是"复杂"与"精致"的；要使在既定的权力关系结构条件下，让权力意志的对象从对权力的服从上升到对规范服从的高度，必须在功利主义逻辑的引导下，利用权力优势建构出明确和系统的规范，从而让原来的权力对象在规范的影响下内化并强化这种规范。这种从权力服从机制向规范服从机制的转化，也就是"权力关系结构向相应规范的外化"（高尚涛：《国际关系中的权力与规范》，世界知识出版社 2008 年版，第 148 页）。

4—2 所示。

表 4—2　利普舒茨对巴纳特与达瓦尔权力模型的修正及各种权力的效应

第一维度 ＼ 第二维度	主权能动性	社会能动性
界定、颁布、决定（"游戏规则"）的权威	结构性权力："主权"能够通过规则来结构化管理政治经济活动的条件（如创建关于污染的知识产权）	生产性权力：社会性主体能够通过语言、惯习、机构化等手段来影响行动的伦理基础（如生产出"不许污染"的宽泛伦理体系）
区分、分配、剥夺（"得分点"）的权威	直接性权力："主权"能够使用武力、强制力、操纵能力、影响力去保护或追求其利益（如为了让污染者停止污染行为，而对其进行罚款和惩罚）	制度性权力：社会性主体能够餐厅用议程设置、法律缔造、角色设置为本身偏好的利益分配相应的资源（如为了减少污染，不要求强制减排，而允许在污染权之间进行交易,）

资料来源：Ronnie D. Lipschutz, "On the Tranformational Potential of Global Civil Society", in Felix Berenskoetter and M. J. Williams, eds., *Power in World Politics*, New York：Routledge, 2007, p. 228.

　　菲利克斯·布伦斯科特利用德国著名社会学家马克斯·韦伯（Max Weber）的权力概念和美国权力研究者史蒂文·卢卡斯（Steve Lukes）的三维权力观，提出了由赢得冲突、限制替代方案、塑造规范标准构成的国际关系"三维权力观"，[①] 并且在三维权力观与现有国际关系理论中的现实主义、制度主义/机制理论、建构主义/后现代主义理论之间建立起"松散的联系"。[②] 在介绍布伦斯科特的权力类型学之前，有必要简要介绍一下卢卡斯的三维权力观。因为他的第三维权力与布尔迪厄的象征性权力具有很大的相似性，都是致力于回答同一个问题，即为什么不平等的社会秩序很少遭到被支配者的反抗？

――――――――――

　　[①] Berenskoetter, "Thinking about Power", in Felix Berenskoetter and M. J. Williams, eds., *Power in World Politics*, New York：Routledge, 2007, pp. 1 – 22.

　　[②] Ibid., p. 3.

卢卡斯在批评一维权力观与两维权力观的基础上，提出了他的三维权力观。所谓"一维权力观"，也就是达尔产生重要影响的"统治……的权力"观。这种权力观，被卢卡斯称为"权力的第一张面孔"（the first face of power）。而二维权力观或"权力的第二张面孔"（the second face of power），则是由对达尔的权力观持强烈批评态度的美国政治学家彼特·巴卡拉克（Peter Bachrach）与摩尔顿·巴拉兹（Morton S. Baratz）提出来的。他们认为，罗伯特·达尔只看到了体现在投票、决策等明显冲突行为中的权力现象，从而忽视了体现在制度中通过"不决策"（nondecision-making）、"动员偏见"（mobilization bias）和"议程控制"（agenda control）等方面让某些行为体获益而让另外一些行为体受损的权力，这是制度发挥作用的重要和隐秘途径，也是极少得到关注的权力形式。所谓"动员偏见"和"议程控制"，即制度在将某些问题纳入到决策程序中的同时，却有意识地排除出其他问题而掩盖起来的权力关系。① 这种权力也就是巴纳特与达瓦尔权力类型学中的制度性权力。卢卡斯认为，相对于一维权力观，二维权力观通过研究以不明显的方式得到体现的权力形式，从而推进了人们对权力的理解；② 然而，他认为权力的第二张面孔仍然存在三个方面的重要缺陷。③ 首先，二维权力观具有个体主义倾向，即将权力主体定位为个人，从而忽视了制度具有的自主性；其次，二维权力观没有注意到那些通过塑造、影响人们的愿望、希望、认知、偏好等观念来控制人们的权力，也就忽视了这样一个事实："最有效和最隐蔽的权力运用开始就会预先防止诸如此类冲突（实际、可以观察到的冲突——引者注）

---

① 巴卡拉克与巴拉兹说："当 A 参与到那些影响 B 的决策制定中去时，理所当然地是在运用权力。当 A 致力于创建或加强各种社会价值、政治价值以及制度惯例——它们使政治过程的范围仅仅限制在对那些比较而言不损害 A 的利益的议题进行公共考虑上——时，同样在运用权力。在 A 成功地这样做的范围内，对于所有实际目标而言，B 就被阻止在那些可能在其决议中严重损害 A 的一系列偏好的所有重要议题之外。"Peter Bachrach and Morton S. Baratz, *Power and Poverty：Theory and Practice*, New York：Oxford University Press, 1970, p.7, 转引自史蒂文·卢克斯《权力：一种激进的观点》，彭斌译，江苏人民出版社 2008 年版，第 8 页。

② 卢卡斯使用过"制度性权力"（institutional power）这一概念，但他并不认为巴卡拉克与巴拉兹研究指出的权力的第二张面孔论述了制度性权力的存在，因为他们没有超越对于权力的个人主义认识，从而没有发现制度的独立作用。请参考史蒂文·卢克斯《权力：一种激进的观点》，彭斌译，江苏人民出版社 2008 年版，第 37 页。

③ 史蒂文·卢克斯：《权力：一种激进的观点》，彭斌译，江苏人民出版社 2008 年版，第 13—17 页。

的产生";最后,二维权力观将政治过程中是否存在怨恨作为是否存在
"不决策"行为与动员偏见的衡量标准,从而忽视了那些可以通过操纵怨
恨等情感而取得表面同意或一致的权力形式。考虑到这三方面的缺陷,卢
卡斯认为,二维权力观"不仅仅在研究决策制定的权力和不决策的权力
时缺乏一种社会的洞察力,而且在研究社会内部关于抑制各种潜在冲突的
不同方法时也缺乏一种社会学的洞察力"。① 鉴于此,卢卡斯集中阐述了
那种通过塑造和影响人们的认知、想象、感觉、偏好的权力,即第三维度
的权力。

所谓第三维度的权力,就是"通过塑造各种信仰与愿望,通过在各
种历史变革的环境中强制施加内在的约束来确保服从于支配的能力"。②
卢卡斯认为,权力在人类生活中的作用是真实和有效的,尽管人们并不一
定能够清楚地指出权力的居所及其表现形式,甚至根本意识不到权力在政
治生活中的存在。事实上,在各种权力形式中,以隐蔽和不可见的形式表
现出来的权力最为有效和高明。第三维度的权力就属于这种权力形式,其
效应类似于福柯的"生产性权力"与布尔迪厄的"象征性权力"概念
(后文还有论述)。这种权力概念致力于回答这样一个问题,即"有权有
势者是如何获得他们所支配的那些人的服从的",③ 或者换一种说法就是
如何"通过同意来避免冲突与怨恨"。④ 为了说明权力是维系被统治阶级
或从属阶级默认现存秩序的重要机制,卢卡斯提出了一种新的权力概
念——"引起误导的权力"(the power to mislead)。⑤ 卢卡斯认为,权力
是一种潜在可能性,它不一定能够被激发而表现为现实,其大小的表征在
于"根据行动者导致各种重要结果的能力来界定的,特别是根据促进他
们自己的利益和/或影响他人的利益来界定的,无论行动者是主动地还是
被动地"。⑥ 这样一来,权力作用的主要途径在于影响其他行为体的利益,
即使这种影响是无意识的。

---

① 史蒂文·卢克斯:《权力:一种激进的观点》,彭斌译,江苏人民出版社 2008 年版,第
49 页。
② 同上书,第 143 页。
③ 同上书,第 106 页。
④ 同上书,第 107 页。
⑤ 同上书,第 149 页。
⑥ 同上书,第 56 页。

　　第三维度权力具有重要的政治后果。在国际关系中，它们既体现在第三章予以阐述的近代国际体系中西方帝国主义国家对广大殖民地半殖民地地区进行的"课业帝国主义"事业中，也体现在二战后不断兴起的国际规范"社会化"过程中。与国内教育体制中将社会的"正常"价值标准、意识形态灌输给儿童而使其社会化类似，国际关系中的"引起误导的权力"同样将主要源于西方国家中的制度、规范、偏好、对利益的认知、信念等内容打扮成普适性的标准，将不同的国家定位为类似于"成人"与"小孩"、"老师"与"学生"之间的关系，并因此产生了"赋权"与"剥夺权力"的效应，这是一种通过"引起误导的权力"来塑造原殖民地半殖民地国家与当前发展中国家偏好、信仰、意愿的努力。尽管高尚涛并未从这种权力的角度讨论国际规范的作用，不过其研究的价值，正是在这种权力概念中才能得到明确。依靠现有的权力概念或者仅仅关注那种直接性权力形式，是不足以让我们充分地理解权力与规范之间的复杂关系的。在这一问题上，记住卢卡斯的以下论断是有益的：

　　　　自从密尔以来，有许多人尝试去打开密尔所称的"性格形成"（the formation of character）、而其他人称之为"社会化"、"内化"、"融入"的各种支配机制的"黑箱"。然而，这些术语的使用，遮蔽了一种必需做出的解释，即何以文化力量嵌入到个人之中而这些个人却对此安之若素。我们需要知道为什么会如此？"[①]

　　在国际关系研究领域，如果说国家之间的确存在着国家被"社会化"或"内化"国际规范的现象，我们同样需要追问建构主义所说的国际"共有文化"是如何嵌入到各国国内层面的？在这一过程中，现代西方世界观又是如何被各国所接受而没有产生出强有力的抵制的？等等问题。遗憾的是，尽管卢卡斯提出了这种塑造人心智结构的权力，然而他却没有详细考察第三维度权力的具体运作机制，而布尔迪厄则深入考察了这一问题，这正是我们之所以要借鉴布尔迪厄文化社会理论及其象征性权力概念的原因。

----

　　① 这里对中译文作了改动，可参考 Steven Lukes, *Power: A Radical View*, 2nd, London: Palgrave Macmillan, 2005, p. 139. 中译本见第 138 页。

表 4—3　　　　卢卡斯三维权力观与一维权力观、二维权力观的比较

特征 权力维度	关注问题	权力观	权力的作用机制	代表人物
一维权力观	1. 行为；2. 决策制定；3. 各项（关键的）议题；4. 可以观察到的（明显的）冲突；5.（主观的）利益，被看做是通过政治参与揭示出来的政策偏好	1. 直接权力观；2. 属性权力观；3. "统治……的权力"	通过以直接可见或可以观察到的方式来控制其他行为体	罗伯特·达尔
二维权力观	1. 决策制定和不决策；2. 各项议题与潜在的议题；3. 可以观察到的（明显的或者隐蔽的）冲突；4.（主观的）利益，被看做是各种政策偏好或者愤恨	1. 直接权力观；2. 属性权力观；3. "统治……的权力"	通过制度的"动员偏见"或"不决策"来影响、塑造政策后果	彼特·布卡拉克与摩尔顿·巴拉兹
三维权力观	1. 决策制定和对于政治议程的控制（并不必然通过各种决策的方式）；2. 各项议题与潜在的议题；3. 可以观察到的（明显的或者隐蔽的）冲突与潜在的冲突；4. 主观的利益或真正的利益	1. 直接权力观与扩散权力观；2. 关系权力观；3. 强调"统治……的权力"，注意到"做……的权力"	通过"引起误导的权力"来塑造行为体的倾向、偏好、愿望与信念使被支配者认同现有秩序	史蒂文·卢卡斯

　　资料来源：在史蒂文·卢克斯《权力：一种激进的观点》，彭斌译，江苏人民出版社 2008 年版，第 17—18 页的基础上整理而成。

　　布伦斯科特明确借鉴了卢卡斯的三维权力观，并利用韦伯的研究成果在社会行为类型、权威类型与三维权力观之间建立起了联系。布伦斯科特未赋予权力概念一个明确的定义，只是在不同的地方将权力视为"制造差异的能力"①或"创造和引起变化的能力"。②不过，通过重构韦伯的权力概念，将其译为"在社会关系中使一个人的意志趋于主导的机会，在这一过程中伴随着对抵制的反抗，无论这种机会是基于什么"，③布伦斯科特发现了被国际关系学者忽视了"做……的权力"、关系性权力与结构性权力的存在，而且还提出了一种权力研究的"过程视角"，即认为真实世界中的权力关系只有在动态的社会关系中才能得到合理的说明，而不应该对权力持一种纯粹静态、共时的权力观点。④利用韦伯的合法性思想和有关三种权威类型的区分，布伦斯科特还在权力类型与行为动机之间建立起了联系。⑤韦伯认为，稳定的政治秩序，必须要通过一定的"合法化"过程取得这种"合法性"，合法化的主要途径就是制度化。根据权威类型的不同，制度化途径也有三种，⑥一种通过法律或契约性的安排，使制度中的行为体遵循制度的规则；一种是通过传统价值观念的传播，让人们接受现有等级制的合理性；最后一种是通过克里斯玛似的权威，在主导者与依附者之间确立起情感依附关系。这三种秩序实现途径分别对应着引发人类行为的三种不同动机，即价值理性、传统、情感，而由

---

① Berenskoetter, "Thinking about Power", in Felix Berenskoetter and M. J. Williams, eds., *Power in World Politics*, New York: Routledge, 2007, p. 13.

② Ibid., p. 18.

③ 英文原文为："opportunity [Chance] to have one's will prevail [durchsetzen] within a social relationship, also against resistance, no matter what this opportunity is based on'"（见 ibid., p. 3.）斯科特的译法可以比照林荣远的中译本来读。林译为"权力意味着在一种社会关系里，哪怕是遇到反对也能贯彻自己意志的任何机会，不管这种机会建立在什么基础之上"，林荣远的译文与罗伯特·达尔的英译文大同小异。克伦斯科特认为，达尔的英译文主要问题在于它"当韦伯写下'auch gegen WSiderstreben'时，他并没有将克服抵制作为一个必要条件"，这对林译本也是适用的。参考 Ibid., p. 21, n. 4.

④ Ibid., p. 15.

⑤ 政治与社会学界对韦伯关于"合法性"问题取得的进展及面临的批评，可参考张康之《合法性思维的思想历程：从韦伯到哈贝马斯》，载《教学与研究》2002 年第 3 期，第 63—68 页；王庆利：《"合法性"概念解析》，载《教学与研究》2004 年第 12 期，第 81—85 页。

⑥ 张康之：《合法性思维的思想历程：从韦伯到哈贝马斯》，载《教学与研究》2002 年第 3 期，第 66—67 页。

此形成的秩序和社会关系分别是技术性的、习惯性的以及情感性的。[1]在此基础上，布伦斯科特结合卢卡斯的权力的三张面孔，提出了一种由三维权力构成的权力模型。表4—4是我们根据布伦斯科特的逻辑整理而成的权力模型：

表4—4　　　　　　　布伦斯科特的三维权力观及其理论基础

	行为动机	制度化方式	社会关系	权力类型
第一维度	价值理性	法律安排	技术关系	赢得冲突
第二维度	社会惯例	传统价值体系	习惯	限制替代方案
第三维度	情感	克里斯玛权威	情感关系	塑造规范性

资料来源：根据作者对布伦斯科特思考逻辑的整理。

　　布伦斯科特三维权力观与巴纳特、达瓦尔的权力类型学之间，有着重要的相似之处。根据布伦斯科特的论述，他的三维权力观分别与后者中的强制性权力、制度性权力与生产性权力相对应。主要的区别在于前者没有结构性权力这一权力维度以及他们在具体的理论立场有所不同。对于为什么结构性权力不能构成一种独立的权力类型或权力的单独维度，布伦斯科特并未予以明确阐述。不过，在阐述权力的第二个维度时，他透露出了倾向于从结构的角度来理解权力的观点，从而将限制替代方案的权力维度视为直接通过结构，而非通过行为体体现出来的权力形式。也就是说，在"结构性权力"与"制度性权力"的关系上，布伦斯科特认为后者是前者的产物，前者构成了后者的前提。[2]事实上，在涉及到权力的第三个维度时，布伦斯科特同样倾向于将这一维度的权力视为结构的产物或表现，只不过这里的结构已经是"意义结构"（meaning structures），而不是"以物质为基础的权力结构"（a material basis of power structure，既可以是现实主义理论语境中的"权力分配"，也可以是新自由制度主义语境中的"信息结构"）了。[3]布伦斯科特的三维权力观，可视为在巴纳特与达瓦尔权

---

[1]　Berenskoetter, "Thinking about Power", in Felix Berenskoetter and M. J. Williams, eds., *Power in World Politics*, New York：Routledge, 2007, p. 4.

[2]　Ibid., pp. 7 - 8.

[3]　Ibid., p. 12.

力类型学的基础上所展开的进一步研究。至于理论立场，布伦斯科特希望在三维权力学与国际关系理论中的现实主义、新自由制度主义/全球治理研究、建构主义/反思主义之间建立起联系，认为每一种理论都对应一种独立的权力类型；而巴纳特与达瓦尔的权力类型学并不寻求与现有国际关系理论的衔接，而是主张将不同类型的权力纳入到国际关系现象、甚至是同一种国际现象的解释中。布伦斯科特基于权力类型密切关系着本体论与因果解释机制，据此认为巴纳特与达瓦尔关于权力的理论立场是不可思议的。[①] 他们在权力理解上的差异可见表4—5。

表4—5　布伦斯科特三维权力观与巴纳特、达瓦尔权力类型之间的异同

	区分维度	理论立场	思想资源	权力类型
三维权力观	韦伯的政治秩序方案	三种权力类型可以与现实主义、新自由制度主义/全球治理学派、建构主义/反思主义之间建立松散的对应关系，本体论与权力类型必须连贯	卢卡斯的三位权力观、韦伯的权力社会学思想	赢得冲突的权力限制替代方案的权力塑造规范的权力
四种权力观构成的权力类型学	社会关系的"类型"与"明确性"	权力类型与理论流派之间可以交叉兼容，对同一国际关系的解释可以运用不同的权力概念	皮特·迪格泽（Peter Digeser）有关权力的四种面孔的论述[②]	强制性权力制度性权力生产性权力结构性权力

---

① Berenskoetter, "Thinking about Power", in Felix Berenskoetter and M. J. Williams, eds., *Power in World Politics*, New York: Routledge, 2007, pp. 12 – 15.

② 皮特·迪格泽的"权力的四种面孔"分别关注和追问以下问题：第一张面孔探索"如果有人运用权力的话，什么人在实施权力？"，第二张面孔询问"什么问题被什么人排除出议程之外？"，第三张面孔即卢卡斯的激进权力观解答"什么人的客观利益正在受到伤害？"，第四章面孔关注的核心问题在于"什么样的主体被生产了出来"。可参考 Barnett and Duvall, "Power in Global Governance", in Michael Barnett and Raymond Duvall, eds., *Power in Global Governance*, Cambridge: Cambridge University Press, p. 8, n. 8.

续表

	区分维度	理论立场	思想资源	权力类型
相异之处	有差异	截然对立	迪格泽将卢卡斯的第三维度权力分解为第三、第四维权力	是否需要把结构性权力作为一种独立的权力类型
相同之处	——	——	第一、第二维权力同	前三种同

资料来源:作者整理

　　对于布伦斯科特的理论立场,我们是赞同的。我们同样认为,结构性权力是政治生活中的一种"元权力",它可以衍生出制度性权力、生产性权力等不同的权力类型,正如英国著名国际政治经济学家苏珊·斯特兰奇(Susan Strange)对结构性权力的划分所表明的那样。[①] 至于权力与本体论、因果机制之间的关系,我们同样认为,选择了一种不同的权力类型,同样也就意味着选择了一种本体论和因果解释机制。由于强制性权力主要作用于人的生理和肉体存在,而第三维度权力主要作用于人的认知结构、意识结构、思维方式等层面,所以,由权力带来的社会现象的因果解释机制也不一样。如强制性权力可以运用因果解释机制,而第三维度权力主要通过理解和诠释的途径来进行。不仅如此,权力概念的使用还具有政治效应,如第三维度权力概念的提出,就会让人们对支配性政治秩序有所意识或行动,这就决定了我们不能将不同类型的权力概念随意地纳入到对同一社会现象的解释之中。卢卡斯、史蒂法诺·古志尼(Stefano Guzzini)等人都指出,权力概念的选择并不是价值无涉和客观中立的,选择了某种权力概念,事实上也就选择了所关注的某些特殊社会关系或特定的行为体,而那些未被纳入考虑范围的社会关系和行为体也被排除出权力的视野之外。这种效应,本身就是一种政治行为。权力概念的选择与使用产生的这些效用,古志尼称之为"权力分析的践行性(performative aspect of power

---

　　① 可参考苏珊·斯特兰奇《国家与市场》,杨宇光等译,上海人民出版社 2006 年版,尤见第 21—27 页。

analysis)"或称"践行性的概念分析"（performative conceptual analysis）。①

对布伦斯科特理论立场的赞赏，并不意味着我们同意他的理论框架。布伦斯科特的权力理论框架有个致命缺陷，即他在韦伯的权威类型、行为类型与卢卡斯的三维权力观之间建立起了错误的联系。尽管韦伯明确指出，他所给出的三种权威类型是"纯粹的"，四种行为动机的分类也是"纯粹的"，也即它们是在理论研究中构想出来的，并不一定契合实际情况的复杂、变动、偶然等性质。② 我们承认，在韦伯的权威类型与卢卡斯的三维权力观之间的确存在着某种有机、内在的联系，这不仅仅是因为它们都关注国内、国际政治领域的合法性现象，并且密切关联着政治秩序能否实现稳定；更重要的在于卢卡斯三维权力观的不同权力维度，都能从韦伯的权威类型那里找到本体论与因果解释机制的"逻辑一贯性"。然而，当布伦斯科特在韦伯的权威类型、社会行为动机与卢卡斯的三维权力观之间建立起系统的对应关系时，他却误解了不同类型的纯粹或理想类型之间的作用机制，使得其理论模型满足于无法实现"逻辑一贯性"与经验事实相符这两个条件。

---

① 可分别参考史蒂文·卢克斯《权力：一种激进的观点》，彭斌译，江苏人民出版社2008年版，第54、74页；Stefano Guzzini，"The Concept of Power：A Constructivist Analysis"，in Felix Berenskoetter and M. J. Williams，eds.，*Power in World Politics*，New York：Routledge，2007，pp. 31 - 36。

② 诚如韦伯自己所说的："为了赋予这些（社会、政治）概念以精确的含义，社会学家有必要构建符合相应行为模式的理想类型（ideal types），这些理想类型因为完满地涵盖了意义层次（level of meaning）而具有最大限度的逻辑连贯性（logical integration）。即使达到如此程度，一个理念构建的纯粹类型（pure types）也几乎不可能与现象吻合得丝丝入扣。"（该文引文根据笔者的理解译自英文版，请参考 Max Weber，*Economy and Society*：*An Outline of Interpretive Sociology*，Guenther Roth and Claus Wittich eds.，Berkeley：University of California Press，1978，Vol. I，p. 20，中译本见马克思·韦伯《经济与社会》，林荣远译，商务印书馆2006年版，第52页）不仅韦伯的三种权威类型、四种行为动机是纯粹或理性类型，卢卡斯的三维权力观同样是经由人们的抽象思考而提炼和分离出来的理念构造物，尽管韦伯的权威类型或合法性概念与卢卡斯的三维权力观不乏值得批评之处，然而它们的确为人们把握复杂的政治现象提供了有力的思想工具。当然，正如韦伯所说，"纯粹的"类型并不能天马行空似地创建，它们必须满足一定的条件，即"最大限度的逻辑连贯性"。而且，尽管我们接受韦伯有关推进社会科学研究必须构建理想类型，然而我们不认为所谓的"理想类型"一定是"跨历史"与"跨文化"的，正如韦伯在构建一般化社会理论与解释具体历史事件上始终存在着张力一样。尤其是当在不同的"纯粹的"类型之间再建立起有机联系时，对它们之间的逻辑连贯性与对具体历史情景的深入把握就显得尤为必要。

布伦斯科特在价值理性行为与强制性权力（第一维度权力）、传统与制度性权力（第二维度权力）、情感与生产性权力（第三维度权力）之间建立起对应关系是错误的。韦伯提出了四种理想的行为类型，即分别由"工具理性"、"价值理性"、"情感"、"传统"驱动的行为。"工具理性"（instrumentally rational）行为，即社会行为"由行为体对处于环境及他人行为目标的期望来决定，这些期望被行为体视为理性地追求和计算目的的条件'或'手段'"，"价值理性"（value-relational）则是指社会行为是"由对伦理、美学、宗教或其他行为形式的有意识的信仰而决定，不管这种行为体是否具有成功的前景"，而传统和情感驱动的行为则分别是基于情绪或感情、约定俗成的习惯。① 显然，无论是根据韦伯的上述定义，还是与权力相关的国际关系现象，分别对应于布伦斯科特赢得冲突、限制替代选择、塑造规范标准这三维度权力的行为类型应该是"工具理性""价值理性"与"传统"，而不是"价值理性""传统"与"情感"。我们在此做简要讨论。

赢得冲突的权力，显然是与价值理性的行为动机不相对应。即使自二战以来国家在进行战争时已面临越来越多的限制——既有国际法、国际制度方面的制约，也有来自于国际舆论、国际伦理规范方面的牵制——然而，国际冲突的产生，在很大程度上仍然是由国家利益动机或国家安全动机所驱动的，不管这种利益是为了获取领土、财富等物质收益，还是实现威望、地位、荣誉、复仇、友谊等精神或心理层面的满足。这样一来，赢得冲突维度的权力，就与韦伯行为动机中的"工具理性"，而不是"价值理性"相对应。不仅如此，布伦斯科特将第二维度的权力与社会惯例——韦伯的"传统"行为动机——联系起来也明显不能实现对接。制度性权力涉及到国际制度为了增强自身的合法地位和独立性而利用自身的奖惩权力对成员国进行限制，试图引导制度中的成员国认可制度的"原则、规范、规则与决策程序"，直至从"价值合理性"的角度出发参与国际制度的活动。正如詹姆斯·G.马奇（James G. March）与约翰·奥尔森（John Olson）的研究所表明的，从工具理性地参与国际制度、到出于"适应性逻辑"（the adaptive logic）即价值理性的动机遵守国际规则之间

---

① Max Weber, *Economy and Society*: *An Outline of Interpretive Sociology*, Guenther Roth and Claus Wittich eds. , Berkeley: University of California Press, 1978, pp. 24 - 25.

的转化，的确是有可能发生的。① 然而，要使行为体从传统的逻辑出发参与国际制度，除非是国际制度体现了其世界观或价值观念（如西方国家，事实上西方国家也仅仅工具性地对待国际制度）或个别极端例外的情况，否则这种情况很少发生。② 至于由"情感"驱动的行为与塑造规范的权力之间的关系，至少在西方世界观中，很难建立起直接对应的关系；③ 而且布伦斯科特也根本没有提及情感与第三维度权力之间的关系。事实上，这两者之间的对应关系同样只能在某些特定的条件下才能成立——即象征性权力得以成功发挥作用，在第五章第三节中会予以讨论。我们承认，在布伦斯科特的三维度权力与韦伯的行为类型之间，的确可以建立对应关系；不过，这些对应关系不是如他所说的那样，而是强制性权力对应"工具理性"的行为逻辑、制度性权力对应"价值理性"的行为逻辑、生产性权力对应"传统"行为逻辑。剩下的问题是：是否存在一种对应"情感"行为类型的权力类型呢？

我们认为，的确存在一种通过影响和塑造人的情感而实现预期目标的权力，我们可将其称为"情绪性权力"（emotional power）。这是一种以引导、影响、刺激、动员、安抚、隔离、掌控、管理行为体的情绪为主要目标的权力，它与分别作用于人们的物理存在或肉体的强制性权力、通过"不决策"或"议程控制"否认行为体平等社会权利的制度性权力、作用于人们的思维或观念层面的象征性权力或生产性权力有所区别。只要我们

---

① 詹姆斯·G. 马奇、约翰·奥尔森：《国际政治秩序的制度动力》，载彼得·卡赞斯坦、罗伯特·基欧汉与斯蒂芬·克拉斯纳编《世界政治理论的探索与争鸣》，秦亚青等译，上海人民出版社 2006 年版，尤其见第 370—371 页。

② 美国对国际制度的遵守就符合这种情况。国际机制离不开美国在二战后所获得的强大的实力，然而国际制度又反过来成为美国的"霸权之翼"，维护着美国独特的霸权地位。也就是说，尽管国际制度体现了美国的文化、价值观、世界观，可美国在很多时候都是从工具理性的角度对待国际制度的，而不是出于"价值理性"或"传统"的理由而认同国际制度。可参考门洪华《国际机制与美国霸权》，载约瑟夫·S. 奈著、门洪华编《硬权力与软权力》，门洪华译，北京大学出版社 2005 年版，"附录"，第 221—237 页；门洪华：《霸权之翼：美国国际制度战略》，北京大学出版社 2005 年版；约翰·伊肯伯里：《大战胜利之后：制度、战略约束与战后秩序重建》，门洪华译，北京大学出版社 2004 年版。

③ 在中国传统世界观中，情感与"第三维度权力"之间的对应关系经过中国先哲的论述，已是源远流长的传统，正如荀子的"以礼节情"等观点所体现出来的。关于这一问题，这里无法展开讨论，有兴趣的读者可参考翟学伟《人情、面子与权力的再生产》，北京大学出版社 2005 年版。

注意到并承认，在人类历史上，情感在国内、国际政治领域中所产生的巨大作用，而且接受情感构成人类社会行为的内在因素，那么我们将会发现，这种以情感为作用对象的权力类型是的确存在的。在这方面，情感社会学的相关研究成果能够为国际关系学者提供重要的启发。美国著名情感社会学家亚莉·霍奇柴德（Arlie Hochschild）于 1983 年出版了《被管理的心智》（The Managed Heart，台湾中译本译为《情绪管理的探索》）一书，提出了"情感管理"（feeling management）这一重要概念。① 在这一开创性的著作中，霍奇柴德将情感纳入到文化的框架中予以研究，认为情感是文化的产物，并在四个崭新概念——感受规则（feeling rules）、情感工夫（emotional labor，类似于中国的"面子工夫"）、表层行为（surface acting）、深层行为（deep acting）——的基础上，研究了情感管理在各种工作场合和制度背景下的具体体现。霍奇柴德有关情感管理的研究，不仅极大地扭转了情感研究在西方社会学中的边缘地位，而且催生了一大批以情感管理为主题的研究成果。② 不过，霍奇柴德并没有使用情绪性权力的概念。可惜的是，由于国际关系学长期被主张国际关系行为体是由工具理性的行为逻辑驱动的现实主义与新自由制度主义所主导，即使到了今天，情感在国际关研究中的边缘地位依旧没有太大的改变。既然情感社会学的这类研究成果很少得到国际关系学者的注意，情感与权力之间的关系很少受到人们的重视也就在情理之中。

　　然而，忽视并不意味着不存在。实际上，人际关系与国际关系在一定程度上都是情感关系，对国内、国外精英与大众相关情绪的把握，始终都是国家等行为体处理政治事务的重要任务。对相关行为体情绪的充分把握和准确预测，并在此基础上运用各种手段进行掌控，密切关乎到行为体能否实现预期目标，甚至有可能成为行为体有意识地予以实施的战略。在这一过程中，当行为体对此有比较明确的意识，并动用相应的资源来塑造、引导、影响目标行为体的情绪时，情绪性权力就开始发挥作用。即使国内

　　① 　Arlie R. Hochschild, *The Managed Heart*：*The Commercialization of Human Feeling*，Berkeley：The University of California Press，1983；中译本可参考亚莉·R. 霍奇柴德《情绪管理的探索》，徐瑞珠译，桂冠图书股份有限公司 1992 年版。

　　② 　可参考 Dawn T. Robinson，Jody Clay-Warner and Tiffani Everett， "Introduction"，in Dawn T. Robinson and Jody Clay-Warner，eds.，*Social Structure and Emotion*，San Diego：Elsevier，2008，pp. 2 – 3.

社会或国际关系中的行为体，在某些情况下的确能以纯粹理性（无论是工具理性还是价值理性）的态度从事各类活动，至少在可以预见的未来，情感仍将在人类行为中扮演举足轻重的角色，而情绪性权力也将继续发挥作用。对这一重要问题进行研究，本身就应该成为国际关系学者的重要研究课题。至于情绪性权力是否能成为一种结构性权力、它在国际关系中到底如何运作、情绪性权力的具体运作机制、其与其他权力类型之间的关系如何等等问题，限于篇幅，我们将不做深入讨论。但指出情绪性权力的存在，就足以让我们在布伦斯科特的基础上提出一种对应于韦伯四种理想行为类型的四维权力观，如表4—6所示。

表4—6 　　　　　　　　国际关系的四维权力观

理想类型 / 权力维度	行为动机	权力类型	权威类型/ 社会秩序方式	社会关系
第一维度	工具理性	赢得冲突/ 强制性权力	"自然状态"/和谐状态（隔绝状态）	利害关系
第二维度	价值理性	限制替代方案/ 制度性权力	法律安排	技术关系
第三维度	社会惯例、传统	塑造规范性/ 象征性权力	传统价值体系	习惯
第四维度	情感	塑造、引导情感/ 情绪性权力	克里斯玛权威	情感关系

资料来源：作者整理

为了纠正国际关系学者在权力理解问题上的局限，也为了在研究世界观与权力之间的关系时提供一个理论框架，我们在参考国际关系学者现有研究成果的基础上，提出了由强制性权力、制度性权力、象征性权力与情绪性权力组成的四维权力观。四维权力观是一种理想类型。虽然它们可以相对独立地发挥作用，但在现实生活中无疑是以不同的组合方式协同运作的。现有国际关系理论要么集中关注其中的一种权力类型，要么完全忽视其他类型权力的存在，如情绪性权力就从未得到国际关系学者的注意。不仅如此，属性权力观、统治性权力观、物质性权力观的大行其道，也不利于我们探索、发现、研究权力在世界整合与分化的地位，尤其对我们考察世界观与权力之间的关系没有太大的帮助。这也是我们本节对国际关系学者对权力概念的理解稍作回顾的原因。就我们在本章中关心的问题而言，不加批判地接受具有世界观预设的西方国际关系知识具有什么样的后果呢？巴纳特与达瓦尔的生产性权力、卢卡斯与布伦斯科特的第三维度权力都部分涉及到了这一问题。然而，一方面，他们都没有详细阐明这种以塑造行为体的认知与意识为目标的权力的具体运作机制，没有将世界观纳入到他们的权力类型中进行研究；另一方面，无论生产性权力还是第三维度权力，主要涉及的都是行为体的意识层面，而我们已经指出，世界观及其预设在很大程度是以一种"集体无意识"和近乎本能的方式出现在行为体的行动和研究中的，它们的作用机制比话语、知识、呈现、意识要沉淀得更深入、更隐秘。所以，他们的权力类型学虽然各具启发，但不能为我们考察世界观与权力之间关系提供有效的指导。

除了上文介绍的成果，事实上还有不少人涉及到知识、规范、与权力之间的关系。其中，值得重视的研究成果有：早在 1996 年，洛克西尼·L. 多蒂（Roxaanne Lynn Doty）就利用法国著名哲学家米歇尔·福柯（Michael Focult）、雅克·德里达（Jacques Derrida）、西方马克思主义者拉克劳（Ernesto Laclau）与墨菲（Chantal Mouffe）等人的研究成果，对国际关系史上北方国家通过语言、文字、图片等手段歪曲性地呈现和建构南方国家形象的"呈现性实践"（Representaition）、及其产生的统治效应做了开创性研究。[①] 詹尼斯·B. 玛腾（Janice B. Mattern）、我国学者孙吉胜借鉴法国著名后现代主义哲学家让·弗朗索瓦·利奥塔（Jean Francois Lyotard）有关对事物和世界的呈现和表象能够影响行为体行为和身份的观点，提出和详细讨论了"呈现力"（reprentational force）的概念。[②] 此

---

① Roxaanne Lynn Doty, *Imperial Encounters*, *The Politics of Representation in North-South Relations*, Minnesota: Minnesota University Press, 1996.

② 玛腾关于"呈现力"的研究成果见 Janice B. Mattern, "Why 'Soft Power isn't so Soft: Representational Force and Attraction in World Politics", in Felix Berenskoetter and M. J. Williams, eds., *Power in World Politics*, New York: Routledge, 2007, pp. 90 – 119; Janice B. Mattern, *Ordering International Politics: Identity, Crisis, and Represntation Force*, New York: Routledge, 2005; Janice B. Mattern, "The Power Politics of Identity", *European Journal of International Relations*, Vol. 7, No. 3, 2001, pp. 349 – 397。孙吉胜借鉴了玛腾的研究成果，她从语言与权力的角度对伊拉克战争所做的深入分析颇具启发。可参考孙吉胜《语言、意义与国际政治：伊拉克战争解析》，上海人民出版社 2009 年版，尤见第五章。

外，在布伦斯科特与威廉姆斯主编的《世界政治中的权力》一书中，理查德·尼德·勒博（Richard Ned Lebow）、托马斯·迪泽（Thomas Diez）与伊恩·玛斯内（Ian Masnner）、詹妮弗·斯特琳—福尔克（Jannifer Sterling-Folker）与罗斯玛丽·E. 施恩考（Rosemary E. Shinko），分别提出了说服权力（the power of persuasion）、规范性权力（normative power）、话语权（discourses of power）等概念，它们同样涉及到观念、意义等象征性因素的权力效益。① 除了以上这些研究成果，后现代主义、后结构主义、女性主义、后殖民主义也都极为关注这一主题，做了大量的研究，不过我们没有必要对此详加阐述。尽管知识、意义、观念、规范等内容在国际关系中的意义及其政治效应，越来越得到了学者们的关注，不过总体而言，这样权力概念或研究成果，都没有系统关注霸权世界观与权力之间的关系，而且也程度不一地体现了本书详细介绍的三维权力观或生产性权力所具有的缺陷。所以，我们需要借助布尔迪厄的象征性权力理论及对这种权力运作机制的研究，以深入揭示出世界观与权力之间的复杂关系。

第二节　象征性权力与霸权世界观

在第一章中，我们已经就马克斯主义者关于意识形态和世界观的研究做了简要讨论。传统马克思主义者与西方马克思主义者虽然对意识形态维护统治阶级的作用做了深刻的揭露，然而，他们却没有对意识形态、世界观与权力之间的关系展开深入的研究，没有根据意识形态的统治功能建构出一种新的权力类型，而且也没有将其运用到国际关系中"世界观问题"的讨论上。此外，由于主要集中在社会宏观层面来研究意识形态、世界观、文化在阶级统治中的意义，传统马克思主义缺乏对这些因素如何作用于个人的具体机制的论述，因此国际关系中微观层面的个人或国家与宏观层面的国际结构（包括结构现实主义的物质结构和建构主义的观念结构）是如何得以衔接起来，我们仍知之甚少。

对于这些问题，布尔迪厄（也被译为"布迪厄""布丢"等）作了

---

① 请参考 Felix Berenskoetter and M. J. Williams, eds., *Power in World Politics*, New York: Routledge, 2007, 中的相关文章。

深入的研究，布尔迪厄不仅提出了象征性权力①的概念，而且将马克思的资本概念引入到文化社会学的研究中，从而有力地推动了马克思主义的意识形态理论在新时代背景下的发展，同时也有助于我们理解世界观与象征性权力之间的关系。不过，布尔迪厄似乎不愿意使用马克思的"意识形态"的概念，因为他认为，这一概念与康德对人类意识自主性的强调有着内在的联系。尽管马克思同样强调阶级社会中社会历史条件和权力不平等分配的事实对无产阶级构成的制约，但意识形态起作用的方式，似乎仍然是通过行为体的意识和认知而发挥作用的。通过对人类象征性实践活动进行人类学研究后，布尔迪厄认为，对等级制合法秩序的承认，在很大程度是通过潜意识或半意识实现的，用他的话来说，是通过铭刻在行为体身体内的"性情倾向"（dispositions）或者说"惯习"（habitus）来实现的（见下文）。在此基础上，他认为社会秩序或社会整合的实现，更多地是一种性情倾向与社会结构之间的"共鸣"，即秩序"唤醒了被深深隐藏的身体的性情倾向，而并不通过意识或计谋的手段"。② 根据这种看法，"虚假意识"虽然是一种错误的或者说虚假的意识，但它依然处于意识的层面；而"性情倾向"或"惯习"，则超越了意识的范畴，内化在处于身体之中，是不能够通过意识使其"觉醒"的。

布尔迪厄没有注意到，马克思的确谈到了"习惯"在工人阶级屈从自己从属地位时所发挥的作用，尽管他并未对此进行系统的阐述。在描述工人阶级的被压迫处境时，马克思曾经提到，仅在社会结构和资本市场中处于依附地位，是不足以让无产阶级将资本主义生产方式视为"理所当然的"，要实现这一目标，还需仰赖其他因素的作用，其中就有"传统"和"习惯"。如马克思在《资本论》中指出："在资本主义生产的进展中，工人阶级日益发展，他们由于教育、传统、习惯而承认这种生产方式的要求是理所当然的自然规律"。③ 马克思的上述论述与布尔迪厄所研究的"惯习""性情倾向"有着莫大的关联。正是通过重构"习惯"概念，布

---

① 也被翻译为"符号权力""象征权力"。在本书中，除非是出自具体的引文，否则一律使用象征性权力的概念。

② 皮埃尔·布尔迪厄：《实践理性：关于行为理论》，谭立德译，生活·读书·新知三联书店，第 106 页。该书是从法文版翻译过来的，为了保证与后文的衔接，对于重要词语的翻译，我们对中译文做了必要的改动。

③ 马克思：《资本论》（第一卷），人民出版社 2004 年版，第 846 页。

尔迪厄才发展出"惯习"的概念，才说明了象征性权力的作用机制。此外，正是通过研究教育领域的再生产，布尔迪厄才提出"文化资本""符号资本"与"象征性权力"等概念。姑且不论布尔迪厄从马克思那里借鉴了资本概念及相关学说，仅从习惯带来的政治效益来看，马克思也是布尔迪厄的前驱。尽管布尔迪厄对自己是否属于马克思主义者不置可否，但我们可以认为，布尔迪厄有关象征性权力的文化社会学思想，是对马克思上述思想的贯彻，极大地推进了马克思主义意识形态理论的研究。① 因此，我们借鉴布尔迪厄的象征性权力理论来研究世界观与国际关系之间的关系，在某种程度上也是促进马克思主义国际关系理论中国化的发展，更有助于我们发现和谐世界观提出所具有的重要意义。

在展开论述时，我们还需对借鉴布尔迪厄象征性权力概念及其文化社会学研究成果的理由，做出三点说明：（1）布尔迪厄的象征性权力理论可以运用到国际关系上。尽管布尔迪厄的理论主要是针对国内社会的，但他并不否认象征性权力可以运用在国家之间的支配关系（像在帝国主义或殖民主义的情况下）的分析中，② 因为他是从关系性的场域出发进行社会学研究的，只要存在某种由行为体认为有价值的利益，那就足以构成一个场域，至于是否存在政府或机构，并不重要。（2）布尔迪厄虽然没有明确讨论世界观与权力之间的关系，但根据我们在第一章有关文化与世界观之间关系的说明可知，世界观构成文化的一个核心组成部分，而且是界定性的组成部分，因此布尔迪厄从象征性权力的角度对文化与权力所做的研究，在一定程度上也是对世界观与权力之间关系所作的论述。（3）世界观及其预设是科学无意识或社会无意识的重要内容，而且布尔迪厄在用以说明象征性权力运作机制时提出的"惯习"和"信念"（doxa）概念，我们可以视为世界观的重要内容，所以我们在对惯习或信念进行阐述时，实际上也就是在对世界观的具体运作机制进行研究。

---

① 皮埃尔·布迪厄、华康德：《实践与反思——反思社会学导引》，李猛、李康译，邓正来校，中央编译出版社1998年版，第220页。

② 布尔迪厄自己曾说："符号暴力可以发挥与政治暴力、警察暴力同样的作用，而且更加有效。马克思主义传统的一个巨大缺陷，就是没有为这些'软性'的暴力形式留有余地，而这些形式即使在经济领域中也发挥作用。"皮埃尔·布迪厄、华康德：《实践与反思——反思社会学导引》，李猛、李康译，邓正来校，中央编译出版社1998年版，第225页。

一　作为惯习或信念的世界观：象征性权力的运作机制

布尔迪厄的一般性实践理论从马克思那里受到了重要的启发。[①] 马克思在《关于费尔巴哈的提纲》一文中，曾对机械唯物主义和唯心主义进行过批判，认为它们都是脱离了现实的实践活动从事社会生活研究，从而产生了重大的谬误。马克思关于对人的活动必须从实践方面去理解的观点，在布尔迪厄那里得到了进一步的发展。为了克服社会学研究中主观主义与客观主义二元对立的现象，布尔迪厄提出"惯习"这一概念，对人类的实践逻辑做了全新的解读。[②]

惯习可以被视为是世界观。从其拉丁原意可以看出，habitus 与 cosmos 有着相同或相近的含义。habitus 的拉丁原意是指生存的方式或服饰，而我们也指出，cosmos 原指做家务、军事组织或化妆打扮。由此可见，宇宙论或世界观与惯习概念之间有着内在的关系。用米歇尔·威廉斯（Michael Williams）的话来说，惯习就是一种"概念框架或世界观

[①]　这里值得指出，布尔迪厄曾经强调，他所使用的"实践"（pratique）概念与马克思所使用的"实践"（praxis）概念是有区别的，他更倾向于用这个概念来代指人的"实际活动"。在一次接受阿克塞尔·霍纳特（Axel Honneth）的采访时，布尔迪厄对这两个概念之间的异同作了以下澄清："我要向你们指出，我从来没有使用过实践这一概念，因为这个概念，至少在法语里，多多少少带来一点理论上的夸大性说法，甚至有相当多成分的吊诡性，而且常用这个词去赞赏某些马克思主义、青年马克思主义、法兰克福学派和南斯拉夫的马克思主义。我只是说'实际活动'"（转引自高宣扬《当代社会理论》，中国人民大学出版社 2005 年版，第 806 页）。虽然在翻译为中文时，人们常常将"pratique"与"praxis"均译为实践，但对于这两个概念之间的区别，我们必须做到心中有数。

[②]　布尔主张理论建构与经验研究不可分别，我们这里几乎纯粹从逻辑的角度介绍其理论，可能会遭到他的强烈反对，认为我们是同样在犯下一种"将逻辑的事物错当成事物的逻辑"的"学究错误"。但鉴于布尔迪厄自承"实践有一种逻辑，一种不是逻辑的逻辑"（见布迪厄《实践感》，蒋梓骅译，译林出版社 2003 年版，第 133 页），我们还是将其使用实践逻辑这一概念。事实上，在《实践感》一书被译成英文时，译者就将其译为《实践的逻辑》。另外在某处地方，布尔迪厄还论及了他使用"实践逻辑"的模糊之处。他写道"我之所以要提出一种实践理论，把实践活动者看作是一种实践感的产物，是在社会中建构的'游戏感'的产物，就是要说明实践的实实在在的逻辑——这是一种自我矛盾的逆喻（oxymornic）表达法，因为所谓实践的标志就是'合乎逻辑的'，它具有某种自身的逻辑却不把一般意义上的逻辑当做自己的准则"。皮埃尔·布迪厄、华康德：《实践与反思——反思社会学导引》，李猛、李康译，邓正来校，中央编译出版社 1998 年版，第 164 页。

（conceptual frameworks or worldview）"；① 它也被布尔迪厄称为"文化无意识""塑造习惯的力量""心理习性""认知和鉴赏模式""认知和评价结构"等。惯习是行为体下意识、前反思性地面对世界的态度和行动时的倾向，它来源于社会结构的作用，嵌入在行为体的认知结构、身体姿态、思维方式等因素中，并通过以上这些因素和人的存在状态得以体现；因此，惯习有持久和难以改变的特征。然而，惯习不是一种僵硬的结构决定物，它能创造性地对环境做出反应，为人们应对不确定和复杂的社会环境提供思想资源。因此，惯习虽然难以改变，但决不意味着是一成不变的。正如布尔迪厄所说："与某些人的理解正好相反，惯习不是宿命。由于惯习是历史的产物，所以它是一个开放的性情倾向系统，不断地随经验而变，从而在这些经验的影响下不断地强化，或是调整自己的结构，它是稳定持久的，但不是永久不变的！"②

在阐述布尔迪厄利用惯习概念所提出的一般实践逻辑之前，有必要对布尔迪厄的另外两个核心概念——"场域"和"资本"——做必要的说明。我们结合布尔迪厄对前者的使用来解释后者。根据布尔迪厄的界定，所谓场域就是指：

> 从分析的角度来看，一个场域是可以被定义为在各种位置间存在的客观关系的一个网络（network），或一个构型（configuration）。正是在这些位置的存在和它们强加于占据特定位置的行动者或机构之上的决定性因素之中，这些位置得到了客观的界定，其根据是这些位置在不同类型的权力（或资本）——占有这些权力就意味着把持了在这一场域中利益攸关的专门利益（sepecific）的得益权——的分配结构中现实的和潜在的处境（situs），以及它们与其他位置之间的客观惯习（支配关系、屈从关系、结构上的对应关系，等等）。在高度分化的社会里，社会世界是由大量具有相对自主性的社会小世界构成的，这些社会小世界就是具有自身逻辑和必然性的客观关系的空间，

---

① Michael C. Williams, *Culture and Security: Symbolic Power and the Politics of International Security*, New York: Routledge, 2007, p. 25.

② 皮埃尔·布迪厄、华康德：《实践与反思——反思社会学导引》，李猛、李康译，邓正来校，中央编译出版社1998年版，第178页。

而这些小世界自身特有的逻辑和必然性也不可化约成支配其他场域运作的那些逻辑和必然性。①

布尔迪厄认为，在现代社会中，存在着政治场域、经济场域、文化场域、艺术场域等一系列场域类型，人类社会有多少种"利益"②形式，就有多少种场域。场域是由居于不同"位置"的行动者构成的特定社会空间，然而场域又不仅仅等于这些行为体的总和，因为场域还有特定的"逻辑"和特定的"资本"。通过将马克思在经济领域中提出的资本概念引入到文化社会学中，布尔迪厄提出了三种主要的资本类型，即经济资本（财富、收入、财产、债券等）、文化资本（文化、知识、教育文凭等）与社会资本（人际关系、社会地位、尊重等），它们分别对应于经济场域、文化场域与社会场域。另外还有一种不被承认的资本，即象征资本。③各种资本虽然都具有一定的自主性，但彼此之间可以通过一定的比例进行兑换，如通过雄厚的家庭财力、广泛的人际关系网络，可以花钱或托人将孩子送入国外著名高校就读，从而提高孩子将来的文化资本；而名牌高校的教育文凭这一文化资本，又可以带来经济财富和赢得社会尊重等经济资本和社会资本。不过，布尔迪厄继承了马克思的观点，认为各种类型的资本最终都可以与经济资本建立起联系或由经济资本所决定。而且通过指出从场域概念进行思考就是从"关系"的角度进行思考，布尔迪厄进一步突出和明确了体现在马克思有关"人的本质不是单个人所固有的抽象物，在其现实性上，它是一切社会关系的总和"中体现出来的关联性思维方式。④与马克思不同的地方在于，他拒绝马克思关于经济基础与

---

① 皮埃尔·布尔迪厄、华康德：《实践与反思——反思社会学导引》，李猛、李康译，邓正来校，中央编译出版社1998年版，第134页。

② 布尔迪厄反对西方学者对利益所做的非历史化的理解，拒绝认为存在普适的、适应于任何社会、任何文化的利益形式。相反，他坚持只有人们认为是有价值的、值得自己去争夺的，就能构成利益，而且有多少场域，就有多少种利益。布尔迪厄甚至认为，所谓的利益，不过是人们全身心地参与到场域的游戏之中，以致意识不到自己真正需要的"幻象"（illusions）。皮埃尔·布尔迪厄、华康德：《实践与反思——反思社会学导引》，李猛、李康译，邓正来校，中央编译出版社1998年版，第159—160页。

③ 皮埃尔·布尔迪厄、华康德：《实践与反思——反思社会学导引》，李猛、李康译，邓正来校，中央编译出版社1998年版，第161—162页。

④ 《马克思恩格斯选集》（第一卷），第56页。也可参考上书，第133页。

上层建筑的区分，坚持认为在现代社会中，文化场域已经取得了相对自治性，文化构成了一种新的、独特的社会分化根源。

布尔迪厄将冲突视为社会的动机，从而将场域视为权力冲突和资本竞争的空间。场域是由具有不同资本类型和资本结构的行为体所占据的社会空间（即所拥有的各类资本的具体分布情况），为了提高自己的资本总量或者改善自己的资本结构，行为体将会展开不断的斗争。在此意义上，布尔迪厄认为场域是一个"处于不断进行区分的社会世界"①"争夺的空间"或"游戏的空间"，② 而且对处于其中的行为体施加了各种限制。随着场域内部权力斗争的不断进行和相关场域的不断发展，场域的边界也不断被重构，行为体之间由于资本总量和结构的不同也就产生了分化，即具有不同资本总量的行为体在场域中居于不同地位。尽管分化不一定是行为体刻意追求的效果，但场域作为权力空间的结构性特征，却无意间带来了行为体在社会地位与权力等方面的不同。基于此，布尔迪厄认为，分化也即等级化，构成社会生活的基本维度。不同世界观在国际关系中居于不同地位，这就是世界观的分化，其实质是信仰不同世界观的人们的分化，尽管在某种世界观对应的生活世界内部同样存在着等级制。在国际关系文化/世界观场域中，现代西方世界观构成霸权世界观，而第三世界国家的世界观则面临许多的压力，要么被迫接受现代西方世界观的预设，要么艰难地坚持自身世界观的特性。当霸权世界观衍生的生活方式、价值观念、饮食结构、娱乐方式等被内化而形成惯习或世界观，原有世界观将不可避免遭到破坏。当然，不同世界观或惯习的交流很有必要，这是人类存续和繁荣的基础；然而当这种交流本身是不平等的，交流带来的结果是霸权世界观对其他世界观的改造和同化，以致严重威胁它们的生存和发展能力。

那么场域中进行的各项争夺是如何进行的呢？布尔迪厄用"游戏"的比喻来说明这个问题。尽管场域与游戏有区别，但两者也有共同点，即需要规则对发生期间的活动进行调节。当游戏者参与游戏的时候，首先必需承认和熟悉游戏规则。游戏的持续进行，一方面强化了游戏的规则，使

---

① Pierre Bourdieu, "Legitimating and Structured Interests in Weber's Sociology of Religion", in Scott Lash and Sam Whimster, eds., *Marx Weber, Rationality and Irrationality*, London: Allen and Unwim, 1987, p. 134.

② 分别见皮埃尔·布迪厄、华康德：《实践与反思——反思社会学导引》，李猛、李康译，邓正来校，中央编译出版社 1998 年版，第 139、20 页。

行为体的行为受到制约，而且形成了什么是可以做、什么是不可以做，或者什么是可以想象、什么是不可以想象的认知和观念，从而对行为体的行为构成制约；另一方面，通过参与游戏，游戏者获得了一种"游戏感"（sense of game），不仅对游戏本身的价值和游戏规则深信不疑，而且在游戏中获得了一种如鱼得水的感觉。当然，对场域中的结果，规则并不是以一种机械的方式加以决定，游戏规则或场域边界本身，也是场域中行为体相互争斗的对象。① 布尔迪厄的上述比喻，实际上已经指出了场域、惯习、资本之间的关系：即每一个场域都有属于本场域的主要资本类型，它们是行为体追逐的对象；而场域斗争又会产生惯习，惯习是参与场域斗争的必要前提。实践就发生在三者共同出现的地方，体现了该社会空间的结构特征。布尔迪厄用以下这个分析模式对实践的逻辑作了简明扼要的表示：

$$[（习性）（资本）] \quad + \quad 场域 \quad = \quad 实践②$$

由此可见，布尔迪厄将人类实践视为习性、资本与场域共同作用的结果，而且不能还原为其中的任何一个因素。由于惯习是在一定的社会历史条件下产生的，所以只要社会环境不至于发生结构性的变动，人们往往下意识、前反思性地从事实践，而且通过这种实践再生产出与惯习相符的社会环境。③ 惯习与场域之间的这种相互适应、彼此塑造的关系，被布尔迪厄称为"本体论的契合"（ontological complicity）。值得注意的是，这里所

① 有关场域斗争与游戏之间的比喻可参考皮埃尔·布迪厄、华康德：《实践与反思——反思社会学导引》，李猛、李康译，邓正来校，中央编译出版社1998年版，第135—137页。

② Pierre Bourdieu, *Distinction: A Social Critique of Judgment of Tastes*, Cambridge: Cambridge University Press, p. 101, 转引自戴维·斯沃茨《文化与权力：布尔迪厄的社会学》，陶东风译，上海译文出版社2005年版，第161页。

③ 这种社会结构通过惯习得以自我生产的过程，被某些人解读为"结构产生习性，习性决定实践，实践再生产结构"的公式，据此认为布尔迪厄的社会学具有决定色彩。对于这种解读，布尔迪厄持激烈反对意见。他认为，这种指责实际上仍然陷入主观主义不能自拔，因为他们在批评布尔迪厄忽视了社会结构中行动能动性的时候，却漠视社会结构和社会制度内化了行为体的惯习之中这一事实。社会实践中的行动者不是纯粹被社会结构决定了的、没有意识的原子，然而同样不是主观主义者们所认为的那样是具有自由意志、可以自由选择自身的行为方式。见布尔迪厄《艺术的法则：文学场的生产与结构》，刘晖译，中央编译出版社2001年版，第180页。

说的社会环境是就场域而言的。在布尔迪厄的社会学理论中，惯习或场域都是关系性的概念，也就意味着双方只有在彼此的关系中，才能使他们之间的契合关系得到最大限度的发挥。世界观的差异，不仅仅是一种思想或观念上的不同，更重要的是，处于不同的社会结构位置的行为体之间的惯习/世界观同样是不同的。因此，在场域与惯习/世界观契合的情况下，行为体将在社会结构的等级转化为行为体之间惯习/世界观上的等级制，居于从属地位的阶级和行为体也就不会对自身世界观产生质疑。

在社会实践中，人们自出生直至生命的结束，都在不断地接触具有等级制特征的符号系统——也就是布尔迪厄所说的语言、宗教、艺术等——并且内化到了行为体的性情倾向和认知结构中而形成惯习。在惯习中，与社会结构密切相关的因素，是行为体对自身在社会结构中所处位置的感知和意识，我们可称之为"位置感"。位置感让行为体意识到自身在社会等级中的处境，引导他去做与其身份相称的事、说与其地位相符的话、交与其经历相似的朋友、追求与其资本相应的目标。久而久之，行为体一方面无法超脱于自身的社会处境去看待世界，即无法想像世界的其他可能性；另一方面，行为体也认可了自身的从属地位或社会不公正的状态，因为当行为体的心智结构与社会结构之间达到了本体论契合的状态时，社会世界会被认为是理所当然的，生活世界的现状得到了认可。如此，社会阶级的分化不会受到质疑或批判，等级制的社会秩序得以维持。这就是布尔迪厄认知结构或惯习与社会结构相对应这一假定所具有的政治意蕴。

包含了位置感的惯习，在行动者与社会世界之间形成一种"信念经验（doxic experience）的关系。所谓"信念"（doxa），[①] 是与"意见"（opinion）相对的。拥有某种意见，至少意味着行为者对关于特定问题的相关观点有所意识，而"信念"则是行为体通过内化了场域的正式或非正式的规则、公开或隐蔽的假定而形成的信念，从而对存在的不同观点浑然不知。[②] 信念是一整套有关认知和评价的基本预设，它以一种近乎本能的方式体现在行为体的实践活动中。由于它们不被承认为"预设"，所以

---

① Doxa 是一个希腊词，原意为"意见"（但也有人翻译为"臆见"），是与 episteme 相对的概念。在布尔迪厄的中译本，多数译为"信念"。

② Pierre Bourdieu, *Outline of a Theory of Practice*, Cambridge：Cambridge, 1977, pp. 167 – 168.

它们往往不被审视。① 因此，"被支配者总是为他们自身的被支配地位出了一份力"，实现了与支配阶级之间的"共谋（collusion）"。② 信念经验不仅免除了行为体对社会秩序公正性的追问，而且还最为深刻地体现了行为体对于现存世界的接受上。可以认为，世界观同样属于信念经验的范畴。布尔迪厄有关惯习或信念作用机制的研究，能为人们理解霸权世界观的作用方式、对其他世界观形成的压制和排斥效应，提供了丰富的启示。

如果我们将国际关系中世界观和文化之间的竞争看做一个场域，我们能够发现霸权世界观的运作机制。在国际关系中文化场域或世界观场域中，场域以学术交流、文化交流、科学研究交流为表面形式，而以提高自身的"软权力""话语权"为竞争目标。在这一过程中，世界观本身既是竞争的内容，同时还是具有"建构化的结构"（constructivist structure）与"结构化的建构"（structuralist construct）双重属性，即一方面世界观在不同世界观进行竞争的场域中不断地发生改变或被重塑，另一方面，又不断地根据情境——包括与之竞争的世界观的兴衰情况、自身在维持过程中所遭遇的困境或取得的进展、对自身利益的调整带来对世界的看法的改变等——的变换，对参与场域竞争时的策略进行调整。③ 在这一场域中，主要的游戏规则都是由拥有雄厚文化资本的西方国家制定或提供的。受制于本身资本较少和对游戏规则陌生，也就是说不具备"实践感"或"游戏感"，非西方国家往往会感到处处受制，不能有效地维护自身的利益；然而它们又无法通过武力来直接阻止文化或霸权世界观的传播。此外，场域

① 刘拥华：《从二元论到二重性：布迪厄社会观理论研究》，载《社会》2009 年第 3 期，第 111 页。

② 皮埃尔·布迪厄、华康德：《实践与反思——反思社会学导引》，李猛、李康译，邓正来校，中央编译出版社 1998 年版，第 25 页。

③ 对于自己的文化社会学理论，布尔迪厄称之为"建构化的结构主义或结构化的建构主义"（constructivist structuralism or structuralist constructivism）。所谓结构化的建构主义，就是"毫无疑问，行为体的确对世界有着积极的鉴赏。毫无疑问，他们的确构建出他们的世界观（vision of the world），但这种建构是在结构的制约下进行的"；而建构化的结构主义，则包含三个层面的内容："其一，（社会）事实的建构并不是在社会真空中进行，它们要服从结构性的制约；其二，结构化中的结构（structuring structures），也就是认知结构，本身是被社会性的结构化的，因为它们拥有社会根源；第三，社会事实的建构不仅仅是个人事业，而且也是一项集体事业"。Pierre Bourdieu, *The Logic of Practice*, Stanford：Stanford University Press, 1980, p. 123, 在该书第 147 页，布尔迪厄说："如果说要用两个词来概括我的作品……我会使用'建构化的结构主义'与'结构化的建构主义'。

与惯习之间的本体论契合关系，说明了为什么行为体没有尊重理性选择理论的假定，然而其行为却表现出规则性的原因。当非西方国家内化了未明言的以实力决定文化或世界观的优劣这一游戏规则时，它们不会对规则本身进行质疑，而只会默默遵守这一规则。这样，至少从表面上看来，国际文化或世界观场域是有秩序或是平和地进行的。然而，由于内化了这种强制性的游戏规则——强者制造话语、知识、价值、世界观，弱者只是接受这些话语、知识、价值、世界观——本来就处于弱势地位的行为体（结构位置）就会形成一种与此相似的惯习或世界观，即在前反思性、下意识地接受自身只是文化产品接受者，从而对自己成为创造者不抱期望。结果，在国际文化或世界观场域中，处于弱势文化或世界观中的人们就会下意识地接受并在性情倾向上表现出"强者创造、弱者接受"的倾向，从而实现自身社会地位与认知结构之间的相互对应。这一过程，就是象征性权力发挥作用的过程。

二　等级制秩序的合法性和自然化：象征性权力的政治后果

无论在当前的国内社会还是在国家之间的关系中，纯粹的暴力统治或武力征服已经失去了合法性，要使支配性的统治取得合法地位或者公正的表象，就必须依靠文化（包括世界观，下同）这种软性的暴力形式。文化在现代社会所扮演的功能，在很大程度上就是马克思所说的意识形态产生的效用。权力支配关系的合法性，实际上也是文化正当性得以确立的过程。通过揭秘这一过程，我们能看到文化/世界观与权力之间的隐秘关系，因为合法化"是关系到个人与社会的客观实践活动的性质及功能的极为重要的因素，是进一步揭示文化活动中象征性实践的社会区分化功能的关键，也是揭示象征性实践具有社会'权利'分割及再分配的性质的中心问题"。[①] 合法化的实质，就是通过象征性实践，让被支配阶级意识不到接受了社会不平等、不民主秩序的事实，从而对自身的被支配地位产生"误识"（misrecognition），看不到自身的这种从属地位（见下文）。这就是象征性权力具有的神奇效果。在国际关系中，由于不存在一个中央政府，所以对有关合法性的主体、获取合法性的手段、合法性的判断依据等问题存在争议，而且对合法性的要求也不像国内社会那么高。但无论是霸

---

① 高宣扬：《当代社会理论》，中国人民大学出版社 2005 年版，第 121 页。

权国家、还是国际组织（如联合国、欧盟等），要成功运作，绝不能忽视合法性的获取，因为这关系到它们能否得到成员们或其他国家的认可。[①]就此而言，布尔迪厄的象征性权力概念，同样能够用以说明国际政治中的现象，尤其是国际社会中霸权国家或霸权话语、霸权世界观是如何取得其他国家的认可或至少没有遭遇到反对的过程。

1. 合法化与符号系统

布尔迪厄认为，文化在人类社会中不仅是人类认知世界、相互交流的工具，而且还是阶级统治的工具。任何权力都需要合法化，而合法化的使命往往是由符号系统来承担的。符号或象征的一个基本特征是通过具体形象来表达普遍和抽象的意义，其对人类实践的意义在于"符号成为内在于人的精神世界中不可见和无形的思想观念同外在于客观世界中可见和有形的事物的中间环节，成为一切现实的事物同可能的事物之间的中间环节"。[②] 没有象征符号，人类的生活就会呈现出一种没有意义的状态，也就无法实现人类社会的延续和发展；不仅如此，符号还是文化得以产生和再生产的要素和前提，是人类社会与自然界区分开来的标志性特征。就此而言，社会世界中发生的一切实践活动，都是象征性实践。而符号系统，就是人在处理自然与社会关系的过程中所发展出来的语言、宗教、观念、思想、艺术、科学、世界观等意义系统。它们既是人类活动的成果，同时也是从事象征性实践时所使用的工具或中介。

在象征性实践中，符号系统履行三种功能：即认知、沟通与社会区分。[③] 首先，是符号系统的认知功能，这一功能来源于符号系统（"惯习"和世界观）作为"建构中的结构"的特征。符号系统不仅仅是对世界事物、事件的反映，它还有赋予社会以意义、建构社会事实、创建世界秩序的功能。其次，是来源于符号系统作为"结构化的建构"的沟通功能。

---

① John Williams, *Legitimacy in International Relations and the Rise and Fall of Yugoslavia*, London: Macmillan Press Ltd. , 1998; Ian Hurd, *After Anarchy: Legitimacy and Power in the United Nations Security Council*, Princeton, N. J. : Princeton University Press, 2007; Jacques Thomassen, ed. , *The Legitimacy of the European Union After Enlargement*, Oxford: Oxford University Press, 2009; Kanishka Jayasuriya, ed. , *Reconstituting The Global Liberal Order: Legitimacy And Regulation*, New York: Routledge, 2005, etc.

② 高宣扬：《当代社会理论》，中国人民大学出版社 2005 年版，第 365—366 页。

③ Pierre Bourdieu, "Symbolic Power", in Denis Gleeson, ed. , *Identity and Structure: Issues in the Sociology of Education*, Driffield: Nafferton Books, 1977, pp. 112 – 119.

符号系统为人们认知世界提供了以二元对立形式出现的社会范畴，如高与低、热与冷、男与女、神圣与世俗、时间与空间等。这些范畴进而嵌入在行为体的心智结构和感知图式之中，构成社会成员共享的深层意义结构，为彼此之间的交流和沟通提供了认知上的中介。最后，符号系统还是政治统治的工具。符号系统中的图式和范畴，不仅仅是事物的区分，社会的区分，而且还是一种能够塑造社会事实的区分。当符号形态成为惯习或世界观、集体无意识，心智结构与社会结构就实现了本体论的契合，被统治阶级相信符号系统的自然性和中立性，不平等的权力分配和等级制的统治秩序也就取得了合法性。

在阐明了符号系统的三重功能之外，布尔迪厄系统地阐述了符号系统与象征性权力、象征性暴力之间的关系，而这种关系又是以布尔迪厄重构马克思的资本概念为基础的。布尔迪厄认为，无论是在传统社会还是现在高度分化的社会，物质或象征活动从来都是紧密联系在一起的。象征性的实践活动虽然以无涉利益、客观中立的表象呈现在世人面前，但它们仍然是一种资本的形式，是一种权力类型；与基于政治与经济的物质性权力或强制性权力一样，同样发挥社会控制的作用。通过借鉴韦伯有关宗教同样是以追求利益为导向的这一宗教社会学思想，[1] 布尔迪厄认为所有的实践活动——无论对象是物质的还是象征的——本质上都是与利益有关的，而且都是以"指向物质的或符号的利益的最大化"为目标。在此基础上，布尔迪厄将马克思经济利益的观点延伸到非经济的教育、艺术、宗教等领域，认为涉及到象征活动的文化领域同样是与利益密切相关的，是以追求符号利益为目标的。因此，布尔迪厄将资本理解为"控制过去积累的劳动产品的权力……并因此控制使得特定类型的商品生产成为可能的机制，控制着一系列的收益与利润"。[2] 而经济资本、文化资本、社会资本、符号资本也就构成了布尔迪厄理论中主要的资本类型。

---

① 在论述宗教的起源及其与合理性行为之间的关系时，韦伯写道："怀抱宗教或魔法动机的行为，恰恰是在它最初的形态中，是一种至少是相对合理的行为；哪怕并非必然是一种根据手段和目的所确定的行为，然而是根据经验的规则所进行的行为……宗教的或者'魔法的'行为或思维，根本不能同日常的有的放矢的行为分离出来，尤其因为它的目的本身主要也是经济性质的"。见马克思·韦伯《经济与社会》，林荣远译，商务印书馆2006年版，第454—454页。

② 转引自戴维·斯沃茨《文化与权力：布尔迪厄的社会学》，陶东风译，上海译文出版社2005年版，第87页。

2. 象征性权力与符号资本

象征性权力与符号资本密切相关。"误识"的概念是理解符号资本的关键，它指行为体对内在于象征性实践中但以"超功利（disinterests）"形式体现出来的政治与经济利益未能予以识别的现象。[①] 而这种误识之所以能够产生，就在于实践活动中符号系统的运作，让人们看不到实践与利益之间的关系，进而认为实践是超功利的。当某些实践活动获得了相对于物质利益的自主性，并得到了场域参与者的承认时，那些将场域打造成非功利的行动者，就获得了符号资本。如科学场域和文化生产场域的主导者，鼓吹理论是普适的、客观中立的，主张艺术是与经济脱钩，都是籍此获取符号资本的表现。布尔迪厄如此指出符号资本与经济资本之间的关系："符号资本是有形的'经济资本'被转换和被掩盖的形式，符号资本之所以产生影响的原因，正是也仅仅是因为它掩盖了源自物质性资本这一事实。"[②] 误识的关键在于行为体拥有将追求利益的行为塑造成"超功利"无涉利益的表象的符号资本，这种通过符号资本掩盖本属于利益追求的实践活动的权力，就是象征性权力。

用布尔迪厄的话来说，象征性权力就是"在一个社会行动者本身合谋的基础上，施加在他身上的暴力"，或者说是一种通过强加给行为体一套社会建构的分类图式而且被其视为是自然的、必要的力量。[③] 象征性权力不同于那种以行为体的生理和物理存在为目标的物质性权力，它是以影响和塑造行为体的惯习或心智结构为目标的。因此，象征性权力的主要作用中介是符号系统，而不是军事力量或经济力量，尽管它们的确对象征性权力的成功运作发挥了重要的支撑作用。布尔迪厄指出，"我认为一种权力或资本之所以是象征性的，进而产生一种支配效应——也就是我所说的象征性权力或象征性暴力——只有当他被熟悉和被承认、或者当构成一种知识行为或承认行为的目标时，才能发挥作用"。[④] 知识行为的目标是知

① Pierre Bourdieu, *Language and Symbolic Power*, Cambridge：Polity Press, 1991, pp. 139 – 140, pp. 209 – 210.

② Pierre Bourdieu, *Outline of a Theory of Practice*, Cambridge：Cambridge, p. 183.

③ 皮埃尔·布迪厄、华康德：《实践与反思——反思社会学导引》，李猛、李康译，邓正来校，中央编译出版社 1998 年版，第 221 页、第 196 页。

④ Quoted from Michael C. Williams, *Culture and Security：Symbolic Power and the Politics of International Security*, New York：Michael Routledge, 2007, p. 33.

识或理论，而承认行为的目标是尊重和荣誉，象征性暴力的作用对象都是观念层面上的事物。在这些过程中之所以能够产生象征性权力，原因在于无论是知识场域还是赢得社会尊重的社会斗争场域，都有一定的逻辑和规则，要进入这些场域，首先就得接受该场域的合法性和规范。为了适应这些规范，新加入者需要调整自己的心智结构和惯习，形成与其实力地位相称的位置感、实践感。而当行为体的心智结构与场域中的权力结构实现了本体论的契合关系时，也就意味着行为体承认了场域边界与规则制定者的合法性或优势地位，等级制的社会秩序也就取得了合法性。

象征性权力的上述运作机制，向那些对场域中的象征性权力有所意识而徘徊在场域边缘的行为体提出了一个极为艰难的选择，即布尔迪厄所说的"支配的二律背反"（antinomy of domination）或"被支配者的两难困境"（the paradox of the dominated），① 我们可以称之为将"承认困境"（recognizing dilemma）。承认困境的实质在于"抵抗可能是走向异化，而屈服也许通往解放"。② 承认困境的产生，主要源自于象征性权力独特的运作机制：象征性权力是一种通过操纵符号系统，决定是否赋予处于被支配地位的行为体以他渴求的社会地位、社会身份、尊重、荣誉等象征性利益的权力。处于被支配地位的行为体所拥有的用以追求这些目标的资本——文化资本与符号资本——也是处于从属地位的，目标与手段之间的不平衡向行为体提出了一个困难的选择：要么参与场域，要么起而反抗。只要行为体没有取得足以颠覆既有社会秩序的资本，那么其结果都是不容乐观的，因为上述两个选择的结果都会让行为体维持或进一步巩固了其从属地位。理由如下：如果选择参与场域，行为体虽然赢得了承认，但前提是接受和内化这种分类范畴并承认其合法性，当形成惯习或实践感后，行为体的认知结构和社会结构实现了本体论的契合，他就无法发现象征性权力的作用，也就无法实现解放；如果他拒绝参与游戏，场域本身及其规则的合法性程度虽然无法取得完满性，但行为体却因为拒绝接受场域的游戏规则而得不到他所渴求的承认，他的被支配地位依然如故。据此，布尔迪厄认为，抵抗或融合这两种反抗象征性权力的出路"同样糟糕"。相对而

---

① 分别见皮埃尔·布迪厄、华康德《实践与反思——反思社会学导引》，李猛、李康译，邓正来校，中央编译出版社 1998 年版，第 115、25 页。

② 同上书，第 25 页。

言，布尔迪厄更主张后一种策略，因为前者恶化而不是改善了被支配者的地位。① 无论是在国内社会还是国际社会，承认困境都是普遍存在的，然而这一现象却很少得到关注。

以符号资本为基础的象征性权力是一种"创造世界"（worldmaking）的力量，因为"关于社会世界的分类及其分化的合法观点"，往往会产生与此相应的行动。② 符号系统提供一系列二元对立的认知范畴，这些范畴执行对世界进行分类的任务。如教育领域会把学生分为"好学生"与"差学生"、政治领域会把人划为"统治者"与"被统治者"、艺术领域会把评为"杰出的艺术家"或"平庸的艺术家"，经济学中会把人划分为"富人"与"穷人"，国际关系中会把国家区分为"负责任的国家"和"无赖国家"，"主权国家"、"半主权国家"（semi-sovereign）或准主权国家（quasi-sovereign），等等。所有这些被作为标签赋予行为体或政治实体的概念，都属于符号或象征的范畴。当然，现实生活中针对同一事物的范畴是多种多样而且往往晦暗不明的，并不像上述事例中那么明确、单一；而且，分类范畴既可以是认知的，也可以是评价的。对于赋予事物、事件意义的各种范畴，人们可以拒绝、也可以接受，然而无论是拒绝还是接受，只要行为体对此有所意识，并且通过行动作出回应，那么象征性权力创造世界的功能就实现了。这种权力类似孙吉胜与詹尼斯·B 玛腾所说的"语言呈现力"和洛克西尼·L. 多蒂所说的"呈现实践"。所谓呈现力，就是通过建构有利于自己的意义，并强加于对方，从而塑造对方反应的力量。政治是有目的地控制意义的过程，而强者之所以具有力量，就在于他们能够建构出被其他人接受的意义，从而塑造了别人的行为，维护自己的利益。呈现力在国际关系中是一种极为重要的力量，它同样可以创造世界。与象征性权力的不同之处在于，呈现力是一种通过语言塑造意义并作用于行为体思想意识的力量，而不像象征性权力一样，不仅作用于行为体的思想，更深深地嵌入在了行为体的身体倾向里。③

① 皮埃尔·布尔迪厄、华康德：《实践与反思——反思社会学导引》，李猛、李康译，邓正来校，中央编译出版社 1998 年版，第 115—116 页，第 288—291 页。

② 戴维·斯沃茨：《文化与权力：布尔迪厄的社会学》，陶东风译，上海译文出版社 2005 年版，第 103 页。

③ 孙吉胜：《语言、意义与国际政治：伊拉克战争解析》，上海人民出版社 2009 年版，第四章，也可见第 29—30 页。

　　我们可以举一个国际关系中的例子来说明象征性权力的上述作用机制。比如说，在国际关系中，某个或某些掌握着较多象征资本的国家，如美国，通过大众传媒、学术著作、国际组织等符号系统，将国际社会中的某些第三世界国家描述为"准主权国家"或"半主权国家"，即认为这些国家的主权是不完整的。[①] 尽管对何谓"主权国家"国际法有明确规定，然而发达国家为了干涉第三世界国家内政，可以通过操纵符号资本将某些国家建构成这些范畴，从而赋予这些分类范畴和认知图式以合法性。第三世界国家无疑会表示愤慨或警惕，它们要么会表示反对，要么拒绝这一称谓。一方面，它们可能会通过自己掌握的文化资本或符号资本对此进行辨驳，包括搬用国际社会有关何谓"主权国家"的国际法、国际规则来评估自身的对外行为，企图说服国际社会相信它们是主权国家，因为它们是独立的；另一方面，如果它们发现自身的行为不符合国际社会的标准，并成为众矢之的，他们将改弦易辙，对自身的行为进行调整。无论上述两种情况中的哪一种，事实上都说明行为体内化了国际社会有关何谓"半主权国家"或"准主权国家"的标准，并以此作为判断自身或他者行为的依据，从而间接地接受并内化了西方国家建构的认知图式和分类范畴。这种通过制造概念或范畴从而改变其他行为体行为的力量，就是象征性权力。这种权力是如此隐蔽，以致陷入发达国家所设的话语陷阱中的国家不能有效地对此进行反击。正如布尔迪厄所说："任何一种实施符号暴力的权力，即任何一种设法把意义强加于人，并通过掩盖作为自己力量基础的权力关系而把意义合法地强加于人的权力，都把自己特定的符号力量附加到那些权力关系上去。"[②]

　　对于南北国际关系中的这种呈现实践，多蒂做了深入的研究。他认为，无论是在殖民主义时代还是在二战结束以来的时代，北方国家与南方国家总是被建构为二元对立的范畴。其中，赋予北方国家的范畴总是具有积极的意义，而南方国家则被建构为虚弱的、贫穷的、腐败的、不负责任

---

　　① Robert H. Jackson, *Quasi-States: Sovereignty, International Relations and The Third World*, Cambridge: Cambridge University Press, 1990; Siba N'Zatioula Grovogui, *Sovereigns, Quasi-sovereigns, and Africans: Race and Self-Determination in International Law*, Minnesota: University of Minnesota Press, 1996.

　　② 转引自戴维·斯沃茨《文化与权力：布尔迪厄的社会学》，陶东风译，上海译文出版社2005年版，第103页。

的，甚至是无赖的。由此一来，北方国家就被视为是自然的、是其他国家
需要学习或模仿的样板，而第三世界国家则是需要进行制约和"治理"
的，甚至在必要的时候需要进行干涉，以恢复国际秩序。由此一来，北方
国家就为侵略南方国家的正当利益提供了合法性依据。这种呈现性实践随
处可见，其政治效应是巨大的。对于这些具有任意性的建构物带来的象征
性权力，发展中国家并不一定有明确的意识，这正是西方国家维护自身利
益的重要手段。这些二元对立的范畴见表4—7。

表4—7　　　西方国际关系学者对北方国家与南方国家的不同呈现

北方国家	南方国家
积极主权	消极主权
货真价实的国家	准国家
因为德性而拥有主权或天赋主权	由国际法庭授予主权
基于共同文化得以整合的政治共通体	政治共通体缺失或虚弱
有效的政治机构	"软"国家，以腐败、失序、道德失范为特征
先进的	落后的
强劲的个人主义	集体主义意识形态
负责任的	无赖的

资料来源：根据 Roxaanne Lynn Doty, *Imperial Encounters*, *Imperial Encounters*, *The Politics of Representation in North-South Relations*, Minnesota：Minnesota University Press, 1996, p. 152. 的资源整理。

3. 象征性权力在制度与科学研究中的体现

象征性权力的根源并不来自于符号系统本身，而是来自于符号系统之
外的社会世界。符号资本与文化资本虽然构成了支配性社会关系重要的权
力形式，而且在高度分化的现代社会中发挥着越来越重要的作用，文化场
域也因此取得了相对于经济、政治场域的一定程度的自治性。然而，正如
布尔迪厄不断强调的，文化资本或符号资本最终都离不开经济资本的支
持，因为后者是前者能够有效发挥作用的最终源泉。没有经济与政治上的
权力（包括强制性权力、制度性权力）分配不平等作为基础，符号资本
或文化资本同样不能有效地发挥作用，也无法上升到象征性权力的高度。
布尔迪厄认为，任何符号系统，包括世界观、语言、文学作品、理论著

述、科研成果、宗教学说等，都是人为建构的产物，具有任意性，它与特定时期的社会结构有着千丝万缕的联系，而且在特定历史时期的社会中，这些符号系统一般都是由居于支配地位的势力根据自身的利益建构的。这就是为什么现实生活中虽然有多种并存或相互竞争的符号系统，然而只有某些特定的文化、生活方式、世界观、理论学派被行动者误识为自然、合法的原因。所以布尔迪厄在考察话语有效性的深层原因时，不能像后结构主义者福柯那样，仅仅着眼于文本之间的关系，或者像哈贝马斯那样构想出一种乌托邦似的理想言说环境。① 这种脱离了实践生活对语言在现实社会中作用的研究，无法发现符号系统的真正来源和象征性权力的真正运作机制。

符号系统要上升为象征性权力，往往要通过制度化的途径。"言语的效力并不像奥斯汀所主张的那样，存在于'以言行事的表达式'或者话语本身，因为这些不过是制度的授权。"② 对于象征性权力来说，制度既是一种扩散权力的中介，同时也是一种使其效力得以发挥的保证。制度嵌入在社会场域之中，而且是往往以客观中立的面貌出现，它们既取得了统治者的授权，而且也得到了被支配者的认可。因此，制度颁布的规范、规则、法律、条例等限制性的措施，往往会得到被支配者的接受，从而具备

① 《世界经济与政治》2010 年第 1 期的两篇文章都涉及到象征性权力在国际秩序、地区联盟中的作用。韩志立借鉴批判建构主义（critical constructivism）的观点，考察了国际体系中霸权国家推动其"私有知识"上升为国际体系的"共有知识"的过程。他注意到了国际秩序、知识、权力之间的密切关系，但他参考的哈贝马斯的沟通行动理论，认为正义国际秩序的建立，需要以国际体系中形成相对平衡的权力结构和体系中任何一个行为体都不具备独自应对国际社会中的问题为条件。而洪邮生则通过对"规范性力量欧洲"（Normative Power Europe）概念的考察，对欧洲构建自身身份以及将"欧洲规范""欧洲价值观"塑造为"普世规范""普世价值观"的过程进行了研究。韩志立的文章忽视了哈贝马斯理想言说环境和沟通理性的空想性，而且没有明确对"当前构成国际秩序的知识是权力建构的结果"中的权力是何种权力进行分析；同样，洪邮生同样没有对"规范力量"（Normative Power）的实质与权力之间的关系作深入谈论。而布尔迪厄的象征性权力能够对它们没有涉及到的关系做出进一步的分析。韩志立：《批判建构主义视角下的国际秩序研究》，载《世界经济与政治》2010 年第 1 期，第 97—112 页；洪邮生：《"规范性力量欧洲"与欧盟对华外交》，载《世界经济与政治》2010 年第 1 期，第 52—65 页。对"规范性力量欧洲"的批判性考察，可参考 Thomas Diez Ian Manners，"Reflecting on Naormative Power Europe"，in Felix Berenskoetter and M. J. Williams，eds.，*Power in World Politics*，New York：Routledge，2007，pp. 173 – 188.

② 皮埃尔·布尔迪厄、华康德：《实践与反思——反思社会学导引》，李猛、李康译，邓正来校，中央编译出版社 1998 年版，第 195 页。

较高程度的合法性和产生很明显的社会效益。制度不仅能动员物质资源和社会资源来处理社会问题，而且能拟定并公布一系列的分类范畴来对社会群体分类，赋予它们以不同的含义。通过区分制度外的成员与制度内的成员，制度实现了社会区分，并对不同的类别区分对待，或者予以接纳，或者予以排斥。制度化条件下的社会区分，往往有着合法和自然的外衣，这里的关键之处在于，制度内的成员是以接受制度的分类及其合法性为前提的。他内化了制度维护某些人特定利益的分类体系，从而自动、自愿地接受制度的象征性权力。对于制度化这种将社会区分合法化的力量，布尔迪厄还称之为"社会巫术"（social magic）。他指出，制度化是"一种能够从虚无中创造出社会差异的社会巫术，它是一种'理由充分的欺骗'，是一种象征性的强制，但这种强制从根本上来说是实际的"。① 我们已经对嵌入国际制度中的现代西方世界观作了简要的研究，这里不再赘述。

象征性权力不仅体现在制度中，而且还体现在人们的思维中。这是文化资本的第二种形式，即客观化存在方式带来的主要后果。因为符号系统的客观化形式是包括思想、观念、理论、分类图式、概念范畴等符号得以传播、传递的主要途径，它沉淀在人们的思维中、塑造人们对世界的认识。体现在思维中的象征性权力，不仅极为重要，而且随处可见。因此，对体现在人们、尤其是学者们思维中的基本信念和集体无意识进行批判，是布尔迪厄文化社会学研究的重要内容。通过前面几章对现代西方世界观与西方国际关系知识之间关系的考察，我们已经发现，西方世界观的基本预设，在主要的西方国际关系理论那里得到了内化而不会受到质疑。这一现象说明，现代西方世界观预设构成了西方国际关系学者的集体无意识。这样一来，布尔迪厄对社会学学者如何内化集体无意识的过程，以及摆脱这种无意识提供的途径，为我们研究世界观与国际关系知识之间的关系以及如何抵制霸权世界观，能够提供重要的启示。所以，下文我们将对布尔迪厄关系象征性权力在学术研究场域的表现稍作说明。

在当代社会中，学术研究场域（academia field）或知识分子场域已经取得相对政治、经济、宗教场域的自主性。学术研究场域有着自己特定的

---

① 布尔迪厄：《言语意味着什么———语言交换的经济》，商务印书馆 2005 年版，转引自刘拥华《从二元论到二重性：布迪厄社会观理论研究》，载《社会》2009 年第 3 期，第 125 页。

资本形式与运作逻辑，这种资本形式首先当然是文化资本和符号资本，其运作逻辑主要为了追求对合法性知识的界定权。这种合法性不仅仅是政治意义上的合法性——这主要是政治学的研究主题，还包括何为合法性的知识、何为合格的知识分子、何为合理的学科边界，等等。对于这些合法性界定权的争夺，构成知识分子场域的主要内容，无论哪个具体的学术研究领域都是如此。因为"对合法定义的争夺，是所有场域里的普遍共性，而争夺的焦点（从'stake'的字面意思上讲）就是界限，就是边线，就是进入权、参与权，有时也体现为数量限制"、"学术世界与所有的社会世界没什么两样，也是争夺的场所；学者们彼此争夺对学生世界和一般社会世界的真理的界定权。"[1] 为了确立起知识场域本身的合法性与自主性，知识分子一般都会主张科学研究是客观中立、脱离了政治权力的干涉的。布尔迪厄认为，这只不过是知识分子的幻想，因为他们忘记了知识场域虽然是以超功利的面貌出现，但它要受到历史与情景的双重束缚，无法摆脱政治与经济权力的影响。尽管布尔迪厄强调知识分子场域与社会权力分配结构之间的内在联系，但他提醒人们，不能简单、僵硬地将文学作品及知识分子的其他研究成果直接化约为它们的阶级立场和世界观，以致于采取一种简单的庸俗经济决定论，忽视文化或知识分子场域逐渐确立起来的自主性，以至于犯了一种"短路的错误"。[2] 在此前提下，我们虽然有必要注意西方国际关系学者对西方国家利益与霸权世界观的维护，但不能将他们，尤其是那些理论研究者的成果直接还原为他们的国家立场。毕竟他们也希望建构的理论能够得到除西方国家外的人们的认可和接受。因此，霸权世界观往往是以隐晦的方式体现在他们的研究中，这正是我们很难发现西方国际关系理论中如何内化了世界观预设的重要原因。

知识分子属于统治阶级中的被统治阶层，即在政治场域中处于被统治者的地位，而在广泛的社会场域里却又处于统治者的地位。这种尴尬的位

---

① 皮埃尔·布迪厄、华康德：《实践与反思——反思社会学导引》，李猛、李康译，邓正来校，中央编译出版社1998年版，第369、103页。

② 有关"短路的错误"的讨论，见 Pierre Bourdieu, *The Field Of Cultural Production: Essays on Art and Literature*, New York: Columbia University Press, 1993, p. 181、p. 188.

置，使得知识分子与政治权力、经济利益之间存在着暧昧的关系。[①] 知识分子越是采取一种超功利的策略，他获得符号资本的可能性也就越大，也就越能收获更多的经济利益。这正是符号资本作为一种不被承认的资本类型的深层原因。根据布尔迪厄的心智结构与社会结构相互对应的假设，既然知识分子在社会场域中并不居于权力的顶端，那么知识分子也受到象征性权力的作用就是不可避免的了。问题还在于，知识分子本身就是社会符号系统和分类图式的生产者、传播者、消费者，除非进行自我欺骗，否则知识分子对分类体系的真实性和有效性是最抱信心的人群，由此带来的结果就是"知识分子经常处于最不利于发现或认识符号暴力的位置上，特别是那些由社会系统施加的符号暴力，因为他们比一般人更广泛深入地受制于符号暴力，而且还日复一日地为符号暴力的行使添砖加瓦"。[②] 这里所涉及到的，已经不仅仅是制度化的象征性权力对知识分子的控制，而是知识分子所从事的活动本身为这种控制提供了思维和认知上的条件。

知识分子群体在科学研究中体现出来的唯智主义偏见（intellectualist bias）和学究谬误，反映了集体无意识对知识分子的控制。科学研究被认为是一项追求真理的事业，是一个祛除情感和价值取向以追求理性的过程。然而，知识分子并不能免于象征性权力的控制，因此往往体现出与上述追求截然相反的倾向。原因在于，当研究者在从事社会研究时，他将自己当作一个外在于世界的主体，以一种居高临下、旁若无人的态度对待研究对象，把它们仅仅视为"一系列有待解释的意指符号，而不是有待实践解决的具体问题"，结果就是"错误地瓦解实践逻辑，使之消解于理论逻辑之中"，也就是"将事物的逻辑错当成实践的逻辑"。[③] 之所以体现出这种倾向，在于研究者们内化了一系列的预设、概念、研究方法、操作工具、概念范畴、理论等，受到"这些预先建构之物"的影响，他们无法

---

① 布尔迪厄关于法国知识分子场域的集中研究见其发表于 1984 年出版的《学术人》，英译本见 Pierre Bourdieu, *Homo Academicus*, Cambridge: Polity Press, 1988. 也可参考皮埃尔·布尔迪厄《实践理性：关于行为理论》，谭立德译，生活·读书·新知三联书店，第 53—57 页；戴维·斯沃茨：《文化与权力：布尔迪厄的社会学》，陶东风译，上海译文出版社 2005 年版，第 156—160 页关于文化场在社会整体结构场域中位置的简要分析。

② 皮埃尔·布迪厄、华康德：《实践与反思——反思社会学导引》，李猛、李康译，邓正来校，中央编译出版社 1998 年版，第 225 页。

③ 同上书，第 43 页。

从理论世界中回到现实世界中来。这种预先建构之物的威力在于，它们被人们当作理所当然、不言自明的东西，嵌入到行为体的惯习之中，构成一种与世界融合无间的信念（doxa）和科学家们的集体无意识。正如我们对世界观预设在国际关系知识中的体现一样，预先构建之物限制了人们对世界的真实理解，也限制了人们想象世界的可能性，至少对于科学研究来说，是一种有害无益的力量。

为了消除这种唯智主义偏见和学究谬误，让人们摆脱对常识性的东西和预先构建之物的控制，布尔迪厄不遗余力地主张要推动一种能对社会学自身进行反思的反思社会学。布尔迪厄所谓的"反思"是指一种实践，一种分析科学场域结构和认知结构的实践，一种既针对社会世界和社会理论，同时还针对研究者本身的实践，更是一种对嵌入在制度、文化、研究问题、理论、象征体系等不同层面的集体无意识进行尖锐揭露的实践。这种实践的目的在于颠覆研究者与研究对象、世界之间的"相互契合"和自然的关系，使两者之间的关系距离化、陌生化，从而促使行动者在疏离感的驱动下真正地面对世界、研究世界。这种研究途径或称研究实践，被布尔迪厄称为"参与性对象化（participant objectification）"。通过这种研究方法，行为体摆脱"集体无意识""预先构建之物""预设""惯习""信念（doxa）"等程度不同的不可见之物的束缚，实现与既有理论或世界观——实际上也就是生活世界——断裂，以开发出观察实践、认识世界的新的概念工具和眼光。这种决裂之所以必要，因为这已经不仅仅是促进科学研究的科学化程度所必须的，更重要的是它是学者们摆脱象征性权力控制的重要手段，或许还能有助于消解身体或制度层面的象征性权力。

然而，问题在于，当霸权世界观对其他世界观产生了象征性权力时，原本处于"他者世界观"中的人们因为接受了霸权世界观，反倒对本土世界观无法形成"疏离感"和"陌生感"，无法对国际关系知识及其世界观预设形成真正的反思，甚至没有进行反思的意愿。这正是中国国际关系学界的研究现状。三大主义在国际关系学界大行其道，对于现代西方世界观的预设及其衍生的国际关系知识的合法性或有效性，我们不愿或无法予以深刻的质疑，从而自愿、自动、自觉地接受了西方——尤其是美国——向我们行使的象征性权力。布尔迪厄象征性权力理论，向我们提出了一个重要但却艰难的使命，即我们如何才能反制或抵抗霸权世界观这件看不见的紧身衣,并且在与霸权世界观进行平等对话的基础上,重新焕发出本土世界观的生命力、提出具有创新性的世界秩序方案、创造出能够解释国际关系现象并能够得到别人认可的国际关系知识。对象征性权力的反抗本身并不是目的,我们首先追求的是一种能够体现中国伦理价值的生活世界,一种能够承续中国传统,并能体现出创造性的身份认同,一种能够掌控自身命运、塑造环境的自主能力,一种能够反映世界发展趋势和维护中国国家利益的对于世界的想象。一言以蔽之,我们需要的是一种"做……的能力",而不是一种"统治……的能力"。由此,世界观问题的研究,就与如何做中国人的问题紧密结合在一起,不容我们回避。因为它不仅仅是一种学术使命,同时还是一种政治伦理。

4. 布尔迪厄象征性权力研究中的不足

布尔迪厄关于象征性权力的思想是颇具启发的。他创造性地结合了三位经典社会学家——马克思、韦伯、涂尔干——的思想,对文化与权力之间的隐秘关系作了深入系统的研究,形成了一套以象征性权力为核心的文化社会学理论。其思想的价值在于:在强制性权力的行使受到越来越多质疑的情况下,揭示了文化在社会整合中的重要作用,打破了人们对文化仅仅是交流信息、沟通思想的工具的传统认识。通过在权力与文化之间建立起联系,布尔迪厄发现了阶级统治之所以能够保持稳定持久的秘密——象征性权力的作用,从而为人们重新思考政治生活的可能、如何开始知识的创新、如何摆脱象征性权力的控制等问题,提供了别开生面的论述。这对于我们阐释世界观与国际关系之间的关系有莫大的启发。

在重视布尔迪厄象征性权力理论对于我们研究世界观与权力之间关系的价值时,也应看到,他以象征性权力为核心的文化社会学或文化政治学仍然是有其不足的。这种不足主要体现在四个方面:

首先,布尔迪厄低估了以物质和经济资源作为基础的强制性权力的作用。尽管国家之间已经形成一定的交往规范,但通过军事威胁和经济制裁、甚至战争的手段来追求国家利益,仍然是国际关系中的常态,也是国际关系学者们的常识。美国于 2001 年和 2003 年先后对阿富汗和伊拉克的侵略,依然提醒着人们,强制性权力是保障国家安全的重要手段,即使不是最重要的手段。可以说,布尔迪厄关于象征性权力重要性的强调,更适合在国家处于正常运转时的情况;而强制性权力的作用虽然主要在发生"非正常状态"时才凸显出来,但它始终是象征性权力能够运作的保障和条件。

其次，布尔迪厄忽视了文化资本的制度化形式可以成为一种相对独立的权力类型。由于制度关系到权力在成员之间的划分、制度需要处理的具体问题、加入制度的具体标准、指导原则的确定等非常复杂和具体的问题，而且能带来重要的政治后果，因此围绕上述问题而展开的讨价还价，让制度的建立、运作构成一个独特的"制度场域"。通过决策，制度场域既能影响到经济与政治场域，又能对文化场域构成牵制，从而体现出制度的独立作用。对于制度通过决策或不决策而体现出来的这种权力，就是制度性权力。

再次，布尔迪厄未对如何反制和抵抗象征性权力提供系统的说明。布尔迪厄对人类解放和抵制象征性权力的作用所持的悲观态度，让人们对行为者是否能挣脱象征性权力的束缚缺乏信心。他不主张毫无意义、唐吉诃德式的抵抗，也反对唯意志论的乌托邦主义，要求人们在注意到结构性限制的条件下采取负责任的政治行动，避免反抗象征性权力不成反而恶化自己的边缘处境和从属状态。① 布尔迪厄集中关注统治阶级贯彻和实施象征性权力的各种策略，而对于被统治阶级在日常生活中创造性地抵抗象征性暴力的多样化方式，未给予同样多的关注，以致可能忽视抵抗运动的潜力。

最后，布尔迪厄未对惯习（世界观）的转变及由此可能带来的社会变迁进行详细的研究。在理论上，布尔迪厄没有提供惯习转化的详细机制，致使"我们对实际起作用的机制所知甚少，也不知道是否某些内化类型比别的更容易得到外化"，这样一来，"使期望落空的状况如何转化

---

① 在《论区分》一书中，布尔迪厄曾对工人阶级能够有效地抵制象征性暴力的前景作了以下论述："不存在抵抗任何强加后果的现实机会，这种强加的后果要么导向扶持那些打上了占统治地位的分类学印记的特征（'黑就是美'之类的策略），要么导向创造新的、受到积极评价的特征。这样，被统治者只有两个选择：忠实于自我与群体（总是易于产生羞愧感），或认同支配性的理想的个人努力，这个理想正好是在集体的意义上重新获得对于社会认同的控制的雄心的反面（当美国的女性主义者倡'自然的外观'的时候，这个集体创造反所追求的就是对于社会认同的控制）。"Pirre Bourdieu, *Distinction, A Social Critique of the Judgment of Taste*, London: Routledge, 1984, 转引自戴维·斯沃茨《文化与权力：布尔迪厄的社会学》，陶东风译，上海译文出版社 2005 年版，第 197 页，译文有改动。

为有效的变化动力依然需要进一步阐明"。① 除了强调惯习的"调整"之外，布尔迪厄似乎没有从中发现惯习"革命"的成分。有鉴于此，斯沃茨评价道"布尔迪厄把发达社会中的社会生活动力学理解为结构变换的动力学而不是结构改革的动力学，是市场竞争的动力学而不是集体组织的动力学，是再生产的动力学而不是革命的动力学"。②

三 限制对世界的想象：霸权世界观的象征性权力效应

就国际关系中的象征性权力与世界观之间的关系而言，它主要是限制了人们对国际政治秩序的想象。每一种世界观本身都是具有自身独特的国际政治秩序方案，其中既包含对人性、生活世界、世界如何运行等属于观念范畴的内容，同时还有秩序建立方式、制度模式、行为规范等具体指导人们如何在理想秩序中生活的内容，而且还有指导人们面对如何从事观察世界、创新观念、从事文化生产与再生产等关系到世界秩序维持和更新的内容。世界观往往不会停留在思想或观念层次上，它们有实现世界观包含的世界秩序方案的内在要求和冲动。这种冲动不是来自于世界观本身，而是来自于信仰世界观的人们。世界观是生活世界的产物，生活在自己熟悉的生活世界中，人们有如鱼得水、理所当然的感觉，即使他们意识不到世界观的具体内容与预设——因为他们已经内化在行为体的身体倾向和心智结构中；而当行为体遭遇到一个与已有世界观有重大差异的生活世界时，他们往往会感觉到格格不入、痛苦不堪，甚至能直观地从生活世界的差异中意识到"他者"世界观与"自我"世界观之间的不同。为了让自己生活在一个怡然自得的世界中，他们无疑希望世界是按照他们的世界观组织起来的。我们已经指出，世界从来都是一个世界观多元的世界，因此，国际政治秩序的建立和维持，一个最为基本的前提在于包容不同世界观，在差异中通过平等交流和协商寻找世界观的共同点，并以此为基础建立制度及用其他各种手段来实现秩序。

印度学者希曼迪普·玛皮迪（Himadeep Mappidi）对此作了富有启发的研究。玛皮迪根据人类生活方式和世界观的多样性，认为关于世界秩序

---

① 戴维·斯沃茨：《文化与权力：布尔迪厄的社会学》，陶东风译，上海译文出版社 2005 年版，第 123 页。

② 同上书，第 217 页。

的想象应该也是多样的。他认为："既然世界上的人类与政治共通体是多样性的，我猜想也就有关于全球性的多种现实：在全球空间中有多种想象方式、多种秩序方式、多种生活方式。在这样一个多种想象与居住方式的世界中，全球治理意味着什么？"。① 根据第三章的分析，我们知道，对于这一问题，西方国家的答案是通过消除世界观的差异，消除"多种想象方式""多种生活方式""多种秩序方式"，建立一个"同一性的帝国"，这也是近代国家体系自形成以后就存在的主导性秩序建立和维持模式。玛皮迪同样指出，当前的全球治理实践中，发达国家认为自己是文明的、政治清明的、成功的，而将非西方国家视为受到失序问题困扰的、贫穷的、虚弱的；西方国家是主体，而非西方国家是客体。这一区分是巴纳特与达瓦尔所说的生产性权力带来的政治效应。西方国家认为自己承担着一种"富人的负担"（rich man's burden），需要在全球治理中对非西方国家进行改造。这种全球治理方案，全然不顾后一类国家的关切，致力于消除差异，玛皮迪称之为"殖民主义式的治理"（colonial governance）。② 显而易见，这种国际秩序是极不稳定的，因为它排除了整合世界的不同方式，不仅会遭到拥有不同世界观的国家的激烈抵制，而且也不利于人们发现不同的世界观带来的多样化世界想象和世界秩序方案。玛皮迪认为，殖民主义式的世界秩序方案，有两个显著的特征：（1）世界被结构化，也就是被区分为治理者与被治理者、政治的主体与政治的客体；（2）生产性权力赋权给前者，而不是后者。③ 有鉴于此，他主张建立一种能够包容多种世界想象、鼓励行为体进行自我反思的"后殖民主义的治理"（postcolonial global governance）。

重新想象世界秩序的可能性或反思世界治理的新途径，首先要突破西方国家对第三世界国家的象征性权力的限制。我们认为，当本来拥有自己关于世界秩序的想象的人们接受了西方国家的世界秩序方案而没有形成"疏离感"或"陌生感"时；或者像葛兰西所说的那样，当人们在思想上接受支配阶级的世界观然而在行动中却奉行另一套世界观的时候；或者如

① Himadeep Muppidi, "Colonial and Postcolonial Global Governance", in Michael Barnett and Raymond Duvall, eds., *Power in Global Governance*, Cambridge: Cambridge University Press, p. 274.

② Ibid., pp. 275 – 283.

③ Ibid., p. 280.

杨国枢、文崇一所说的那样，在研究中使用借来的世界观而日常生活却实践着本土世界观的时候，就意味着象征性权力成功地发挥作用了。无论这种作用是行为体有意为之的，还是无明确主体的扩散性权力或结构性权力带来的结果。在国际关系中，象征性权力成功发挥作用的例子并不少见。如原来拥有不同政治组织方式的广大殖民地半殖民地政治实体，先后不得不采取民族国家这一源自西方的政治组织形式，虽然这其中离不开西方国家的强制性权力和制度性权力（主权制度），①但同时也与象征性权力的成功运作有关。从这一例子中，我们也能发现象征性权力关系中弱势行为体面对的承认困境。这种困境同样体现在反帝反殖过程中：二战前后广大殖民地半殖民地国家先后取得民族自决地位，建立起了独立的国家；然而，其代价却是传统政治组织形式及作为其基础的传统世界观的调整甚至崩溃。②之所以出现这种结果，与"文明标准"扮演的角色分不开的。西方国际通过操纵"文明标准"，将一个政治实体是建立了以西方国家为原型的民族国家，作为是否给予殖民地半殖民人民国家主权的依据。殖民地半殖民地国家面临两个选择：一是拒绝文明标准，拒绝放弃本身的政治组织形式，拒绝放弃本土世界观，二是接受文明标准，采用民族国家的政治组织形式，接受现代西方世界观。第一个选择的结果是殖民地半殖民地国家的独立地位与合理权利得不到西方国家的承

---

①　主权制度在国际体系扩展过程中主权制度所向西方国家产生的"赋权"效应，可参考 Erik Rigmar, "Empowerment Among Nations: A Sociological Perspective", in Felix Berenskoetter and M. J. Williams, eds., *Power in World Politics*, New York: Routledge, 2007, pp. 189 – 203.

②　关于民族国家如何在国际社会实现扩展的，有两种重要但针锋相对的观点。一种是由著名社会学家查尔斯·蒂利（Charles Tilly,）提出的；另一种是国际关系建构主义学者丹尼尔·菲尔波特提供的。蒂利认为，为了唤醒民族的反帝反殖热情和强化政治动员，殖民地半殖民地人民虽然致力于反抗西方帝国主义国家的压迫与剥削，然而却不得不摈弃传统的政治统治形式，如印度的传统王国、中国的帝国、非洲土著居民的酋长或部落联盟、奥斯曼土耳其帝国等形态，而所采用源自于西方的政治制度——民族国家。之所以如此，是因为战争的需要，迫使广大殖民地半殖民地人民采用更有效地进行战争动员和资源汲取的政治组织形式，而发源于西方的民族国家在这一方面的确具有一定的优势。菲尔波特不同意蒂利的观点，认为主权观念的扩散，是观念本身所产生的力量，而不是为了满足战争的需要。我们认为，蒂利与菲尔波特的观点都有一定的道理，但他们没有意识到主权观念或制度的扩散，与象征性权力同样是密不可分的。可参考查尔斯·蒂利《强制、资本与欧洲国家：公元990—1992年》，魏洪钟译，上海人民出版社2007年版；Denial Philpott, *Revolutions in Sovereignty: How Ideas Shaped Modern International Relations*, Princeton: Princeton University Press, 2001。

认，从而为后者武力征服、明目张胆的侵略提供了"合法性"，因为"文明标准"是不会尊重非主权国家的权利的；第二个选择同样需要付出惨重的代价，这不仅指采用民族国家的组织形式要求殖民地半殖民地人民对原来的政治制度进行调整和重组，更为重要的是，通过承认"文明标准"的合法性，殖民地半殖民地也就将自身能否获取独立的决定权赋予了控制、剥削它们的西方帝国主义国家，也即放弃了对自身命运的掌控权。这是殖民地半殖民地国家面临的承认困境。"文明标准"的实施过程，是象征性权力发挥作用的过程，是在西方国家的推动下带来世界趋向同一化的过程。

截至今天，几乎世界上所有的国家都放弃了原来的政治组织形式，在一定程度上也对传统世界观作了一定的改造。比如说各个国家原本不会划定明确的边界线，不会严格地区分内与外；但采用了民族国家的组织形式后，作为一个整体的地球被分割为一个个壁垒森严的民族国家，出现了对国民与非国民区别对待的诸多原则，从而给国际社会带来了一系列的伦理问题。主权观是西方以宪政主义和个人主义为特征的世界观的体现，因此，采用了主权制度的各个国家，事实上都在一定程度上放弃了自身的世界观和对世界秩序的多样化想象。① 克里斯滕·瑞斯—斯密特（Christian Reus-Smit）与丹尼尔·菲儿波特（Denial Philpott）甚至认为，主权制度构成了国际关系中的宪法或宪政结构（constitutive structure，也可翻译为构成性结构），这在一定程度上构成当前国际关系的现实，但如果将它作为唯一或绝对的世界秩序方案，那就大谬不然。② 比如说，中国传统的天下秩序中，就不是以法律而是以文化作为政治单位的区分标准，只要承认和接受中国的礼制原则，那么都可以成为中国天下体系中的一员（第五章将简要讨论）。事实上，西方国家运用象征性权力建立"殖民主义式治理"的努力与企图，始终伴随着近代国际关系的演变过程，冷战结束以来尤为突出。冷战后出现的某些理论、学说、概念，无论是"民主和平

---

① Jeremy T. Paltiel, *The Empire's New Clothes: Cultural Particularism and Universal Value in China's Quest for Global Status*, New York: Palgrave Macmillan, 2007.

② Christian Reus-Smit, *The Moral Purpose of the State: Culture, Social Identity, and Institutional Rationality in International Relations*, Princeton: Princeton University Press, 1999, pp. 30 – 33; Daniel Philpott, *Revolutions in Sovereignty: How Ideas Shaped Modern International Relations*, Princeton: Princeton University Press, 2001, pp. 21 – 27.

论"或"历史终结论"，还是"文明冲突论"或"世界国家学说"，抑或
"软权力"或"巧实力"（smart power）的概念，甚至"全球治理"或
"建构主义"，虽然它们在一定程度上只是学术观点，但同时它们也在很
大程度上反映了西方发达资本主义国家希望按照资本主义意识形态或文
化、政治制度、世界观来塑造世界面貌的企图，具有为西方国家按照它们
对于世界的想象塑造世界或影响第三世界国家的客观效应。虽然我们认为
它们的观点不一定是对美国等西方霸权国家利益的直接维护，但正如我们
不断强调的，在它们的科学无意识里面，仍然潜藏着现代西方世界观的预
设。这是我们不能不加批判就接受西方国际关系知识的原因，也是我们抵
抗霸权世界观及其带来的象征性权力的表现。

　　玛皮迪从生产性权力的角度考察了殖民主义式的全球治理带来的后
果，同样看到了发展中国家面临的承认困境。玛皮迪首先指出，西方——
他集中研究的是美国——对于世界的想象，不仅体现在知识分子关于世界
秩序的研究和国际制度的运作中，而且还构成西方学者、政客、普通民众
的集体无意识，因为他们不会追问关系到世界想象合法性的根本性问题。
比如说对于侵略伊拉克，美国民众质疑的只是战争的合理性，至于战争带
来的道德问题，即给伊拉克群众带来的伤害，他们是不会追问或不关心
的。然后，他考察了第三世界国家为了反抗西方的"殖民主义式的治理"
方案面临的困境。他举例说，菲律宾学生出于爱国主义情绪，利用简捷的
网络技术进行自我赋权，通过传播"我爱你"病毒对美国国防部网站发
动攻击，给美国造成数十亿美元的损失。学生们的动机很简单，他们不甘
心自己的国家在全球治理中仅仅作为西方世界想象中的客体和无足轻重的
治理对象而存在，他们希望通过打破或扰乱西方国家主导下的全球治理秩
序，说明菲律宾这样的小国、甚至一群学生也能给盛气凌人的西方国家造
成困扰。然而玛皮迪在这种抵抗象征性权力或生产性权力的过程中却看到
了吊诡之处：为了获得西方国家的承认，菲律宾表面上体现了能动性与创
造性，然而他们却在不知不觉中内化了西方国家实现"殖民主义式的治
理方案"而生产出来的分类范畴，把自己视为客体和治理对象。一方面
要寻求承认，另一方面又要对掌握着是否给予这种承认的"主体"进行
攻击，这无疑是自相矛盾的。从属者面临这种承认困境的根本原因在于，
他们已经内化了殖民主义式的世界想象，认为小国也可以成为全球治理的
治理者、宰制性世界秩序中的主体，没有从一种全新的可能性出发想象世

界。造成这些抵抗方式无力的深层原因，主要在于它们只是复制了他们原本所致力反抗的世界秩序方案而已。

玛皮迪还通过考察印度核政策的转变过程，更为明确地说明了弱势者对主导者世界观的内化。在相当长一段时间里，印度都执行一种非核政策，主张世界上的核大国都应废弃自己的核武库，并最终销毁这种足以对世界和平与稳定、甚至整个人类生存前景构成严重威胁的毁灭性武器。在印度看来，核武器是一种等级制国际秩序的典型体现，因为它赋予了几个大国拥有核武器的特权，而其他小国只能接受不能进行核试验、不能拥有核武器的事实。自 1954 年开始，印度就致力于诸核大国和其他国家签署《全面禁止核试验条约》（Comprehensive Test Ban Treaty，CTBT）。1998 年前的印度，为世界提供了一个与西方世界秩序方案截然不同的世界想象，这种想象以已有核国家废弃核武器、其他国家则不再进行核试验为基本特征，它要求世界至少在核武器领域体现出公平性和民主性。然而，当 CT-BT 最终没有达到印度的期望时，印度最终也就放弃了这一具有创造性、能动性的世界想象。印度虽然为自己进行核试验提供各种各样的解释，包括夸大巴基斯坦给其国家安全带来的威胁，甚至鼓吹"中国威胁论"。然而在玛皮迪看来，印度真正的动机在于它意识到既然无法推动一个无核世界的建立，那么，为了不让自己成为殖民主义式的治理模式中的客体，印度本身就应该成为主体。获得了核武器的印度，虽然获得了美国等西方国家对其地位的承认，但其付出的代价却是沉重的：因为它放弃了自己替代性的世界想象，接受和巩固了殖民主义式的世界治理模式，最终沦为"殖民者"中的一员。

通过援引印度著名文化学者罗伊（Arundhati Roy）的话，玛皮迪进一步说明了印度进行核试验带来的世界观方面的巨大损失。罗伊说，印度的核试验摧毁了印度自由的一个重要方面，即构想一种别具一格的、非殖民主义式的世界秩序的自由。在罗伊看来，那些决定进行核试验的印度决策者，"是丧失心智的代理人、是终极殖民者。他们比已有的白人更白，有着一颗纯白人的心。"[1] 玛皮迪指出，罗伊反核立场的独特意义在于，她

---

[1] 转引自 Himadeep Muppidi，"Colonial and Postcolonial Global Governance"，in Michael Barnett and Raymond Duvall，eds.，*Power in Global Governance*，Cambridge：Cambridge University Press，p. 290.

是从世界观的角度对印度进行批评的。罗伊看到了印度对自己世界想象的放弃，不仅是对印度国民的背叛，而且是对世界的背叛。这种背叛不是在国家安全层面上的，也不是在国家权力层面上的，更不是国家利益层面上的，而是道德层面上。这是因为，由于放弃了自身独特的世界秩序方案，印度领导层既是对印度国民的道德背叛，也是印度对世界人民和全世界道德责任的放弃。而秉持一种独特的世界想象，本来应该是"国家对自己提出的要求。它是一个国家对曾经拥有的和将来可能有的观念做出的承诺"。① 受到罗伊的启发，玛皮迪主张世界应该是一个包容的世界，一个能够尊重多样化世界观的世界，因为在当今世界"当然有其他可能性，'其它的世界'，'其它种类的梦想'，尽管这些世界或梦想的'失败'是'可能的'，然而同样是'令人肃然起敬的'"。② 我们虽然不同意玛皮迪有关坚持自己的世界观无涉国家安全或国家利益的观点，但我们支持他为了道德责任必须坚持和创新本土世界观的主张。

如何克服承认困境和有效反抗象征性权力，是摆在第三世界国家人们面前的一个重要课题。面对在知识生产上和得到国际制度保证的霸权世界观，第三世界国家都程度不一地受到了象征性权力的控制。西方世界提供的世界想象不仅切切实实处于运作过程中，而且还在很大程度上成为了第三世界国家人们观察世界和想象世界的基本依据。布尔迪厄的洞见在于，他指出了象征性权力在维持和巩固霸权世界观的具体运作机制，这是玛皮迪、卢卡斯等探讨过塑造和影响人的认知结构、思维方式这一权力类型的学者没有予以深入研究的问题。然而，正如上文我们对他的文化社会学所做的评价中指出的那样，布尔迪厄并未向人们提供一种如何抵抗霸权世界观的有效道路。因此，如何解决承认困境，对于广大第三世界国家来说，并没有现成的有效答案。在当前国际关系中，我们能看到不同国家、不同行为体反抗象征性权力的多样化路径：如玛皮迪指出的菲律宾学生们通过网络技术进行自我赋权以挑战美国及其主导下的"殖民主义式的治理"的"网络抵抗方式"；印度为了改变自己在殖民主义全球治理模式中的客

---

① 转引自 Himadeep Muppidi, "Colonial and Postcolonial Global Governance", in Michael Barnett and Raymond Duvall, eds., *Power in Global Governance*, Cambridge: Cambridge University Press, p. 291.

② Ibid., p. 292.

体地位、希望得到美国等西方国家对其大国地位的承认，最终放弃了自己的世界想象而发展核武器，甚至与美国建立准联盟的关系的途径；而塔利班、基地组织等形形色色的恐怖主义组织，则采取了一种拒绝承认现存秩序的合法性，利用因特网、武器、人体炸弹、宗教宣传等技术进行自我赋权，对西方国家甚至世界各地无辜平民发动恐怖主义袭击的极端路径。①这三种路径都有它们自身的问题，前两种路径在反抗霸权世界观的过程中，内化并进一步巩固了霸权世界观；而塔利班的路径不仅让霸权世界观有了进一步推广自身的借口，而且还恶化了本来就处于弱势地位的其他世界观的发展前景，这是一条自我毁灭的道路。从布尔迪厄的理论视域中，我们看到了象征性权力根深蒂固的宰制作用和难以克服的承认困境，这仍然是一种比较典型的"统治…的权力观"，而要抵制象征性权力和破解承认困境的迷局，我们必须从"做……的权力"观出发，积极思考和构想世界秩序的替代模式。

　　发挥"做……的权力"，进行自我赋权，与布尔迪厄提倡的反思社会学有着重要的关系。但与布尔迪厄的不同之处在于，我们明确将这种自我反思视为一种权力，而且我们相信这种权力能够让我们发现有别于霸权世界观的其他世界想象存在，并有实践这种世界想象的空间。权力既然是一种塑造环境、塑造行为体（生理、心理、精神、情感）的力量，那么这种力量不仅可以塑造其他行为体，而且也可以塑造自身以及自身的心智结构、思维方式、情感状态。我们同意布尔迪厄处于具体历史情境中的行为体必然受到结构化力量限制的观点，但也正如他自己不断强调的，即使处于结构化环境中的行为体仍然是具有能动性和自由的。我们强调的正是这种能动性和自由。或许能动性的开辟很艰难，或许自由的空间很狭小，然而，不管多么艰难，行为体毕竟有出于自己的本性或按照某种世界观去思考、去行动、去塑造周遭世界——尤其是自己心境和想象——的可能性。问题在于行为体有没有勇气、有没有毅力去贯彻和坚持这种可能性。而这种能力就是一种"做……的权力"。"统治……的权力"与"做……的权

① 威廉姆斯对基地组织如何进行自我赋权，从而改变了人们对冲突观念的认识做了新颖的研究，见 M. J. Williams, "Theory Meets Practice: Facets of Power in 'War on Terror'", in Michael Barnett and Raymond Duvall, eds., *Power in Global Governance*, Cambridge: Cambridge University Press, p. 265 - 276。

力"是一体两面的，象征性权力是一种宰制人心智的力量，而进行反思发现可能性并进行实践的过程则是一种"做……的权力"。两者之间的区别仅仅在于：行为体能否想象一种世界组织的不同方式，并利用各种条件去推行它，把潜在的变成现实的。正如艾里克·瑞格玛（Erik Ringmar）所说："潜在性的权力（实际上就是"做……的权力"——引者注）就是使一些处于潜伏状态的东西转化真实的东西的能力"，他与"统治……的权力"的区别在于：前者关心的是"如何将世界上现有的事物组织起来"，是一种"管理世界的力量"；而后者关心的是"如何利用世界现有的事物创造一个可能的世界"，是一种"制造世界的力量"。在"做……的权力"运作的过程中，它扮演着一种"看门者"的角色，即"对真实存在与可能存在之间的关系进行管理"，守住真实与潜在之间的那道门，允许某些潜在的东西变成现实的东西，而让某些潜在的东西保持在门外。① 这样一个守门并对"潜在之物""真实之物"进行判断进而做出选择的过程，瑞格玛称之为"赋权"（empowering）。反思可能性、实践可能性，都是赋权的体现。

　　"做……的权力"或赋权，并不意味着成功，它们强调的是赋权过程的意义。虽然瑞格玛和布尔迪厄都强调反思在社会生活和科学研究中的意义，然而，两人的具体观点是有所区别的：瑞格玛从反思中看到了抵抗象征性权力的力量，而布尔迪厄却对反思能否带来对象征性权力的真正抵制仍然心存疑虑。我们赞同瑞格玛的观点，就在于他从反思和实践中看到了人们摆脱象征性权力等"统治……的权力"的可能。当然，赋权并不代表着一切潜在的都能成为现实的，也不意味着"做……的权力"就一定能够取得成效。赋权能否成功，受到很多偶然因素的影响，取决于许多条件，如结构提供的机遇、行为体努力的程度、所处的环境、反思的敏锐性和深刻性、行动的策略、可以利用的资源，等等。然而，如果不进行自我赋权，那么行为体就受制于"统治……的权力"而无法自拔。"做……的权力"与"统治……的权力"之间的关系在于，前者是后者的条件和基础，没有自我赋权，行为体就不可能拥有统治别人的权力，而且很有可能成为别人权力（包括强制性权力、制度性权力、象征性权力、情绪性权

① Eric Ringmar, "Empowerment Among Nations: A Sociological Perspective", in Felix Berenskoetter and M. J. Williams, eds., *Power in World Politics*, New York: Routledge, 2007, p. 195.

力）的对象；而反之则不然，即使没有"统治……的权力"，行为体也可以进行自我反思、尝试着去做符合本心的事。① 所以赋权的意义在于，它为人们掌控自己的命运、塑造周遭的环境、摆脱象征性权力等权力类型的宰制，提供了无限的可能。正如瑞格玛所说：

> 我们认为，对于权力的适当理解，需要有反事实推理的知识，即想象当社会结构以不同的方式安排的时候，生活将会呈现什么样子。在这里，需要研究的是社会生活中的潜在性（potentialities）：既如果事物不是本身所是的样子，它们可能会以什么样子出现？为了推进这样的研究，我们需要一些方法去反思我们本身及我们面临的选择……除非有许多截然不同、甚至彼此龃龉的计划、实体、信念或生活方式长期共存，否则反思与先驱者们的努力将会一无所得。②

在国际关系文化或世界观场域，我们要做的就是反对"殖民主义式的治理"模式，反抗象征性权力的宰制作用，反抗霸权世界观对我们心智机构的控制。其中一个最为基本的前提就是包容多种世界想象。只有存在多种世界观、多种生活方式、多种秩序方案，人们才有可能发现各种世界观的优劣，才能取长补短，发现和实践出一种真正得到世界人们拥护、最有利于世界和平和稳定的世界观。对于中国人来说，坚持和发展中国本土世界观，既是为反抗象征性权力统治效应而提出的内在要求，也是中国人行使"做……的权力"的具体表现，更是中国人对祖先、为后代肩负的不可推卸的道德责任，而且还是中国人为促进和谐世界的建设所作的重要贡献。我们之所以不能不加批判地接受西方国际关系知识、不能仅仅作为国际制度、国际价值、国际规范的接受者，根本原因就在于我们不能做"殖民主义式的治理"秩序中的客体。正如玛皮迪所说："创造性的政治能动性，不在于根据殖民者有关政治能动性的剧本再生产一个国家，而在于根据国家既有的历史诠释去生产出一种后殖民主义式的秩序，这种秩序

---

① Eric Ringmar, "Empowerment Among Nations: A Sociological Perspective", in Felix Berens-koetter and M. J. Williams, eds., *Power in World Politics*, New York: Routledge, 2007, p. 196.

② Ibid., p. 195, p. 198.

以深刻的民主和多样性为根基。其他的世界是可能的。"① 至于和谐世界观能否成为一种反抗世界观霸权的力量、能否走出承认困境、能否提供一种包容多种世界观的世界观等问题，已经不是和谐世界观的批判使命所能涵盖的。

不过，为了对和谐世界观的解释与规范使命进行铺垫，本书第五章仍将对这一问题进行讨论。在此之前，我们首先需要对温特的世界国家观进行讨论。这一世界秩序方案从学理化的角度论证了世界国家必然会出现，其论证过程非常精致，在国内学术界也产生了深远的影响。如果我们接受了温特有关世界国家必然会形成的观点，那么和谐世界观的前提——国家将持久存在——也就崩塌了。就此而言，温特的世界国家观对和谐世界观的合理性提出了严峻的挑战。在第三节中，我们将从承认理论的角度对温特的世界国家进行分析，为和谐世界观的合理性开辟空间。这也是反抗霸权世界观衍生而来的象征性权力的必然要求。我们将会看到，世界国家观具有浓厚的自由主义哲学色彩，其对"薄的承认"在世界国家形成过程中所起作用的强调，事实上仍是现代西方世界观强调原子化个人权利的体现。因此，批判世界国家观，也就是反抗霸权世界观的一种方式。

第三节　世界国家的出现是否必然？

冷战结束以来，西方学术界重新出现了一股研究世界政府或世界国家（下称"世界国家观"）的热潮。世界国家观在西方学术史上源远流长，最早可追溯到古希腊的斯多葛学派。到了近代，尤其是到了二战后，世界国家的研究更是蔚然成风。② 冷战结束后，主要基于以下两个方面的原因，西方学术界对世界国家的研究得以复苏。这两个方面的原因是：其

---

① Himadeep Muppidi, "Colonial and Postcolonial Global Governance", in Michael Barnett and Raymond Duvall, eds., *Power in Global Governance*, Cambridge: Cambridge University Press, pp. 292 – 293.

② 世界政府或世界国家的研究历史可参考 http://plato. stanford. edu/entries/world-government/; Derek Heater, *World Citizenship and Government: Cosmopolitan Ideas in the History of Western Political Thought*, New York: St Martin's Press, 1996; Tomas G. Weiss, "What Happened to the Idea of World Government", *International Studies Quarterly*, Vol. 53, No. 2, 2009, pp. 260 – 261; Campbell Craig, "The Resurgent Idea of World Government", *Ethics & International Affairs*, Vol. 22, No. 2, 2008, pp. 133 – 134; 柴宇平：《"世界国家观"考评》, 载《福建论坛》1999 年第 1 期, 等等。

一，受到西方取得了冷战胜利的刺激，尤其是美国的超强实力已使其不受挑战的事实，让西方学术界在进行有关世界将向何处发展的思考时，重新考虑世界国家出现的可能；其二，冷战的结束并未带来如福山所称的"历史的终结"，[①] 相反，全球化的深入发展带来了一系列重大问题——如大规模毁灭性武器的扩散、全球气候变暖、恐怖主义威胁、传染病的传播，全球贫富的两极分化等等，这些问题的解决单靠一个国家无法完成，而联合国及相关国际组织在缓解或消除这些方面上显得乏力。于是，西方学者们认为世界国家才是有效解决这些问题的理想制度安排。在上述背景下，世界国家的研究在西方学术界重新焕发活力，并出现了一批研究成果。

　　本节的主要目的不在于对所有这些有关世界国家观的成果进行全面的论述，而是集中考察亚力山大·温特提出的有关"世界国家的出现是历史的必然"这一观点是否成立。考虑到温特的世界国家观与政治和哲学研究领域的承认理论有着密切的关系，本书将把这一考察纳入到承认理论的框架中进行。尝试完成两个方面的任务：一是随着承认理论——尤其是霍纳特的承认理论——在国际关系研究领域中的应用日益增多，首先对承认理论的思想渊源以及相关争论进行评介；二是在比较温特世界国家观与霍纳特承认理论间异同的基础上，就两者共享及温特世界国家观独有的问题进行研究，分析世界国家不可避免这一结论能否成立。文节结构安排如下，首先对冷战结束以来世界国家观在西方学术界的研究状况——尤其是其中具有经验取向的研究成果——以及学术界对其所做的反应做一简要的梳理；其次对当代承认理论、尤其是霍纳特的承认理论进行评介；然后考察温特世界国家观与霍纳特承认理论之间的关系；接下来对霍纳特承认理论及温特的世界国家共享的缺陷及后者专有的问题进行讨论，并得出相应结论；最后简要讨论温特将世界国家学理化对中国学术界可能具有的启示以及这种努力本身存在的问题。

一　世界国家观的经验研究成果及其面临的批评

　　在冷战结束以来研究世界国家的热潮中，国际关系理论家和国际关系

---

　　① 弗朗西斯·福山：《历史的终结及最后的人》，黄胜强、许铭原译，中国社会科学出版社2003 年版。

伦理学家是两支最主要的力量。前者囊括了结构现实主义学者（如丹尼尔·杜德尼①）、新自由主义学者（如罗尼·利普舒茨②）以及建构主义学者（如亚历山大·温特③），而属于国际伦理学家阵营的世界政府研究更是不可尽数，最典型的是那些大同主义研究者（如查尔斯·贝茨④）。20世纪90年代以后涌现出来的有关世界国家的研究成果可以分为三类：第一类是经验研究取向的成果，它们通过回顾过去的历史经验，来推论世界的未来发展方向，并论证世界国家必然性的几率，温特的研究属于这一类；第二类可以称之为安全关切，认为大规模毁灭性武器等安全威胁的存在，让世界国家的出现成为必须，这是一种实用性的考虑，杜德尼的研究属于这一类；第三类是规范性的研究，认为全球贫困和政治人权问题的解决，需要一种更有效的治理类型，这种治理类型不一定非得世界国家，但应是某种形式的超国家机构，它不但能制衡国家权力，而且还能提供全球公共产品，利普舒茨和贝茨的观点属于这一类型。⑤90年代以来的世界国家研究，无论是在理论上还是在方法上都更为连贯和系统，相关观点的构建也更为精致和有力。考虑到人类面临的重大问题将持续存在，因此可以推断，这波研究世界国家的热潮将会持续下去，而不会像二战后的研究浪潮一样短命。⑥

在世界国家的三类研究取向中，经验研究取向最值得关注。据笔者所知，近年来反映世界国家经验研究取向的论文主要有三篇，除了温特的《世界国家为什么不可避免？》（下称"温特的世界国家观"），另外还有

---

① Daniel Deudney, *Bounding Power：Republican Security Theory from the Polis to the Global Village*, New York：Princeton University Press, 2007.

② Ronnie Lipschutz and James K. Rowe, *Regulation for the Rest of Us? Globalization，Governmentality and Global Politics*, London：Routledge, 2005.

③ Alexander Wendt, "Why a World State is Inevitable：Teleology and the Logic of Anarchy", *European Journal of International Relations*, Vol. 9, No. 4, 2003, pp. 491 – 542, 中文删节版见亚历山大·温特《世界国家的出现是历史的必然：目的论与无政府逻辑》，秦亚青译，《世界经济与政治》2003年第11期，第57—62页。

④ Charles R. Beitz, *Political Theory and International Relations*, Princeton, N. J.：Princeton University Press, 1999；Charles R. Beitz, *The Idea of Human Rights*, Oxford：Oxford University Press, 2009.

⑤ Luis Cabrera, "World Government：Renewed Debate, Persistent Challenges", *European Journal of International Relations*, Vol. 16, No. 3, 2010, p. 513.

⑥ Ibid. , pp. 525 – 526.

两篇有关世界国家的经验研究论文——《世界国家仅仅是个时间问题?》和《运用考古学的数据预测世界的未来状态》,它们均发表在《跨文化研究》2004 年第 2 期上。这两篇论文运用数学方法预测了世界的未来状态,前者根据人口压力模型预测单一的世界国家可能不会出现,但当人口达到 100 亿的时候会出现 342 个国家和 6 个类似目前联合国的国家联邦;而后者首先通过历史分析,判断在过去的 12000 年间世界的一体化趋势越来越明显,然后运用二次曲线推断大约到公元 5000 年左右,地球上将出现一个世界国家。① 而温特的世界国家观,将亚里士多德的"四因说"纳入到其建构主义理论中,认为国际体系中自下而上的因果关系——个人与群体为承认斗争与自下而上的因果关系——无政府结构的建构作用,以及一个目的因——世界国家——三者之间的共同作用,将引导世界经过国际体系、国际社会、世界社会、集体安全最后达到世界国家的阶段。在这三篇经验研究取向的论文中,温特的世界国家最为精致,论证也最为严谨,"无疑是最具想象力的成果之一",因此产生的影响也最大。②

　　本节将集中分析温特的世界国家观,这主要是因为温特的研究最具影响。在分析温特世界国家观的独特性之前,有必要简单讨论有关世界国家观的经验研究成果共享的一个难题,即在缺乏外部他者情况下世界国家如何维持自身身份的稳定。之所以出现这一难题,是因为国际体系中的国家等行为体,都具有自身的结构和功能,其最主要的功能在于对内管理内部事务和控制边界,对外与其他行为体进行沟通与协调。这些功能的发挥需要一个前提条件,即其他外部单位的存在。当世界以一个世界国家的形式得以组织,那么因为其缺乏外部他者,它将无法维持自身。因此,世界的发展即使按照温特的逻辑展开,结果也只能是囊括了全世界所有政治行为体的两个超级集团,但不会形成一个全球性的世界国家。③ 相对于其他成

----

① Peter N. Peregrine, "Is a World State Just a Matter of Time? a Population-Pressure Alternative", *Cross-Cultural Research*, Vol. 38 No. 2, 2004, pp. 147 - 161; Melvin Ember and Carol R. Ember, "Predicting the Future State of the World Using Archaeological Data: An Exercise in Archaeomancy", *Cross-Cultural Research*, Vol. 38, No. 2, 2004, pp. 133 - 146.

② Luis Cabrera, "World Government: Renewed Debate, Persistent Challenges", *European Journal of International Relations*, Vol. 16, No. 3, 2010, p. 514.

③ 可参考 Amber Lynn Johnson, "Why not to Expect a 'World State'", *Cross-Culture Research*, Vol. 38, No. 2, 2004, pp. 119 - 132; 冷晓玲、李开盛:《论世界国家生成的不可能》,载《中国社会科学院研究生院学报》2008 年第 6 期,第 115、117 页。

果，对于这一难题，温特不仅有明确的意识，而且还提供了两种可能的解决方案。其一，通过世界国家的整体与其部分（包括个人与群体）之间相互建构来维持世界国家身份，其二，将空间区分转化为时间区分，即通过回顾历史来维持稳定。① 这样一来，温特世界国家观的这一问题衍生出另一个问题，即如果说整体与部分之间的互构与历史性的他者在世界国家出现以后能够维持身份的稳定，那在世界国家形成之前这两种身份构建方式为什么不能有效地发挥作用，从而保证世界各国和谐相处而不会形成一个全球性的世界国家？对于这一问题，温特以及其他世界国家观的经验研究成果并不给出有价值的回答。

除了上述问题，对温特世界国家必然性的批判还可以从别的角度切入。已有研究指出了以下批判路径：其一是温特有关世界也是人的假定与世界国家之间的关系。温特将国家拟人化，② 认为国家和个人为承认而展开的斗争将导致世界国家不可避免会形成。批判意见指出，国家是否真如温特所说那样为了承认问题而展开激烈斗争。③ 其二，与上一个问题密切相关的是，温特虽然强调结构与行为体之间的互构，但当世界国家的形成成为一个不可避免、无法逃脱的宿命，那么国际关系领域中就出现了一个自然法则，行为体的能动性也因此被否定。④ 其三，温特的目的论实际上不是真的目的论，仅仅是个概率问题。除非接受国家也是人的机体隐喻并认为国际体系的发展一旦达到世界国家的阶段并最终停留于此，而且除非这种发展是基于国际体系自身的特征，否则温特所谓的目的论不是真正的目的论。而且，温特并没有告诉人们，他是何以确定世界国家是终极状态

---

① Alexander Wendt, "Why a World State is Inevitable：Teleology and the Logic of Anarchy", *European Journal of International Relations*, Vol. 9, No. 4, 2003, pp. 527 – 528.

② 可参考亚历山大·温特《国际政治的社会理论》，秦亚青译，上海世纪出版集团 2000 年版，第276—281 页；学者们对温特这一命题的争论集中在《国际研究评论》2004 年第 2 期上，见 *Review of International Studies*, Vol. 30, No. 2, 2004, pp. 255 – 316.

③ 可参考 Iver B. Neumann, "Beware of Organicism：The Narrative Self of the State", *Review of International Studies*, Vol. 30, No. 2, 2004, p. 266.

④ Vaughn P. Shannon, "Wendt's Violation of the Constructivist Project：Agency and Why a World State is Not Inevitable", *European Journal of International Relations*, Vol. 11, No. 4, 2005, pp. 581 – 587. 温特曾对这一问题进行过回应，但说服力不够，参见 Alexander Wendt, "Agency, Teleology and the World State：A Reply to Shannon", *European Journal of International Relations*, Vol. 11, No. 4, 2005, pp. 589 – 598。

的，我们能否将他所说的目的因置换为其他世界秩序状态，如和谐世界，等等。① 既然已有上述研究成果，我们能否找到一个新的角度来对世界国家的必然性进行分析？路易斯·卡贝内拉（Luis Cabrera）认为，对它的批评可能来自三个方向，除了前述的对国家拟人化与对目的因的质疑，还存在另一条批判路径，即追问黑格尔承认理论对国内范围里的承认斗争所做的说明是否准确，以及温特是否正确地解读了承认理论？② 在已有成果中，布里安·格林希尔（Brian Greenhill）的《国际关系中的承认与集体身份形成》一文在一定程度上就是从这一角度切入的。③ 但其研究存在两个方面的缺失：其一，未对温特的世界国家与承认理论之间的关系和异同进行分析；其二，未根据承认理论对温特的世界国家观进行逻辑完整的批判。因此，下文将温特的世界国家观系统地纳入到承认理论的框架中进行分析，考察其有关世界国家必然会形成的观点能否成立。

二　承认理论的近期发展及霍纳特的承认理论

承认理论构成当前西方学术的热点研究问题。承认理论一般都将其理论鼻祖追溯到黑格尔，认为他在《精神现象学》《伦理体系》《法哲学》《思辨哲学体系》《耶拿实在哲学》（I、II）等著作中，都提到过相互承认的思想。④ 然而，由于黑格尔在不同的著作中提出的观点有所不同，因此对其相互承认理论的解读，就出现了不同的方式、得出了不同的结论。长期以来，包括马克思在内的西方学术界，重视的是《精神现象学》中以主人—奴隶辩证法形式体现出来的承认思想，而对《伦理体系》《耶拿

---

① 这些观点可参考 James F. Keeley, "To the Pacific? Alexander Wendt as Explorer", *Millennium: Journal of International Studies*, Vol. 35, No. 2, 2007, pp. 421 – 422, 尤其见第 422 页的脚注。我国学者唐世平根据其支持的国际关系社会进化模式同样认为，温特所说的世界国家是"不可能"的，可参考唐世平《国际政治的社会进化：从米尔斯海默到杰维斯》，载《当代亚太》2009年第 4 期，第 29 页脚注③。

② Luis Cabrera, "World Government: Renewed Debate, Persistent Challenges", *European Journal of International Relations*, Vol. 16, No. 3, 2010, p. 517.

③ Brian Greenhill, "Recognition and Collective Identity Formation in International Politics", *European Journal of International Relation*, Vol. 14, No. 2, 2008, pp. 343 – 368.

④ 王凤才：《霍纳特承认理论思想渊源探析》，载《哲学动态》2005 年第 4 期，第 58—59页；也可参考王凤才《蔑视与反抗：霍纳特承认理论与法兰克福学派批判理论的"政治伦理学转向"》，重庆出版集团 2008 年版，第 25 页。

实在哲学》等黑格尔早期文本中论述的承认观点，理论界长期未予应有
的重视。在这种背景下，对于黑格尔承认理论的阐发和重新解读，也就出
现了对其不同文本予以不同关注的现象。如加拿大著名哲学家查尔斯·泰
勒（Charles Taylor）、[1] 俄裔法国思想家亚历山大·科耶夫（Alexander Ke-
jev）、[2] 中国哲学研究者高全喜等人，[3] 主要从黑格尔的《精神现象学》
中吸取养分；而德国著名哲学家、法兰克福学派新代表人物阿克塞尔·霍
纳特（Axel Honneth），则主要根据《伦理体系》《耶拿实在哲学》等较少
得到关注的文本来阐发和重构黑格尔的承认思想。[4] 当然，除了以上这些
人物，还有其他许多人参与到了承认理论的研究当中，如美国著名的政治
哲学家、社群主义代表人物迈克尔·沃尔泽（Michael Walzer），[5] 德国著
名哲学家尤尔根·哈贝马斯（Jürgen Habermas），[6] 美国知名女性主义哲
学家南茜·弗雷泽（Nancy Fraser），等等。[7]

　　承认理论的兴起有重要的意义。承认理论在 20 世纪后期的再度兴起，

---

① 查尔斯·泰勒：《黑格尔》，张国清、朱进东译，译林出版社 2002 年版，第五章（第
226—261 页）；泰勒：《自我的根源：现代认同的形成》，韩震等译，译林出版社 2001 年版；泰
勒：《承认的政治》，载汪晖、陈燕谷主编《文化与公共性》，陈燕谷译，生活·读书·新知三联
书店 1998 年版，第 290—337 页。

② 亚历山大·科耶夫《黑格尔导读》，姜志辉译，译林出版社 2005 年版；也可参考张旭东
《全球化时代的文化认同：西方普遍主义话语的历史批判》，北京大学出版社 2006 年版，第 19—
21 页。

③ 高全喜：《论相互承认的法权——〈精神现象学〉研究两篇》，北京大学出版社 2004 年
版。

④ 霍纳特关于承认问题的代表作见阿克塞尔·霍纳特《为承认而斗争》，胡继华译，上海
人民出版社 2005 年版。除此之外，霍纳特还有一系列关于承认问题的著作和论文，下文我们将
会有所涉及。

⑤ 沃尔泽关于承认问题的论述见迈克尔·沃尔泽《正义诸领域：为多元主义与平等一辩》，
褚松燕译，译林出版社 2002 年版，第 322—376 页。

⑥ 尤尔根·哈贝马斯著，曹卫东译：《民主法制国家的承认斗争》，载汪晖、陈燕谷主编
《文化与公共性》，第 338—375 页；也可参考 Jürgen Haacke，"The Frankfurt School and International
Relations：On the Centrality of Recognition'，*Review of International Studies*，Vol. 31，No. 1，2005，
pp. 181－194.

⑦ 请参考南茜·弗雷泽、阿克塞尔·霍纳特《再分配，还是承认？——一个政治哲学对
话》，周穗明译，上海人民出版社 2009 年版；凯文·奥尔森主编：《伤害＋侮辱——争论中的再
分配、承认和代表权》，高静宇译，上海人民出版社 2009 年版；Barbara Hobson，*Recognition
Struggles and Social Movements：Contested Identities，Agency and Power*，Cambridge：Cambridge Univer-
sity Press，2003.

已经与德国古典哲学时期对其进行较为纯粹的哲学思辨有了较大的差距，而与当代世界尤其与西方国家的社会结构转型有着密切的联系。比如西方社会中各种争取其合法性与权利得到（国家、国际组织等权威机构）承认的社会运动的兴起，在某些发达资本主义国家中出现的分离主义运动（加拿大的魁北克、西班牙的巴斯克、英国的北爱尔兰等地），还有国际社会中民族主义和宗教极端主义的泛滥带来的动荡，等等，都是引起西方理论界对于承认问题关注的重要原因。这些现象并不是新近才出现的，不过它们所带来的复杂后果和重大冲击，促使西方学术界致力从理论上对这些问题进行思索，并寻求有效的解决之道。在新的条件下，黑格尔的相互承认理论重新得到西方学术界的重视，并出现了重构承认理论的各种尝试，是与上述时代背景息息相关的。尽管不同的学者在重构承认理论时关注的问题有所不同，而且对于如何才能有效地满足人类各种承认要求、能否将承认的实现程度作为衡量社会正义或美好生活的标准、承认与社会冲突之间具有什么样的经验联系等问题，不同的理论家有不同的观点；不过，承认理论对这些问题的探索，一般都与文化多元主义或平等政治权利等盛行于当前西方学术界的规范理论密切联系在一起。不管这些方案在推动国内社会与国际社会趋向正义的道路上能走多远，正义问题之所以引起了人们日益增长的兴趣，与承认理论对蔑视等不正义问题的揭示有密切的关系；而且，承认理论对于正义社会与"美好生活"规范内涵等问题的讨论，对于人们发现现有社会的不足和展望社会的发展方向，也不无益处。此外，承认理论不仅能够运用到马克思主义关于阶级斗争的分析中去，而且有助于人们从新的角度研究马克思主义理论没有深入论述的种族、国家、文化、性别等范畴，从而"为我们处理当代问题提供了一个实实在在的历史框架，使我们不至于迷失和纠缠于种种'后现代'现象，被种种极端的、原子化和新本质主义'身份学'、立场学和'政治正确'（political correctness）迷住眼睛"。①

在对承认理论的重构和阐发者当中，泰勒、霍纳特与弗雷泽的研究最为引人注目。这不仅因为他们较早地参与到这一理论的发展当中，最重要的是，他们各自从哲学角度构想了一种如何应对当代承认问题——包括政

---

① 张旭东：《全球化时代的文化认同：西方普遍主义话语的历史批判》，北京大学出版社2006年版，第17—18页。

治承认、社会承认、文化（差异）承认——的较为完整的理论体系和战略方案。诚如西蒙·汤普森（Simon Thompson）指出的："泰勒、弗雷泽与霍纳特不仅认为承认概念有助于我们理解当代政治场景的转型，而且能够帮助我们对这种转型构想合适的应对方式。他们力主承认观念不仅对于理解当代政治十分重要，而且构成了当前正义概念的核心。出于这一原因，他们都基于每个人都应得到相应尊重的这一正义社会的前提，各自提出了一种承认政治理论。"① 泰勒、弗雷泽与霍纳特在发展他们的承认理论的过程中，或在某种程度上受到其他两者学者的影响，或在与对方展开辩论的过程中完善了自己的理论，因此他们的承认理论共享某些相似的理论观点。不过，由于关注的现实问题与所采取的理论立场有所区别，他们在承认问题上的具体观点和对于美好社会的规范也存在着不小的差异。鉴于本书的目的不在于全面介绍各种承认理论的异同及其在当前哲学研究中的地位，而且关于承认理论的研究成果比较丰富，因此本书无意也无力对承认理论进行面面俱到的述评。由于温特的世界国家观从霍纳特承认理论那里吸取了很多的思想资源，下文着重讨论霍纳特的承认理论。

　　霍纳特是如何构建黑格尔的承认思想的呢？尽管在不同的时期，霍纳特在承认问题上的观点发生过比较明显的变化，② 不过自其博士论文开始直到现在，霍纳特始终保持着对承认问题的关注。③ 他关于承认问题的思想，集中体现在他的代表作——1992 年出版的《为承认而斗争：社会冲突的道德语法》一书中。在这本著作中，霍纳特区分了西方思想史中解释社会冲突的两种逻辑，即以马基雅维利与霍布斯代表的"为自我持存而斗争"（struggle for Self-Preservation）的逻辑④与由黑格尔等人最初提出的"为承认而斗争"（struggle for recognition）的逻辑。长期以来，"为自我持存而斗争"主导着政治哲学对于社会冲突问题的解释，这种对人类

----

① Simon Thompson, *The Political Theory of Recognition：A Critical Introduction*, Cambridge：Polity Press, 2006, p. 3.

② 对于霍纳特承认思想演变过程的简要讨论可参考王凤才《霍纳特承认理论发生学探源》，《马克思主义与现实》2006 年第 2 期，第 54—59 页。

③ 国内近年来逐渐兴起对于霍纳特的研究，其中尤以王凤才的努力最为突出，他已出版一本专著和发表数篇论文。此外，国内已有一篇专文研究霍纳特承认理论的博士论文，见胡云峰《霍纳特承认理论研究》，复旦大学博士学位论文，2007。

④ 阿克塞尔·霍纳特：《为承认而斗争》，胡继华译，曹卫东校，上海人民出版社 2005 年版，第 11—15 页。

冲突解释逻辑的单一性，不仅遮蔽了人类具有追求承认的社会性动机，而且忽视了社会冲突的规范和道德内涵。强调"为自我持存而斗争"逻辑的现实主义理论，不仅极大地塑造了国内政治学的研究议程，而且还影响到国际关系学者对于国家间战争与和平等现象的解释。直到现在，国际关系现实主义仍然坚持"为自我持存而斗争"逻辑来解释国际关系现象的有效性，而新自由制度主义与建构主义也无意否认这一逻辑在解释国际关系现象中的意义。而霍纳特希望建立的是一种能够说明社会冲突之道德内涵的理论，黑格尔的"为承认而斗争"逻辑刚好符合这一标准。鉴于此，霍纳特对黑格尔的相互承认理论作出了系统的重构。不过，霍纳特认为，黑格尔对承认问题的说明存在"受制于理性的客观运动"，保留了"德国唯心主义的理论前提"的缺陷。[①] 为了实现承认理论"经验的转向"，霍纳特重构黑格尔承认理论的途径就是利用美国实用主义代表人物乔治·米德（George H. Mead）的象征互动论，来对社会冲突的道德内涵进行经验研究。霍纳特对黑格尔的这种重构，与他致力于建立一种具有道德内涵的经验理论，以实现法兰克福学派从一种具有强烈批判精神的规范理论向经验研究转向的目标是吻合的。

霍纳特建立了一种用以说明蔑视是引发社会冲突之道德动因的承认理论。霍纳特继承了黑格尔关于自我追求承认的斗争是在主体间展开的观点，同样认为承认目标只有通过一系列的冲突过程才能实现。黑格尔与霍纳特的主要分歧在于：黑格尔主要关注自我在与他者进行承认斗争中确立起"自我意识"[②] 或主体性；而霍纳特更加强调承认斗争带来的行为体对自身特殊性的觉醒或坚持这一结果。如霍纳特指出："在一种设定的相互承认关系框架中，主体永远处在了解其特殊身份的过程中；因为，主体由此确认的总是其自我认同的新维度，所以为了实现对个体性更为苛刻的形式的承认，他们必须通过冲突再次离开已达到的伦理阶段"。[③] 也就是说，承认斗争产生的后果，不仅仅是对斗争行为体的主体性及由此衍生的平等

---

① 阿克塞尔·霍纳特：《为承认而斗争》，胡继华译，曹卫东校，上海人民出版社2005年版，第72页。

② 可参考黑格尔《精神现象学》，贺麟、王玖兴译，商务印书馆1979年版，尤见第126页。

③ 阿克塞尔·霍纳特：《为承认而斗争》，胡继华译，曹卫东校，上海人民出版社2005年版，第22页。

权利的确认,而且还带来了自我认同的其他维度,如对自身差异和特性的坚持。对于霍纳特来说,自我认同的不同维度表现为不同的承认形式。考虑到霍纳特重构承认理论的目的在于实现法兰克福社会批判理论的经验转向,那么对这些承认形式进行区分,并且对这些承认形式进行经验验证,也就构成了霍纳特承认理论的核心内容。

霍纳特构想了由三种承认形式组成的"关于承认形式的经验现象学",并认为这些承认形式对于行为体的"实践自我关系"(the practical-relation-to-self),即"肯定性的自我关联"有着重要的意义。[①] 根据黑格尔在《耶拿实在哲学》与《伦理体系》中提出的观点,黑格尔认为在人的主体性得到发展的过程中,存在"爱情""权利""伦理"三个承认阶段,它们是通过承认斗争而渐次得以实现的。而三者之间的区分,则是以向行为体提供的自主性大小为依据的。在黑格尔三个承认阶段的基础上,霍纳特利用米德的象征互动论和相关理论研究成果,提出了"情感关怀"、"认知性尊重"与"社会尊重"这三种攸关行为体实践自我关系的承认形式。霍纳特认为,这三种承认形式分别体现在家庭关系、法权关系与社会关系中。它们对于行为体实践自我关系的意义在于:它们分别有助于维持和增强行为体的"自信""自尊""自重"的情感需要。如果在不同的承认领域中,行为体不能获得相应的承认,那么行为体就遭到了"蔑视"(misrespect 或 misrecognition)。既然承认可以有不同的体现形式,那么蔑视形式也可以进行区分。霍纳特认为,蔑视形式包括:可能对行为体自信构成损害的虐待、强奸等现象;对行为体自尊造成打击的权利剥夺、法律排斥等现象;影响到行为体追求和维护自尊的侮辱、诽谤、心理伤害等现象。霍纳特认为,各种不同的蔑视体验,严重损害了行为体积极自我认同的发展,导致行为体不能有效地处理各种实践和伦理问题,并会产生消极的情感反应。在他看来,这些情感反应构成受到蔑视的行为体从事"为承认而斗争"的动力。这种为了反抗蔑视、争取承认而行动起来的社会斗争,也就是霍纳特所谓的"社会冲突的道德语法",同时也是推动社会进步的力量,最终将使社会达到一个承认要求得到平等、全面实现的终极状态。霍纳特承认理论的基本框架,可以通过表4—8得到简略的反映:

---

① 阿克塞尔·霍纳特:《为承认而斗争》,胡继华译,曹卫东校,上海人民出版社 2005 年版,第 149 页。

表 4—8　　　　　　　　　　霍纳特承认关系结构表

承认领域	爱	法权	成就
承认形式	情感关怀（爱）	法律承认（法权）	社会尊重（团结）
承认原则	需要原则	平等原则	贡献原则
个性维度	情感需要	道德责任能力	能力与特质
实践自我关系	自信	自尊	自豪
蔑视形式	强暴	剥夺权利	侮辱
蔑视对象	身体完整性	完全成员资格	自我实现方式
蔑视后果	摧毁自信、"心理死亡"	伤害自尊、"社会死亡"	剥夺自豪、"心灵伤害"

　　资料来源：王凤才：《蔑视与反抗：霍纳特承认理论与法兰克福学派批判理论的"政治伦理学转向"》，重庆出版集团 2008 年版，第 383 页。①

三　温特世界国家观与霍纳特承认理论之间的关系

　　承认理论日益得到国际关系研究界的关注。在当前的国际关系研究中，尽管学者们大都采用结构现实主义的生存假定，即将维护国家的生存视为国家等行为体最基本的行为动机，② 但部分学者还是注意到了国际关系中行为体具有追求其他方面因素的动机。如部分学者注意到：国家等行为体有追求友谊、归属感、团结等方面的需要，③ 而少数民族群体、民权

---

　　① 霍纳特本人也给出了他自己所做的"承认关系结构表"，见阿克塞尔·霍纳特《为承认而斗争》，胡继华译，曹卫东校，上海人民出版社 2005 年版，第 135 页，不过，王凤才指出了其中存在的一些问题，并在霍纳特的基础上对承认关系结构表作了修正。考虑到王凤才的修正的确弥补了霍纳特理论的某些不足，本书采用了王凤才的成果。

　　② 这里译为"沃尔兹"而非"华尔兹"。这一假定的最经典的表达体现在沃尔兹的下述说明中："我假设国家的目标是为了确保自身的生存"，"在一个国家安全无法得到保证的世界里，生存动机被视为一切行动的基础"。见肯尼斯·华尔兹《国际政治理论》，信强译，上海世纪出版集团 2008 年版，第 97 页。

　　③ 研究友谊在国家关系中的文献比较少，可参考 Felix Berenskoetter, "Friends, There Are No Friends? An Intimate Reframing of the International", *Millennium*: *Journal of International Studies*, Vol. 35, No. 3, 2007, pp. 647 – 676. 国家等行为体寻求"归属感"的文献有很多，它们可归属到国际关系"本体安全"的研究范畴中。"本体安全"的概念是英国社会学家安东尼·吉登斯（Anthony Giddens）提出的一个概念，见安东尼·吉登斯《现代性与自我认同：现代晚期的自我与社会》，赵旭东、方文译，王铭铭校，生活·读书·新知三联书店 1998 年版。其在国际关系中的运用可参考 Jennifer Mitizen, "Ontological Security in World Politics: State Identity and The Security Dilemma", *European Journal of International Relations*, Vol. 12, No. 3, 2006, pp. 341 – 370；李格琴：《国际政治本体安全理论的建构与争论》，载《国外社会科学》2010 年第 6 期。研究国际关系中的"团结"现象的论文可参考《国际研究评论》上的三篇文章，见 *Review of International Studies*, Vol. 33, No. 4, 2007, pp. 693 – 746.

运动、分离主义势力则致力于追求自身合理权利和主权地位得到国际承认，[①] 至于国际关系中行为体追求尊重、荣誉、威望等属于精神层面的目标更是屡见不鲜。[②] 国家等国际行为体在上述三方面的追求，与黑格尔、霍纳特承认理论划分的三种承认形式近乎对应。因此，包括温特在内的国际关系学者将黑格尔与霍纳特的承认理论运用到国际关系现象的分析中不足为奇。具体运用包括：如埃里克·瑞格玛（Erik Ringmar，）运用承认思想分析了 17 世纪的瑞典战争与苏联的外交政策；[③] 而福山则运用黑格尔的主奴辩证法这一承认斗争的思想来论证"历史的终结"；[④] 在霍纳特与弗莱泽发生过著名的承认与再分配论战后，菲利普·尼尔（Philip Nel）则将再分配与承认两种动机赋予国家，以此分析印度、巴西、南非这三个中等大国的外交政策。[⑤] 这些研究成果通过运用承认理论，对强调物质因素、突出国家生存动机的结构现实主义和新自由现实主义无法予以充分说明的国际关系现象，做了比较合理的解释。事实上，通过与建构主义的联姻，承认理论不仅可以补充和挑战结构现实主义和新自由制度主义的解释力，甚至可以对前者提出的某些假设或得出的结论进行根本性的修正。如米切尔·K. 默里（Michelle K. Murray）在结合为承认而斗争的逻辑和温特建构主义的基础上，重构了约翰·赫兹（John Herz）著名的"安全困境"命题，并创造性地重新解释了一战前德国对

---

① 这方面的文献太多，在此无法一一列举，不过可参考 Barbara Hobson, *Recognition Struggles and Social Movements: Contested Identities, Agency and Power*, Cambridge: Cambridge University Press, 2003.

② 如摩根索、吉尔平都提到了国家的威望动机，见汉斯·摩根索《国家间政治：权力斗争与和平》，徐昕、郝望、李保平译，王缉思校，北京大学出版社 2006 年版，第 109 页；Robert Gilpin, *War and Change in International Politics*, Cambridge: Cambridge University Press, 1981, pp. 30 - 34, 相关专著或专文请参考 Jonathan Mercer, *Reputation and International Politics*, Ithaca: Cornell University, 1996；苏平：《试析国际关系中的荣誉因素》，载《欧洲研究》2009 年第 2 期。

③ Erik Ringmar, "The Relevance of International Law: A Hegelian Interpretation of a Peculiar Seventeenth-Century Preoccupation", *Review of International Studies*, Vol. 21, No. 1, 1995, pp. 87 - 113; Erik Ringmar, "The Recognition Game: Soviet Russia against the West", *Cooperation and Conflict*, Vol. 37, No. 2, 2002, pp. 115 - 36.

④ 弗朗西斯·福山：《历史的终结及最后的人》，黄胜强、许铭原译，中国社会科学出版社 2003 年版，第三部分，第 161—238 页。

⑤ Philip Nel, "Redistribution and Recognition: What Emerging Regional Powers Want", *Review of International Studies*, Vol. 36, No. 4, 2010, pp. 951 - 974.

英国海军的霸权地位发起挑战的反常行为。① 可以预料，随着国际关系学者对承认理论的熟悉以及承认理论三种承认形式能对应（非解释）国际关系中的许多现象，将会有越来越多的学者参与到承认理论的运用和完善中来。②

本节我们主要以温特的世界国家观为例，讨论霍纳特承认理论在国际关系研究中的具体运用情况。这里的分析分为两部分，首先考察温特世界国家观与霍纳特承认理论之间的相同之处，然后分析前者是否忠实于霍纳特承认理论的精神。通过这种分析，我们能够发现两者之间的异同，这将为下一部分考察温特世界国家观能否成立奠定必要的基础。

1. 霍纳特承认理论与温特世界国家观在"四因说"方面的同构

承认理论在温特的世界国家观中扮演了什么角色呢？在运用亚里士多德的"四因说"——动力因、质料因、形式因、目的因——来论证世界国家必然会生成的过程中，③ 温特区分了导致世界国家形成的三种因果关系，即自下而上的因果关系——个人或国家等行为体为争取承认而进行的斗争，自上而下的因果关系——无政府状态的结构建构作用，以及终极性因果关系——前两种因果关系的互动带来的向终极状态的演进。在这三种因果关系中，为承认而斗争的逻辑主要功能在于说明自下而上的因果关系，也就是说为承认而斗争构成温特世界国家观的动力因。也就是说，在温特的世界国家观中，霍纳特承认理论构成重要的、甚至是决定性的理论资源。因为自下而上因果关系的论述是否成功，将在很大程度决定了温特世界国家必然性这一结论能否成立。除了理论上的借鉴，温特的世界国家观与温特的承认理论之间还共享有一个重要的相同之处，即两者都将目的论引入到了自身的研究之中。先看温特对目的论的运用。在其论文中，温特明确指出自己尝试用目的论来分析世界国家

---

① Michelle K. Murray, *The Struggle for Recognition in International Relations: Security, Identity and The Quest for Power*, The Chicago of University, Ph. D Dissertation, August 2008.

② 可参考 Jürgen Haacke, "The Frankfurt School and International Relations: On the Centrality of Recognition", *Review of International Studies*, Vol. 31, No. 1, 2005, pp. 192 – 194.

③ 受到温特的启发，Milja Kurki 主张将亚里士多德的"四因说"系统地引入到国际关系的研究中，可参考 Milja Kurki, "Causes of a divided discipline: rethinking the concept of cause in International Relations theory", *Review of International Studies*, Vol. 32, No. 2, 2006, pp. 189 – 216.

生成的必然性。① 令人好奇的是，温特为什么要在其研究引入目的因？这是因为：温特认为"自下而上的因果关系倾向于保持稳定，无法说明变化；而自组织理论自上而下的因果关系关注非线性动力，无法解释变化的方向"，为了展望国际体系"进化"的方向，温特认为有必要构想出一种终极状态。② 显然，温特有关世界国家构成世界进化的终极状态的设想具有任意性，他没有给出规定世界的终极状态就是世界国家的任何理由。③由此带来的问题的是，他无法解释为什么是世界国家而不是什么别的状态构成温特所说的引力场（attractor），或者为什么国际体系的事件演进路径不能在两个或更多的引力场之间移动？④ 这种目的因设定的任意性，严重削弱了世界国家必然性的可信性。

　　与温特相似，霍纳特同样有目的论倾向，只不过他没有像温特那样明确将自身的理论导向目的论的轨道。霍纳特将三种承认形式的实现程度作为衡量一个（国内）社会是否取得规范进步的标准，认为"基本个体权利的连续开展以某种方式和规范原则（即社会成员被承认的程度——引者注）相联系，这种规范原则从一开始就引导观念"。这种观点具有明显的目的论特征，似乎承认斗争的开展，将自动引导社会趋向完满承认。在另一处地方，霍纳特直接将"终极状态"的概念纳入到其承认理论框架中。他指出，"为了区分进步与反动，就必须有一个规范的标准，根据对终极状态的假设和把握，这一规范标准可以指出一条发展方向"。⑤ 霍纳

---

　　① 温特清楚地知道，在盛行单一因果性解释模式的国际关系学界，运用已受到批评的目的论来对世界国家的前景进行论证，可能会遭遇到强烈的质疑。为此，他曾在文中做了大量的辩解工作。可参考 Alexander Wendt, "Why a World State is Inevitable: Teleology and the Logic of Anarchy", *European Journal of International Relations*, Vol. 9, No. 4, 2003, pp. 494 – 499. 后来的事实证明，温特预料中的质疑并未出现，可参考 Keeley, "To the Pacific?" p. 419.

　　② Alexander Wendt, "Why a World State is Inevitable: Teleology and the Logic of Anarchy", *European Journal of International Relations*, Vol. 9, No. 4, 2003, p. 501.

　　③ 在另一处地方，温特认为这种状态也可以称为"和平联邦"、"政体"、"新中世纪"体系，但他认为，无论如何称呼，世界的终极状态始终是所有个人或群体都被一个"全球韦伯式的国家"所承认和保护，请参考 Alexander Wendt, "Why a World State is Inevitable: Teleology and the Logic of Anarchy", *European Journal of International Relations*, Vol. 9, No. 4, 2003, p. 506.

　　④ James F. Keeley, "To the Pacific? Alexander Wendt as Explorer", *Millennium: Journal of International Studies*, Vol. 35, No. 2, 2007, p. 422, note. 16.

　　⑤ 引言分别见阿克塞尔·霍纳特《为承认而斗争》，胡继华译，曹卫东校，上海人民出版社 2005 年版，第 123 页，第 175 页。

特所谓的终极状态，与温特所说的世界国家一样，都是指社会中的个人和群体得到了全面和平等承认的状态。也正是从上述论断中可以发现，霍纳特对终极状态的表述，与温特将目的因引入世界国家观的原因完全一致。我们无法确定温特是否是因为受到霍纳特上述论断的影响才运用承认理论来论证世界国家的不可避免性，但两者之间的目的论取向大同小异没有疑问。一个相关问题是：为什么两人在对待目的论的态度上有程度上的差异？答案在于霍纳特与温特的研究目的有所不同：与温特试图运用目的论来论证世界国家的必然性这种经验研究取向的研究不同，霍纳特试图建立的是一种具有经验内涵但以规范为导向的承认理论；前者的经验取向使其将目的论作为一个解释因素直接发挥作用，而后者的规范取向则使霍纳特在目的论仍然受到很多质疑的今天不得不谨慎从事，避免直接运用目的论来论证其承认理论。

　　除了目的因上的相似之处，霍纳特的承认理论与温特的世界国家观在其余三因方面也几乎同构。首先，在动力因方面，两者完全一致，即都将为承认而斗争视为社会（一个是国内社会，一个着重研究的是国际社会）发展的重要动力；其次，在质料因上，温特认为他已在《国际政治的社会理论》一书中对观念在世界构成中的核心作用做了充分的说明，他觉得没有必要对世界国家观质料因进行专门讨论，由此可以判断温特世界国家观的质料因是观念。① 霍纳特承认理论在质料因的问题上比较含糊：一方面他希望完成对马克思主义"劳动范式"的改造和对霍布斯"为生存而斗争"逻辑的批判，另一方面他又反对黑格尔承认思想中具有德国唯心主义的成分，此外他还借鉴了米德的象征互动论思想来完成承认理论的经验转向，再考虑到他对弗雷泽再分配范式的批判，我们可以认为在霍纳特实际上与温特一样，都是强调主体间观念的"建构主义者"。不仅如此，鉴于象征互动论在温特的建构主义理论中同样扮演了重要角色，② 而且考虑到承认斗争所争取的目标无论是情感关怀、法律承认还是社会团

---

① 可参考 Alexander Wendt, "Why a World State is Inevitable: Teleology and the Logic of Anarchy", *European Journal of International Relations*, Vol. 9, No. 4, 2003, p. 503.

② 温特在想象两个独立的主体——自我与他者——的首次相遇时，最为典型地采用了象征互动论思想，可参考 Alexander Wendt, "Identity and Structural Change in International Politics", in Yosef Lapid and Friedrich Kratochwil, eds., *The Return of Culture and Identity in IR Theory*, Boulder CO.: Lynne Rienner, 1996, pp. 47 – 64.

结，均属于精神和观念层面的因素，因此将霍纳特承认理论的质料因归结为观念应该不成问题。至于形式因，温特世界国家观中的形式因即他的无政府状态观念结构具有的建构作用；至于霍纳特承认理论，其形式因同样是社会结构，因为在他构想的承认斗争中，"人们似乎由一个独立于他们意图的力量裹挟着趋向某个目标，该目标编码于他们互动的结构之中"。① 如果对霍纳特承认理论质料因的分析是正确的，那么其形式因就同样是霍纳特的观念结构。

2. 温特世界国家观在承认形式上对霍纳特承认理论的选择性强化与弱化

温特是如何借鉴为承认而斗争逻辑来论证其世界国家的必然性的呢？在温特世界国家观中，承认斗争带来行为体集体身份的扩大，构成其最核心的理论逻辑。他认为，霍布斯的自然状态学说的目的，仅仅在于为人们心甘情愿保留在利维坦中进行合法性论证。通过展示自然状态中"所有人反对所有人的斗争"这一可能，霍布斯警示人们从利维坦退回到自然状态中的危险。② 就此而言，霍布斯的自然状态学说没有为利维坦或世界国家的"出现"提供充分条件，他认为为此有必要"解释为什么（世界）国家的身份边界可以扩大到包括所有人，而不仅仅只是国家的原初成员"。③ 为了回答这一难题，温特认为有必要借鉴承认理论的思想资源。温特认为，在承认斗争中，不对称承认具有内在不稳定性，即使通过运用霸权或错误意识让未被承认的行为体处于顺从或未反抗的状态，这种状态从长期来看仍然是不稳定的。为了保持系统的稳定，使非对称承认状态向相互承认的状态转化，就成为一个不可或缺的条件。④ 而这种转化的动

① Simon Thompson, *The Political Theory of Recognition：A Critical Introduction*, Cambridge：Polity Press, 2006, p. 164.

② Alexander Wendt, "Why a World State is Inevitable：Teleology and the Logic of Anarchy", *European Journal of International Relations*, Vol. 9, No. 4, 2003, p. 509. 温特的这一观点与政治哲学家们的理解是一致的，请参考 William E. Connoly, *Political Theory and Modernity*, Oxford：Basil Blackwell, 1988, pp. 28 - 29；Louiza Odysseos, "Dangerous Ontologies：The Ethos of Survival and Ethical Theorizing in International Relations", *Review of International Relations*, Vol. 28, No. 2, 2002, pp. 408 - 409.

③ Alexander Wendt, "Why a World State is Inevitable：Teleology and the Logic of Anarchy", *European Journal of International Relations*, Vol. 9, No. 4, 2003, p. 510.

④ Ibid. , p. 514.

力，就在于未被完全承认的行为体为追求自身的主体性而开展的承认斗争。在温特看来，一旦达到相互承认的状态，就会"形成集体身份和团结"。这是因为：一旦承认他者的地位和接受由此对自我构成的规范限制，那么"他者就构成了自我的一部分"，"两个自我实际上就合二为一，一种'我们感'和集体身份就由此而生"。① 根据这种推理，可以将温特在承认问题上的逻辑概括如下：

相互承认＝你中有我、我中有你＝两者合二为一＝
"我们感"或集体身份

显然，上述等式有明显的逻辑跳跃：前一个等式与后一个等式能够成立，② 但中间的等式显然有问题。即使根据常识，相互承认或者对你中有我、我中有你的意识，并不意味着自我与他者的彼此消融。正如对一个国家主权的承认并不意味着对该国的认同一样，相互承认并不等于彼此认同（详见第四部分）。但正是根据上述等式，温特认为自己完成了个人层面上的承认斗争导致集体身份的扩大、国际关系层面上承认斗争导致世界国家不可避免会生成的论证。由此可见，承认斗争构成驱动国际体系最终趋向世界国家的关键动力。

需要追问的是，温特是否对承认理论作了正确的解读？这个问题可以转换为，在温特的世界国家观中，行为体追求承认的具体内容是否与霍纳特的三种承认形式相符？在论文中，温特对承认作了如下界定："承认是一种赋予差异以特定意义的社会行为，这就意味着其它行为体（他者）被视为主体；相对于自我来说，他者主体具有合法的社会地位"。③ 温特

---

① Alexander Wendt, "Why a World State is Inevitable: Teleology and the Logic of Anarchy", *European Journal of International Relations*, Vol. 9, No. 4, 2003, p. 512.

② 前一个等式之所以能够成立，可参考 Louiza Odysseos, *The Subject of Coexistence: Other in International Relations*, London: University of Minnesota Press, 2007；秦亚青：《关系本位与过程建构：将中国理念植入国际关系理论》，载《中国社会科学》2009 年第 3 期，第 83—84 页。后一个等式能够成立，可以参考温特有关共同命运、同质性、相互依存、自我约束有利于集体身份形成的观点，亚历山大·温特：《国际政治的社会理论》，秦亚青译，上海人民出版社 2000 年版，第 423—454 页。中间的两个等式之所以不能成立，可参考秦亚青有关冲突辩证法与"互补辩证法"之间差异的精彩论述 Qin Yaqing, "International Society as a Process: Institutions, Identities, and China's Peaceful Rise", *The Chinese Journal of International Politics*, Vol. 3, 2010, pp. 129 - 153.

③ Alexander Wendt, "Why a World State is Inevitable: Teleology and the Logic of Anarchy", *European Journal of International Relations*, Vol. 9, No. 4, 2003, p. 511.

明确提出,承认行为的前提条件在于具有差异或他性的事实,这种差异或他性既可以是个人,也可以是国家。个人之间的差异基于人与人之间的"生理身体",而国家的差异则是基于"各国之间划定的边界"。在此基础上,温特区分了两种承认形式,即"薄的承认"与"厚的承认",① "薄的承认"的承认对象是大同主义意义上的"普世的人",即只要是人就应该享有的基本权利。这种权利往往是指司法意义上的人权,它不关心主体的特殊要求。而与此相对的"厚的承认",承认主体不仅可以是个人,也可以是国家。这种承认在"普世的人"的基础上承认行为体的特殊要求,如个人对社群的归属感、对自身特性的维护等;而当行为体是国家时,承认斗争的追求目标包括大国地位、荣誉和威望、成为上帝选民等等内容。② 温特将"薄的承认"和"厚的承认"均纳入到其世界国家观中,认为它们在世界国家的形成过程均发挥了作用。

　　温特对待"厚的承认"与"薄的承认"的态度有两个方面的含义。首先,反映了温特试图融合国际关系伦理研究中大同主义(或称世界主义)和社群主义的倾向;其次,两种承认形式试图对应和囊括霍纳特的三种承认形式,其中,"薄的承认"对应霍纳特的法权承认,而"厚的承认"则试图包容霍纳特的情感关怀和社会团结。然而,在借鉴霍纳特承认理论的同时,温特做了两点意义深远的保留:其一,温特强化"薄的承认"的地位。这不仅体现在他将个人的被承认程度视为世界国家演变阶段的衡量标准,而且也反映在他的以下论断中:"对于世界国家的形成而言,重要的是'厚的承认'将会逐渐被'驯化'——也就是采用非暴力手段追求承认并且接受(世界国家的)国家权威——不管其追求的内

---

① Alexander Wendt, "Why a World State is Inevitable: Teleology and the Logic of Anarchy", *European Journal of International Relations*, Vol. 9, No. 4, 2003, pp. 511 - 512. 温特对承认内容的这两者区分或许从沃尔泽那里受到了启发,因为沃尔泽早在 1994 年就区分了"薄的德性"与"厚的德性",见 Michael Walzer, *Thick and Thin: Moral Argument at Home and Abroad*, Notre Dame, IN: Notre Dame University Press, 1994;不过沃尔泽明确反对成立世界国家,见 Briend Orend, "Considering Globalism, Proposing Pluralism: Michael Walzer on International Relations", *Millennium: Journal of International Studies*, Vol. 29, No. 2, 2000, pp. 411 - 425.

② 这两种承认因素与国际关系伦理学研究中大同主义与社群主义之间的观点相互对应,关于这种争论可参考 Molly Cochran, *Normative Theory in International Relations: A Pragmatic Approach*, Cambridge: Cambridge University Press, 1999;李开盛:《世界主义和社群主义——国际关系规范理论两种思想传统及其争鸣》,载《现代国际关系》2006 年第 12 期,第 54—59 页。

容是什么"。① 如此一来，为"厚的承认"而开展的斗争，在世界国家的形成过程中被视为无足轻重的。其二，考虑到国家等行为体对国内承认斗争的限制作用，温特拒绝探讨国内范围内个人或群体追求薄与厚这两种形式的承认对世界国家形成可能带来的影响，他给出的理由是："体系的目的在微观层面上是多层因素决定的，国内斗争的细节并不会影响到终极状态"。② 这两点保留意见，让温特区分的两种承认形式，缩减为"薄的承认"一种承认形式，厚的承认形式几乎成为一个摆设，因为它在世界国家形成中不会发挥明显的作用。温特虽然致力于在社群主义和大同主义之间进行调和，但他对"薄的承认"或法权承认的突出强调，使其滑入到了大同主义的阵营。③

　　温特的两点保留，使其世界国家观与霍纳特承认理论之间存在着重大的断裂。温特世界国家观与大同主义的联姻，让行为体、社会群体、国家具有的特殊性无栖身之所。尽管在论证过程中，温特也提到国家在向世界国家演变的各个阶段可以保留自己的差异，如在集体安全阶段行为体可以"在认同全球整体命运的同时维持自己的差异"，在世界国家阶段也还可以"保留一定的个体性"，甚至引用社群主义者沃尔泽的观点来强调"只有承认差异一个大的身份才能保持稳定"。④ 然而，温特强调的始终是"薄的承认"，正如在其行文中随处可见的"主体"与"主体性"等词语所表明的。在温特那里，承认目标的界定性特征，始终是法权和主体性，而不是差异与个性。如此一来，温特在对霍纳特承认理论进行借鉴的过程中，在很大程度上完成了对后者的改造和修正。其中最突出的修正，就是突出法权平等这一单一的承认形式，以此论证世界国家的不可避免。温特

---

① Alexander Wendt, "Why a World State is Inevitable: Teleology and the Logic of Anarchy", *European Journal of International Relations*, Vol. 9, No. 4, 2003, p. 512.

② Ibid., p. 516.

③ 这一结论并不奇怪，温特建构主义一开始就有自由主义的气质。这一点可参考萨缪尔·巴尔金《现实主义的建构主义》，载汉斯·摩根索《国家间政治：权力斗争与和平》，徐昕、郝望、李保平译，王缉思校，北京大学出版社 2006 年版，第 617—641 页；Richard Ned Lebow, *A Cultural Theory of International Relations*, Cambridge University Press, 2008, p. 3；石之瑜、殷玮、郭铭杰：《原子论是国际政治学的本体？——"社会建构"与"民主和平论"的共谋》，载《世界经济与政治》2008 年第 6 期，第 29—38 页。

④ 引言分别见 Alexander Wendt, "Why a World State is Inevitable: Teleology and the Logic of Anarchy", *European Journal of International Relations*, Vol. 9, No. 4, 2003, p. 521、525、527.

之所以对霍纳特承认理论采取既借鉴又修正的理论立场，与他的建构主义理论追求的理论目标息息相关的。温特认为，他的建构主义是一种体系理论，而且与结构现实主义一样，是一种普适性理论。① 既然建构主义是普适性理论，温特自然不会赋予标识国家独特性的各种因素——如文化、价值观、发展模式、政治制度等——以重要意义。②

根据上文的讨论，我们可以总结出霍纳特承认理论与温特世界国家观在"四因说"、承认形式以及伦理取向上的具体异同如表4—9：

表4—9　　　　　　　　霍纳特承认理论与温特世界国家观的异同

	霍纳特承认理论	温特世界国家观
质料因	观念	观念
形式因	观念性的国内社会结构	观念性的国际无政府状态结构
目的因	国内社会的"终极状态"——具体为何不清楚	国际社会的"终极状态"——世界国家
动力因	为承认而斗争	为承认而斗争
承认形式	情感关怀 法权承认 社会团结	突出"薄的承认"——法权承认 淡化"厚的承认"——情感关怀与社会团结
伦理取向	试图包容大同主义与社群主义	本质上的大同主义

注：作者自制

四　霍纳特承认理论面临的批判与温特世界国家的非必然性

温特世界国家观与霍纳特承认理论之间的复杂关系，决定了对它们的分析必须采取多元化的分析路径。一方面，两者在四因说上几乎同构，于是对霍纳特承认的某些批评同样适用于温特的世界国家观，所以我们有必要考察学术界对霍纳特承认理论的反应，尤其学术界对霍纳特目的论取向的态度，这无疑会影响到温特关于世界国家是必然的这一结论；另一方

---

① 温特提到："我希望我的模式的适用范畴是跨历史和跨文化的"，见亚历山大·温特《国际政治的社会理论》，秦亚青译，上海人民出版社2000年版，第425页。

② 有关建构主义如何忽视世界不同世界观和文化间差异的讨论可参考曾向红《"世界观问题"没什么没有成为问题——对西方主流国际关系理论的反思》，载《欧洲研究》2010年第5期，第18—22页。

面，温特世界国家观对承认理论作了关键性的改造，从而导致其与霍纳特承认理论出现了重要的差异，这就要求我们分析温特的这种改造是否给其世界国家的必然性带来某些特殊的困难。下文将对霍纳特承认理论和温特世界国家共享的缺陷，以及后者面临的特殊困难这两个方面进行研究，以讨论世界国家的形成是否必然。需要说明的是，在阐述承认理论面临的困难时，本书没有涉及霍纳特与弗雷泽之间有关承认与再分配这两种社会规范要求之间关系的争论。这主要是因为，尽管弗雷泽根据承认与再分配的规范要求在社会发展中具有相对独立的地位而不能彼此化约为对方，从而对霍纳特将承认要求的实现作为衡量社会进步的决定性衡量标准提出了重要的挑战；但考虑温特基于世界体系理论研究者的成果认为，即使基于弗雷泽的再分配逻辑（温特称"资本的逻辑"），世界国家的形成也会不可避免，而且会进一步强化基于"为承认而斗争"导致世界国家必然性的趋势。① 考虑到温特没有就此展开讨论，所以这里不对再分配与承认两种逻辑之间的关系及对世界国家形成可能产生的影响进行讨论。

（一）承认斗争是一场悲剧而不可能存在某种终极状态：承认理论的另一种解读

主流的承认理论家都倾向于从乐观和目的论的角度解读黑格尔的承认思想。这些理论家——如黑格尔本人、霍纳特、泰勒、雷蒙德·威廉斯（Robert Williams）、② 温特——尽管在某些具体观点上有所差异，但对承认斗争带来社会进步和正义的前景，他们表示出强烈的乐观态度。主流承认理论认为，为了反抗各种蔑视体验而产生的社会运动或常规政治（如分裂主义运动、土著人维权运动、个人争取国际关系中的主体地位）等，以及弱势群体为获得应有权利（政治、经济、制度安排的重构、文化与世界观得到尊重）所开展的承认斗争，有助于揭露现存社会的压制特征，有利于矫正各种不正义的制度安排，从而为社会走向更加正义的状态提供了动力。承认理论之所以在 20 世纪 90 年代的西方学术界兴起，并引起了国内学术界越来越多的关注，最主要的原因还在于它们反映了全球化时代

---

① Alexander Wendt, "Why a World State is Inevitable: Teleology and the Logic of Anarchy", *European Journal of International Relations*, Vol. 9, No. 4, 2003, p. 494.

② 可参考 Robert Williams, *Recognition: Fichte and Hegel on the Other*, Albany, NY: State University of New York, 1992; Robert Williams, *Hegel's Ethics of Recognition*, Los Angeles, CA: University of California Press, 1997. 温特在其世界国家观中也大量借鉴了威廉斯的观点。

各种承认要求层出不穷的现实，并探索了如何才能更有效地实现社会正义和重构政治生活的方案。关于承认斗争的研究成果，虽然有些具有一定的经验取向，但绝大多数成果是以促进社会进步为目标的规范研究，① 这可以从关注承认理论研究者主要是哲学家可窥一斑。在此背景下的承认理论，它们对社会问题的诊断及据此开出的规范处方包涵着极强的 "应然特征"，因此而遭到质疑也就不足为奇了。批评者没有否定承认理论提出的积极意义，然而，对于那种认为承认斗争带来社会进步，并不可避免地将把全人类带入一个承认要求得到全部实现的终极状态的观点，批评者进行了猛烈的批判。

事实上，学术界存在着一种与对黑格尔承认思想进行乐观理解截然不同的解读方式。这种解读方式，同样属于承认理论的范畴，因为其思想根源仍在于黑格尔承认思想。帕特奇·马克尔（Pattchen Markell）就在重新阐释黑格尔主奴辩证法的基础上提出了这样一种非乐观、非目的论的解读方式。在《承认之限》一书中，在对泰勒、霍纳特以及威廉斯等人进行批判的基础上，马克尔认为承认斗争是一场悲剧。② 在马克尔看来，承认斗争的结果，既不是某种集体身份的形成，也不带来某种纯粹的社会正义状态。与此相反，承认斗争在带来某种进步的同时，也带来了某些新的社会不正义现象。因为承认斗争并不是将平等的权利和独立地位在斗争各方进行平等的分配，而是其中一方独立性的取得往往导致另一方 "独立性的放弃"。对于承认斗争带来的这种结果，马克尔称之为 "悖论（irony）"。③ 之所以会出现这种情况是因为：一方面，个人、群体、国家的身份是在与他者互动的过程中形成和得到维持的，这构成一个人存在的本体论条件。如此一来，身份是否稳定，往往取决于他者 "不可预知的回应和反应"，因此身份就具有明显的 "社会脆弱性"。另一方面，虽然笛卡尔式的孤立、自主、自由的主体概念已不适用，但追求 "主权" 即身份

---

① 如霍纳特明确地将其承认理论的建构纳入到社会哲学的研究范畴之中，而他同时又主张社会哲学界定为 "社会病理学"，由此可见承认理论的取向与规范研究之间的密切关系，可参考王凤才《"社会病理学"：霍纳特视阈中的社会哲学》，载《中国社会科学》2010 年第 5 期，第 15—28 页。

② Patchen Markell, *Bound by Recognition*, Princeton and Oxford: Princeton University Press, 2003.

③ Ibid., p. 5.

的自主性是行为体近乎本能的反应，而落实到行动中往往让行为体意识不到身份的"社会脆弱性"，不愿承认自身身份依赖于他者承认这一本体性的有限性。① 于是，两者之间的冲突，使承认斗争在带来某些社会进步的同时，又不避免地产生某些新的蔑视。在该书中，无论是希腊悲剧《第欧根尼》中角色对身份的确认、黑格尔的主奴辩证法，还是十九世纪德国对犹太人的解放、著名自由民族主义者威尔·金里卡（Will Kymlicka）的多元文化主义治理方案，都产生了这种悖论式的结果。在此基础上，马克尔认为："就论述行为与身份或习性（ethos）之间的关系而言，悲剧既有助于理解一个完美的承认机制为什么是不可能的，更重要的是，它有助于人们理解为什么这种不可能性不仅仅是一种令人惋惜的制约，而且也是能动性之为可能的一个条件——换句话说，就是我们以前经常所说的自由"。② 马克尔的结论是可信的，因为他的确注意到了承认斗争的主体试图掌控身份自主性的内在冲动，这往往是人们下意识的反应，超出他们的知识掌控的范围。这样一来，承认斗争是一场悲剧而不会带来某种承认要求得到完满实现的结论，不仅给了霍纳特与温特的目的论取向以当头棒喝，而且重新为承认斗争中人的能动性开辟了空间。

承认悖论的出现，另一个重要原因是权力在承认行为体之间的不平等分配。③ 在承认斗争中，一个显而易见的事实是，参与承认斗争的行为体在权力分配上是不平等的。这种现象在三种承认形式中都有鲜明的体现。就国内层面的承认斗争而言，在情感关怀领域，不考虑道德争议，父母是居于强势的一方，他们可以自主决定是否给予孩子充分的关怀与爱护；在法律承认领域，国家或其他权威机构往往构成决定是否给予行为体平等法权的仲裁者或垄断者；而在社会尊重领域，行为体之间在社会地位与权力上的不平等，决定了某些人在是否给予其他行为体同等尊重的问题上处于优势。如此一来，争取承认者就面临一个极其困难的选择：他们要么为了

---

① Patchen Markell, *Bound by Recognition*, Princeton and Oxford: Princeton University Press, 2003, pp. 57、58、86、102、103.

② Ibid., p. 88.

③ 就如何看待承认斗争中出现的权力现象，霍纳特与其批评者展开了一次直接的对话，请参考 Bert Van Ben Brink, David Owen, *Recognition and Power: Axel Honneth and the Tradition of Critical Social Theory*, New York: Cambridge University Press, 2007.

满足自身的承认要求而反抗强势方的压制、要么为了取得强势方的承认而顺应后者的要求。对于这种局面,我们效仿结构现实主义者约翰·赫兹提出的"安全困境"概念,将之称为"承认困境"(recognition dilemma)。承认困境具有自身的运作模式,这种模式可概括为:如果某一行为体感到自己受到了蔑视,在条件满足的情况下,他将通过言辞、象征、行动(包括战争)来表达对蔑视者的不满,或者要求后者道歉,或者要求后者对其给予公正的评价并对造成的伤害进行补偿。然而,被蔑视者承认要求能否实现,很大程度上取决于蔑视者的态度。无论是蔑视与反抗之间的互动产生什么样的结果,双方的实力对比都会起到举足轻重的作用。显然,被蔑视者旨在追求承认,这种追求让蔑视者感到反感与厌恶,往往带来对被蔑视者的进一步蔑视。当双方都不愿让步时,就有可能爆发严重的冲突。这种过程就像"安全困境"一样,让处于承认困境中的行为体陷入到"自动毁灭性的作用力与反作用力的恶性循环过程"中。[1]

　　国际社会中的承认困境更加明显。毕竟在国内社会中,还有获得大家认可的权威机构或道德惯例对这种困境进行干预,以纾缓这种困境。然而,在国际社会中,屡见不鲜的是,同盟之间的情感支持不能保持稳定和持久,而联合国等国际组织的权威又受到极大的限制,至于在国际关系中文化与价值观等领域出现的承认要求,更取决于互动各方的态度。因此,承认困境在承认斗争中始终是一个严重的问题。温特本人也意识到这一点。他提到,在世界国家形成之前,美国等强国可以凭借实力根据自己的意愿行事,甚至采取发动战争等手段,侵犯其他主权国家——如科索沃、阿富汗、伊拉克等——的权利。对于这些现象,国际关系中却没有有效的力量对其进行制衡,更不用说由某种国际行为体来追求其责任。[2] 即使在世界国家形成以后,权力在承认斗争中的显著性仍将存在。如果世界国家的确形成了,那么由谁来制衡世界国家的暴政呢?由于世界国家垄断了对其他行为体的承认权,那么它既可以给予其成员以所要求的承认,也可以

---

　　① John Herz, "Idealist Internationalism and the Security Dilemma", *World Politics*, Vol. 2, No. 2, 1950, pp. 157 – 180.

　　② Alexander Wendt, "Why a World State is Inevitable: Teleology and the Logic of Anarchy", *European Journal of International Relations*, Vol. 9, No. 4, 2003, p. 526.

否认这种权利，甚至杀死各种亚群体。① 实际上，温特认识到，在缓解承认困境的能力上，无政府状态与世界国家只有程度上的不同，而没有质的差别。他提出，"对于解决承认问题，世界国家比起无政府状态（只是—引者注）显然要强"。② 也就是说，温特本人对于世界国家能否真正解决承认问题，是抱有疑惑的。即使追求承认的行为体对世界国家抱乐观态度，并如温特所说积极参与到世界国家形成的事业中去，然而受制于自身的权力资源，它们收获的可能不是承认，而是被奉行现实主义政策的大国利用，使它们陷入到比此前更深刻的承认困境中。马克尔和考尔萨德对于承认斗争必定会带来目的论主张的那种线性式进步最后使所有承认要求得以实现的终极状态的批判，不仅适用霍纳特等人的承认理论，同样适用于温特的世界国家观。如威根·P. 香农（Vaughn P. Shannon）指出，温特对于世界政治经过渐次发展的四个过程最后达到世界国家状态的论证，不仅极其粗略，以致经不起逻辑的推敲和历史的检验；更重要的是，温特关于国际体系变化的线性发展观，"并没有为人类历史是由非线性变化的循环构成的观点留有余地。这种非线性的变化是由变化的无目的性、主权的推力与其它难以计数的各种政治力量共同造成的，它们使得（世界国家——引者注）'不可避免性'存在问题。"③ 从上述对承认理论替代性的解读可知，无论霍纳特的完美承认状态还是温特的世界国家，都建基于对黑格尔承认思想的乐观解读上，它们的不可避免性不是理所当然的。实际上，承认斗争是一场悲剧，它不会带来某种终极状态。

对于承认困境，只有自我克制和自强不息才是解决之途。自我克制是指处于承认困境中的行为体，首先必须意识到自身身份的脆弱，因为与他者的共存构成自我身份形成的本体论条件，自我身份的维持和巩固始终依赖于他者无法全然预知的反应。但与此同时，行为体还有确认自身主权意

---

① Vaughn P. Shannon, "Wendt's Violation of the Constructivist Project: Agency and Why a World State is Not Inevitable", *European Journal of International Relations*, Vol. 11, No. 4, 2005, p. 584; 冷晓玲、李开盛：《论世界国家生成的不可能》，载《中国社会科学院研究生院学报》2008 年第 6 期，第 121 页。

② Alexander Wendt, "Why a World State is Inevitable: Teleology and the Logic of Anarchy", *European Journal of International Relations*, Vol. 9, No. 4, 2003, p. 524.

③ Vaughn P. Shannon, "Wendt's Violation of the Constructivist Project: Agency and Why a World State is Not Inevitable", *European Journal of International Relations*, Vol. 11, No. 4, 2005, p. 583.

识的内在冲动，它试图摆脱与他者共存和依靠他者给予承认的脆弱地位，在这一过程中，行为体很有可能采取侵略性或进攻性的手段实现目标，从而造成对他者的蔑视。这时自我克制就显得尤为重要。侵略性地追求主体性既是对行为体共存这一本体论条件的否定，同时又有可能冒犯他者的主体性，反过来威胁到他者对自主性的掌控。① 因此只有首先保持自我克制，才是真正摆脱承认困境要么无所作为、要么反应过度的基本条件。自我克制尽管不能带来一个所有承认要求都得以实现的终极状态，但至少可以确认行为体之间相安无事，不会出现以暴力手段争取承认的承认斗争。除了自我克制，自强不息同样异常重要。既然承认政治是一个永不停息的过程，为了避免出现被取消自我、被他者同化的现象，行为体有必要增强自身赢得承认斗争的能力，这是防止侵略性的他者为确保自身主体性而做出过激反应的有效手段。这一战略的有效性在殖民地半殖民人民争取民族独立的过程中能够得到反映。涉及到这一问题的泰勒承认理论，经常忽视了这样一个事实：在土著人与殖民国家间的关系中，掌握是否给予土著人所追求的承认要求方面权力的是国家，而这也正是他们所反抗的权威机构。如此一来，土著人的承认斗争就处于承认困境之中：土著人一方面要反对母国，另一方面又要从母国那里获得所期望的权利，这显然是自相矛盾。为了走出这一困境，需要的是一种法国著名殖民主义研究者弗朗兹·法农（Frantz Fanon）所说的"转型实践"（transformative praxis）战略。② 这种战略要求追求承认的弱势群体不去祈求蔑视者的怜悯与施舍，而是马上行动起来，通过自我赋权和自我反思来提高自身的能力，以争取在与蔑视者的承认斗争中实现自身的真正解放。这种转型实践也就是咱们所说的自强不息。总之，这种首先保持自我克制，然后通过自强不息来增加赢得承认斗争能力的战略，一方面有助于克服承认困境，另一方面有助于被他者同化和消灭。接下来我们将会看到，温特对霍纳特承认理论

---

①　马克尔将这种战略为"确认"（politics of acknowledgment）而非"承认政治"（politics of recognition），参考 Patchen Markell, *Bound by Recognition*, Princeton and Oxford：Princeton University Press, 2003, p. 7.

②　对法农"转型战略"在承认斗争中作用的论述及其对泰勒承认理论的批判，见 Glen S. Coulthard, "Subjects of Empire：Indigenous Peoples and the 'Politics of Recognition' in Canada", *Contemporary Political Theory*, Vol. 6, No. 4, 2007, pp. 437 – 460, 可参考 www. pag-ipg. com/fr/conferences/coulthard. pdf。

的改造，明显具有消除国际关系中差异的效应。这种倾向，一方面使得争取承认斗争的行为体自强不息必不可少，另一方面也使得世界国家不可能出现。

（二）淡化"厚的承认"形式及其后果：温特世界国家国家必然性的软肋

温特强化法权承认这一单一的承认形式，不仅在理论上有重大的后果，而且与经验事实不符。我们首先考察这种取向的理论含义，然后根据经验研究成果对温特的世界国家的必然性进行审视。

1. 淡化"厚的承认"的理论效应：消除差异

温特的确偶尔提及了世界国家形成过程中有必要关注"厚的承认"，但他的两点保留，让行为体对"厚"的承认的追求在其世界国家观中仅仅成为点缀和背景。强化法权承认，温特给人留下一个明显的印象，即在世界国家的形成过程中，包括个人、国家等群体进行承认斗争的目的，仅在于追求自身的平等法权和使自身的主体性得到承认。至于这些行为体希望得到情感支持、捍卫自身的特质与差异，甚至国家等群体追求大国地位、霸权等特殊要求等属于"厚的承认"的内容，对于世界国家的生成似乎无足轻重。按照温特的推理，行为体只要获得了平等、全面的法权或主体性，那么它将无意反对可能忽视或消除其个性的举动。这可以从温特在论述建构主义有关集体身份形成的条件中同样得到验证。在《国际政治的社会理论》一书中考察集体身份形成的条件时，温特一方面认为行为体之间同质性有助于某种集体身份的形成，因为"客观同质性的增大可以使行为体重新认定其他行为体是自己的同类。把其他行为体归为同类不等于与他们认同，但是以两种方式促使认同的产生"。另一方面，温特也强调国家自我约束的极端重要性，认为"自我约束是集体身份和友好关系的最根本基础，集体身份从根本上说不是根植于合作行为，而是根植于对他人与自己的差异表现出来的尊重"。温特虽然将这两者都列为有利于促进集体身份形成的条件，但同质性与尊重差异这两种明显冲突的条件在集体身份形成过程中如何协调，温特语焉不详。事实上，温特甚至注意到在历史上具有高度同质性的国家——如欧洲君主国家、社会主义国家、阿拉伯国家——曾发生过严重的冲突，有鉴于此，温特不得不承认"我们几乎没有理论上的证据可以说明团体身份甚至类别身份自身能够产生亲社会的安全政策，并因之造就集体身份"。① 既然这些国家具有高度的同质性，为什么依然会发生严重的冲突，温特并未提供任何答案。在这一问题上，只能再次说明温特对强调普适人权和"薄的承认"形式的大同主义的皈依，即突出人权、忽视群体、国家等对行为体身份认同的价值，同时也有克服差异的倾向。事实上，将温特的这一立场放在霍纳特的承认理论框架中，温特的选择性借鉴将更为明显。

霍纳特承认理论明确提出，对个性与差异的尊重是承认斗争不可分割的重要维度。霍纳特认为，承认带来的集体自尊或团结，是以尊重行为体的特质和个性为前提的。对于两者之间的关系，他指出："'团结'可以被理解为一种因主体彼此对等重视而互相同情不同生活方式的互动关系"。② 也就是说，团结的形成或巩固，不是消除行为体之间的差异或生活方式为代价的，而是以尊重和包容后者为前提。在考察资本主义社会条件下无产阶级进行各种反抗的原因时，霍纳特认为："在动机问题上，比物质上的窘境远为重要的是生活方式与成就，因为在无产阶级眼中，这些东西是应该受到尊重的，然而，它们却没有被社会上其它人承认"。③ 也就是说，团结的前提是尊重行为体的差异、生活方式、社会成就等，而对这些被行为体珍视的事物的蔑视或否定，往往带来反抗与冲突。在国际关系中，情况同样如此。对他国文化、生活方式、价值观、习惯、发展道路、主权等方面的尊重，是发展国家间友好关系和开展合作的前提；相反，对他国特质与差异的蔑视，往往成为引发战争的原因。无论是苏联解体之后俄罗斯与西方国家之间的复杂关系，土耳其与欧盟的关系，以及伊朗、朝鲜对核武器的需求，在很大程度上都是对自身差异的坚持。④ 国家

① 引言分别见亚历山大·温特《国际政治的社会理论》，秦亚青译，上海人民出版社 2000 年版，第 442、448、445 页。

② 阿克塞尔·霍纳特：《为承认而斗争》，胡继华译，曹卫东校，上海人民出版社 2005 年版，第 133 页。

③ Nancy Fraser and Axel Honneth, eds., *Redistribution or Recognition? —A Political-Philosophical Exchange*, London and New York: Verso, 2003, p. 131.

④ 这里无法将这些问题展开讨论，有兴趣的读者可参考 Michael C. Williams and Iver B. Neumann, "From Alliance to Security Community: NATO, Russia, and the Power of Identity", *Millennium: Journal of International Studies*, Vol. 29, No. 2, 2000, pp. 357 - 387; Iver B. Neumann and Jennifer M. Welsh, "The Other in European Self-definition: An Addendum to the Literature on International Society", *Review of International Studies*, Vol. 17, No. 4, 1991, pp. 327 - 246.

之间的蔑视，即使不采取暴力和流血冲突的方式，但常见的如以羞辱、诬蔑、冷战等妖魔化与去人性化对手体现出来的蔑视现象，也有可能产生严重的问题，甚至让那些本来可以得到解决的矛盾，最后演变成"难解难分的冲突"（intractable conflict）。① 就此而言，霍纳特将对差异与特质的维护作为承认斗争的一个独立领域，并把它作为其承认理论的第三种承认形式，是具有独特眼光的。

温特强化法权承认这一单一的形式，带来的最大理论后果是具有消除国际关系中差异的效应。诚如马克尔所言，承认斗争或许的确让社会中的某些不平等承认现象得以消除，从而产生了某种进步；然而，这种进步，很有可能是以其他人丧失主体性或独特性、或者蒙受物质上的损失和精神上的同一性为代价的。如二十世纪著名政治哲学家卡尔·施密特之所以反对自由主义的世界国家构想，很大程度上是因为他意识到自由主义虽然表面上鼓吹自由多元主义，实际上却有消除差异的特征，这构成自由主义的构成性特征。如同温特强调"普世的人"或"薄的承认"的优先性，自由主义同样基于人的概念的"单一普世性"来思考政治问题的解决方案，这种抽象的个人主义，不以某个具体敌人的存在为目标，而是只有存在差异，就不可避免地存在冲突的可能性。② 事实上，对差异的敌对态度，构成西方文化的一种底色。当我们考察西方对待差异的态度时，无论是在近代欧洲出现的宗教战争，还是在西方发现新大陆后对印第安人的征服，还是在现代化学者关于社会发展阶段的线性研究模式，甚至在主张竞争的经济学家亚当·斯密和新自由主义政治哲学家哈耶克（Friedrich A. Hayek）的思想中，都可以看到将差异建构为威胁，要么对其进行同化、要么将之消灭的趋势。③ 对于温特世界国家观中对待差异的态度，赛吉·普罗佐罗夫（Sergei Prozorov）指出：温特世界国家的必然性"将自由主义的'和

---

① 对于冷战中苏美两方与巴以之间妖魔化对方的情况，可分别参考詹姆斯·多尔蒂、小罗伯特·普法尔茨格拉夫《争论中的国际关系理论》，阎学通等译，世界知识出版社2003年版，第262页；Daniel Bar-Tal, Yona Teichman, *Stereotypes and Prejudice in Conflict: Representations of Arab in Israeli Jewish Society*, Cambridge: Cambridge University Press, 2005.

② Sergei Prozorov, "Liberal Enmity: The Figure of the Foe in the Political Ontology of Liberalism", *Millennium: Journal of International Studies*, Vol. 35, No. 1, 2006, pp. 75 – 99.

③ Naeem Inayatullah and David L. Blaney, *International Relations and the Problem of Difference*, New York: Routledge, 2004.

平工程'作为其逻辑结论：政治敌手的消灭，只有通过建立一个全球性的权威结构才能实现，这样就没有给全球政治空间留下任何外部性，同时也就取消了国际关系"。[1] 如此一来，因为没有了任何外部敌人可以用来消灭，"冲突将不仅仅是可能的，而且将切切实实成为不可避免的，因为他者无疑会以暴力抵制这种尝试——基于自由主义的人性概念将他们纳入到（全球性的）祖国中去"。[2] 尽管温特强调大规模毁灭性武器的存在，将有效地防止人们通过暴力手段争取承认，然而当自身的（身份、文化等文化）的差异受到严重的威胁，铤而走险的行为体很有可能通过运用核武器来争取承认，彻底实现国际体系的"终结"。温特将理性赋予人格化的国家行为体，与承认斗争情绪化和非理性的实际情况之间，显然存在较大的差距。至于从其理论中体现出来的消除差异的倾向，尽管比较隐蔽，但其后果是极为严重的，其中一个后果就是让承认斗争带来集体身份的扩大这一温特世界国家观的关键结论缺乏经验上的证据。

2. 承认斗争不会总是带来集体身份扩大的原因：维护和争取"厚的承认"

强化法权承认这一承认形式，不仅有严重的理论后果，而且与经验事实中行为体突出追求其他两种承认形式——尤其是第三种即自身的差异和贡献——的倾向不符。而正是这一经验事实，能给温特的世界国家的必然性以致命的打击，因为它们摧毁了温特有关承认斗争带来集体身份的扩大这一世界国家观的核心逻辑。社会心理学的研究成果，支持温特有关自我的形成有赖于他者的存在这一象征互动论的观点，然而并不能证明温特有关承认斗争导致形成集体身份扩大和世界国家必然会生成的观点。根据由亨利·泰菲尔（Henri Tajfel）与约翰·特纳（John Turner）提出的社会认同理论，对他者的承认并不一定带来对他者的友好情感，更多地是以对内外群体的区别对待为特征的，而且经常体现为对内群体的偏爱（in-group fa-voritism）与对外群体的歧视（out-group discrimination）。[3] 即使这些群体在

---

[1]　Sergei Prozorov, "Liberal Enmity: The Figure of the Foe in the Political Ontology of Liberalism", *Millennium: Journal of International Studies*, Vol. 35, No. 1, 2006, p. 87.

[2]　Ibid., p. 90.

[3]　亨利·泰菲尔、约翰·特纳：《群际行为的社会认同论》，载周晓红主编《现代社会心理学名著菁华》，方文、李康乐译，社会科学文献出版社 2007 年版；Henri Tajfel, *Social Identity and Intergroup Relations*, Cambridge: Cambridge University Press, 1982.

接触之前没有互动或利益冲突的历史，这种对内、外群体的区分，并由此带来对不同群体的成员采用不同态度的模式总会出现。[①] 早在 1995 年，通过利用社会认同理论与泰菲尔在后来提出的最小群体范式（minimal-group paradigm），[②] 美国国际关系学者乔纳森·默瑟（Jonathan Mercer）论证了在无政府状态下行为体追求自尊的动机和行为就足以使国家间爆发冲突的观点，[③] 从而对霍纳特根据象征互动论提出的互动过程有助于超越无政府状态中自助逻辑的观点进行了质疑。[④] 不仅如此，对于温特认为已经部分进入了康德文化状态的欧盟国家，默瑟承认尽管在欧盟国家内部的确形成了某种集体身份，然而内部团结却是以对欧盟外国家的排斥和歧视为代价的。[⑤] 也就是说，在国际关系中，即使形成了集体身份的某一个群体，仍然有对外群体排斥的倾向，根据霍纳特的承认理论，这仍然是一种不正义。[⑥]

---

① Heri Tajfel, "Sociology of Intergroup Relations", *Annual Review of Psychology*, Vol. 33, 1982, pp. 1 – 39; Michael A. Hogg and Dominic Abrams, *Social Identifications: A Social Psychology of Intergroup Relations and Group Process*, London and New York: Routledge, 1988, pp. 43 – 47.

② Michael A. Hogg and Dominic Abrams, *Social Identifications: A Social Psychology of Intergroup Relations and Group Process*, London and New York: Routledge, 1988, pp. 41 – 43.

③ 对于默瑟的这种宿命论或结构决定论观点，我们并不认同。事实上，已有研究成果表明，群体之间的比较，并不一定会带来冲突与侵略。请参考 Peter Hays Gries, "Social Psychology and the Identity-Conflict Debate: Is a 'China Threat' Inevitable?" *European Journal of International Relations*, Vol. 11, No. 2, 2005, pp. 235 – 265.

④ Jonathan Mercer, "Anarchy and Identity", *International Organization*, Vol. 49, No. 2, 1995, pp. 229 – 252；温特对于默瑟批评所做的回应见亚历山大·温特《国际政治的社会理论》，秦亚青译，上海人民出版社 2000 年版，第 301—302 页、第 346—347 页。温特在批判默瑟时，认为默瑟"预先设定国家以利己的方式界定国家利益，"而他所做的就是"强调'自群体偏见'自身并不意味着侵略或敌意"。见第 347 页。然而，在《为什么世界国家不可避免?》一文中，温特却预设了"冲突"是承认斗争的唯一形式。这实际反映了温特为了论证世界国家构想是合乎逻辑的，温特走到了自己所反对的理论立场上。见 Alexander Wendt, "Why a World State is Inevitable: Teleology and the Logic of Anarchy", *European Journal of International Relations*, Vol. 9, No. 4, 2003, p. 493.

⑤ 也可参考李明明《国际关系集体认同形成的欧洲社会心理学视角》，载《世界经济与政治》2009 年第 5 期，第 68 页。这一过程中涉及到的权力，可参考 Thomas Diez and Ian Manners, "Reflecting on Normative Power Europe", in Felix Berenskoetter and M. J. Williams, eds., *Power in World Politics*, New York: Routledge, 2007, pp. 173 – 188.

⑥ 对于国际社会中共同体构建过程中涉及的对他者的排斥与歧视的现象以及由此带来的伦理含义，见 Bahar Rumelili, "Interstate Community-Building and the Identity/Difference Predicament", in Ricard M. Price, ed., *Moral Limit and Possibility in World Politics*, Cambridge: Cambridge University, 2008, pp. 253 – 280.

对于默瑟的批判，温特曾经做出过回应。姑且不论两人之间的分歧是否得到了解决，但有一点是可以确定的，即群际交往与互动，不管是否带来竞争或冲突，如果不是一方对另一方实施征服，经常出现的结果不是温特认为的那样趋向同质化，相反是彼此对自身差异和特征的坚持。这种坚持，实质上是对集体身份概念的否定。

更明确地从这一角度分析世界国家必然性的是格林希尔。① 如前所述，在温特的承认逻辑中，行为体之间彼此承认或对你中有我、我中有你的意识等同于集体身份的形成，这里明显存在着逻辑上的跳跃。这种跳跃很大程度上来源于温特低估了行为体对自身差异的坚持和维护。格林希尔正是瞄准了温特世界国家观的这一薄弱环节，从而根本上否认了承认斗争带来集体身份的扩大这一世界国家学说的核心逻辑。格林希尔指出，即使温特强调的行为体对平等法权或主体性的追求这一承认要求得以实现，行为体只承诺与其他行为体和平相处，而没有承诺除此之外的更多东西。也就是说，法权或主体性的获得，并不意味着承认者向被承认者抱有友好情感，更不意味着前者在与后者的互动中采取利他逻辑。② 而这是温特集体身份概念的基本内涵。为了证明这一至关重要的论点，除了上文提到的社会认同理论，格林希尔还借鉴了社会心理学家玛丽莱恩·布鲁尔（Marilynn Brewer）的"最优独特性理论"（Optimal Distinctiveness Theory）与比尔·麦克古尔（Bill McGuire）的"自发自我概念"（spontaneous self-concept），来对集体身份不能产生的深层缘由进行了考察。格林希尔得出结论："对他者的承认可被视为确认一种属于共同身份的感觉，然而我们也可以认为，这一过程强调了'自我'与'他者'之间的关键差异——因此进而强调他们之间的特质，而不必然涉及到共享身份任何有意义的感受。"③ 而将这一结论运用到温特的世界国家学说上，格林希尔认为，社会心理学的研究成果，不仅没有对温特的世界国家学说提供支持，反而证明了承认斗争不必然带来集体身份的扩大。当温特建构主义的这一核心论证机制被证明是错误的，那么温特的世界国家学说也就轰然倒塌了。有鉴

---

① Brian Greenhill, "Recognition and Collective Identity Formation in International Politics", *European Journal of International Relation*, Vol. 14, No. 2, 2008, pp. 343 – 368.

② Ibid., p. 356.

③ Ibid., p. 352.

于此，格林希尔建议温特等建构主义者，不要对在国际体系中产生一个根据黑格尔逻辑衍生出来的世界国家抱有太多的期待，而要满足于"在最为基本的层面上，承认仅仅意味着，'他者'有权以已经存在的方式继续存在"。[①]

根据上文的讨论，我们首先可以将霍纳特承认理论与温特世界国家观共享的问题以及温特世界国家观专有的问题及它们带来的后果总结如下。这些问题及其后果并不全部与论证问题世界国家必然性的观点有关，但它们有助于人们意识到国内社会与国际关系范围内承认斗争的复杂性，避免对承认斗争的效果抱有过高的期待。

表4—10　霍纳特承认理论与温特世界国家观共享及后者专有的问题

	问题	后果
共享的问题	目的论取向	1. 承认斗争是场悲剧 2. 承认斗争不会带来某种终极状态
	忽视权力	3. "承认困境"的存在 4. 世界国家产生暴政
世界国家观的专有问题	突出法权承认	5. 理论含义：消除国际关系中差异 6. 与检验事实不符：对差异的维护导致世界国家不可能形成

注：作者自制

至此，我们可以得出本书的结论。即从承认理论的框架中来对温特的世界国家观进行考察，无论温特赖以论证其世界国家观重要理论资源——霍纳特承认理论，还是他出于对自由主义或大同主义价值取向的认同而对后者进行的改造，都不能为其承认斗争必然驱动国际体系最终达到世界国家这一终极状态的结论提供充分的支持。因此，温特有关世界国家的形成是不可避免的观点是不能成立的。事实上，承认斗争中承认困境的存在，提醒人们在争取承认时，重要的不是追求某种目的论式的终极状态，而是在自我克制的基础上自强不息，这既是缓解承认困境的有效之道，同时也

---

① Brian Greenhill, "Recognition and Collective Identity Formation in International Politics", *European Journal of International Relation*, Vol. 14, No. 2, 2008, p. 363.

是维护世界和平和保障行为体相互尊重的基本条件。

五　余论：简论温特将世界国家观学理化的启示及其限制

温特将世界国家观学理化的努力有一定的启示意义。西方学术界热衷提出不同的世界秩序方案，如冷战后就出现过"历史终结论""文明冲突论""民主和平论"等诸多的世界秩序方案。这些世界秩序方案不仅仅反映了西方学者对国际社会发展方向的思考，而且对西方国家的外交实践也产生了重要的影响，如"民主和平论"。事实上，世界秩序方案的构建，虽然首先是一种理论探索，但其一旦产生广泛影响，就很有可能引导甚至塑造一个国家战略和外交政策。[①] 正是基于这一原因，我们不能忽视西方有关世界国家或世界政府的研究成果。在现有关于世界政府或世界国家的三种研究取向——经验取向、实用取向与规范取向——中，经验取向的成果最值得关注，其中又以温特的世界国家观影响最大。温特在其无政府状态的视野中，看到了国际关系的"终极"发展方向，为国际政治最终可能达到的状态——世界国家——提供了理论上的论证。温特这种对人类发展方向的展望和关切，在当前"问题解决理论"盛行的国际关系学界是比较鲜见的。[②] 后者往往对理论或观点中的规范内涵或价值取向避而不谈，而温特的世界国家观并不讳言自身的价值追求——实现人类社会的美好发展，并通过运用耳熟能详的术语、概念或假定，对世界国家这一看似"乌托邦"的世界秩序前景作出了学术论证。即使其结论不能成立，但其尝试仍然值得赞赏。[③] 这种将某一世界秩序方案学理化的努力，能为中国国际关系学者提供重要的启示。我们有必要思考，在中国提出了和谐世界观等世界秩序方案后，学术界如何才能将其学理化，而这正是著名国际关系学者罗伯特·考克斯在《思考世界秩序的不同方式》一文中向中国人

---

①　国际关系学者论提供世界秩序方案的重要性见 Jenny Edkins and Maja Zehfuss, "Generalising the international", *Review of International Studies*, Vol. 31, No. 3, 2005, p. 454.

②　可参考罗伯特·W. 科克斯《社会力量、国家与世界秩序：超越国际关系理论》，载罗伯特·O. 基欧汉主编，郭树勇译《新现实主义及其批判》，北京大学出版社 2002 年版，第 190—193 页。

③　这种赞赏态度可见冷晓玲、李开盛《论世界国家生成的不可能》，载《中国社会科学院研究生院学报》2008 年第 6 期，第 115、117 页。

提出的问题。①

在赞赏温特将世界国家这一世界秩序方案学理化的同时，我们有必要对其世界国家观隐含的价值取向保持必要的警惕。在其世界国家观中，温特突出强调的是"薄的承认"，即抽象的个人所应享有的基本权利；而对国家、个人等行为体致力于维护的行为体特殊身份、独特的文化、习俗等属于"厚的承认"范畴，以及它们在世界国家形成过程中可能发挥的作用，温特没有予以应有的关注。这种态度，实际上与自由主义或大同主义基于抽象的个人概念克服或消除差异的倾向大同小异。对自由主义和大同主义的隐秘认同，构成为什么我们能在温特的世界国家观中发现其具有消除世界差异这一强烈倾向的主要原因。因此，温特的世界国家观虽然精致和复杂，但同样存在着一些难以克服的困难、具有一些隐而不彰的价值目标，这就要求我们在欣赏西方学术界论证世界秩序方案的努力的同时，也要注意对其进行批判。对未来进行展望，在世界秩序方案问题上，最理想的状态是中国人可以将自身学理化后的世界秩序方案与国外学术界的相应成果进行对话，实现两者之间的互补和协同创造。然而，在西方掌握着话语权的今天，如何才能实现这种平等对话，本身也是一个"为承认而斗争"的过程。对此，笔者希望中国学者能够通过自强不息的努力克服"承认困境"，达到一个中、西学术界平等交流、互相承认的"终极状态"，而不让中国学术界的"承认斗争"演变为一个"悲剧"。

---

① 罗伯特·考克斯：《思考世界秩序的不同方式》，载《世界经济与政治》2010 年第 3 期，第 110—115 页。

第 五 章

和谐世界观的学理化尝试

作为中国人，我们实际上没有选择做"小国寡民"的可能；我们也没有摆脱掉中国这个麻烦，干干净净去"普遍性"里面做什么"真正的个人"的可能。纯粹的个体性、纯粹的普遍性、纯粹的文本、纯粹的形式、纯粹的材料和纯粹的规范都会在中国这个复杂的现实存在面前丧失意义或实质性。如果我们对自己的现实、自己的存在抱一种严肃认真的态度，而不是虚无主义的态度，我们就必须把它（中国这一复杂的历史实在）的历史实质的概念意义和形式意义发挥出来。而不能把它往现成的条条框框里套。因为，套来的"规范"或"普遍性"是没有意义的。

——张旭东：《全球化时代的文化认同：西方普遍主义话语的
历史批判》，第 363—364 页

一直以来，中国国际关系学界不断在以一种话语建构的方式证明着西方理论的正确性，可以说中国学术界在一定程度上支撑着西方国际关系理论"霸权"，并不断充实新的材料。但实际上，西方理论部分是与中国经验相符的，部分可能并不是这样，部分可能有着巨大差异。中国经验完全有可能支撑创造新的理论，关注差异可能是实现理论突破的重要环节。

————秦亚青：《研究设计与学术创新》，第 79 页

坚持包容精神，共建和谐世界。文明多样性是人类社会的基本特征，也是人类文明进步的重要动力……各种文明有历史长短之分，无高下低劣之别。历史文化、社会制度和发展模式的差异不应

成为各国交流的障碍，更不应成为相互对抗的理由。我们应该尊重各国自主选择社会制度和发展道路的权利，相互借鉴而不是刻意排斥，取长补短而不是定于一尊，推动各国根据本国国情实现振兴与发展；应该加强不同文明的对话和交流，在竞争比较中取长补短，在求同存异中共同发展，努力消除相互的疑虑和隔阂，使人类更加和睦，让世界更加丰富多彩；应该以平等开放的精神，维护文明的多样性，促进国际关系民主化，协力构建各种文明兼容并蓄的和谐世界。

——胡锦涛：《努力建设持久和平、共同繁荣的和谐世界》，
载《十六大以来党和国家重要文献选编》，第 997 页。

随着中国国家实力（主要是物质性权力）的日益提高，无论是在国内还是在国外，要求中国明确表达自身的抱负以及对世界发展方向的看法等方面的压力越来越大，然而我们呈现自身和表达这些问题的能力——可以理解为"话语权"——却没有得到相应的提高。疲于修正或反驳外界对中国形象的歪曲、片面呈现，或者仅仅借用西方学者的范畴、概念来表述中国，如"中国威胁论""中国崩溃论""中国责任论""利益攸关方""软权力"等概念或术语，构成中国政府和中国学术界不得不面对的工作。这些工作尽管与理论研究有一定的距离，但国内学术界在理论、概念、知识、观念等方面创造能力的差强人意，同样限制了我们对中国外交实践的解释。因此，我们有必要为和谐世界观的学理化开辟一定的空间。本章首先根据哲学家们有关中国哲学的研究成果，对和谐世界观的基本特征做一简要梳理，以完成和谐世界观的批判使命。其次，就和谐世界观基本特征为中国国际关系学者突破霸权世界观影响的动力，以及发现和谐世界观提出的意义这两个方面的启示进行简要的分析，以此说明和谐世界观是有丰富的理论内涵的。最后，我们通过将和谐世界观与温特的世界国家观进行比较，以探讨和谐世界观的思想根源、可期性与合理性，为探索和谐世界观的学理意义做一初步尝试。

第一节　和谐世界观的基本特征

在中国的国际关系研究中，居绝对主导地位的国际关系知识是由西方国家提供的。国际关系学起步比较晚，它形成于第一次世界大战后的1919年，至今才经过了九十多年的发展历程。而中国的国际关系研究，尽管在新中国成立之前就取得了一些重要的成绩，并在20世纪60年代之后作为一门学科得以确立，但其真正发展起来还是在改革开放之后。[①] 中国国际关系研究兴起和发展的过程，是一个引进与消化西方国际关系知识，然后在其基础上进行自我探索的过程。截至目前，中国的国际关系学者不但为国人了解世界、解释全球现象作出了重要的贡献，而且也为中国国际关系知识的自主创新和提高国际关系学的学科自主程度作了大量的探索。[②] 特别是近年来随着学者们的学科自主意识和学术意识有了很大的提高，中国的国际关系研究展现了摆脱纯粹依赖西方国际关系理论解释国际关系现象的迹象。不过，中国国际关系学界的种种探索，仍未取得突破性的进展，学术界动辄借鉴乃至挪用西方国际关系知识的现状并未得到根本的扭转，焦虑、苦闷的情绪，依旧是有抱负的学者的情感状态。[③] 在导论中我们已对中国国际关系学者关于是否以及如何建立国际关系理论的中国学派或观察国际关系的中国视角作了简要的讨论，这里不再赘述。我们关心的是中国国际关系学界的整体研究状况和学科自主性的程度。总体而言，国内从事国际关系理论研究的学者，除了一部分人专门（如李慎明、李爱华、曹泳鑫、梁守德、李滨等人）或偶尔从事（郭树勇等人）马克

[①] 可参考王军、但兴悟《中国国际关系研究四十年》，中央编译出版社2008年版。

[②] 有关这一问题的最新讨论科参考《国际政治研究》期刊2009年第2期关于"探索中的中国特色国际关系理论"、第3期关于"中国国际问题研究的学术性与政策性"的讨论，尤其可参考第2期中任晓的文章，任晓：《走自主发展之路——争论中的"中国学派"》。也可参考阎学通《借鉴先秦思想创新国际关系理论》，《国际政治科学》2009年第3期，第150—165页；阎学通：《先秦国家间政治思想的异同及其启示》，载《中国社会科学》2009年第3期，第87—108页。

[③] 秦亚青、李巍的论文对中国国际关系学界所取得的进步和存在的问题作了比较深入的研究，可参考秦亚青《中国国际关系理论研究的进步与问题》，载《世界经济与政治》2008年第11期，第13—23页；李巍：《中国国际关系研究中的"理论进步"与"问题缺失"》，载《世界经济与政治》2007年第9期，第23—30页。

思主义国际关系理论的研究外，① 大多数理论研究者在一定程度上都是西方国际关系理论的拥趸，对这些理论也较少批判性的反思。

　　当西方国际关系知识在中国国际关系学界大行其道而未遭到有效的批判和反思时，也就意味着我们在不经意间接受了西方象征性权力的影响。在第四章中我们已经详细地考察了国际关系知识和世界观之间的关系。当隐藏在这些知识背后的现代西方世界观成为我们的科学无意识时，我们也就成为人格分裂的研究者。正如葛兰西指出的，处于从属地位的行为体，往往拥有两种世界观，即在思想上信仰统治阶级的世界观，而在行动上则奉行另一种未被理论化、系统化的世界观，这也正是杨国枢、文崇一尖锐地指出的中国社会科学研究者在行动中是中国人、在思想上是西方人的可

---

　　① 国内关于马克思主义，包括西方马克思主义国际关系研究的学者及成果不多，比较重要的专著有：李慎明主编，刘国平、王立强副主编：《马克思主义国际问题基本原理》（上、下），社会科学文献出版社 2008 年版；李爱华等：《马克思主义国际关系理论》，人民出版社 2006 年版；曹泳鑫编著：《马克思主义国际关系理论研究》，上海人民出版社 2009 年版；刘从德主编：《西方国际关系理论与马克思主义国际关系理论研究》，武汉出版社 2007 年版；郭树勇：《从国际主义到新国际主义：马克思主义国际关系思想发展研究》，时事出版社 2006 年版；郭树勇、郑桂芬：《马克思斯主义国际关系思想》，军事谊文出版社 2004 年版。著作中的章节有：李滨：《中国的马克思主义国际关系研究》，载王逸舟主编《中国国际关系研究，1995—2005》，北京大学出版社 2006 年版，第 1—85 页；曹泳鑫：《和平与主义：中国和平崛起的思想资源和理论准备》，学林出版社 2005 年版，第三章；张贵洪主编：《国际关系研究导论》，浙江大学出版社 2003 年版，第五章；邢爱芬：《影响世界格局的国际关系理论》，北京师范大学出版社 2001 年版，第一章；白云真、李开盛：《国际关系理论流派概论》，浙江人民出版社 2009 年版，第四章；胡宗山：《国际关系理论方法论研究》，世界知识出版社 2007 年版，第四章等。比较有影响的论文包括：李滨：《民族主义·自由主义·马克思主义——国际政治经济学理论流派、学术渊源和当代代表》，载《欧洲研究》1999 年第 5 期；《国际政治经济学的葛兰西学派》，载《欧洲》2000 年第 1 期；《考克斯的批判理论：渊源与特色》，载《世界经济与政治》2005 年第 7 期；《无政府性·社会性·阶层性——国际政治的特性与国际观》，载《世界经济与政治》2002 年第 4 期；《考克斯的国际政治经济学理论》，载《世界经济与政治》2003 年第 5 期；《科学方法论在国际关系研究中的局限性及其背后的意识形态》，载《世界经济与政治》2004 年第 11 期；《什么是马克思主义的国际关系理论》，载《世界经济与政治》2005 年第 5 期；郭树勇：《从"世界交往"概念看马克思主义国际关系思想及其研究方向》，载《世界经济与政治》2004 年第 1 期；《试论马克思主义国际关系思想及其研究方向》，载《世界经济与政治》2004 年第 4 期；《新国际主义与中国软权力外交》，载《国际观察》2007 年第 2 期；田甲：《马克思主义国际关系理论的四要素》，载《国际关系学院学报》2006 年第 2 期；钮菊生：《西方马克思主义国际关系理论探析》，载《马克思主义研究》2006 年第 9 期，等等。这里没有包括大量对马克思主义经典作家有关国际关系、战争与和平、对外交往等方面的研究成果，我们主要关注的是从国际关系理论角度继承和发展马克思主义的研究成果。

悲状态。具体到国际关系研究中的世界观问题上，由于我们很少系统考察"三大主义"——即新现实主义、新自由制度主义与建构主义这三大主流西方国际关系理论——对现代西方世界观预设（包括不可通约的二元对立、因果思维方式、单一世界秩序崇拜论、静止优先论、情感边缘论、单一动因目的论）的内化情况，所以我们不仅支持着霸权世界观的霸权地位，而且也看不到和谐世界观的意义与价值。

当然，如果纯粹地根据西方世界观的预设或西方国际关系的历史经验来考察和谐世界是否能够生成，那么结论很有可能是否定的。因为霸权世界观的预设，尤其是现代西方世界观的进化论或演化论特点，已经从根本上决定了它不可能发现和想象世界和谐的可能性。之所以如此，是由世界观与国际关系知识之间的关系决定的。一方面，世界观在为人们进行国际关系研究提供本体论与认识论资源的同时也限制了人们想象世界的可能性。当和谐世界能否生成以及它会衍生出何种本体论、方法论等还未被国际关系学者纳入到研究视野中并取得突破性进展时，由于受到霸权世界观预设的束缚，学者们自然无法想象世界和谐的可能。另一方面，当现代西方世界观成为研究者的科学无意识，即他们的思想和心智被霸权世界观所主宰时，学者们也无法对和谐世界观形成布尔迪厄所说的"疏离感"和"陌生感"，更不会对霸权世界观进行深入的批判，进而去探索和谐世界观所能提供独特的世界秩序方案、别具一格的本体论及知识论的承诺。上述两个方面相互作用，陷入一个恶性循环的怪圈。这既是和谐世界观理论化程度停滞不前的重要原因，也是象征性权力的真正厉害之处。这种情况不仅构成我们难以发现和谐世界观价值的重要障碍，而且也不利于促进真正科学、具有原创性的国际关系理论研究。

就此而言，在中国国际关系研究中，象征性权力不仅存在，而且还没有被国际关系研究者意识到。我们迫切需要从现代西方世界观预设的陷阱和桎梏中解脱出来，对我们在行动中体现出来的世界观——我们的生活世界、我们的生活方式——理论化，让我们成为"行""思"一致的中国人。和谐世界观作为一种创新性的世界观类型，它是中国人根据时代发展的需要和趋势，在重新审视中国传统世界观价值的基础上，综合了共产主义世界观和现代西方世界观的洞见而提出来的。它要真正成为一种能够对中国自身、对世界发展趋势进行有效把握的世界观，并对和谐世界本身的建立做出贡献，需要我们对它的基本内涵、具体特征、实现机制、伦理价值、冲突解决途径、本体论和方法论启示等内容进行深入研究，而不是简单地否定其提出的价值。当然，问题不在于中国国际关系学者对自身作为西方国际关系知识"消费者"的处境没有意识，更不能说我们没有促进中国国际关系学发展的意愿，而在于我们看不到世界观、权力、国际关系知识之间的复杂、隐秘关系，找不到突破现代西方世界观预设的问题和途径。我们认为，从世界观与国际关系实践（理论研究和知识生产也是实践的一种类型）之间的联系入手，能够对现代西方世界观的具体性、特殊性、历史性看得更为清楚，从而也为我们开发出和谐世界观的理论潜力提供了可能。

下文我们对和谐世界观的几个方面的基本预设稍作介绍。限于篇幅，我们着重讨论三个方面的基本特征，并在借鉴政治学家、社会学家的有关研究成果的基础上，概括总结其他几个方面的特征。正如我们在第二章中强调的，世界观是一个舶来词，而且是在近代才开始普及的，而中国人对于世界的传统理解和想象，一直都是在"天下"的视野中进行的。其二，我们称中国"大一统"文化理念为世界观，仅仅涉及到世界观或天下观的一个方面，它指中国对于"国家"组织形式和政治层面的理解和思考，而且其地域范围也往往限于中原地区或九州范围之内。除了政治层面，世界观（天下观）还包括一系列经济、文化、伦理方面的重要思想。天下观所对应的政治、经济、文化等各方面的现实实践，即为"天下体系"。而大一统构成天下体系的核心组织原则，它主要着眼的是这一体系中的核心——中原王朝。

天下体系相当于整个世界。按照人们通常的理解，天下是至大无外的，"率土之尘，莫非王土；率土之滨，莫非王臣"就是这种想象的体现。天下体系不仅仅是一种对于世界的想象，它还有一系列赖以维护整个"天下"运作的文化制度、经济制度、政治体制、文化和价值观，而且它们之间彼此关联。[①] 与现代西方民族国家主要通过法律来实现社会治理不同，中国传统

---

① 张旭东：《全球化时代的文化认同：西方普遍主义话语的历史批判》，北京大学出版社2006年版，第414页。

主要是根据文化来维持一统的。① 至于具体的治理制度，则是发端于周礼、后经孔孟等儒家重构的礼仪制度。② 这种礼仪制度，有着自己特定的思想渊源、秩序想象、人性基础、制度设计以及本体论观点，且它的本体论依据是清楚的，那就是一种"事件的本体论"而不是"实体的本体论"。③ 因为在孔子的天下观中，赖以维系社会运作的礼仪制度中的事件，不是孤立的事件，而是事关"礼乐秩序"的事件；如果脱离了礼乐秩序，"'事件'不但不能在道德判断中构成'本体'，它甚至不能成为'事件'"。④ 简单地说，天下体系就是一种靠礼来维系的世界秩序。⑤ 礼乐制度是基于人的情感出发进行设计的，以"以礼节情"为主要目的，所以这种天下制度与西方强调理性控制情感、协调行为的法律制度有着重大的区别，而且是一种礼与法的结合。⑥ 天下体系是以天下观为基础的，它是一种"宇宙论秩序"（cosmological order），是等级制的。⑦ 天子居于内城，是天下体系的中心，沟通着天与地；而臣民、附属国或朝贡国、蛮夷则居于四方，由此有了"五服"的概念。⑧ 不过天下体系中的等级制是松动的，尤其是与藩属国、朝贡国、蛮夷之间的关系更是如此。这与礼制有着莫大的关系。以天下体系的

---

① 张旭东：《全球化时代的文化认同》，第 389 页。Jeremy T. Paltiel, *The Empire's New Clothes：Cultural Particularism and Universal Value in China's Quest for Global Status*, New York：Palgrave Macmillan，2007。

② 汪晖对此有详细的阐述，见汪晖《现代中国思想的兴起》，生活·读书·新知三联书店 2008 年版，上卷第一部，尤其是第一章。

③ 郝大维、安乐哲强调："孔子更关心的是特定环境中特定的人的行动，而不是作为抽象道德的善的根本性质。"见郝大维、安乐哲《孔子哲学思微》，蒋弋为、李志林译，江苏人民出版社 1996 年版，第 7 页。

④ 汪晖：《现代中国思想的兴起》，生活·读书·新知三联书店 2008 年版，第 154 页。

⑤ 黄枝连：《亚洲的华夏秩序——中国与亚洲国家关系形态论》，中国人民大学出版社 1992 年版，第 94—95 页。

⑥ 中国许多法学研究者不加深思就将中国的礼仪制度及其具体内容纳入到西方实证法的范畴予以探讨，对两者不加区分，这同样是一种利用西方理论裁剪、歪曲中国事实的举动。对于"礼"与"法"之间的差异做了创新性研究的成果，可参考马小红《礼与法：法的历史连接》，北京大学出版社 2005 年版。国际关系学者包天民就将中国的礼仪视为一种具有功利取向的实证法，可参考 Jeremy T. Paltiel, *The Empire's New Clothes：Cultural Particularism and Universal Value in China's Quest for Global Status*, New York：Palgrave Macmillan，2007, pp. 42 – 51.

⑦ Ibid. , p. 42.

⑧ 关于五服的讨论可参考阎学通《荀子的国际政治思想及启示》，载《国际政治科学》2007 年第 1 期，第 137—139 页；郝大维、安乐哲：《期望中国：对中西文化的哲学思考》，施忠连等译，上海：学林出版社 2005 年版，第 292 页。

经济面——朝贡制度为例。① 中国与朝贡国之间的贸易关系是以厚往薄来为主要特征的。中央王朝希望获得的是朝贡国的尊重；而后者往往是以获得丰富的利润作为目的。虽然双方在地位上不平等，但朝贡对双方都是有利的，只不过中央王朝追求的是荣誉、尊重等象征利益，而后者则收获了经济方面的物质性利益。当然，除了物质利益，朝贡国之所以愿意臣服中央王朝，朝贡国对于中国文化的向往、倾慕，即"慕天朝教化"同样是一个重要的因素。这也是天下体系之所以能够维系的文化基础。

从上文的讨论中，我们发现中国传统世界观与现代西方世界观具有几个方面突出的不同。

首先，在中国天下观中，天下是一个宇宙论式的秩序，这种秩序的建立不是以消除浑沌为基本特征的。尽管中西方的世界观都追求和谐，但对于如何实现这种秩序却有着截然不同的理解。事实上，在中国，与"浑沌"相对应的是"和谐"，而不是"秩序"。② 这在中国对待朝贡国家的例子中可以显示出来。中央王朝与朝贡国之间在权力上是不平等的，无论是以军事力量为基础的强制性权力，还是以礼仪制度为基础的制度性权力，抑或是以儒家学说为核心的象征性权力，以及在很大程度上由第三种使用情况决定的情绪性权力，然而，中国并未肆意干涉朝贡国的内政，而是仅仅满足于自身作为天朝大国的"虚荣"和象征性地位；而不像西方那样，将差异建构为威胁，致力于消灭或同化之。如果说，的确可以像许田波那样对中、西"国际体系"进行对比，我们可以追问，为什么西方在发现美洲后以种族灭绝、疾病传播、奴隶贸易、侵占领土等手段对待土著人，而郑和在下西洋的过程中却没有以殖民主义手段对付沿途所遇之人？按照实力，郑和的舰队是有实力对所经之处进行征服的。正如约翰·霍布森（John Hobson）所追问的，"事实上，如果中国人愿意，他们可以

① 有人用"朝贡体系""朝贡制度"来指称中国天下体系，我认为这是不准确的。如滨下武志就持这种观点，他认为"亚洲区域内的各种关系，是在以中国为中心的朝贡关系、朝贡贸易关系中形成的"。滨下武志：《近代中国的国际契机：朝贡贸易体系语近代亚洲经济圈》，朱荫贵、欧阳菲译，中国社会科学出版社 2004 年版，中文版序言，第 5 页。这是因为，朝贡制度具有一定的政治功能，但它主要履行着天下体系内的贸易、经济交往功能，但是无法充分概括天下体系的文化特征，所以用"礼制"作为天下体系的制度形式更为恰当。

② Thomas B. Stephen，*Order and Discipline in China：The Shanghai Mixed Courted 1911 - 1927*，quoted in Jeremy T. Paltiel，*The Empire's New Clothes：Cultural Particularism and Universal Value in China's Quest for Global Status*，New York：Palgrave Macmillan，2007，p.49.

倡导一种囊括世界大部分地区的帝国使命。为什么他们没有这样做?"①
李露晔（Louise Levathes）也同样注意到这一点，即"在欧洲大探险和大
扩张时代之前的一百年，中国可以成为最大的殖民国家，但中国没有这么
做"。② 个中原因，我们同样可以追溯到中国的天下观。然而，受制于霸
权世界观的预设，我们很少追问这样的问题，更加没有尝试将其学理化。
限于篇幅，我们将会在专文中讨论这一重大问题。

　　我们主要从如何处理国际社会的无政府状态入手阐述和谐世界观的宽
容精神。国内学者就和谐世界观具有的宽容精神说得够多了，这种研究多
从哲学思辨的角度，结合中国文化"天人合一""和合观"等理念价值，阐
述和谐世界的"己所不欲、勿施于人""和而不同"等方面的特征。③ 在第三
章中，我们主要讨论了从现代西方世界观出于"无政府状态恐惧症"而致力
于同化或消灭差异的倾向，那么面对国际社会"无政府状态"的事实，④ 和

---

　　① 约翰·霍布斯：《西方文明的东方起源》，孙建党译，山东画报出版社 2009 年版，第 63 页。

　　② Louise E. Levathes, *When China Ruled the Seas*, London：Simon and Schuster, 1994, p. 20,
转引自约翰·霍布斯《西方文明的东方起源》，孙建党译，山东画报出版社 2009 年版。

　　③ 明确讨论"和谐世界观"如何对待"差异"或如何"宽容"的研究成果不多，只有复
旦大学国际问题研究院的任晓教授为此写作了一篇随笔，此外还有南开大学阎孟伟从哲学角度作
了研究。可参考任晓《我们如何对待差异——和谐世界之内涵的一个探析》，载《外交评论》
2007 年第 4 期，第 37—39 页；阎孟伟《"求同尊异"：构建和谐世界的一个可能原则》，载《江
海学刊》2007 年第 4 期，第 41—46 页。陆晓红的文章也简略地讨论了和谐世界观对待差异的态
度，不过她以全球治理理论释和谐世界观，不仅忽视了权力在两种世界治理方案中的作用，而且
对于两者之间的区别，该文也未给予必要的澄清。可参考陆晓红《"和谐世界"：中国的全球治
理理论》，载《外交评论》2007 年第 6 期。

　　④ "无政府状态"或"自然状态"的概念与现代西方世界观有着千丝万缕的联系，限于篇
幅，我们没有在第三章中对这一问题展开详细阐述。根据贝尔、伊纳亚图拉与伯纳利等人的研
究，他们已经确证了这种状态在人类社会中根本不存在，仅仅是西方理论家虚构出来的，最初的
目的在于为帝国主义国家用武力征服印第安人提供合法性论证。但考虑到这一概念在政治学、社
会学、国际关系学等学科中得到广泛使用，在没有构想出一种更恰当的概念之前，我们不得不继
续使用它。但我们在使用过程对其加双引号，以示强调。此外，著名美国汉学家本杰明·史华兹
（Benjamin I. Schwartz）在研究墨子的思想时，发现墨子提出了"自然状态"的学说，认为他
"就现在可以见到的文本而言，第一次为我们提供了'自然状态'中的人类的论述"。他甚至认
为，"这一关于秩序是如何从混乱中被创造出来的主题"，实际也就相当古希腊与基督教的宇宙
观预设。姑且不论史华兹是否有用西方世界观误读墨子思想的问题，我们可以想象，如果这段话
被某些国际关系学者"挖掘"到，很有可能会像那些主张中国先秦时期存在"国际法"的学者
一样，兴高采烈地宣告墨子早在几千年前就发现了"自然状态"的存在。可参考本杰明·史华
兹《古代中国的思想世界》，程刚译，江苏人民出版社 2004 年版，第 146—147 页。

谐世界观从其宽容精神中能够衍生出一种什么样的理论立场和实践态度呢？如果不能从学理上解决这一问题，那么我们对和谐世界观的提倡，的确有规避核心问题之嫌。我们认为，基于和谐世界观对待差异的宽容精神，我们要坚决捍卫国际"无政府状态"，前提条件是各个国家严格恪守和平共处五项基本原则，尤其是"相互尊重领土完整和主权，互不侵犯，互不干涉内政"这三个原则。世界从来都是一个文化、世界观、政治制度、发展道路等各方面多元的世界，捍卫这些多元因素就是捍卫多种生活方式、多种生活世界、多种想象世界的方式、多种"善的生活"。捍卫国际无政府状态，最根本的意义就在于捍卫世界的这些多元性，从而保持世界发展前景的开放性。

在肯定和平共处五项基本原则作为国际"无政府状态"中行为体互动基本行动原则的基础上，我们简要讨论一下捍卫国际"无政府状态"的必要性。通过借鉴著名国际关系伦理学家默文·弗罗斯特（Mervyn Frost）关于国际"无政府状态"具有九点优势的论述，以及台湾"本土化社会学"研究者黄曬莉关于"和谐"的关系具有满足关系中的行为体"功利心""情理心""道德心"三重功能的观点,[①] 我们总结出捍卫"国际无政府状态"的 11 点具体理由（弗氏的第九点理由与黄氏的和谐的第三个功能是重合的）。现简述如下：（1）构成国际"无政府状态"的参与者或称行为体都有"做……的权力"，即使受到压迫性的强制性权力、制度性权力、象征性权力、情绪性权力的控制，只要行为体勇于并善于反抗这些权力，就为追求有价值的生活开辟了自由空间；（2）行为体有追求自己"善的生活"和选择世界观的自由，只要不侵犯其他行为体的合理权利——和平共处五项基本原则对此做了最精炼的概括——这种合理权利由大家协商达成，以便大家和平共处；（3）只要行为体彼此遵守和平共处五项基本原则，国际"无政府状态"不仅会包容多元性，而且还可以促进这种多元性的成长；（4）由于支持和鼓励世界多样性，行为体在向

---

① Mervyn Frost, *Global Ethics: Anarchy, Freedom and International Relations*, New York: Routledge, 2009, pp. 83–89. 弗罗斯特的著作对于我们研究和谐世界观的伦理内涵具有丰富的启示意义。虽然在国内政治问题上，有专门拥护无政府状态的"无政府主义者"，但在国际关系研究领域，很少有人公开呼吁要拥护国际无政府状态，正是在这个意义上，弗罗斯特的研究是尤其令人尊敬的。黄曬莉的观点，可参考黄曬莉《华人人际和谐与冲突：本土化的理论与研究》，重庆大学出版社 2007 年版，第 83—90 页。

前迈进的过程中，可以进行试验、调整，这将有助于行为体根据其他行为体发展的好坏，选择适合本国国情的发展路径，如中国改革开放的试点工程一样；（5）世界中央政府的缺位，意味着世界权力的分散，这对于整个国际社会的生存是至关重要的，因为每个国家都拥有自卫的手段，对某个国家或某些国家的征服，并不意味着整个国际"无政府状态"的湮灭，从而为反击侵略提供了可能；（6）与理由（5）相似，它另一个优势在于一个国家对本身独立地位的维护（可以通过结盟），事实上就为整个国际"无政府状态"的维持作了自己的贡献，即使这种贡献并非行为体有意做出；（7）国际"无政府状态"是开放的，它并不像欧盟那样内外有别、对外部成员进行歧视的封闭式同盟，从而保障了行为体的平等地位；（8）由于行为体遵守和平共处五项基本原则，而且是通过共识和试验的方式来管理国际"无政府状态"下的世界事务，那么和平共处五项基本原则就成为行为体开展对外活动的"习惯""惯习""世界观""集体无意识"，从而为非强制性、得到大家认可的国际变迁提供机会；（9）当遵守和平共处五项基本原则成为行为体的"惯习"后，自然会形成一种对违反五项原则的行为进行谴责的舆论氛围，从而让侵犯其他行为体的行为体道德蒙羞，只好回到遵守原则的立场上；（10）与（9）相似，当在国际"无政府状态"下行为体之间保持着密切的关系或遵守规则成为习惯，彼此间的关系本身就成为一种有价值的东西，即使不存在中央政府，行为体也可以在这种关系中获得功利性的收益（对外贸易、文化互动、政治交流）；（11）与（9）、（10）相似，当行为体在彼此间关系中受到道德束缚、收获功利效益，那么行为体可以在这种关系中获得情感上的满足。基于以上理由，和谐世界观虽然渴求秩序，但绝不赋予秩序以绝对积极的价值，而要考察秩序实现过程中是否存在不正义现象；但对于国际"无政府状态"，我们要坚决予以捍卫，不能为各种霸权力量利用强制性权力、制度性权力、象征性权力消除文化、世界观、政治制度等方面的多样性提供机会。这种立场，不是为维护其中某一种元素所做的辩护，而是为整个世界的"可持续想象"保留机会，保存和积累多种可能的世界秩序方案或世界想象。

其二，中国天下观是一种礼仪秩序，而这种秩序又是以情感交流和安抚为主要特征的，这与西方强调以理性为基础的法律秩序截然不同。李泽厚通过考察孔子的《论语》，得出一个非常重要的结论，那就是中国文化是一种以情感作为本体的文化、所提供的宇宙观是一种"有情宇宙论"。① 他认为，"'情'作为人性和人生的基础、实体和本源"，是中国的"文化心理结构"（cultural-psychological forming），也即中国世界观的核心。在李泽厚看来，孔子的"礼""仁"思想及其整个哲学，实际上就是将重点放在了情感上，把"基本理由、理论，建立在情感心理的根基上，总要求理智与情感交融，至今中国人仍然爱说'合乎情理'、'合情合理'"。② 由于中国传统文化受到儒家思想的极大影响，所以中国人在待人接物、观察世界时，都离不开情感去思考，而且不认为由纯粹理性控制的生活是一种健康快乐的、值得推崇和效仿的生活。用王阳明的话来说，中国对于人生世事的看法是纳入到"人情事变"的框架中进行的，"除了人情事变，则无事矣"，而"事变亦只在人情里"。③ 钱穆先生也指出，作为华夏文化主流的儒家文化尤其重视人内心的情感，这些情感是中国人道观念的胚胎。④ 蒙培元先生通过对中国先贤情感哲学的深入系统研究，更为明确地指出，儒家对人生问题的思考始终都是从情感出发的，即使是西方哲学家大谈特谈的所谓"本体"问题，同样也是如此，这是儒家"非常可贵，应当说有其独特的贡献"。⑤ 事实上，中国并不将理性与情感分开进行讨论，更不会将情感视为非理性的东西，反而认为情感是理性能够产生和运作的必要前提，两者相互支持、协同作用。它们之间的关系是不存在没有情感的理性思考，也没有不包含认知内容的情绪反应。⑥

　　就"情"与"礼"之间的关系而言，在中国整个传统文化中，情既是礼得以由生的渊源，同时又是礼规范、涵养的对象。⑦ 在春秋时期，构成"周礼"的各种具体制度设计，都是中国古代家族制度的延伸，它们虽然具有重要的政治功能，但家族成员之间的情感，始终是宗法制的重要

---

　　① 李泽厚：《论语今读》，生活·读书·新知三联书店 2008 年版；李泽厚：《实用理性与乐感文化》，生活·读书·新知三联书店 2005 年版，第 55—115 页。

　　② 李泽厚：《论语今读》，生活·读书·新知三联书店 2008 年版，第 28 页。

　　③ 转引自蒙培元《情感与理性》，中国社会科学出版社 2002 年版，第 26 页。

　　④ 钱穆：《国史大纲》（上册），商务印书馆 1996 年版，第 1 页。

　　⑤ 蒙培元：《情感与理性》，中国社会科学出版社 2002 年版，第 26 页。

　　⑥ 安乐哲、郝大维：《道不远人：比较哲学视域中的〈老子〉》，何金俐译，学苑出版社 2005 年版，第 33 页。

　　⑦ 聂保平：《先秦儒家性情论》，吉林人民出版社 2007 年版，第 5 页。

内容。这也就是孔子所说的亲亲之情。事实上，作为封建制度基础的宗法制度，从根本上来说就是以氏族间的情感认同和忠诚为基础的。春秋时期诸侯国之间的征战，之所以没有战国时期列国征战那么残酷、野蛮，在很大程度上是因为诸侯国仍然顾及着彼此之间的宗族情谊。缺乏严格的现代制度（包括法律）来维持政治秩序的周王朝，能够依靠着宗法制和情感而维系几百年，这不能不说明礼仪制的威力。① 在天下体系的朝贡制度中，厚往薄来同样反映了中原王朝对朝贡国的情感安抚，同样体现出礼仪制与情感之间的密切关系。不仅如此，中国传统文化对情感的重视，同样是与实现天下和谐密切相关的。天下观与现代西方世界观不同，前者强调情感的作用，主张一种合情合理的生活，包括政治秩序；而西方的主导观念都是要求理性控制情感，甚至将情感视为一种非理性的因素，因此，在政治生活及其他生活领域（除了美学），都是主张祛除情感的。由此在对秩序或和谐的追求中，中国主张通过情感实现和谐，达致天人合一的境界和天下和谐；② 而西方理解中的和谐，往往意味着利益和谐，关心的是如何满足人的私利或寻找共同利益来建立秩序。后者正是许少民论文用以辩驳和谐世界观的理由。而利益是不能实现和谐的，因为只要有人在，总会存在着利益的争斗；但情感则不然，当在礼制秩序中能够对私利的追求保持克制，实现了和谐，那么情感就能构成一种和谐的来源，因为"和谐、融洽的关系肯定会促进合作，并且导致一种精诚的合作。"所以，基于情感的和谐，被陆自荣称之为"和谐合理性"。③

其三，中国传统世界观虽然推崇大一统，但无论是对宇宙秩序、政治生活，还是人情事变、对外关系，都持一种"生成"的过程观，这与西方的目的论取向截然有别。李泽厚与蒙培元都强调情感在中国传统思想中的重要地位，而且两人都突出了从本根、根源的角度来理解情感的观点。李泽厚认为，"道始于情"，情对于人的生存具有本体意义，所以他认为中国儒家文化或称"乐感文化"是一种"情本体"文化。不过李泽厚强

---

① 陈文祥：《中国天下观的思想溯源与检讨——以孔孟天下思想为中心》，东海大学硕士学位论文，2006 年，第 44 页。

② 蒙培元：《情感与理性》，中国社会科学出版社 2002 年版，第 187 页。

③ 陆自荣：《儒学和谐合理性：兼与工具合理性、交往合理性比较》，中国社会科学出版社 2007 年版，第 221 页。

调，所谓"本体"不是康德所说的"与现象界相区别的 noumenon，而只是'本根'、'根本'、'最后实在'的意义"。① 在这种"情本体"的框架中，李泽厚认为他所说的"情"，并非仅仅指情感，而是变化、流动的"事实、真实、情况"，既包括作为"实体""本质""真理""情况"的"情"，同时也包括作为"情感、感受、感情"的"情"，这种具有"实质与情感"双重内涵的"情"可以相互转化，共同构成情感。② 虽然蒙培元也强调中国哲学所说的本体只是本根、根源之意，但他拒绝使用"本体"之类的概念来研究情感。这是因为，"如果按照西方哲学对于本体即实体的理解讲良知，就很难将本体与功能、作用统一起来，因为两者的界限是难以逾越的；如果要将两者真正统一起来，就必须改变西方哲学关于本体的理解，放弃'本体即实体'这一意义，重新回到中国哲学中来，如同（王）阳明所说，本体无非是'生生不息之根'，这才是中国哲学的精神"③。从发展变化的角度理解良知、情感等，而不是从目的论的角度来理解，集中体现在《易经》中有关"生生之为易"的观念之中。正如李泽厚所说，中国文化—哲学的显著特征，就是重生成（becoming）大于重存在（being）、重功能（function）大于重实体（substance）、重人事大于重精神。④ 对于中国世界观这种从生成的角度来看万物的观点，郝大维与安乐哲借用著名过程哲学家怀特海的"过程哲学"称之为"情景化的艺术"或过程思维。⑤

　　而生的东西又来自于何处呢、秩序如何得以维护呢？安乐哲与郝大维认为，中国的宇宙秩序是一种美学秩序。与西方逻辑秩序不同，这种秩序强调的是事物的特殊性、过程性与相互关联性。它们对于秩序维持的意义在于，每一种特殊性，对于秩序的维持都是独特、不可替代的。对于中国人来说，没有西方世界观那样对于差异的恐惧，并激发出十字军东征与征服印第安人那样的异端思维，因为对于和谐世界的维持来说，任何一种特殊性都是秩序得以维持的基础，正如"和则生物、同则不济"这一古语所说明的。这种不同事物各具其位的状态并不是彼此孤立的，相反，体现

---

① 李泽厚：《实用理性与乐感文化》，生活·读书·新知三联书店 2005 年版，第 55 页。
② 李泽厚：《论语今读》，生活·读书·新知三联书店 2008 年版，第 351 页。
③ 蒙培元：《情感与理性》，中国社会科学出版社 2002 年版，第 63 页。
④ 李泽厚：《论语今读》，生活·读书·新知三联书店 2008 年版，第 351 页。
⑤ 参考第三章中所引安乐哲与郝大维的研究成果。

特殊性的事物之间不仅相互关联，而且可以相互转化，从而生成新的事物、形成新的秩序。这与西方僵硬的二元对立思维方式，并以一方贬低、甚至消灭另一方的取向全然不同。相互关联与相互转化的思想，要求具有特殊性的事物不能保持自身的存在，而且它们都为新事物的产生做出了自己的一份贡献。这也就是秩序得以维持的重要机制。由此可见，"相互关系""相互转化"也就是物得以生的原因。这种"生物"的过程，是永远不会停止的，而且没有特定的目的，它们的方向完全取决于各物协同创造的努力程度、战略、现实社会条件。这种过程论，与马克思主义关于事物是发展变化的观点是非常契合的，这也是马克思主义能够得到中国人拥护和接受的思想基础。① 不同的是，中国过程性的和谐世界观强调的是世界的和谐与冲突是相互转化的，而不像马克思主义那样认为冲突是不可避免且不能化解的，而且不预设一个人类社会的最高发展阶段。对于马克思主义、中国和谐化世界观之间的异同，黄囒莉作了如下比较，见表5—1。在强调关联性、独特性、过程性的世界观视野中，和谐世界并不是一个预设的乌托邦，或者说是一个遥远的有待人们奋力去追求的梦想。相反，世界和谐和世界冲突是相互存在并相互转化的，从冲突到和谐的转化过程就是一个和谐化的过程，或者说是一个治乱更替的过程。不过，我们不能仅仅将它们之间的转化视为一个循环的过程，而且是螺旋式进步的过程。

　　限于篇幅，我们主要考察了和谐世界观三个方面的基本特征：尊重差异、重视情感，过程取向。在说明这三个预设的过程中，我们还可以总结借鉴安乐哲、郝大维的研究成果，概括出和谐世界观其他三个方面的预设，即关联性思维方式（correlative thinking）、以美学为模式的多元秩序、相互转化的对偶性（如阴 vs 阳、冲突 vs 和谐、王道 vs 霸道、内圣 vs 外王，等等）。和谐世界观的这几个特征，与贝尔描述的拉高塔印第安人世界观的特征有很大的相似之处。

---

　　① Wu Chan-Liang, *Western Rationalism and the Chinese Mind*：*Conter-Enlightenment and Philosophy of Life in China*，*1915 – 1927*，Ph. D dissertation，Yale University，1993. 包天民也注意到这一点，请参考 Jeremy T. Paltiel，*The Empire's New Clothes*：*Cultural Particularism and Universal Value in China's Quest for Global Status*，New York：Palgrave Macmillan，2007，p. 9.

表5—1　　　　和谐化辩证观与历史唯物主义辩证观之间的异同

	和谐化辩证观	永恒进步辩证观（冲突辩证观）
主要代表	儒家、道家	黑格尔、马克思
本体论	实在界是整体性、统合性 实在界本身是和谐或和谐化历程	实在界或历史有客观冲突存在 冲突是实在界不可获取之元素
主导逻辑	万物之存在为对偶性 对立的双方在本体上是平等的 对偶具有互生性与互补性 互生与互补是成就整体所必须之条件	每一存在具有正、反两面 经由正反两面的综合可达更高层次之存在 经由正、反、合，世界不断前进， 以逼近理想世界
冲突的本质	无本体上的真实性 源自未能与实在界结合 人与自然变化缺少和谐	冲突是迈向进步之关键角色 冲突存在使斗争成为必须 透过不断矛盾斗争带来质变
和谐化或 冲突解决 之道	自我调整（到道德显示之转化） 自我与世界关系之调整 （本体认识之转化）	冲突是不可避免而且是不能化解的
目的	社会与个人均不自觉朝向和谐	世界向更高更好的阶段迈进

　　资料来源：黄囇莉：《华人人际和谐与冲突：本土化的理论与研究》，重庆大学出版社，2007年版，第10页。

　　同样在将西方世界观作为参照物——也即是作为"他者"——的背景下，贝尔概括了拉高塔人世界观（下称——神圣环世界观）的以下几个主要特征：[①]（1）拉高塔印第安人从循环的角度看待万物，将宇宙视为一个具有神圣性的宇宙环（sacred hoop），这与西方世界观的线性思维方式大异其趣。（2）拉高塔印第安人追问的往往不是本体，而是事物之间的关系，即使是动物（比如说野牛），也被他们视为人类的亲戚，这与西方世界观对事物"本体"的不懈追问背道而驰。（3）拉高塔印第安人将人视为宇宙环中的一个"平常"的组成部分，相对于自然及世界其他万物，人类并不具有逻辑或实质性的优越性，这与西方世界观将在宇宙等级制中将人视为"主体"凌驾于自然、"他者"、客体之上的观念截然不同。

---

　　① 对拉高塔印第安人世界观独特性的集中论述，见 J. Marshall Beier, *International Relations in Uncommon Places: Indigeneity, Cosmology, and the Limits of International Theory*, New York: Palgrave Macmillan, 2005, pp. 99 – 106.

（4）对和谐的强调胜过对竞争的推崇，认为宇宙秩序的实现需要人与万物保持一种和谐的互动关系，这对宇宙环的维持至关重要，而这又与现代西方世界观对竞争的推崇、① 以及宇宙秩序的实现需要克服混沌的二元对立思维方式和目的论取向差异甚大。（5）在拉高塔印第安人看来，知识与认知的活动并不构成一项独立的实践活动，它本身就是一种实践，而且是一种保持宇宙环平衡的实践，这与现代西方世界观主张开展价值中立的研究活动也有所不同。除了以上这些特征，贝尔还在不同的地方涉及到了拉高塔印第安人的性别观、伦理观等许多问题，但上述五个特征构成了神圣环世界观的预设。即使我们没有对和谐世界观与神圣环世界观进行全面的分析，但根据以上几点，我们足以看出，两种世界观之间是有着惊人的相似之处的。根据我们在第三章中对现代西方世界观预设的考察，我们得以发现和谐世界观、神圣环世界观与现代西方世界观有着的区别，见表5—2。

表5—2　　　　　　　　　和谐世界观与现代西方世界观预设的比较

和谐世界观（神圣环世界观）	现代西方世界观
可转化的对偶性（冲突与和谐）	不可通约的二元对立（秩序 vs 无政府状态）
关联性思维方式	因果性思维方式
尊重差异的多元世界秩序	单一世界秩序崇拜论
变化优先	静止优先性
情感本体	情感边缘论
多动因过程论	单一动因目的论

与贝尔不同的是，我们不仅要意识到神圣环世界观与西方世界观之间的差异，而且还要注意到不同世界观之间可通约的地方。对不同世界观预设的比较，仅仅是为了理解和讨论上的方便而做出的，我们一定要避免对它们的本质主义理解。事实上，无论是现代西方世界观，还是和谐世界观，在一定程度上都是可以通约的。正如怀特海深刻阐述的过程论思想，西方情感社会学对情感在社会生活中作用的强调，某些建构主义者也注意

---

① Naeem Inayatullah and David L. Blaney, *International Relations and the Problem of Difference*, New York：Routledge，pp. 129 – 159.

到了从过程的角度理解国际关系,① 而布尔迪厄则提出了 "关系性方法",② 某些国际关系学者如后结构主义、后现代主义也同样捍卫差异在国际关系中的意义,等。正是因为西方世界观中同样存在着和谐世界观的元素,我们要做的就是提倡和谐世界观与那些体现出或发展了相关特征的西方学术成果进行对话,为世界的和谐一起做出贡献。但我们强调的依然是这样一个事实,霸权世界观虽然也有和谐世界观的相关成分,但其主导思路仍然深陷于上表右边的那些预设中不能自拔,这些预设的力量是如此强大又如此顽固,所以我们才需要突出和谐世界观的独特性,为我们重新想象世界提供一种更宽容、更平等的途径。正是因为不同世界观之间存在可通约之处,所以,具有独特性的世界观同样也是具有普遍性的,只不过这种普遍性是世界中不同世界观共同具有的属性。

之所以要维护世界观多元性,其原因就在于维护对于世界图景的不同看法和想象。可以想象一下,当某一种世界观成为了一种被全世界人们毫厘不差地接受的世界观时,由此衍生的制度设计、行为方式、思维方式也将趋向同一,也就是如詹姆斯·图利所说世界已经建立起了一个 "同一的帝国"。当这种同一性的世界面临严重的秩序危机时,由于世界观的单一,会导致人们的思维枯竭,那么人类将无法想象世界秩序的替代性安排模式。贝尔在研究中对世界观为人们提供了想象政治可能性的不断强调,只有在这一意义上才能得到清楚的理解,这也是和谐世界观之所以需要坚决捍卫国际 "无政府状态" 的原因。至此,我们已经接近完成和谐世界观的批判使命。对霸权世界观及象征性权力的抵制,构成和谐世界观提出的重要但非唯一的原因。由于布尔迪厄、贝尔、卢卡斯等人都没有详细考

---

① Emanuel Adler, *Communitarian International Relations: The Epistemic Foundations of International Relations*, New York: Routledge, 1998; Bill Mcsweeney, *Security, Identity and Interests: A Sociology of International Relations*, Cambridge: Cambridge: Cambridge University Press, 2004, etc.

② 布尔迪厄的 "关系性方式" 的主要思想来源包括马克思、社会学家诺伯特·埃利亚斯(Norbert Elias)、社会心理学家库尔特·勒温(Kurt Lewin),尤其是德国哲学家爱恩斯特·卡西尔(Enst Cassirer)等人的思想。可参考戴维·斯沃茨《文化与权力:布尔迪厄的社会学》,陶东风译,上海译文出版社 2005 年版,第 71—75 页;皮埃尔·布迪厄、华康德:《实践与反思——反思社会学导引》,李猛、李康译,邓正来校,中央编译出版社 1998 年版,第 133 页—134 页。值得注意的是,布尔迪厄明确拒绝将建构主义、社会学中的象征性互动论对行为体互动的考察视为关系。请参考皮埃尔·布迪厄、华康德《实践与反思——反思社会学导引》,李猛、李康译,邓正来校,中央编译出版社 1998 年版,第 297 页。

察反抗霸权世界观与象征性权力的动力机制，我们在最后一节中利用和谐世界观提供的情感本体论尝试解决这一问题，同时也可以从国家安全的角度讨论和谐世界观提出的意义，这将预示和谐世界观能为国际关系学者（国内、国外）能够提供丰富的启示。

第二节 和谐世界观的部分启示

既然中国国际关系学仍未充分发掘出和谐世界观的丰富内涵，同时还在一定程度上内化了霸权世界观及其预设，那么如何反抗这种象征性权力的作用呢？对于这一问题，布尔迪厄与贝尔都没有展开充分的研究，我们只能从他们简要的讨论中寻找启发。我们发现，情感（包括"疏离感"、"陌生感"、焦虑、怨恨等）构成行为体对自我的集体无意识或世界观进行反思的重要原因。这样一来，和谐世界观的情感本体论，能够为我们研究突破象征性权力控制的机制，提供重要的思想资源。由此延伸开去，我们可以追问，如果在学术研究领域，情感构成研究者反抗霸权世界观束缚的动力机制，那么在实际政治生活中，情感能否同样构成世界冲突和战争的原因？作为寄托了行为体情感认同的世界观在其中又扮演着什么样的角色？正如第二章所说，世界观能够向行为体提供本体安全，那么和谐世界观的提出，能否被视为中国为维护本体安全而做出的重大决策？在本节中，我们将对这些问题进行简要的研究，但限于篇幅，我们无法对和谐世界观为中国国际关系学者进行原创性的研究所能提供的其他方面的具体启示进行更深入的探索。

一 情感与象征性权力：情感构成反抗霸权世界观的激发机制

第四章我们就象征性权力与霸权世界观之间的关系作了讨论，论证了在国际关系中，霸权世界观履行着国内社会中意识形态的功能。本章第一节研究了中国国际关系学者是如何内化霸权世界观及其预设的，并简略梳理了和谐世界观的几个基本特征。我们已经发现，象征性权力的可怕之处，就在于它是一种塑造人们心智结构和性情倾向的力量，限制了人们对世界秩序方式的想象，从而自觉、自愿、自动地维护等级制、歧视性的世界秩序。具体来说，霸权世界观是通过国际关系知识的传播、国际制度的运作得以发挥作用的，当人们对知识不加批判地接受、对国际规则不假思索地遵循，社会关系中的象征性权力就在不知不觉中塑造了行为体的世界观。如果说霸权世界观是西方国家维护自身主导地位合法性的重要手段、同时也是让广大第三世界国家受到压制的一种隐蔽方式，那么，如何识别并反抗产生象征性权力效应的霸权世界观，就构成第三世界国家人们必须面对的重要课题。然而，无论是对国际关系与霸权世界观作了开创性研究的贝尔，还是将象征性权力与社会、科学无意识（世界观属于其中的重要内容）联系起来进行考察的布尔迪厄，所提供的反抗霸权世界观或象征性权力的战略都是有缺陷的。他们虽然没有明确提出和讨论"承认困境"这一问题，但在研究中都提示了弱势世界观或文化资本不足的国家是很难改变自身的从属地位的。正是在这一意义上，中国提倡和谐世界观的意义才能得到彰显。可以认为，反抗象征性权力这种深层次、压制性的权力类型，既是中国之所以倡导和谐世界观的重要原因，同时也是和谐世界能否建立的重要前提。然而，由于部分中国国际关系学者内化了现代西方世界观的预设，不仅导致当前中国国际关系研究停滞不前，而且也看不到和谐世界观的价值和意义。因此，我们首先要讨论什么因素构成突破霸权世界观预设的动力。

对于如何突破象征性权力和作为惯习的霸权世界观的宰制，布尔迪厄做出了提示。布尔迪厄指出，对异世界观的"疏离感"和"陌生感"，是促使行为体进行自我反思的原因。可当行为体无法形成疏离感、陌生感时——正如中国国际关系学者对现代西方世界观的态度——或者在现实政治生活中，如何突破象征性权力的限制，布尔迪厄则语焉不详。不仅如此，布尔迪厄还对反抗象征性权力的成功可能性持极度悲观的态度。我们需要追问，什么是促使行为体进行自我赋权，从而摆脱象征性权力及其预设控制的动力。我们认为，内在于和谐世界观的情感本体论能够为此提供重要的启示。简单来说，情感是屈于从属地位的行为体反抗象征性权力的重要诱因。因为情感与世界观息息相关，后者通过为行为体提供身份认同和情感支持的思想资源，从而满足行为体对本体安全的渴求。当行为体的世界观遭到挑战，使其本体安全受到威胁时，一般都会带来焦虑、羞愧等情绪。为了消除这些对人的生理安全构成挑战的消极情绪，行为体会去反思现有秩序的合理性。当他意识到生活世界面临变迁或"在有效的行为之中得以呈现"世界观有崩溃的危险时，他会质疑"在言词中得到肯定"的世界观，进而通过自己的行动反抗霸权世界观和象征性权力的控制。下面我们就对这些基本观点进行论证。

我们先来看布尔迪厄关于反抗象征性权力可能性的论述。是否有可能发生变革惯习/世界观的象征革命（symbolic revolution）呢？布尔迪厄的答案不仅是肯定的，而且还暗示了象征革命的激发机制。布尔迪厄提到过文化领域发生的象征革命，如法国印象派画家克劳德·莫奈（Claude Monet），就曾经在绘画领域掀起过一场象征性的革命，深远地改变了人们的世界观。[①] 然而，对于如何才能实现象征革命或什么才是象征革命的导火线？布尔迪厄并未明确予以说明，但我们可以根据布尔迪厄的论述发现些许蛛丝马迹。布尔迪厄认为，文化传统和世界观差异带来的疏离感和陌生感，是促发研究者们去反思科学无意识或社会无意识的原因。显然，"疏离感"与"陌生感"是情感，是对于"他者世界观"与科学无意识的差异而产生的情感体验，可能的情绪反应包括焦虑、困惑、羞愧、苦闷等。我们可以推断，情感构成驱动行为体打破预先构建之物审查效应的动力，它们促使行为体追问什么才是实践或世界的本来面貌，以此弥补认知与事实之间的距离带来的不安。而集体无意识的审查效应在于："有些问题你不会去问，有一些问题你不能问，因为它们与下列这些基本信条有关：如作为科学根源的基本信条，作为在科学的领域中事物运作方式的基本信念等。"布尔迪厄紧接着还援引维特根斯特的"世界图式"（第二章）对哲学家构成的束缚来说明这一问题："维特根斯坦就曾指出根本的疑问在于与这种哲学态度竟然如此根深蒂固地一致，即一个受过良好训练的哲学家不会抱有过多的梦想去对这一疑问进行质疑。"[②] 显然，科学家、哲学家不会追问或不能追问的信念，至少有部分是"世界观预设"。正如我们指出的，世界观可以作为惯习和信念存在，而且维特根斯坦尽管摒弃使用"世界观"这一概念，但其"世界图式"本质上就是世界观。如果说思维领域的象征革命或对既有世界观的质疑是由情感引发的，那么可以得出一个结论：情感可能是突破科学无意识、预先构建之物、惯习、世界观预设的可能力量，也就是突破象征性权力控制的可能力量。

布尔迪厄论述的象征革命是就思想或思维领域而言的，这一结论能否

---

① 布尔迪厄：《文化资本与社会炼金术》，包亚明译，上海人民出版社 1997 年版，第 91 页。

② 同上书，第 9 页。

适用于政治生活或文化场域呢？在论述象征性权力或象征性暴力的作用时，布尔迪厄曾经提到这类权力所产生的情感效应。他认为，象征性权力有助于将社会世界中的支配与被支配的关系，转变为情感上的关系，从而进一步掩盖了权力的存在。[①] 在布尔迪厄看来，通过将权力关系转化为情感关系，尤其是转化为友好情感，象征性权力让人们产生"误识"。对于象征性权力的这种效应，布尔迪厄仅仅考察了在老板与秘书之间、友情、爱情等较为直接的关系中所具有的效果。在人们的常识中，这些关系的性质往往不被认为是以权力为主要特征的，布尔迪厄指出了这些关系中象征性权力的存在，这是值得引起重视的。问题在于，在等级制社会或国际关系中，权力是扩散性的，象征性权力嵌入在支配阶级与被支配阶级的结构性关系中，这种关系覆盖整个社会世界或形式多样的场域。需要回答的是，在结构性或非直接的社会关系中，布尔迪厄的上述观点是否仍然有效？

对于这一问题，同样对为什么不公正社会秩序没有激起被压迫阶层的反对这一问题研究过的卢卡斯，得出了与布尔迪厄相似的结论，不过其出发点是研究被支配者阶层的"愤恨"为什么没有被表达出来并转化为集体行动。卢卡斯说：

　　无论如何，愤恨究竟是什么呢？它是一种建立在政治知识基础上的被明确表达出来的要求，是一种由于日常生活经验而引起的没有目标的抱怨，还是一种模糊的不安全感或被剥夺感呢？其次，更为重要的是，通过塑造人们的感觉、认知与偏好使他们在像这样的方式中接受他们在现存秩序状态中的角色，或者是因为他们可能会认为或相信没有任何其他可供选择的方案，或者是因为他们将其看作是自然的与不可变更的，或者是因为他们将其评价为天定的或者是有益的，从而防止人们形成怨恨——无论是在何种程度上防止人们形成愤恨，这难道不是最重要的和最隐蔽的权力运用吗？那种认为不存在愤恨就等同于真实的一致同意的观点仅仅排除了由于规定的法令所导致的虚假的

---

① 皮埃尔·布尔迪厄：《实践理性：关于行为理论》，谭立德译，生活·读书·新知三联书店，第167页。

或者被操纵的一致同意的可能性。①

　　答案已经非常明显。当象征性权力成功运作时，行为体即使存在怨恨，这种怨恨也因为形成了惯习（这是布尔迪厄而非卢卡斯的概念，卢卡斯没有系统阐述他所研究的"第三维度权力"的运作机制）而被压抑或被克服了。体现在国际关系中，如果把主要由发达国家构建并被大多数国家接受的国际规范视为象征性权力的一种体现形式，那么通过话语作用于行为体的情感，行为体同样可以接受具有任意性、主要反映规范创建者利益的国际规范。发达国家通过将发展中国家的行为建构为违反国际规范的举动，从而在后者那里激发羞愧情绪，促使他们自愿接受国际规范的"社会化"就是这样的例子。这一点在尹继武的研究中得到证实。尹继武在借鉴乔纳森·默瑟（Jonathan Mercer）有关情绪可以建构规范、维持规范并加强规范的力量，从而可以在国际体系的层次（即他所说的"第三意象"）进行分析等观点的基础上，② 同样指出情绪是一种能够促进国家间合作和促使行为体遵守国际规范承诺的力量，因为"如果我们赋予搭便车者一种耻辱，那么在集体行动问题中，羞耻就能引导人们合作"。③尽管默瑟与尹继武没有看到规范、情绪互动中象征性权力的作用，但他们的结论证明了"象征性权力"的确有通过消除怨恨或激发羞愧等情绪，进而使行为体自愿接受从属地位的作用。

　　那么象征性权力失效时，即当被支配阶层发现既有秩序并非"自然的与不可变更的"、并非"天定的或者是有益的"的时候，或者认为还有其他替代性选择的时候，怨恨能否转化为集体行动呢？布尔迪厄对"五月风暴"的研究，事实上提供了一个肯定的答案。不过，对于布尔迪厄来说，象征性权力失效产生的怨恨或愤恨等情绪，能否转化为象征革命（思想领域）或集体行动（政治领域）是不重要的，重要的是他根据某些

---

① 史蒂文·卢克斯：《权力：一种激进的观点》，彭斌译，江苏人民出版社 2008 年版，第16 页。

② 乔纳森·默瑟：《人性与第一意向：国际政治中的情绪》，载《世界经济与政治》2006年第 12 期，第 53 页。

③ 尹继武：《社会认知与联盟信任形成》，上海人民出版社 2009 年版，第 85 页。根据上述假定，尹继武认为"长远观之，建立在情绪基础之上的国际规范具有内在的稳定性，而基于理性或战略考虑的国际规范并不能确保国家合作的长期维持"。

"预先建构之物"，赋予怨恨以极为消极的价值或意义，对它们能突破象征性权力的控制这一可能性断然予以拒绝。① 在他看来，怨恨是"建立在对支配者无意识的迷恋之上""是支配者强加在被支配者身上的最糟糕不过的东西"，因此怨恨是必须被"连根拔掉"的。然而，如何才能实现这一目标，布尔迪厄最后又回答了他有关反思社会学——其核心是"理性"——是通往"深思熟虑的乌托邦"最佳路径的观点，情绪又一次被理性所控制。我们就此得到三点结论：首先，致力于破除社会学研究中科学无意识和西方世界观基本预设的布尔迪厄，在一定程度上也成为"预先构建之物"的"俘虏"；其次，他有关情感在思维领域中有助于催生象征革命而在实际政治生活中却是一种破坏性力量的观点，存在内在的矛盾和难以克服的紧张；最后，对于被支配者如何面对承认困境，布尔迪厄没有提出建设性的意见，因为反抗可能带来异化，屈从则被同化，从属者即使有怨恨也不能表达，如此他们只能安于现状。于是，我们又回到了第四章所述布尔迪厄第三个方面的缺陷——即未对如何反制和抵抗象征性权力提供系统的说明——上。

对布尔迪厄忽视象征性权力与情感之间关系作出比较明确批判的是安德鲁·塞耶（Andew Sayer）。塞耶通过研究情感与蔑视之间的关系，消除了布尔迪厄有关情感在反抗思想与生活中的象征性权力时具有不同作用的观点所具有的紧张。② 与默瑟、尹继武相似，塞耶持一种情感也是理性、情感具有认知功能的"情绪理性观"（emotional reason）。他根据情感能对事物进行道德评价并作出相应反应的事实，认为行为体——比如说阶级——都能基于自己的朴素情感形成一种"门外汉似的德性"（lay morality），从而对自身及珍视的价值受到外部或内部尊重的情况作出评价。这种尊重，既可以是行为体基于自身的能力、素质、德性而产生的期待，也可以是基于其他行为体根据对其地位、资本、行为的判断而作出的评价。前者是内部产品（internal goods），而后者是外部产品（external goods）。当行为体是因为内部的原因遭到蔑视时，他可能会产生羞

---

① 皮埃尔·布迪厄、华康德：《实践与反思——反思社会学导引》，李猛、李康译，邓正来校，中央编译出版社1998年版，第277页。

② Andrew Sayer, "Class, Moral Worth and Recognition", in Terry Lovell ed., (Mis) recognition, Social Inequality and Social Justice: Nancy Fraser and Pierre Bourdieu, New York: Rutledge, 2007, pp. 88 – 102.

愧等情绪，但当蔑视是来自外部时，行为体可能产生沮丧、怨恨、愤怒等消极情绪。塞耶集中关注的是羞愧。与默瑟和尹继武没有关注到权力在情感与规范之间的关系不同，也与布尔迪厄低估情感在象征性权力运作过程中的作用不一样，塞耶明确指出，"在象征性统治中，塑造羞愧的能力是一个必要然而却很少得到承认的条件，事实上，象征性统治离开情感几乎不能得到理解"。① 更值得注意的是，塞耶指出，即使在许多人看来是促使人们遵守规范的羞愧情绪，也有可能带来对象征性权力的抵制并转化为行动，从而为人们研究情感与社会运作之间的关系提供了重要启示。

　　事实上，情感能够催生集体行动和推动社会变迁，已经得到了情感社会学的证实。如社会运动研究者通过对情感在社会运动中的作用做了广泛的研究后发现，尽管情感并不是社会运动发生的必要条件和充分条件，但它们的确构成社会运动出现和维系的重要机制，能够构成社会运动的"加速器"（motivator）和"催化剂"（accelerating force）。② 德国著名社会批判理论家阿克塞尔·霍纳特从布尔迪厄那里受到启发，将由蔑视对行为体造成的情感伤害，视为行为体反抗社会不公正现象的动机。而情感伤害一旦转化为行动，就构成"为承认而斗争"的社会运动，这也是霍纳特所说"社会冲突的道德语法"。在霍纳特看来，情感不仅仅扮演着冲突动机的角色，而且还具有社会认知，即感受社会不正义的功能。③ 西蒙·汤普森（Simon Thompsom）不认可霍纳特有关情感具有认知功能和构成社会冲突动机的观点，他认为情感会受到一系列有关社会理解尤其是文化的协调，至于从社会不正义衍生出来的情感，能否转化为成功的社会行动，还受到可以获取的资源、理性动机的计算、战略的选择、文化因素、政治

---

① Andrew Sayer, "Class, Moral Worth and Recognition", in Terry Lovell ed., (*Mis*) *recognition*, *Social Inequality and Social Justice*: *Nancy Fraser and Pierre Bourdieu*, New York: Rutledge, 2007, p. 95.

② Ellen M. Granberg, "Commentary", in Dawn T. Robinson and Jody Clay-Warner, eds., *Social Structure and Emotion*, San Diego: Elsevier, 2008, pp. 309 – 371.

③ 阿克塞尔·霍纳特：《为承认而斗争》，胡继华译，曹卫东校，上海人民出版社 2005 年版。

机遇机构所提供的机会或限制等因素的影响。① 不过，汤普森并不否认基于蔑视或其他社会不正义所产生的愤怒情绪，的确构成政治生活中的重要内容，它们对于人们理解政治冲突为什么产生或如何产生具有重要的意义。② 我们认为，汤普森对霍纳特的批评是没有道理的。因为情感的确有感受到不正义的认知功能，虽然不能保证由此带来的认知或判断就一定是正确的。它们可能出错，但即使是出错，情感依然可以就某些关心的事情做出判断，这些事情可以独立于行为体的情感。③ 正如郝大维与安乐哲指出的那样，在中国世界观中，情感与理性是共生的，双方不能独立运作。事实上，神经心理学家安东尼奥·R. 达马西奥证实，纯粹的理性，并不一定能够带来完善的认知或判断。④ 尽管情感社会学对情感在社会、政治生活中的具体作用机制仍然有许多值得研究的问题，但从集中关注理性到更加重视情感在维系社会秩序和促进社会转型中的作用，已经构成社会学研究的热点问题。国际关系学也同样发生了这种转向。

从 20 世纪 90 年代开始，情感在国际政治中的作用逐渐受到人们的重视。⑤ 就与本书相关的问题而言，情感能否成为冲突、战争等问题的根源？情感与象征性利益——地位、荣誉、尊重等具有什么样的关系？要讨论这些问题，首先需要解决政治实体是否具有情感和追求象征性利益的动机。尽管我们不能将国家、群体等政治实体直接等同于人，但它们毕竟是由人组成，而且作为决策者的人——包括对外决策者——同样有自身的情感。我们可以断言，情感在国家等政治实体中同样发挥着重要的作用，政治实体同样有追求国际地位、国家形象、荣誉、威望等象征性利益的需

① 这实际上已涉及到了"社会运动理论"的许多观点，在此不详述，可参考曾向红、杨恕《社会运动理论视角下的"颜色革命"》，载《俄罗斯中亚东欧研究》2006 年第 2 期，第 57—65 页。

② Simon Thompson, "Anger and The Struggle for Justice", in Simon Clark, Pal Hoggett and Simon Thompson, eds., *Emotion*, *Politics and Society*, New York: Palgrave Macmillan, 2006, pp. 123 – 144.

③ Andrew Sayer, "Class, Moral Worth and Recognition", in Terry Lovell ed., (*Mis*) *recognition*, *Social Inequality and Social Justice*: *Nancy Fraser and Pierre Bourdieu*, New York: Rutledge, 2007, pp. 90 – 91.

④ 安东尼奥·R. 达马西奥：《笛卡尔的错误：情绪、推理和人脑》，毛采风译，教育科学出版社 2007 年版。

⑤ 可参考尹继武《社会认知与联盟信任形成》，上海人民出版社 2009 年版，尤见第二章。

要。事实上，西方著名的国际政治学家，如摩根素、吉尔平等人，都讨论过上述象征性利益和国家间战争与和平之间的关系，只不过在相当长一段时间内国家对这些象征性利益的追求并未构成一个独立、深入的研究主题，更不用说将情感与象征性权力联系起来进行讨论。[①] 这一局面在 2000年以后发生了很大的改观。先是 1999 年，巴里·奥尼尔（Barry O'Neill）出版了《荣誉、象征与战争》一书，从象征的角度比较系统地讨论了荣誉、"面子"在国际关系中的重要作用。[②] 尽管奥尼尔没有对荣誉、战争与情感之间的关系进行研究，但他的研究成果毕竟说明了国家对象征性价值的追求，与战争、冲突的发生息息相关，而且，如果我们将国家对荣誉的追求视为一种由行为体追求情感满足驱动的行为，那么奥尼尔的著作就使情感与国家之间的象征性实践产生了关系。在 2000 年，内塔·克劳福德（Neta Crowford）在《国际安全》杂志上发表了《国际政治中的激情》一文，比较系统地梳理了国际政治中情感的地位、作用、研究状况及其发展方向。该文可以视为将"情感"带回国际关系的宣言式的文章。[③] 除了这上述论文和著作外，还有默瑟、尹继武、勒德—博罗、雅库斯·E·C·海曼斯（Jacques E. C. Hymans）、威廉斯·J. 郎（Willam J. Long）与彼得·布里克（Peter Brecke）、阿勒萨多·布里吉（Alessandro Brogi）等人的研究成果涉及到国际关系中情感的作用。[④] 不过，将情感、文化/世界观、象征性权力联合起来进行研究的成果不多，只有布伦特·J. 斯蒂尔（Brent J. Steele）将情感纳入到了有关文化与世界观的本体安全范畴中予

---

① 对国际关系学者关于声誉、威望问题现有研究成果的介绍，可参考王学东《外交战略中的声誉因素研究——冷战后中国参与国际制度的解释》，天津人民出版社 2007 年版，第 39—48 页。不过王学东没有涉及国际地位的研究成果，这一方面的研究成果邓勇和下面将会提到的包天民两本著作，见 Yong Deng, *China's Struggle for Status*：*Tthe Realignment of International Relations*, New York：Cambridge University Press, 2008.

② Barry O'Neil, *Honor*, *Symbols and War*, Michigan：The University of Michigan Press, 1999.

③ Neta Crawford, "Passion of World Politics：Propositions on Emotion and Emotional Relation-ships", *International Security*, Vol. 24, No. 4, 2000, pp. 116 – 156.

④ 有 Jonathan Mercer, *Reputation and International Politics*, Ithaca：Cornell University Press, 1996；Richard Ned Lebow, *A Cultural Theory of International Relations*, Cambridge：Cambridge University Press, 2008；Jacques E. C. Hymans, *The Psychologhy of Nuclear Proliferation*：*Identity*, *Emotions and Foreign Policy*, Cambridge：Cambridge University Press, 2006；Willam J. Long and Peter Brecke, *War and Reconciliation*：*Reason and Emotion in Conflict Resolution*, Massachusetts：MIT Univversity, 2003, etc.

以考虑。① 既然情感是促使行为体反抗霸权世界观或象征性权力效应的动力，那么，我们也可以从情感与世界观的角度考察和谐世界观提出的意义。

最后，我们仍需回到象征性权力与愤恨情绪之间的关系问题上来。尽管卢卡斯、布尔迪厄、默瑟、尹继武等人都主张规范或象征性权力（或卢卡斯的第三维度权力）能够消除从属者的怨恨情绪，然而象征性权力的运作与愤恨情绪之间的隐现之间，并不存在必然的因果关系。象征性权力的直接针对对象是行为体的认知方面。虽然在实际生活中，认知与情感彼此混杂在一起，不可分割，② 从而使得象征性权力同样可能影响到行为体的情绪。比如说，某个国家或国际制度建构出一种说明目标国家违反国际规范的话语，经过行为体的接受，它直接影响到行为体对相关问题的思考，包括反思自己的行为与国际规范之间的差距、建构话语的国家或国际组织之所以这样做的动机、对这种符号是否需要以及如何作出回应，等等。在认知机制的运作过程中，无疑伴随着行为体复杂的情绪感受。只有当行为体意识到自身的行为的确违背国际规范并认可这种规范合法性的情况下，行为体才会产生默瑟、尹继武等人所说的羞愧情绪，象征性权力才能有效发挥作用；如果行为体认为针对它的指责是不实的、或者它认为规范受到了操纵，那么行为体产生的情绪就可能是愤怒、怨恨、羞愧（这是基于行为体无法改变规范而不得不听命于人而产生的羞愧情绪，由此也可以看出羞愧的起因并不是单一的）、沮丧、自责等情绪。在情绪的牵动下，行为体根据对接受、拒绝、反叛等选择方案带来的后果进行衡量（这是由情绪启动的认知过程），据此采用应对措施。③

---

① Brent J. Steele, *Ontological Security in International Relations: Self-Identity and the IR States*, New York: Routledge, 2008.

② 对情绪与认知之间关系进行研究的成果的介绍，可参考尹继武《社会认知与联盟信任形成》，上海人民出版社 2009 年版，第 53—67 页。

③ 我们这里借鉴了理性选择理论有关行为体对目的与手段进行衡量的观点，在象征性权力成功运作的时候，行为体是不会遵循理性选择理论的逻辑而是直接从惯习出发遵守规范的。然而，我们考虑的正是象征性权力受到质疑时的情况。这种情况是可能出现的，正如布尔迪厄自己也承认在危机时候，行为体遵循理性选择理论的假定是可能的。他指出："当主客观结构间的常规性相互适应受到严重干扰时，危机就发生了。每当危机到来的情况下，至少对于那些处于依理性行事的位置上的行动者来说，真正的'理性选择'就可能接过这份担子。"见皮埃尔·布迪厄、华康德：《实践与反思——反思社会学导引》，李猛、李康译，邓正来校，中央编译出版社 1998 年版，第 177 页。

在这一简单的例子中，我们能够发现，只有社会整合没有取得高度的合法性，象征性权力对情感的影响是通过认知这一中介才得以实现的。如此一来，就有可能出现这样一种情形：行为体可能有怨恨、愤怒等情绪，然而考虑到自身实力的弱小，他不会起而反抗或完全退出国际规范，而是隐藏起自身的情绪，被迫服从话语建构者提出的要求。根据布尔迪厄等人的理论逻辑，这种情况可以被视为象征性权力成功运作的例子；然而实际情况却是，象征性权力并没有消除怨恨情绪，而只是将其掩盖起来了。

这种情况在国际关系中尤为常见。受制于弱势权力地位，第三世界国家经常不得不屈服西方国家的要求。然而，这种屈服并不代表第三世界国家认可西方国家的做法及国际制度的合法性。在象征性权力的作用下，怨恨情绪既可以消除，也可以以潜伏的状态存在。之所以如此，这是因为情感与认知虽然存在着密切的关系，然而它们毕竟不能等同，它们可以相对独立地发挥作用。也就是说，即使从属阶级的积习被象征性权力塑造而且保持相对稳定，然而并不排斥表面上的遵循行为下隐藏着怨恨情绪；相反，即使从属阶级产生了愤恨情绪，这种情绪也并不一定会带来行为体认知结构的改变，或者转化为公开的对抗现存统治秩序的政治活动。怨恨情绪要转化为可见的社会冲突，需要外部条件的调节，正如汤普森对霍纳特忽视了情感伤害与社会冲突之间的中介环节所作的批评一样。愤恨情绪的消除，只是象征性权力产生的可能效应，它们之间没有必然的因果关系。不过，这样衍生了另外一个问题：既然我们提出了一种情绪性权力，这种情绪无疑是可以消除怨恨等情绪的，而且布尔迪厄等人认为象征性权力也能够消除怨恨情绪。那么，布尔迪厄等人的观点是否正确？哪一种权力在消除怨恨情绪方面更为有效？它们之间是如何相互作用的？我们认为，象征性权力与情绪性权力都能带来消除怨恨等消极情感的作用，至于何种权力更为有效，以及它们之间如何互动，需要就权力与情感之间的关系进行大量的研究才能回答，不是理论演绎能够胜任的。但记住一点是必要的，即虽然象征性权力与情感之间不存在必然的因果关系，但象征性权力能否有效运作，与情感有着莫大的关系。愤怒、羞愧、义愤等情绪，是行为体进行社会动员和象征革命的催化剂和加速器，如果行为体在受到这些情绪的刺激进行自我反思，并得以成功利用社会结构提供的条件采取适当的策略，那么象征性权力是可以被突破的。

当然，情绪仅仅是反抗象征性权力的动力，行动才是决定因素。强调情感是反抗象征性权力的动力，并不意味着怨恨、尴尬、焦虑等情绪的存在，必定意味着霸权世界观的控制与压迫效应会自动消失。在人类社会中，上述情绪是普遍存在的，然而，外显为反抗象征性权力的社会行动相对来说较少。我们仅仅是情绪构成反抗象征性权力的心理基础，至于心理基础能否转化为行动，既受到外部社会环境的制约，如资源的有无、同盟者的存在与否、是否有组织者和领导者进行集体动员、行为体内部的分化情况，等等；同样也取决于行为体本身的条件，如勇气、策略、性格、知识水平、构架问题的能力、组织与领导能力、情感控制与塑造能力，等等。前者强调社会结构提供的机遇，而后者强调行为体自身的素质。我们已经指出，即使是在压制性极强的结构性条件下，行为体仍然是具有塑造周边环境与自身认知、情感、生理状态的能动性的，即可以展示出"做……的权力"。这种基于自身情感而主动、积极地发挥"做……的权力"的过程，就是我们不断予以强调的自我赋权行为。就国际关系研究中的象征性权力而言，当我们对霸权世界观及其预设形成了"疏离感""陌生感"，并且行为体能够接触到有别于霸权世界观的其他世界观，那么它就具备了自我赋权的基本条件。问题在于行为体是否有能力和意愿去摆脱霸权世界观及其预设的控制。尤其当霸权世界观及其预设已经构成大多数行为体的惯习或整个社会共享的常识时，这个过程尤其困难。用布尔迪厄的话来说，摆脱它们就是"与社会决裂"，"要实现彻底的质疑，几乎就等于想要成为一个不法之徒"。[①]当和谐世界观处于霸权世界观的阴影下时，我们要做的就是有甘愿成为"不法之徒"的勇气，并培养自身挖掘和谐世界观真正学理内涵的能力以进行有效的自我赋权，以反击和谐世界不过是"战略口号"的"常识谬见"。

---

① 皮埃尔·布迪厄、华康德：《实践与反思——反思社会学导引》，李猛、李康译，邓正来校，中央编译出版社1998年版，第365页。

二　情感与本体安全：国家安全视野中的和谐世界观①

在之前介绍世界观的特征时，我们已经对何谓本体安全以及本体安全、世界观与情感之间的关系作了必要的论述。我们认为，本体安全的获取与否，与世界观密切相关。吉登斯指出，本体安全有四个基本维度。第一个维度是针对存在本身。即人意识到自身是一种存在而不是一种"非存在"，这一维度是通过传统来承担的。通过参与日常生活，行为体具备区分存在与不存在的思考和感知框架。本体安全的第二个维度是涉及到人的生活与外部世界的关系。即人如何面对生老病死、自然灾害、世界突发事件等不可避免的社会现象，这些现象会带来恐惧、忧虑等诸多情感。这一维度往往由宗教来承担，而在中国这样一个缺乏强烈超越取向文化传统的国家中，历来是由具有一定宗教色彩但又不属于宗教的"天理世界观"或天下观完成的。本体安全的第三个维度是行为体如何面对社会生活中的其他行为体。这一维度的安全，是通过行为体在与其他行为体互动过程中形成自我认同而实现的。最后一种类型就是自我认同本身。这种认同主要是通过行为体对自身的过去、生活历程进行回顾而产生一种自我同一感。从吉登斯本体安全的四个维度可以看出，世界观不仅与第二个维度直接相关，而且它本身也是传统的一部分，从而也与第一个维度有着密切的关系。在国家层面上，世界观还与第三、第四维度同样有直接的关系。因为文化与世界观不仅是人们认知和沟通的工具，而且是人们延续历史、界定身份的重要来源。也就是说，身份与世界观之间有相互建构的关系，如天下观与中央王朝之间就存在这种关系。在长达几千年的时间里，天下观是中国国家身份的界定性特征，而中国作为一个帝国，同样赋予天下观以意义。在西方帝国主义的冲击下，当中国不能再以一个帝国的形态存在于世

① 对于本体安全与国家的生存安全、经济安全等安全层面的关系，限于篇幅，本书未加考察。另外值得指出的是，我们将和谐世界观的提出视为中国为维护本体安全的努力，这与国内、国外学者从文化的角度提出的"文化安全"概念有所不同。而且，国内已有关于"文化安全"的成果，虽然有一部分考虑到文化霸权之间的关系，但没有研究成果专门讨论文化、象征性权力（或类似权力类型）、情感之间的关系。关于文化安全的著作非常丰富，可参考潘一禾主编《文化安全》，浙江大学出版社2007年版；李金齐《全球化时代的文化安全研究》，中国社会科学出版社2008年版；谢晓娟《全球化：文化冲突与文化安全》，辽宁大学出版社2007年版；于炳贵、郝良华《中国国家文化安全研究》，上海人民出版社2007年版；曹泽林《国家文化安全论》，军事科学出版社2006年版；胡惠林《中国国家文化安全论》，上海人们出版社2005年版，等等。

时，天下观也就被当作一种不科学的世界观被抛弃。我们下面要讨论的是本体安全的获得途径，及和谐世界观的提出对国内建设而言具有什么样的意义。

世界观之所以能够引起人们的身份认同与情感忠诚，关键在于它们能为人们处理日常事务提供必要的工具，让他们能够在复杂的社会现实生活中建立起连续性与稳定性，从而具有一种"家"的感觉；而当世界观遭到强有力的外力冲击或导致其崩溃时，行为体会因为无法再建生活世界的连续性而产生严重的心理不安全感，也就有一种"无家可归"的感觉。尤其是那些创伤性的记忆，往往持久地对行为体的心理安全带来伤害。①如战争、传染病、自然灾难等造成重大人员伤亡的事件，更能对人们的心理安全造成巨大的威胁。之所以出现了形形色色的战争综合症、灾后心理障碍等疾病，在很大程度上是由于灾变、战争等事件的发生，改变了人们习以为常的社会关系与对世界的认识，从而形成一种对世界、对社会不再信任的倾向。然而，能否获得对世界、对社会、对他人的"基本信任"，是行为体能否获得本体安全的前提。由此可见，世界观的冲突，实际上是生活世界、生活方式的冲突，与此相对应，世界观的崩溃，也就意味着生活世界与生活方式的调整。而调整是需要付出代价的，尤其是当受到挑战的弱势世界观与霸权世界观之间存在巨大差异的时候，这种调整几乎需要将原来习以为常的生活方式进行彻底的重构，由此给行为体带来的情绪反应之大是可想而知的。

本体安全受到威胁能够产生极为复杂的情绪反应，最为典型的是焦虑或羞愧。② 尽管两者都是从社会关系中产生，而且主要涉及行为体的身份认同，但它们也有细微的区别。相对而言，焦虑情绪更多是行为体基于自我期待而产生的情绪反应，而羞愧则是由行动没有达到原来的自我预期而衍生的后果；而且焦虑较少与社会规范相关联，而羞愧往往与或明确或隐含的社会规范联系在一起。也就是说，焦虑更多的是行为体为了满足本体安全而采取行动的原因，而焦虑是本体安全不能实现这种安全带来的结

---

① Duncan Bell, ed., *Memory, Trauman and World Politics: Reflection on the Relationship Between Past and Present*, New York: Macmillan Palgrave, 2006; Deniel Reisberg, Paula Hertel, eds., *Memory and Emotion*, New York: Oxford University Press, 2004.

② Brent J. Steele, *Ontological Security in International Relations: Self-Identity and the IR States*, New York: Routledge, 2008, pp. 52 – 53.

果。除了焦虑、羞愧，本体安全能否实现，还会产生绝望、愤怒、悲哀、高兴、自豪、感激等复杂情绪。到底产生何种情绪，关键在于行为体如何对本体安全的寻求结果进行归因（attribution）。归因对象是多种多样的，既可以是自己、他人（他群、他国），也可以是社会关系、机构，甚至可以是整个社会（包括国内、国际社会）。① 如果说行为体寻求本体安全的尝试获得了成功，并将成功归因于自身，他就可以获得自豪、欣喜等情感；归因于他人，则会产生感激之情；归因于社会关系，则会对关系表达团结和忠诚之情；归因于社会结构或国际社会，则会感慨时代提供的机遇。而一旦寻求本体安全的努力失败，则会产生对社会、机构、关系、他者的愤怒、沮丧、心灰意冷等情绪。当然，人有一种将功劳归于自己，将错误归因于别人或社会的倾向，这就是社会心理学研究中的归因偏见（attribution error）。② 一般而言，情感可分为两类，一类是积极情感，如高兴、欣悦、愉悦等，一类是消极情感，如羞愧、焦虑、愤怒、内疚、恐惧、痛苦等，也有人反对将情绪做这种非此即彼的分类。如著名情感社会学家乔纳森·特纳（Jonathan Turner）就在这两类情感之外，根据情感强度进一步划分不同的基本情感（primary emotions）、次级情感（secondary emotions）等。③ 由此，我们也可以从情感的角度对本体安全带来的效应进行分析。

本体安全（不安全）不仅仅是私人现象，而且也可以是结构带来的效应。行为体都是处于社会关系中的，而且只有通过社会关系才能对自身的社会身份进行定位、形成自我认同感。就国家的文化与世界观而言，用布尔迪厄的话来说，它们是处于世界文化或世界观的场域之中的，或者也可以像张旭东所说的那样，这是由各国对自身的文化、世界观、生活世界、思想观念、生活方式、价值观念进行肯定而相互竞争而形成的一种"文化政治"场域。由此，行为体对世界观的忠诚与整个世界观场域有着

① 对于多样化情绪与多样化归因对象之间做了比较集中论述，可参考 Jonathan Turner, "Emotion and Social Structure: Toward a General Sociological Theory", in Dawn T. Robinson and Jody Clay-Warner, eds., *Social Structure and Emotion*, San Diego: Elsevier, 2008, pp. 319 – 342.

② 可参考尹继武对不同类型归因偏差的介绍，尹继武：《社会认知与联盟信任形成》，上海人民出版社 2009 年版，第 136—140 页。

③ 可参考乔纳森·特纳、简·斯戴兹《情感社会学》，孙俊才、文军译，上海人民出版社 2007 年版，第 13—14 页。

密切的关系。基于文化资本、象征资本及作为它们基础的经济资本、政治资本的不平衡分配，不同国家在竞争性的世界观场域中所处的地位同样是不平等的。本体安全研究者卡特瑞纳·吉瓦尔（Catarina Kinnvall）将这种既涉及到个人心理情感状态又勾连着国家在国际社会结构中位置的本体安全概念，视为一种"厚指针"（thick signifier）。因为它能够对信仰某种世界观人们的心理情感状态与国家在世界观场域中所处位置这两个方面做出相对准确的反映，为"提供讨论真实社会内部与社会之间经济与社会不平等提供了手段"。① 那些感受到本体不安全或损失的行为体，往往在世界观场域和"文化政治"场域中处于弱势地位。正如我们在第四章所说的，在当前的世界观场域中，第三世界国家都面临来自霸权世界观的同化压力，普遍感受到了自身本体安全受到的威胁，由此衍生出普遍的焦虑情绪，在极端情况下甚至有怨恨情绪。如塔利班、基地组织等恐怖主义势力对西方国家展开的攻击，就是一种通过宗教原教旨主义进行自我赋权以反抗象征性暴力的举动。除了这种极端手段，民族主义（像第四章所说的菲律宾学生攻击美国国防部网站）、贬损他者、抗议示威等都是常见的寻求本体安全的途径。不过，当行为体处于焦虑状态时，他也可能通过自我反思、自我调整来做出反应，而不是采取进攻性的姿态攻击他者。

我们首先要明确，国家是通过身份构建来追求本体安全的。就国家而言，作为一个包括了不同群体、不同地域、不同族群等的集体，它一般不像个人那样有明确的生活轨迹，也不具有具体的情感反应，如何表现出对本体安全的需要呢？如何表现出对身份认同的渴求呢？学者们认为，尽管国家不完全等同于个人，但它们可以通过话语建构、文字记载、神话描述等方式，将自身建构为一个具有连续性、自我统一的整体。这就是斯蒂尔所说的"传记体叙事"（biographic narrative）或自我的描述，即国家在参与国际活动的时候，通过言辞表达自身的愿望、观点、看法，同时也对自身的行动、政策做出表述，期间也就构建或表达了自身的身份观。这就是"（国家）具体的'言说'，将一项政策的涵义与一个国家的'自我'的

---

① Catarina Kinnvall, *Globalization and Religious Nationalism: The Search for Ontological Security*, New York: Routledge, 2006, p. 26.

描述和理解结合在一起，从而构成该国的传记体叙事"。① 在这一过程中，"描述"就构成一个国家传记体叙事的关键机制。通过有选择性地抽取国家历史进行讲述——不管选择的对象是真实的还是虚构的，"描述"为国家提供了有现在、有过去、有未来而且内在连贯的国家演变的图画，即一个有关国家身份的"故事"。当然，描述既可以提供持续的国家身份，也可以建构一个断裂但代表新生的国家身份。至于如何建构，往往取决于国家的现实需要和政治目的。② 当然，国家身份的建构并不是任意的，即不能对历史进行纯粹的虚构。但由于历史只是过去、未来还没来到、现在还无法充分展开，所以建构国家身份的描述，往往有偶然性、创造性的成分。此外，一个国家内部无疑会存在着多种对国家身份的界定，至于哪种传记体叙事会成为国家的主导身份，往往取决于各种描述所提供的国家身份的内在连贯性、真实性、政治有效性等，但最终起决定作用的还是建构不同国家身份的行为体象征性权力的大小及他们所使用的策略。③

国家的自身反思，体现在对国家身份的反思以及对构成这种身份的生活世界的肯定上。所谓国家身份，简单地说，就是在国际社会中，某国希望成为一个什么样的国家，能够对国际社会与人类做出什么样的贡献，能为国人、世界提供一种什么样的世界想象。国家身份的建立并不是孤立和纯粹虚构的，不能与国家对过去的思考、对未来的展望完全脱离。因为国家身份虽然是"建构的"，但建构不等于虚构，而是要在"一个具体的社会生活和政治文化的落座里边找到一个非常实质性的立场和自我认识"。④ 也就是说，国家身份的建构在两个重要的意义上是社会性和关系性的。首先，行为体用以构建自身身份的资源并非是无限和任意的，相反，它们是受到历史与现实的双重限制。其次，身份的建构，并不是自说自话，而是针对特定的行为体而言的，其有效与否，在很大程度上取决于其他行为体

---

① Brent J. Steele, *Ontological Security in International Relations: Self-Identity and the IR States*, New York: Routledge, 2008. p. 10.

② Erik Rigmar, *Identity, Interests and Action: A Cultural Explanation of Sweden's Intervention in the Thirty Years War*, Cambridge: Cambridge University Press, 1996, pp. 76 - 77.

③ 正如米歇尔·C. 威廉斯对新保守主义在小布什任期内兴起时所作的研究表明的，可参考 Michael C. Williams, *Culture and Security: Symbolic Power and the Politics of International Security*, New York: Routledge, 2007, chap. 5.

④ 张旭东:《全球化时代的文化认同：西方普遍主义话语的历史批判》，北京大学出版社2006年版，第429页。

对它身份描述的认可。① 这两个方面的条件，共同决定了行为体在身份构建过程中所受的限制。所谓反思，就是指行为体必须充分调动自己的能动性，发挥"做……的权力"，建构一个能够准确地表达自己定位和抱负的国家身份。如中国在国际社会中，将自己定位为"发展中国家""社会主义国家""负责任的国家""推动世界和谐的力量"等，都属于中国为自己、为他人给出的国家身份描述。那么，在思想、知识、规范生产领域，中国的国家身份又如何呢？加拿大国际关系学者包天民（Jeremy Paltiel）认为，在国际关系的规范生产和倡导领域中，中国仍然处于"价值接受者"的阶段，还没有成为"价值创造者"。② 不过，中国人的确面临认同方面的危机是一个不争的事实。姚先勇通过对中国文化—文学界有关中国身份认同的争论进行考察，认为中国人面临的认同危机构成一种"世纪的焦虑"。③ 这从另一个侧面证明了中国人的本体安全没有得到充分保障的事实。除此之外，在中国学术界乃至中国国民那里，还存在一种同样强烈的羞愧情绪，具体体现为自卑情绪，这尤其典型地体现在对待美国的态度上。④ 如此一来，如何克服焦虑和羞愧情绪，进行自我赋权，就成为中国人迫切需要解决的问题。

自我赋权需要肯定传统、肯定中国人"在有效的行为中得以呈现"的世界观（葛兰西语），并将其理论化。既然本体安全的四个维度都与世界观密切相关，而维护本体安全的途径——建构一个具有内在连续性的国家身份——同样意味着不能忽视历史、传统，那么，建构一种建基于传统世界观，并与此同时创造性地吸收了现代西方世界观、其他世界观合理成分的新世界观，就构成中国消解认同危机、克服心理焦虑的必要途径。实际情况是，中国传统天下观因为在近代与霸权世界观冲突中失败，以致遭到人们的抛弃。尽管如此，中国传统世界观仍然寄托着许多中国人的情感

---

① Michael C. Williams, *Culture and Security: Symbolic Power and the Politics of International Security*, New York: Routledge, 2007, p. 69.

② Jeremy T. Paltiel, *The Empire's New Clothes: Cultural Particularism and Universal Value in China's Quest for Global Status*, New York: Palgrave Macmillan, 2007, p. 16.

③ 姚先勇：《世纪的焦虑：全球化、文化认同、中国、民族主义……》，载陈家定主编《全球化与身份危机》，河南大学出版社 2004 年版，第 189—199 页。

④ 唐世平、綦大鹏：《中国外交讨论中的"中国中心主义"与"美国中心主义"》，载《世界经济与政治》2008 年第 12 期，第 62—70 页。

认同，而且它本身仍在许多方面指导着中国人的行为方式和思维方式，只是我们没有充分将其理论化而已。我们主张肯定传统，并不意味要将传统世界观复制一遍，用以替代马克思主义作为国家的指导思想，而是通过有选择性地肯定传统世界观中富有启示的因素，为中国人回答"你要做什么人、你要作为一个什么样的人活着，你生活的最高目标和最高价值是什么，你能形成一种什么样的世界观，你如何为这个世界和自己真正看重的、界定自己的存在的东西而奋斗"① 等攸关中国人身份认同、本体安全的问题作出贡献。作为在中国传统世界观基础上创造性地进行重构的和谐世界观，正是在这样一种背景下提出来的。和谐世界观一方面有助于消除国民由认同危机带来的心理焦虑和自卑情绪，另一方面也凸显了中国致力摆脱霸权世界观及其预设控制的意愿；前者是就其国内意义而言，而后者是就其国际方面的意义而言的。由此观之，和谐世界观绝不是什么战略口号，而是一个中国从自己的传统出发，进行自我赋权，反抗霸权世界观和象征性权力宰制的举动，同时也有可能为世界提供一种想象世界、观察世界的独特可能性。问题在于如何将这种可能性开发出来。这就涉及到与弱势世界观面临的"承认困境"，承认困境得不到解决，就威胁到国家安全的另一维度，即"承认安全"（recognition security）。这是一种行为体的努力得不到别人认可和尊重的状态，它意味着行为体的努力遭受了蔑视，它威胁到行为体的自信。

本体安全与承认安全密切相关，两者之间相互依存，前者构成后者的条件，后者是前者的内在需要。本体安全与承认安全之间的关系，类似于塞耶在情感利益中所区分的内部商品与外部商品。也就是说，关于文化、世界观的安全，同样可以分为内部与外部两种类型。内部自然就是指本体安全，这是一种就行为体基于文化、世界观及由此带来的身份认同的持续性和稳定性而言的；而外部商品就是文化、世界观、身份认同在社会关系中获得承认、尊重的程度，或称社会地位。本体安全的获得与维持，虽然也是在社会关系中完成的，但它主要依靠行为体的自我感受、自我反思、对行为的自我调整；至于承认安全，则主要地依赖于处于关系中的其他文化、世界观、行为体对自我行为体给予的评价。本体安全与承认安全是一

① 张旭东：《全球化时代的文化认同：西方普遍主义话语的历史批判》，北京大学出版社2006年版，第412页。

体两面的关系，类似于中国语境中的"脸"与"面子"之间的关系。一般来说，"脸"是行为体通过自身的品行、德性、素质、实力而获得的，而面子往往是其他行为体根据行为体的实力、财富、德性、地位等方面的情况所给予的一种评价。如金耀基指出，"'脸'不同于'面'者是前者乃社会中人人都可拥有的；它至少有普遍性的潜能，不像面是属于社会阶梯中有身份与地位者。其次，脸没有多少、大小的量的性质，它很难有增减的量度；它是固定的，有或者没有"。① 我们赞同金耀基有关脸与面子虽然都具有道德性，但它们在社会性程度上有所区别——"脸"主要是道德面的，而"面子"主要是社会面的——的观点，但本体安全与承认安全和脸与面子之间的区别在于：无论是本体安全还是承认安全都有程度的区分，而且都具有"普遍性的潜能"。任何一个行为体都有追求本体安全与承认安全的需要，因为身份认同的安全与社会尊重构成人类两个同等重要的动机。举例来说，有朝一日和谐世界观能够取得较高程度的学理性，较好地满足中国人对本体安全的需要；至于它能否赢得世人的认同和尊重，在很大程度上取决于别人的判断和评价。也就是说，本体安全的获得，主要取决于行为体自身的努力；而承认安全的取得，则在很大程度上取决于他者的反应。

我们也可以将本体安全、承认安全之间的关系与另外一对概念联系起来，即内部荣誉（internal honor）与外部荣誉（external honor）。用道格拉斯·卡瑞斯（Douglas Cairns）的话来说，两者之间的关系，是一种"来自于自我的荣誉与来自于他者的荣誉"之间的关系，尽管它们都是关于自我或者通过自我起作用，但它们的来源是不一样的。② 前者是通过行为体基于自身的行为和实力获得的一种关于荣誉的感觉，其参照点往往是某个具体社会语境中的行为规范；而外部荣誉则是其他行为体根据或明确或含蓄的规范对行为体的行为进行对比后给出的评价。内部荣誉存在于社会行为体的良心之中，它与行为体对自身不适当行为体进行的一种自我制裁；而外部荣誉是基于社会的力量对行为体是否值得获得尊重、荣誉而做

① 金耀基：《"面"、"耻"与中国人行为之分析》，载《金耀基选集》，上海教育出版社2002年版，第128页。

② Douglas Cairns, *Adios: The Psychology and Ethics of Honor and Shame in Ancient Greek Literature*, Oxford: Clarendon Press, 1993, p. 14.

出的裁决。一般来说，内部荣誉与外部荣誉是相互加强的，如有脸的人有面子，没脸的也没面子；不过正如金耀基与翟学伟的研究表明的那样，它们也有可能相互分离：即有脸没面子，没脸有面子。① 这种内部荣誉 vs 外部荣誉、脸 vs 面子相互背离的现象，很少得到社会心理学家的关注。虽然我们可以从中国社会中找到大量有关脸、面相互背离的现象，但这种现象并非中国独有，外国社会与国际关系中同样有大量这样的例子。比如说中国崛起，为中国人赢得了"脸"或"内部荣誉"，因为中国在实现中华民族伟大复兴的道路上取得了阶段性的重大成就；但西方国家可以通过话语操纵，建构出"中国威胁论""中国崩溃论"等歪曲意象，误导国际舆论、损害中国形象，让中国无法在某些周边国家和国际社会中获得与其实力相称的国际尊重。从这一事例中，我们可以发现，"面子"或"外部荣誉"的获得，行为体的德行、实力、品质等并不一定是决定性的因素；相反，象征性权力扮演着重要的角色。和谐世界之所以很少赢得国外学者的回应，部分原因在于西方国家通过象征性权力塑造世人的认知，而无法使其获得承认安全。不过，承认安全的获得，是为本体安全服务的。和谐世界观首先满足的是中国人对本体安全的需求，然后才去争取国际社会的承认安全。归根结底，和谐世界观能否既满足中国人对本体安全渴求进而赢得国际尊重即承认安全，关键还在于中国人能否进行创造性的研究工作，将和谐世界观的丰富内涵深入地表述出来。这是中国发挥"做……的权力"的重要契机，也是反抗作为"统治……的权力"的象征性权力的机会。

总而言之，只有从本体安全的角度，我们才能更清晰地识别出和谐世界观提出的意义。② 当不同国家为了捍卫本国的生活世界、生活方式、价

---

① 对于"脸"与"面"的分裂现象，翟学伟称为"脸面异质性"。更详细的讨论可参考翟学伟《人情、面子与权力再生产》，北京大学出版社 2005 年版，第 136—139 页。

② 张旭东的《全球化时代的文化认同：西方普遍主义话语的历史批判》一书对这一问题展开了详细、深入的研究，该书对于国际关系学者来说也具有重大的启发意义。国际关系学者江西元就对张旭东思想做了大量的借鉴，参考江西元《中国的世界还是世界的中国：中国外交文化本原与国际体系变化趋势》，时事出版社 2009 年版。江西元的著作讨论了和谐世界观与"藏天下于天下"的传统智慧在全球化时代对于中国对外战略的启迪，尽管其论述还有可商榷之处，如存在将中、西文化或世界观"本质主义"化的倾向，而且在很大程度上停留在抽象思辨的层次，不过他的努力是值得国际关系关系重视的，因为他的研究触及到了在新的时代背景下中国人如何承续传统这一关系到中国本体安全的问题。

值观念、自我认同等，从而将文化或世界观上升到政治的层面上，并与别的文化或世界观展开激烈斗争时，我们能从另一角度研究和谐世界观提出的意义。正是在国际关系中的世界观场域或文化政治场域中，我们能够发现和谐世界观的提出，所涉及到的已不仅仅是为中国国际关系研究提供"本体论"和"认识论"等思想资源的问题，更重要的还在于它密切关系到如何做中国人、如何面对中国人的生活方式、如何对自身的生活世界进行肯定等关系到中国本体安全的重大问题。有鉴于此，我们希望学术界能够认真对待和谐世界观这一从中国本土资源生发出来的"世界图景"，尽管它仍然不完善。即使我们不认可这一世界观，我们也有义务去思索何种世界观能够对"中国这个复杂的现实存在"以及未来的全球秩序做出合理、清晰、明确的表述。对于中国人来说，为了充分地表述我们自己，同时也为了表达我们对这个世界的认识和思考，而且也为人类社会的发展前景贡献了自己的秩序方案，有自己独特世界观的中国文化，可以而且必须从中国自己的世界观出发提供我们关于世界的构想。问题在于中国国际关系学者能否从西方"霸权世界观"及其预设中摆脱出来，切实地从中国传统思想和历史实践中吸取养分，进行创造性的研究工作，从而为和谐世界观、"天下观"，以及其他可能的替代世界观的学理化和有效性提出原创性的贡献。

　　事实上，本书对和谐世界观批判使命的研究，一个最根本的出发点是希望和谐世界观能够成为一个学术命题。随着国家军事、经济实力的增强，要求中国明确表述自身发展道路及对未来世界发展趋势的看法等方面的压力越来越大。然而，囿于中国传统世界观的断裂和对霸权世界观预设的内化，国际关系学者对于结合了中国思想传统和马克思主义思想启示的和谐世界观，无法充分解读其学术内涵，于是才有西方三大主义在国际关系理论研究中大行其道的奇怪现象。在国际关系研究发展的初级阶段，对学理化程度较高的西方学术研究成果进行引进和消化是必要的，而且的确也为中国人处理对外事务、解释国际现象作了巨大的贡献；然而在国家的对外实践和世界抱负与学术界研究之间出现了巨大差距的时候，如果我们仍然将西方的某些主义奉为圣经宝鉴，我们不仅仅自甘西方象征性权力的作用对象，而且是对祖先、子孙后代所负道德责任的背叛。做出这种评价，既非是对国际关系学界的集体指责，也非鼓吹完全摒弃西方国际关系理论的研究成果。我们强调的是这样一个事实，任何国际关系研究都有想象的成分，这种想象并不是虚无缥缈的理论捏造，而是通过想象世界的运行和组织方式，为人们的理论研究提供有力的启示和有效的指引。① 和谐世界观既然是从中国五千年的历史实践承续下来的思想成果，而且的确在中国王朝政治中被制度化，至少说明它是有一定合理成分的。如果说本书通过对霸权世界观及其预设在国际关系（包括理论）实践中所发挥作用的说明具有学理含义，那么我们至少实现了将世界观带回国际关系研究中的目的，而且为人们想象世界是如何可能的这一问题开辟了一条小径。虽然我们仅仅只是尝试性探索和谐世界观承担的批判使命，但我们相信，只要中国国际关系学者对自己思想上信仰西方世界观、行动中却体现中国世界观这一分裂状态产生出困惑、愤懑、焦虑、不安等情绪，而且愿意为自己重新做回一个"思行一致"的中国人付出努力，那么和谐世界观的解释与规范使命，终究会完成。

而就实践层面的意义而言，和谐世界观是一种极具包容性的世界观，它能够为世界人们共建和谐世界提供重要启示。既然许多第三世界观都受到霸权世界观的压制，那么如何反抗由此带来的象征性权力，就构成许多第三世界国家共同面临的任务。中国也不例外，至少在当前，和谐世界观仍然是处于霸权世界观的阴影之下的。在抵制和揭露霸权世界观的过程中，和谐世界观首先需要为自己的发展廓清道路；然后才能与包括霸权世界观在内的不同世界观进行平等对话，使其价值得到世人更多的认同。重视情感的和谐世界观，不会也不能重蹈霸权世界观消除其他世界观的覆辙。就实践立场而言，和谐世界观主张和支持不同行为体在遵循和平共处五项基本原则的基础上捍卫国际"无政府状态"，鼓励世界观、文化、政治制度等方面的相互尊重、求同存异，这也是建立和谐世界的必要途径。诚如胡锦涛主席指出的：

> 坚持包容精神，共建和谐世界。文明多样性是人类社会的基本特征，也是人类文明进步的重要动力……各种文明有历史长短之分，无高下低劣之别。历史文化、社会制度和发展模式的差异不应成为各国交流的障碍，更不应成为相互对抗的理由。我们应该尊重各国自主选

---

① J. Marshall Beier, *International Relations in Uncommon Places: Indigeneity, Cosmology, and the Limits of International Theory*, New York: Palgrave Macmillan, 2005, p. 220.

择社会制度和发展道路的权利，相互借鉴而不是刻意排斥，取长补短而不是定于一尊，推动各国根据本国国情实现振兴与发展；应该加强不同文明的对话和交流，在竞争比较中取长补短，在求同存异中共同发展，努力消除相互的疑虑和隔阂，使人类更加和睦，让世界更加丰富多彩；应该以平等开放的精神，维护文明的多样性，促进国际关系民主化，协力构建各种文明兼容并蓄的和谐世界。①

第三节　和谐世界观的思想根源、可期性与合理性

本节尝试在与温特世界国家观进行比较的基础上，研究和谐世界观的思想根源、可期性与合理性。温特有关世界国家的形成是不可避免的观点，对和谐世界观提出的价值构成了直接的挑战。如果我们承认和谐世界观的提出是有价值的，我们需要回答：和谐世界观与世界国家观之间是否具有区别？如果有区别，那么这种区别体现在什么地方？世界国家的形成真的是不可避免的吗？人们为什么要期待一个和谐世界？和谐世界的形成可能吗？如果可能，其具体实现机制是什么？权力与和谐世界建立之间的关系如何？这些问题，直接考验着和谐世界观的合理性与可信性。为了让和谐世界观真正赢得国际社会的响应，中国学者有责任把上述这些关于和谐世界观的问题当做"现实问题与学术问题的交叉点"、"当代问题和古代问题的连续性"、"国学'和'西学'相通的地方"来进行深入研究，以提高和谐世界观的学理化程度。②

本书无意也无力回答所有这些问题，而只是在将和谐世界观与世界国家观视为两种不同的世界秩序方案的基础上，尝试通过对它们的比较以探讨这两种世界秩序方面在思想根源、可期性与合理性方面的差异。本书认为，温特世界国家观与和谐世界观之间上述三个方面的差异，都是从它们如何对待国际关系中的"国际无政府状态"这一核心问题衍生出来的。

---

① 胡锦涛：《努力建设持久和平、共同繁荣的和谐世界》，载《十六大以来党和国家重要文献选编》，中央文献出版社 2006 年版，第 997 页。

② 上述引文都出自张旭东《全球化时代的文化认同：西方普遍主义话语的历史批判》，北京大学出版社 2006 年版，第 363 页。

它们对待这一核心问题的不同态度可以追溯到它们有不同的思想根源上，进而影响它们如何对待国际关系中的差异，而且影响到它们分别关于对世界国家或和谐世界出现前景的论证是否合理。为了对上述观点进行论证，本节第二、第三、第四部分分别比较世界国家观与和谐世界观在思想根源、可期性与合理性方面的差别，最后我们对本节的发现进行简要讨论。

一　温特世界国家观与和谐世界观的思想根源比较

和谐国家观与世界国家观都反映了人们对世界秩序的追求，它们都必须面对和处理"国际无政府状态难题"。国际关系之所以成为一个相对独立的人类活动领域，在于它的界定性特征是国际关系缺乏一个合法垄断全球暴力的世界国家。按照西方国际关系学者的说法，这是一种"无政府状态"。[①] 如肯尼思·沃尔兹指出，相对"国内系统是集权制的、等级制的"，"国际系统是分权的、无政府的"。[②] 尽管这种国内秩序与国际无政府状态的两分法，无论在事实层面还是在伦理层面都遭到了重要的批判；[③] 而且随着全球治理的兴起，"没有政府的治理"似乎成为一种替代无政府状态的世界政治描述方式。[④] 但是，国际社会中缺乏一个合法垄断世界暴力的全球性国家，仍是世界政治的一个基本特征。[⑤] 因此，当做为世界秩序方案被提出时，和谐世界观仅仅承认当前世界是不和谐的，而没有对世界政治的性质做出除此之外的更多判断。然而，世界之所以没有实现和谐，无政府状态带来的各种问题仍然是重要原因。无论如何，在建立

---

　　① 限于篇幅，这里不对"无政府状态"及其原型——"自然状态"的真实性进行讨论。许多学者已经指出"自然状态"不过是西方学者为征服印第安人而建构出来的一种虚拟状态，可参见 Naeem Inayatullah and David L. Blaney, *International Relations and the Problem of Difference*, New York：Routledge, 2004, p. 86；J. Marshall Beier, *International Relations in Uncommon Places：Indigeneity, Cosmology, and the Limits of International Theory*, New York：Palgrave Macmillan, 2005, pp. 155 – 180。

　　② 肯尼思·华尔兹：《国际政治理论》，信强译，上海世纪出版集团 2008 年版，第 94 页。

　　③ 前者可参见 Helen Milner, "The Assumption of Anarchy in International Politics：A Critique", *Review of International Studiers*, Vol. 17, No. 1, 1997, pp. 117 – 146；后者可见 R. B. J. Walker, *Inside/Outside：International Relations as Political Theory*, Cambridge：Cambridge University Press, 1993。

　　④ 詹姆斯·N. 罗西瑙主编：《没有政府的治理：国际政治中的秩序与变革》，张胜军、刘小林译，江西人民出版社 2001 年版。

　　⑤ 虽然联合国已经扮演了部分"世界国家"的角色，但这种功能受到许多的限制，尤其受到强权政治的制约。

和谐世界的过程中，无政府状态带来的各种客观问题是需要加以处理的，这就是后现代主义国际关系理论家理查德·阿什利（Richard Ashley）所说的"无政府状态难题（the anarchy Problematique）"。[1] 就此而言，和谐国家观与世界国家观是一样的。尽管在追求秩序的过程中面对同样的核心问题，但这两种世界观处理这一核心问题的方法却有明显差异，这种差异源自于它们不同的思想根源。我们首先分析"无政府状态难题"产生的哲学根源；然后考察这种思想根源在包括温特的世界国家观在内的西方国际关系理论中的体现；然后再来看中国传统世界观是如何处理这一问题的。

既然和谐世界观和世界国家观均可视为世界观（我们认为世界观与宇宙观同意），我们可以先从词源学的角度对无政府状态（anarchy）与秩序（order）之间的关系进行考察。对于这一问题，本书第二章第三节在讨论西方世界观的预设时已经做了分析，这里只需强调，在西方思想背景中，"order"与"anarchy"各有与其密切相关的相应词汇，与秩序相对应的是宇宙（cosmos），而与无政府状态相对应的是混沌（chaos）。秩序与无政府状态之间的二元对立衍生于宇宙与混沌之间的二元对立。这样一来，对"无政府状态难题"的考察，最后需回到宇宙与混沌之间的对立上来。根据西方主流思想有关某种超验性的因素使得世界井然有序、万物各居其位的观点，郝大维与安乐哲将这种混沌演变为宇宙的动力的观点称之为"宇宙演化观"[2] 或"超验宇宙论"。[3] 这样一来，世界的本原不是内在于人类之中，它往往超乎人的控制，而且通常独立于这个世界。[4] 西方世界观的这一超验特征，直接体现在温特有关世界如何从无政府状态走向"世界国家"的论述过程中。在他看来，除了自下而上的因果关系与

① 理查德·阿什利：《无政府状态下的强权：理论、主权与全球生活的治理》，载詹姆斯·德·代元主编《国际关系理论批判》，秦治来译，浙江人民出版社 2003 年版，第 101—139 页。

② 宇宙观（cosmogony）与宇宙论（cosmology）之间的区分见肖巍《宇宙学的人文视野》，江苏人民出版社 2002 年版，第 5 页注释 2。

③ 郝大维、安乐哲：《通过孔子而思》，何金俐译，北京大学出版社 2005 年版，第 14—18 页。

④ 莱米·布拉格：《世界的智慧：西方思想中人类宇宙观的演化》，梁卿、夏金彪译，上海人民出版社 2008 年版，第 16 页。

自上而下的因果关系，还有"终极性的因果关系"引导世界趋向世界国家。① 这种"终极性因果关系"，类似上帝一类无法从人类自身得到说明的超验因素。② 有鉴于此，可以认为温特的世界国家观是对西方"超验世界观"的典型反映。而且，既然世界必定要从无政府状态进化到有秩序的状态，而且世界秩序是唯一的，那么世界国家的出现毫无疑问是历史的必然。这种世界观具有两个方面的重要含义：一方面，人的能动性在这一过程中是没有意义的；另一方面，既然差异有悖于单一世界秩序的形成，那么消除差异，就是实现秩序理所当然的要求（详见第二部分）。前一个方面意味着世界国家的形成是既定的，而人在克服"无政府状态"实现"世界国家"的过程中是没有能动性的，因为人的命运早就被"终极性的因果关系"这一"超验性"的力量预先决定了。

基于追求"秩序"或"宇宙"而致力于克服"无政府状态"或"混沌"的思想，不仅体现在温特世界国家观中，而且体现在西方国际关系理论的发展过程中。"无政府状态难题"及由此衍生的话语，在西方国际关系理论中扮演了重要的角色。国际关系学之所以能成为一门独立的学科，在很大程度上与人们自觉不自觉地从有别于国内政治的"国际无政府状态"命题出发研究国际关系现象息息相关。这是因为，只有当"国际关系是在一个具有一贯性与独特性的环境下产生的，它的运行规则与国内政治的运行规则截然不同……这个领域（才）可以被视为一个自主的学科领域"。在国际关系研究者看来，国际关系作为一个与众不同的人类活动领域，要求人们成立一个专门的学科对发生在这一独特领域的诸多现象进行研究，从而也为国际关系学科的独立确立起合法性与必要性。事实上，不管西方国际关系学者对"无政府状态"的定义及其影响有多少不同的看法，他们都无意否认国际无政府状态是国际关系的重要甚至独特的研究主题，正如第三章第一节详细予以讨论的。结构现实主义、自由制度主义及温特建构主义这三种主流西方国际关系理论都不否认国际无政府状

---

① Alexander Wendt，"Why a World State is Inevitable：Teleology and the Logic of Anarchy"，*European Journal of International Relations*，Vol. 9，No. 4，2003，pp. 491 – 542，pp. 501 – 502.

② 郝大维与安乐哲提出："'超验'在严格的意义上应这样理解：一种原理。如果说，A 是这样的'超验'原理，那么，B 就是它作为原理用来验证的事物。B 的意义内涵不借助 A 就不可能获得充分分析和说明，但反之却不成立。"温特的"终极性因果关系"就是这样一种"超验"原理。参见郝大维、安乐哲《通过孔子而思》，何金俐译，北京大学出版社 2005 年版，第 14 页。

态在国际社会中所具有的重要性，甚至将其视为构建理论的"立论之基"。① 有鉴于此，阿什利将这种研究和讨论如何消除无政府状态以实现秩序的努力，称做克服"无政府状态难题"而进行的研究。

西方国际关系学者为克服无政府状态难题开出了不少处方。例如，结构现实主义提出了大国治理、均势、世界国家等方案；自由制度主义者提出的自由宪政秩序、安全共同体与全球治理等方案；而建构主义者如温特则提出了世界国家等世界秩序方案。不管具体处方如何，西方国际关系学者追问的问题总不外乎以下几个："在没有秩序维持者的情况下如何实现秩序？如何确保在互惠得不到保障的情况下使自利的行为体遵守协定？如何在没有中央权威的情况下贯彻规则和法律？"② 温特的世界国家同样反映了这一点。尽管温特重构了"国际无政府状态"的概念，但他只是在这一概念中纳入了观念性、进化性、多样性等内容，而没有否认国际无政府状态的存在及其在国际关系研究中的根本意义。而且，他的世界国家观本身就是一种探索如何通过走出无政府状态以实现世界国家的努力。显而易见，世界国家超越和克服了国际无政府状态，因为世界国家具有"共同的权力、合法性、主权与能动性"。③ 事实上，致力于克服"无政府状态"，本质上是对差异的恐惧。这一点，阿什利做了深入的研究。他指出，"（无政府状态的）'问题化'是一种在主动的封闭过程中动员并集中社会资源的方法。通过这种封闭过程，全球历史中的偶然性与模糊性因为其异常和可怕而突出出来，并被归入了需要共同解决的技术问题的类别中心，也被排斥在具有合法地位的政治话语之外，从居于最高中心的观点（独立自主的理性人——引者注）看来，它们也被变成了可以进行控制或复兴的对象"④。

如果说出于对差异的恐惧西方国际关系学者制造出"无政府状态难题"，那么同样面临这一难题的和谐世界观如何对其进行处理呢？和谐世

① 信强：《"无政府状态"证义》，载《欧洲研究》2004 年第 3 期，第 28 页。

② Brian C. Schmidt, *The Political Discourse of Anarchy：A Disciplinary History of International Relations*, Albany, New York：State University of New York Press, 1998, p. 233.

③ Alexander Wendt, "Why a World State is Inevitable：Teleology and the Logic of Anarchy", *European Journal of International Relations*, Vol. 9, No. 4, 2003, p. 506.

④ 理查德·阿什利：《无政府状态下的强权：理论、主权与全球生活的治理》，载詹姆斯·德·代元《国际关系理论批判》，秦治来译，浙江人民出版社 2003 年版，第 114 页。

界观并不是一种超验世界观，它不需要通过消除世界的无政府状态来实现秩序。相对西方世界观已经预设了世界发展的方向——即由混沌到宇宙、由无政府状态到秩序，并且认为这种进化是由某种非人的"超验"力量控制的观点不同，中国的传统思想并不认为秩序的实现需要以消除无政府状态或混沌为前提，而且这一过程的实现也不需要某种始基。对中国世界观这一特征作了最清晰阐述的是《庄子·应帝王》。《应帝王》有言："南海之帝为倏，北海之帝为忽，中央之帝为浑沌。倏与忽时相与遇于浑沌之地，浑沌待之甚善。倏与忽谋报浑沌之德，曰："人皆有七窍，以视、听、食、息，此独无有，尝试凿之。日凿一窍，七日而浑沌死。"也就是说，在《应帝王》看来，对于秩序的实现而言，混沌是一种积极的力量和因素。尽管混沌带来的不确定性造成了困扰，但与此同时它也提供了众多的新奇之物；而消除了混沌，也就窒息了秩序生成的可能。不仅如此，无论"倏""忽""浑沌"，都不是凌驾于万物之上的始基，不是创造了世界的某种终极力量。[1] 尽管中国古代还存在其他的一些"创世"神话，如盘古开天辟地说、女娲补天说，以及后羿射日说等其他英雄救世说，以及道家的宇宙发生论，但总体而言，这些有关宇宙或世界如何生成的传说，没有西方那样一个全知全能、超验于现象世界的力量，如上帝。[2] 对于上述"混沌之死"的寓言以及中国古代思想中的其他"创世"神话与西方世界观之间的差异，美国哲学家马绛（John S. Major）总结到："中国没有外在的造物者，这区别于西方文化。但是中国确实有一个重要宇宙起源神话（关于这一起源的主要文献见《庄子》第七章《应帝王》），也就是现象世界与原始混沌的差别。因为我们认为创造神话（汉代后期文献中出现的盘古神话可能是源于'西南夷'）的重要性，在于显示了世界的形成没有外在造物主的干涉。"[3]

既然中国传统思想中不存在一位造物主克服混沌以实现秩序，那么秩序从何而来呢？马绛接着说道："世界从混沌发展而来是因为其中内在的

---

① 安乐哲：《和而不同：比较哲学与中西会通》，北京大学出版社 2002 年版，第 22—23、245—247、300—302 页。

② 可参考唐晓峰《从混沌到秩序：中国上古地理思想史述论》，中华书局 2010 年版，第一、二章。

③ 马绛：《神话、宇宙观与中国科学的起源》，载艾兰等主编《中国古代思维模式与阴阳五行说探源》，江苏古籍出版社 1998 年版，第 108 页。

运作：道——唯一的宇宙原则。道，不可道，不可名，因为道、名即是非道，这是悖论。道存在于万物之中，万物依道而行，道的一个运行原则是变易。所以中国传统宇宙生成论的典型表达即是：'一生二，二生三，三生万物'。"① 道家宇宙生成论与儒家对上古圣贤开创文明的强调，共同造成了中国上古"创世"神话的式微，而这与超验世界观在西方长期以来居于主导地位的现象恰成对比。总而言之，"在中国的创世神话中，向来不把自然（超人力量）赋予的秩序（providence）当成既有益于人又制约人的本性的功能整体，反而通常把文化英雄（cultural heroes）当成人类的保护者和自然的征服者来宣扬"。② 因此，面对"无政府状态难题"，和谐世界观不但不主张消除无政府状态，相反要宽容无政府状态的存在。③ 在和谐世界观看来，对于各种消除国际无政府状态的努力与尝试，除非国际社会达成了有效的一致，否则要坚决予以抵制。因为消除国际关系在文化、世界观、政治制度等方面差异，事实上就是支持世界暴政和拥护世界同一化，从而将世界置于危险境地。

中、西上述关于如何实现世界秩序的主导观点，被郝大维与安乐哲分别称之为"理性"或"逻辑"秩序观和"美学"秩序观。郝大维与安乐哲认为，在公元前800年至公元前200年这段被卡尔·雅斯贝尔斯（Karl Jaspers）称之为"轴心时代"的时期，④ 中西方产生了思考宇宙/秩序起源的不同思维方式。西方产生了他们所说的"第二问题框架思维"即因果思维；而在中国出现了"第一问题框架思维"，即关联性思维。与这些问题框架及思维方式相应的是对秩序的两种不同理解方式：西方构想的秩

---

① 马绛：《神话、宇宙观与中国科学的起源》，载艾兰等主编《中国古代思维模式与阴阳五行说探源》，江苏古籍出版社1998年版，第108页。

② 王铭铭：《经验与心态：历史、世界想象与社会》，广西师范大学出版社2007年版，第79页。

③ 捍卫"国际无政府状态"的理由，可参见 Mervyn Frost, *Global Ethics：Anarchy, Freedom and International Relations*, New York：Routledge, 2009, pp. 83 – 89。除了弗罗斯特，近年的西方国际关系学界出现了反思无政府状态命题的呼声，其中最为典型的是于2010年6月在英国布里斯托尔大学举办的"无政府主义与世界政治"研讨会。提交该会议的论文有一个共同特点，即国际关系学科需要积极研究国际无政府状态的积极含义。会后，部分会议论文发表在《千年》杂志上，参见 *Millennium：Journal of International Studies*, Vol. 39, No. 2, 2010, pp. 373 – 501。

④ 雅斯贝尔斯认为，在轴心时代，世界各古老文明都涌现了一批优秀的哲学家和思想家，他们的思想成果在很大程度上塑造了人类文明历史的思想面貌。见卡尔·雅斯贝尔斯：《卡尔雅斯贝尔斯文集》，朱更生译，青海人民出版社2003年版，第132—155页。

序是一种"逻辑的"的秩序，而中国想象的则是"美学的"秩序。他们认为："第一与第二思维框架的思维之间的对立，实际上是对于秩序的不同概念之间的对立，在另一处我们称之为'美学的'和'理性的'秩序。"① 温特的世界国家观等世界秩序方案，属于郝大维与安乐哲所称的"理性的"或"逻辑的"秩序；而中国提出的和谐世界观，则是一种典型的"美学"的秩序。两种秩序之间的差别就在于，前者强调的是某种超验性的力量"带来了秩序"，而且是以克服混沌或无政府状态为前提；而后者强调的是人与人之间的关联性、彼此协作的过程以及对差异的尊重，且对"国际无政府状态"持灵活态度。"理性"的秩序方案与"美学的"秩序方案之间的这种差别，在加拿大研究国际关系学者包天民（Jeremy T. Paltiel）有关中西世界秩序起源的比较研究中得到了比较明确的表达。他指出："秩序究竟是由外部力量强行施加的，还是因其内部的某种力量而自然生发？对这一问题的不同回答构成了中西哲学传统的一个基本区别。西方文化，特别是犹太—基督教文化的基本点在于以毋庸置疑的口吻认定，秩序是由外在的神圣立法者创制的。而孟子给出了完全不同的答案。他主张秩序是源自于上天的内在品性，生发自我们的内心并能向外拓展。"②

如果说西方的世界观是一种"宇宙演化观"或"超验宇宙论"，那么中国的世界观则是一种"内在宇宙论"或"过程世界观"或"关联宇宙论"。③ 这三个概念尽管有所差别，但它们分别突出了中国人看待世界秩序时的几个基本特征："内在世界观"否认世界秩序的目的论特征，而要求人们在履行德性、遵循礼仪的过程中实现人与自然、人与人、人与社会、人的身心等方面的和谐，也就是关系的和谐；"过程世界观"强调的是各种互动过程带来的创造性作用，无论这种作用是有主体还是无主体的，而不是像西方国际关系研究中的体系理论一样突出某些抽象的物质结

---

① 见郝大维、安乐哲《期望中国：对中西文化的哲学思考》，施忠连等译，学林出版社2005年版，第138页。

② 包天民：《孟子和世界秩序理论》，载《国际政治科学》2010年第3期，第35—36页。

③ 这些概念主要来自于郝大维与安乐哲，可分别参考郝大维、安乐哲《通过孔子而思》，何金俐译，北京大学出版社2005年版，第14—18页；安乐哲、郝大维：《道不远人：比较哲学视域中的〈老子〉》，何金俐译，学苑出版社2005年版，第16—27页；郝大维、安乐哲：《先贤的民主：杜威、孔子与中国民主之希望》，何刚强译，江苏人民出版社2004年版，第194页。

构或观念结构的力量；① "关联宇宙论"强调的事物之间的相互关系，认为关系构成行为体和事物的本体性条件，这是一种关系本体论。如此一来，"理性的"或"逻辑的"秩序与"美性的"秩序之间的差别就得到了进一步的凸显："逻辑秩序涉及终结行为；审美秩序则立基于解释和打开。逻辑秩序可能源自上帝意愿、自然的超验法则或特定社会的实际法规，或者人良知中的绝对诫命等等原理的强加或证明。审美秩序则是作用于特定语境的某一独特角度、要素或现象与该语境互相限定的结果。"② 在两种秩序的对比中，对待差异态度的区别尤为明显，既然超验宇宙论或逻辑的秩序追求的是一种单一的秩序，那么它的界定性特征就是"一致性与规则性"，这是通过克服混沌达到了"宇宙"或消灭了无政府状态实现"秩序"后的自然结果，"因为它在因果规律和形式规则的意义上概括了一种宇宙逻各斯的特点"。③ 相反，"美学的"秩序则是"非宇宙论的"，"因为规定这种秩序的特殊性是独特的、不可替代的东西，他们的不可替代性对于这种秩序来说是至关重要的。美学的秩序不应拥有一种最终的同一性，因为假如是这样，则整体的秩序就会支配部分的秩序，从而取消其他构成要素的独特性"。④ 因此，和谐世界观不是什么出于战略性的目标或实用主义的考虑才提倡尊重国际关系中的差异，相反，它包容差异的倾向维护具有深刻的思想根源，这是想象和践行"美学的秩序"的内在要求。⑤ 总而言之，和谐世界观对于"国际无政府状态难题"的灵活态度，事实上是对中国"内在宇宙论"精神的反应；而"关联世界观"则有助于说明和谐世界观在对待国际关系差异问题上的立场，我们将在第

---

① 秦亚青：《关系本位与过程建构：将中国理念植入国际关系理论》，载《中国社会科学》2009年第3期，第76—78页。

② 郝大维、安乐哲：《通过孔子而思》，何金俐译，北京大学出版社2005年版，第18页。

③ 安乐哲：《和而不同：比较哲学与中西会通》，北京大学出版社2002年版，第57页。

④ 同上书，第57—58页。

⑤ 同样通过借鉴郝大维与安乐哲的思想，柯岚安（William A. Callahan）认为中国有两种和谐话语。一种他称之为"大和谐（Grand Harmony）"，另一种是"包容差异的和谐（Harmony with Difference）"。其中，只有"包容差异"是中国内在世界观的体现。因为在自我与他者、同一与差异之间维持适当的紧张关系，"包容差异的和谐"构成一种解决问题的灵活办法，构成趋向内在乌托邦的道路。参见 William A. Callahan, "Remembering the Future—Utopia, Empire, and Harmony in 21st-Century International Theory", *European Journal of International Relations*, Vol. 10, No. 4, 2004, pp. 569 – 601。

三部分展开分析；而中国世界观作为一种"过程世界观"，则有助于说明和谐世界生成的动力，即它对论证和谐世界观的合理性有重要帮助，我们将在第四部分展开论述。

二　温特世界国家观与和谐世界观的可期性比较

要比较世界秩序方案的可期待性，一个重要的标准就是如何对待国际关系中的差异。国际关系从来都是一个差异多元的世界，这对世界秩序的维持具有重要的意义。国际关系中的差异涵盖范围广泛，包括国家大小、地理位置、权力、地位，等等。它们与世界秩序的建立和维持有着非常密切的关系。根据英国学派代表人物赫德利·布尔对国际秩序的经典研究，世界秩序①是指"追求国家社会或国际社会的基本或主要目的的行为格局"，这些基本和主要目标包括维护国际体系或国家的生存、保证国家的独立与主权，巩固世界和平，保障国际社会中生命、财产、信用等方面的安全。② 在布尔看来，秩序是与无序相对的，如果秩序是"导致某种特定结果的格局，一种只在实现特定目标或价值的社会生活安排"，③ 那么无序就是指不存在这样一种格局或社会安排，它呈现出来的特征就是杂乱无章。社会秩序或世界秩序之所以能够得以维持，很大程度上是因为它为生活在其中的人们提供了可供预测的行为模式和相对稳定的共享观念。④ 然而，国际关系中无数差异的存在，为世界秩序的实现和维持带来了众多的困难。因为差异在很大程度上是一种趋于分离的力量，而可以预测的互动模式和共享的观念则是一种向心的力量，两者之间的运动方向明显背离。因此，秩序的维持是一个持续不断的过程，只要差异存在，永远都要对它

①　这里使用"世界秩序"而非"国际秩序"的概念，因为国际秩序往往无法涵盖除国家外的其他行为体，如国际组织、跨国公司等行为体已经发挥越来越大的作用，就此而言世界秩序的概念更为准确。

②　这里关于秩序概念的讨论主要参考了布尔关于（国际）秩序的经典研究，可参考赫德利·布尔《无政府社会：世界政治秩序研究》，张小明译，世界知识出版社 2003 年版，第一章，引言见第 6 页。

③　赫德利·布尔：《无政府社会：世界政治秩序研究》，张小明译，世界知识出版社 2003 年版，第 2 页。

④　赫德利·布尔：《无政府社会：世界政治秩序研究》，张小明译，世界知识出版社 2003 年版，第 5 页。也可参考 Janice B. Mattern, *Ordering International Politics：Identity，Crisis and Representation Force*, New York：Routledge，2005，p. 3。

们进行处理以保证共有观念的稳定。这一过程一旦处理不当，就会危及秩序的形成和巩固。无论是在国内社会还是在国际社会，由于对差异问题处理不当而危及社会秩序的例子并不鲜见。就国际关系中的事例而言，比如中世纪时期西方基督教对伊斯兰教发起的数次十字军东征、近代开端之际欧洲内部天主教与新教之间由于教义不一致而引起的旷日持久战争，发现新大陆后欧洲殖民者对印第安人的征服，19 世纪西方主权国家体系对以中国为中心的朝贡体系发起的进攻，二战以后因为意识形态和社会制度不一样而在东西阵营之间爆发的冷战，等等。所有这些现象都有三个共同特征：其一是互动双方或各方都在某一方面具有突出的差异；其二是互动中的一方至少有消除差异的意图，如冷战期间的苏联和美国，或有运用武力来消除差异的行动，如十字军东征、宗教战争、殖民扩张、鸦片战争；其三，试图消灭差异的尝试和行动，直接危害到世界秩序的稳定，甚至直接以破坏国际秩序致力于维护的目标为目标，如帝国主义消除其他国家的主权。鉴于差异和世界秩序之间的上述密切关系，我们可以将如何处理国际关系中的差异，作为区分不同世界秩序方案和衡量它们优劣的首要标准。我们将会看到，和谐世界观与世界国家观对待"国际无政府状态难题"的不同态度，直接影响到了它们如何对待国际关系中的差异。也就是，它们的思想根源决定了它们的可期性。

　　上文已简要提及，基于对"无政府状态难题"的恐惧而前赴后继地探索各种世界秩序方案，本质上就是对差异的恐惧。事实上，致力于消除国际社会的无政府状态与消除国际关系中的差异，两者是相辅相成、互为前提的。西方主流国际关系理论虽然致力于提出各种世界秩序方案，但出于使自身的理论成为一种普适性理论的目的，"三大主义"拒绝对国际关系中的差异及其带来的后果进行深入研究，更不会对理论的世界观背景进行分析。[①] 当它们仅仅针对国家在能力上的分配或体系层面上的共有观念带来的影响等进行考察时，那么对"在很大程度上是由国内政治而不是国际体系决定的"[②] 国家身份与利益等各种因素——如包括文化（包括世

　　① 参见曾向红《"世界观问题"为什么没有成为问题——对西方主流国际关系理论的反思》，载《欧洲研究》2010 年第 5 期，第 1—24 页。
　　② 亚历山大·温特：《国际政治的社会理论》，秦亚青译，上海世纪出版集团 2000 年版，第 313 页。

界观）、政治制度、意识形态、发展模式等在内的诸多差异——它们往往置若罔闻。当忽视了国际关系中的差异，主流国家关系理论自然也就看不到以习惯或无意识（潜意识）起作用的各种因素。因为出现在它们理论中的，只是一个由相同行为体组成的单一化世界。基于行为体是大同小异（仅在能力、对他者的认知等很少的几个方面具有差异），他们自然会宣称自己的理论和研究是普适性的和客观中立的。然而，"就如法国学者经常指出的，美国国际关系学者总是声称它们是在普适主义的范围内思考问题的，但是他们最有可能赋予所要研究的对象以自己独特的文化特性"。①正如第一部分的研究，"无政府状态难题"的出现，本身就是西方世界观的产物。也就是说，一种国际关系理论要成为普适性理论，首先必须在理论上克服国际关系中的差异。国家之间的差异，在西方思想中，长期以来都是一种带来危险、混乱、无序的象征物，正如在中世纪与近代国际关系中，异教徒总是在基督教中引起极大的反感与厌恶一样。为了维持秩序、消除无政府状态的危险，同化他者、泯灭他者的差异，就构成了西方思想和西方国际关系学者在研究国际问题时下意识的反应和习惯。② 这两种倾向就是原籍保加利亚的法国理论家茨维坦·托多罗夫在研究欧洲人征服美洲过程中用以处理差异的"双重运动"手法：差异转化为落后，相似性则为同化提供了理由。③ 下文我们就来讨论温特世界国家观具有消除差异的倾向。

如第四章第三节所说，温特区分了"厚的承认"与"薄的承认"这两种承认形式，但它突出强调的是后者。在温特的世界国家观中，"薄的承认"形式其承认对象是大同主义意义上的"普世的人"，即只要是人就应该享有的基本权利。这种权利往往是指司法意义上的人权，它不关心主体的特殊要求，它相当于承认理论家阿克塞尔·霍纳特意义上的法权承

---

① 奥利·维弗尔：《国际关系学科的社会学：美国与欧洲国际关系研究的发展》，载彼得·卡赞斯坦、罗伯特·基欧汉与斯蒂芬·克拉斯纳编《世界政治理论的探索与争鸣》，秦亚青等译，上海人民出版社 2006 年版，第 93 页。

② 关于"习惯"在国际关系中影响的最新研究，参见 Ted Hopf, "The Logic of Habit in International Relations", *European Journal of International Relations*, Vol. 16, No. 4, 2010, pp. 539 – 561。

③ Tzvetan Todorov, *The Conquest of America: The Question of the Other*, New York: Harper Torch, 1992, p. 42.

认。而与此相对的"厚的承认",被承认的对象不仅可以是个人,也可以是国家。这种承认在"普世的人"的基础上承认行为体的特殊要求,如个人对社群的归属感、对自身特性的维护等;而当行为体是国家时,承认斗争的追求目标包括大国地位、荣誉和威望、成为上帝选民等等内容。①这些承认内容相当于霍纳特所谓的"三种承认形式"——情感关怀、法权承认与社会团结——中另外两种承认形式(即情感关怀与社会团结)的综合。温特试图将"厚的承认"与"薄的承认"纳入其世界国家框架中,这意味着他试图融合国际关系伦理研究中大同主义(或称世界主义)和社群主义的倾向。然而,温特淡化了"厚的承认"在世界国家形成过程中的作用,突出强调的是"薄的承认"即法权承认的意义。在温特看来,世界从国际体系经由国际社会、世界社会、集体安全最后达到世界国家状态,具有两个明显特征:一是个人的平等法权得到程度越来越高的实现,二是国家等行为体原本在实现个人承认要求中扮演的中介作用逐渐消失。在世界国家形成之前,个人和国家不会追求"厚的承认"或者这种追求不具什么显著意义;只有到了世界国家阶段,行为体对"厚的承认"才凸显出来。然而,由于在世界国家阶段"厚的承认"被界定为"犯罪",它们同样不会对世界国家的维持产生实质性的影响。② 在这样的理论框架中,行为体对自身身份和差异等"厚的承认"形式的维护,永远都让位于对"薄的承认"的追求。这里带来了几个非常重要的问题:追求"厚的承认"为什么不能在世界国家形成之前发挥重要作用?这种追求难道不会阻碍甚至彻底扭转国际关系的进化趋势?事实上,即使是根据常识也可以判断,在现实的国际关系中,行为体对"厚的承认"与对"薄的承认"的追求一样,两者是同时发生、并行不悖的;而且在国家存在的前提下,后者远远不及前者给世界秩序稳定带来的影响,而且在可以预见的未来,行为体"厚的承认"的追求及其影响不会式微。

通过淡化"厚的承认"形式的重要性,温特世界国家观体现出消除

---

① 温特的两种承认形式分别与大同主义与社群主义相对应,两者间的争论可参考 Molly Cochran, *Normative Theory in International Relations: A Pragmatic Approach*, Cambridge: Cambridge University Press, 1999; 李开盛:《世界主义和社群主义——国际关系规范理论两种思想传统及其争鸣》,载《现代国际关系》2006 年第 12 期,第 54—59 页。

② Alexander Wendt, "Why a World State is Inevitable: Teleology and the Logic of Anarchy", *European Journal of International Relations*, Vol. 9, No. 4, 2003, p. 528.

国际关系中差异的倾向。许多学者已经注意到温特的建构主义具有明显的自由主义特征，[①] 而他的世界国家观虽然希望在大同主义与社群主义之间进行调和，但它最终还是滑向了大同主义。这是因为，温特所强调和用以衡量世界进步的标准是"普适的人"或"薄的承认"这一承认形式，其实质是强调抽象的个人权利。再结合温特淡化"厚的承认"在世界国家形成过程中的作用，他淡化了个人对于社群、国家等群体的依赖，以及这些群体对于维护行为体身份和差异具有的意义。因此，温特的理论立场具有消除国际关系中差异的倾向也就不足为奇了。鉴于温特的建构主义与世界国家观和自由主义、大同主义之间的密切关系，德国著名哲学家卡尔·施密特（Karl Schmitt）对自由主义消除差异倾向的批判，同样适用于温特的理论和观点。自由主义尽管表面鼓吹文化多元，但对差异的敌视却构成自由主义的重要特征。如同温特强调"普世的人"或"薄的承认"的优先性，自由主义同样基于人的概念的"单一普世性"来思考政治问题的解决方案。这种抽象的个人主义，不以某个具体敌人的存在为目标，而是认为只要存在差异，就不可避免存在冲突的可能。[②] 秦亚青同样注意到，英国学派在说明近代国际体系的拓展和国际社会的形成过程中，就典型地反映了一种黑格尔式的冲突辩证法思维，即成为国际社会成员的代价就是接受西方的价值和制度，以实现"文化和身份的同一化"。[③] 事实上，对差异的敌对态度，是西方文化本身的一个重要特征。无论是近代欧洲出现的宗教战争，还是在西方发现新大陆后对印第安人的征服，还是现代化学者关于社会发展阶段的线性模式，甚至在主张竞争的经济学家亚当·斯密和新自由主义政治哲学家哈耶克的思想中，都可以看到西方将差异建构

---

① 关于建构主义与自由主义的关系，可参考萨缪尔·巴尔金：《现实主义的建构主义》载汉斯·摩根索《国家间政治：权力斗争与和平》，徐昕、郝望、李保平译，王缉思校，北京大学出版社 2006 年版，第 617—641 页；Richard Ned Lebow, *A Cultural Theory of International Relations*, Cambridge：Cambridge University Press, 2008, p. 3；秦亚青：《译者前言：国际关系理论的争鸣、融合与创新》，载彼得·卡赞斯坦、罗伯特·基欧汉与斯蒂芬·克拉斯纳编《世界政治理论的探索与争鸣》，秦亚青等译，上海人民出版社 2006 年版，第 17 页。

② Sergei Prozorov, "Liberal Enmity：The Figure of the Foe in the Political Ontology of Liberalism", *Millennium：Journal of International Studies*, Vol. 35, No. 1, 2006, pp. 75 – 99.

③ Qin Yaqing, "International Society as a Process：Institutions, Identities, and China's Peaceful Rise", *The Chinese Journal of International Politics*, Vol. 3, No. 1, 2010, p. 137.

为威胁，要么对其进行同化、要么将之消灭的"双重运动"手法。①

　　相对于世界国家观对国际关系差异中的敌视态度，和谐世界观的基本精神是尊重差异。至少从思想根源来说，和谐世界观对国际无政府状态并不持一种恐惧态度，所以它未体现出消除或同化差异的内在倾向。而且，正是考虑到消除差异可能带来的毁灭性后果，和谐世界观才强调世界的"和而不同"，进而将尊重国际关系中的差异视为实现世界和谐的核心和关键的条件。和而不同的精神，强调的是各种差异的和平共处与取长补短，而不是激进地要求通过消除差异以建立一个同一性的世界。诚如胡锦涛在阐述和谐世界观的内涵时指出的，文明等方面的差异需要得到尊重，而不是将其消除："文明多样性是人类社会的基本特征，也是人类文明进步的重要动力"，我们要做的是"加强不同文明的对话和交流，在竞争比较中取长补短，在求同存异中共同发展"。② 对国际关系中差异的尊重，不仅是和谐世界得以形成的途径，而且也是和谐世界建立的目标之一。相较于温特世界国家观或大同主义者分别强调"薄的承认"形式和"普世的人"的概念，和谐世界观首先强调的是国家等行为体在自我克制的基础上对彼此间差异的尊重，它将共同为和谐世界的形成奠定必要基础。自我克制与相互尊重，前者是一种消极的立场，它首先要求是自我对自身依赖于他者的明确意识并相应地保持一种非侵略性的姿态；而后者则是一种积极的立场，它是行为体在自我克制的基础上向对方发出的一种信号，即它对另一方的主动承认。③ 自我克制和相互尊重之所以必要，是因为：一方面，消除国际关系差异的常识会带来悲剧性的冲突（见第四部分）；另一方面，"同则不济"，同一化的世界将是一个创造力枯竭的世界，这种世界一旦发生危机，将因为缺乏替代性的思想资源而难以持续。因此，和谐世界观明确把尊重国际关系中的差异视为自身的一个构成性特征。当然，和谐世界观并不对差异持一种本质主义的立场，即认为各种差异一旦

---

　　① 参见 Naeem Inayatullah and David L. Blaney, *International Relations and the Problem of Difference*, New York：Routledge, 2004。

　　② 胡锦涛：《努力建设持久和平、共同繁荣的和谐世界》，载《十六大以来党和国家重要文献选编》，中央文献出版社 2006 年版，第 997 页。

　　③ 消极的自我克制和积极的相互尊重，类似于政治哲学家以赛亚·柏林（Isaiah Berlin）区分的消极自由和积极自由，见柏林《两种自由概念》，载刘军宁等编《市场逻辑与国家观念》，生活·读书·新知三联书店 1996 年版，第 196—229 页。

形成就一成不变。相反，基于和谐世界观的"内在"、"关系"、"过程"等特征，它对国际关系中的差异持一种关系性和过程论的观点。[①] 关系性的差异视角认为国家等国际行为体各差异的产生，只有与其他行为体进行对比的基础上才能得以显现；而过程论的视角则主张国家应该"求同尊异"，即在尊重国际关系间差异的基础进行平等对话、积极交流，促进彼此间的相互交融、兼收并蓄。[②]

　　和谐世界观将尊重差异作为自身的核心原则具有坚实的本体论基础。"和而不同"，首先要承认差异的客观存在，其次要承认差异的产生是因为有其他不同东西的存在而引起的。也就是说，差异不可能是独立自存，它总是在与其他事物共存的条件下才得以体现。不过，这里的共存不仅仅是结构性的共存，更是本体性的。结构性的共存是指"含蓄地被理解为一群实体共处的一种条件，即它们能够共同占有某一特定的地理、社会与政治空间，或者要求明确呆在一起"。结构性共存仅仅意味着行为体之间的共处和互不干涉，这是一种消极意义和第二位的理解，而本体性共存还有更为深刻的理论和实践内涵。本体论的共存是指行为体无时无刻不处于关系之中，关系建构了行为体，行为体的行为同时也改变了关系。由于行为体被关系联结在一起，它们始终处于一种相互依赖的状态中。任何行为体身份的形成和差异的存在，都有赖于他者的承认。也就是说，社会关系中行为体对身份的形成与维持，始终面临他者反应无法完全预料的社会脆弱性，而且这种脆弱性并不是生活的异例，而是生活的常态，它们构成社会生活和国际关系生活的一种可能性的条件。因此，尽管世界秩序的存在和持续意味着存在一定程度上的共享观念和可以预期的行为模式，但行为体之间相互依赖带来的无法预期的他者反应和身份的社会脆弱性，才是第一位的生存状态。这是一种本体性的社会条件，它不仅可以衍生出，而且也可以颠覆秩序中的共享观念和可以预期的行为模式。既然如此，在自我克制基础上对差异的尊重，无疑是保证生活秩序和世界秩序能够存续的核心机制，这也是和谐世界建立过程中对行为体的内在要求。

---

　　① 更详细的论述请参考秦亚青有关中国"关系本位"和"过程建构"思维方式的说明，见秦亚青《关系本位与过程建构：将中国理念植入国际关系理论》，载《中国社会科学》2009年第3期，第69—86页。

　　② 阎孟伟：《"求同尊异"：构建和谐世界的一个可能原则》，载《江海学刊》2007年第4期，第41—46页。

和谐世界观要求的自我克制和相互尊重的精神，是针对那些尝试取消国际关系中差异企图或努力的解毒剂。和谐世界观的这种优越性，只有在与西方学者们对共存的理解进行比较的背景中才能得到显现。国际关系学者对国际关系的研究，往往是从结构性的共存观念出发，而忽视了共存的本体性条件。这种视角，被路易萨·奥德西奥斯（Louiza Odysseos）称之为"危险的本体论"。① 这种危险的本体论主要来自于著名政治哲学家霍布斯，通过对利维坦的合法性和必要性进行论证，他为我们提供了一种将他者视为敌人，要么将敌人消灭要么被敌人消灭的"关系图式"。"关系图式"提供的是一种与他者相处的关系模型，其主要内涵是指"如何与他者相关联的模式，通过这种模式我们能够遭遇他者"。② 当这种关系图式被国际关系学者引申到国际关系现象的研究中，就出现了现实主义有关生存构成行为的基本动机，为了生存行为体可以不遵守道德的"关系图式"。结构性共存的"关系图式"，是一种"构成性的逻辑"或"冲突辩证法"；而本体性的共存的"关系图式"，则要求一种"关系本体"的逻辑和"互补辩证法"。③ 构成性的逻辑或冲突辩证法视野中的国际关系行为体是非关系性的主体，它追求独立、自由与主体性，而把与其他行为体之间的共存视为第二位的，关系的产生晚于行为体身份的形成。这种逻辑带来的后果就是共存仅仅是种临时安排，一有必要，为了生存，特定主体可以取消与之共存的其他行为体。④ 即使是提倡行为体之间相互构成的温特，仍然有意无意地以结构性共存作为关系图式，因为他虚构了"自我"与"他者"两个行为体没有任何背景知识的相遇，据此演示他们之间的

---

① Louiza Odysseos, "Dangerous Ontologies: The Ethos of Survival and Ethical Theorizing in International Relations", *Review of International Relations*, Vol. 28, No. 2, 2002, pp. 403 – 418.

② Ibid., p. 405.

③ "构成性逻辑"是奥德西奥斯借鉴法国哲学家让—吕克·南希（Jean-Luc Nancy）提出的一个概念，"冲突辩证法"与"互补辩证法"间的区别是秦亚青提出的，而"关系本体"的概念奥德西奥斯与秦亚青都有过讨论。

④ Louiza Odysseos, *The Subject of Coexistence: Other in International Relations*, London: University of Minnesota Press, 2007, p. xxvi; Qin Yaqing, "International Society as a Process: Institutions, Identities, and China's Peaceful Rise", *The Chinese Journal of International Politics*, Vol. 3, 2010, pp. 132 – 137.

共有观念是如何形成的。[①] 而国际关系实践中，将差异建构为他者、再将他者建构为敌人的方式，是国家维持自身身份和巩固国家合法性的重要手段。[②] 尽管这种建构并非必然，[③] 但结构性共存逻辑之所以极为脆弱和极为危险，是因为这种共处仅仅是一种实用性考虑，只能带来短暂和临时的和平。

相对于结构性共存逻辑和冲突辩证法，关系本位逻辑与互补性逻辑在很大程度上与中国传统思想相契合，也为和谐世界观的优越性奠定了坚实的思想基础。"互补性逻辑"或"关系本体论"强调的不是主体或实体，而是突出关系在社会生活和国际关系中的地位和作用，认为"关系性是社会最根本的特征"。[④] 在其视野中，没有独立于关系的行为体，也没有脱离行为体的关系，关系与行为体是相互构成的。[⑤] 用海德格尔的话来说，行为体是被"抛"入到关系之中，只有在关系中，行为体才能确立其自身的身份，才能识别出自己与别人之间的差异；如果取消了关系，行为体将不仅无法维持自身的身份，同时也泯灭了自身的差异。关系相对于行为体的优先性，要求的是一种"互补的辩证法"，正如中国的八卦图所

---

① Alexander Wendt, "Identity and Structural Change in International Politics", in Yosef Lapid and Friedrich Kratochwil, eds., *The Return of Culture and Identity in IR Theory*, Boulder CO.: Lynne Rienner, 1996, pp. 47 - 64. 对温特的这种批判，见秦亚青《关系本位与过程建构：将中国理念植入国际关系理论》，载《中国社会科学》2009 年第 3 期，第 83 页，第 82 页脚注; Michael Cox, Ken Booth, and Time Dunne, "Editor's Introduction to the Forum on Social Theory of International Politics", *Review of International Relations Studies*, Vol. 26, No. 1, 2000, p. 123。

② 通过强调差异建构自身身份的论述，参见 Jennifer Miten, "Ontological Security in World Politics, State Identity and The Security Dilemma", *European Journal of International Relations*, Vol. 12, No. 3, 2006, pp. 341 - 370; David Campell, *Writing Security*, Minneapolis: University of Minnesota Press, 1998。

③ Peter Hays Gries, "Social Psychology and the Identity Conflict Debate: Is a ' China Threat' Incvitable?" *European Journal of International Relations*, Vo. 11, No. 2, 2005, pp. 235 - 265; Qin Yaqing, "International Society as a Process: Institutions, Identities, and China's Peaceful Rise", *The Chinese Journal of International Politics*, Vol. 3, 2010, pp. 129 - 153; Felix Berenskoetter, "Friends, There Are No Friends? An Intimate Reframing of the International", *Millennium: Journal of International Studies*, Vol. 35, No. 3, 2007, pp. 647 - 676.

④ 秦亚青：《关系本位与过程建构：将中国理念植入国际关系理论》，载《中国社会科学》2009 年第 3 期，第 83 页。

⑤ 也可参考秦亚青《文化、文明与世界政治：不断深化的研究议程》，载《世界经济与政治》2010 年第 11 期，第 12 页。

显示的，阴、阳虽然有所不同，但它们之间不是二元对立、截然区分的；相反，它们是相辅相成、相互转化的。没有对方的存在，双方非但不能实现转化，而且将自身置于"同则不济"的境地。本体性的共存关系，实际上就是中国的关系本体论。关系本体论意义上的共存"并不必然以冲突的方式对待彼此，相反，它们相互解释、定义和互补以形成一个和谐的整体"，而当运用到对国际关系现象中，"互补辩证法"意味着"国家处于国际关系中持续不断的过程，因为它们的身份是可变的，无论方向如何，它们都可以发生转换"。①

　　身份的转化而不是二元对立、尊重差异而不是消除差异，构成和谐世界观与世界国家观在对待国际关系差异问题上的不同态度。两种态度何者更为可取，已经一目了然。然而，世界要达到中国著名社会学家费孝通先生所说的"各美其美，美人之美，美美与共，天下大同"的境界，还有很长的路要走，因为只有在"如果人们真的做到'美美与共'，也就是在欣赏本民族文明的同时，也能欣赏、尊重其他民族的文明"的条件下，"地球上不同文化、不同民族、不同国家之间就达到了一种和谐，就会出现持久而稳定的'和而不同'"。② 然而，考虑到当代世界仍然存在大量消除国际关系中差异的尝试和努力，世界秩序本身就具有内在的不稳定性，更不用说形成和谐世界。值得指出的是，费孝通先生所谓的"天下大同"，并不是指形成一个世界国家，更不是主张取消差异，因为"真正的'同'必然只能是一个'和而不同'，这也就是说，真正的同——真正的'大同'——乃是各个互不相同或相互有别者，亦即各个'小同'之间的'和而不同'，乃是每一'小同'之不同于自身，以及其向他者之开放，那以对他者做出无条件的应和为其根本形式的开放。而正是这样的开放才有可能为我们成就一个真正的同，一个不会走向'化诸异为一同'的同，一个能够真正保持异之为异的同"。③ 考虑到世界国家具有忽视或消除差异的倾向，这一世界秩序方案往往构成承认斗争层出不穷的重要根源，而不是解决这些问题的有效方案。我们将会看到，这种对待差异的不同态

---

　　① Qin Yaqing, "International Society as a Process: Institutions, Identities, and China's Peaceful Rise", *The Chinese Journal of International Politics*, Vol. 3, 2010, p. 144.

　　② 费孝通：《"美美与共"与人类文明》（上），载《群言》2005年第1期，第18页。

　　③ 伍晓明：《"和而不同"新义：一个传统观念的莱维纳斯式解读》，载乐黛云、李比雄主编《跨文化对话》（第26辑），生活·读书·新知三联书店2010年版，第289—290页。

度，导致温特有关世界国家的形成是不可避免的论证及其结论在逻辑上无法成立，而强调过程的和谐世界观则可以比较合理地说明和谐世界的形成是可能的。

三　温特世界国家观与和谐世界观的合理性比较

温特世界国家观具有强烈的目的论取向，这是对西方"超验世界观"的反映；而和谐世界观具有过程论取向，它是对中国"过程世界观"的体现。尽管如此，直接决定这种世界秩序方案合理性的是它们的可期性。首先来看温特的世界国家观。这种世界秩序方案致力于消除国际关系中差异的内在倾向——具体体现就是突出行为体对"薄的承认"的追求而淡化或低估行为体追求"厚的承认"，将导致其对世界国家出现必然性的论证存在问题。温特论证世界国家出现必然性的核心逻辑是承认斗争导致集体身份的扩大；① 然而，淡化或低估对行为体而言同等重要的"厚的承认"形式，只会加剧行为体之间的承认斗争，而不会导致斗争方形成集体身份。也就是说，温特世界国家观的合理性，系于其可期性带来的后果——消除差异——是否如温特所说的那样，消除差异带来的蔑视体验会带来集体身份的扩大。而和谐世界观是一种"过程论"世界观，它并不认为和谐世界是一种"终极状态"，而且一旦形成就一成不变；相反，和谐世界观认为世界和谐与世界不和谐之间是变动不居、相互转化的，关键在于行为体的互动过程本身是否有助于世界从不和谐向和谐的方向发展。也就是说，我们首先要摈弃那种认为和谐世界与世界国家一样是世界发展的一种"终极状态"的观点，然后去思索有助于世界从不和谐向和谐方向转化的动力以及行为体需要采取的有效战略。在这一思维过程中，关系本体论基于对关系的重视而体现出来的对差异的尊重，决定了和谐世界观具有逻辑上的合理性。因为对于关系的重视，首先要求行为体对关系中的其他行为体表示尊重，然后在此基础上相互努力和协同创造，一起促进世界从不和谐向和谐转化。为了说明上述问题，我们首先从承认理论的角度和借鉴相关经验研究成果来考察温特的世界国家观在逻辑上是否成立，然后参考哲学家对中国传统中的"过程论"所做的论述与秦亚青提出的

---

① Alexander Wendt, "Why a World State is Inevitable: Teleology and the Logic of Anarchy", *European Journal of International Relations*, Vol. 9, No. 4, 2003, pp. 509 – 510.

"过程建构主义"模型分析和谐世界形成的可能，以此论证和谐世界观的合理性。

温特的世界国家观及其基础性的理论资源——承认理论均具有明显的目的论倾向。[①] 在温特的世界国家观中，霍纳特承认理论扮演的角色极为重要。[②] 几乎可以说，温特的世界国家在很大程度上是将解释国内社会发展的霍纳特承认理论运用到对国际社会发展的预测上，因此它们在内容与气质上几无二致。霍纳特承认理论是霍纳特在汲取黑格尔有关人类社会关系存在"爱情""权利""伦理"三个承认阶段的基础上，创造性地利用美国实用主义代表人物乔治·米德的象征互动论和相关理论研究成果，提出的一种用以说明蔑视是引发社会冲突道德动因的哲学和社会学理论。霍纳特提出人类社会存在"情感关怀"、"认知性尊重"与"社会团结"这三种攸关行为体实践自我关系的承认形式，它们分别体现在家庭关系、法权关系与社会关系中。它们对于行为体实践自我关系的意义在于，它们分别有助于维持和增强行为体的"自信"、"自尊"与"自重"的情感需要。如果在不同的承认领域中，行为体不能获得相关的承认，那么行为体就遭到了"蔑视"；而蔑视带来的情感反应，构成受到蔑视的行为体从事"为承认而斗争"的动力，被霍纳特视为"社会冲突的道德语法"。在霍纳特看来，承认斗争是推动社会进步的力量，它促使国内社会最终达到一个不存在扭曲承认关系的状态。[③] 霍纳特的承认理论同样具有目的论倾向。霍纳特将三种承认形式的实现程度作为衡量一个（国内）社会是否取得规范进步的标准，认为"基本个体权利的连续开展以某种方式和规范原则（即社会成员被承认的程度——引者注）相联系，这种规范原则从一开始就引导观念"。似乎承认斗争的开展，将自动引导社会趋向完满

---

① 参见亚历山大·温特《国际政治的社会理论》，秦亚青译，上海人民出版社 2000 年版，第四章。

② 我们可以根据亚里士多德"四因说"将温特世界国家观的"四因"及其理论资源分解如下：作为自下而上因果关系的为承认而斗争构成动力因，其理论资源主要来自于霍纳特的承认理论；发挥自上而下因果关系的结构建构作用构成形式因，其理论资源来自于温特自身的建构主义；产生终极性因果关系效应的"世界国家"这一终极状态构成目的因，其思想启示直接来自于亚里士多德对目的因的阐述；温特对亚里士多德意义上的质料因没有展开论述，但根据其对该问题的说明，可以发现世界国家形成过程中的质料是观念，这与温特关于国际结构的本质是观念结构相吻合。

③ 可参考阿克塞尔·霍纳特《为承认而斗争》，胡继华译，上海人民出版社 2005 年版。

承认的状态。在另一处地方，霍纳特直接将"终极状态"的概念引入到其承认理论框架中。他指出，"为了区分进步与反动，就必须有一个规范的标准，根据对终极状态的假设和把握，这一规范标准可以指出一条发展方向"。① 由此可见，霍纳特所谓的终极状态，与温特所说的世界国家一样，都是指社会中的个人和群体得到了全面和平等承认的状态。

　　然而，承认斗争不会带来霍纳特意义上的完满承认状态和温特意义上的世界国家。霍纳特关于承认斗争带来某种终极状态的过程可以分为三个理论论证阶段：第一个阶段是在体验到被蔑视的情感体验上升到对社会不正义的认知，第二个阶段是有关社会不正义的认知转化为承认而斗争的行动；第三个阶段是承认斗争带来承认要求的实现和集体身份的扩大。② 然而，在经验上，这三个阶段都不能得到理论和经验的证实。首先，就第一阶段的论述而言，霍纳特没有说明两个方面的重大问题。其一，行为体不能或不愿将蔑视带来的情感体验与社会不公正联系起来。前者比如意识形态的灌输，导致行为体没有在两者之间建立因果联系，后者比如创伤性的历史记忆，使得行为体害怕面对这种联系。③ 其二，蔑视带来的情感体验与社会不公正不存在必然联系。被蔑视的情感体验，虽然的确可以是由社会不公正造成的，但非社会不公同样可以带来相应的情感，如西蒙·汤普森所说的"错误对比"和"扭曲性的解释框架"。④ 第二阶段同样具有重

---

　　① 引言分别见阿克塞尔·霍纳特《为承认而斗争》，胡继华译，曹卫东校，上海人民出版社 2005 年版，第 123、175 页。

　　② 本段有关霍纳特承认理论的论述可分解为三个阶段、其理论具有三种特性、三个阶段面临问题的讨论，借鉴了汤普森的研究成果，参见 Simon Thompson, *The Political Theory of Recognition: A Critical Introduction*, Cambridge: Polity Press, 2006, Chapter 7。三个阶段的划分可见 Simon Thompson, *The Political Theory of Recognition: A Critical Introduction*, Cambridge: Polity Press, 2006, pp. 162 – 165.

　　③ 布迪厄"象征性权力"和"惯习"概念有助于说明受压迫者无力反抗的原因，请参见皮埃尔·布迪厄、华康德《实践与反思——反思社会学导引》，李猛、李康译，中央编译出版社 1998 年版；关于创伤记忆在国际关系中的意义，可参见 Duncan Bell, ed., *Memory, Trauma, and World Politics: Reflections on the Relationship Between Past and Present*, New York: Palgrave Macmillan, 2006。

　　④ 前者是指选择某一特定群体的特定方面进行比较带来的羞辱感，然而这种比较是没有根据的；后者是指行为体有意识地建构某种话语框架，来对自身处境进行错误归因，以操纵人们的相应情绪，如社会中屡见不鲜的极端主义民族情绪，类似于人们所说的"祸水东引"。参见 Simon Thompson, *The Political Theory of Recognition: A Critical Introduction*, Cambridge: Polity Press, 2006, pp. 168 – 169。有关社会归因偏差的论述，参见尹继武《社会认知与联盟信任形成》，上海人民出版社 2009 年版，第 136—140 页。

要缺陷。有关社会不正义的认知能否转化成为承认而斗争的集体行动，这主要属于社会运动理论的研究范畴。霍纳特对这一阶段的解读主要有四个方面的问题：其一，霍纳特忽视了在此过程中行动架构（framing）的重要性。架构是一种解释框架，它由社会行动的积极分子或知识分子构建，它们是对边缘群体的处境、问题、出路等方面进行分析而形成的观念框架，往往包括诊断、处方等成分，从而为社会运动的出现准备了思想基础。① 其二，社会运动过程中有许多相互竞争的架构，即对同一问题的分析可能也存在不同的解释和解决方案，蔑视和羞辱带来的情感，既可以被解释为个人的失败，也可以归咎于社会的不正义；② 其三，情感虽然有助于承认斗争的产生和维持，但它既不是承认斗争产生的充分条件也不是必要条件；③ 其四，即使存在蔑视带来的情感体验和不受挑战的架构，由情感转化为成功的社会运动，还需要一系列的中介条件，如政治机遇机构、所需要的动员资源，行动战略，相应的文化制度等。④ 如此一来，承认斗争能否使所有承认要求都得到圆满实现，根本就是一个经验问题，而不是一种基于某种理由能够推导出来的结论。事实上，国际关系学者布里安·格林希尔通过借鉴社会心理学的经验研究成果，对霍纳特与温特用以说明承认斗争带来集体身份扩大的这一核心逻辑进行了考察。他发现，承认斗争"强调了'自我'与'他者'之间的关键差异——进而强调他们之间

①　社会运动理论中"架构"概念及其运用参见 David Snow and Robert Benford "，Master Frames and Cycles of Protest，" in Aldon D. Morris and Carol M. Mueller，eds.，*Frontiers of Social Movement Theory*，New Haven，CT：Yale University Press，1992，pp. 133 – 155；Robert D. Benford and David A. Snow，"Framing Processes and Social Movements：An Overview and Assessment"，*Annual Review of Sociology*，Vol. 26，2000，pp. 611 – 639。

②　Simon Thompson，*The Political Theory of Recognition：A Critical Introduction*，Cambridge：Polity Press，2006，pp. 171 – 177.

③　情感与社会正义之间的关系及在社会运动中的地位，参见 Simon Thompson，"Anger and the Struggle for Justice"，in Simon Clarke，Paul Hoggett and Simon Thompson，eds.，*Emotion，Politics and Society*，New York：Palgrave Macmillan，2006，pp. 123 – 144；Nancy Whittier，*The Politics of Child Sexual Abuse：Emotion，Social Movement，and State*，New York：Oxford University Press，2009.

④　参见赵鼎新《社会与政治运动讲义》，社会科学文献出版社 2006 年版；Doug McAdam，Sidney Tarrow，and Charles Tilly，*Dynamics of Contention*，New York：Cambridge University Press，2001。

的特质，而不必然涉及到共享身份任何有意义的感受。"① 也就是说，霍纳特与温特关于承认斗争带来某种终极状态的第三个阶段——承认斗争带来承认要求的实现和集体身份的扩大——也是不能成立的；而这一阶段正是温特世界国家观的核心逻辑。如此一来，温特有关世界国家的形成是历史的必然这一结论自然也就不能成立。②

　　下文我们根据和谐世界观的思想根源来说明有助于世界从不和谐趋向和谐的可能战略与动力。首先来看战略。推动世界从不和谐趋向和谐世界形成的有效战略，除了第二部分谈到的相互尊重，另外一个有效战略就是行为体彼此间的自我克制。正如帕特岑·马克尔（Patchen Markell）在《承认之限》一书中所论证的。两个行为体在追求承认的过程中，使承认斗争在带来某些社会进步的同时，又不避免地产生某些新的蔑视。这种现象，类似于国际关系"安全困境"的运作逻辑。正是在汲取了马克尔有关承认斗争是一种悲剧的研究成果，米歇尔·默里（Michelle K. Murray）重构了"安全困境（security dilemma）"的逻辑。他认为，安全困境的出现不是由于国家等行为体为追求自我生存而引起的，而是由于为承认斗争而引起的。③ 国际关系中某些危机的产生和关系的紧张，比如苏联解体后俄罗斯与西方国家之间的复杂关系、土耳其与欧盟的关系以及伊朗与朝鲜对核武器的寻求，就是承认斗争带来悲剧性结果的体现。④ 如果承认斗争是场悲剧，那么缓解这一局面的最有效方式不是承认斗争，而是自我克制，尤其是强势方的自我克制。⑤ 因为只要在国际关系存在侵犯主权的现象，承认困境就有出现的可能。在这种情况下，世界国家的出现并不一定

① Brian Greenhill, "Recognition and Collective Identity Formation in International Politics", *European Journal of International Relation*, Vol. 14, No. 2, 2008, p. 352.

② 见本书第四章第三节。

③ Michelle K. Murray, *The Struggle for Recognition in International Relations: Security, Identity and The Quest for Power*, The Chicago of University, Ph. D Dissertation, August 2008.

④ 有兴趣的读者可查阅以下文献: Michael C. Williams and Iver B. Neumann, "From Alliance to Security Community: NATO, Russia, and the Power of Identity", *Millennium: Journal of International Studies*, Vol. 29, No. 2, 2000, pp. 357 – 387; Iver B. Neumann and Jennifer M. Welsh, "The Other in European Self-definition: An Addendum to the Literature on International Society", *Review of International Studies*, Vol. 17, No. 4, 1991, pp. 327 – 246。

⑤ 王博有关老子哲学的解读提供了一种与本书相似的观点，参见王博《权力的自我节制：对老子哲学的一种解读》，载《哲学研究》2010 年第 6 期，第 45—55 页。

能够解决承认悲剧，因为正如温特自己所意识到的，即使在存在核战争威胁的情况下，国家依然不愿让渡自己的主权，特别是像美国这样的超级大国。① 因此只有在承认斗争中居于强势地位的行为体遵守国际法和国际规范，尊重别国的主权并保持自我克制，才能避免承认斗争最终演变为一场悲剧。自我克制的战略，同样是对中国"关系本体论"的一种反应。只不过自我克制是这种本体论的消极反应，而相互尊重是对这种本体论的积极回应。

如果说和谐世界观的实现是有可能的，那么其动力来自于何方？根据西方超验宇宙论的观点，秩序或宇宙的形成，是由一个具有超验性质的力量从现存无政府状态中"无中生有"（creatio ex nihilo）地创造出来的，正如世界国家的形成需要克服和超越国际无政府状态一样。② 那么，和谐世界又如何形成呢？根据具有强调内在性、过程性、关系性等方面特征的中国世界观，和谐世界的形成是一个以行为体间的互动发挥核心作用的"协同创造（co-create）"的过程。③ 许多中西比较研究者都注意到，中国传统思想强调变易与生成，而对事件与存在不太感兴趣。如法国著名汉学家余莲（Francois Jullien）指出，"中国思想与西方思想最根本的差异，就在于中国思想不探索存在（永恒性），而探索生成（变化）"，由此带来的结果是"中国人对宇宙创造说不感兴趣，对目的论的假设也不关心"。④ 对于中国传统思想中的这种倾向，哲学家们往往称之为中国的"过程思维"或"过程本体论"。"过程本体论"认为，世界发展变化的动力，不是来自于某个超验的力量，如造物主或某种抽象的结构；而是来自于事物或行为体彼此之间的相互作用和"相互关联应和"（余莲语）。也就是我们上文所说的"协同创造"。在这一点上，儒家与道家等中国本土思想是一致的。如《中庸》第 25 章指出："诚者自成也，而道自道也。诚者，

---

① Alexander Wendt, "Why a World State is Inevitable: Teleology and the Logic of Anarchy", *European Journal of International Relations*, Vol. 9, No. 4, 2003, p. 524、513.

② 美国著名人类学家马歇尔·萨林斯考察了西方宇宙观对经济学、哲学、人类学等学科产生的影响，他同样谈到了"无中生有"的原则。可参考米歇尔·萨林斯《甜蜜的悲哀》，王铭铭、胡宗泽译，生活·读书·新知三联书店版 2000 年版，第 6—7、40 页。

③ 参见安乐哲《此生之道：创胜力之真义》，见郝大维、安乐哲《先贤的民主：杜威、孔子与中国民主之希望》，何刚强译，江苏人民出版社 2004 年版，第 184—200 页。

④ 引言分别见余莲《势：中国的效力观》，卓立译，北京大学出版社 2009 年版，第 224、232 页。

物之始终，不诚无物"；① 而《道德经》第42章则有言："道生一、一生二、二生三、三生万物。万物负阴而抱阳，冲气以为和"。这些均是对世界通过相互作用、相互转化而发生变化的"过程本体论"的阐释。强调过程的自生、自发创造作用的和谐世界观，从根本上就否认了运用目的论来解释和谐世界生成可能性的必要性与合理性。因为相对于西方体现"无中生有"逻辑的"超验本体论"预设了某个促进世界发展的终极力量，它否认了过程发挥作用的独立性与自发性，这是我们发现在温特世界观中人不具有能动性的深层原因。而协同创造的概念，不承认有某种终极力量促使世界从"混沌"走向"宇宙"或从"国际无政府状态"走向"世界秩序"，而是在承认行为体始终处于关系之中的基础上，强调协同创造这一过程本身有助于世界从不和谐状态转向和谐状态。这里，秦亚青的"过程建构主义"模型能提供重要的启示。秦亚青虽然没有对中国传统世界观中的"关联思维方式"与"过程本体论"进行系统梳理，但他敏锐地从现有西方国际关系理论未展开深入研究的"关系"与"过程"概念入手，提出了一种强调这两种要素的过程建构主义模型。他认为，关系与过程不可分离。关系在过程中得以发生、演变并得以体现；而过程则是运动中的关系，作为过程运动要素的关系的变化则使过程能自主地产生作用。不仅如此，秦亚青还进一步指出了过程的两种类型——有主体的过程和无主体的过程。② 无论是哪一种过程，都具有自主、自发的作用。协同创造过程，既可以是有主体的过程；也可以是某种无主体的过程。前者如行为体之间的主动合作，后者如大自然灾害带来的人类整体脆弱性带来的行为体的同舟共济。至此，我们能确定，行为体之间的协同创造过程，是可以成为促使世界国家形成的自主动力的。

然而，协同创造的过程是否有助于世界和谐呢？我们需要明确，既然行为体是处于关系之中的，而过程又是运动中的关系，那关系是什么样的关系呢？世界上可以具有不同性质的关系，如物质关系、观念关系、制度

---

① 对于此语，安乐哲认为"诚不仅限于对自己诚实。既然所有的自我都是由关系构成的，那么，诚就意味着在与人的交往中要可信、真诚。这是富有成效地将他自己整合到他的社会的、自然的和文化的环境中去。在宇宙论层面，诚之道发育万物，峻极于天"。参见安乐哲《自我的圆成：中西互镜下的古典儒学与道家》，彭国翔译，河北人民出版社2006年版，第134页。

② 参见秦亚青《关系本位与过程建构：将中国理念植入国际关系理论》，载《中国社会科学》2009年第3期，第74—80页。

关系、情感关系，等等，而和谐世界观强调的往往是情感关系。换句话说，世界和谐首先是一种情感和谐而非物质利益和谐或观念和谐，尽管后者的确能对世界能否和谐产生重要影响。情感在和谐世界国家中的作用之所以受到推崇和强调，是因为"情感既是将世界维系在一起的粘合剂，也是将世界弄得支离破碎的炸药包"，[①] 相对于其他性质的社会关系，"情感性关系正是因为超越了利益的理性计算而往往是一种更趋长久和稳定的社会关系"[②]。正如霍纳特的承认理论明确承认而温特也间接承认的，承认斗争之所以出现，就在于行为体在社会关系中遭遇到了蔑视，而蔑视带来的情感体验才促使行为体走上为承认而斗争的道路。事实上，和谐世界观对情感关系（"人情"）和情感和谐的强调，不仅是对中国传统文化极其重视情感的体现——如李泽厚认为中国儒家文化或称"乐感文化"是一种"情本体"文化；[③] 而且还与国际关系学界近年来日益重视情感在国际关系中的作用相呼应。[④] 积极情感的培养，只有通过行为体之间反复的协同创造的过程才能实现；而且一旦形成，将产生三个方面的功能：有助于实现行为体对物质利益的追求、有助于满足行为体让自身行为符合社会规范的要求、有助于实现行为体促进社会和谐的道德抱负。[⑤] 秦亚青明确指出自主性的过程具有通过培养集体情感而催生集体认同的作用，这是因为过程"可以建立、维系和强化情感性关系，使行为体在情感趋近的情

①　Jonathan H. Turner, "Emotion and Social Structure: Toward a General Sociological Theory of E-motion", Dawn T. Robinson and Jody Clay-Warner, eds. , *Social Structure and Emotion*, San Diego: Elsevier, 2008, p. 319.

②　秦亚青：《关系本位与过程建构：将中国理念植入国际关系理论》，载《中国社会科学》2009 年第 3 期，第 80 页。

③　参见李泽厚《实用理性与乐感文化》，生活·读书·新知三联书店 2005 年版；李泽厚《论语今读》，生活·读书·新知三联书店 2008 年版。

④　如 Neta Crawford, "Passion of World Politics: Propositions on Emotion and Emotional Relationships", *International Security*, Vol. 24, No. 4, 2000, pp. 116-156; Jacques E. C. Hymans, *The Psychology of Nuclear Proferation: Identity, Emotions and Foreign Policy*, Cambridge: Cambridge University Press, 2006; Willam J. Long and Peter Brecke, *War and Reconciliation: Reason and Emotion in Conflict Resolution*, Massachusetts: MIT Univversity, 2003, etc.

⑤　参见黄曬莉《华人人际和谐与冲突：本土化的理论与研究》，重庆大学出版社 2007 年版，第 83—90 页。

况下产生集体认同，使得集体认同有着更加坚实的基础"。① 社会学理学的研究成果证明了行为体之间频繁的互动过程有助于行为体之间产生团结的情感和关系的和谐，爱德华·劳勒（Edward J. Lawler）与严正九（Jeongkoo Yoon）等人提出的"关系团结理论（theory of relational cohesion）"就持这种观点。"关系团结理论"的核心论点是：处于关系中的行为体彼此之间是相互依赖的，但它们在进行交往时往往会面临信息不充分、权力不对等、无法保证对方承诺的真实性等风险。随着行为体进行频繁的互动，互动过程会让行为体产生愉悦、满足等积极情感或沮丧、失望等消极情感。当他们对这些情感启动归因过程，情感将会被归因到关系、网络、群体等社会单位，由此影响到行为体对这些单位的承诺。如积极情感被归因到彼此间的关系，为了维持这种关系，处于关系中的行为体将会向这种关系做出承诺，如扩大合作领域、宽恕偶尔的机会主义行为、提供单边利益等，即使存在替代条件也会维持这种关系。② 这种观点，能对秦亚青的过程建构主义模型有关"维持过程可能比通过（过程）达到预期效果更加重要"的观点提供论证。③ 因为当行为体通过持续互动形成了团结关系和产生了集体身份，关系本身就成为有价值的东西。这种通过维持彼此间互动过程而发展出团结和集体身份的观点，与温特有关承认斗争而导致集体身份扩大的观点截然不同。尽管行为体之间的协同创造不可能一劳永逸达到世界上所有关系和谐的程度，但只有行为体在坚持自我克制、相互尊重的基础上不断进行协同创造的努力，和谐世界的实现才是可能的。

以和平共处五项原则作为核心精神的和谐世界观，具有光明的实现前景。在温特世界国家观的"四因说"中，构成目的因即世界终极状态的

---

① 秦亚青：《关系本位与过程建构：将中国理念植入国际关系理论》，载《中国社会科学》2009 年第 3 期，第 80 页。

② 对关系团结理论上述核心观点的概况，参见 Edwerd J. Lawler, "An Affect Theory of Social Exchange", *The American Journal of Sociology*, Vol. 107, No. 2, 2001, p. 323; Shane R. Thye, Jeongkoo Yoon and Edward J. Lawler, "The Theory of Relational Cohesion: Review of a Research Program", Shane R. Thye and Edward J. Lawler, eds., *Group Cohesion, Trust and Solidarity*, Oxford: Elsevier Science Ltd., 2002, p. 147. 除此之外，关系团结理论的研究成果还有不少，在此不一一列举。

③ 秦亚青：《关系本位与过程建构：将中国理念植入国际关系理论》，载《中国社会科学》2009 年第 3 期，第 86 页。

世界国家，是温特预先设定的，他实际上没有给出为什么恰恰是"世界国家"而不是其他状态——如和谐世界——构成世界最终状态的标准和依据。① 因此，我们同样可以将国际社会的"终极状态"设定为和谐世界。当保持温特的形式因——国际结构的建构主义、动力因——为承认而斗争，质料因——观念这三"因"不变，而将其作为目的因的"世界国家"替换为"和谐世界"，我们同样可以推导出世界的"终极状态"是和谐世界。然而，和谐世界观是基于中国"内在世界观"的"过程论"逻辑的，它根本就不可能预设世界的终极状态是"和谐世界"。它只是指出，和谐世界能否形成，端看国际关系中形形色色的行为体能否坚持自我克制、相互尊重、协同创造的原则，经由持续的互动促进世界从不和谐状态到和谐状态的转换。至此，我们可以总结一下温特世界国家与和谐世界观之间的根本不同：温特的世界国家观基于目的论认为承认斗争导致集体身份的扩大，最终在全球范围形成一个囊括全球的集体身份，即世界国家；而和谐世界观基于"过程论"认为，承认斗争往往带来悲剧性结果，而行为体在自我克制、相互尊重、协同创造的基础上进行持续互动，这一过程本身就能带来关系的团结和集体身份的产生，最终带来一个关系和谐的世界。世界国家观与和谐世界观的上述区别，衍生出实现两种"终极状态"的不同战略方案：如果世界发展的必然结果和"终极状态"是世界国家，那么当前国际行为体的最优策略是顺应"历史"的发展趋势，加速推进世界国家的形成，尽管这一战略带来的后果无法准确预知。② 然而，如果世界的"终极状态"是和谐世界，那么国家等国际行为体要做的不是激进地追求某个终极目标，而是相互尊重主权和保持自我克制，以维持彼此间关系的和谐，在此基础上做出努力完善现存社会秩序的不合理之处，为和谐世界的出现创造条件。简言之，世界国家观基于目的论而要求人们采取革命化路径以改变现实，而和谐世界观则基于过程论而建议人们通过改革化过程以完善现有国际秩序。然而，尽管面临上述重大分歧，世界国家观与和谐世界观也共享一个基本特征，那就是它们都相信国际社

---

① 参见 Alexander Wendt, "Why a World State is Inevitable: Teleology and the Logic of Anarchy", *European Journal of International Relations*, Vol. 9, No. 4, 2003, pp. 501 - 502。

② 温特强调，奉行推进世界国家形成的战略是把双刃剑，可能带来极为严重的负面后果，参见 Alexander Wendt, "Why a World State is Inevitable: Teleology and the Logic of Anarchy", *European Journal of International Relations*, Vol. 9, No. 4, 2003, p. 529。

会进步的可能，只是两者希望实现这种进步的途径和目标不一致。

四　结论

本书的主要发现是在与温特世界国家观进行比较的基础上，研究了和谐世界观的思想根源、可期性与合理性。首先，我们梳理了和谐世界观与世界国家观不同的思想根源。和谐世界观与世界国家都需要面对和处理"国际无政府状态"带来的问题，然而对这一状态它们有不同的看法和应对方式。基于西方"混沌"与"宇宙""无政府状态"与"秩序"之间的二元对立，西方学术界将无政府状态及其带来的问题建构为一种"无政府状态难题"。为了实现秩序，无政府状态是必须予以克服和消除的。温特世界国家观就是致力于消除无政府状态以实现秩序的努力，它是西方"理性"或"逻辑"秩序观的典型体现。和谐世界观是一种"内在的""关联的""过程性"的世界观，是"美学"秩序逻辑的典型反映。它并不认为秩序的实现需要消除无政府状态，相反要捍卫这种状态。因为无政府状态在带来危险的同时，还有许多方面的积极作用。世界国家观与和谐世界观对"国际无政府状态难题"的不同思想根源，影响到它们的可期性，这主要体现在它们对待国际关系中差异的不同方式上。西方国际关系理论对"无政府状态难题"进行的探索，本质上是对差异的恐惧。温特世界国家观对"普世的人"或"薄的承认形式"的强调，客观上具有消除国际关系中的差异或"厚的承认"形式的理论效应，这与西方文化在面对差异时采取的要么同化差异、要么消灭差异的"双重运动"战略相似。与之相反，和谐世界观基于中国的"关系本体论"思想，提倡国际关系差异的维护和交流，其中相互尊重构成世界不同文化、文明、宗教、政治制度等方面差异"和则生物"的基本前提。最后我们分析了这种世界秩序方案是否具有合理性。基于西方超验宇宙论的目的论逻辑，温特通过借鉴霍纳特的承认理论，论证了承认斗争将导致集体身份的扩大并最终形成一个世界国家。然而，经验研究和理论推理都不能证明有关承认斗争导致集体身份扩大这一核心逻辑。相反，承认斗争往往会带来悲剧性的结果。因此，行为体的自我克制，才是避免承认斗争演变为悲剧的有效途径。相对于世界国家观强调"无中生有"的力量，和谐世界观强调行为体的"协同创造"过程。这一过程本身就有助于促进世界从不和谐到和谐状态的转变。因为过程有助于处于关系中的行为体形成团结关系和集体

身份，使关系本身成为一种有价值的东西。在建立在自我克制、相互尊重
与协同创造基础上的过程足够持久，集体身份就会持续扩大，最终可能形
成一个和谐世界。当然，至少就目前来说，和谐世界离我们还很远很远，
一个判断依据就是国际行为体在目前的互动中，还没有真正坚持和贯彻自
我克制、相互尊重与协同创造的战略。世界国家观与和谐世界观之间的具
体差异如图 5—1 所示：

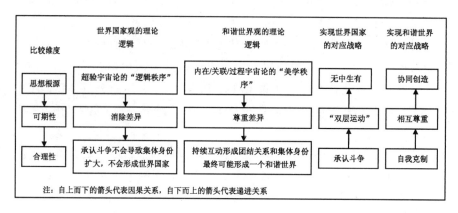

图5—1　和谐世界观与温特世界国家观之间的差异

　　最后，本节的研究仍有一些不足和值得进一步说明的问题。第一，本
节虽然突出了和谐世界观与世界国家观之间的差异，但并不否认包括温特
在内的西方学者有关世界国家研究的意义。西方学者对世界国家研究兴趣
的复苏，在一定程度上是要为人们构想一种更加美好、更加合理的未来世
界秩序，其努力是值得称许的。本书尽管对温特的世界国家观做了许多批
判，但不可否认本书的确从前者中受到了重要的启发。第二，我们虽然发
现和谐世界观与温特世界国家观在思想根源、可期性与合理性这三个方面
存在明显差异，但不否认两者具有一定共同点。如它们都赋予秩序以积极
的价值，并且都认为人类社会的进步是可能的。两者之间的区别在于：尽
管都希望实现秩序，但它们主张实现秩序的途径却截然有别：前者基于秩
序的实现是一种目的而赋予秩序以绝对的价值，为此不惜消除国际社会中
的差异与多样性；而后者则要求着眼于实现关系和谐的过程，而且强调在
这些过程中必须维护差异。第三，需要强调的是，和谐世界观虽然基于尊
重国际关系中的差异而主张维护国际无政府状态，但这并不意味着它支持

让世界处于无序状态。无政府状态与秩序并不是二元对立、截然区分的，相反是彼此依赖、相互转化的。无政府状态中可以有秩序的成分，而秩序中同样可以有无政府状态的因素。因此，维护无政府状态与支持国际关系的稳定有序并不矛盾。至于在战略上如何同时实现这两个方面的目标，除了上文提到的自我克制、相互尊重、协同创造等战略和原则，我们还需要进行大量的细致研究。

总而言之，作为一种创新性世界秩序方案的和谐世界观，其提出具有重要的政治意义和学术价值。因为自近代国际体系形成以来，主导性的世界秩序方案均是西方提出的。提出一种新的世界秩序方案，本质上不是为了进行权力竞争，而是为世界各国人们提供一种想象世界的不同方式。正如某位学者指出的，在我们这个时代，仍然是需要"乌托邦想象"的，因为"它最明显的特征就是拒绝历史必然性（包括现实主义提出的有关人类历史一成不变的观点），以及在解放现在和建设未来的过程中呼唤建设性的人类思想和能动性"。[①] 和谐世界观的提出，在这个意义上能得到比较合理的解释。为了让和谐世界观的可信性、合理性彰显出来，不能仅依靠国外学术界的欣赏和借鉴，更需要的是国内学术界的共同努力。这主要是因为：基于中国思想传统的和谐世界观，或许从根本上就有别于他者的世界想象，这是一种"有关于世界体系中居于不同地位的行为体对于世界政治中何为可能与何为可期具有不同理解的本体论问题"，正如在现实主义看来不可能的世界在理想主义看来正是可能与需要期待的世界一样。[②]

这种不同文化背景衍生出来的世界想象之间的不同通约，很大程度上决定了将和谐世界观学理化的使命只能由中国学者来完成。[③] 而就目前而言，尽管国内学界出现了一些对和谐世界观形成机制进行研究的重要学理

---

① Shannon Brincat，"Reclaiming the Utopian Imaginary in IR Theory"，*Review of International Studies*，Vol. 35，No. 3，2009，p. 607.

② Ibid.，p. 585.

③ 这样说，并不排除西方和其他国家的学者能欣赏到中国世界观的价值。如本书提到的郝大维与安乐哲就是如此，英国国际关系学者柯岚安也注意到了"包容差异的和谐"这一"内在乌托邦"的价值，参见 William A. Callahan，"Remembering the Future—Utopia，Empire，and Harmony in 21st-Century International Theory"，*European Journal of International Relations*，Vol. 10，No. 4，2004。

化成果，不过与西方国际关系学界对另一种世界秩序方案——世界国家观的研究相比，和谐世界观的学理化程度仍较低。不仅如此，在世界国家被温特论证成历史的必然的情况下，和谐世界秩序方案的合理性和可信性就遭到了极大的挑战。所以我们有必要加强对和谐世界观学理性的研究，通过提高其学理化程度来增强其可信性。正是出于这一初衷，本书才对和谐世界观的相关学理性问题展开研究。作为一种初步探索，本书无疑存在诸多不足之处，但笔者不揣冒昧，希望它能起到抛砖引玉的作用，吸引更多的学者从事这方面的研究。

结　论

和谐世界观需要自我肯定

在西方宇宙论承诺中，有一股强劲的改宗冲动（proselytizing impulse），它致力于取消各种他者宇宙论的有效性。这一冲动，可以在早期殖民主义与高级殖民主义的代理人（agents）——最为典型的代表是欧洲帝国，难以计数的西方宗教机构，以及移民国家——执行的各种文化同化项目以及所从事的实践中发现，它们致力于消除美洲及世界其他地方土著人的世界观及其生活方式。然而，非个人化的工具，如西方科学的基础学科（尤其是通过社会理论得以表达的知识）以及西方物质文化的传播（承载着殖民主义/高级殖民主义），同样扮演着植入西方宇宙论承诺的功能。

——J. Marshall Beier, *International Relations in*
Uncommon Places, p. 47.

有的学者认为，其他文化的世界观，比如伊斯兰原教旨主义，与欧洲启蒙运动所派生的理论信念是不可融合的。在对这个论点的回应中，有两个问题被提了出来：这种典型的来源于学者和传教士著作的世界观是否被人们普遍认同并体现在行为之中呢？既然太单薄的理性模型不能对行动做出解释，那么这些行为体如何实现它们的政治和宗教目的呢（即是否有强加在非理性运作法则上的代价或选择压力）？

——［美］迈尔斯·卡勒：《国际关系中的理性》，第352页。

现在中国自己不思想，这是个后患无穷的问题，如果不能解决就会成为悔之莫及的事情。"重思中国"的历史意义就在于试图恢复中国自己的思想能力，让中国重新开始思想，重新建立自己的思想框架

和基本观念，重新创造自己的世界观、价值观和方法，重新思考自身
与世界，也就是去思考中国的前途、未来理念以及在世界中的作用和
责任。这既是基本思想问题又是宏观战略问题。这决定了"中国问
题"首先是个哲学问题和政治学问题。

　　　　——赵汀阳：《天下体系：世界制度哲学导论》，第 7 页

　　本书在继承马克思关于"统治阶级的思想在每一时代都是占统治地
位的思想"这一观点的基础上，进一步将它延伸到了国际关系领域。不
过，与国内社会由统治阶级的意识形态来保证支配阶级对被支配阶级的压
迫和统治不同，在国际关系领域，这一功能是由霸权世界观承担的。在国
际关系的意识形态生产和传播领域，尽管西方国家的确居于强势地位，但
由于国际关系中的国家对意识形态问题极为敏感，而且都享有选择和维护
意识形态的主权，所以西方国家向其他国家输入和渗透意识形态的努力，
往往因为遭到强有力的抵制，而无法像在国内社会一样确立某种意识形态
在国际关系中的统治地位。意识形态无法在国际关系中实现的使命，霸权
世界观却有效地承担了起来。霸权世界观主要为西方大国所信仰，但与推
行意识形态遭遇的困境不同，通过国际关系知识的传播、将世界秩序方案
嵌入在国际机制的运作之中，甚至将其落实在具有工具理性特征的行为方
式中，西方世界观不知不觉地塑造了其他国家人们的心智结构，潜移默化
地取消了其他世界观的合法性与有效性。霸权世界观是一种危险的力量，
然而却很少被人们意识到，从而构成西方国家同化和克服世界文化、世界
观、政治制度多样性的重要途径和有力武器。本书的主要目的就在于通过
将世界观"带回"国际关系，揭示霸权世界观的运作机制、它带来的理
论与政治后果、它对包括中国学者的影响等问题，为人们对和谐世界观展
开深入的学术研究、想象和谐世界的可能，尝试廓清思想上的部分障碍。
我们认为，对霸权世界观进行批判和揭露，既是和谐世界观展示自身生命
力和进行自我肯定的基本前提，也是其赢得人们信任和尊重、获得世人热
烈响应的必然要求，这一切都是建立在和谐世界观能够有效地完成其批判
使命的基础上的。在结语中，我们将对本书的基本观点、学理价值、有待
拓展的研究方向三个方面的问题做一简单的梳理，以期为本书的主要内容
及未来的研究方向稍作总结。

第一节 本书的基本观点

任何科学研究都要有问题意识。问题意识之所以重要，就在于它能够帮助研究者将所探讨的问题定位在复杂且变动不居的时间、空间、文化的背景中，不仅让研究者本人，而且帮助阅读者对所提问题的意义、重要性、思想脉络等，形成清晰的认识。本书的问题意识在于中国为什么要倡导和谐世界观？该问题的时间背景是在中国传统世界观自近代崩溃至今的一百多年时间里，而空间背景是在国际关系中的一个特定领域，即世界各国为了维护本国的生活世界、价值观念、生活方式、世界想象等展开激烈斗争的文化政治场域或世界观场域，文化背景自然就是处于西方文化压力下的中国文化。如果说形成国际关系理论的"中国学派"需要有一个核心理论问题的话，我们认为，近代以来如何在中国传统世界观和马克思主义世界观的基础上提出一种崭新的世界观，就构成这样一个核心理论问题。而2005年由胡锦涛主席提出的和谐世界，正是对这一问题作出的回答。问题在于，虽然国内有关和谐世界观的研究成果层出不穷，然而，一方面，这些研究成果在很大程度上只停留在哲学思辨和规范期待的层面，对于中国为什么要提和谐世界观，学者们往往语焉不详；另一方面，由于内化了西方世界观的预设，某些研究者对和谐世界观提出的意义认识不清，认为它仅仅是中国提出的一个战略口号。如果将和谐世界观视为中国为国际社会提供的一种世界秩序方案，那么和谐世界观不仅需要完成如何解释国际关系现象（解释使命）、相对于其他世界秩序方案具有什么样的优势（规范使命）等问题，同等重要的是要对构成霸权世界观的西方世界观及其世界秩序方案所存在的问题展开深入的批判（批判使命）。本书的主要目的就在于完成和谐世界观的批判使命。

我们认为和谐世界观是作为一种世界观而提出的。世界观是有关宇宙如何运行、世界秩序如何实现、人在世界中居于何种位置等问题而形成一种包罗万象的思想体系，其界定性特征是对世界的整体看法和独特的世界秩序方案。世界观具有两个最为基本的功能：首先，为人们如何认识世界、想象世界、处理世界事务提供了可能性，同时又限制了这种可能性；其次，世界观为人们提供了界定自身身份认同和获取本体安全的思想资源，寄托了行为体的情感认同，所以对于世界观的挑战，往往会带来激烈的情感冲突，甚至引发冲突与战争。作为一种世界观的和谐世界观，无疑具有世界观的这两种基本功能。然而，由于和谐世界观的丰富内涵尚未完全开发出来，所以无论是为人们提供想象世界可能性的功能，还是满足中国人对本体安全和情感认同的功能，和谐世界观目前还无法有效承担。而这正是我们要深入研究和谐世界观的根本原因，这也是向中国学者们提出的重要挑战。世界从来都是一个世界观多元的世界，而且这一事实，本身并不构成国际冲突与战争的原因，关键原因在于国际关系中出现了致力于消除世界观的差异的倾向和努力，世界观才成为引发国际冲突和战争的原因。在国际关系史上，包括信仰基督教的西欧国家对伊斯兰国家展开的数次十字军东征、被认为标志着现代国际体系起源的威斯特伐利亚战争、中西方接触过程中的多次战争、构成当前国际关系重要内容的恐怖主义与反恐势力之间的拉锯战，都有着浓厚的世界观背景。对于这些由强制性地推行某一种世界观而引发国际冲突和战争的现象，我们称为"世界观问题"。当然，认为世界观之间的差异——尤其是那种希望消除世界观的差异的倾向或举动——能够带来国家之间的冲突和战争，并不意味着所有的国际冲突和战争都是由世界观引起的。也就是说，我们既不认可"文化决定论"，也不认同"社会意识决定社会存在"的唯心史观。我们之所以提出"世界观问题"这一概念，仅仅是提醒人们世界观之间的差异。尤其是那种致力于消除世界观多元的企图，的确在某些时候构成引发冲突和战争的原因。在做了这些澄清后，我们能够判断，"世界观问题"在国际关系理论研究中，还没有真正成为一个独立的理论研究议程。

在当前国际关系中，现代西方世界观构成了一种霸权世界观。现代西方世界观这种地位的取得，经历了一个比较长的过程。首先，在近代地理大发现以后，西方国家在对世界上广大地区进行殖民的过程中，不仅以武力摧毁殖民地半殖民地地区的政治实体，而且强制性推行文化和世界观同化项目，取消了各种本土世界观的有效性与合法性。如后殖民主义国际关系学者 J. 马歇尔·贝尔考察的西方国家、美国是如何先后对待拉高塔印第安人的世界观所展示的。这一阶段西方国家对土著人与殖民地半殖民地区世界观的消灭，主要是通过强制性权力来实现的。其次，在第二次世界大战之后，由于维持广大殖民地半殖民地的军事、经济、政治、道德成本上升，再加上殖民地半殖民地人们独立意识高涨，反抗运动此起彼伏，西方国家不得不接受了这些地区或国家取得独立的事实。然而，西方国家在战后却创建了一系列的国际制度，并将从现代西方世界观衍生出了的世界秩序方案嵌入在国际制度的运作之中，尽管广大发展中国家在参与国际制度的过程中的确一定程度上维护了自身的利益，甚至在某些特定的时刻和特定的议题上对国际制度的决策程序、实施规则产生过影响。然而，这种影响与西方国家通过决策尤其是"不决策"的方式控制发展中国家相比，是极为有限的。这一阶段是西方国家通过制度性权力来改造发展中国家世界观的阶段。尽管强制性权力与制度性权力都为现代西方世界观上升为霸权世界观做出了重要的贡献，但与象征性权力所产生的效应相比，仍然是比较低效的。象征性权力发挥作用的主要途径是通过国际关系知识、人类学知识等学科知识的传播，在不知不觉中让行为体接受霸权世界观的预设，让从属者自觉自愿地维护着不平等的世界秩序。象征性权力并不存在一个集中运作的阶段。从殖民主义时代开始到现在，它始终都在同化第三世界的世界观中发挥了重要的作用。尤其是在冷战结束以来，西方国家试图通过象征性权力来改造世界的企图达到了一个新的高潮，如"历史终结论""文明冲突论""世界国家"学说、"民主和平论"等理论的提出，都反映了西方国家试图建立一个同一性世界的企图。

国际关系知识与世界观之间存在着隐秘的关系。任何国际关系知识都受到世界观的影响，这或许是人们的常识，然而，世界观到底是通过何种途径与国际关系知识联系起来的呢？这一问题的答案就不是那么一目了然。世界观为国际关系理论提供形式多样的本体论和认识论，如现代西方世界观就为国际关系学者提供了物质本体论、理念本体论、科学实在论等思想资源，通过将理论争论聚焦在本体论、认识论等层面上，现代西方世界观既排除了从别的世界观看待世界的可能，同时也避免自身被学者所攻击。主流国际关系理论，由于现代西方世界观预设构成他们研究不言自明的出发点，而且出于维护自身身份认同的目的，拒绝对自身的世界观背景予以考察；而国际关系中的各种反思主义学派，虽然致力于对主流理论进行批判解构，但它们争夺的是理论研究的主导权，同样排除了从"异世界观"出发观察和想象世界的可能。霸权世界观主要通过上述各种途径而确立其自身的合法地位。既然现代西方世界观衍生出来的国际关系知识在国际关系理论研究界享有"知识霸权"地位，那么对其世界观包含的基本特征（或称预设）进行考察就很有必要。通过借鉴中西比较哲学家郝大维与安乐哲的研究成果，我们概况了西方世界观的六个基本预设，即不可通约的二元对立性、因果性思维方式、单一世界秩序崇拜论、静止优先性、情感边缘论、单一动因目的论。如果说具有独特的世界秩序方案构成世界观的界定性特征，那么西方世界观的六个预设，就都与古希腊宇宙论中有关只有通过消除混沌或无政府状态才能实现世界秩序这一最本源的预设息息相关。西方世界观的六个预设同样反映在西方国际关系知识中，最为典型的体现就是西方主流国际关系理论都不约而同地表现出"国际无政府状态恐惧症"。

西方主流国际关系学者为了克服"国际无政府状态"而开出的世界秩序方案，都具有消除世界观、文化等方面差异的内在冲动。所谓西方主流国际关系学者，就是指在国际关系研究中居于主导地位的三个理论流派——结构现实主义、新自由制度主义与建构主义——这也是国内学者在从事国际关系理论研究言必称之的"三大主义"。"三大主义"都将自身定位为跨历史、跨文化的普适性理论，然而当我们考察他们在国际无政府状态问题上的理论立场时，能够发现它们典型的西方世界观背景。"三大主义"都提出了自己对如何克服国际无政府状态以实现秩序的方案——如果将有关世界秩序的独特方案视为世界观的界定性特征是正确的话，我们也可以将"三大主义"视为三种世界观——现实主义提供了"均势"与"大国治理"这两种秩序方案，新自由制度主义（包括全球治理学派）则主张通过国际制度、国际法建立一种自由主义世界宪政秩序，至于建构主义的代表人物亚历山大·温特，则在康德民主国家联邦思想的基础上，提供了具有浓郁自由主义色彩的世界国家秩序方案，其他建构主义者则提倡通过扩散和传播国际规范以推进第三世界国家的"国家社会化"。现实主义的"世界观"既忽视了均势产生的欧洲文化背景，而且其世界秩序方案是以大国的利益为依归的，没有考虑到弱小国家的利益及由大国治理带来的怨恨等导致国际秩序不稳定的因素。新自由制度主义则将自由主义意识形态嵌入到国际制度的设计之中，忽视西方国家可以利用自身在国际制度中占据的优势通过操纵入会标准、决策程序等方式同化发展中国家的世界观和文化等事实。至于建构主义的世界国家方案或"国家社会化"途径，强调的都是根据西方国家的国内价值观念或世界观衍生出来的所谓"共有观念""共有文化""国际规范"在建立世界秩序中的作用，没有注意到不同国家出于维护本国本体安全的需要对所谓"共有文化"进行抵制的各种现象。所以石之瑜在世界国家方案之中发现它与"民主和平论"存在共谋关系并非偶然。当我们从西方国际关系理论提供的世界秩序方案中发现都有消除差异或同化差异的内在冲动时，我们不会对贝尔就现代西方世界观所做的下列评价感到惊讶：

> 在西方宇宙论承诺中，有一股强劲的改宗冲动（proselytizing impulse），它致力于取消各种他者宇宙论的有效性。这一冲动，可以在早期殖民主义与高级殖民主义的代理人（agents）——最为典型的代表是欧洲帝国，难以计数的西方宗教机构，以及移民国家——执行的各种文化同化项目以及所从事的实践中发现，它们致力于消除美洲及世界其他地方土著人的世界观及其生活方式。然而，非个人化的工具，如西方科学的基础学科（尤其是通过社会理论得以表达的知识）以及西方物质文化的传播（承载着殖民主义/高级殖民主义），同样扮演着植入西方宇宙论承诺的功能。①

霸权世界观是作为一种象征性权力而发挥作用的。国际关系领域虽然长期以来都被视为一个权力盛行的领域，然而对于权力的定义、类型、表现形式、效应等问题，国家关系学者并未达成共识。如果我们将权力定义为一种塑造行为体环境与影响行为体行为选择的能力，那么我们能够发现在国际关系中存在着四种类型的权力，它们分别是以作用于行为体生理状态或物理存在为主的强制性权力、通过决策或不决策限制行为体享有平等权利的制度性权力、直接或间接地塑造行为体心智结构和性情倾向的象征性权力，以及影响和控制行为体情感状态的情绪性权力，它们分别对应于社会学家马克斯·韦伯提出的四种理想行为类型：即工具理性行为、价值理性行为、由传统引导的行为，以及由情感驱动的行为。"三大主义"主张和倡导的世界秩序方案，分别是以强制性权力、制度性权力、象征性权力为基础的，这些世界秩序的实现途径分别是暴力整合、制度整合、规范整合。至于霸权世界观所产生的效应，就是一种象征性权力。通过将世界观预设隐藏在国际知识的传播和国际制度的运作中，霸权世界观潜移默化地影响到人们对世界的认知、想象，从而也就看不到其他世界观的价值与

---

① J. Marshall Beier, *International Relations in Uncommon Places*: *Indigeneity*, *Cosmology*, *and the Limits of International Theory*, New York: Palgrave Macmillan, 2005, p. 47.

意义。要维护世界观的多样性，就必须突破霸权世界观和象征性权力对人们思想的禁锢，从而开发人们想象世界的多样可能性。要知道，包括象征性权力在内的四种权力类型都是合二为一的，既有控制行为体的功能，同时也有赋权给行为体使其有追求自由生活的可能，前者是权力"统治……的权力"的性质，而后者是权力"做……的权力"的性质。反抗象征性权力的关键是行为体进行自我赋权，主动抵制和反抗霸权世界观对自身的控制。

　　和谐世界观是可以成为一个为中国国际关系学提供诸多启示的世界秩序方案。如果和谐世界观的学理化置于国际关系文化政治和世界观场域，这里涉及的已不是纯粹学术的问题，而是非常重要的政治问题，关系到中国人如何肯定自身的文化传统、如何延续中国的历史实践、如何肯定中国人的生活世界，如何做一个思想上的世界观和行动中的世界观相统一的中国人等重大问题。这要求中国国际关系学者积极探索和谐世界观学理化的可能与路径。本书认为，结合了中国传统世界观和马克思主义世界观洞见的和谐世界观，是有自身独特的世界秩序方案及其基本特征的。这些特征包括：（1）捍卫"国际无政府状态"，尊重世界多种文化、世界观、政治制度等方面的多样性，认为自我克制而非同一性才是实现和谐的关键（尊重差异的多元世界秩序）。（2）重视情感，基于情感而非利益的和谐，才是和谐社会和和谐世界能够实现的基础。和谐世界观对情感的高度重视，被李泽厚称之为"情本体"（情感本体）。（3）从事件相互关联的角度看待世界，追求的是如何实现关系——包括人际关系、国际关系、天人关系——的和谐而非事物的本体或实在。（4）这是一种相互关联的思维方式，由此衍生出关系本体论、事的世界观、关系性方法等观点（关联性思维方式）。（5）与马克思主义分享着对过程、变化的强调。"人情事变"的名言，言简意赅地指出了和谐世界观重情感、重过程而且两者不可分割的观点，这与现代西方世界观预设一个目标然后孜孜以求截然有别（多动因过程论和变化优先）。（6）中国思想虽然也会以二元式的概念来理解世界和社会，如阴、阳，男、女，高、下，冲突、和谐等，但这些二元并不是截然对立、不可通约的，而是对偶性、相克相生的（可转化的对偶性）。正如在西方世界观与和谐世界观之间也可以相互对话和彼此沟通一样。我们主张反抗和抵制霸权世界观，根本目的在于促进两者之间的平等对话，而现在的事实是，和谐世界观还处于被认为是"战略口号"

的阶段，不用说这种对话并未充分展开，即使出现对话，也是一种不平等的对话。所以，和谐世界观最终能否成为一种真正有价值的世界想象，就在于中国学者能够摆脱霸权世界观的预设，进行自我赋权，深入阐述和谐世界观的真正内涵。

事实上，和谐世界观能够为我们反抗象征性权力提供重要的启示。象征性权力具有将世界观的等级关系转化为积极情感的神奇效应，即通过塑造行为体的心智结构，让被支配者将等级制的社会秩序视为理所当然、不言自明，并在这种不公正的秩序中形成一种心安理得、处之泰然的感觉。当行为体对现存世界观产生疏离感、陌生感，并对现有秩序进行自我反思的时候，象征性权力带来的不言而喻性就面临断裂。在这一过程中，情感构成了反抗霸权世界观和象征性权力的重要条件。焦虑、羞愧、陌生感、疏离感等情绪的存在，能够加速或激发行为体对霸权世界观与象征性权力的质疑。当然，情感仅仅是动力，象征性权力和霸权世界观能否被颠覆，主要取决于行为体在进行自我赋权的过程中是否存在相关的结构和主观条件并有效地把握之。不管在社会运动还是在国际冲突和战争中，情感都扮演了重要的角色，这种角色直到 21 世纪前后才逐渐被社会学者与国际关系学者注意到，并逐渐成为这些学科研究的热点问题。和谐世界观的情感本体论以及中国思想中如何处理情感问题的丰富论述，能够为相关研究提供重要的启示。当我们从情感的角度考察和谐世界观提出的意义，我们就能发现和谐世界观的提出，是与中国为维护本国国家安全的重要维度——本体安全——密切相关的。在全球化日渐深入发展的背景下，由于中国传统世界观存在断裂和马克思主义世界观又遭到苏联解体、苏东剧变的冲击，中国人的身份认同产生了严重的危机，焦虑、羞愧等情绪应运而生。而和谐世界观的提出，为中国人如何表述自己和阐述对世界发展的看法提供了重要的思想资源，有助于缓解国人的消极情绪和满足对本体安全的渴求。在消除、平复负面情绪的过程中，正是反抗霸权世界观的良机，如果我们对和谐世界观不加深入研究就简单地予以抛弃，那么中国人就有可能真的蜕变为"西方人"。

最后，我们还将温特的世界国家观与和谐世界观之间的差异做了比较。世界秩序方案的交流与竞争构成了国际关系实践中的一个非常重要的维度。中国于 2005 年提出了建立和谐世界的理念，而西方学术界则复苏了关于世界国家的想象。相对于西方学者已经论证了世界国家出现的必然性，国内学术界对和谐世界观的学理化仍处于探索阶段。要确立和谐世界观的合理性和可行性，对其进行学理化研究已成为一个必要和紧迫的任务。本书在将和谐世界观与世界国家观进行比较的基础上，主要讨论三个方面的问题：分析这两种世界秩序方案哪一种更具有实现的可能，两者在对待国际关系中的差异问题上具有什么样的不同态度，以及这种态度的差异具有什么样的思想根源。这三个问题在理论上具有连锁决定关系。总之，和谐世界的情感本体论、关联性思维方式、非二元对立的逻辑等能够为中国国际关系学者从事创新性的国际关系理论研究提供了全新的可能。至于其更为丰富的涵义及其对于中国国际关系研究所能产生的更多具体启示，有待我们进行进一步的探索。

第二节　本书的理论与实践价值

本书属于理论研究，而没有过多地涉及外交实践问题。所以我们将主要从理论研究的角度对本书的价值稍作总结，至于本书的实践价值，我们同样主要从理论方面的实践进行总结。由于本书的主要目的在于完成和谐世界观的批判使命，而且这种研究是置于世界观与国际关系知识的框架中进行的，所以我们认为，本书最主要的贡献就在于通过研究世界观的特征、西方世界观的预设及其在国际关系知识中的体现、西方主流国际关系理论的伦理内涵、世界观与权力之间的关系、和谐世界观的特征及部分启示，从而比较系统地将世界观"带回"到了国际关系研究领域，并在这一过程中发现了和谐世界观被遮蔽的重要意义。我们先对本书具有的理论价值稍作梳理，然后从国家安全和知识创新的角度再对本书的实践价值加以必要的说明。

一　本书的理论价值

我们认为，本书可能具有六个主要方面的理论价值：（1）比较系统地考察了国际关系中"世界观问题"的研究状况，回答了"世界观问题"并没有成为一个理论"问题"的原因；（2）指出西方三大主流国际关系理论并非普适性理论，事实上它们都有内在一致的伦理取向——取消差异或同化差异，致力于建立一个同一性的帝国；（3）深入研究了世界观与权力之间的关系以及如何才能突破象征性权力的控制作用——霸权世界观是一种象征性权力，情感构成反抗霸权世界观的动力机制；（4）简略但比较清晰地概括了现代西方世界观与和谐世界观在基本特征上的差异——见表5—2；（5）重构了国际关系中的权力概念，提出了一种由四种权力组成的国际关系权力理论框架，并在四种权力类型与四种社会行为类型之间建立起来了联系；（6）将马克思主义者关于意识形态与世界观的研究成果扩展到国际关系研究领域，既为马克思主义国际关系理论的中国化作了贡献，同时也有助于对和谐世界观提出的意义形成了新的认识。我们的研究，可视为建立在后殖民主义J·马歇尔·贝尔研究成果基础上的。我们先简略地回顾一下贝尔的基本观点及其不足，通过将本书嵌入到关于世界观与国际关系之间关系已有研究的思想脉络中，我们能对本书的理论价值形成一个较为清晰的认识。

我们已经提及，贝尔是第一位比较深入地从世界观的角度对西方殖民主义/高级殖民主义展开批判的国际关系学者，他的研究让我们对国际关系与世界观之间的关系有一种新的认识。然而，贝尔的研究也不无缺陷。他研究中的不足体现在七个方面：（1）贝尔没有涉及到世界观所具有确认身份认同的作用，正是世界观的这一特征使得世界观的崩溃往往能够激发出人们强烈情感反应、甚至引发国家间冲突与战争。（2）贝尔并未明确指出现代西方世界观"不可通约的二元对立"和"以线性的方式表达过程与存在"这两个预设外，西方世界观是否具有其他预设。（3）贝尔并没有提及在西方世界观与拉高塔印第安人世界观之间具有很大差别的同时，它们之间是否也有可以通约的地方。仅仅强调两种世界观之间的差异，有重新固化他自己予以尖锐批评的二元对立这一西方世界观预设的倾向。（4）贝尔的理论取向在很大程度上停留在批判的层面上（在一定程度上还有规范内涵），很少对世界观在具体国际关系实践中的意义展开研究，包括由世界观的差异引发国际冲突产生的演变过程、内在机理、应对措施等问题，从而无法为国家处理世界观间的差异提供更多启示。（5）贝尔并未提及体现在国际制度中的世界观。贝尔集中考察的是世界观在国际关系知识中的体现，这无可厚非，不过不能忽视以制度化形式体现出来的世界观。（6）贝尔没有充分注意到世界观与权力之间的关系，也没有关注政治学、社会学等学科中专门研究以塑造人的心智结构为目的的权力类型，从而也没有对世界观发挥作用的具体机制进行探讨。（7）贝尔为反抗"霸权世界观"提供的战略是有问题的。尽管贝尔主张各种世界观应该平等对话，然而，"移情"理论视野中的交流仍然是不平等的，因为"本土"世界观的平等地位无法得到保证。只要霸权世界观不愿向前者赋权，而本土世界观又不能有效地自我赋权，那么平等交流仅是个梦想，正如贝尔自己所承认的。① 此外，贝尔主张的"移情"战略，仍然是"通过他者的眼睛看世界"，② 而非"让他者自身看世界"，土著人与"本土"世界观的主体地位仍然是悬置的。

本书对贝尔研究中的不足或其他他没有注意到的方面做了进一步的研究。如对贝尔的不足中的（1）（2）（3）（5）（6）（7）都做了进一步的探索。不仅如此，我们还对贝尔没有深入研究的问题，如"世界观问题"在国际关系和相关学科中的研究现状，做了更为系统的梳理，概括了现代西方世界观除了不可通约的二元对立模式与线性存在观之外的另外四个基本特征，明确从象征性权力的角度对霸权世界观带来的理论与政治后果进行了剖析，并就如何反抗霸权世界观这一贝尔没有完全解决的问题作了尝试性的探索，简要考察了研究国际关系中世界观特征与"世界观问题"时应该遵循的几个原则，没有仅仅停留在批判的层面，而且还致力于重建和谐世界观对于国际关系研究可能带来的启示，在世界观与国家安全之间建立起来了联系，等等。不过，我们虽然指出了贝尔研究中有待拓展的七个方面，但对其第（4）个方面的不足，我们没有圆满解决，这一问题我们将在第三节做比较详细的讨论。虽然本书仍然存在这样那样的不足，而且对于某些问题的阐述可能存在失之简约的问题，但我们的确从一个较少得到人们关注的领域——世界观与国际关系之间的复杂关系——中挖掘了大量可供研究的内容。这不仅有助于开辟新的研究领域，或许还在一定程度上有助于拓宽人们的思维空间。这或许是本书研究的部分意义所在。

对于上文总结的六个方面的理论价值，我们还需对其中的第五点和第六点稍作补充。韦伯曾经提出四种纯粹或理想的行为类型：即分别由工具理性、价值理性、传统、情感驱动的行为。如果说这四种行为类型的确在国内社会与国际社会中能找到其原型，那么我们就应该对四种行为类型分

---

① J. Marshall Beier, *International Relations in Uncommon Places*: *Indigeneity*, *Cosmology*, *and the Limits of International Theory*, New York: Palgrave Macmillan, 2005, p. 220.

② Ibid., p. 46.

别予以考虑，而不应该仅仅将眼光限定在某种特定的行为类型上。然而，在国际关系理论的研究中，关于国家等行为体行为的假定，都是倾向于将国家等行为体视为理性的，认为行为体能够根据所面临的选择进行成本—收益计算，选择自认为最有可能带来最优效果的方案。这里的理性当然是指"工具理性"。尽管理性选择假定在社会学、人类性、心理学等学科中早就出现过质疑的声音，但在国际关系学和经济学中，这种假定仍然是对行为体行为进行解释的主导性假设。尤其是在现实主义与新自由制度主义那里，理性假定构成它们解释国际关系现象和建立体系理论的基本逻辑起点。直到认知心理学研究的兴起，传统的理性假定的可靠性和有效性根基才真正松动。认知心理学认为，在现实的社会生活中，由于受制于认知能力有限、信息不充分、决策环境下的时间紧张和高度压力等因素，行为体是不可能完全遵守工具理性行为逻辑的。美国认知心理学家赫伯特·西蒙（Herbert A. Simon）在此基础上对传统理性假定进行了改造，提出了"有限理性"（bounded rationality）的概念，认为行为体在实际行动中是以"满意"而非以利益最大化为目标的。① 不仅如此，在新自由制度主义与建构主义那里，国家等行为体遵守价值理性的逻辑，也成为人们解释国际关系现象的一时风尚。不过，西蒙的"有限理性"假定，甚至价值理性的行为逻辑，在皮埃尔·布尔迪厄那里受到激烈的批判，认为这仍然是一种马克思予以深刻批判的将"逻辑的事物"当做"事物的逻辑"的学究谬误。② 布尔迪厄认为在实际生活中，人们往往是从经过历史经验塑造，并且对遭遇到社会结构做出下意识或潜意识反应的"惯习"（相当于世界观）出发的。事实上，某些国际关系学者也模糊意识到，"惯习"和世界观的不同，为学者们解释国际现象提出了挑战。如迈尔斯·卡勒（Miles Kahler）指出：

> 有的学者认为，其他文化的世界观，比如伊斯兰原教旨主义，与欧洲启蒙运动所派生的理论信念是不可融合的。在对这个论点的回应

---

① 赫伯特·西蒙：《现代决策理论的基石》，杨砾、徐立译，北京经济学院出版社1989年版。

② 皮埃尔·布尔迪厄、华康德：《实践与反思——反思社会学导引》，李猛、李康译，中央编译出版社1998年版。

中，有两个问题被提了出来：这种典型的来源于学者和传教士著作的世界观是否被人们普遍认同并体现在行为之中呢？既然太单薄的理性模型不能对行动做出解释，那么这些行为体如何实现它们的政治和宗教目的呢（即是否有强加在非理性运作法则上的代价或选择压力）？①

对于卡勒提出的第一个问题的答案是否定的，正如贝尔的研究集中指出的，西方人类学在很大程度上与"高级殖民主义"或"霸权世界观"存在共谋关系，它们许多假定和结论不过是对各种"本土"世界观所进行的"错误呈现"。对于卡勒提出的第二个问题的答案，既可以是韦伯的"习惯"概念，也可以是布尔迪厄的"惯习"概念，这也是国际关系学者很少予以研究的国际关系行为类型。尽管韦伯的"习惯"概念与布尔迪厄的"惯习"概念在某些方面有所不同，后者在强调"惯习"的结构性时，更加注意其建构性、变动性的特征，而韦伯的"习惯"概念有固化的倾向。但无论如何，除了工具理性和价值理性，由习惯和世界观指导下的行为，无疑构成一种极为重要的行为类型。本书对世界观作用机制的说明，在很大程度上是对"习惯"或"惯习"行为逻辑在国际关系研究领域适用性所做的研究。至于韦伯提出的情感，同样是一种不能忽视的行为类型，尹继武的专著对此作了重要的探索。②而且由情感驱动的行为，与中国文化和世界观中的内在精神尤为适切，正如王阳明的"人情事变"这一名言和李泽厚的"情本体"这一总结予以概括的。

在韦伯四种行为体类型的基础上，我们提出了四维权力观。在本章第一节对论文基本观点的概况中，我们已经指出了国际关系学者对权力理解的局限和我们之所以要提出四维权力观的原因。除了为人们更为充分地认识复杂的权力现象提供一种思考框架，我们重构权力概念的另一个重要目的在于，弥补国内学者在研究和谐世界观时忽视国际关系中权力作用的倾向。国内研究和谐世界观的成果，对国际关系中随处可见的权力与社会分化——即国家间不平等——的事实视而不见，似乎认为只有人们追求和

---

① 迈尔斯·卡勒：《国际关系中的理性》，载彼得·卡赞斯坦、罗伯特·基欧汉与斯蒂芬·克拉斯纳编《世界政治理论的探索与争鸣》，秦亚青等译，上海人民出版社 2006 年版，第 352 页。

② 尹继武：《社会认知与联盟信任形成》，上海人民出版社 2009 年版。

平、希冀和平、期待稳定，和谐世界就一定能够出现。这种倾向，既是人们对和谐世界能否建立的前景表示怀疑与悲观的重要原因，也是和谐世界观很难得到国外学术界响应的根源之一。事实上，权力在国际关系中不仅存在，而且还以或明显或隐蔽的方式控制着人们的生活。正如本书的研究所表明的，即使在看似没有硝烟的世界观场域，霸权世界观不仅存在，而且影响中国学者对国际关系理论的研究和对和谐世界观的看法，这就是霸权世界观产生的象征性权力效应。如果我们连自己都被权力所控制，遑论构建和谐世界。问题不在于忽视或贬低国际关系权力的作用，而在于我们如何通过各种知识、手段，发现权力的具体所在并进行反抗，主动把握国家的命运和追求自由的生活。在提倡和谐世界观的过程中，我们需要追问，在和谐世界建立的过程中，权力的地位何在？各种不同类型的权力具体作用机制或彼此之间的关系如何？如果说和谐世界是一种世界处于情感和谐的状态，那么情绪性权力是否应该成为促进和谐世界建立的主要权力手段？等等。只有面对这些问题并展开深入研究，提供真正学理化的成果，和谐世界观才有可能真正赢得国人和世人的尊重和信任。我们迫切需要将权力带回到和谐世界观的研究之中。我们认为，只有将权力纳入到世界观的框架中予以考察，我们才能发现现实政治生活中的危险之处，才能为建立和谐世界提供更合理的方案、途径，才能把和谐世界的建立当作一个真正有价值的目标来推进。而四维权力观则给出了这样一种理论框架。

再次，我们有必要简要讨论本书为促进马克思主义国际关系理论研究所做的贡献。这种贡献具体体现在两个方面：首先是将马克思主义者关于意识形态和世界观问题的研究成果，运用到国际关系"世界观问题"的研究之中；其次是在世界观与国际关系之间关系的框架中考察了和谐世界观提出的具体意义，为和谐世界观的理论化奠定了必要的基础。我们先看第一个方面，马克思与恩格斯提出了"统治阶级的思想在每一时代都是占统治地位的思想"的重要观点。通过研究，我们发现，在国际体系中居于主导地位国家的世界观，通过强制性权力、制度性权力与象征性权力的协同作用，构成国际社会中的霸权世界观，而且再次衍生出形式多样的象征性权力，进而维护和巩固着霸权国家的地位。而受到马克思主义重要影响的布尔迪厄，则提出了行为体"惯习"或世界观与其在社会结构所处的位置有对应关系的观点。我们同样发现，国家的世界观是与其国际地位契合的。西方国家在政治、经济、军事、金融、话语权等方面具有强势地位，现代西方世界观也因此享有霸权地位；而第三世界观在国家实力上处于弱势地位，它们的世界观也因此受到霸权世界观同化或消灭的压力。通过将马克思、恩格斯、葛兰西等马克思主义者和布尔迪厄的思想运用到国际关系领域，我们得以发现霸权世界观带来的严重政治后果，即象征性权力给弱势世界观带来了我们所说的"承认困境"，这实际上是第三世界国家在反抗霸权世界观上面临的共同难题。目前和谐世界观也处于霸权世界观的阴影之下，也就是说和谐世界观同样面临着"承认困境"。为了维护中国的本体安全，在新的时代背景中，我们有必要深化对和谐世界观的认识，在此基础上提出将其提供的独特世界秩序方案充分学理化，这是和谐世界观反抗霸权世界观、进行自我赋权的必然要求。

将和谐世界观纳入到世界观与国际关系之间关系的理论框架中，我们能够发现和谐世界观提出的独特意义。就外交层面而言，和谐世界观不是中国出于缓解国际社会对中国发展的疑虑和改善中国国际环境的目的，而提出的一种战略口号或外交辞令，而是中国领导集体在综合中国文化传统的洞见和马克思主义科学思想的基础上，提出的一种世界秩序方案。我们之所以对从现代西方世界观衍生出来的各种世界秩序方案感到不满意，是因为这些秩序方案都有消除或同化其他世界观的内在冲动。而和谐世界观提供的世界秩序方案与此不同，它强调要捍卫国际"无政府状态"，认为只要行为体真正恪守和平共处五项基本原则，即使在国际"无政府状态"中，世界秩序也是可以建立并维持的。不仅如此，和谐世界观还极为重视情感在秩序建立和维持中的作用。在这一意义上，和谐世界观的提出本身，就有反抗和解构霸权世界观的客观作用。这是就和谐世界观提出的对外意义而言的。相对于和谐世界观为满足中国人对本体安全的寻求和促进中国原创性国际关系理论的发展而言，和谐世界观对霸权世界观的反抗就不那么重要了。首先，正如我们在吉登斯的"本体安全"理论中看到，世界观既是为行为体提供本体安全的资源，也是行为体在社会关系中确定自身身份的基础，更是行为体在变动不居的环境中维持情感安全的重要手段。在当前复杂、变化的全球化背景中，由于对中国在国际体系中的地位尚未形成一种清晰、明确的共识，中国人遭遇到严重的认同危机，并衍生出强烈的焦虑情绪，这是中国人本体安全没有获得充分保障的体现。和谐世界观的提出，虽然对于中国自身的国际地位与国际秩序的方向，还没有提出系统、连贯的一整套观点，但它是蕴涵了回答这些问题的丰富资源。

其次，和谐世界观能够为中国国际关系的研究提供大量的启示，如既然情感是反抗象征性权力和霸权世界观的机制，那么和谐世界观包涵的"情本体"，以及中国历史实践中处理情感或称"人情"问题的大量经验，显然是能为我们进一步研究情感在国际关系中的意义提供作出贡献的。事实上，我们提供的情绪性权力的概念，就能从和谐世界观重视情感这一基本特征中受益。如果中国国际关系学者要突破美国在国际关系研究领域的"知识霸权"，那么有效的途径不是简单地套用西方的国际关系理论来解释中国历史实践，而是从和谐世界观的丰富内涵提炼出相应的理论资源，从事创新性的理论研究。如果说本书对霸权世界观及其预设的批判，能够推动学者们往这个方向努力，那么论文也算为中国的国际关系研究尽了微薄之力。

最后，本书不仅探讨了和谐世界观的基本特征、可能启示，而且还在与温特世界国家观进行比较的基础上对和谐世界观的思想根源、可期性与合理性做了理论上的探讨。通过借鉴承认理论的研究成果，本书论证了为什么温特有关世界国家必然性的观点是错误的而和谐世界却有实现的可能。在思想根源上，本书将两者的差异集中在对待"无政府状态难题"这一问题上。实际上，国际关系学者集中加以讨论的"无政府状态难题"，并不是一个普适性的问题，它是西方文化"超验宇宙论"的特殊产物，而致力于消除无政府状态的世界国家观，不过是西方"理性"或"逻辑"秩序观的典型体现。中国世界观是一种"内在的""关联的""过程性"的世界观，它并不认为秩序的实现需要消除无政府状态，相反要捍卫这种状态。和谐世界观是中国"美学"秩序逻辑的典型反映，相对于世界国家观"无中生有"的超验性，它强调行为体的"协同创造"过程。对于和谐世界观与世界国家观在可期性上的差异，集中体现在两者对待差异的不同态度上。温特在论证世界国家必然性的过程中对"普世的人"或"薄的承认形式"的强调，客观上具有消除国际关系中的差异或"厚的承认"形式的理论效应，这与西方文化在面对差异时采取的要么同化差异、要么消灭差异的"双重运动"战略相似。因此，行为体的自我克制，才是避免承认斗争演变为悲剧的有效途径。与之相反，和谐世界观提倡的是国际关系差异的维护和交流，其中相互尊重构成世界不同文化、文明、宗教、政治制度等方面差异能够"和而不同"的基本前提。最后我们分析了这种世界秩序方案是否具有合理性。基于西方超验宇宙论的目的论逻辑，温特通过借鉴霍纳特的承认理论，论证了承认斗争将导致集体身份的扩大并最终形成一个世界国家。然而，经验研究和理论推理都不能证明有关承认斗争导致集体身份扩大这一核心逻辑。相反，承认斗争往往会带来悲剧性的结果。相对于世界国家观强调"无中生有"的力量，和谐世界观强调行为体的"协同创造"过程。这一过程本身就有助于促进世界从不和谐到和谐状态的转变。因为过程有助于处于关系中的行为体形成团结关系和集体身份，使关系本身成为一种有价值的东西。在建立在自我克制、相互尊重与协同创造基础上的过程足够持久，集体身份就会持续扩大，最终可能形成一个和谐世界。

二　本书的实践价值

本书的实践价值就既包括理论研究方面的实践，也包括外交政策实践。我们着重关注的是理论研究方面的实践。本书比较系统地梳理了世界观与国际关系之间的关系，根本目的在于通过批判霸权世界观及其预设，尝试为开发和谐世界观的丰富内涵清除部分思想障碍。我们摈弃那种认为中、西世界观截然不可通约的"本质主义"观点，而是认为现代西方世界观与和谐世界观尽管有重大的差异，但它们之间是可以沟通与对话的。但在进行对话之前，我们先要对和谐世界观进行自我反思、自我肯定、自我赋权，反对那种认为现代西方世界观是唯一合理的世界观、西方国际关系知识（包括"三大主义"）是普适有效的观点。在这个意义上，本书最主要的实践意义，还在于通过将和谐世界观纳入到国家安全的框架中，为其在世界文化政治与世界观场域找到其应有的位置。虽说和谐世界观是一种世界想像、一种世界秩序方案，但它首先是关于国内的，是对我们生活世界的一种肯定，是对中国传统世界观和马克思主义世界观的创新性发展，是一种满足国人对自身认同和本体安全寻求而给出的答案。由此观之，要使和谐世界观真正焕发生命力，赢得别人的尊重，必要的前提是自我赋权、自我肯定，而不是自我否定、自我贬损。

世界观的"自我赋权"战略，对中国国际关系研究同样具有极为重要的意义。经过三十余年对西方国际关系理论的引进和评论，我们目前为止还没有有效地确立起国际关系研究在国际上的自主性和独立性，而是纠缠于国际关系理论是"普适性的"还是"特殊性的"，以及如何才是促进中国的国际关系理论研究的最优途径等问题的争论中不能自拔。当然，这样说并不意味着我们否认国际关系学者为了促进中国国际关系研究的发展所作的诸多努力，我们的本意在于促使人们去关注和讨论中国延续了五千多年的世界观，是否能够为我们的国际关系研究提供启示和养分。事实上，自现代中西方接触、导致中国人丧失对传统世界观的信心以来，如何重新确立起一种新的世界观，始终是困扰中国人的重要问题。如果说国际关系理论的研究或创建真的需要界定一个"核心问题"的话，① 我们认为，自近代直至现在，如何在参与国际体系的过程中建立一种新的世界观，无疑具备构成"核心问题"的资格。随着中国国家实力——主要是物质实力——的日益强大，国际社会中要求中国明确表达自身的抱负以及对世界发展方向的看法这些方面的压力越来越大，然而我们呈现自身和表达世界的能力——象征性权力——却没有得到相应的提高。疲于修正或反驳外界对中国形象的歪曲、片面呈现，或者仅仅借用西方学者的范畴、概念来表述中国，如"中国威胁论""中国崩溃论""中国责任论""利益攸关方""软权力"等概念或术语，构成中国政府和中国学术界不得不面对的工作。这些工作虽然在一定程度促进了中国国际关系学者问题意识的成长，然而许多精力和时间投入到这些问题的应对中，严重影响到学术界对真正重要的问题的关注和研究。

之所以出现上述现象，部分原因或许在于：中国似乎还没有形成可以向国民、国际社会清晰地传达对自身、对未来世界秩序看法的概念、范畴、理论、观念等概念工具，其中就包括中国没有在已有世界观的基础上提炼或整理出一种新的世界观。而当中国领导人于 2005 年 9 月正式提出和谐世界作为对国际关系未来秩序的展望时，许多人却以西方理想主义关于"利益和谐"的观念被第二次世界大战的爆发击得粉碎的事例，② 或者和谐世界观还没有充分学理化为由，认为它不过是中国人提出的一种"战略口号"。我们认为，对于和谐世界观，我们没有必要在未经仔细研

① 关于理论的创新或建立，需要一个核心问题的观点是秦亚青提出来的。可参考秦亚青《国际关系理论的核心问题与中国学派的生成》，载《中国社会科学》2005 年第 3 期，第 165—176 页。秦文认为，"改革开放以来的三十年中国如何和平融入国际社会"这一问题，可以担当可能的国际关系"中国学派"生成的核心问题。姑且不论理论创建中国学派是否有必要，但就重要性来看，中国如何创建一种新的世界观或许更有资格成为这样的核心问题。

② 可参考爱德华·卡尔《二十年危机（1919—1939：国际关系研究导论）》，秦亚青译，世界知识出版社 2005 年版。

究的情况下就简单地抛弃。作为中国文化传统中重建的一种世界观类型，和谐世界观的具体内涵及其能否生成等问题，是有待深入研究的课题，而不应该根据从西方世界观预设中产生出来的知识或理论来简单地对其予以全面否定。我们坚持认为，只要国际关系学者愿意付出努力，并密切结合中国传统世界观的丰富资源来进行研究，和谐世界观未尝不能实现学理化、未尝不能为中国人提供一套科学化的世界想象和关于国际关系现象的解释体系。

当从文化政治的角度考虑和谐世界观提出的意义，它涉及到的已不仅仅是为中国国际关系研究提供"本体论"和"认识论"方面等思想资源的问题，更重要的还在于它密切关系到如何做中国人、如何面对中国人的生活方式、如何对自身的生活世界进行肯定与维护等方面的问题。也就是说，和谐世界观在本质上仍然是一个国内问题，仍然是为了解决作为一个大国的中国如何定位自身、如何建构一种清晰连贯的国家身份的问题，也就是赵汀阳所说的"中国问题"。这一问题之所以重要，就在于为激励国人去思考，去探究如何面对中国这个"复杂的现实存在"。能否勇敢面对这一问题，将会带来深远的后果：

> 现在中国自己不思想，这是个后患无穷的问题，如果不能解决就会成为悔之莫及的事情。"重思中国"的历史意义就在于试图恢复中国自己的思想能力，让中国重新开始思想，重新建立自己的思想框架和基本观念，重新创造自己的世界观、价值观和方法，重新思考自身与世界，也就是去思考中国的前途、未来理念以及在世界中的作用和责任。这既是基本思想问题又是宏观战略问题。这决定了"中国问题"首先是个哲学问题和政治学问题。①

张旭东在这一问题上的立场与赵汀阳是一致的。他认为，尽管中国的经济发展的确重要，但是相对于为我们的子孙后代开辟思想层面的"自由空间"而言，仍然有其局限性。这是因为，思想层面的"自由空间"，能够为我们后代提供自由创造历史、创造生活、想象世界、肯定自身价值的勇气，并激发他们的行动能力。尽管我们在改革开放之前物质贫乏、经

---

① 赵汀阳：《天下体系：世界制度哲学导论》，江苏教育出版社 2005 年版，第 7 页。

济发展比较落后，但我们在国际上的号召力、感召力要比现在要大得多，中国在苏联和美国之外提供了一个有关世界如何组织的替代性世界观，并得到许多国家的响应和拥护。反观今天，在开拓和提供世界想象、原创性思想方面，我们并没有取得太大的进步，"我们在价值和意义方面已经没有太多的'回身余地'和创造性可言，在种种强势话语的压力下，已经提不出什么自己的东西，大部分是人云亦云、随大流的东西，只能跟着走下去，夹在众人中间，即使想转身也转不过来了，更不用说许多人走得兴高采烈，不亦乐乎"。① 在三大主义大行其道的国际关系研究领域，我们能发现这一现象尤为严重。马克思主义的国际关系思想很少有人做深入研究，而中国丰富的历史经验往往被裁减到西方理论、观点之中，由此我们不难明白为什么我们的理论研究停滞不前，并在为中国外交实践提供思想资源和智力支持方面同样力不从心。

　　有鉴于此，我们希望学术界能够认真对待和谐世界观这一从中国本土资源中生发出来的"世界图景"，尽管它仍不完善。即使我们不认可这一世界观，我们也有义务去思索何种世界观能够对"中国这个复杂的现实存在"以及未来的全球秩序做出合理、清晰、明确的表述。对于中国人来说，为了充分地表述我们自己，同时也为了表达我们对这个世界的认识和思考，而且也为人类社会的发展前景贡献自己的秩序方案，有自己独特世界观的中国文化，可以而且必须从中国自己的世界观出发提供我们关于世界的构想。问题在于中国国际关系学者能否从西方"霸权世界观"及其预设中摆脱出来，切实地从中国传统思想和历史实践中吸取养分，进行创造性的研究工作，从而为和谐世界观、"天下观"及其他可能的世界观的学理化和有效性做出原创性的贡献。对此，我们在本书中已经做了初步的提示。通过追问和谐世界观的基本特征能够提炼出什么样的本体论、认识论？和谐世界观能够为人们提供一种什么样的世界想象？等问题，我们已经发现了和谐世界观的丰富内涵以及为国际关系研究所能做出的贡献。既然我们提出了并在不同的国际场合提倡和谐世界观，自然也就意味着至少在我们自己看来，它是有意义和别具新意的。问题在于我们如何将和谐世界观的学理内涵充分表述出来，阐发它能提供的思想资源，论证它能提

---

　　① 张旭东：《全球化时代的文化认同：西方普遍主义话语的历史批判》，北京大学出版社2006年版，第264页。

供的世界秩序方案。由此一来，和谐世界观就向我们提出了两个重大挑战：它能否以及如何为国际关系知识提供思想资源？它能否向国人与世界提供一种独特的世界秩序方案以及一种什么样的世界秩序方案？基于本书仅仅尝试解决和谐世界观提出的批判使命，而不过多地涉及其解释与规范这两层使命，所以我们对这些问题并不全面进行回答，而只是做几点简要的提示。

　　和谐世界观所能提供的思想资源。基于和谐世界观是以相互关联的角度观察世界，而不热衷追问世界的存在、实体是什么，那么根据西方意义上具有超越内涵的"本体论"来理解和谐世界观就是不确切的。不过，如果说像李泽厚、蒙培元那样从事物（实际上是"事件"）"本源""根本"的角度来使用"本体"的概念，我们可以认为，和谐世界观提供的本体论既可以是情感本体论、事件本体论，也可以是过程本体论、关系本体论等，而且这些本体论事实上都有人开展过研究。如日本学者广松涉就在吸收马克思主义思想营养的基础上，提出了"关系本体论""事的世界观"等概念。① 据此，我们可以认为，和谐世界观可以称之为情感世界观、事件世界观、过程世界观、关联/关系世界观，而和谐不过是这些不同世界观名称强调的价值目标而已。至于认识论，和谐世界观认为认识活动是人的实践的一部分，而且认识活动不能与人类更广泛的实践活动相互分离，这种认识论，就是中国"知行合一"的践行性认识论。至于方法论，和谐世界观既然是一种关联/关系世界观，那么他自然不主张主观与客观、事实与价值相分离的研究方法，而是坚持从万物相互关联的角度研究事件、生产知识的关系性方法，甚至不排斥本能、直觉等视为不科学的方法。正如霸权世界观能够衍生出一系列的本体论、认识论、方法论一样，和谐世界观同样能够为国际关系研究提供丰富的思想资源，而且这些资源并非和谐世界观所独有，即使与霸权世界观也存在某些相通之处。归根结底，和谐世界观能否从"政治命题"上升为"学术命题"，一切端视学者们的自我努力，即主动发挥自己"做……的权力"，而不是坐等"他者"为我们做"贡献"。

　　和谐世界观所能提供的世界秩序方案。在第四章中我们提出了由四维

---

　　① 这是日本马克思主义学者广松涉提出的观点，他的许多论著都已翻译为中文，可参考广松涉《事的世界观》，赵仲明、李斌译，南京大学出版社 2003 年版。

权力构成的权力理论框架，基于其中任何一维权力都可以构想出一种独特的世界秩序类型。基于强制性权力可以强制推行一种现实主义式大国治理或均势世界秩序模型，基于制度性权力可以建立起以国际制度、国际法为核心的自由主义宪政世界秩序，基于象征性权力则能让依靠霸权世界观和文化帝国主义（建构主义称之为"共有文化"）建立起一种世界国家和民主国家联盟，这三种世界秩序方案我们可以分别称之为实现秩序的暴力整合、制度整合与规范整合。然而，基于和谐世界观的情感本体论与过程论，再结合第四维权力——情绪性权力，我们能够推论和谐世界观能够提供一种全新的世界秩序模式——情感整合。这是一种通过礼仪（对内）、朝贡（对外）等多样化制度来调节人们、国家等行为体间情感关系的秩序模式，正如春秋时期基于亲亲之情的宗法制维系了周王室几百年的例子所清楚说明的。情感整合不以行为体之间现实主义式的冷漠利益计算为主要交往方式（暴力整合），也不以通过操纵是否赋予行为体以平等权利来维持秩序（制度整合），更不主张通过克服文化、世界观、政治制度等方面的差异来建立一个以西方"民主国家"为样板的同一化世界帝国（规范整合），而是要求人们在捍卫国际"无政府状态"的前提下遵守和平共处五项基本原则，共同维护和促进世界多样性的发展，从而避免伤害行为体的情感。和谐世界观虽然不反对在特定时候需要综合运用这四种整合方式，但它反对单纯依靠前三种整合方式来建立世界秩序。从国际关系史的演变来看，从霸权世界观衍生出来的前三种世界秩序，不仅是种世界想象，而且事实上已经被付诸实践，其效果如何是一目了然的——它们带来的只是西方国家与第三世界国家之间的矛盾、冲突、战争、仇恨等。而重视情感整合的和谐世界观，要求的就是通过各种措施，消除国际社会中的仇恨等情绪，从而为世界秩序的维系提供坚实的基础。

限于本书的主旨与篇幅，我们无法更详细地讨论如何借鉴和谐世界观提供的思想资源推进中国国际关系的研究，也无法对世界整合的四种方式的优劣、具体运作机制等做出全面的评价。但通过对霸权世界观及其预设及其带来的可能影响的研究，我们为和谐世界观的学理化廓清一定的障碍。事实上，正是在这一过程中，我们从一个新的角度发现了和谐世界观提出的价值。我们不仅能够发现和谐世界观提供的情感构成反抗象征性权力的动力，而且还能进一步揭开和谐世界观与国家安全之间的关系，更能发现它能为我们解释国际关系现象、讨论世界秩序的稳定提供一种全新的视野。不过，我们仍然需要更明确对和谐世界观进行自我肯定和自我赋权，从而为与反抗霸权世界观并最终与其进行平等对话奠定基础。

此外，我们还讨论了和谐世界形成所需要采取的三种战略，即自我克制、相互尊重与协同创造，而且这三种战略之间存在一定的递进关系。本书所主张的自我克制，在一定意义上与现实主义所主张的外交政策中的审慎原则相似，不过，自我克制具有更深厚的哲学内涵。在这种内涵的基础上又衍生出相互尊重与协同创造的原则。如果根据人或国家的本体性条件来看，它们均生活在一种关系中，这种关系对人或国家行为体的行动构成了诸多的限制。"关系性是社会最根本的特征。"[①] 在其视野中，没有独立于关系的行为体，也没有脱离行为体的关系，关系与行为体是相互构成的。[②] 用海德格尔的话来说，行为体是被"抛"入到关系之中，只有在关系中，行为体才能确立其自身的身份，才能识别出自己与别人之间的差异；如果取消了关系，行为体将不仅无法维持自身的身份，同时也泯灭了自身的差异。行为体处于国际之中，对实现国际社会的团结具有非常深远的影响。其中，首当其冲的影响就是任何国家都无法在不蔑视其他国家的情况下追求自身的独立性或完全的主权。正如帕特岑·马克尔在《承认之限》一书对黑格尔主奴辩证法的解读，承认斗争的结果，既不是某种集体身份的形成，也不会产生某种纯粹的社会正义状态。与此相反，承认斗争在带来某种进步的同时，往往催生出新的社会不正义现象。因为承认斗争并不是将平等的权利和独立地位在斗争各方进行平等的分配，而是其中一方独立性的取得往往导致另一方"独立性的放弃"。之所以会出现这种情况，是因为：一方面，个人、群体、国家的身份是在与他者互动的过程中形成和得到维持的，这构成一个人存在性的本体论基础。如此一来，身份是否稳定，往往取决于他者"不可预知的回应和反应"，因此身份就具有明显的"社会脆弱性"。另一方面，虽然笛卡尔式的孤立、自主、自由的主体概念已不适用，但追求"主权"即身份的自主性是行为体近乎

[①]　秦亚青：《关系本位与过程建构：将中国理念植入国际关系理论》，载《中国社会科学》2009 年第 3 期，第 83 页。

[②]　也可参考秦亚青《文化、文明与世界政治：不断深化的研究议程》，载《世界经济与政治》2010 年第 11 期，第 12 页。

本能的追求，而落实到行动中往往让行为体意识不到身份的"社会脆弱性"，不愿承认自身身份依赖于他者承认这一本体性的有限性。① 于是，两者之间的冲突，使承认斗争在带来某些社会进步的同时，又不可避免地产生某些新的蔑视。

既然人或国家均不可能在关系中获得完全的"主权"或"独立"，那么最适当的战略就是在自我克制的基础上相互尊重，然后通过协同创造的战略实现共同发展。自我克制和相互尊重是缓解国际关系中"安全困境"和"承认困境"的有效途径，它们首先保障了行为体的行为不会带来蔑视其他行为体的效果，同时也对对方的差异和关切予以一定的照顾。相互于自我克制与相互尊重，协同创造的战略的要求更高，它不仅需要国家等国际行为体对国家受到与其他国际行为体处于关系之中的限制有所意识，而且必须采取明确的行动为实现彼此间关系的团结做出努力。如果说世界和谐首先是一种情感和谐而非物质利益和谐或观念和谐，那么积极情感的培养，只有通过行为体之间反复的协同创造的过程才能实现。正如秦亚青指出的，自主性的过程具有通过培养集体情感而催生集体认同的作用，这是因为过程"可以建立、维系和强化情感性关系，使行为体在情感趋近的情况下产生集体认同，使得集体认同有着更加坚实的基础"。② 关系团结理论也证明，行为体之间频繁的互动过程有助于行为体之间产生团结的情感和关系的和谐。随着行为体进行频繁的互动，互动过程会让行为体产生愉悦、满足等积极情感或沮丧、失望等消极情感。当他们对这些情感启动归因过程，情感将会被归因到关系、网络、群体等社会单位，由此影响到行为体对这些单位的承诺。如积极情感被归因到彼此间的关系，为了维持这种关系，处于关系中的行为体将会向这种关系做出承诺，如扩大合作领域、向其他行为体提供帮助等，即使存在替代条件也会维持这种关系。尽管行为体之间的协同创造不可能一劳永逸达到世界上所有关系和谐的程度，而且和谐世界的实现是一个非常漫长的过程，然而，只要国家等国际行为体秉持自我克制、相互尊重与协同创造的原则开展互动，那么只要不

① Patchen Markell, *Bound by Recognition*, Princeton and Oxford: Princeton University Press, 2003, p. 57、58、86、102、103.

② 秦亚青:《关系本位与过程建构:将中国理念植入国际关系理论》，载《中国社会科学》2009 年第 3 期，第 80 页。

持一种目的论的思维，那么世界在某个时刻的确具有和谐世界的特征。至于当世界处于不和谐状况，则很有可能是违背了这三个原则所导致。就此而言，和谐世界观为世界和谐从不和谐的状态向和谐状态的转化所提出的这三个战略，可为衡量当前国际社会中存在的问题的根源提供了一种具有启发的分析视角。这也是本书对于和谐世界观的研究对国际关系实践所能提供的重要启发。

第三节　本书有待拓展的研究方向

任何研究都会有其局限性，本书也不例外。尽管我们将本书的主旨限定在完成和谐世界观的批判使命层面，但由于涉及到大量跨学科的问题，本书是否较好地达到了预期目标，是一个需要留给读者评判的问题。但我们对本书明显存在的一些不足是有所意识的。这些不足，或许是由于本书的篇幅所限而无法展开所留存的，要么是因为笔者知识积累或学术素养不够而导致的，或许也是因为受到所能获取的资料的限制而产生的。下文我们将对本书以下几个方面的有待进一步研究的问题稍作讨论，这是我们在未来需要做进一步探索的。这几个方面的不足包括：

第一，没有对和谐世界观与现代西方世界观之外的其他世界观进行讨论，而且对这两种世界观的讨论有过于简单之嫌。在当前国际关系中，现代西方世界观构成一种霸权世界观，包括和谐世界观、印度世界观、伊斯兰世界观，以及其他各种土著世界观，在与现代西方世界观的竞争中仍然居于弱势地位，这是客观事实。考虑到我们的本意在于如何通过对霸权世界观的批判，为和谐世界观的学理化奠定基础，因此，霸权世界观与和谐世界观，尤其是前者，构成了本书研究的主要内容。至于世界上其他各种各样的世界观的基本特征，除了美国拉高塔印第安人的世界观，我们并没有投入多少精力予以介绍或研究。这一缺陷可以部分通过著名国际和平与冲突研究者约翰·加尔通（John Galtung）的著作得到弥补。在《和平论》一书中，加尔通从文化的角度提出了世界上六种主要的"宇宙学"。他明确指出，"宇宙学"的概念相当于文明的"深层意识"、"深层文化"、世界观、宇宙观等概念。这六种宇宙论分别是以离心的、扩展的西方文明，向心的、压缩的西方文明，印度文明，佛教文明，中国文明，日本文明。根据七个维度——空间、时间、知识、人与自然、人与人、人与超我、自我，加尔通对这几种世界观的主要特征、性情气质做了比较系统的梳理。① 本书的研究与加尔通的不同之处在于，我们没有指出世界观到底存在着多少种"宇宙学"或世界观，而且也没有给出区分不同世界观的具体维度。我们对世界观的衡量标准，主要是以它们是否提供了独具特色的世界秩序方案和是否从整体的角度看待世界为依据的。就此而言，世界上到底存在着多少种世界观是一个开放的问题，人们可以在我们给出的依据之外再构想区分不同世界观的其他标准。这种理论立场的优势在避免将"非洲、美洲印第安人和亚太土著文化"排除在外，从而对它们实施一种象征性暴力，而这正是加尔通的立场。至于对中、西世界观特征的概括，我们则主要借鉴了中、西比较哲学家郝大维与安乐哲的研究成果。他们关于中、西文化的比较研究，虽然在一定程度上有固化两者之间差异的倾向，但总体而言是具有权威性和得到中外学术界认可的。不过我们仍然必须承认，对中、西世界观特征的把握，很大程度上是一个属于哲学研究的范畴，基于作者的阅读范围和本身的知识结构，本书对它们的论述很有可能存在偏差甚至严重的误判。这是我们在以后的研究过程有待继续讨论的问题。

第二，有待对"世界观问题"展开经验研究。我们将国际关系中由于世界观之间的差异最终带来国家之间冲突乃至战争的现象定义为"世界观问题"。虽然我们提出了这一在国际关系中具有重要研究价值的问题，并指出了欧洲中世纪时期基督教世界与伊斯兰世界之间的宗教战争、构成近代国际体系起源的威斯特伐利亚战争、近代中西接触过程中的世界观冲突等，构成"世界观问题"的具体例证，并指出贝尔在其研究中没有对该问题展开系统的经验研究，但本书同样没有实现这一目标。我们仅仅探讨了"世界观问题"在国际关系理论研究中没有成一个问题的原因，而且只是强调：世界观本身的差异本身并不构成引发战争的原因，只有当世界观上升为政治问题，并且做出同化他者世界观的举动或构成对他者世界观的蔑视时，才是引发"世界观问题"的深层根源。贝尔没有完成的任务，本书同样没有解决。本书的这一缺陷，主要是因为篇幅所限决定的。在将来的研究中，我们有待于探索的问题包括："世界观问题"在什

---

① 可参考约翰·加尔通《和平论》，陈祖洲等译，南京出版社 2006 年版，第 306—350 页，尤其见第 310 页。

么样的具体情况下出现？它的演变机制是什么？作为唤起行为体情感认同和忠诚的世界观，在受到挑战或蔑视时，是否一定会转化为政治行动并激发起战争？情绪、权力、利益等在"世界观问题"中各自扮演了什么样的角色？工具理性的假定能够对该问题做出充分的说明吗？如何衡量"世界观问题"的烈度？"世界观问题"与国家本体安全、其他层面安全之间的关系如何？世界观的崩溃能够带来什么样的政治、社会、文化后果？除了相互尊重彼此的世界观，预防"世界观问题"的出现还需要采取一些什么样的具体措施？和谐世界观尊重差异、主张多元的包容精神能否以及如何为世界处理"世界观问题"提供启示？中国传统世界观在霸权世界观的挑战面前曾经崩溃，目前正处于重建的阶段，这种经历能够为其他世界观面对和反抗霸权世界观提供什么样的启示？……

　　第三，未展开对反思主义学派的深入批判，而且对"三大主义"的批判有过于笼统之嫌。本书对西方国际关系知识的批判，是以结构现实主义、新自由制度主义、建构主义这三大主流国际关系理论代表人物的观点为对象的。如此一来，我们很有可能面临两个方面的批评。首先是批评我们忽视了对女性主义、后结构主义、后现实主义、后殖民主义、国际关系规范理论等反思主义学派进行批判。批判者也许会指出，这些学派同样离不开现代西方世界观的世界观和文化背景，而且它们同样解构权力、重视差异、对霸权世界观也持批判态度，有的学派如后结构主义、后现代主义甚至在一定程度上与和谐世界观一样具有主张宽容的相似特征，论文为什么不对它们进行深入的研究。对于这种批评意见，我们可以给出两个方面的理由：1. 我们吸收了贝尔的洞见。认为各种反思主义学派在一定程度上仍然内化了现代西方世界观的预设，它们对主流理论的批判，往往是为了争夺国际关系研究的主导权，它们更多的是"反对霸权（世界观）的理论"而不是"反抗霸权（世界观）的理论"，它们很少从他者世界观出发批判霸权世界观。2. 我们考虑到了国内三大主义盛行的研究现状。西方"三大主义"都致力于建立简约但具有较高解释力的体系理论，往往根据国际机构（结构现实主义的物质结构、新自由制度主义的信息结构、建构主义的观念结构）一个变量来解释大量国际关系现象。相对简单、明确的理论模式，对于通过引进才发展起来的中国国际关系学界来说，无疑具有强大的吸引力。考虑到"三大主义"在中国国际关系理论研究中居主导地位，我们对它们与现代西方世界观之间关系的研究，是有明确现实针对性的。我们面临的第二种批评是对"三大主义"学者观点的概括有过于笼统的缺陷。正如我们在研究国际关系学者对权力的理解时指出的，即使是同属于现实主义阵营，它们内部也存在着许多的分化。新自由制度主义与建构主义的情况也差不多。前者内部有贸易自由之义、共和自由主义、制度主义等派别，[①] 而建构主义根据不同的划分标准能够分化为更多的派别。[②] 既然如此，我们对各学派代表人物的观点作为对整个学派的批判，就有以偏概全的嫌疑。我们承认本书的确存在这样的问题，但由于本书不是集中研究某理论学派，而且主流理论的代表人物在很大程度上设定了该学派的研究议程，因此我们只能做出这种选择。当然，如果我们对某些代表人物的观点解读有误，那是笔者能力的问题，不能辩解。

第四，能否从"惯习"或"习惯"行为逻辑的角度开展国际关系现象的分析，需要进一步研究。主流西方国际关系理论一般都是以"工具理性"假定作为理论构建的出发点，在一定程度上考虑到了"价值理性"在解释国际关系现象的有效性，但它们几乎没有理论化"传统"行为逻辑在解释国际关系现象中的作用。贝尔曾经言简意赅地提到了世界观起作用的方式，即人们在"不假思索"地接受世界观对事物的解释并用来处理日常事务，不过遗憾的是，贝尔并未深究其"不假思索"背后的深刻内涵？我们认为，这种"不假思索"的思考和行为方式，可能是遵循了"习惯"或"惯习"的行为逻辑。通过借鉴布尔迪厄象征性权力和"惯习"概念，我们不仅说明了霸权世界观的运作机制，论证了至少在国际关系知识生产和理论研究领域，世界观预设是以"习惯"、"集体无意识"的方式发挥作用的；而且也发现，西方发达国家与第三世界各自的世界观，在国际关系中的文化政治或世界观场域中处于不同的地位。如霸权世界观与弱势世界观之间的关系，的确是与行为体在国际实力结构中所处的位置相对应的。那么，也会由此带来一系列有待继续研

---

① Andrew Moravsik, "Liberal Inernational Relations Theory", in Colin Elman and Mirian Fendius Elman, eds., *Progress in International Relations*: *Appraising the Field*, Massachusetts: MIT Press, 2003, pp. 159 – 204；苏长和：《解读〈霸权之后〉——基欧汉与国际关系理论中的新自由制度主义》，载罗伯特·基欧汉《霸权之后：世界政治经济中的合作与纷争》，上海人民出版社 2006 年版，译者前言，第 12—14 页。

② 可参考袁正清《国际政治理论的社会学转向：建构主义研究》，上海人民出版社 2005 年版，第 37—42 页。

究的问题：在国际关系中，作为习惯的世界观到底在拥有不同世界观的文化或国家之间进行交往时产生了什么样的影响？如果一个国家的外交政策在一定程度上是由世界观带来的习惯塑造的，那么，理性假定能在多大程度上用来说明外交或国际政治现象？如果拥有不同世界观的国家或文化实体之间都会有自己处理事务的习惯，那么建构主义所推崇的国际"共有文化"能在多大程度上决定国家的外交政策？这些"共有文化"到底能在多大程度上代表人类社会的整体经验？等等。这些问题都需要从理论上作出说明或解释，这对增进人们对国际现象的认识绝对不是无足轻重的问题。

第五，和谐世界观的"情本体"和本书提出的情绪性权力能够为国际关系研究带来什么样的具体启发，是有待于继续探索的问题。根据韦伯的四种行为类型，我们提出了一种由强制性权力、制度性权力、象征性权力与情绪性权力构成四维权力模型。我们认为，在韦伯的行为类型与作为"统治……的权力"的四维权力之间存在以下关系：强制性权力是通过武力、经济力量等权力资源发挥作用的，它影响的是行为体在面临选择时的利弊权衡，针对的自然是行为体的"工具理性"行为；制度性权力是通过决策和不决策的方式操纵制度的关注议程、决策程序来实现对其他行为体的影响的，塑造的自然是行为体从"价值理性"的角度出发对规则的遵守；象征性权力体现在知识的传播与制度的运行中，与制度性权力有密切的关系，但它的作用对象是行为体的世界观、心智结构，针对的自然是行为体出于"惯习"而理解、解释、想象世界的倾向和能力；情绪性权力是通过塑造、控制、引导行为体的情绪状态为目的，影响的自然是行为体受到情绪刺激而做出特定选择的行为。本书集中研究的象征性权力与（霸权）世界观之间的关系及具体运作机制。如果和谐世界观能够像李泽厚所说提供一种"情本体"，那么我们需要追问，情感本体能否为中国学者开展原创性的理论研究提供重要的思想资源？如果说情绪性权力的确构成一种独立的权力类型，那么这种权力的具体作用机制是什么？相对于强制性权力、制度性权力与象征性权力，情绪性权力具有什么样的优势？在中国先秦时期的春秋年代，周王朝的"周礼"是以重视情感的"亲亲原则"作为分封制与宗法制的基础的，这种以情为重的秩序维持了几百年，它能够为和谐世界观的建立提供什么样的启示？中国传统天下体系用以具体贯彻"天下观"的朝贡制度，同样是以情感和谐为基本依据的，这种历史经验，能否提示我们从和谐世界观中提炼出一种独特的世界秩序方案，从而与从西方世界观中衍生出来的以消除差异为特征的世界秩序方案相区别？这些问题涉及到和谐世界观的解释与规范使命，有待我们在将来展开进一步的研究。

第六，有待完成和谐世界观的解释与规范使命。我们在绪论已经提及，作为一种世界观或世界秩序方案的和谐世界观承担三重使命，即批判、解释与规范，它们分别解决中国为什么要提和谐世界观、和谐世界为什么是可能的、和谐世界为什么是可欲的这三大问题。本书集中研究的批判使命，还没有系统地展开对和谐世界观解释和规范使命的研究，这无疑是有待于将来完成的重大课题。事实上，上述第四点、第五点都涉及到了和谐世界观的解释和规范使命。和谐世界观要想真正赢得世人的尊重并内化为自身的世界观或信仰，完成第一重使命固然重要，但后两种使命同样必不可少。这样说，当然并不意味着在完成这两重使命之前，和谐世界观就一定不能赢得尊重。我们只是指出一个事实，即无论是在国内，还是在国外，仍然有人认为和谐世界观不过是中国提出的"战略口号"，即使这些观点没有明确表达出来。反对偏见的最好做法是行动，也就是自我赋权和自我肯定，并在此基础上让人们看到和谐世界观的合理性和真正的学术价值。对于和谐世界观的解释与规范这两重世界使命，事实上在本书中做了简要的提示。比如说我们考察了和谐世界观的基本特征、和谐世界观对待国际无政府状态的态度、和谐世界观为国际关系知识提供的情感本体论，和谐世界观的可期性与合理性等。这些概念或观点，既然是从和谐世界观衍生出来的，那么我们就为开展对和谐世界观余下两种使命的研究做了必要的铺垫。

最后，我们必须澄清有关阐发和谐世界观的内涵就是力图以中国思想传统来统治世界的误解。这种误解既体现在相蓝欣对和谐世界观和赵汀阳天下体系理论的批评中，也反映了部分国人对新近出版的《当中国统治世界：中国的崛起和西方世界的终结》一书的热议中。① 和谐世界观作为

---

① 相蓝欣：《传统与对外关系——兼评中美关系的意识形态背景》，生活·读书·新知三联书店 2007 年版，第 39—40 页；Martin Jacques, *When China Rules the World: The Rise of the Middle Kingdom and the End of the Western World*, London: Allen Lane, 2009. 对于这本书的热议尤其体现在网络上，有兴趣的读者可以去网上搜索相关的评论。这里只指出一点，雅克的新书，虽然不乏洞见和启发，然而当我们把该书作为一本论证中国文化优越性和为中国统治世界进行正名的著作来读的时候，不可避免会复制让我们饱尝痛苦和灾难的"中国中心主义"心态。

一种看待世界的视角，是与中国人的生活世界和价值系统有着千丝万缕的联系，重新肯定并去挖掘其价值，并非是为世界提供一种新的普适主义为旨归的世界观，它最主要的意义在于让中国人重新肯定自己的生活世界和文化传统。让和谐世界观参与到和霸权世界观及其他各种世界观的交流和沟通中去，就是一个在全球化或"后现代"的时代背景下为"如何做中国人"、"正在崛起的中国如何参与世界"等问题给出中国人的回答。对于这一点，张旭东的观点富有启发。① 他指出：

> 目前还有不少大中国主义者，认为中国文化好。美国文化有什么了不起，中国文化应该取而代之。应该有中国文化统一世界。可别人会说，已经有一个美国了，还要中国干吗？一个恶霸还不够，还要两个？说我们要参与普遍性话语的建构不是要搞掉西方，由我们另搞一套，恢复汉唐，来构建世界；而是说，只有在对整体问题的思考中，我们才能思考当代中国文化的问题。反对仅仅从"差异性"、"独特型"的角度谈中国问题，就是反对把中国问题和它的世界历史问题隔离开来甚至对立起来。中国文化的内部有些普遍性的因素，正是在于它强调一种价值多元，比较容忍异端，这对于当代世界一些解不开的死结有启发作用。比方说，如果美国的反恐怖主义战争变成了一场新的宗教战争，就会让人觉得中国世界的世俗文化和宗教宽容是一笔巨大的历史财富，我们有时候好像是身在福中不知福。②

对于中国的外交实践来说，我们提出的权力理论框架和世界整合模式或许能够提供一定的启发。既然在国际关系中存在着四种权力——强制性权力、制度性权力、象征性权力、情绪性权力，它们密切关联着世界的四种整合途径——暴力整合、制度整合、规范整合、情感整合，那么为了推进中国的和平发展，并推动世界各国共建和谐世界，中国有必要全面提高自身的各种权力。这里的权力是指"做……的权力"而不是"控制……

---

① 这里我们并不否认相蓝欣在《传统与对外关系——兼评中美关系的意识形态背景》一书提出的诸多观点的价值，而且我们也承认他关于赵汀阳复制了西方二元对立世界观的洞见是重要的，不过他认为"戒言崛起、少谈和谐"的观点具一定的片面性。

② 张旭东：《全球化时代的文化认同：西方普遍主义话语的历史批判》，北京大学出版社2006年版，第69页。

的权力"，它们不是要求中国去控制、压迫他者，而是指通过塑造国际体系的各种结构和自身处理世界事务的能力，从而更好地掌控中国自身的命运和为世界和谐的建立做出贡献。其中的原则就是和平共处五项基本原则，尊重世界的差异。在战略层面上，中国的经济发展和军事现代化有助于提升中国反抗军事入侵和其他行为体用武力手段对中国利益的侵犯。而制度性权力则要求中国在参与国际机制的活动时，不仅仅遵守已有的规则，而且还要主动创设议程，必要的时候协同第三世界对不公正的国际规范、规则、决策程序进行修改，成为国际规则的"制造者"而不仅仅是"接受者"。在象征性权力方面，中国要勇于反抗霸权世界观并经常发表对世界秩序问题的看法，并在对和谐世界观进行自我肯定的基础上，通过扎实的研究将其学理化，以此改变世人对它的各种偏见并影响外界对其的认知，从而为世界贡献一种具有包容性、合理性、前瞻性的世界秩序方案。至于情绪性权力，基于中国在几千年的时间内都沐浴着强调情感和谐的文化传统中，并始终怀有恢复"三代周礼"的国家理想，尽管我们不可能复制这些既有的传统和思想，但我们能够从中汲取大量的经验，通过采取符合国际法、国际规则和国际道德规范的多样化举措，化解外界对中国发展的疑惑并增进对中国的友好情感。至于如何将理论的创新转化为具体的外交实践，我们有大量的工作可做。

参考文献

一　中文著作

1. 《马克思恩格斯选集》（第一卷），人民出版社 1995 年版。

2. 《马克思恩格斯全集》（第二十卷），人民出版社 1971 年版。

3. 《马克思恩格斯全集》（第三十四卷），人民出版社 1972 年版。

4. 《马克思恩格斯全集》（第三十九卷），人民出版社 1974 年版。

5. 《毛泽东选集》第二卷，人民出版社 1991 年版。

6. 《十六大以来党和国家重要文献选编》，中央文献出版社 2006 年版。

7. 《中国大百科全书（哲学卷）》，中国大百科全书出版社 2004 年版。

8. F. 佩蒂多，P. 哈兹波罗编：《国际关系中的宗教》，张新樟等译，浙江大学出版社 2009 年版。

9. 阿尔都塞著、陈越编：《哲学与政治：阿尔都塞读本》，吉林人民出版社 2003 年版。

10. 阿克塞尔·霍纳特著，胡继华译：《为承认而斗争》，上海人民出版社 2005 年版。

11. 艾兰等主编：《中国古代思维模式与阴阳五行说探源》，江苏古籍出版社 1998 年版。

12. 爱德华·W. 萨义德：《东方学》，王宇根译，生活·读书·新知三联书店 1999 年版。

13. 爱德华·W. 萨义德：《文化与帝国主义》，李琨译，生活·读书·新知三联书店 2003 年版。

14. 爱德华·卡尔：《二十年危机（1919—1939：国际关系研究导论）》秦亚青译，世界知识出版社 2005 年版。

15. 安德鲁·麦迪森：《世界经济千年史》，伍晓鹰等译，北京大学出版社

2003 年版。

16. 安东尼·吉登斯：《社会的构成：结构化理论大纲》，李康、李猛译，生活·读书·新知三联书店 1998 年版。

17. 安东尼·吉登斯：《现代性与自我认同：现代晚期的自我与社会》，赵旭东、方文译，生活·读书·新知三联书店 1998 年版。

18. 安东尼奥·R. 达马西奥：《笛卡尔的错误：情绪、推理和人脑》，毛采凤译，教育科学出版社 2007 年版。

19. 安东尼奥·R. 达马西奥：《感受发生的一切：意识产生钟的身体与情绪》，杨韶刚译，教育科学出版社 2007 年版。

20. 安东尼奥·葛兰西：《狱中札记》，曹雷雨等译，中国社会科学出版社 2000 年版。

21. 安乐哲：《和而不同：比较哲学与中西会通》，北京大学出版社 2002 年版。

22. 安乐哲、郝大维：《道不远人：比较哲学视域中的〈老子〉》，何金俐译，学苑出版社 2005 年版。

23. 安乐哲、罗思文：《〈论语〉的哲学诠释：比较哲学的视域》，余瑾译，中国社会科学出版社 2003 年版。

24. 安乐哲：《主术：中国古代政治艺术之研究》，北京大学出版社 1995 年版。

25. 安乐哲：《自我的圆成：中西互镜下的古典儒学与道家》，彭国翔译，河北人民出版社 2006 年版。

26. 巴里·布赞、理查德·利特尔：《世界历史中的国际体系：国际关系研究的再构建》，刘德斌等译，高等教育出版社 2004 年版。

27. 白诗朗：《普天之下：儒耶对话中的典范转化》，彭国翔译，河北人民出版社 2006 年版。

28. 白云真、李开盛：《国际关系理论流派概论》，浙江人民出版社 2009 年版。

29. 保罗·菲耶阿本德：《反对方法：无政府主义知识论纲要》，周昌忠译，上海译文出版社 2007 年版。

30. 保罗·菲耶阿本德：《告别理性（第二版）》陈键、柯哲译，江苏人民出版社 2007 年版。

31. 保罗·肯尼迪：《大国的兴衰：1500—2000 年的经济变迁与军事冲

突》，陈景彪等译，北国际文化出版公司 2006 年版。

32. 本杰明·史华兹：《古代中国的思想世界》，程刚译，江苏人民出版社 2004 年版。

33. 本尼迪克特·安德森：《想像的共同体：民族主义的起源与散布》，吴叡人译，上海人民出版社 2005 年版。

34. 彼得·卡赞斯坦、罗伯特·基欧汉与斯蒂芬·克拉斯纳编：《世界政治理论的探索与争鸣》，秦亚青等译，上海人民出版社 2006 年版。

35. 滨下武志：《近代中国的国际契机：朝贡贸易体系语近代亚洲经济圈》，朱荫贵、欧阳菲译，中国社会科学出版社 2004 年版。

36. 布迪厄：《实践感》，蒋梓骅译，译林出版社 2003 年版。

37. 布尔迪厄：《实践理性：关于行为的理论》，谭立德译，生活·读书·新知三联书店 2007 年版。

38. 布尔迪厄：《文化资本与社会炼金术》，包亚明译，上海人民出版社 1997 年版。

39. 布尔迪厄：《言语意味着什么———语言交换的经济》，商务印书馆 2005 年版。

40. 布尔迪厄：《艺术的法则：文学场的生产与结构》，刘晖译，中央编译出版社 2001 年版。

41. 曹泳鑫：《和平与主义：中国和平崛起的思想资源和理论准备》，学林出版社 2005 年版。

42. 曹泳鑫编著：《马克思主义国际关系理论研究》，上海人民出版社 2009 年版。

43. 曹泽林：《国家文化安全论》，军事科学出版社 2006 年版。

44. 查尔斯·蒂利：《强制、资本和欧洲国家：（公元 990—1992）》，魏洪钟译，上海人民出版社 2001 年版。

45. 查尔斯·泰勒：《黑格尔》，张国清、朱进东译，译林出版社 2002 年版。

46. 陈家定主编：《全球化与身份危机》，河南大学出版社 2004 年版。

47. 陈赟：《天下或天地之间：中国思想的古典视域》，上海书店出版社 2007 年版。

48. 大卫·A. 鲍德温：《新现实主义与新自由主义》，肖欢容译，浙江人民出版社 2001 年版。

49. 大卫·K. 诺格尔：《世界观的历史》，胡自信译，北京大学出版社2006 年版。

50. 戴维·林德伯格：《西方科学的起源：公元前六百年至公元一前四百五十年宗教、哲学和社会建制大背景下的欧洲科学传统》，王珺译，中国对外翻译出版公司2001 年版。

51. 戴维·斯沃茨：《文化与权力：布尔迪厄的社会学》，陶东风译，上海译文出版社2005 年版。

52. 杜志清主编：《西方哲学史》，高等教育出版社2001 年版。

53. 弗朗西斯·福山：《历史的终结及最后的人》，黄胜强、许铭原译，中国社会科学出版社2003 年版。

54. 甘阳：《古今中西之争》，生活·读书·新知三联书店2006 年版。

55. 高全喜：《论相互承认的法权——〈精神现象学〉研究两篇》，北京大学出版社2004 年版。

56. 高尚涛：《国际关系中的权力与规范》，世界知识出版社2008 年版。

57. 高宣扬：《当代社会理论》，中国人民大学出版社2005 年11 月版。

58. 格奥尔格·卢卡奇：《历史与阶级意识》，杜章智等译，商务印书馆1992 年版。

59. 广松涉：《事的世界观》，赵仲明、李斌译，南京大学出版社2003 年版。

60. 郭树勇、郑桂芬：《马克思斯主义国际关系思想》，军事谊文出版社2004 年版。

61. 郭树勇：《从国际主义到新国际主义：马克思主义国际关系思想发展研究》，时事出版社2006 年版。

62. 哈拉尔德·米勒：《文明的共存：对亨廷顿"文明冲突论"的批判》，郦红等译，新华出版社2002 年版。

63. 汉斯·摩根索：《国家间政治：权力斗争与和平》，徐昕、郝望、李保平译，王缉思校，北京大学出版社2006 年版。

64. 郝大维、安乐哲：《汉哲学思维的文化探源》，施忠连译，江苏人民出版社1999 年版。

65. 郝大维、安乐哲：《孔子哲学思微》，蒋弋为、李志林译，江苏人民出版社1996 年版。

66. 郝大维、安乐哲：《期望中国：对中西文化的哲学思考》，施忠连等译，学林出版社 2005 年版。

67. 郝大维、安乐哲：《通过孔子而思》，何金俐译，北京大学出版社 2005
年版。

68. 郝大维、安乐哲：《先贤的民主：杜威、孔子与中国民主之希望》，何
刚强译，江苏人民出版社 2004 年版。

69. 何伟亚：《英国的课业：19 世纪中国的帝国主义教程》，刘天路、邓
红风译，社会科学文献出版社 2007 年版。

70. 赫伯特·芬格莱特：《孔子：即凡而圣》，彭国翔、张华译，江苏人民
出版社 2002 年版。

71. 赫伯特·西蒙：《现代决策理论的基石》，杨砾、徐立译，北京经济学
院出版社 1989 年版。

72. 赫德利·布尔：《无政府社会：世界政治秩序研究》，张小明译，世界
知识出版社 2003 年版。

73. 胡惠林：《中国国家文化安全论》，上海人民出版社 2005 年版。

74. 胡家恋：《历史的星空　文艺复兴时期英国诗歌与西方传统宇宙论》，
北京大学出版社 2001 年版。

75. 胡锦涛：《努力建设持久和平、共同繁荣的和谐世界》，《十六大以来
党和国家重要文献选编》，中央文献出版社 2006 年版。

76. 胡锦涛：《携手建设持久和平、共同繁荣的和谐亚洲——在亚洲相互
协作与信任措施会议成员国领导人第二次会议上的讲话》，载《时政
文献辑览》2006 年 3 月—2007 年 3 月，载李慎明主编，刘国平、王
立强副主编：《马克思主义国际问题基本原理》（下），社会科学文献
出版社。

77. 胡宗山：《国际关系理论方法论研究》，世界知识出版社 2007 年版。

78. 黄光国：《社会科学的理路》，中国人民大学出版社 2006 年版。

79. 黄曬莉：《华人人际和谐与冲突：本土化的理论与研究》，重庆大学出
版社 2007 年版。

80. 黄枝连：《亚洲的华夏秩序——中国与亚洲国家关系形态论》，中国人
民大学出版社 1992 年版。

81. 基欧汉：《霸权之后：世界政治经济中的合作与纷争》，上海世纪出版
社 2006 年版。

82. 江西元：《中国的世界还是世界的中国：中国外交义化本原与国际体

系变化趋势》，时事出版社 2009 年版。

83. 金耀基：《从传统到现代》，中国人民大学出版社 1999 年版。

84. 金耀基：《金耀基选集》，上海教育出版社，2002 年版。

85. 卡尔·波普尔：《猜想与反驳——科学知识的增长》，傅季重等译，上海译文出版社 2005 年版。

86. 卡尔·雅斯贝尔斯：《卡尔雅斯贝尔斯文集》，朱更生译，青海人民出版社 2003 年版。

87. 凯文·奥尔森主编：《伤害 + 侮辱——争论中的再分配、承认和代表权》，高静宇译，上海人民出版社 2009 年版。

88. 柯小刚：《思想的起兴》，同济大学出版社 2007 年版。

89. 克利福德·格尔茨：《文化的解释》，韩莉译，译林出版社 1999 年版。

90. 肯尼思·W. 汤普森：《国际思想大师：20 世纪主要理论家与世界危机》，耿协峰译，北京大学出版社 2003 年版。

91. 肯尼斯·N. 沃尔兹：《人、国家与战争——一种理论分析》，倪世雄等译，上海译文出版社 1991 年版。

92. 肯尼斯·华尔兹：《国际政治理论》，信强译，上海人民出版社 2008 年版。

93. 莱米·布拉格：《世界的智慧：西方思想中人类宇宙观的演化》，梁卿、夏金彪译，上海人民出版社 2008 年版。

94. 乐黛云、李比雄主编：《跨文化对话》（第 26 辑），生活·读书·新知三联书店 2010 年版。

95. 雷蒙德·威廉斯：《马克思主义与文学》，王尔勃、周莉译，河南大学出版社 2008 年版。

96. 李爱华等著：《马克思主义国际关系理论》，人民出版社 2006 年版。

97. 李金齐：《全球化时代的文化安全研究》，中国社会科学出版社 2008 年版。

98. 刘杰主编：《中国发展的国际效应》，时事出版社 2007 年版。

99. 李慎明主编、刘国平、王立强副主编：《马克思主义国际问题基本原理》（上、下），社会科学文献出版社 2008 年版。

100. 李扬帆著：《走出晚清：涉外人物及中国的世界观念之研究》，北京大学出版社 2005 年版。

101. 李泽厚：《论语今读》，生活·读书·新知三联书店 2008 年版。

102. 李泽厚：《实用理性与乐感文化》，生活·读书·新知三联书店 2005 年版。

103. 林方主编：《人的潜能和价值》，华夏出版社 1987 年版。

104. 刘从德主编：《西方国际关系理论与马克思主义国际关系理论研究》，武汉出版社 2007 年版。

105. 刘靖华：《霸权的兴衰》，中国经济出版社 1997 年版。

106. 刘军宁等编：《市场逻辑与国家观念》，生活·读书·新知三联书店 1996 年版。

107. 陆自荣：《儒学和谐合理性：兼与工具合理性、交往合理性比较》，中国社会科学出版社 2007 年版。

108. 路易·阿尔都塞：《保卫马克思》，顾良译，商务印书馆 2005 年版。

109. 罗宾·G. 柯林伍德：《自然的观念》，吴国盛、柯映红译，华夏出版社 1999 年版。

110. 罗伯特·O. 基欧汉编：《新现实主义及其批判》，郭树勇译、秦亚青校，北京大学出版社 2002 年版。

111. 罗伯特·杰维斯：《系统效应：政治和社会生活中的复杂性》，李少军等译，上海人民出版社 2008 年版。

112. 马丁·布伯：《我与你》，陈维纲译，生活·读书·新知三联书店 2002 年版。

113. 马克·B. 索尔特著：《国际关系中的野蛮与文明》，肖欢容译，新华出版社 2004 年版。

114. 马克思：《资本论》（第一卷），人民出版社 2004 年版。

115. 马克思·韦伯：《经济与社会》，林荣远译，商务印书馆 2006 年版。

116. 马克斯·韦伯：《韦伯作品集 I：学术与政治》，钱永祥等译，广西师范大学出版社 2004 年版。

117. 马小红：《礼与法：法的历史连接》，北京大学出版社 2005 年版。

118. 马仲扬主编：《理论与实践》，研究出版社 2007 版。

119. 迈克尔·沃尔泽：《正义诸领域：为多元主义与平等一辩》，褚松燕译，译林出版社 2002 年版。

120. 麦科尔·赫尔费尔德：《什么是人类常识？社会和文化领域中的人类学理论实践》，刘珩、石毅，、李昌银等译，华夏出版社 2005 年版。

121. 曼瑟尔·奥尔森《集体行动的逻辑》，陈郁等译，上海三联书店

1995 年版。

122. 毛峰：《文明传播的秩序：中国人的智慧》，中国传媒大学出版社 2005 版；

123. 门洪华：《霸权之翼：美国国际制度战略》，北京大学出版社 2005 年版。

124. 蒙培元：《情感与理性》，中国社会科学出版社 2002 年版。

125. 米歇尔·萨林斯：《甜蜜的悲哀》，王铭铭、胡宗泽译，生活·读书·新知三联书店版 2000 年版。

126. 牟宗三：《中国哲学的特质》，上海古籍出版社 1997 年版。

127. 南茜·弗雷泽、阿克塞尔·霍纳特：《再分配，还是承认？——一个政治哲学对话》，周穗明译，上海人民出版社 2009 年版。

128. 尼采：《论道德的谱系》，周红译，生活·读书·新知三联书店 1992 年版。

129. 倪世雄等：《当代西方国际关系理论》，复旦大学出版社 2001 年版。

130. 聂保平：《先秦儒家性情论》，吉林人民出版社 2007 年版。

131. 诺格尔：《世界观的历史》，胡自信译，北京大学出版社 2006 年版。

132. 潘一禾主编：《文化安全》，浙江大学出版社 2007 年版。

133. 皮埃尔·布迪厄、华康德：《实践与反思——反思社会学导引》，李猛、李康译，邓正来校，中央编译出版社 1998 年版。

134. 漆思：《中国共识：中华复兴的和谐发展道路》，中国社会科学出版社 2008 版。

135. 乔纳森·特纳、简·斯戴兹：《情感社会学》，孙俊才、文军译，上海人民出版社 2007 年版。

136. 乔治·H. 米德：《心灵、自我与社会》，赵月瑟译，上海译文出版社 2005 年版。

137. 秦亚青：《权力·制度·文化》，北京大学出版社 2006 年版。

138. 秦亚青：《西方国际关系理论经典导读》，北京大学出版社 2009 年版。

139. 让—吕克·南希：《解构的共通体》，郭建玲等译，上海译文出版社 2007 年版。

140. 让—吕克·南希：《变异的思想》，夏可君译，吉林人民出版社 2007 年版。

141. 塞缪尔·亨廷顿：《文明的冲突与世界秩序的重建》，周琪等译，新华出版社 2002 版。

142. 施爱国：《傲慢与偏见——东方主义与美国的"中国威胁论"研究》，中山大学出版社 2004 年版。

143. 石之瑜：《近代中国对外关系新论：社会心理学的视角》，五南图书出版有限公司 1995 年版。

144. 史蒂文·卢克斯：《权力：一种激进的观点》，彭斌译，江苏人民出版社 2008 年版。

145. 苏国勋：《社会理论与当代现实》，北京大学出版社 2005 年版。

146. 苏珊·斯特兰奇：《国家与市场》，杨宇光等译，上海人民出版社 2006 年版。

147. 孙吉胜：《语言、意义与国际政治 伊拉克战争解析》，上海人民出版社 2009 年版。

148. 孙宽平、滕世华：《全球化与全球治理》，湖南人民出版社 2003 年版。

149. 孙向晨：《面对他者：莱维纳斯哲学思想研究》，上海三联书店 2008 年版。

150. 孙学玉主编：《价值 第 2 辑》，江苏人民出版社 2009 年版。

151. 孙周兴，黄凤祝编：《交互文化沟通与文化批评——"伯尔与中国"国际学术研讨会论文集》，上海译文出版社 2005 年版。

152. 泰勒：《自我的根源：现代认同的形成》，韩震等译，译林出版社 2001 年版。

153. 谭好哲：《文艺与意识形态》，山东大学出版社 1997 年版。

154. 汤林森：《文化帝国主义》，冯建三译，上海人民出版社 1999 年版。

155. 唐晓峰：《从混沌到秩序：中国上古地理思想史述论》，中华书局 2010 年版。

156. 涂纪亮总主编：《维特根斯坦全集》，第 9 卷，河北教育出版社 2003 年版。

157. 托马斯·库恩：《科学革命的结构》，金吾伦、胡新和译，北京大学出版社 2003 年版。

158. 汪晖、陈燕谷主编：《文化与公共性》，陈燕谷译，生活·读书·新知三联书店 1998 年版。

159. 汪晖：《去政治化的政治——短 20 世纪的终结与 90 年代》，生活·读书·新知三联书店 2008 年版。

160. 汪晖：《现代中国思想的兴起》，生活·读书·新知三联书店 2008 年版。

161. 王凤才：《蔑视与反抗：霍纳特承认理论与法兰克福学派批判理论的"政治伦理学转向"》，重庆出版集团 2008 年版。

162. 王缉思主编：《文明与国际政治—中国学者评亨廷顿的文明冲突论》，上海人民出版社 1995 年版。

163. 王缉思总主编，庞中英主编：《中国学者看世界》系列第 8 卷，《全球治理卷》，新世界出版社 2007 年版。

164. 王军、但兴悟：《中国国际关系研究四十年》，中央编译出版社 2008 年版。

165. 王铭铭：《经验与心态：历史、世界想象与社会》，广西师范大学出版社 2007 年版。

166. 王学东：《外交战略中的声誉因素研究——冷战后中国参与国际制度的解释》，天津人民出版社 2007 年版。

167. 王义桅：《超越均势：全球治理与大国合作》，上海三联书店 2008 年版。

168. 王义桅：《超越国际关系：国际关系理论的文化解读》，世界知识出版社 2008 年版。

169. 王逸舟、袁正清主编：《中国国际关系研究（1995—2005）》，北京大学出版社 2006 年版。

170. 王逸舟：《西方国际政治学：历史与理论》，中国社会科学出版社 2007 年版。

171. 王逸舟：《中国外交新高地》，中国社会科学出版社 2008 年版。

172. 王逸舟主编：《中国国际关系研究，1995—2005》，北京大学出版社 2006 年版。

173. 魏光奇：《天人之际：中西文化观念比较》，首都师范大学出版社 2000 年版。

174. 温纯如：《认知、逻辑与价值：康德〈纯粹理性批判〉新探》，中国社会科学出版社 2002 年版。

175. 温都尔卡·库芭科娃，尼古拉斯·奥努夫，保罗·科维特：《建构世界中的国际关系》，肖锋译，北京大学出版社 2006 年版。

176. 吴国盛：《科学的世纪》，法律出版社 2000 年版。

177. 西格蒙德·弗洛伊德：《精神分析导论讲演新篇 精神分析纲要》，程小平、王希勇译，国际文化出版公司 2007 年版。

178. 相蓝欣：《传统与对外关系：兼评中美关系的意识形态背景》，生活·读书·新知三联书店 2007 年版。

179. 肖巍：《宇宙学的人文视野》，江苏人民出版社 2002 年版。

180. 谢晓娟：《全球化：文化冲突与文化安全》，辽宁大学出版社 2007 年版。

181. 邢爱芬：《影响世界格局的国际关系理论》，北京师范大学出版社 2001 年版。

182. 熊玠：《无政府状态与世界秩序》，余逊达，张铁军译，浙江人民出版社 2001 年版。

183. 修昔底德：《伯罗奔尼撒战争史》，谢德风译，商务印书馆 1978 年版。

184. 修昔底德：《伯罗奔尼撒战争史》，徐松岩、黄贤金译，广西师范大学出版社 2004 年版。

185. 许宝强，渠敬东编译：《反市场的资本主义》，中央编译出版社 2001 年版。

186. 亚历山大·科耶夫《黑格尔导读》，姜志辉译，译林出版社 2005 年版。

187. 亚历山大·温特：《国际政治的社会理论》，秦亚青译，上海人民出版社 2000 年版。

188. 亚莉·R. 霍奇柴德：《情绪管理的探索》，徐瑞珠译，桂冠图书股份有限公司 1992 年版。

189. 杨大春：《语言 身体 他者：当代法国哲学的三大主题》，生活·读书·新知三联书店 2007 年版。

190. 伊弗·B. 诺伊曼，奥勒·韦弗尔主编：《未来国际思想大师》，肖锋，石泉译，北京大学出版 2003 年版。

191. 伊姆雷·拉克托斯：《科学研究纲领方法论》，兰征译，上海译文出版社 2005 年版。

192. 尹继武：《社会认知与联盟信任形成》，上海人民出版社 2009 年版。

193. 于炳贵、郝良华：《中国国家文化安全研究》，上海人民出版社 2007

年版。

194. 余莲：《势：中国的效力观》，卓立译，北京大学出版社 2009 年版。

195. 俞可平主编：《全球化：全球治理》，社会科学文献出版社 2003 年版。

196. 俞新天等：《国际体系中的中国角色》，中国大百科全书出版社 2008 年版。

197. 袁正清：《国际政治理论的社会学转向：建构主义研究》，上海人民出版社 2005 年版。

198. 约翰·霍布斯：《西方文明的东方起源》，孙建党译，山东画报出版社 2009 年版。

199. 约翰·加尔通：《和平论》，陈祖洲等译，南京出版社 2006 年版。

200. 约翰·希克：《宗教哲学》，生活·读书·新知三联书店 1998 年版。

201. 约翰·伊肯伯里：《大战胜利之后：制度、战略约束与战后秩序重建》，门洪华译，北京大学出版社 2004 年版。

202. 约瑟夫·S. 奈：《美国霸权的困惑：为什么美国不能独断专行》，郑志国等译，世界知识出版社 2002 年版。

203. 约瑟夫·S. 奈：《软力量：世界政坛成功之道》，吴晓晖、钱程译，东方出版社 2005 年版。

204. 约瑟夫·S. 奈著、门洪华编：《硬权力与软权力》，门洪华译，北京大学出版社 2005 年版。

205. 约瑟夫·列文森：《儒教中国及其现代命运》，郑大华、任菁译，广西师范大学出版社 2009 年版。

206. 翟学伟：《人情、面子与权力的再生产》，北京大学出版社 2005 年版。

207. 詹姆斯·N. 罗西瑙主编：《没有政府的治理：国际政治中的秩序与变革》，张胜军、刘小林译，江西人民出版社 2001 年版。

208. 詹姆斯·德·代元主编：《国际关系理论批判》，秦治来译，浙江人民出版社 2003 年版。

209. 詹姆斯·多尔蒂、小罗伯特·普法尔茨格拉夫：《争论中的国际关系理论》，阎学通、陈寒溪等译，世界知识出版社 2003 年版。

210. 张贵洪主编：《国际关系研究导论》，浙江大学出版社 2003 年版。

211. 张旭东：《全球化时代的文化认同：西方普遍主义话语的历史批判》，北京大学出版社 2006 年版。

212. 张振东：《士林哲学讲义》，宗教文化出版社 2002 年版。

213. 张志刚：《宗教哲学研究：当代概念、关键环节及其方法论批判》，中国人民大学出版社 2003 年版。

214. 赵鼎新：《社会与政治运动讲义》，社会科学文献出版社 2006 年版。

215. 赵汀阳：《没有世界观的世界》，中国人民大学出版社 2005 年版。

216. 赵汀阳：《天下体系：世界制度哲学导论》，江苏教育出版社 2005 年版。

217. 中共中央宣传部舆情信息局编：《推动建设持久和平共同繁荣的和谐世界》，学习出版社 2007 年版。

218. 周宁：《中西最初的遭遇与冲突》，学苑出版社 2000 年版。

219. 周晓红主编：《现代社会心理学名著菁华》，方文、李康乐译，社会科学文献出版社 2007 年版。

220. 朱迪斯·戈尔茨坦和罗伯特·基欧汉主编：《观念与外交政策》，刘东国、于军译，北京大学出版社 2005 年版。

221. 朱彦明：《尼采的视角主义》，复旦大学出版社 2013 年版。

二　中文论文

1. 巴殿君：《新形势下中国社会主义"和谐世界观"的构建》，载《贵州社会科学》2009 年第 6 期。

2. 包天民：《孟子和世界秩序理论》，载《国际政治科学》2010 年第 3 期。

3. 曾向红、杨恕：《社会运动理论视角下的"颜色革命"》，载《俄罗斯中亚东欧研究》2006 年第 2 期。

4. 曾向红：《"世界观问题"为什么没有成为问题——对西方主流国际关系理论的反思》，载《欧洲研究》2010 年第 5 期。

5. 柴宇平：《"世界国家观"考评》，载《福建论坛》1999 年第 1 期。

6. 陈燕谷：《Hegemony（霸权/领导权）》，载《读书》1995 年第 2 期。

7. 楚树龙：《文化、文明与世界经济政治发展及国际关系》，载《世界经济与政治》2003 年第 2 期。

8. 丛向群、尹吉成：《营造和谐周边　构建和谐世界》，载《当代世界》2007 年第 9 期。

9. 但兴悟：《中西政治文化与话语体系中的霸权——中西霸权观比较》，

载《世界经济与政治》2004 年第 9 期。

10. 邓晓臻：《〈德意志意识形态〉的本体论建构意义——兼论历史唯物主义与马克思主义世界观的关系问题》，载《探索》2009 年第 5 期。

11. 杜幼康：《构建"和谐亚洲"：时代需要与面临挑战》，载《红旗文稿》2008 年第 1 期。

12. 段忠桥：《什么是马克思恩格斯创建的历史唯物主义？——与孙正聿教授商榷》，载《哲学研究》2008 年 1 期。

13. 费孝通：《"美美与共"与人类文明》（上），载《群言》2005 年第 1 期。

14. 郭树勇：《从"世界交往"概念看马克思主义国际关系思想及其研究方向》，载《世界经济与政治》2004 年第 1 期。

15. 郭树勇：《试论马克思主义国际关系思想及其研究方向》，载《世界经济与政治》2004 年第 4 期。

16. 郭树勇：《新国际主义与中国软权力外交》，载《国际观察》2007 年第 2 期。

17. 韩志立：《批判建构主义视角下的国际秩序研究》，载《世界经济与政治》2010 年第 1 期。

18. 何平、李云霞：《发展中印关系 构建和谐周边》，载《学术论坛》2009 年第 3 期。

19. 洪邮生：《"规范性力量欧洲"与欧盟对华外交》，载《世界经济与政治》2010 年第 1 期。

20. 计秋枫：《中国外交反对霸权主义的路径》，载《世界经济与政治论坛》2009 年第 6 期。

21. 柯岚安：《中国视野中的世界秩序：天下、帝国与世界》，载《世界经济与政治》2008 年第 10 期。

22. 冷晓玲、李开盛：《论世界国家生成的不可能》，载《中国社会科学院研究生院学报》2008 年第 6 期。

23. 李宝俊：《"和谐世界观"与"霸权稳定论"——一项比较研究》，载《教学与研究》2008 年第 6 期。

24. 李滨：《国际政治经济学的葛兰西学派》，载《欧洲》2000 年第 1 期。

25. 李滨：《考克斯的国际政治经济学理论》，载《世界经济与政治》2003 年第 5 期。

26. 李滨：《考克斯的批判理论：渊源与特色》，载《世界经济与政治》2005 年第 7 期。

27. 李滨：《科学方法论在国际关系研究中的局限性及其背后的意识形态》，载《世界经济与政治》2004 年第 11 期。

28. 李滨：《民族主义·自由主义·马克思主义——国际政治经济学理论流派、学术渊源和当代代表》，载《欧洲研究》1999 年第 5 期。

29. 李滨：《什么是马克思主义的国际关系理论》，载《世界经济与政治》2005 年第 5 期。

30. 李滨：《无政府性·社会性·阶层性——国际政治的特性与国际观》，载《世界经济与政治》2002 年第 4 期。

31. 李格琴：《国际政治本体安全理论的建构与争论》，载《国外社会科学》2010 年第 6 期。

32. 李明明：《国际关系集体认同形成的欧洲社会心理学视角》，载《世界经济与政治》2009 年第 5 期。

33. 李开盛：《世界主义和社群主义——国际关系规范理论两种思想传统及其争鸣》，载《现代国际关系》2006 年第 12 期。

34. 李荣海：《历史唯物主义的解释原则及其世界观意义——与孙正聿先生商榷》，载《哲学研究》2007 第 8 期。

35. 李巍：《中国国际关系研究中的"理论进步"与"问题缺失"》，载《世界经济与政治》2007 年第 9 期。

36. 李旭东：《论国际社会的怨恨心理与和谐世界的建构——一种基于社会心理学视角的分析》，载《国际论坛》2008 年第 1 期。

37. 刘福森：《马克思"新唯物主义"世界观的总体性质》，载《人文杂志》2003 年第 6 期。

38. 刘福森：《作为世界观的历史唯物主义——论马克思实现的哲学革命》，载《中共天津市委党校学报》2003 年第 3 期。

39. 刘拥华：《从二元论到二重性：布迪厄社会观理论研究》，载《社会》2009 年第 3 期。

40. 陆钢：《"和谐地区"与上海合作组织自由贸易区的建设》，载《毛泽东邓小平理论研究》2007 年第 1 期。

41. 陆晓红：《"和谐世界"：中国的全球治理理论》，载《外交评论》2007 年第 6 期。

42. 罗伯特·考克斯：《思考世界秩序的不同方式》，载《世界经济与政治》2010 年第 3 期。

43. 罗伯特·考克斯：《思考世界秩序的不同方式》，载《世界经济与政治》2010 年第 3 期。

44. 吕勇：《无立场与中国立场——评赵汀阳〈天下体系：世界制度哲学导论〉》，载《广西师范大学学报》2007 年第 S2 期。

45. 钮菊生：《西方马克思主义国际关系理论探析》，载《马克思主义研究》2006 年第 9 期。

46. 潘亚玲：《"文明标准"的回归与西方道德霸权》，载《世界经济与政治》2006 年第 3 期。

47. 潘亚玲：《全球治理中的猎鹿困境》，载《国际论坛》2005 年第 2 期。

48. 乔纳森·默瑟：《人性与第一意向：国际政治中的情绪》，载《世界经济与政治》2006 年第 12 期。

49. 秦亚青：《关系本位与过程建构：将中国理念植入国际关系理论》，载《中国社会科学》2009 年第 3 期。

50. 秦亚青：《国际关系理论的核心问题与中国学派的生成》，载《中国社会科学》2005 年第 3 期。

51. 秦亚青：《国际关系理论中国学派生成的可能与必然》，载《世界经济与政治》2006 年第 3 期。

52. 秦亚青：《国际体系的无政府性：读〈国际政治的社会理论〉》，载《美国研究》2001 年第 2 期。

53. 秦亚青：《世界政治的文化理论——文化结构、文化单位与文化力》，载《世界经济与政治》2003 年第 4 期。

54. 秦亚青：《文化、文明与世界政治：不断深化的研究议程》，载《世界经济与政治》2010 年第 11 期。

55. 秦亚青：《中国国际关系理论研究的进步与问题》，载《世界经济与政治》2008 年第 11 期。

56. 任晓：《我们如何对待差异——和谐世界之内涵的一个探析》，载《外交评论》2007 年第 4 期。

57. 任晓：《走自主发展之路——争论中的"中国学派"》，载《国际政治研究》2009 年第 2 期。

58. 石之瑜、殷玮、郭铭杰：《原子论是国际政治学的本体？——"社会

建构"与"民主和平"的共谋》，载《世界经济与政治》2008 年第
6 期。

59. 斯蒂芬·陈、曹青：《文明秩序之辩：第三世界视角下的国际文化关
系》2008 年第 7 期。

60. 宋效峰：《和谐世界观与新安全观的内在联系》，载《中共南宁市党校
学报》2006 年第 2 期。

61. 宋效峰：《简论中国对地区多边机制的参与——以和谐世界观的视
角》，载《理论月刊》2006 年第 5 期。

62. 苏平：《试析国际关系中的荣誉因素》，载《欧洲研究》2009 年第
2 期。

63. 孙学峰：《和谐世界理念与中国国际关系理论研究》，载《教学与研
究》2007 年第 11 期。

64. 孙正聿：《历史唯物主义与马克思主义的新世界观》，载《哲学研究》
2007 年第 3 期。

65. 孙中原：《对立和谐与整体兼容——论墨家的和谐世界观》，载《重庆
工学院学报（社会科学报）》2008 年第 11 期。

66. 孙中原：《墨家和谐世界观的理论创新》，载《黄河科技大学学报》
2009 年第 2 期。

67. 谭再文：《对无政府结构假定的质疑》，载《国际观察》2007 年第
5 期。

68. 谭再文：《国际无政府状态的空洞及其无意义》，载《世界经济与政
治》2009 年第 11 期。

69. 唐世平、綦大鹏：《中国外交讨论中的"中国中心主义"与"美国中
心主义"》，载《世界经济与政治》2008 年第 12 期。

70. 唐世平：《国际政治的社会进化：从米尔斯海默到杰维斯》，载《当代
亚太》2009 年第 4 期。

71. 陶富源：《世界观·人类史观与历史唯物主义》，载《马克思主义研
究》2009 年第 6 期。

72. 田甲：《马克思主义国际关系理论的四要素》，载《国际关系学院学
报》2006 年第 2 期。

73. 王博：《权力的自我节制：对老子哲学的一种解读》，载《哲学研究》
2010 年第 6 期。

74. 王凤才：《"社会病理学"：霍纳特视阈中的社会哲学》，载《中国社会科学》2010 年第 5 期。

75. 王凤才：《霍纳特承认理论思想渊源探析》，载《哲学动态》2005 年第 4 期。

76. 王庆利：《"合法性"概念解析》，载《教学与研究》2004 年第 12 期。

77. 王义桅：《和谐世界观改变国际政治视角》，载《决策探索》2006 年第 1 期。

78. 王逸舟：《试析中国国际关系学的"进步"：几点批评与思考》，载《外交评论》2006 年第 3 期。

79. 吴征宇：《从霍布斯到沃尔兹——结构现实主义思想的古典与当代形态》，载《欧洲研究》2003 年第 6 期。

80. 信强：《"无政府状态"证义》，载《欧洲研究》2004 年第 3 期。

81. 徐建新：《天下体系与世界制度——评〈天下体系：世界制度哲学导论〉》，载《国际政治科学》2007 年第 2 期。

82. 许涛：《弘扬"上海精神"构建和谐地区》，载《瞭望》2006 年第 25 期。

83. 亚历山大·温特：《世界国家的出现是历史的必然———目的论与无政府逻辑》，载《世界经济与政治》2003 年第 11 期。

84. 阎孟伟：《"求同尊异"：构建和谐世界的一个可能原则》，载《江海学刊》2007 年第 4 期。

85. 阎学通：《借鉴先秦思想创新国际关系理论》，载《国际政治科学》2009 年第 3 期。

86. 阎学通：《和谐社会与和谐世界的政策关系》，载《国际政治研究》2006 年第 1 期。

87. 阎学通：《先秦国家间政治思想的异同及其启示》，载《中国社会科学》2009 年第 3 期。

88. 阎学通：《荀子的国际政治思想及启示》，载《国际政治科学》2007 年第 1 期。

89. 杨丹志：《构建和谐地区对于和谐世界构建的理论和现实意义》，载《教学与研究》2007 年第 11 期。

90. 叶自成：《自律、有序、和谐：关于老子无政府状态高级形式的假设》，载《国际政治研究》2002 年第 1 期。

91. 殷有敢：《中国传统伦理视域中的和谐世界观》，载《南方论坛》2005 年第 12 期。

92. 尹继武：《和谐世界秩序的可能：社会心理学的视角》，载《世界经济与政治》2009 年第 5 期。

93. 翟崑：《在"和谐亚洲"的大目标下》，载《瞭望》2006 年第 26 期。

94. 张殿军：《和谐世界观：从毛泽东到胡锦涛》，载《唯实》2009 年第 Z1 期。

95. 张康之：《合法性思维的思想历程：从韦伯到哈贝马斯》，载《教学与研究》2002 年第 3 期。

96. 赵景芳：《冷战后国际关系中的文化因素研究：兴起、嬗变及原因探析》，载《世界经济与政治》2003 年第 12 期。

97. 赵汀阳：《冲突、合作与和谐的博弈哲学》，载《世界经济与政治》2007 年第 6 期。

98. 赵汀阳：《关于和谐世界的思考》，载《世界经济与政治》2006 年第 9 期。

99. 钟龙彪：《"巧实力"战略与奥巴马新外交》，载《现代国际关系》2009 年第 5 期。

100. 周方银：《天下体系是最好的世界制度吗？——再评〈天下体系：世界制度哲学导论〉》，载《国际政治科学》2008 年第 2 期。

101. 周建明、焦世新：《从东西矛盾到西方与多元文明的矛盾——对当今世界基本矛盾的一种理解》，载《世界经济与政治》2008 年第 6 期。

102. 庄申彬：《维特根斯坦的"语言游戏说"与语言学转向》，载《重庆科技学院学报》（社会科学版）2008 年第 10 期。

三　英文著作

1. Akira Iriye, *Global Community: The Role of International Organization in the Making of the Contemporary World*, Berkeley: University of California Press, 2002.

2. Aldon D. Morris and Carol M. Mueller, eds. , *Frontiers of Social Movement Theory*, *New Haven*, CT: Yale University Press, 1992.

3. Andrew Linklater, *Beyond Marxism and Realism: Critical Theory and International*, London: Macmillan, 1990.

4. Andrew Linklater, *Men and Citizens in the Theory of International Relations*, London: Macmillan, 1990.

5. Andrew Linklater, *The Transformation of Political Community: Ethical Foundations of the Post-Westphalian Era*, Cambridge: Polity Press, 1998.

6. Andrew Linklater, *Critical Theory and World Politics: Citizenship, State and Humanity*, New York: Routledge, 2007.

7. Anthony Burke, *Beyond Security, Ethics and Violence: War against the. Other*, New York: Routledge, 2007.

8. Anthony Giddens, *The Central Problems in Social Theory: Action, Structure and Construction in Social Analysis*, Berkeley: University of California Press, 1979.

9. Arlie R. Hochschild, *The Managed Heart: The Commercialization of Human Feeling*, Berkeley: The University of California Press, 1983.

10. Barbara Hobson, *Recognition Struggles and Social Movements: Contested Identities, Agency and Power*, Cambridge: Cambridge University Press, 2003.

11. Barnett, Michael and Raymond Duval, eds. , *Power in Global Governance*, Cambridge: Cambridge University Press, 2005.

12. Barry Buzan, Charles Jones and Richard Littele, *The Logic of Anarchy*, New York: Columbia University, 1993.

13. Barry Buzan, Charles Jones and Richard Little, *The Logic of Anarchy: Neorealism to Structure Realism*, New York: Columbia University Press, 1993.

14. Barry O'Neil, Honor, *Symbols and War*, Michigan: The University of Michigan Press, 1999.

15. Bert Van Ben Brink, David Owen, *Recognition and Power: Axel Honneth and the Tradition of Critical Social Theory*, New York: Cambridge University Press, 2007.

16. Bill McSweeney, Security, *Identity and Interests: A Sociology of International Relations*, Cambridge: Cambridge University Press, 2004.

17. Brent J. Steele, *Ontological Security in International Relations: Self-Identity and the IR States*, New York: Routledge, 2008.

18. Brian C. Schmidt, *The Political Discourse of Anarchy: A Disciplinary History of International Relations*, Albany, New York: State University of New York Press, 1998.

19. C. A. Hooker, *Reason, Regulation, and Realism: Toward a Regulatory Systems Theory of Reason and Evolutionary Epistemology*, Albany: State University of New York Press, 1995.

20. Catarina Kinnvall, *Globalization and Religious Nationalism: The Search for Ontological Security*, New York: Routledge, 2006.

21. Charles R. Beitz, *Political Theory and International Relations*, Princeton, N. J.: Princeton University Press, 1999.

22. Charles R. Beitz, *The Idea of Human Rights*, Oxford: Oxford University Press, 2009.

23. Chih-Yu Shih, *China's Just World: The Morality of Chinese Foreign Policy*, Boulder, CO: Lynne Rienner Publishers, 1993.

24. Chih-yu Shih, *Navigating Sovereignty World Politics Lost in China*, New York: Palgrave Macmillan, 2003.

25. Christian Reus-Smit, *The Moral Purpose of the State: Culture, Social Identity, and Institutional Rationality in International Relations*, Princeton: Princeton University Press, 1999.

26. Christopher L. Pines, *Ideology and False Consciousness: Marx and his historical Progenitors*, New York: State University of New York Press, 1993.

27. Clarissa R. Hayward, *De-facing Power*, Cambridge: Cambridge University Press, 2000.

28. Colin Elman and Mirian Fendius Elman, eds. , *Progress in International Relations: Appraising the Field*, Massachusetts: MIT Press, 2003.

29. Craig Murphy, *Emergence of the NIEO Ideology*, Boulder: Westview, 1984.

30. Daniel Bar-Tal, Yona Teichman, *Stereotypes and Prejudice in Conflict: Representations of Arab in Israeli Jewish Society*, Cambridge: Cambridge University Press, 2005.

31. Daniel Deudney, *Bounding Power: Republican Security Theory from the Polis to the Global Village*, New York: Princeton University Press, 2007.

32. Daniel Philpott, *Revolutions in Sovereignty*: *How Ideas Shaped Modern International Relations*, Princeton and Oxford: Princeton University Press, 2001.

33. Daniel Warner, *An Ethic of Responsibility in International Relations*, Boulder and London: Lynne Rienner Publishers, 1991.

34. David Campell, *Writing Security*, Minneapolis: University of Minnesota Press, 1998.

35. David Held, Anthony McGrew, David Goldblatt, Jonathan Perraton, *Global Transformations*: *Politics, Economics and Culture*, Cambridge: Polity Press, 1999.

36. David Held, *Democracy and the Global Order*: *From the Modern State to Cosmopolitan Governance*, Cambridge: Polity Press, 1995.

37. David Held, ed. , *Political Theory Today*, Polity Press: Cambridge, 1991.

38. David Held, *Cosmopolitanism*: *A Defence*, Cambridge: Polity Press, 2006.

39. David Held, *Global Covenant*: *The Social Democratic Alternative to the Washington Consensus*, Cambridge: Polity Press, 2004.

40. David Held, *Models of Democracy*, Second edn. Cambridge: Polity Press, 1996.

41. Dawn T. Robinson and Jody Clay-Warner, eds. , *Social Structure and Emotion*, San Diego: Elsevier, 2008.

42. Denial Philpott, *Revolutions in Sovereignty*: *How Ideas Shaped Modern International Relations*, Princeton: Princeton University Press, 2001.

43. Deniel Reisberg, Paula Hertel, eds. , *Memory and Emotion*, New York: Oxford University Press, 2004.

44. Denis Gleeson, ed. , *Identity and Structure*: *Issues in the Sociology of Education*, Driffield: Nafferton Books, 1977.

45. Derek Heater, *World Citizenship and Government*: *Cosmopolitan Ideas in the History of Western Political Thought*, New York: St Martin's Press, 1996.

46. Doug McAdam, Sidney Tarrow, and Charles Tilly, *Dynamics of Contention*, New York: Cambridge University Press, 2001.

47. DouglasCairns, *Adios: The Psychology and Ethics of Honor and Shame in Ancient Greek Literature*, Oxford: Clarendon Press, 1993.

48. Duncan Bell, ed., *Memory, Trauman and World Politics: Reflection on the Relationship Between Past and Present*, New York: Macmillan Palgrave, 2006.

49. Edaward Keene, *Beyond the Anarchical Society: Grotius, Colonialism and Order in World Politics*, Cambridge: Cambridge University Press, 2002.

50. Emanuel Adler, *Communitarian International Relations: The Epistemic Foundations of International Relations*, New York: Routledge. 1998.

51. Erik Rigmar, *Identity, Interests and Action: A Cultural Explanation of Sweden's Intervention in the Thirty Years War*, Cambridge: Cambridge University Press, 1996.

52. Ernst Hass, *When Knowledge Is Power: Three Models of Change in International Organizations*, Berkeley: University of California Press, 1990.

53. Ewan Harrison, *The Post-Cold War International System: Strategies, Institutions, and Reflexivity*, London, New York: Taylor & Francis, 2004.

54. Felix Berenskoetter and M. J. Williams, eds., *Power in World Politics*, New York: Routledge, 2007.

55. Gary King, Robert O. Keohane and Sidney Verba, *Designing Social Inquiry: Scientific Inference Qualitative Research*, Princeton: Princeton University Press, 1994.

56. Gerrit W. Gong, *The Standard of 'Civilization' in International Society*, Oxford: Oxford University Press, 1984.

57. Henri Tajfel, *Social Identity and Intergroup Relations*, Cambridge: Cambridge University Press, 1982.

58. Ian Clark, *The Hierarchy of States: Reform and Resistance in the International Order*, Cambridge: Cambridge University Press, 1989.

59. Ian Hurd, *After Anarchy: Legitimacy and Power in the United Nations Security Council*, Princeton, N. J.: Princeton University Press, 2007.

60. J. Marshall Beier, *International Relations in Uncommon Places: Indigeneity, Cosmology, and the Limits of International Theory*, New York: Palgrave Macmillan, 2005.

61. Jacques E. C. Hymans, *The Psychologhy of Nuclear Proferation: Identity, Emotions and Foreign Policy*, Cambridge: Cambridge University Press, 2006.

62. Jacques Thomassen, ed. , *The Legitimacy of the European Union After Enlargement*, Oxford: Oxford University Press, 2009.

63. James Tully, *Strange Multiplicity: Constitutionalism in an Age of Diversity*, Cambridge: Cambridge University Press, 1995.

64. Janice B. Mattern, *Ordering International Politics: Identity, Crisis, and Represntation Force*, New York: Routledge, 2005.

65. Jean Jacques Rousseau, *Discourse on the Origin and Foundation of Inequality Among Men*, New York: Everyman's Library, 1950.

66. Jennifer Sterling-Folker, *Theories of International Cooperation and the Primacy of Anarchy*, Albany, New York: State University of New York Press, 2002.

67. Jeremy T. Paltiel, *The Empire's New Clothes: Cultural Particularism and Universal Value in China's Quest for Global Status*, New York: Palgrave Macmillan, 2007.

68. Jody Clay-warner, Dawn T. Robinson, eds. , *Social Structure and Emotion*, Stanford, CA: Stanford University Press, 2008.

69. John A. Vasquez, *The Power of Power Politics, From Classical Realism to Neotraditionalism*, Cambridge: Cambridge University Press, 1998.

70. John Williams, *Legitimacy in International Relations and the Rise and Fall of Yugoslavia*, London: Macmillan Press Ltd. , 1998.

71. Jonathan Mercer, *Reputation and International Politics*, Ithaca: Cornell University Press, 1996.

72. Joseph S. Nye Jr. , *Soft Power: The Means to Success in World Politics*, New York: Public Affairs, 2004.

73. Joseph S. Nye Jr. , *The Paradox of American Power: Why the World's Only Superpower Can't Go It Alone*, Oxford: Oxford University Press, 2002.

74. Joseph S. Nye Jr. , *The Power to Lead*, New York: Oxford University Press, 2008.

75. Kanishka Jayasuriya, ed. , *Reconstituting The Global Liberal Order: Legiti-*

macy And Regulation, New York: Routledge, 2005.

76. Kurt Burch, *Constituting International Political Economy*, *International Political Economy Yearbook*, V. 10, Boulder: Colo. Lynne Rienner Publishers, 1997.

77. Louise E. Levathes, *When China Ruled the Seas*, London: Simon and Schuster, 1994.

78. M. I. Finley, ed., *Rex Warner*, *trans*, New York: Viking-Penguin, 1972.

79. Maja Zehfuss, *Constructivism in International Relations: The Politics of Reality*, Cambridge: New York Cambridge University Press, 2002.

80. Martin Griffiths, eds., *International Relations Theory for the Twenty-First Century: An Introduction*, New York: Taylor & Routledge, 2007.

81. Martin Jacques, *When China Rules the World: The Rise of the Middle Kingdom and the End of the Western World*, London: Allen Lane, 2009.

82. Mervyn Frost, *Global Ethics: Anarchy, Freedom and International Relations*, New York: Routledge, 2009.

83. Michael A. Hogg and Dominic Abrams, *Social Identifications: A Social Psychology of Intergroup Relations and Group Process*, London and New York: Routledge, 1988.

84. Michael C. Williams, *Culture and Security: Symbolic Power and the Politics of International Security*, New York: Routledge, 2007.

85. Michael Walzer, *Thick and Thin: Moral Argument at Home and Abroad*, Notre Dame, IN: Notre Dame University Press, 1994.

86. Michael Barnett and Raymond Duval, eds., *Power in Global Governance*, Cambridge: Cambridge University Press, 2005.

87. Michael Dillon, *Politics of Security: Towards a Political Philosophy of Continental Thought*, London and New York: Routledge, 1996.

88. Molly Cochran, *Normative Theory in International Relations: A Pragmatic Approach*, Cambridge: Cambridge University Press, 1999.

89. Naeem Inayatullah and David L. Blaney, *International Relations and the Problem of Difference*, New York: Routledge, 2004.

90. Nancy Fraser and Axel Honneth, eds., *Redistribution or Recognition? —A*

Political-Philosophical Exchange, London and New York: Verso, 2003.

91. Nancy Whittier, *The Politics of Child Sexual Abuse: Emotion, Social Movement, and State*, New York: Oxford University Press, 2009.

92. Nathalie. Gontier, Jean Paul van Bendegem, Diederik Aerts, eds., *Evolutionary Epistemology, Language and Culture: A Non-adaptationist: Systems Theoretical Approach*, Dordrecht: Springe, 2006.

93. Patchen Markell, *Bound by Recognition*, Princeton and Oxford: Princeton University Press, 2003.

94. Peter Bachrach and Morton S. Baratz, *Power and Poverty: Theory and Practice*, New York: Oxford University Press, 1970.

95. Pierre Bourdieu, *Language and Symbolic Power*, Cambridge: Polity Press, 1991.

96. Pierre Bourdieu, *Outline of a Theory of Practice*, Cambridge: Cambridge, 1977.

97. Pierre Bourdieu, *The Field Of Cultural Production: Essays on Art and Literature*, New York: Columbia University Press, 1993.

98. Pierre Bourdieu, *The Logic of Practice*, Stanford: Stanford University Press, 1980.

99. Pirre Bourdieu, *Distinction, A Social Critique of the Judgment of Taste*, London: Routledge, 1984.

100. R. B. J. Walker, *Inside/Outside: International Relations as Political Theory*, Cambridge: Cambridge University Press, 1993.

101. Ralph Pettman, *Reason, Culture, and Religion: The Metaphysics of World Politics*, New York: Palgrave Macmillan, 2004.

102. Ricard M. Price, ed., *Moral Limit and Possibility in World Politics*, Cambridge: Cambridge University, 2008.

103. Richard Ned Lebow and Mark Irvinbg Lichbach, *Theory and Evidence Politics and International Relations*, England: Palgrave Macmillan, 2007.

104. Richard Ned Lebow, *A Cultural Theory of International Relations*, Cambridge University Press, 2008.

105. Robert Gilpin, *War and Change in International Politics*, Cambridge: Cambridge University Press, 1981.

106. Robert H. Jackson, *Quasi-States*: *Sovereignty*, *International Relations and The Third World*, Cambridge: Cambridge University Press, 1990.

107. Robert James Burrowes, *The Strategy of Nonviolent Defense*: *A Gandhian Approach*, Albany: State University of New York Press, 1996.

108. Robert Williams, *Hegel's Ethics of Recognition*, Los Angeles, CA: University of California Press, 1997.

109. Robert Williams, *Recognition*: *Fichte and Hegel on the Other*, Albany, NY: State University of New York, 1992.

110. Roger Horrocks, *Freud Revisited*: *Psychoanalytic Themes in the Postmodern Age*, New York: Palgrave Macmillan, 2001.

111. Ronnie Lipschutz and James K. Rowe, *Regulation for the Rest of Us? Globalization*, *Governmentality and Global Politics*, London: Routledge, 2005.

112. Roxaanne Lynn Doty, *Imperial Encounters*, *the Politics of Representation in North-South Relations*, Minnesota: Minnesota University Press, 1996.

113. Scott Lash and Sam Whimster, eds. , *Marx Weber*, *Rationality and Irrationality*, London: Allen and Unwim, 1987.

114. Shane R. Thye and Edward J. Lawler, eds. , *Group Cohesion*, *Trust and Solidarity*, Oxford: Elsevier Science Ltd, 2002.

115. Siba N'Zatioula Grovogui, Sovereigns, *Quasi-sovereigns*, *and Africans*: *Race and Self-Determination in International Law*, Minnesota: University of Minnesota Press, 1996.

116. Simon Clark, Pal Hoggett and Simon Thompson, eds. , *Emotion*, *Politics and Society*, New York: Palgrave Macmillan, 2006.

117. Simon Thompson, *The Political Theory of Recognition*: *A Critical Introduction*, Cambridge: Polity Press, 2006.

118. Sterling-Folker, Jennifer, *Theories of International Cooperation and the Primacy of Anarchy*, Albany, New York: State University of New York Press, 2002.

119. Steven Lukes, *Power*: *A Radical View*, 2nd, London: Palgrave Macmillan, 2005.

120. Ted Galen Carpenter, *Smart Power*: *Toward a Prudent Foreign Policy for*

America, Washington, D. C. : The Cato Institute, 2008.

121. Terry Lovell ed. , (*Mis*) *recognition*, *Social Inequality and Social Justice*: *Nancy Fraser and Pierre Bourdieu*, New York: Rutledge, 2007.

122. Thomas Risse et al. eds, *The Power of Human Rights*: *International Norms and Domestic Change*, Cambridge: Cambridge University Press, 1999.

123. Tzvetan Todorov, *The Conquest of America*: *The Question of the Other*, New York: Harper Torch, 1992.

124. Walter Carlsnaes, Thomas Risse and Beth A. Simmons eds. , *Handbook of International Relations*, London: Sage, 2006.

125. Willam J. Long and Peter Brecke, *War and Reconciliation*: *Reason and E-motion in Conflict Resolution*, Massachusetts: MIT Univversity, 2003.

126. Yong Deng, *China's Struggle for Status*: *Tthe Realignment of International Relations*, New York: Cambridge University Press, 2008.

127. Yosef Lapid and Friedrich Kratochwil, eds. , *The Return of Culture and I-dentity in IR Theory*, Boulder CO. : Lynne Rienner, 1996.

四　英文论文

1. Alexander Wendt and Daniel Friedheim, "Hierarchy under Anarchy: Infor-mal Empire and the EasternGerman State", *International Organization*, Vol. 49, No. 4, 1995.

2. Alexander Wendt, "Anarchy is What States Make of It: The Social Con-struction of Power Politics", *International Organization*, Vol. 18, No. 2, 1992.

3. Alexander Wendt, "Collective Formation and the International State", *The American Political Science Review*, Vol. 88, No. 2, 1994.

4. Alexander Wendt, "The Agent—Structure Problem in International Relations Theory", *International Organization*, Vol. 41, No. 3, 1987.

5. Alexander Wendt, "The State as Person in International Theory", *Review of International Studies*, Vol. 30, No. 2, 2000.

6. Alexander Wendt, "Why a World State is Inevitable: Teleology and the Log-ic of Anarchy", *European Journal of International Relations*, Vol. 9, No. 4, 2003.

7. Alexander Wendt, "Agency, Teleology and theWorld State: A Reply to Shannon", *European Journal of International Relations*, Vol. 11. 4, 2005.

8. Amber Lynn Johnson, "Why not to Expect a 'World State'", *Cross-Culture Research*, Vol. 38, No. 2, 2004.

9. Andrew A. G. Ross, "Coming in from the Cold: Constructivism and Emotions", *European Journal of International Relations*, Vo. 12, No. 2, 2006.

10. Andrew Linklater, "The Question of Community of the Next Stage in International Relations Theory: A Critical-Theoretical Point of View", *Millennium: Journal of International Studies*, Vol. 21, No. 1, 1992.

11. Barry Buzan and Richard Little, "Reconceptualizing Anarchy: Structural Realism Meets World History", *European Journal of International Relations*, Vol. 2, No. 4, 1996.

12. Brian Greenhill, "Recognition and Collective Identity Formation in International Politics", *European Journal of International Relation*, Vol. 14, No. 2, 2008.

13. Briend Orend, "Considering Globalism, Proposing Pluralism: Michael Walzer on International Relations", *Millennium: Journal of International Studies*, Vol. 29, No. 2, 2000.

14. Campbell Craig, "The Resurgent Idea of World Government", *Ethics & International Affairs*, Vol. 22, No. 2, 2008.

15. David Dessler, "What's at stake in the Agent-Structure Debate?" *International Organization*, Vol. 43, No. 3, 1989.

16. David Held, "Law of states, Law of Peoples", *Legal Theory*, Vol. 8, No. 2, 2002.

17. Edwerd J. Lawler, "An Affect Theory of Social Exchange", *The American Journal of Sociology*, Vol. 107, No. 2, 2001.

18. Erik Ringmar, "The Recognition Game: Soviet Russia against the West", *Cooperation and Conflict*, Vol. 37, No. 2, 2002.

19. Erik Ringmar, "The Relevance of International Law: A Hegelian Interpretation of a Peculiar Seventeenth-Century Preoccupation", *Review of International Studies*, Vol. 21, No. 1, 1995.

20. Felix Berenskoetter, "Friends, There Are No Friends? An Intimate Refra-

ming of the International", *Millennium: Journal of International Studies*, Vol. 35, No. 3, 2007.

21. Glen S Coulthard, "Subjects of Empire: Indigenous Peoples and the 'Politics of Recognition' in Canada", *Contemporary Political Theory*, Vol. 6, No. 4, 2007.

22. Hannon Brincat, "Reclaiming the Utopian Imaginary in IR Theory", *Review of International Studies*, Vol. 35, No. 3, 2009.

23. Helen Milner, "The Assumption of Anarchy in International Politics: A Critique", *Review of International Studiers*, Vol. 17, No. 1, 1997.

24. Heri Tajfel, "Sociology of Intergroup Relations", *Annual Review of Psychology*, Vol. 33, 1982.

25. Iver B. Neumann and Jennifer M. Welsh, "The Other in European Self-definition: An Addendum to the Literature on International Society", *Review of International Studies*, Vol. 17, No. 4, 1991.

26. Iver B. Neumann, "Beware of Organicism: The Narrative Self of the State", *Review of International Studies*, Vol. 30, No. 2, 2004.

27. Jack Donnelly, "Sovereign Inequalities and Hierarchy in Anarchy: American Power and International Society", *European Journal of International Relations*, Vol. 12, No. 2, 2006.

28. James F. Keeley, "To the Pacific? Alexander Wendt as Explorer", *Millennium: Journal of International Studies*, Vol. 35, No. 2, 2007.

29. Janice B. Mattern, "The Power Politics of Identity", *European Journal of International Relations*, Vol. 7, No. 3, 2001.

30. Jeffrey W. Legro & Andrew Moravcsik, "Is Anybody Still a Realist?", *International Security*, Vol. 24, No. 2, 1999.

31. Jennifer Mitizen, "Ontological Security in World Politics: State Identity and The Security Dilemma", *European Journal of International Relations*, Vol. 12, No. 3, 2006.

32. Jim George, "International Relations and Search for Thinking Space", *International Studies Quarterly*, Vol. 33, No. 3, 1989.

33. John G. Ikenbery, "Liberalism and Empire: Logics of Order in the American Unipolar Age", *Review of International Studies*, Vol. 30, No. 4,

2004.

34. John Gerard Ruggie, "Continuity and Transformation in the World Polity: Toward a Neorealist Syntheis", *World Politics*, Vol. 35, No. 2, 1983.

35. John Herz, "Idealist Internationalism and the Security Dilemma", *World Politics*, Vol. 2, No. 2, 1950.

36. Joseph M. Grieco, "The Maastricht Treaty, Economic and Monetary Union and Neo-Realist Research Program", *Review of International Studies*, Vol. 21, No. 1, 1995.

37. Jürgen Haacke, "TheFrankfurt School and International Relations: On the Centrality of Recognition", *Review of International Studies*, Vol. 31, No. 1, 2005.

38. Kenneth N. Waltz, "Structural Realism after the Cold War", *International Security*, Vol. 25, No. 1, 2000.

39. Kenneth N. Waltz, "The Emerging Structure of International Politics", *International Security*, Vol. 18, No. 2, 1993.

40. Louiza Odysseos, "Dangerous Ontologies: The Ethos of Survival and Ethical Theorizing in International Relations", *Review of International Relations*, Vol. 28, No. 2, 2002.

41. Luis Cabrera, "World Government: Renewed Debate, Persistent Challenges", *European Journal of International Relations*, Vol. 16, No. 3, 2010.

42. Melvin Ember and Carol R. Ember, "Predicting theFuture State of the World Using Archaeological Data: An Exercise in Archaeomancy", *Cross-Cultural Research*, Vol. 38, No. 2, 2004.

43. Michael Barnett and Raymond Duvall, "Power in International Politics", *International Organization*, Vol. 59, No. 1, 2005.

44. Michael C. Williams and Iver B. Neumann, "FromAlliance to Security Community: NATO, Russia, and the Power of Identity," *Millennium: Journal of International Studies*, Vol. 29, No. 2, 2000.

45. Michael Cox, Ken Booth, and Time Dunne, "Editor's Introduction to the Forum on Social Theory of International Politics", *Review of International Relations Studies*, Vol. 26, No. 1, 2000.

46. Milja Kurki, "Causes of a Divided Discipline: Rethinking the Concept of Cause in International Relations theory", *Review of International Studies*, Vol. 32, No. 2, 2006.

47. Neta Crawford, "Passion of World Politics: Propositions on Emotion and Emotional Relationships", *International Security*, Vol. 24, No. 4, 2000.

48. Peter Hays Gries, "Social Psychology and the Identity-Conflict Debate: Is a 'China Threat' Inevitable?" *European Journal of International Relations*, Vol. 11, No. 2, 2005.

49. Peter N. Peregrine, "Is aWorld State Just a Matter of Time? a Population-Pressure Alternative", *Cross-Cultural Research*, Vol. 38 No. 2, 2004.

50. Philip Nel, "Redistribution and Recognition: What Emerging Regional Powers Want", *Review of International Studies*, Vol. 36, No. 4, 2010.

51. Qin Yaqing, "International Society as a Process: Institutions, Identities, andChina's Peaceful Rise", *The Chinese Journal of International Politics*, Vol. 3, 2010.

52. Randall L. Schweller and David Preiss, "A Tale of Two Realisms: Expanding the Institutions Debate", *Mershon International Studies Review*, Vol. 41, No. 1, 1997.

53. Richard K. Ashley, "Untying theSovereign State: A Double Reading of the Anarchy Problematique", *Millennium: Journal of International Studies*, Vol. 17, No. 2, 1988.

54. Robert D. Benford and David A. Snow, "Framing Processes and Social Movements: An Overview and Assessment," *Annual Review of Sociology*, Vol. 26, 2000.

55. Samuel Huntington, "The Clash of Civilization?" *Foreign Affairs*, Vol. 72, No. 3, 1993.

56. Sergei Prozorov, "Liberal Enmity: The Figure of the Foe in the Political Ontology of Liberalism", *Millennium: Journal of International Studies*, Vol. 35, No. 1, 2006.

57. Ted Hopf, "The Logic of Habit in International Relations", *European Journal of International Relations*, Vol. 16, No. 4, 2010.

58. Teleology and theWorld State: A Reply to Shannon", *European Journal of*

International Relations, Vol. 11. No. 4, 2005.

59. Tomas G. Weiss, "What Happened to the Idea of World Government", *International Studies Quarterly*, Vol. 53, No. 2, 2009.

60. Vaughn P. Shannon, "Wendt's Violation of the Constructivist Project: Agency and Why a World State is Not Inevitable", *European Journal of International Relations*, Vol. 11 No. 4, 2005.

五　学位论文及其他

1. Wu Chan-Liang, Western Rationalism and the Chinese Mind: Conter-Enlightenment and Philosophy of Life in China, 1915 – 1927, Ph. D Dissertation, Yale University, 1993.

2. Michelle K. Murray, *The Struggle for Recognition in International Relations: Security, Identity and The Quest for Power*, The Chicago of University, Ph. D Dissertation, August 2008.

3. 陈文祥:《中国天下观的思想溯源与检讨——以孔孟天下思想为中心》, 东海大学硕士学位论文, 2006 年。

4. 胡锦涛:《促进中东和平, 建设和谐世界》,《人民日版》2006 年 4 月 24 日。

5. 胡锦涛:《努力建设持久和平、共同繁荣的和谐世界》,《人民日报》 2012 年 11 月 3 号。

6. 胡锦涛:《努力建设持久和平、共同繁荣的和谐世界》,《人民日报》 2005 年 9 月 16 日。

7. http://www.xinhuanet.com/zhibo/20071015/wz.htm.

8. 胡云峰:《霍纳特承认理论研究》, 复旦大学博士学位论文, 2007 年。

9. 李开盛:《美好世界原理》, 中国社会科学院研究生院博士学位论文, 2008 年。

10. 李长裕:《中共建构"中国特色"国际关系理论研究 (1998—2006)》, 中国台湾成功大学硕士学位论文, 2008 年。

11. 吴恙:《论狄尔泰的世界观哲学》, 华东师范大学硕士学位论文, 2008 年。

12. 相蓝欣:《戒言崛起, 慎言和谐》,《联合早报》2006 年 3 月 26 日。

13. http://www.chinaelections.org/NewsInfo.asp? NewsID = 141085, 2009

年 10 月 4 日。

14. 赵汀阳：《"和谐世界"的提法没什么不妥》，《北京日报》2006 年 11 月 27 日。

15. 朱彦明：《尼采的视角主义》，复旦大学博士学位论文，2008 年。

后　记

本书是在我的博士论文的基础上修改而成的。自 2010 年博士毕业，我就在构想如何对论文进行修改。然而，由于承担了较多的教学任务和科研工作，论文的修改一再被延后，一拖就拖了将近四年的时间。本书保留了论文的基本内容，只是在原来的基础上对框架做了一些调整，同时补充了我最近几年对世界观与国际关系理论关系的最新思考。尽管本书依旧有许多不尽人意之处，但作为对我博士生阶段以及工作后这几年来有关国际关系理论思考的总结，还是想得到学术界的检验与批评。

在博士论文写作和工作以来的这几年时间里，我得到了许多人的支持和帮助，这也是我不揣浅陋想将此文付梓的一个原因，毕竟本文也凝聚了他们的心血。

首先感谢我的导师杨恕教授。我能成为杨老师的学生，是一件莫大的幸事。在兰州大学学习和工作的十年时间里，杨老师不仅在学习上给予了诸多的教诲，而且还在生活中给予了难以细数的照顾。更应该感谢的是杨老师的宽容和大度，他不仅在思想上对我启迪，而且还允许我就自己感兴趣的方向进行探索，为我追求自己的梦想提供了充足的空间。在论文写作过程中，杨老师给予了悉心的指导；在办公条件上，杨老师也都做了精心的安排，这是我能够完成论文的重要基础。师恩厚重，无以为报，我只希望在今后的人生中以杨老师为榜样，教书育人，恪尽职守，争取不辜负他的期盼和栽培。

感谢马云志老师，她对论文的思路和结构提出了宝贵的修改意见，为论文的完善提供了重要的建议。感谢续建宜老师，他从上海寄来了论文写作迫切需要的资料，为论文的完成提供了必不可少的条件。此外，中国社会科学院的李少军研究员、南开大学的张睿壮教授、外交学院的秦亚青教授、上海交通大学的余正樑教授，均对博士论文的提出了宝贵的修改建议，谨向他们表示衷心感谢。

李艳老师，师弟郭绍鉴、沈晓晨，师妹任妍、王婷婷、王培培、高璐佳，同学王桂云、熊洁、周三华等人，都程度不一地对论文初稿做了文字上的修改。师弟朱永彪、李捷、曹伟、闫培记、辛万翔、王术森、蒋海蛟、宛程，师妹李亮、王静、王琰、张玉艳、张雪宁、张慧琳，多年来向我提供了很多帮助，在此一并致谢。

感谢我的家人，是他们的爱，托起了我飞翔的翅膀。感谢我的父亲和岳父、岳母。他们一贯对我所做的决定非常支持，在我写作博士论文和工作的过程中精心照顾我的家庭，免除了我的后顾之忧。感谢我的夫人，无论是在生活上，还是在学习中，她都给予了我无限的支持。没有她的付出，论文不可能如期完成。由于专注于论文，我在家庭上的投入微不足道。对她，我心怀愧疚和感激。

在攻读博士学位期间，爷爷、奶奶于 2009 年过世。他们对我极为慈爱，为我的成长付出了很多。可惜他们等不到我好好孝敬他们，甚至连最后一面我都没有见到。每每想到此处，我都不禁悲从中来。谨将此书献给他们，愿他们安息！

本书的部分内容曾经在国内一些学术期刊上发表过。第一章第二节的部分内容曾以"'世界观问题'为什么没有成为问题——对西方主流国际关系理论的反思"为题发表在《欧洲研究》2010 年第 5 期上；第一章第三节的内容曾以"将世界观带回国际关系——评《天涯咫尺的国际关系》"为题发表在《国际政治科学》2010 年第 3 期上；第四章第三节的部分内容以"世界国家的形成是否必然？——基于承认理论的考察"为题发表在《国际政治研究》2010 年第 3 期上；第五章第三节的部分内容以"和谐世界观的思想根源、可期性与合理性研究——基于与温特世界国家观的比较"为题发表在《世界经济与政治》2011 年第 10 期上。这四种刊物约请的匿名审稿专家对这些内容提出了宝贵和专业的修改意见，而《欧洲研究》编辑部的宋晓敏老师、张海洋老师，《国际政治科学》编辑部的漆海霞老师，《国际政治研究》编辑部的庄俊举老师，《世界经济与政治》编辑部的谭秀英老师（目前担任《国际安全研究》编辑部主任）和主父笑飞老师，对相关内容提出过中肯的修改意见并对这些原文做过大量的文字修改工作，在此一并致谢。

　　由于水平有限，本书无疑有许许多多的不足之处。不过，本书中的所有错误概由我自己承担，与上述帮助过我的人或刊物没有关系。学海无涯，我将继续努力。恳请得到学界同人的批评指正。